최신 교육학개론 3판

성태제 · 강대중 · 강이철 · 곽덕주 · 김계현 · 김천기 · 김혜숙
송해덕 · 유재봉 · 이윤미 · 이윤식 · 임 웅 · 홍후조 공저

INTRODUCTION TO EDUCATION

학지사

3판 머리말

『최신 교육학개론』 1판이 2007년 2월 28일에 발행되었으니 벌써 10년이 넘는 시간이 지났다. 13명의 저자가 뜻을 같이하여 집필한 이 책을 교재로 선택해 주신 교수님과 강사님들 그리고 독자 여러분께 진심으로 감사드린다.

시간이 흐르면 학설이나 이론도 변화하고 시대적 상황에 따라 각광을 받거나 중요시되는 이론 및 학설도 달라진다. 특히 정권이 바뀌면 교육 정책도 변한다. 이런 과정에서 지대하게 영향을 받는 대상은 교사, 학생 그리고 학부모이다. 변화가 심할 때 교육은 정치적으로 독립적이고 중립적이어야 한다는 목소리가 거세지고, 교육은 백년대계이므로 후세에 미칠 영향과 국가의 장래를 고려하여 교육 정책이 수립되고 집행되어야 한다는 주장이 나온다. 이런 의미에서 이 책은 교육학 전반에 대한 특정한 이론이나 학설 그리고 특정 시대 혹은 정권에서 선호하는 이론을 소개하기보다 일반적으로 통용되는 이론과 학설을 소개한다. 저자들은 지난 2판과 이번 개정 작업을 통해 교육 일반에 대한 통설과 최근 들어 부상하고 재조명된 이론들을 소개 · 추가하였다.

10년을 지나오면서 교육학의 변화와 더불어 집필진의 연구와 관심 분야에도 변화가 있었다. 2판에서 교수 · 학습 분야를 집필하였던 봉미미 교수께서 본인의 연구와 강의 분야가 변화되어 다른 분이 제9장을 집필하여 주실 것을 간곡히 요청하여 이번 판에서는 송해덕 교수께서 교육공학 분야를 집필해 주셨다.

이 책에 꾸준한 관심을 보내 주시는 모든 분께 감사드린다. 3판으로 출간되기까지 모든 지원을 아끼지 않으신 학지사 김진환 사장님과 편집진에게 감사의 말씀을 드린다. 이 책이 교육학에 입문하는 학도들에게 도움이 될 수 있기를 기대한다.

2018년 7월

집필진 대표 성태제

1판 머리말

교육이 중요하지 않다고 하는 나라나 사람은 아무도 없다. 정치, 경제, 문화, 사회의 모든 분야에서 선진국을 자처하는 나라도, 열악한 나라의 지도자들도 교육에 대한 중요성은 항상 강조한다. 그러면서 교육은 변하고 새로워야 한다는 슬로건 아래 조약, 법안, 구호들을 쏟아 낸다. 우리나라도 예외는 아니어서 대통령이 새로 부임할 때마다 새교육, 신교육 그리고 교육개혁, 교육혁신 하면서 많은 교육정책을 내놓는다. 그래서인지 교육현장에 있는 대부분의 사람들은 교육의 변화만을 주장하는 이런 단어에 무뎌 있다.

교육이란 무엇인가? '가르치고 기르다.'라는 우리 어원에 비추어 본다면 교육은 항상 새롭게 발전시켜야 하는 것이다. 따라서 교육을 소개하는, 교육학 전반을 이해시키는 책은 날로 새로워지고 인간을 성장 · 발달시키는 소중한 이론을 담아야 한다. 예전에 제안되었다 사라진 이론들이 새로운 책에서 환영받지 못하는 이유가 여기에 있다.

종전에 출간된 교육학개론서가 많이 있으나, 교육학개론서의 내용도 새로운 이론이어야 하고 나아가 미래의 교육을 예견하고 설명하며 준비하는 내용이어야 한다는 생각에 전공별로 13명의 집필진이 힘을 합쳤다. 이 책은 총 13장으로 구성되어 있다. 제1장 교육의 개념적 기초를 시작으로, 제2장은 교육의 역사적 기초, 제3장은 교육의 철학적 기초, 제4장은 교육의 심리적 기초, 제5장은 교육의 사회적 기초를 설명하며, 제6장은 교육과정, 제7장은 교수 · 학습, 제8장은 교육평가, 제9장은 교육공학, 제10장은 생활지도와 상담, 제11장은 교육행정, 제12장은 평생학습과 평생교육 그리고 제13장은 교사론을 다루고 있다.

각 장은 교육학의 세부 전공으로서 전공 분야의 전반적 이론을 소개하는 교육학의 길잡이가 될 수 있도록 집필하였다. 또한 학부생들이 교육학을 쉽게 이해하며 관심과 흥미를 가질 수 있도록 새로운 이론도 소개하였다. 각 장마다 7개 내외의 학습과제를 두었으며, 관심 있는 내용을 더욱 깊이 있게 공부하고자 하는 학생들을 위하여 참고문헌에 further reading 자료를 함께 제시하였다.

전공 분야에서 많은 작업을 한 젊은 학도들이어서 책을 집필함에 있어 순수함과 열정을 가지고 새로운 이론을 담고자 노력하였다. 집필, 교정 그리고 인쇄에 이르기까지 조화롭게, 특히 일정에 차질 없도록 함께 노력해 준 집필진 모두에게 감사드린다. 책을 집필함에 있어 더 많은 분과 훌륭하신 동학을 모시지 못한 아쉬움도 없지 않다. 교육학 전 분야를 통틀어서도 그렇지만 유사 인접 전공 분야, 같은 전공 분야에서도 이런 공동작업을 통하여 보다 훌륭한 책이 출간되어 교육학이나 관련 전공의 중요성을 알리는 계기가 되었으면 한다.

이 책이 출간되기까지 모든 면에서 수고를 아끼지 않으신 학지사 김진환 사장님과 모든 직원들께 감사드리며, 교육 관련 서적 출판으로 시작한 학지사가 우리나라 교육 발전을 위해 공헌하리라 기대한다.

2007년 2월 22일

집필진 대표 성태제

차례

Chapter 01

교육의 개념적 기초

1. 교육의 어원과 비유
2. 교육의 정의 방식과 대표적 정의
3. 교육의 목적과 교육학의 성격

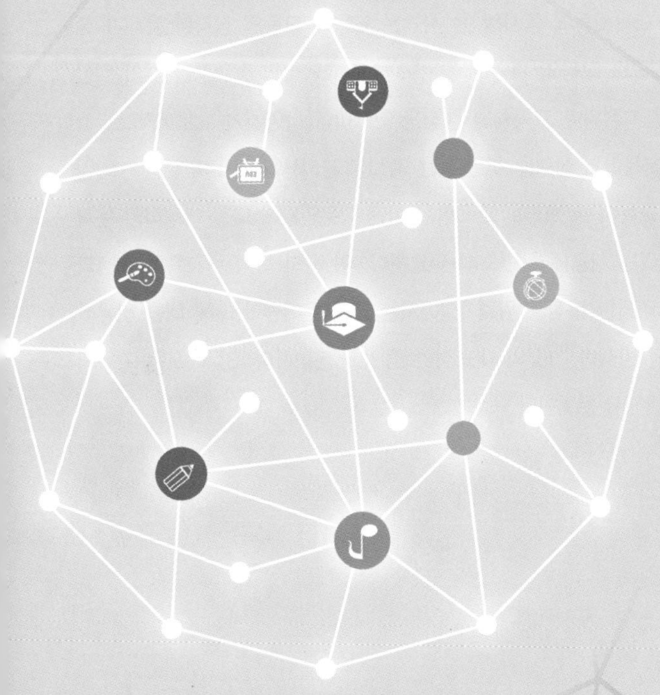

교육학을 공부하는 사람이 제일 먼저 부딪히게 되는 질문은 아마 ‘교육은 무엇이고 교육학은 무엇인가?’일 것이다. 이러한 질문은 비단 교육(학)에 입문하려는 사람뿐만 아니라 오랫동안 교육학을 가르쳐 왔거나 교육활동에 종사해 온 사람에게도 종종 제기되는 질문이다. 교육을 정의하는 방식과 정의 내용은 학자마다 다양하다. 그리고 교육을 정의하는 목적 내지 문제의식도 판이하다. 교육학을 처음 접하는 학생의 경우는 순전히 지적 호기심으로 교육의 정의가 무엇이며 교육학은 어떤 학문인지를 찾아볼 것이다. 교육의 다양한 정의와 다양한 학문적 성격을 접해 본 사람은 ‘교육’과 ‘교육 아닌 것’ ‘교육학’과 ‘타 학문’을 구분하기 위해 교육의 개념과 교육학의 학문적 성격을 탐색하기도 한다. 오랫동안 교육활동에 종사해 온 사람은 교육에 모종의 심각한 문제가 생겼을 때 그 문제를 파생시킨 원인으로 교육의 개념을 찾기도 하고 교육학의 정체성을 찾기 위한 노력을 하기도 한다. 이렇듯 교육의 정의나 교육학의 성격은 학자마다 다양하기 때문에 모든 사람을 만족시키는 교육의 정의나 교육학의 성격을 찾는 일은 사실상 불가능하며 또 부질없는 일일지도 모른다. 그렇다고 하더라도 교육이 무엇이며, 교육학은 어떤 학문인지에 대한 대체적인 윤곽을 그리는 일은 교육학에 입문하려는 사람에게 반드시 필요하다. 이 장의 목적은 교육의 개념과 교육학의 성격을 밝히는 것이다. 이러한 목적을 위해 1절에서는 교육의 어원과 그에 대한 비유를 살펴보고, 2절에서는 교육의 정의 방식과 그것의 대표적인 정의를 분석하며, 3절에서는 교육의 목적과 교육학의 학문적 성격에 대해서 논의한다.

1. 교육의 어원과 비유

교육은 한마디로 규정하기 어렵다. 교육을 세밀하게 분석하기 전에 교육이 무엇인가를 대강 혹은 직관적으로 파악하는 가장 좋은 방법은 교육의 어원과 비유를 살펴보는 일이다. 우리는 동서양의 교육 어원을 살펴봄으로써 교육의 개념이 어떻게 발생하였으며, 과거의 선조들은 교육을 어떻게 생각하여 왔는지 알 수 있다. 또한 교육에 대한 비유적인 설명을 통해 교육이 가지고 있는 특징적인 측면을 부각시킴으로써 교육 개념을 쉽게 파악할 수 있다.

그러나 교육의 어원은 교육의 개념이 어떻게 생겨났는지를 보여 줄 수 있을지는 몰라도, 현재 교육의 개념이 어떻게 쓰이고 있는지는 물론이고 교육의 개념이 정확히 무엇인지를 드러내지는 못한다. 교육의 비유도 '풍자만화(caricature)'처럼 교육이 가진 특징적인 측면을 부분적으로 잘 부각시켜 줄 수는 있겠지만 교육의 전체 모습을 온전하게 드러낸다고 보기는 어렵다. 이러한 한계에도 불구하고 교육의 어원과 비유는 교육에 처음 입문하는 사람에게 교육이 무엇인지 쉽게 이해할 수 있게 한다.

그러므로 다음에서는 동서양 교육의 어원에 드러나 있는 교육의 기본 개념이 무엇인지 알아보고, 교육의 다양한 비유, 예컨대 주형, 성장, 예술, 성년식, 만남의 비유에 나타나 있는 교육의 다양한 면모를 파악해 보기로 한다.

1) 교육의 어원

(1) 교육의 동양적 어원

교육의 동양적 어원 중 대표적인 것으로 중국과 우리나라의 교육 어원을 살펴볼 필요가 있다. 먼저 중국의 교육 어원을 살펴보면, '교육(敎育)'이라는 단어가 처음 나오는 곳은 『맹자(孟子)』의 「진심장(盡心章)」 상편(上篇)이다. 여기에는 '군자의 세 가지 즐거움(君子有三樂)'이 나온다.

> 부모님이 살아 계시고 형제들이 아무 탈 없이 살고 있는 것이 첫 번째 즐거움이요, 나 자신이 하늘을 우러러 부끄러움이 없고 다른 사람들에 대하여 욕됨이 없는 것이 두 번째 즐거움이며, 천하의 영재를 얻어 교육하는 것이 세 번째 즐거움이다(父母俱存 兄弟無故 一樂也. 仰不愧於天 俯不怍於人 二樂也. 得天下英才而教育之 三樂也).

'교육(教育)'이라는 한자어는 군자의 세 가지 즐거움 중에서 세 번째 즐거움, 즉 천하의 영재를 얻어 '교육'하는 것에 처음으로 등장하였다.

한자어의 '교육'이라는 말이 정확히 무엇을 의미하였는지를 아는 것은 쉽지 않으며, 거기에는 다양한 해석이 존재한다. '교육(教育)'은 '가르칠 교(教)'와 '기를 육(育)'으로 구성되어 있다. '가르칠 교(教)'는 또다시 '본받을 효(爻)' '아들 자(子)' '칠 복(攴)'으로 구성되어 있으며, '기를 육(育)'은 '아들 자(子)' '고기 육(肉)'으로 구성되어 있다.

한자어의 뜻을 명확하게 풀이해 주는 중국의 자전(字典) 『설문해자(說文解字)』에 따르면, '가르칠 교(教)'는 "상소시 하소효야(上所施,下所效也)"다. 이 말은 가르치는 행위에 초점을 둘 때는 "윗사람이 베풀고 아랫사람은 본받는다."는 의미를 가지며, 가르치는 내용에 초점을 둘 때는 "윗사람이 베푸는 바와 아랫사람이 본받는 바"를 일컫는다. '기를 육(育)'은 "자녀를 길러 착하게 만든다." 혹은 "자녀를 착하게 살도록 기른다(養子使作善也)."는 의미를 가지고 있다. 이러한 뜻풀이에 따르면, 교육은 성숙한 부모나 교사가 미성숙한 자녀나 학생에게 착하게 살도록 모종의 가치 있는 것을 솔선수범하여 가르치고, 자녀나 학생은 그것을 본받고 배우는 것으로 이해할 수 있다.

교육의 한자 어원에 따르면, 윗사람으로 표현되는 교사, 부모, 어른은 교육의 주체로서 교육에서 주도적 역할을 한다. 이에 비해 아랫사람으로 표현되는 학생, 자녀, 아동은 윗사람의 가르침을 적극적으로 수용하여 양육되어야 할 존재다. 교육의 한자 어원에는 교사와 아동 사이에 수직적 인간관계가 전제되어 있다. 교사는 무언가 학생에게 가르쳐 주어야 하는 능동적 존재이고, 학생은 그러한 가르침을 받아야 할 수동적 존재다. 이 점은 교육의 한글 어원에서도 별 차이가 없다.

우리말에서 교육을 뜻하는 가장 대표적인 말은 '가르침'이다. '가르침'이라는 말은 '가르치다'라는 말의 명사형이다. 여기서 '가르치다'는 '가르다'와 '치다'라는 말의 합성어다. '가르다'라는 말은 '가라사대'라는 말에서 보듯이 '말하다' 혹은 '이르다'는 뜻과 무엇을 '가리키다' 혹은 '지시하다'는 뜻을 가지고 있다. 또한 '가르다'는 '나누다' 혹은 '분별하다'라는 뜻도 가지고 있다. '치다'라는 말은 '유용하고 쓸모 있게 만든다'는 의미를 가지고 있다. 결국 교육을 의미하는 우리말 '가르침'은 어른이 말을 통해서건 지시를 통해서건 아이들을 분별이 없는 상태에서 사리 분별이 있는 상태로 만드는 것을 의미한다. 이러한 '가르침'이라는 말에는 역시 교사(어른)와 학생(아동) 간의 수직적 인간관계가 전제되어 있다고 볼 수 있다. 즉, 교육이란 교사(어른)가 학생(아동)에게 말이나 지시를 통해서 사물이나 현상을 분별할 수 있도록 하는 것이다.

이렇듯 **교육의 동양적 어원에는 윗사람이 아랫사람에게 무엇인가를 가르치고, 아랫사람은 윗사람의 가르침을 받아들이는 것이라는 상식적인 교육관이 들어 있다.** 이것은 뒤에서 다룰 **'주형(鑄型)'의 비유**에 해당하는 교육관이 강하게 스며들어 있는 것이다. 우리나라에서는 교육을 '가르치고 배우는 것'이라기보다 '가르치는 것'이라고 보는 시각이 강한 점이나, 우리나라를 비롯한 동양의 교육이 대체로 **교사 중심의 교육**에 치우쳐 온 것도 동양의 관념 속에 이러한 교육의 어원이 오랫동안 자리 잡아 왔기 때문이라고 볼 수 있다.

(2) 교육의 서양적 어원

교육의 서양적 어원은 영어와 독일어에서 찾아볼 수 있다. 교육을 뜻하는 대표적인 영어 단어로는 '페다고지(pedagogy)'와 '에듀케이션(education)'을 들 수 있다. 페다고지는 그리스어의 '파이다고고스(paidagogos)', 즉 귀족의 자녀가 성인이 될 때까지 교육을 담당하는 노예인 '교복(敎僕)'에서 유래된 말이다. '파이다고고스'는 '아동(paidos)'과 '이끌다(agogos)'라는 말의 합성어다. 교복은 귀족의 자녀를 학교에 데려다주고 데려오는 일을 하였으며 기본적인 가정교육을 담당하였다. 귀족 자녀는 비록 신분상으로 자유인이지만 성인이 될 때까지는 노예인 교복의 양육을 받고 지시를 따라야 했다. 교육의 동양적 어원과 마찬가지로 그리스어에서 유래된

'페다고지'는 미성숙한 아동을 가르치고 양육한다는 의미를 가지고 있다.

'에듀케이션'은 라틴어 '에듀카레(educare)'와 '에듀케레(educere)'에서 유래된 말이다. '에듀카레'는 '양육하다(bring up)'라는 의미를, '에듀케레'는 '이끌어 내다(lead out, draw out)'라는 의미를 가지고 있다. 이 두 단어는 흔히 혼용되기도 하지만, 엄밀히 말하면 상호 대립되는 교육관을 함의한다.

'에듀카레'는 부모가 자녀를 양육하는 것에서 보듯이 미성숙한 상태에 있는 자녀를 성숙한 상태로 끌어올리는 것을 의미한다. 그러므로 에듀카레에는 교육의 동양적 어원이나 페다고지와 마찬가지로 부모와 아동, 교사와 학생 간의 수직적 인간관계가 가정되어 있으며, 교사나 부모가 교육에서 주도적 역할을 하는 것으로 본다.

이에 비해 '에듀케레'는 자녀나 아동이 내면에 가지고 있는 잠재능력과 적성 등을 잘 발현하도록 이끌어 내는 것을 의미한다. 에듀케레는 교사나 부모가 무엇인가를 가르침으로써 그들이 원하는 사람으로 만드는 것이라기보다는 아동이나 자녀가 이미 가지고 있는 잠재능력을 잘 발현할 수 있도록 도와주는 것이다. 이 점에서 에듀케레는 '성장(成長)'의 비유에 가깝다. 이 어원에는 부모와 아동, 교사와 학생 간의 수평적 인간관계가 전제되어 있으며, 교육에서 교사나 부모보다 아동이나 학생 자신의 역할이 중요하다.

독일어에도 교육이라는 단어에는 두 종류가 있다. 하나는 '페다고긱(Pädagogik)'이고, 다른 하나는 '에어지훙(Erziehung)'이다. 페다고긱은 영어의 페다고지와 동일한 그리스어에서 온 것이다. '에어지훙'은 '에어지헨(erziehen)'의 명사형이다. 에어지헨은 에어(er, 밖으로)와 지헨(ziehen, 이끌다)의 합성어로서 '밖으로 이끌어 내다'라는 의미를 지닌다. 이것은 영어의 라틴어 어원인 에듀케레와 유사한 의미다. 즉, 아동이나 자녀가 가지고 있는 잠재능력을 바깥으로 이끌어 내는 일이라는 의미인 것이다.

지금까지의 내용을 볼 때, **교육의 서양적 어원은 부모나 교사가 자녀나 아동에게 무엇인가를 가르치고 양육하는 일과 아동의 잠재능력이 잘 발현될 수 있도록 도와주는 일의 두 가지 의미를 동시에 지닌다.** 전자가 '주형(鑄型, moulding)'의 비유에 해당한다면, 후자는 '성장(成長, growth)'의 비유에 해당한다. 서양교육의 어원에는 이러한 두 가지 의미의 교육관이 함께 들어 있기 때문에 교사나 교육내용을 강조하는 '고전주의 교육관'과 아동이나 교육방법을 강조하는 '낭만주의 교육관'이 시대에 따라 어느 한쪽이 강하게 부각되어 나타나곤 했다.

2) 교육의 비유

(1) 주형의 비유

주형(鑄型)의 비유는 교육에 대한 비유 중 가장 오랫동안 광범위하게 영향을 미쳐 왔다. 이런 점에서 이 비유는 전통적이고 상식적인 교육관을 잘 드러낸다. 주형의 비유는 교육을 장인이나 제작자가 쇳물이나 진흙을 일정한 모양의 틀에 부어 어떤 모양을 만들어 내는 일로 이해하는 방식이다. 이 비유에서 **교사는 장인이나 제작자에, 학생은 쇳물이나 진흙과 같은 재료에 해당한다.** 장인 혹은 제작자에 해당하는 교사는 교육과정에서 주도적 역할을 하고, 재료인 학생은 무엇인가로 만들어져야 할 존재로 인식된다. 이 비유에 따르면, 교사는 불변하고 학생은 일방적으로 변화되어야 할 존재다.

주형 비유의 대표적인 형태로는 로크(John Locke)의 교육관이나 행동주의(behaviorism) 교육관을 들 수 있다. 로크에 의하면, 아동의 마음은 '백지(tabula rasa)'와 같아서 아동이 어떤 경험을 하고 교사가 어떤 형태의 감각자료를 제공하는지에 따라 달라질 수 있다. 행동주의자들은 자극-반응 이론(S-R 이론)에 따른 조건화(conditioning)를 통해 원하는 어떤 인간이라도 만들어 낼 수 있다고 주장한다. 이들 교육론은, 왓슨(John B. Watson)의 주장에 분명히 드러나 있듯이, 건강한 신체를 가진 아이와 적절한 장소를 제공하기만 하면 교사는 자신이 원하는 어떤 전문가든지 만들어 낼 수 있다는 **'교육만능설'**을 가정한다. 항아리에 물을 부어 넣듯이 교육을 인간의 마음속에 지식이나 규범을 집어넣는 것으로 보는 '주입(注入)'의 비유, 그리고 운동을 통하여 신체의 근육을 단련하듯이 몇 가지 마음의 능력[심근(心筋)]인 지각, 기억, 상상, 추리, 감정, 의지를 단련해야 한다고 보는 '도야(陶冶)'의 비유도 일종의 주형의 비유에 속한다.

주형의 비유는 교육이 적어도 교사가 학생에게 무엇인가를 가르치고 변화를 가져오도록 하는 일이라는 상식적 교육관을 잘 보여 준다. 그러나 이 비유는 교사와 학생의 관계를 잘못 그릴 수 있다. 즉, 교사는 일방적으로 가르치는 존재로, 학생은 그러한 가르침을 그대로 받아들이는 수동적인 존재로 인식될 수 있다. 그러다 보면 교실 상황에서 흔히 볼 수 있듯이, 교사가 잘못된 권위주의에 빠지거나 교육의 과정에서 학생의 인격을 정당하게 존중하지 않는 등의 도덕적 문제가 발생할 수 있다(신차균, 안경식, 유재봉, 2006: 339-340).

(2) 성장의 비유

성장(成長)의 비유는 주형의 비유와 더불어 교육의 대표적인 비유이지만 주형의 비유와 반대된다. 이 비유는 식물이 스스로 잘 성장해 나가듯이, 교육도 아동이 가진 잠재 가능성을 자연스럽게 실현해 나가는 과정으로 본다. 여기서 **아동은 식물에, 교사는 식물을 가꾸는 정원사에, 교육의 과정은 식물의 성장과정에 해당한다.** 이 비유에서 주도적인 역할을 하는 것은 식물에 해당하는 아동 자신이며, 정원사에 해당하는 교사는 단지 식물이 잘 자라날 수 있도록 환경을 조성해 주거나 도와주는 역할을 한다. 이 비유에 따르면, 식물의 성장이 전적으로 식물의 고유한 특성과 자연법칙에 따라 이루어지듯이, 교육도 아동이 가진 특성과 잠재능력을 발달단계에 따라 자연스럽게 발현해 가도록 도와주어야 한다.

성장 비유의 대표적인 예는 루소(Jean-Jacques Rousseau)의 교육관이나 미국의 진보주의(progressivism) 교육관에서 찾아볼 수 있다. 루소의 교육관은 『에밀(Emile)』에 잘 드러나 있으며, **'자연에 따라서(according to nature)'**라는 말로 압축될 수 있다. 루소는 교육을 사회의 나쁜 영향으로부터 아동을 보호하고 아동의 자연적 성장을 격려하는 것으로 보았다. 그는 그러한 교육을 위해 아동의 각 발달단계의 성장과정을 세밀히 기술해야 한다고 주장하였다. 진보주의 교육관은 아동의 내면적 성장과 자율성을 존중하는 **'아동중심 교육(child-centered education)'**을 표방하고 있다. 진보주의의 아동중심 교육은 "우리는 교과를 가르치는 것이 아니라 아동을 가르친다(We teach children, not subjects)."라는 슬로건에 잘 드러나 있다.

성장의 비유는 아동의 요구나 흥미, 잠재능력 그리고 심리적 발달단계에 관심을 기울이고, 교육의 강조점을 기존의 '무엇을 가르칠 것인가'에서 '누구를 가르칠 것인가'로 전환했다는 점에서 의미가 있다. 그러나 이 비유는 교육에 있어서 교과와 그것을 가르치는 교사의 역할을 과소평가하는 경향이 있다. 말하자면, 교육은 아동 마음대로 하는 것이 아니라 적절한 권위를 가진 교사에 의해 지도되어야 한다는 사실을 간과하고 있다(신차균, 안경식, 유재봉, 2006: 340-341).

표 1-1 주형의 비유와 성장의 비유

구분	주형의 비유	성장의 비유
비유 내용	• 교육의 과정: 장인이 재료를 틀에 부어 물건을 만들어 내는 과정 • 교사: 장인 • 학생: 재료	• 교육의 과정: 식물의 성장 • 교사: 정원사 • 학생: 식물
강조점	• 교사의 역할 • 교육내용	• 학생의 잠재능력, 흥미 • 교육방법
대표적 형태	• 로크의 교육관 • 행동주의 교육관	• 루소의 교육관 • 진보주의 교육관

(3) 대안적 비유: 예술, 성년식, 만남의 비유

주형과 성장의 비유는 교육의 전형적 비유에 속하지만, 앞에서 지적했듯이 여전히 한계를 가지고 있었다. 이러한 한계를 보완하기 위한 비유가 예술의 비유, 성년식의 비유, 만남의 비유다.

예술(藝術, art)의 비유는 주형과 성장의 비유가 공통적으로 교사와 학생의 관계를 잘못 그리고 있는 데 대한 대안적 비유다. 주형의 비유가 교사의 역할을 일방적으로 그리고 있는 데 비해, 성장의 비유는 학생을 지나치게 강조함으로써 교사와 학생이 '함께' 가르치고 배우는 과정을 무시한 측면이 있다. 예술가는 예술작품을 만들 때 재료의 성질과 무관하게 일방적으로 무엇을 만들어 내는 것이 아니라 재료의 성질을 고려한다. 예술의 비유는 예술가와 재료 사이의 관계처럼 교사와 학생의 관계도 일방적이 아니라 상호작용하는 관계라는 것을 보여 준다. 그러나 예술의 비유도 교사(예술가)와 학생(재료)의 관계가 대등하지 않고 교사(예술가)의 역할을 강조한다는 점에서 주형 비유의 변형된 형태로 볼 수 있다.

성년식(成年式, initiation)의 비유는 주형의 비유와 성장의 비유가 공통적으로 교육내용과 교육방법의 관련성을 잘못 파악하고 있는 것에 대한 대안적인 비유다. 주형의 비유가 교육내용을 강조한 나머지 교육방법을 간과하는 데 비해, 성장의 비유는 교육방법을 강조한 나머지 교육내용을 간과하는 경향이 있다. 성년식의 비유에 의하면, 미성년자가 성년식을 거쳐 어른이 되고 부족사회의 일원이 되는 것처럼 교육은 학생을 '문명화된 삶의 형식', 즉 인류 문화유산에 입문시키는 일이다. 학생을 문명화된 삶의 형식으로 입문시키기 위해 전달하는 교육내용과 그것을 비판하고 발전시키는 교육방법상의 원리는 별개일 수 없다. 성년식의 비유는 교육내용과 교육방법의 관계가 분리되어 있지 않고 서로 관련되어 있음을 보여 준다. 그러나 성년식 비유는 일차적으로 교육내용인 인류 문화유산을 강조하며, 교육방법상의 원리는 교육내용에 따라 나오는 것이지 그 반대가 아니라는 점에서 또한 주형 비유의 변형으로 볼 수 있다.

만남(Begegnung)의 비유는 주형, 성장, 성년식, 예술의 비유 모두에 대한 대안적인 비유다. 앞의 비유들은 공통적으로 교육이 점진적이고 지속적인 과정을 통해 이루어지는 점을 강조하는 데 치중한 나머지 단속적이고 비약적으로 이루어지는 측면을 간과한다. **만남의 비유는 '종교적 만남'이나 '실존적 만남'에서 보듯이, 교육에는 교사가 학생을 만남으로써 갑자기 그리고 비약적으로 변하는 측면이 있다는 점을 보여 준다.** 만남의 비유는 교사와 학생의 인격적 만남을 통하여 점진적이 아닌 단속적이고 비약적인 성장이 있을 수 있다는 사실을 보여 준다는 점에서 의미가 있다. 그러나 이 비유는 교육의 일반적인 모습으로 보기 어려우며, 비약적이고 갑작스러운 성장을 기대하다 보면 요행주의로 흐를 위험성도 있다(신차균, 안경식, 유재봉, 2006: 342-344).

2. 교육의 정의 방식과 대표적 정의

교육의 어원과 비유는 교육이 무엇인지에 대한 대체적인 윤곽을 보여 줄 수 있으나 교육의 구체적인 모습을 그대로 보여 주지는 못한다. 그러므로 교육이 무엇인지 보다 명확하게 파악하기 위해서는 교육의 대표적 정의를 좀 더 세밀하게 분석할 필요가 있다.

그러나 이 말이 누구나 합의할 수 있는 교육의 개념을 탐색할 수 있다는 의미는 아니다. 교육은 그것을 정의하는 문제의식과 정의 방식이 학자마다 다양할 수 있기 때문이다. 교육의 정의를 분석하기 위해서는 교육을 정의하는 방식에 대한 이해가 선행되어야 한다.

혹자는 교육을 '자아실현'처럼 개인의 관점에서 규정하기도 하며, '사회화'처럼 사회의 관점에서 규정하기도 한다. 혹자는 교육을 '행동의 변화'처럼 가시적 관점에서 규정하기도 하며, '마음의 계발'처럼 비가시적 관점에서 규정하기도 한다. 그리고 혹자는 교육을 '가르치고 배우는 것'처럼 기술적(descriptive)으로 정의하기도 하며, '인지적 안목의 형성'처럼 규범적(normative)으로 규정하기도 한다(신차균, 안경식, 유재봉, 2006: 333).

셰플러(Scheffler, 1960)는 정의를 조작적 정의(operational definition), 약정적 정의(stipulative definition), 기술적 정의(descriptive definition) 그리고 규범적 정의(programmatic definition)로 나누었다. 다음에서는 교육의 정의에 자주 사용되는 이 네 가지 정의 방식을 살펴본다.[1] 그런 다음, 교육의 대표적 정의로 흔히 받아들이는 정범모(1968)의 정의와 피터스(Peters, 1966)의 정의를 좀 더 세밀히 분석한다. 정범모와 피터스의 정의는 교육과 교육 아닌 것, 교육에서 문제 삼아야 할 것과 문제 삼지 말아야 할 것을 분명하게 구분하고 있다는 점, 교육을 총체적으로 정의하고 있다는 점 그리고 그들의 교육 정의가 다른 사람들의 교육 규정에 상당한 영향을 미쳐 왔다는 점에서 대표적인 정의라고 볼 수 있다. 그러나 정범모와 피터스의 교육은 정의 방식, 정의 내용 내지 관심사, 정의 배경 및 문제의식이 상당한 정도로 대조적이다. 이러한 차이에 상응할 만큼 정범모와 피터스가 추구하는 교육의 모습도 판이하다.

[1] 교육의 정의 방식에 대해서는 주로 신차균, 안경식, 유재봉(2006: 334-338), 이돈희(1983: 71-75), 이홍우(1991: 17-25, 41-50), Scheffler(1960: 11-35)를 참고한다.

1) 교육의 정의 방식

(1) 조작적 정의

조작적 정의는 개념을 과학적으로 정의하는 한 가지 방식이다. 과학적 지식은 관찰할 수 있는 반복적 조작에 의해 객관화되며, 구체적 사태의 조작에 의해 그 의미가 드러난다. 무엇을 조작적으로 정의한다는 것은 **관찰할 수 없는 것을 관찰 가능한 형태로 정의하는 것이다.** 예컨대, 온도를 '수은주에 나타난 눈금'으로 정의하는 것이다. 온도는 원래 눈에 보이지 않지만, 조작적 정의에 의하여 온도계를 보면 누구나 온도를 알 수 있게 된다.

조작적 정의는 교육을 정의할 때도 종종 사용된다. 교육에서의 조작적 정의는 교육의 개념을 보다 분명히 하기 위해 교육활동의 요소와 그것이 작용하는 실제 과정을 관찰할 수 있는 형태로 정의한다. 그 대표적인 예는 교육을 "인간 행동의 계획적 변화"(정범모, 1968: 18)라고 규정하는 것이다. 이 정의는 이중적인 의미에서 조작적 정의라고 볼 수 있다. 하나는 인간 행동 자체가 조작적으로 정의되어야 한다는 것이다. 행동이 조작적으로 정의될 때 그 변화를 설명하고 실제적인 프로그램을 마련할 수 있기 때문이다. 다른 하나는 계획 또는 실제적 프로그램 자체가 조작이라는 것이다. 그것이 '인간 행동의 변화'를 관찰할 수 있도록 하기 때문이다(이홍우, 1991: 46). 조작적 정의에 따르면, 하나의 활동이 교육인지는 전적으로 의도한 인간 행동의 변화가 실지로 관찰되는가에 달려 있다. 교육에서 조작적 정의는 교육 개념을 과학적으로 규정하려 할 때, 즉 교육 개념의 추상성을 제거하고 교육활동을 명확히 규정하려 할 때 흔히 사용된다.

(2) 약정적 정의

약정적 정의는 의사소통을 위해 복잡한 현상을 무엇이라고 부르자고 약속하는 정의다. 예컨대, 대학의 학점을 표기할 때 해당 교과의 성적이 90~94점인 경우 'A'라고 하는 것이다. 이 경우 우리는 자신의 성적표를 보면서 'A'를 알파벳의 첫 글자이거나 단순한 순서를 나타내는 것으로 보지 않는다. 약정적 정의는 언어의 의미를 있는 그대로 드러내기보다는 오히려 구별 지으려는 데 목적이 있다. 또한 약정적 정의는 복잡하게 설명해야 할 것을 간단하게 한마디로 무엇이라고 약속함으로써 언어를 축약하고 단순화하기 위해 사용한다.

교육의 개념을 규정하려고 할 때도 흔히 약정적 정의가 사용된다. 예컨대, 교육학자와 경제학자가 교육개방 정책에 관해 논의한다면, 아마도 그들은 각자가 상정하고 있는 교육 개념과 논리의 차이로 인해 어려움을 겪을 것이다. 이 경우에 '교육을 ~라고 하자'고 약정적으로 규정하면 논의가 훨씬 수월할 것이다. 약정적 정의는 교육에 종사하는 사람 간의 논의에서도 유익하다. 예컨대, '스파르타식 교육'은 교육인가라는 것에 대해 교육과 훈련을 구분하는 사람과 그렇지 않는 사람 사이에는 의사소통의 어려움이 있을 수 있다. 그럴 때 '교육은 훈련과 구분되는 개념이라고 하자'고 약정적으로 규정할 필요가 있다. 이처럼 약정적 정의는 교육현상이 한마디로 규정하기에 지나치게 복잡하다든가 교육 개념에 대한 합의가 어려워 논의가 난관에 봉착할 때 언어의 경제성과 논의의 편리성을 위해 사용한다.

(3) 기술적 정의

'서술적 정의'라고도 하는 기술적 정의는 하나의 개념을 이미 알고 있는 다른 말로 설명함으로써 그 개념이 무엇인지 알려 주는 정의를 말한다. 기술적 정의는 누가 어떤 맥락에 사용하는가와 상관없이 일반적으로 통용되는 의미를 규정하는 것이다. 그러므로 기술적 정의에 대해 우리는 그것이 제대로 된 정의인가를 물을 수 있으며, 제대로 된 정의인지 혹은 엉터리 정의인지는 그 개념의 일상적인 의미와 일치하는가에 달려 있다. 또한 **기술적 정의는 가능한 한 가치판단을 배제한 가치 중립적 태도로 있는 그대로를 객관적으로 규정한다.** 예컨대, '등산'을 '산에 오르는 일'로, '교육'을 '학교에서 하는 일' 또는 '가르치고 배우는 일' 등으로 규정하는 것이다. 이러한 정의는 개념의 폭을 넓히거나 그 활동을 하는 데 실제적인 지침을 주기에는 미약하다.

조작적 정의와 마찬가지로, 기술적 정의는 교육과학자들이 선호하는 정의다. 교육과학자들은 교육철학자들과는 달리 교육의 가치를 적극적으로 제시하기보다는 교육의 현상을 면밀히 관찰하여 있는 모습 그대로 객관적이면서 정확하게 파악하는 것에 관심을 두기 때문이다. 기술적 정의는 교육이 추구해야 할 가치 혹은 목적이 배제된 채로 정의되기 때문에, 교육에 수단적 가치(instrumental value) 혹은 외재적 가치(extrinsic value)가 개입되는 문제를 안고 있다. 그러나 교육에서 기술적 정의는 교육 개념을 전혀 모르거나 생소한 사람에게 교육의 개념을 설명할 때나 교육현상을 정확하고 객관적으로 묘사할 때 의미 있게 사용된다.

(4) 규범적 정의

'강령적 정의'라고도 하는 **규범적 정의는 하나의 정의에 '어떻게 해야 하는가? 어떻게 하는 것이 옳은가?'와 같은 규범 내지 강령이 들어 있는 정의를 말한다.** 기술적 정의가 한 단어가 어떤 뜻으로 사용되어 왔는가에 관심이 있다면, 규범적 정의는 어떤 의미로 사용되어야 하는가에 관심이 있다. 그리고 기술적 정의가 객관적이고 가치 중립적으로 규정하는 데 관심이 있다면, 규범적 정의는 가치판단이나 가치주장을 담고 있다. 그렇다고 해서 규범적 정의가 정의 형식 면에서 기술적 정의와 구분되는 것은 아니다. 기술적 정의와 규범적 정의는 모두 'X는 무엇이다'의 형식을 취하나, 그 정의의 목적이나 논의에서 수행되는 역할은 다르다. 예컨대, '전문직'의 정의를 생각해 보자. 기술적인 의미로 사용될 때의 관심사는 어떤 직종이 전문적인지 아닌지를 판별하는 데 있다. 그러나 규범적인 의미로 사용될 때의 관심사는 그 직종에 종사하는 사람은 전문직에 걸맞게 행동해야 한다거나 대우해야 한다는 것이다. 요컨대, 기술적 정의는 그 정의가 일상적 의미를 충실히 반영하고 있는가를 묻는 '언어적' 질문이라면, 규범적 정의는 그 정의 속에 들어 있는 규범 혹은 행동강령이 올바른가를 묻는 '도덕적' 질문이다.

교육은 가치 지향적 활동이기 때문에 규범적 정의가 자주 사용된다. 규범적 정의는 다름 아닌 교육활동 속에 들어 있는 가치나 그 기준을 드러내는 것이기 때문이다. 교육에 관한 규범적 정의의 대표적인 예는 피터스에게서 찾아볼 수 있다. 피터스에 의하면, 교육은 근본적으로 교육의 내재적 가치를 도덕적으로 온당한 방식으로 의도적으로 전달하는 행위다. 교육에서 규범적 정의는 가치의 맥락에서 교육의 의미를 밝힐 필요가 있을 때, 그리고 교육 개념 속에 붙박여 있는 '내재적 가치(intrinsic value)'를 실현하거나 강조할 필요가 있을 때 의미 있게 사용된다.

2) 교육의 대표적 정의

(1) 정범모의 교육 개념

정범모의 교육 개념은 그의 책 『교육과 교육학』(1968)에 잘 드러나 있다. 이 책은 우리나라 최초로 교육의 개념과 교육학을 체계화한 저서다. 정범모는 이 책에서 교육의 개념과 교육학의 성격에 대해 상세하게 기술하였다. 그는 기본적으로 교육의 개념과 교육학의 성격이 과학적이어야 한다는 생각하에 교육의 개념과 그에 바탕을 둔 교육학의 체계화를 시도하였다. 그리하여 1960년대 이후 지금까지 한국인이면 누구나 정범모의 교육의 정의를 언급한다. 한국교육의 개념과 교육학 체계의 역사는 정범모의 교육 개념과 교육학에 대한 계승 및 비판의 연속으로 보아도 좋을 정도로 그의 교육의 개념과 교육학의 성격에 대한 영향력은 절대적이었다.

정범모(1968: 18)는 교육의 개념을 "인간 행동의 계획적인 변화"라고 정의하였다. 이 정의에 드러나 있듯이, 그는 교육을 관찰자적 관점에서 조작적 · 기술적으로 정의하였다. 그 결과, 정범모의 정의는 바깥으로 드러나는 '행동의 변화'에 관심을 가지고 있다. 그가 교육을 이렇게 정의하게 된 이유는 그 당시 한국교육이 응당 가지고 있고 가져야 할 행동 변화의 힘을 무시하였기 때문이다. 정범모가 보기에 **교육은 계획적 · 체계적으로 가르치기만 하면 인간 행동을 변화시킬 수 있는 강력한 힘이 있으며**, 그의 정의는 이 점을 보여 주고자 한 것으로 볼 수 있다. 정범모의 교육의 정의에는 다음의 세 가지 중핵 개념 내지 개념적 준거, 즉 '인간 행동' '변화' '계획적'이 포함되어 있다.❷

① 인간 행동

공업의 관심사가 제조품이고 농업의 관심사가 쌀이나 배추와 같은 농작물이듯이, 교육의 관심사는 무엇보다 '인간'이다. 교육은 제조품, 농작물은 물론이고 정치, 경제, 문화 등에 관심을 가진다. 그러나 교육은 제조품을 직접 생산하기보다는

❷ 정범모의 교육의 개념과 평가는 주로 신차균, 안경식, 유재봉(2006: 345-353), 유재봉(2004: 221-233), 이홍우(1991: 33-60), 정범모(1968: 18-27)에 의존하고 있다.

그것을 생산할 수 있는 인간을, 농작물을 직접 기르기보다는 그것을 재배할 줄 아는 인간을, 그리고 정치 · 경제 · 사회 발전 자체보다는 그러한 것들을 할 수 있는 인간을 기르는 데 관심을 둔다.

교육이 인간을 기르는 일에 관심을 가진다는 것은 분명하나, 그것만으로는 교육이 무엇인지가 여전히 막연하다. 그것은 마치 농사가 농작물을 기르는 일이라고 말하는 것처럼 불분명하다. 농작물에는 쌀도 있고 채소도 있고 과일도 있으며, 어떤 농작물을 재배하느냐에 따라 농사의 성격과 방법도 달라지기 때문이다. 마찬가지로 교육의 대상인 인간 역시 어떤 측면에 초점을 두느냐에 따라 교육의 성격과 방법이 달라질 수 있다. 그러므로 교육이 대상으로 삼는 인간을 보다 구체화할 필요가 있다.

정범모에 의하면, 교육에서 인간을 기른다고 할 때의 인간은 '인간 행동'을 말한다. 이때 '행동'이라는 것은 '행동주의(behaviorism)'에서 모종의 자극에 대한 신체적인 반응에 해당하는 행동과는 구별되는 개념이다. 여기서 말하는 **'행동'은 과학적 혹은 심리학적 개념으로서, 바깥으로 드러나는 외현적 · 표출적 행동(overt behavior)뿐만 아니라 지식, 사고력, 태도, 가치관, 동기, 성격 특성, 자아개념 등과 같은 내면적 · 불가시적 행동(covert behavior)이나 특성을 포함한다.** 내면적 · 불가시적 특성을 가진 것을 '행동'으로 다루는 이유는 과학적으로 의미 있게 그것을 파악하기 위해서다. 교육이 인간을 대상으로 한다고 할 때의 인간은 '인간 행동'으로 구체화되어야 하며, 인간 행동은 일상적 용법이나 추상적으로 규정되기보다는 과학적으로 규정될 필요가 있다.

② 변화

앞서 살펴본 것처럼, 인간 행동이라는 용어를 넓은 의미로 사용한다면 교육이 인간 행동에 관심을 두는 활동이라는 점도 다소 분명하다. 그런데 그러한 인간 행동을 어떻게 하는 것인가라는 질문이 제기되고, 그에 대한 구체적 답변은, 정범모에 의하면, '변화'다. '변화'의 개념은 인간 행동을 어떻게 하는가에 대한 대답뿐만 아니라 교육학과 다른 학문을 구분하는 핵심 준거를 제공한다. 인간 행동을 대상으로 삼는 것은 유독 교육이나 교육학만이 아니다. 정치학, 사회학, 경제학, 심리학 등의 행동과학 혹은 사회과학은 분명한 형태건 아니건 모두 인간 행동에 관심을 갖는다.

그러나 교육이나 교육학이 다른 행동과학과 다른 점은 교육이나 교육학은 인간 행동을 변화시키는 데 관심이 있다는 것이다. 정치학은 인간의 정치적 행동에, 사회학은 인간의 사회적 행동에, 경제학은 인간의 경제적 행동에, 그리고 심리학은 인간의 심리적 행동에 관심을 갖는다. 그러나 이러한 행동과학은 인간의 정치적 · 사회적 · 경제적 · 심리적 행동을 관찰하고 기술하고 설명하고 일반화하고 예언하는 데 목적을 두기는 하지만, 그러한 행동을 변화시키는 데 일차적인 목적이 있지 않다. 유독 교육과 교육학만이 인간 행동을 변화시키는 데 일차적인 관심이 있는 것이다.

교육이 '인간 행동을 변화시키는 일'이라고 할 때의 **'변화'는 '육성, 조성, 함양, 계발, 교정, 개선, 성숙, 발달, 증대' 등을 포함하는 포괄적인 개념이다.** '행동이 변화되었다'는 것은 없던 지식을 갖추게 되고, 미숙한 사고력이 숙달되며, 몰랐던 기술을 알게 되고, 이런 생각 혹은 관점이 저런 생각 혹은 관점으로 바뀌게 되는 것 등 없던 것이 있게 되거나 있던 것이 없게 되는 것, 약한 것이 강하게 되거나 강한 것이 약하게 되는 것 등을 포함한다. 교육은 인간의 변화가 선천적으로 결정되어 있지 않다는 전제하에 가능하다. '인간 행동의 변화 가능성'은 교육이라는 활동과 교육학이라는 학문의 성립 기반인 동시에 존재 이유가 된다. 교육이 참으로 의미를 가지려면 인간 행동의 변화를 실지로 일으켜야 하며, 그 힘을 '교육력'이라고 한다.

교육을 인간 행동의 변화로 보는 관점에는 몇 가지 논란거리가 있을 수 있다. 첫째, 좋은 변화를 일으키는 좋은 교육(good education)과 나쁜 변화를 일으키는 나쁜 교육(bad education)이 있을 수 있다. 여기서 '좋고' '나쁘고'의 문제는 변화에 대한 과학적 문제라기보다는 변화시켜야 할 것에 대한 가치관 문제다. 둘째, 인간 행동을 강력하고 효과적으로 변화시키는 교육이 있을 수 있고 그렇지 않은 교육이 있을 수 있다. 강력한 교육은 그것이 목적하는 변화를 단시간에 일으킬 수 있어야 하며, 일으킨 변화가 일반성을 가지고 지속적인 효과를 발휘해야 한다. 정범모에 의하면, 게릴라든, 성자든, 창조적 성격이든, 민주적 자질이든 간에 교육에서 중요한 것은 유효하고 강력하게 변화시키는가의 여부다(정범모, 1968: 23).

③ 계획적

교육이 기본적으로 '인간 행동을 변화시키는 일'이라고 할 때, 그러한 인간 행동의 변화는 여러 경로를 통해서 일어난다. 인간 행동의 변화는 체계적인 계획에 의해서만 일어나는 것은 아니다. 그것은 우연적으로 일어날 수도 있고, 자연적 성숙에 의해서 일어날 수도 있으며, 심지어는 약물중독에 의해서 일어날 수도 있다. 인간 행동이 변화되었다고 해서 '교육(education)'이라고 부르는 것은 아니다. 정범모에 의하면, '교육'과 '교육이 아닌 것', 가령 '학습(learning)'이나 '성숙(maturation)' 등을 구분하는 결정적인 기준은 행동의 변화가 '계획에 의한 것'인가다.

교육이 '인간 행동의 계획적인 변화'라고 할 때의 '계획적'이라는 말은 다음의 세 가지 조건을 만족시켜야 한다. 첫째, 변화시키고자 하는 인간 행동에 대한 명확한 목표의식(교육목표)이 있어야 한다. 둘째, 어떻게 하면 인간 행동의 변화를 가져올 수 있는가를 보여 주는 이론(교육이론)이 있어야 한다. 셋째, 그러한 교육이론에 기반을 둔 구체적인 교육 프로그램(교육과정)이 있어야 한다. 정범모에 의하면, 이 세 가지 기준을 만족시키는 '계획적' 인간 행동의 변화만을 교육이라고 부를 수 있다. 예컨대, 텔레비전을 보던 어린아이가 갑자기 벨리댄스를 따라 하더라도 그것을 교육이라고 부르지 않는 이유는 그러한 행동이 '계획적' 변화가 아니기 때문이다.

'계획적'이라는 준거는 교육과 교육 아닌 것을 구분하는 결정적인 준거일 뿐만 아니라 교육이 본래의 임무를 다할 수 있기 위한 가장 중요한 조건이기도 하다. '인간 행동'과 '변화'라는 두 요소는 결국 교육 프로그램으로서의 계획에 의해 종합된다. 말하자면, 인간 행동은 이런 이론, 이런 원칙에 기초하여 이런 자료, 이런 상황, 이런 방법을 통하여 변화될 수 있다는 교육 프로그램에 의해 제대로 변화될 수 있는 것이다.

지금까지 설명한 정범모의 교육에 대한 정의는 크게 세 가지 측면에서 평가할 수 있다. 첫째는 개념적 측면이고, 둘째는 그 정의가 교육 실제에 가져온 결과적 측면이며, 셋째는 그 정의에 들어 있는 전제의 측면이다.

첫째, 개념 혹은 정의 자체에 대한 평가다. 정범모는 교육을 "인간 행동의 계획적 변화"로 명확하게 규정하였다. 그러나 모든 인간 행동의 계획적 변화가 교육인가? 이 질문에 대답하기 위해 두 경우를 생각해 볼 수 있다. 첫 번째 경우는 '바람직하지 않은' 인간 행동의 계획적 변화도 교육인가 하는 점이다. 예컨대, 소매치기를 양성하는 것도 교육인가? 소매치기를 양성할 때, 그들은 나름대로의 명확한 목표, 이론, 프로그램을 가지고 있을 것이고 그에 따라 소매치기를 양성할 것이다. 이렇게 하여 한 사람의 소매치기가 양성되었다면, 인간 행동이 확실히 계획적으로 변화된 것이기는 하지만 그것을 '교육'이라 부르는 데는 주저하게 된다. 두 번째 경우는 '바람직한' 인간 행동의 계획적 변화다. 예컨대, 정신과 의사가 자폐증 환자를 고치는 경우다. 정신과 의사는 정신분석학이나 상담심리 기법을 사용하여 인간 행동을 계획적으로 변화시킬 것이다. 이 경우는 '바람직한' 인간 행동의 계획적 변화임에도 불구하고, 우리는 이것을 '교육'이라 부르는 대신에 '치료(therapy)'라 부른다. 이러한 예에서 보듯이, 인간 행동이 계획적으로 변화되었다고 해서 모두 교육이라 부를 수 있는 것은 아니다.

둘째, 정범모의 정의가 교육 실제에 가져온 결과적 측면에 대한 평가다. 정범모는 교육을 '인간 행동의 계획적인 변화'라고 규정함으로써 그에 따라 나오는 변화시키려는 행동에 대한 명확한 목표를 가지는 일, 그러한 목표를 달성하기 위해서 교육내용을 선정하고 조직하는 일, 그렇게 선정되고 조직된 교육내용을 가르치는 일 그리고 애초에 목표한 것이 어느 정도 달성되었는가를 평가하는 일에 관심을 둘 수밖에 없었다. 그 결과, 정범모의 정의는 교육을 체계화하고 교사의 역할을 명확히 하는 데 공헌하였다. 그러나 그의 정의는 교육목적이 분명하지 않다. 이 정의에서는 교육목적이 이미 주어진 것으로 간주되며, 교육의 관심사는 우리가 바라는 변화를 효과적으로 일으키는 교육방법을 강구하는 데 있다. 예컨대, 정범모의 정의에서 관심사는 '수학에서 왜 미분이나 적분을 가르쳐야 하는가?'의 문제보다는 주어진 '미분이나 적분의 문제를 푸는 행동이 실지로 일어났는가?'다. 평가단계에서 학생이 미분이나 적분 문제를 푸는 행동을 보이면 개념상 교육이 일어난 것이다. 이러한 교육에서는 결과와 평가가 중시되며, 나아가 그것이 교육의 목적을 지배하는 결과를 초래한다.

셋째, 정범모 정의의 기본 전제에 대한 평가다. 그에 의하면, 교육학은 인간의 행동 변화에 관한 법칙을 발견하고 설명하는 이론에 관심이 있으며, 교육은 인간의 행동 변화를 실지로 일으키는 데 관심이 있다. 그런데 인간의 행동을 설명하는 학문이 '행동과학'이라면, 그러한 행동을 변화시키는 것은 '행동공학'이다. 이에 비추어 보면, '인간 행동의 계획적 변화'라는 정의는 '교육'의 정의라기보다는 '(행동)과학'의 정의라고 보아야 한다. 정범모 자신도 교육은 기본적으로 '과학'이어야 한다고 보았다. 이렇게 볼 때 정범모의 정의는 교육을 과학화 · 체계화한다는 미명하에 교육을 가치 중립적인 행동공학으로 대체시킨 것으로 볼 수 있다(이학주, 2003: 11). 그러나 교육은 결코 가치 중립적일 수 없으며 가치를 전제하는 개념이다. 교육의 가치 문제가 다소 복잡한 문제를 안고 있다고 하더라도, 그러한 문제를 해결하기 위해 '과학'의 정의를 '교육'의 정의로 대치하는 것은 교육의 본말을 전도시키는 일이다. 나아가 교육이 과학에 종속되는 결과를 초래할 수 있다.

(2) 피터스의 교육 개념

피터스의 교육 개념은 그의 유명한 책『윤리학과 교육(Ethics and Education)』에 잘 드러나 있다. 이 책은 분석철학적인 방식으로 윤리학과 사회철학을 교육문제에 적용한다. 피터스는 이 책으로 인하여 20세기 후반에 새롭게 정립된 '현대 영국 교육철학'의 선구자로 불렸으며, 20세기 후반의 가장 탁월한 교육사상가 중 한 명이 되었다(White, 2001).『윤리학과 교육』에는 교육윤리학과 사회철학의 다양한 문제가 논의되어 있을 뿐만 아니라 교육 개념도 체계적으로 분석되어 있다.

『윤리학과 교육』에서 피터스는 교육이라는 개념을 다양한 용어로 규정하고 있다. **'문명화된 삶의 형식'에로의 입문, '공적 유산 혹은 공적 전통'에로의 입문, '인류 문화유산'에로의 입문 등이다.** 피터스의 교육관은 오크쇼트(M. Oakeshott)나 허스트(P. Hirst)의 그것과 유사하다. 오크쇼트에 의하면, 교육은 딜타이(Dilthey)가 '정신세계(Geistige Welt)'라 부른 '지적 유산'의 세계에 학생을 입문시키는 행위이고, 지적 유산은 감정, 정조, 상상, 신념, 이해, 절차, 관례 등을 포함하는 사물이 아닌 '사실' '표현' '의미'의 세계이며, 인간만이 성취 가능한 이해의 세계다(Oakeshott, 1965: 45). 허스트는 이러한 공적 유산, 지적 유산, 삶의 형식을 보다 구체적인 수준에서 규정하여, 교육을 **'지식의 형식(forms of knowledge)'에의 입문**으로 보았다. 지식의 형식에는 수학, 물리학, 인문학, 문학과 순수예술, 도덕, 종교, 철학 등이 포함되며, 각 지식의 형식마다 독특한 개념, 논리 구조, 진리 검증 방식이 상이하다(Hirst, 1965).

피터스의 교육에 대한 규정이 가장 체계적으로 드러나 있는 정의는 아마 "모종의 가치 있는 것이 도덕적으로 온당한 방식으로 의도적으로 전달되고 있거나 전달된 상태"(Peters, 1966: 25) 혹은 "교육 개념 안에 붙박여 있는 세 가지 준거를 모두 충족시키는 방향으로 가치 있는 활동 또는 사고와 행동의 양식으로 사람을 입문시키는 성년식"(Peters, 1966: 55)이다. 이 정의에서 보듯이, 피터스는 교육을 행위자의 관점에서 규범적으로 정의하였다. '인간 행동의 변화'로 교육을 규정하는 정범모와는 달리, 그는 교육의 내재적 가치실현과 관련된 '마음의 획득 혹은 계발'로 교육을 규정하였다. 피터스가 교육의 내재적 가치를 중요시한 것은 교육의 의미를 유용성 혹은 실제적 효과와 관련하여 수단적·외재적으로 파악하려는 데 대한 반발에서 비롯된 것이다. 그리하여 그는 **교육이 내재적 가치, 즉 교육 개념 속에 붙박여 있는 가치를 실현하는 것이어야 한다는 점을 강조하였다.**

피터스의 교육 개념은 '규범적 준거(normative criterion)' '인지적 준거(cognitive criterion)' '과정적 준거(procedural criterion)'의 세 가지로 압축할 수 있다.[3]

① 규범적 준거

교육의 규범적 준거는 " '교육'은 교육에 헌신하려는 사람에게 가치 있는 것을 전달하는 것을 함의한다."는 말로 표현된다(Peters, 1966: 45). 이 준거의 핵심은 모종의 '가치 있는 것'을 전달하는 것과 관련되어 있다. 여기서 가치는 교육의 개념 속에 들어 있는 가치, 즉 '내재적 가치(intrinsic value)'다. 교육이라는 말 속에는 '가치 있다' '바람직하다' '좋다'라는 규범이 들어 있으며, **교육은 아무 가치가 아닌 교육의 개념 속에 붙박여 있는 '내재적 가치'를 추구하는 일이어야 한다.** 교육의 내재적 가치는 교육의 '외재적 가치(extrinsic value)'에 대비되는 것이다. 교육의 외재적 가치는 '수단적 가치' 혹은 '도구적 가치'라고도 하는데, 교육이 다른 목적을 위한 수단으로서 지니는 가치를 말한다. 예컨대, 교육을 출세나 국가발전을 위한 수단으로 보는 것

❸ 피터스의 교육 개념의 준거와 이에 대한 평가에 관한 설명은 주로 신차균, 안경식, 유재봉(2006: 353-363), 유재봉, 임정연(2005: 100-116), 이홍우(1991: 61-96), Hirst & Peters (1970: Ch. 2), Peters(1966: 45), Peters(1973b: 11-29)를 참고한다.

이다. 교육목적의 혼란은 교육 개념 속에 붙박여 있는 가치를 빼고 교육을 다른 목적을 위한 수단으로 생각한 데서 비롯된 것이며, 교육의 외재적 가치 혹은 목적을 주장하는 것은 교육의 본질을 왜곡할 수 있다.

요컨대, 교육의 규범적 준거라는 것은 교육이 모종의 가치를 추구하는 활동이고, 그 활동은 다름 아닌 교육의 개념 속에 들어 있는 바람직성, 규범성, 가치성, 좋음이 무엇이며 그것이 어떤 점에서 가치를 가지는가를 밝히는 일이다. 규범적 준거에 따르면, **교육은 '외재적'으로 규정되어서는 안 된다.**

② 인지적 준거

인지적 준거는 교육의 규범적 준거인 내재적 가치가 '내용' 면에서 구체화된 것으로, 피터스의 교육 개념의 핵심을 이루는 것이다. 교육의 인지적 준거는 "교육은 지식과 이해 그리고 모종의 인지적 안목을 포함해야 하고, 이러한 것들은 무기력한 것이어서는 안 된다."는 말에 잘 드러나 있다(Peters, 1966: 45). **교육의 인지적 준거의 핵심이면서 내재적 가치는 다름 아닌 '지식, 이해, 인지적 안목'이다.**

'지식, 이해, 인지적 안목'이 형성되었다는 것이 의미하는 바는 다음과 같다. 첫째, 우리가 배우는 지식, 정보, 사실 등이 서로 유리되어 별개의 것으로 존재하는 데 그쳐서는 안 된다. 둘째, 잡다한 정보와 사실을 합쳐 놓은 것 이상으로 사물 전체를 볼 수 있고 이해할 수 있는 통합된 안목이 이루어져야 한다. 셋째, 자신이 하고 있는 일을 제한된 일이 아닌 삶의 정연한 패턴 속에서 전체적으로 조망할 수 있어야 하며, 그에 당연히 따라 나오는 헌신을 포함해야 한다. 교육받은 사람은 교육내용을 통달하여 그것을 모종의 통합된 안목과 자신의 삶 전체에 비추어 볼 수 있으며, 그렇게 하는 것을 소중히 여기는 상태에 있다. 이렇게 할 때 우리는 비로소 무기력하지 않은 지식을 소유할 수 있다(Peters, 1966: 45).

요컨대, 교육의 인지적 준거는 규범적 준거의 구체적 내용을 밝히는 것으로서, **지식과 정보 등이 유리되어 있지 않고 사물 전체를 조망할 수 있는 포괄적이고 통합된 안목이 형성된 상태를 의미한다. 이 기준에 따르면, 교육은 신념체계 전체를 변화시키는 '전인적 교육'이어야 하며, 제한된 기술이나 사고방식을 길러 주는 전문화된 '훈련(training)'이어서는 안 된다.**

③ 과정적 준거

과정적 준거는 교육의 규범적 준거가 방법 면에서 상세화된 것, 즉 내재적 가치를 실현하는 방법상의 원리를 밝힌 것으로 볼 수 있다. 교육의 과정적 준거는 "교육은 최소한의 학습자의 의식과 자발성을 전제하고 있다는 점에서 그러한 것이 결여된 몇 가지 전달과정은 교육에서 제외된다."는 말에 잘 드러나 있다(Peters, 1966: 45). 교육의 과정적 준거에 따르면, 교육의 내재적 가치인 '지식, 이해, 인지적 안목'은 아무렇게나 가르친다고 해서 길러지는 것이 아니고 도덕적으로 온당한 방식으로 가르칠 때만이 가능하다. '도덕적으로 온당한 방식으로 가르친다.'는 것은 적어도 학습자에게 최소한의 의식과 자발성이 있게 가르치는 것을 의미한다.

수업 장면에서 학습자의 의식과 자발성을 유도하기 위해서는 전달되는 자료나 내용이 아동에게 '흥미' 있는 것이어야 한다. **'흥미(interest)'라는 개념은 '심리적인 의미(psychological sense)', 즉 아동이 하고 싶어 하는 것으로 볼 수도 있고, '규범적인 의미(normative sense)', 즉 아동에게 유익이 되는 것으로 볼 수도 있다.** 지금까지 흥미는 진보주의나 아동중심 교육사상가들에 의해 지나치게 심리적인 의미로 이해되어 온 경향이 있다. '아동의 흥미를 존중한다.'는 것은 아동으로 하여금 내재적으로 가치 있는 것에 접하게 함으로써 그 내재적인 가치를 추구하도록 이끌되, 그 과정에서 현재 아동의 흥미를 존중해야 한다는 의미로 이해되어야 한다.

요컨대, 교육의 과정적 준거는 규범적 준거의 방법상의 원리를 제시하는 것으로, 교육이 학습자의 최소한의 의식과 자발성이 있는 방식으로 이루어지는 것을 의미한다. 이 기준에 따르면, **교육이 학습자의 최소한의 이해를 포함하는 도덕적으로 온당한 방식으로 이루어져야 하며, 그렇지 못한 '조건화(conditioning)'나 '세뇌(brain-washing)'가 되어서는 안 된다.**

피터스의 교육 개념은 세 가지 측면에서 평가할 수 있다. 첫째는 개념적 측면에 대한 평가이고, 둘째는 피터스의 교육 개념이 교육에 주는 영향에 대한 평가이며, 셋째는 피터스의 교육 개념에 가정되어 있는 교육관에 대한 평가다.

첫째, 교육 개념 자체에 대한 평가다. 피터스는 교육의 개념을 분석철학적 · 규범적 관점과 성년식의 입장에서 "모종의 가치 있는 것이 도덕적으로 온당한 방식으로 의도적으로 전달되고 있거나 전달된 상태"로 규정하였다. 확실히 그는 분석철학의 대가답게 교육의 개념적 준거를 명료히 밝혔다. 그러나 여기에는 세 준거의 타당성 문제, 교육의 내재적 가치에 대한 비판문제 그리고 교육의 개념과 교육받은 사람 간의 혼동 문제가 제기된다. 먼저, 피터스가 제시한 교육의 세 가지 준거 중 과정적 준거는 독립적인 준거라기보다는 인지적 준거에 포함되어 있는 것으로 보아야 한다. 도덕적으로 온당한 방식으로 가르친다는 것은 가치 있는 활동 혹은 인지적 안목을 형성하는 일에 논리적으로 가정되어 있는 준거이기 때문이다(Peters, 1973b: 24-27). 다음으로, 피터스가 생각하듯이 교육의 내재적 가치와 외재적 가치의 구분이 분명한가, 교육에서 추구해야 할 가치는 오로지 내재적 가치인가 그리고 교육의 내재적 가치는 유독 '지식, 이해, 인지적 안목'에 한정되는가에 대한 비판이다. 그는 이러한 비판을 의식하여 내재적 가치인 '지식 그 자체의 목적을 위한 추구'라는 말의 적합성에 의문을 제기하고, '내재적 가치'와 '외재적 가치'를 엄밀히 구분하는 것의 한계를 인정한다. 교육에서는 내재적 가치 혹은 이론적 활동 추구가 핵심이기는 해도 실제적인 가치의 추구를 간과할 수 없다(유재봉, 2002b: 504; Peters, 1977: 13). 마지막으로, 피터스가 제시한 내재적 가치인 지식과 이해와 인지적 안목이 형성된 상태는 엄밀하게 말하면 **'교육'의 개념이라기보다는 '교육받은 인간' 혹은 '교육받은 상태'의 특성으로 보아야 한다.** 교육이 성취어(achievement verb)와 과업어(task verb)의 측면을 모두 포함하고 있는 데 비해, 교육받은 인간은 성취어의 측면만 가지고 있기 때문이다(유재봉, 2002b: 484-503; Peters, 1973b: 24-27).

둘째, 피터스의 교육 개념이 교육에 미친 영향에 대한 평가다. 피터스의 교육 개념은 적어도 표면상 주지주의 교육의 모습을 띨 수밖에 없다. 주지주의 교육은 교육의 모든 측면을 포괄하기 어렵다는 점, 실제 삶과 유리된다는 점, 엘리트 교육을 대변한다는 점에서 비판받아 왔다. 그는 교육의 개념을 지나치게 이론적 혹은 학문적 지식의 추구와 관련시켜 생각함으로써 인간의 정서, 태도, 행위, 욕구, 기술 등의 측면을 간과하였다. 물론 피터스 자신은 지식과 정서가 분리될 수 없으며 정서에 인지적 측면이 있다는 점을 강조하였다. 그는 정서가 '사정(appraisal)'이라는 인지적 측면을 떠나서는 의미가 없다고 봄으로써 정서조차도 인지와 관련하여 이해하려고 하였다. 이론적 지식 추구를 강조하는 피터스의 교육은 실제 삶과 이중 혹은 삼중으로 유리되는 결과를 초래한다. 왜냐하면 교과 자체가 실제 삶의 추상이고,

교과는 대부분 명제적 지식으로 이루어져 있으며, 그러한 명제적 지식을 가르칠 때 대부분의 경우 실제와의 관련 속에서 가르치기보다는 이론 자체를 추구하기 때문이다(유재봉, 2002a: 42). 나아가 이론적 지식의 추구는 엘리트 계층에 유리하게 작용하여 엘리트 계층과 대중 계층의 차이를 심화시키고, 엘리트 계층의 지배권을 합법적으로 영속화할 수 있다는 비판이 존재한다.

셋째, 피터스의 교육 개념 자체에 가정되어 있는 분석철학적 · 규범적 관점과 성년식의 관점에 대한 평가다. 피터스는 분석철학적 방법을 사용하여 교육의 주요 개념을 명료하게 하였지만, 가치의 문제를 적극적으로 제시하지는 못하였다. 비록 피터스 자신은 교육의 규범적인 측면을 드러내려고 시도하였지만, '가치 중립'을 추구하는 분석철학 자체가 가지고 있는 성격 때문에 교육의 가치문제를 적극적으로 제시하지는 못하였다. 그리고 '성년식으로서의 교육'은 그것이 공적 전통인 인류 문화유산으로 입문시키는 일이라는 것을 보여 준다. 이러한 성년식은 인간의 삶을 지식의 형식으로 환원할 수 있다는 것과 교육은 그러한 지식의 형식에 입문시킴으로써 충분하다는 것을 가정한다. 그러나 지식 혹은 지식의 형식은 인간 삶의 일단을 보여 줄 수는 있어도 삶의 형식 전체를 포괄하기는 어렵다. 인간의 실제 삶은 언제나 지식의 형식으로 포장되지 않을뿐더러, 삶을 지식의 형식으로 담아내기 위해 추상의 과정을 거치는 동안에도 실지로 많은 부분이 빠져나가기 때문이다. 그러므로 교육을 지식의 형식에 입문시키는 것으로 파악하는 것은 충분하다고 보기 어렵다.

표 1-2 정범모의 교육 개념과 피터스의 교육 개념

구분	정범모	피터스
문제의식	인간 행동을 변화시키는 교육의 힘을 간과함에 대한 반발	교육의 의미를 외재적으로 규정하는 것에 대한 반발
정의 방식	기술적 · 조작적 정의	규범적 정의
교육 정의	인간 행동의 계획적 변화	모종의 가치 있는 것이 도덕적으로 온당한 방식으로 의도적으로 전달되고 있거나 전달된 상태

3. 교육의 목적과 교육학의 성격

교육이 무엇인지가 밝혀지고 나면 당연히 따라 나오는 질문은 '교육은 왜 하며, 어떤 목적을 추구해야 하는가?'와 그러한 교육목적을 추구하는 '교육학은 어떤 성격의 학문인가?'다. 교육의 목적과 교육학의 성격은 교육의 개념과 별개의 것이 아니다. 인간은 누구나 세계를 있는 그대로 보기보다는 모종의 안경을 통해서 본다. 교육의 개념은 바로 총체적 세계를 교육의 관점으로 볼 수 있도록 해 주는 '안경'이다. 그러므로 총체적 세계를 교육의 관점에서 어떻게 인식하는가의 문제는 우리가 어떤 교육 개념을 가지고 있느냐에 달려 있다.

교육의 목적과 교육학의 성격도 논리적으로건 사실적으로건 교육의 개념과 관련이 있을 수밖에 없다. **교육의 내재적 목적은 교육의 개념과 '논리적'으로 관련된 목적을 의미하며, 교육의 외재적 목적은 교육의 개념과 '사실적'으로 관련된 목적을 의미한다.** 교육학의 학문적 성격도 본래의 교육 개념을 잘 드러내는 교육학이 있을 수 있으며, 교육학의 본래적 성격과 무관하게 관례적으로 사용되어 오던 교육학이 있을 수 있다.

현행 한국교육계에서는 교육의 목적과 교육학의 성격이 본래적인 것에서 많이 이탈되어 있다는 비판이 제기되고 있다. 이러한 비판에 직면하여 교육의 본질적 목적과 교육학의 원형을 찾으려는 자성적인 움직임이 일어나고 있기도 하다. 이러한 노력은 확실히 교육을 수단화하거나 교육학을 다른 학문으로 대치하는 것을 방지해 줄 수 있다. 그러나 교육이 인간과 사회의 좋은 삶을 실현하는 활동인 이상 내재적 목적 추구만으로는 사실상 불가능하며, 부차적이기는 해도 정치, 경제, 종교 등과 함께 추구된다. 교육학도 교육학의 본래적 성격에 충실하여야 하지만, 그렇다고 인접 학문과 무관하게 교육학을 하거나 인접 학문의 유용성을 일부러 배제할 필요는 없다.

다음에서는 교육의 내재적 목적과 외재적 목적을 밝히고, 교육학의 성격과 정체성에 관한 논의들을 살펴본다. 이는 결국 현행 교육과 교육학의 전체 지도를 그려 주고 앞으로의 방향을 탐색하는 나침반 역할을 할 것이다.

1) 교육의 목적

(1) 교육의 내재적 목적

교육의 내재적 목적은 교육이 다른 것의 수단이 아닌 교육의 개념 혹은 활동 자체가 가지고 있는 목적을 말한다. 교육의 내재적 목적은 교육의 개념이나 활동 속에 붙박여 있는 목적이다. 예컨대, 교육의 목적이 '합리적 마음의 계발'이라고 생각해 보자. 교육과 '합리적 마음의 계발' 사이에는 '개념적' 혹은 '논리적' 관계가 성립한다. 즉, 합리적 마음의 계발은 교육 '개념'의 한 부분을 이루고 있고 교육활동 '안'에 들어 있기 때문에 교육의 '내재적 목적'이라 불린다. 교육의 내재적 목적을 옹호하는 입장에서 피터스는 교육의 목적은 교육의 개념을 잘 실현하는 것 외에 별도의 교육목적이 존재한다고 보지 않았다. 그에 의하면, 교육의 목적은 다름 아닌 교육의 세 가지 개념적 준거, 즉 규범적 · 인지적 · 과정적 준거를 실현하는 일이다. 그가 보기에 **교육받은 인간인 '자유인(free man)'은 교육의 준거를 충족시킨 사람이며, 자유인을 기르는 교육인 '자유교육(liberal education)'은 그러한 준거를 충족시키는 교육이다.** 이 점에서 교육자는 교육 개념에 붙박여 있는 목적 외에 별도의 교육목적을 가질 필요가 없다(Peters, 1966, 1973a).

교육의 내재적 목적을 추구하는 사람은 대체로 오랫동안 내려온 공적 전통을 받아들이는 경향이 있다. 그들의 비판 대상은 교육 외적인 것보다는 오히려 교육이 응당 해야 할 일을 하지 않은 것이다(이홍우, 1998: 6). 교육이 응당 해야 할 일은 다름 아닌 현재의 교육활동 안을 세밀히 들여다보면서 그것의 의미가 무엇인지를 탐색하는 일이다. 그러므로 교육의 내재적 목적을 추구하기 위해 교사가 해야 할 일은 현재 가르치고 있는 교육내용을 그 의미가 충분히 살아나도록 가르치는 일이다. 교육의 내재적 목적으로 흔히 거론되는 것으로는 합리성의 발달, 지식의 형식 추구, 자율성 신장 등이다. 교육의 내재적 목적 관점에서 볼 때, 교육에서 관심을 가져야 할 일은 교육 바깥의 것을 끌어들이기보다는 이러한 교육의 본래 목적을 잘 실현하는 것이다.

(2) 교육의 외재적 목적

교육의 외재적 목적은 교육이 다른 활동의 목적을 위한 수단으로 사용되는 것을 의미한다. 이 경우 **교육은 수단-목적(means-ends)의 관계로 연결되어 있거나 다른 무엇을 위한 필요(need) 때문에 행해진다.** 예컨대, 교육의 목적이 '국가발전'이라고 하면 '국가발전의 수단' 혹은 '국가발전의 필요' 때문에 교육을 한다는 말이 자연스럽게 성립한다. 교육이 다른 활동과 '수단-목적의 관계' 혹은 '필요'와 관련되어 있다는 것은 교육과 다른 활동이 '개념적 또는 논리적으로(conceptually or logically)' 별개의 것임을 의미한다. 여기서 '개념적 또는 논리적으로'라는 말은 '경험적 또는 사실적으로(empirically or factually)'라는 말에 대비되는 개념으로서, 두 활동 간의 관계가 의미상으로 관련되어 있는 것을 말한다(이홍우, 1998: 3). 교육의 목적이 국가발전이라고 할 때, '교육'과 '국가발전'의 개념 간에는 의미상 아무런 관련이 없다. 교육 개념을 아무리 분석해 보아도 '국가발전'이라는 뜻은 들어 있지 않다. 그렇다고 교육이 국가발전과 무관한 것은 아니다. 교육은 실지로 국가발전에 중요한 요소이고, 많은 학자는 이구동성으로 우리나라가 세계적 강국으로 부상하게 된 것이 교육 때문이라고 보고 있다. 교육과 국가발전은 '경험적 또는 사실적으로' 관련되어 있어서 교육을 잘하게 되면 사실상 국가발전에 도움이 되는 것이다. 요컨대, 교육의 목적을 '국가발전'으로 보는 것은 교육과 국가발전이 수단-목적의 관계 혹은 필요의 관계로 연결되어 있다는 것을 의미한다. 그것은 국가발전이 교육과 '사실상' 관련되어 있기는 하지만 '개념상' 별개의 것이라는 점, 즉 교육의 '바깥'에 있다는 사실을 나타낸다. 이 점에서 국가발전은 교육의 '외재적 목적'이라 불린다(이홍우, 1998: 4).

교육의 외재적 목적을 추구하는 사람들은 현행 교육이 사회 현실을 제대로 반영하지 못한다고 보고, 교육이 사회의 현실과 필요를 적극적으로 수용하여야 한다고 주장한다. 교육이 사회의 현실과 필요를 잘 반영하기 위해서는 교육의 바깥에 있으면서 교육과 수단-목적의 관계로 연결되어 있거나, 시급하고 중요한 개인이나 사회의 필요가 무엇인지를 찾아야 한다. 그러므로 교육의 외재적 목적을 추구하기 위해서 교사는 부단히 사회의 변화와 요구에 귀 기울이면서 그에 민감하게 반응할 필요가 있다. 우리나라에서 교육의 외재적 목적으로 흔히 거론되는 것은 경제성장,

사회통합, 직업준비, 생계 유지, 출세 등이다. 교육의 외재적 목적 관점에서 볼 때, 교육은 사회나 개인의 삶과 동떨어진 지식을 가르치기보다는 사회의 현실과 개인의 필요를 잘 반영하는 데 관심을 두어야 한다.

2) 교육학의 학문적 성격

(1) 교육학의 성격

'교육학'이라는 학문은 헤르바르트(Johann F. Herbart)가 『일반교육학(Allgemeine Pädagogik)』(1806)을 출판함으로써 시작되었다고 볼 수 있다. 그에 따르면, 교육학은 윤리학과 심리학이라는 두 가지 기초학문으로 이루어져 있으며, 교육목적론은 윤리학에서, 교육방법론은 교육심리학에서 도출된다. 헤르바르트 이후로 교육학의 성격을 정립하려는 노력은 계속되어 왔다.[4]

교육학의 성격에 대한 본격적인 논쟁은 아마 영국의 오코너(O'Connor, 1957, 1973)와 허스트(Hirst, 1966, 1973)의 논쟁에서 찾아볼 수 있을 것이다. 오코너에 의하면, 이론의 전형은 자연과학 이론에서 찾아볼 수 있으며, 자연과학 이론은 어떤 현상을 관찰, 기술, 설명, 일반화, 예언하는 가설 연역체계를 갖추고 있다. 그런데 **교육학은 엄밀한 의미에서 '자연과학 이론체계'를 갖추고 있지 못하며, 이 점에서 교육이론은 기껏해야 '예우상의 칭호(a courtesy title)'에 불과하다.** 이에 비해 허스트의 교육이론은 과학적 지식이나 방법뿐만 아니라 형이상학적 신념, 도덕, 종교 등의 가치판단을 포함하고 있으며, 실제적 질문에 대해 판단을 내리고 교육 실제를 합리적으로 정당화하는 일을 하는 학문이라는 점에서 '실제적 이론'이다. 허스트가 보기에 **실제적 이론으로서의 교육이론은 교육학이 가진 독특한 이론이며, 결코 과학이론에 종속되거나 열등한 이론이 아니다.** 1990년대에 들어 허스트는 교육의 개념을 '지식의 형식에의 입문(initiation into forms of knowledge)'에서 '사회적 실제에의 입문(initiation into social practices)'으로 바꾸었다. 사회적 실제는 좋은 삶을 영위하기 위해 사회적으로 발달

❹ 이후의 교육학의 성격과 정체성에 관한 논의는 주로 유재봉(2003a, 2003b)에 의존하고 있다.

된 일관성 있는 활동양식으로서, 지식, 신념, 판단, 성공의 준거, 원리, 기술, 성향, 감정 등의 인지적 · 정서적 · 행동적 측면이 서로 긴밀하게 관련되어 있는 요소들의 복합체다(Hirst, 1999: 127). 그러므로 교육이론도 이론이나 실제의 어느 하나에 속하는 것이라기보다는 교육활동에 종사하여 온 사람들의 계속적인 논의 전통에 의해 확립된 이론, 실제, 기술을 포괄하는 것으로 볼 수 있다. **사회적 실제에 기반을 둔 교육이론은 '과학적 이론'이나 '실제적 이론'에 비해 교육과 사회(혹은 사회 전통)의 관련성, 이론과 실제의 통합 그리고 교육의 역동성 측면에서 강점이 있다.**

우리나라에서도 교육학의 성격에 관한 이와 유사한 논쟁이 정범모(1968)와 이규호(1968) 사이에 있었다. 정범모는 교육학이 엄밀한 '과학적' 성격을 띠어야 한다고 주장하였으며, 행동과학에 토대를 둔 교육학의 체계를 확립하였다. 이규호는 교육학의 실증주의적 · 경험과학적 접근을 비판하면서 교육학이 과학적 성격과 규범적 성격을 포괄하는 '해석학적' 성격을 띤 학문임을 주장하였다. 김인회(1968: 135)도 경험과학적 교육학의 성격을 비판하면서, '삶 전체의 의미구조를 교육적 측면에서 해석해 내는' 교육학을 주장하였다. 이홍우(1982)는 해석학적 교육학이 교육과학과 교육철학 사이에 존재하는 긴장을 해소하지 못하며, 오히려 교육학은 일차적으로 교육현상을 이해하는 데 관심을 가지는 '보는 교육학'이어야 한다고 주장하였다. 교육학의 성격에 관한 논쟁은 1980년대에 접어들면서 '교육학의 패러다임 논쟁'으로 그 모습을 달리했다. 이돈희(1983)는 교육의 실제적 지침 개발을 강조하는 '기술공학적 패러다임'보다는 교육현상의 이해와 설명을 강조하는 '과학적 패러다임'을 상대적으로 강조하였다.[5]

교육학의 성격을 둘러싼 지속적인 논쟁은 교육학의 성격과 교육학의 정체성을 분명히 하고 탐색하게 하는 계기를 마련했다. 지금까지 한국교육학의 성격에 관한

[5] 이돈희(2003: 273-274)는 최근에 교육학의 성격을 보다 상세하게 나누어 교육학이 네 가지 서로 다른 차원을 가진 학문임을 밝히고 있다. ① 규범적 교육학: 교육의 이상적 모습, 즉 이상적 조건과 당위적 규칙을 추구한다. ② 공학적 교육학: 교육의 효율성을 높이는 원리와 기술의 개발에 관심을 둔다. ③ 설명적 교육학: 현실에서 전개되고 있는 교육 활동이나 제도가 어떤 성격의 것이냐의 이해에 관심을 둔다. ④ 비판적 교육학: 교육 활동이나 제도에 숨겨져 있는 문제를 비판적으로 분석한다.

논쟁에서는 교육학의 과학적 성격을 주장하는 쪽이 다소 우세한 편이었다. 교육학이 '과학적 성격'을 가지거나 가져야 한다고 할 때는 두 가지 차원의 것을 구분할 필요가 있다. 하나는 방법론적 측면의 과학성이고, 다른 하나는 학문의 엄밀성과 체계성 측면의 과학성이다. 교육학이 엄밀한 체계성을 갖춘 학문이어야 한다는 주장은 비교적 타당하다. 교육학이 자연과학처럼 엄밀한 체계를 갖출 수 있느냐의 문제에 대해서는 논란의 여지가 있지만, 교육학도 학문인 이상 그러한 체계를 지향해야 한다는 것은 다소 분명하다. 그러나 방법론적 측면의 과학성을 주장하는 것은 교육학의 성격을 왜곡시킬 가능성이 있다. 즉, '과학'을 위한 정의가 '교육'의 정의를, '(교육)방법'이 '교육의 목적'을 대치하는 결과를 초래하여 교육학의 정체성을 흐리게 만들 수 있다.

(2) 교육학의 정체성

교육학의 성격에 관한 논쟁은 정체성에 관한 논의를 필연적으로 요청한다. 교육학의 정체성을 모색하려는 대표적 시도는 장상호(1986, 1990, 1997, 2000, 2003)에게서 찾아볼 수 있다. 그는 **교육학의 비본질성을 비판하면서 '교육의 교육학적 환원'을 주장한다.** 그에 의하면, 교육학은 '학교의 문제를 해결한다는 실제적이고 급박한 상황' 때문에 타 학문이 아무런 저항 없이 유입되었으며, 그리하여 순수하게 교육학을 탐구하는 것과는 무관한 것이 교육학인 것처럼 되었다. 이것이 교육학의 정체성이 혼미하게 된 '역사적 변고(變故)'다. 교육학의 정체성을 찾는 길은 그러한 역사적 변고에서 비롯된 비본질적 교육학의 악순환 사슬을 끊고 본질적인 교육학을 회복하는 일이다.

장상호에 의하면, **본질적 교육학을 회복하기 위해서는 두 가지 그릇된 통념, 즉 '학교에서 가르치는 일(schooling)을 교육과 동일시하는 것'과 '교육학의 분과학문을 교육학과 동일시하는 것'을 바로잡는 일이 필요하다.** 첫 번째 통념과 관련하여 학교는 교육을 위해서 별도로 마련된 공간이다. 따라서 학교에서 가르치는 것은 전형적인 교육으로 간주되어 왔다. 그러나 장상호에 의하면, 학교는 가정, 직장 등과 같이 일상적 삶의 세계 범주에 속하며, 교육은 정치, 사회, 문화, 종교처럼 다양한 삶의 세계에 편재하는 자율적 세계의 범주에 속한다. 그러므로 교육학의 대상은 '학교'가 아니라 다양한 삶의 세계에 편재되어 있으면서 자율적인 특성을 가진 '교육'이어야 한다는 것이다. 두 번째 통념과 관련하여 교육학의 분과학문, 즉 교육철학, 교육심리학, 교육사회학, 교육행정학 등은 교육학의 일부이면서 교육학 자체로 간주되어 왔다. 그러나 장상호에 의하면, 교육학의 분과학문은 각각 철학, 심리학, 사회학, 행정학 등을 차용한 용병학문으로서, 그것의 모학문(母學問)인 철학, 역사학, 심리학, 사회학, 행정학이지 교육학은 아니다. 나아가 교육학의 분과학문은 교육학을 각각의 모학문으로 환원하거나 왜곡시킨다.

첫 번째 통념에 대한 장상호의 비판에는 두 가지 반론이 가능하다. 하나는 온건한 입장으로서, **교육학은 학교와 학교를 둘러싼 제도의 맥락을 벗어나는 한 아무리 체계적이고 확실성 있는 교육이라고 하더라도 교육학적 관심의 대상이 되기 어렵다는 주장이다.** 제도적 맥락을 벗어나면 교육적 판단의 기준이 교육이론과 무관한 것이 되거나 임의적인 가치에 의존하기 쉽기 때문이다. 교육학은 어떤 수준에서든지 제도적 맥락에 대한 관심, 즉 교육의 제도적 체제, 활동과정에 대한 설명을 제공해 주어야 한다(이돈희, 2003: 281-288). 다른 하나는 보다 과격한 입장으로서, 학교는 본래 세상의 즉각적인 흥미나 관심사로부터 격리되어 교사가 자기 학생에게 문명을 전수하는 곳이다. 이런 점에서 **진정한 교육이 이루어지는 곳은 학교밖에 없으며, 학교를 부정하는 것은 교육을 말살하려는 시도일 수밖에 없다는 주장이다**(김안중, 1988; Oakeshott, 1972). 결국 교육을 학교에서 가르치는 것과 동일시하거나 별개의 것으로 보는 것은 양쪽 모두 문제가 있다. 학교에서 가르치는 것 중에는 '교육'이라 부를 수 없는 것들이 종종 있다. 그럼에도 불구하고 학교에서 가르치는 교과는 여전히 교육의 핵심적인 부분이며, 교육학의 많은 부분은 학교교육의 문제를 다룰 수밖에 없기 때문이다.

두 번째 통념에 대한 장상호의 비판에 대해서는 다음과 같은 대응이 가능하다. **학문 간의 상호 의존도가 높으며 '융 · 복합' 학문을 강조하는 오늘날의 상황에서 교육학도 다양한 인접 학문의 도움을 필요로 한다.** 교육학은 철학, 심리학, 사회학, 행정학 등과 같이 하나의 독립성을 가진 학문이다. 교육학은 또한 다양한 교육현상을 전체적으로 이해하고 다각도로 조명하기 위해서 타 학문의 도움이 요청된다. 교육학의 정체성 혼란의 원인은 차라리 '인접'해 있어야 할 철학, 심리학, 사회학, 행정학 등에 교육철학, 교육심리학, 교육사회학, 교육행정학 등의 교육학 분과학문이 '종속'되어 있는 데서 발생한 것이다(이돈희, 2003: 314-318).

교육학의 정체성을 확립하기 위해서 한편으로는 교육학 자체의 정체성을 부단히 점검하고, 다른 한편으로는 인접 학문의 적절한 개념과 아이디어를 참조해야 할 필요가 있다. 이렇게 할 때 교육학은 교육학 본래의 정체성을 유지하면서, 동시에 풍성한 교육적인 논의가 가능할 것이다.

학 / 습 / 과 / 제

1. 동서양의 교육 어원의 차이점을 설명하고, 그것이 동서양교육의 역사에서 어떤 양상으로 나타나는지를 탐색하시오.

2. 비유는 특정 측면을 부각시킨 것이기 때문에 전체적으로 보면 왜곡된 형태를 가진다. 교육의 다양한 비유는 교육의 어떤 측면을 부각시키며, 그에 따라 왜곡되는 측면은 어떤 것인지 살펴보시오.

3. 교육에 관한 다양한 정의를 찾아보고, 그러한 정의가 어떤 정의 방식을 취하고 있으며, 교육과 교육 아닌 것을 어떻게 구분해 주는지를 분석하시오.

4. 정범모와 피터스의 정의를 비교해 보고, 두 정의가 우리나라 교육현상을 설명하는 데 있어서 지니는 장단점은 무엇인지 논의하시오.

5. 교육의 내재적 목적과 외재적 목적, 교육학과 교육학의 분과학문 간 관계를 비교 · 논의하고, 이와 관련하여 우리나라 교육과 교육학의 방향을 탐색하시오.

참고문헌

김안중(1988). 교육의 본래적 모습: 학교라는 아이디어와 그 말살기도. 교육과정연구, 7, 11-26.

김인회(1968). 경험과학으로서의 교육학의 가능성과 한계성에 관한 검토. 새교육, 5월호, 124-135.

신차균, 안경식, 유재봉(2006). 교육철학 및 교육사의 이해. 서울: 학지사.

유재봉(2002a). 현대 교육철학 탐구. 서울: 교육과학사.

유재봉(2002b). 위대한 교육사상가들 5. 피터스(pp. 469-513). 서울: 교육과학사.

유재봉(2003a). 자생성의 관점에서 본 한국교육학 50년. 한국교육학회 편. 자생적 한국교육학의 미래. 서울: 원미사.

유재봉(2003b). 한국교육학의 자생성에 관한 논쟁검토. 한국교육사학, 25(2), 29-51.

유재봉(2004). 정범모의 교육 개념에 대한 비판적 논의. 신앙과 학문, 9(2), 217-240.

유재봉, 임정연(2005). 피터스의 교육 개념에 대한 비판적 논의. 신앙과 학문, 10(1), 109-125.

이규호(1968). 교육학의 학문적 성격. 교육학연구, 16(1), 9-14.

이돈희(1983). 교육철학개론. 서울: 교육과학사.

이돈희(2003). 세기적 전환과 교육학적 성찰. 서울: 교육과학사.

이학주(2003). 우리 교육학의 빈곤 또는 풍요. 아시아교육연구, 4(2), 1-17.

이홍우(1982). 교육학의 학문적 성격. 이돈희 편. 현대교육의 이해. 서울: 교육과학사.

이홍우(1991). 교육의 개념. 서울: 문음사.

이홍우(1998). 교육의 목적과 난점(제6판). 서울: 교육과학사.

장상호(1986). 교육학의 비본질성. 교육이론, 1(1), 5-54.

장상호(1990). 교육의 정체혼미와 교육학의 과제. 교육이론, 5(1), 21-64.

장상호(1997). 학문과 교육(상): 학문이란 무엇인가. 서울: 서울대학교 출판부.

장상호(2000). 학문과 교육(하): 교육적 인식론이란 무엇인가. 서울: 서울대학교 출판부.

장상호(2003). 학문과 교육(중-1): 교육이란 무엇인가. 서울: 서울대학교 출판부.

정범모(1968). 교육과 교육학. 서울: 배영사.

Hirst, P. H. (1965). Liberal education and the nature of knowledge. In R. D. Archambault (Ed.), *Philosophical analysis and education*. London: Routledge & Kegan Paul.

Hirst, P. H. (1966). Educational theory. In J. W. Tibble (Ed.), *The study of education.* London: Routledge & Kegan Paul.

Hirst, P. H. (1973). The nature and scope of educational theory (2). In G. Langford & D. J. O' Connor (Eds.), *New essays in the philosophy of education.* London: Routledge & Paul.

Hirst, P. H. (1999). The nature of educational aims. In R. Marples (Ed.), *The aims of education.* London: Routledge.

Hirst, P. H., & Peters, R. S. (1970). *The logic of education.* London: Routledge & Kegan Paul.

Oakeshott, M. (1965). Teaching and learning. In T. Fuller (Ed., 1990), *The voice of liberal learning.* London: Yale University Press.

Oakeshott, M. (1972). Education: The engagement and its frustration. In R. F. Dearden, P. H. Hirst, & R. S. Peters (Eds.), *Education and the development of reason.* London: Routledge & Kegan Paul.

O' Connor, D. J. (1957). *An introduction to the philosophy of education.* London: Routledge & Kegan Paul.

O' Connor, D. J. (1973). The nature and scope of educational theory (1). In G. Langford & D. J. O' Connor (Eds.), *New essays in the philosophy of education.* London: Routledge & Kegan Paul.

Peters, R. S. (1966). *Ethics and education.* London: George Allen & Unwin.

Peters, R. S. (1973a). Must an educator have an aim? In R. S. Peters (Ed.), *Authority, responsibility and education.* London: George Allen & Urwin.

Peters, R. S. (Ed.). (1973b). *The philosophy of education.* New York: Oxford University Press.

Peters, R. S. (1977). Ambiguities in liberal education and the problems of its content. In K. A. Strike & E. Kegan (Eds.), *Ethics and educational policy.* London: Routledge & Kegan Paul.

Scheffler, I. (1960). *The language of education.* Springfield, IL: Charles C. Thomas.

White, J. P. (2001). Richard S. Peters 1919. In J. A. Palmer (Ed.), *Fifty modern thinkers on education.* London: Routledge.

Chapter 02

교육의 역사적 기초

1. 교육사 학습의 필요성
2. 교육의 발생과 제도적 교육의 전개
3. 서양교육의 역사적 전개
4. 한국교육의 역사적 전개

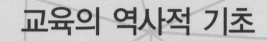

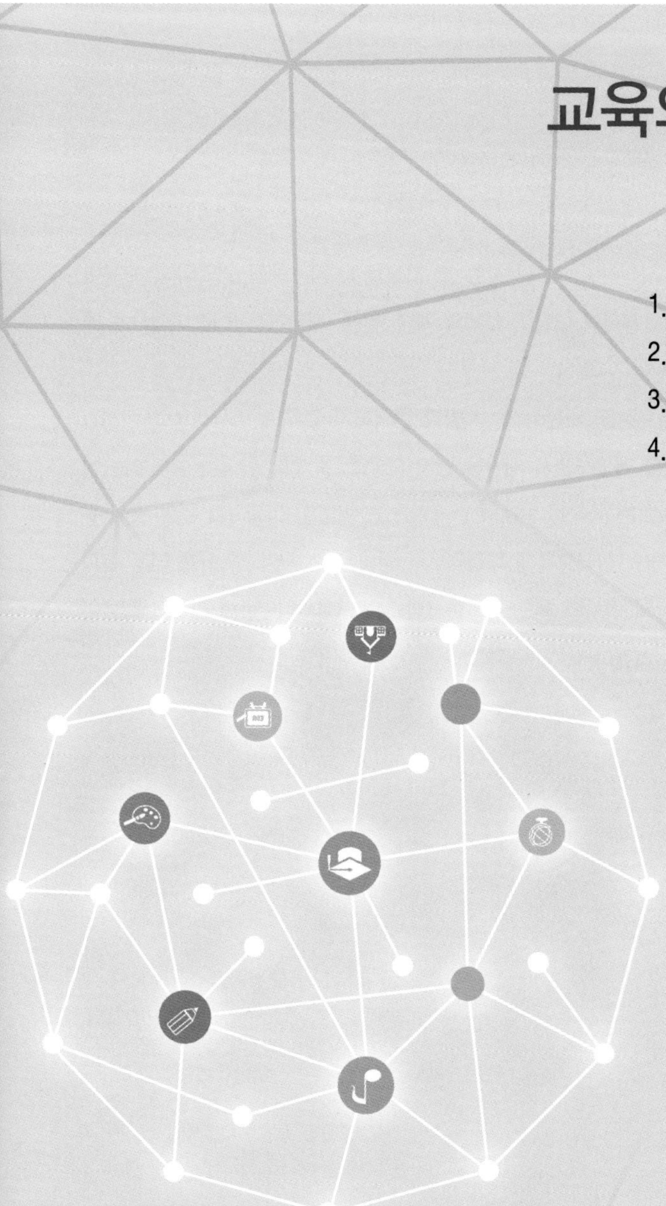

교육사는 교육의 역사에 관한 지식이며, 교육사학은 그 지식을 다루는 학문 영역이다. 교육학의 전체 체계 안에서 교육사는 교육철학과 더불어 교육의 개념, 발생, 전개과정 등을 이해하는 데 매우 필수적인 자리를 차지한다고 할 수 있다.

이 장에서는 교육사 학습의 필요성을 개관한 후 서양과 한국에서 교육이 역사적으로 전개된 과정을 다룬다. 이 장에서 교육사를 개관하면서 서양을 먼저 다루고 그 후에 한국을 살펴보는 데는 이유가 있다. 그것은 교육사를 보는 목적을 현대의 한국교육을 보다 잘 이해하기 위한 것에 두기 때문이다. 즉, 19세기 이후 현대의 한국교육에 직접적으로 영향을 준 서양교육사를 먼저 살펴본 다음, 우리가 관심을 갖는 한국의 역사와 제도를 비교사적으로 연결시킴으로써 이해도를 높이고자 하는 데에 그 목적이 있다고 하겠다.

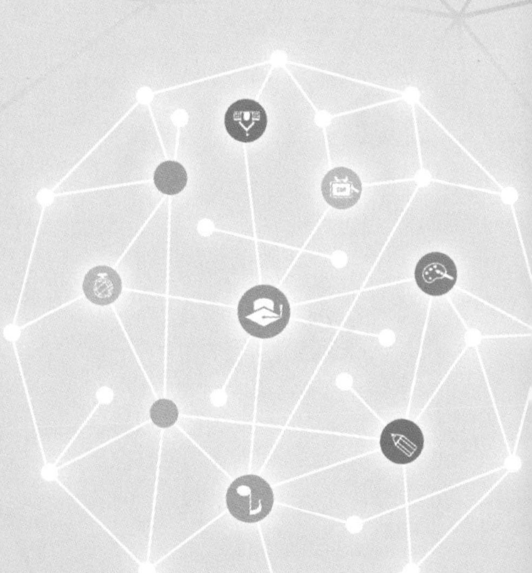

1. 교육사 학습의 필요성

1) 교육사 학습의 목적

교육사는 교육의 역사에 관한 지식이며, **교육사학**은 그 지식을 다루는 학문 영역이다.[1] 교육학의 전체 체계 안에서 교육사는 교육철학과 더불어 교육의 개념, 발생, 전개과정 등을 이해하는 데 매우 필수적인 지위를 차지한다고 할 수 있다. 교육사를 공부하는 이유는 여러 가지로 논의가 가능하지만, 다음과 같은 몇 가지로 나누어 생각해 볼 수 있다.

첫째, 교육의 역사에 대한 사실적 지식을 구하기 위한 것이다. 즉, 교육이 언제부터 시작되었고 어떻게 발생하여 어떤 전개과정을 거쳐 오늘에 이르렀는가에 대한 사실적 지식의 추적은 그 자체로도 매우 의미 있는 활동이다. 특히 오늘날 교육의 장에서 이루어지는 제반 활동들의 기원을 추적하여 확인하는 일은 중요하기도 하고 흥미롭기도 하다. 교육사와 관련된 사실적 지식을 구하는 질문들에는 다음과 같은 것이 있을 수 있다.

- 사람들은 왜 후대를 가르치게 되었는가?
- 특정한 공간에서 훈련된 교사가 가르치게 된 것은 언제부터인가?
- 교육에서 책이 사용된 것은 언제부터인가?

❶ 이 장의 집필과 관련하여 두 가지를 밝혀 두고자 한다. 첫째, '교육학개론'이라는 특성에 비추어 참고문헌으로 1차 문헌보다는 관련된 연구물(연구서, 연구논문)이나 주요 개설서를 제시한다는 점이다. 직접 인용된 사례가 아니면 관련 참고문헌을 제시하여 학습에 도움을 주고자 하였다. 둘째, 서양교육사를 먼저 배치하고 한국교육사를 나중에 배치한다는 점이다. 교육사에서 다루어야 할 내용의 범위에 대해서는 논란이 많다. 수미일관되게 한국교육사 위주로 이루어져야 한다는 입장도 있고(박연호, 2006b 참조), 통상적으로는 한국교육사를 먼저 배치하고 서양교육사를 나중에 배치하는 형식을 취하기도 한다. 이 장에서는 한국교육사를 이해하기 위한 비교사적 접근을 취하기 위해 서양교육사를 먼저 배치하였다. 이는 필자가 강의를 할 때 취하는 접근방식이기도 하다.

- 무엇을 가르쳐야 한다는 것은 어떻게 정해졌는가?
- 공부를 충분히 했다는 것을 어떻게 검증하였는가?

둘째, 지금의 교육적 문제들에 대한 역사적 해석을 위한 것이다. 한국 사회에서 교육에 대한 관심은 매우 크며, 이러한 이유로 인해 교육적 문제로 회자되는 사안들이 많이 있다. 현재의 교육적 문제들 중에는 역사적으로 지속되는 문제들도 상당히 있으며, 역사적으로 해명되었을 때 그 해결의 실마리에 접근할 수 있는 것들도 많다. 교육사적 지식에는 이러한 '해석적' 관점에서 출발하여 이루어지는 지식들이 있다고 할 수 있다.

- 도덕적 인간의 형성을 교육의 목적으로 간주하면서도 실제로는 기능적 지식을 추구하는 경향은 왜 나타나는가?
- 인재의 양성과정이 선발과정에 의하여 좌우되어 왔다는 지적이 있는데, 그것이 시사하는 바는 무엇인가?
- 여성에 대한 제도교육은 남녀평등에 기여하기보다 오히려 기존의 가부장적 질서를 강화하여 왔는가?
- 미국식 교육의 영향을 받았다고 하는데 우리의 교육이 일본식 교육의 영향을 더 많이 받은 것으로 보이는 이유는 무엇인가?

다음으로, 보다 실질적인 문제의식을 가지고 교육사에 접근하는 것도 가능하다. 즉, 현재 문제의 해결을 위한 '도구적 지식'이 그것이다. 다음의 문제들은 역사적 질문이면서 동시에 현재의 교육문제를 직접적으로 해결하려는 동기가 매우 강한 질문이라고 할 수 있다.

- 평준화 이전 학교교육의 문제점과 성과는 무엇인가?
- 공교육의 위기라는 말들을 하는데, 공교육은 어떻게 생겨났으며 대중적 공교육을 지지해야 하는 이유는 무엇인가?
- 사립학교는 공립학교에 비하여 건학이념 및 재정 면에서 자립적이어야 함에

도 불구하고 우리나라 사립학교들이 자립적이지 않은 이유는 무엇인가?

모든 대상은 시공성을 초월해서 논의될 수 없으므로 특정 개념, 이론, 사상이 지니는 역사적 맥락을 알면 그 현상에 대해 보다 적극적인 설명이 가능하다. 교육사는 지나간 과거의 사실을 다루지만, 때때로 그 사실들이 현실의 문제들을 이해하고 해결하는 데 중요한 시사점을 제공한다.

2) 교육사 접근의 방법

역사적 사실에 접근할 때는 비단 전문가가 아니라도 정확한 해석이나 이해를 이끌어 내기 위해 견지해야 할 관점과 태도들이 있다. 이러한 관점과 태도들은 역사적 자료들을 읽고 해석할 때 유의해야 할 사항들이다. 다음은 역사적 사실들에 접근할 때 고려할 사항들이다.❷

(1) 자료

우선, 역사적 사실들을 이해하고자 할 때는 그 사실들을 어떤 자료로부터 구하는가에 대해 비판적으로 검토해야 한다. 역사적 자료는 '**사료**'라고 한다. 역사적 자료에는 1차 자료와 2차 자료가 있다.

1차 자료는 관심의 대상이 되는 주제에 대한 직접적 정보를 제공해 주는 원자료를 의미하며, 2차 자료는 그 주제와 연관되면서 간접적 정보를 제공해 주는 동시대 자료 혹은 관련 연구물을 의미한다. 2차 자료들을 통해서도 광범한 정보를 얻을 수 있지만 역사적 이해를 위해서는 신뢰할 수 있는 1차 자료의 확보가 절대적으로 중요하다.

❷ 이 절의 내용을 이해하기 위해서는 이길상(1999)의 논문 「사료론적 관점에서 본 교육사학의 현실」이 도움이 된다.

(2) 인과관계와 상관관계

자료에 대해서는 해석도 중요하다. 대개 역사적 사실에 대해 원인을 규명하려고 하는 목적에서 접근하지만, 실제로 원인을 밝히는 것은 쉽지 않으며 어떤 역사적 현상이 도출된 배경을 설명해 주는 다양한 변수들 간의 상관관계를 추정할 수밖에 없는 경우가 대부분이다. 즉, 변인들의 엄밀한 통제에 기초한 인과관계의 연구가 아닌 이상, 역사연구는 인과분석보다는 제한된 자료의 범위 안에서 드러나는 역사적 과정을 설명하기 위한 목적을 지니는 경우가 대부분이다.

(3) 관념과 실제

역사연구는 제도, 이념, 문화 등 그 연구의 대상이 포괄적이다. 그러나 때때로 역사에 접근할 때 범하게 되는 오류들 중에는 관념과 실제를 혼동하는 것이 있다. 특정 사상가의 교육적 사상이 그 시대를 설명해 줄 수 있다고 해석하는 것이 그것이다. 그 시대의 관념을 밝히는 것과 실제를 밝히는 것은 구분되어야 한다.

(4) 과거와 현재

역사적 지식은 지나간 과거의 사실을 밝히는 것을 일차적 목적으로 하지만 그것을 밝히는 것이 현재의 우리에게 주는 의미도 매우 중요하다. 역사학자 카(E. H. Carr)의 "역사는 과거와 현재의 대화"라는 말은 역사가 이미 죽은 과거의 사실을 그대로 밝히는 일 자체에 국한되기보다는 현재의 관심 속에서 재조명되는 것임을 시사한다. 물론 이렇게 현재의 관심으로 접근한다는 것과 현재의 관점이나 관심에 의해 역사가 변형된다는 것은 구분되어야 할 것이다. 그럼에도 불구하고, 역사를 보는 관점 혹은 '사관'에 의하여 역사적 사실들은 일정한 방식으로 해석되는 경향이 있는 것이 사실이며, 우리가 접하는 대부분의 역사적 사실은 그러한 의미에서 사실 자체이기보다는 사관이 투영된 것임을 부정하기 어렵다.

(5) 교육사에 대한 다양한 접근과 관심

교육은 매우 복합적인 인간 활동이며, 교육학 또한 인문사회과학의 한 분야로서 종합적 혹은 다학문적 성격을 갖는다. 따라서 교육사도 다루는 주제의 성격에 따라 다양한 이론과 방법론으로 접근할 필요가 있다. 최근에는 이러한 다학문 간 접근들에 대한 관심이 높아지고 있다고 할 수 있다. 문헌 자료에 의존한 실증적 방법론을 기본으로 하면서 구술사, 역사사회학, 계량적 역사연구, 미시적 문화사 등의 새로운 역사연구 방식들이 교육사 연구에서도 논의되고 적용되고 있다.

2. 교육의 발생과 제도적 교육의 전개

현재의 교육적 관심들을 중심으로 역사를 이해하고자 할 때, 우리는 주로 학교의 역사에 관심을 갖게 된다. 그러나 보다 넓은 의미의 교육사를 다룰 때는 원시사회에 존재하던 '**성인식**' 등을 중요한 제도로 언급하기도 한다. 교육은 넓은 의미에서 사회구성원을 그 사회의 문화와 제도에 적합한 방식으로 사고하고 행동하게끔 하는 사회화를 포괄한다.

이러한 사회화가 조직적이고 체계적으로 이루어지는 양상은 원시사회의 성인식에서 엿볼 수 있다. 자연에 맞서 공동으로 생존하는 문제가 절실했던 원시사회에서 집단의 공동 생존을 위해 강인한 체력과 집단을 수호할 의지를 갖춘 성인들을 확보하는 것은 매우 중요한 과제였다고 할 수 있다.

보다 안정적으로 사회화를 하기 위해 만들어진 장치가 학교다. 교육의 역사가 곧 학교의 역사라고 할 수는 없으나, 이러한 제도화된 교육기관으로서의 학교에 대한 기록으로부터 교육사를 기술하고 공부하는 것이 일반적 경향이기도 하다.

고대의 학교들은 당시의 사회적 특성을 반영하여 설립되고 운영되었다. 대부분의 고대사회는 노예제에 기반을 둔 계급 사회로서, 학교는 주로 지배계급에 의해 점유되었다고 할 수 있고 교육의 내용도 그러한 특성을 반영하고 있었다. 학교가 사회 전체의 유기적 발전을 도모하기 위해 전체 대중을 위한 교육기관으로 변화하기 시작한 것은 **국민교육**의 이념이 형성되는 18~19세기 이후의 일이라고 할 수 있다. 이전의 학교교육은 제한된 신분 및 계급을 대상으로 이루어졌으며 그 목적이나 내용도 교육 대상에 따라 차별적으로 제공되었다.

서양의 경우 고대 그리스의 대표적 폴리스인 아테네와 스파르타에서 이루어진 교육은 노예가 아닌 '자유인'의 교육에 국한되었으며, 그 당시에 형성된 교육적 인간상 또한 지배계급을 모델로 하여 이루어진 것이라고 할 수 있다. 동양에서의 교육도 도덕적 인간상인 군자의 교육을 중심으로 이루어졌다고 할 수 있다. 이때의 교육적 이상도 궁극적으로는 현명하고 도덕적인 '치자(治者)'의 교육을 지향하는 것이었다는 점에서 교육이 목표로 한 인간상은 '엘리트적'이었다고 할 수 있다.

다만, 고대사회에서 나타나는 특징의 하나는 이러한 엘리트들이 편협하게 문(文)만 좇는 것이 아니라 문무(文武)를 겸하거나[예: 동양의 육예(六藝)] 조화롭고 균형 있는 신체와 감성의 기초 위에서(예: 서양의 음악, 체육 등) 학문을 하도록 요구되었다는 것이다. 이러한 이유로 고대사회에서 추구된 인간상은 현대적 개념으로 볼 때 그 내용상 '전인적(全人的, well-rounded)' 성격을 지닌 것이었다고 평가되기도 한다.

제도적 교육은 이렇게 제한된 대상을 중심으로 하여 제한적 목적과 기능을 가지고 시작되었으나 시대적 변화와 함께 현대로 올수록 전체 대중을 위한 교육으로 변화되었다.

이어지는 절들에서는 서양과 한국에서 전통교육과 근대교육이 전개된 과정을 살펴보기로 한다. 이 장에서 교육사를 개관하면서 서양을 먼저 다룬 후에 한국의 그것을 살펴보는 데는 이유가 있다. 그것은 교육사를 보는 목적을 현대의 한국교육을 보다 잘 이해하기 위한 것에 두기 때문이다. 즉, 19세기 이후 현대의 한국교육에 직접적으로 영향을 주어 온 서양교육사를 먼저 살펴본 다음, 우리가 관심을 갖는 한국의 역사와 제도를 비교사적으로 연결시킴으로써 이해도를 높이고자 하는 데에 그 목적이 있다고 하겠다.

3. 서양교육의 역사적 전개

1) 서양의 전통적 교육

(1) 고대: 학교교육의 발달과 학문관의 정립

서양에서의 교육은 고대 그리스, 로마의 교육으로 거슬러 올라가서 그 연원을 살펴보는 것이 일반적이다. 이는 고대 그리스, 로마에서 발달한 교육이 현재의 서양교육에 주는 영향이 크기 때문일 것이다.

서양에서의 교육은 편의상 고대, 중세, 근(현)대의 삼시기 구분법에 의거하여 살펴볼 수 있다. 이러한 교육사 시기의 구분 방식은 서양사에서 일반적인데, 이는 서양의 문화사에서 중요한 사건이 된 르네상스 이후의 세계관에 근거한 것이다. 11~12세기 십자군전쟁 이후 기독교 세계관의 지배를 강하게 받던 서유럽 사회는 이슬람 세계로부터 역수입된 고대문화에 자극을 받아 인문주의를 발달시키게 되었고, 이러한 고대와의 강한 유대가 그들로 하여금 중세(Middle Age)라는 시기 구분을 만들어 내게 한 것이다. 따라서 서양사에서의 사회문화사적 전개과정을 세 시기 구분에 따라 살펴보는 것은 의미가 있다고 하겠다.

고대 그리스의 교육은 여러 방면에서 서양교육의 원류를 형성하였다고 할 수 있다. 고대 그리스의 대표적 폴리스인 **아테네**와 **스파르타**에서의 교육제도는 공통점도 있지만 기본적 운영방식에서 대조를 이룬다. 그리스 폴리스들은 정치적 공동체의 운영을 위해 '국가주의적' 관점을 취하고 있다는 공통점이 있다. 이는 영토전쟁 등이 빈번하게 이루어진 고대사회의 특징이라고도 할 수 있다(오인탁, 2001: 32-42; Butts, 1955: 19-32).

스파르타는 강력한 국가 관리하의 집단주의적 교육을 실시한 것으로 알려져 있다. 크세노폰(Xenophon)에 의하면,[3] 스파르타에서는 리쿠르고스 법전에 의하여 사

❸ 라케다이몬은 스파르타를 일컫는다(Aristotle, Xenophon, 최자영, 최혜영 역, 2002). 크세노폰은 스파르타에 망명했던 아테네인으로 아테네의 민주정치에 대해 비우호적이었다. 그는 『키로파이디아(Cyropaedia)』에서 군사주의적 교육을 이상시하는 입장을 제시하였다 (Butts, 1955: 59-60).

회제도의 기본이 명시되어 있으며, 용감하고 체력이 강인한 시민의 양성을 위하여 부부, 가족 등에 대해서도 국가가 철저히 규제하였다. 리쿠르고스 법전의 정신은 사람들이 사적인 이익보다는 공공의 덕을 추구하고 나이가 들었을 때 그것을 위해 봉사하도록 하는 것이었다.[4]

이러한 스파르타의 사회제도는 시민의 부에 기반을 둔 자유경쟁을 유지하던 아테네와는 매우 다른 것이었다. 아테네에서는 재력을 가진 시민에 의하여 교육이 이루어졌다. 국가가 교육을 관리하고 관장하던 스파르타와는 달리, 아테네의 학교들은 주로 재력 있는 자들에 의하여 설립된 사립학교였고, 교육의 기회도 재력과 권력에 의해 결정되었다(Boyd, 이홍우 외 공역, 1996).

아테네에서 초기에는 주로 김나지움(공공체육관)으로 불리던 장소를 중심으로 체육이나 음악 등의 교육이 실시되었다. 그 이후 페르시아 전쟁이 일어난 기원전 5세기경을 전후로 하여 정치적 · 경제적 · 문화적으로 다양한 변화가 나타나면서 신흥 지식인층에 의한 학문 지식의 발달이 본격화되었다. 특히 **소피스트**(Sophist)로 불린 지식인층이 청년들의 교육에 관여하면서 교육적 변화들이 나타났다. 이 시기 이후에 철학사적으로도 기존의 자연철학에서 인간중심의 철학으로 무게중심이 이동하였고, 교육적 측면에서도 기존의 음악, 체육 위주의 교육이 지식 중심의 교육으로 체계화 혹은 변화되는 것을 주목할 수 있다. 이 시기 이후 소크라테스(Socrates), 플라톤(Plato), 아리스토텔레스(Aristotle), 이소크라테스(Isokrates) 등의 학자들이 학문적 영향력을 발휘하였다.

특히 서양교육에서 기본 교과인 **7개 자유학과**(seven liberal arts)의 원형이 형성되는 것을 주목할 수 있다.[5] 7개 자유학과는 언어를 중심으로 한 세 과목(Trivium: 문법,

[4] 크세노폰에 의하면, "스파르타는 공공의 덕이 숭상되는 유일한 곳"이었다고도 평가된다. 공공의 덕을 숭상하여 노년이 되어서도 '정신력으로 경쟁하게끔' 장로의회(게루시아)의 의원이 될 자격이 부여되어 덕을 유지하도록 하는 제도를 입법화하였고, 왕은 참주가 되지 못하도록 하면서도 시민이 국왕을 넘보지 못하게 하였고, 특별히 부유하거나 궁핍하지 않을 정도의 경제력을 부여하였다(Aristotle, Xenophon, 최자영, 최혜영 편역, 2002).

[5] 7개 자유학과는 로마제정 후반기에 카펠라(Martianus Capella)에 의해 7개로 확정되었고, 6세기 카시오도루스(Cassiodorus)에 의해 가톨릭에 적용되었다(Butts, 1955: 101-102).

수사학, 논리학)과 수를 중심으로 한 네 과목(Quadrivium: 대수, 기하, 천문, 음악)으로 구분된다. 언어가 정신 내적 세계를 표현하는 것이라면, 수는 정신 외적 · 객관적 세계를 표현하는 것이었다. 특히 수는 추상적 기호로 구성되어 있어 감각을 넘어선 이성적 진리에 접근하기 위한 중요한 매개로 인식되었으며, 객관적이고 불변적인 진리의 속성을 반영하고 있는 것으로 여겨졌다. 다음은 플라톤의 『**국가론**(The Republic)』에서 수에 대하여 논의한 부분이다.

> 소크라테스: 수학은 엄청난 힘을 갖고 있네. 정신이 추상적인 수를 논하게 되는 것도 이 때문이네. 수학을 숭상하게 되면 눈에 보이고 변화되기 쉬운 사물에 대하여 왈가왈부하는 것을 즐기지 않게 되는 법이네. …… 기하학이 알려고 하는 것은 영원한 존재이며 어느 시기에 생성되었다가 소멸되는 그런 것이 아니네(Plato, 최현 역, 1997: 306-320).

불변적이고 객관적인 진리에 대한 희구는 서양교육에서 궁극적 이상이 되고 있음을 알 수 있다. 소크라테스는 진정한 앎[진지(眞知)]에 도달하기 위한 토론과 논증을 통하여 당시의 청년들에게 영향을 주었다. 또한 스승 소크라테스의 언행을 대화편으로 묶고 자신의 저작의 주인공으로 등장시킨 플라톤도 불변적이고 객관적인 진리를 구하는 문제를 학문에서의 궁극적 질문으로 제기하였다. 그들의 사상은 불변적이고 완전한 개념적 세계인 이데아계를 현상계와 구분한다는 데에 있다. 그들의 진리관은 현상계 너머에 있는 절대적인 진리라고 할 수 있으며, 인간에게 그러한 진리에 도달할 능력이 일정하게 정해져 있다고 보았다. 다만 현상계에서 감각경험에 의존함으로써 이데아계에서의 본성을 망각하는 것이라고 보았다.

소크라테스가 대화를 통하여 도달하고자 하는 진리는 한편으로는 불완전한 지식에 대한 자각(무지의 지)인 동시에 '진정한 앎'에 도달하고자 하는 과정이었는데, 이러한 진리는 본래 알고 있었던 것을 논증을 통하여 상기하는 것이라고 보았다. 예컨대, 대화편 '메논'에 나오는 노예 소년과의 대화는 매우 잘 알려진 대화의 사례다. 이 대화편에서 노예 소년은 기하학의 원리에 대한 사전 지식이 전혀 없이도 소크라테스와의 대화를 통하여 피타고라스의 정리에 대한 지식에 도달하고 있다

(Plato, 최호연 역, 1997: 181-183).

플라톤은 그의 대표작인 『국가론』에서 이러한 진리관을 정치이론에 반영시켜 이상적 국가의 실현을 주장하고 있다. 플라톤은 인간의 본성은 차등적으로 형성되어 있어서 어떤 사람은 진리를 이해할 수 있는 높은 통찰력을 갖고 있는가 하면, 어떤 사람은 그러한 수준에 도달하지는 못하지만 용기 있게 행동할 수 있는 능력을 가지고 있다고 하였다. 그러나 현실에서는 이러한 본성에 의해서 사회적 지위가 결정되기보다는 세습에 의하여 지위가 결정된다. 이러한 지위의 세습은 지도자적 자질을 갖추고 있지 못하면서도 지도자의 지위를 세습하는 잘못된 사회질서를 낳는다고 보고, 모든 개인이 각자의 본성에 맞게 사회적 역할을 부여받는 이상적 질서를 형성하기를 원하였다.

플라톤은 이러한 이상적 질서를 이루기 위한 방법으로 스파르타에서의 교육에 관심을 가졌던 것으로 알려져 있다. 그는 궁극적으로 지혜로운 통치자에 의하여 사람들이 각자의 역할을 제대로 수행하는 이상적 질서의 형성이 '정의'라고 보았으며, 이를 위하여 국가에 의한 공동양육, 공동교육을 주장하였다.

그리고 교육의 기회를 동등하게 제공한 후 공정하게 두 번의 선발에 의하여 생산자, 군인, 통치자 등의 세 계급을 선별해 내야 한다고 보았다. 생산자계급은 1차 선발과정(20세)에서 탈락된 자들로, 음악, 체육 등의 기초 교육을 받지만 군인계급으로 올라갈 만큼의 기개를 소유하지 못하며 그들에게는 욕망의 절제가 중요한 덕으로 간주되었다. 한편, 선발을 거쳐 상위의 교육(언어, 수학 등)을 받았지만 두 번째 선발(30세)에서 실패한 사람들의 경우 자신의 기개를 더 발전시켜 유능한 군인계급의 지위를 갖도록 하였다. 두 번의 관문을 통과한 사람들은 가장 높은 학문적 단계인 변증법(논리학)을 익힘으로써 이데아에 대한 학습을 철저히 하여 그들의 지혜를 발달시키며 통치자로서 정치에 입문하도록 하였다. 그는 이러한 절차를 통하여 가장 지혜로운 자가 통치자가 되는 이상적 국가의 건설이 가능하다고 생각하였다. 절제, 용기, 지혜, 정의의 네 가지 덕(4주덕)은 각 계급의 덕이면서 국가의 덕이고 완성된 인격을 갖춘 사람이 지녀야 할 덕이라고 할 수 있다.

그리스 시대를 대표하는 또 하나의 철학자로서 아리스토텔레스는 현상계와 이데아계를 철저히 분리한 플라톤과 달리 이데아(형상)는 현상(질료)과 분리하여 이해할 수 없고 현상계를 통하여 이데아계에 접근해야 한다는 입장을 취하여 현상 탐구와 이성적 탐구를 결합시켰다. 아리스토텔레스의 기본적 관심도 인간적인 덕[6]을 실현하는 문제였다고 할 수 있다. 아리스토텔레스는 가장 인간적인 삶이 무엇인가를 추구하는 과정에서 도덕과 지성을 강조하였으며, 도덕적 차원에서는 실천적인 앎을 강조하였고, 도덕적 덕목들에 도달하는 방법으로 '중용'을 중시하였다.

서양교육사에서 나타나는 아리스토텔레스의 중요한 공헌의 하나는 그의 학문관이다. 아리스토텔레스는 지성적 삶의 가치를 기타 실용적 삶의 가치와 구분하면서 자유인의 이성 연마를 위해 노동하지 않는 삶 혹은 여가(schole)의 중요성을 강조하였다. 즉, 여가를 통하여 순수한 관조에 의한 이성적 학문이 가능하다고 보았다. 이로부터 인간의 덕을 실현하기 위한 이상적 학문은 '다른 것의 수단이 아닌 그 자체가 목적인 학문(knowledge for its own sake)'이어야 한다는 서양 인문교육의 기본적 전통이 형성되었다고 할 수 있다(Butts, 1955: 58-59).

이러한 철학자들의 사상과 교육관은 이후 교육사상사에서 중요한 위치를 차지하며 우리에게 잘 알려져 있다. 한편, 당시의 현실에서 교육은 공동체를 통치할 지도자를 형성하기 위한 것이었으며, 이러한 지도자들이 갖추어야 할 중요한 소양으로 강조되었던 것이 '수사학'이었다. 그리스, 로마 시기에 지도자 교육과 관련하여 플라톤과 동시대인이었던 이소크라테스는 말이 인격의 표현이라고 하면서 대중을 직접 만나는 지도자의 자질로 도덕적 웅변을 강조하였다(오인탁, 1996: 111-159). 이소크라테스는 언어적 표현의 중요성을 다음과 같이 역설하고 있다.

> 우리는 어떤 점에서도 살아 있는 다른 피조물보다 우수하지 않다. …… 그렇지만 우리에게는 서로를 설득할 수 있는 힘, 우리가 바라는 것은 무엇이든지 서로에게 분명하게 밝힐 수 있는 힘이 있기 때문에 들짐승의 생활을 피하여 왔을 뿐만 아니라 함께 모여 도시를 세우고 법도 만들고 각종 재주들도 고안해 내었다. …… 말의 힘 때문에 우리는 악인을 논파하고 선인을 극찬한다. 이 힘으로 우리는 무지한 사

[6] 어떤 대상 혹은 속성을 가장 잘 실현한 상태로 간주되는 것이 '아레테(aretē)'였는데, 이것을 우리는 덕이라고 번역하여 사용한다(오인탁, 2001 참조).

> 람을 교육시키고 현명한 사람을 평가한다. 왜냐하면 말을 잘한다는 것은 건전한 지성의 가장 확실한 지표로 받아들여지고 있고, 참되고 합법적이며 공정한 이야기는 훌륭하고 성실한 영혼의 외적 이미지이기 때문이다(양태종, 2002: 38-39).

이러한 **수사학**의 전통은 로마에서도 지도자의 기본적 자질로서 강조되었다. 특히 제정시기의 로마에서는 학교가 발달하면서 루두스(ludus)라고 불리던 초등학교에서 시작하여 문법학교, 수사학교, 전문학교 등으로 이어지는 학교교육의 체계가 갖추어졌다. 여기서 수사학교는 지도자를 양성하는 교육기관이었다. 로마 시대에 활동한 키케로(Cicero)와 퀸틸리아누스(Quintilianus) 등은 수사학의 중요성을 강조하여 중요한 저작들을 남긴 인물들이다. 키케로는 그리스와 로마의 문화를 연결하여 라틴어를 발달시켰고 그의 문체는 후일 르네상스기의 모범이 되었다. 퀸틸리아누스는 『웅변 교육론(Institutio Oratoria)』이라는 저작을 통하여 교육의 원리, 방법 등에 대한 구체적 입장을 표명한 수사학교의 교사이기도 하였다.

(2) 중세: 기독교교육 및 대학의 발달

서양의 중세는 4~5세기부터 14~15세기까지의 약 1,000년에 해당하는 기간을 의미한다. 한편으로는 서로마제국이 붕괴하는 시기에서 시작하여 동로마제국의 붕괴까지를 의미하기도 하고, 313년 기독교 공인 이후 십자군전쟁을 거쳐 14세기 이탈리아 르네상스가 시작되는 시점을 포괄하기도 한다. 이 시기는 발트해 연안의 게르만족이 훈족의 침입과 농경지 부족을 타개하기 위하여 서유럽 지역으로 이동해 오면서 봉건제도가 성립되는 것을 사회경제적 배경으로 한다. 그리고 이 시기는 정치적 분권화의 기초 위에 교황권이 절대적 지위를 차지하던 기간이기도 하다.

이 시기 동안에는 세속적인 형식교육의 발달보다는 기독교적 교육기관들을 중심으로 교육의 명맥이 유지되었다. 중세 초기의 기독교 전파과정에서 이교도들의 기독교화를 위한 문답학교 등에서는 초보적 3R(reading, writing, arithmetic) 교육이 실시되었다. 중세 초기의 교육기관으로는 수도원학교가 대표적인데, 수도사들을 중심으로 한 교육과 외부의 일반인을 대상으로 한 기독교교육을 실시하였던 것으로 알려져 있다. 수도원학교들은 장원이 부속된 자급자족적 공동체로 대부분의 생활이 수도원 내부에서 이루어졌으며, 수도사들에 의한 고전 필사본들과 도서관들은 문서 보존의 기능을 하는 데 기여하였다. 중세 후기에는 대교구의 성당에 부속된 **사원학교**들(cathedral schools)에서 성직자 교육이 이루어졌는데, 이러한 기관에서는 신학이 활발히 연구되어 스콜라 철학의 중심지가 되었다. 그리고 일부 사원학교 등은 후일 대학으로 전환되었다.

이러한 형식교육 외에도 기사교육이나 도제교육 등도 비형식교육으로서 주목할 수 있다. **기사교육**은 봉건제도하에서의 기사, 즉 지배계급 양성을 위한 비형식 교육제도였다. 봉건영주와 가신 간의 쌍무적 보호 및 복종 관계의 기초 위에서 새로운 기사를 양성하는 제도로서 기독교적 신앙심과 기사문화를 전수하는 데 목적이 있었다. 아동기부터 봉건영주 부인의 시중을 들면서 귀족적 문화의 기본을 익히고 무예 등을 본격적으로 훈련한 후 정식 기사가 되는 과정을 거쳤다. 이러한 기사도는 후일 서양 신사도(gentlemanship)의 기초가 되었다.

또한 **도제제도**는 십자군전쟁을 전후로 하여 도시가 발달하고 도시를 중심으로 활동하던 장인들에 의하여 조합이 만들어지면서 조합원의 재생산 기능을 담당하던 제도였다. 도제(apprentice)로서 장인에게 기술뿐 아니라 도덕적 수련을 받고, 일정한 훈련과정을 인정받은 후 직공(journeyman)이 되면 임금을 지급받고 자유롭게 일하다가, 이후 조합의 정식 구성원으로 인정받기 위한 작품(masterpiece)을 제출함으로써 장인(master)이 되는 과정을 거쳤다.

12세기부터 도시를 중심으로 형성되기 시작한 대학들은 현대 대학의 직접적 기원이 되었다. 알프스를 경계로 하여 이남지역은 이탈리아 볼로냐 대학 모델, 이북지역은 파리 대학 모델을 따라 각각 학생조합, 교수조합의 형태로 시작되었다. 대학(university)의 어원이 된 'universitas'라는 단어는 'guild, corporation'을 의미하는 용어에서 비롯되었는데, 이는 대학들이 도시를 중심으로 한 자치단체의 성격을 지녔던 것과 관련된다.

중세대학에서는 자유학과들(liberal arts)을 중심으로 한 연구가 이루어졌으며, 신학, 법학, 철학, 의학 등의 전문학부들이 있었다. 자유학과들을 이수한 사람들에게 주는 일종의 교수자격이 지금의 석사학위를 의미하는 'master'였다. 그 아래의 학사(bachelor)는 3년 정도의 기본 교육을 이수한 자에게 부여되었으며, 이들은 보조

교수의 자격을 부여받았다. 대학들은 조합으로서 자치권을 인정받아 학위수여권, 재판권, 면세권 등의 다양한 권한을 누리고 있었다. 대학 수업은 주로 교재에 대한 주해를 위주로 한 것이었고, 논쟁과 변론을 통한 수업과 시험의 방식을 취하고 있었다(Haskins, 1923).

(3) 르네상스 및 종교개혁: 복선제 및 공교육의 초보적 기초 형성

이탈리아에서 시작된 르네상스는 교육에도 큰 영향을 주었다. 고대문화를 복원하고 인간적 가치를 회복하고자 하는 **인문주의 교육(humanistic education)**에 대한 관심으로 라틴어 중심의 고대문화 학습을 위한 학교들이 설립되었다. 프랑스의 리세(lycée), 독일의 김나지움(gymnasium), 영국의 그래머스쿨(grammar school) 등이 이러한 중등학교를 대표한다. 인문주의 중등학교들은 그 목적과 교육내용에서 중등이라는 의미이지 현재처럼 청소년기 학생들만을 대상으로 한 학교를 의미하는 것이 아니었다(Brubacher, 1966). 다음은 인문주의 학교들에서의 교육의 실상에 대한 것이다.

> 소년은 7세 정도의 매우 어린 나이에 르네상스의 인문주의 중등학교(humanistic secondary schools)에 입학하였다. 네덜란드 학자인 에라스무스(Desiderios Erasmus, 1466~1536)는 형식교육이 더 일찍 시작되어야 한다고 보았고, 영국의 작가인 토머스 엘리엇(Thomas Eliot, 1480~1546) 경도 이에 대하여 유사한 주장을 하였다. 로마의 소년은 라틴어를 모국어로 배우지만, 영국 소년은 라틴어를 외국어로 배우므로 라틴 소년보다 먼저 시작해야 했다. 엘리엇은 영국 소년들이 로마 소년들의 학습을 따라가기 위해서는 더 일찍 시작해야 한다고 보았다. 대체로 7세부터 21세까지의 연령층이 다녔던 인문주의 중등학교들은 다른 교육기관(초등 모국어학교, 대학)들의 교육연한과 명백하게 중복되었으며 병행적으로 진행되고 있었다(Brubacher, 1966: 398-399).

이 인용문에 의하면 인문주의 학교들의 취학연령은 7~21세까지로, 다른 교육기관들과 교육연한이 중복되고 병행적으로 이루어지고 있었음을 알 수 있다. 르네상

스기에는 인문주의 학습을 위해 라틴어를 중심으로 한 중등학교와 모국어를 중심으로 한 대중적 초등학교가 형성되고 있음을 알 수 있다. 이는 유럽 교육제도에서 특징적으로 나타나는 **복선제**의 기초가 된다. 이러한 복선제는 대부분의 유럽 국가들에서 20세기까지 유지되었다.

이탈리아를 중심으로 발달한 알프스 이남의 인문주의는 14~15세기에 전성기를 이룬 반면, 알프스 이북에서는 16~17세기에 인문주의가 뒤늦게 도입된 경향이 있다. 지정학적 조건으로 도시의 발달이 빨랐던 이탈리아에 비하여, 봉건제도가 오랫동안 유지된 알프스 이북의 국가들에서는 인문주의가 개인 중심적이고 낭만적인 경향보다는 사회개혁적 경향으로 나타났으며, **종교개혁**과 시기적으로 병행되었다(Boyd, 이홍우 외 공역, 1996).

종교개혁은 교황권의 전횡과 교회의 부패에 맞서 타락한 교회로부터 신앙을 회복하고자 한 운동으로서, 루터(Martin Luther), 칼뱅(Jean Calvin) 등의 선구자들에 의하여 구교의 권위를 무너뜨리는 데 크게 기여하였다. 교육사에서도 종교개혁은 매우 중요한 사건인데, 종교개혁 과정에서 나타난 대중교육에 대한 강조와 교육에 대한 국가의 책임이라는 이념이 부각되었다는 점을 주목할 수 있다(양금희, 1996: 341-389).

종교개혁기에도 여전히 성서 해석의 권위는 라틴어에 기초하고 있었고 성직자들에게는 라틴어 학습이 요구되었지만, 교회 혹은 성직자를 매개로 해서 이루어지던 신앙 형태를 개인과 신 간의 직접적 교섭의 형태로 전환함으로써 대중이 성서를 직접 읽을 것을 강조하였다. 라틴어 대신 모국어로 된 성서들이 번역되었고, 성서해독을 위한 기본적 문해교육이 강조되었다. 루터는 가족이 종교교육의 주체가 되어야 하지만 가장이 그 역할을 하지 못하는 가정은 국가가 그 책무를 위임받아 수행해야 한다고 주장하면서 국가의 대중교육에 대한 책무를 강조하였다. 이는 교황권에 맞서 국왕권을 확장하고자 하는 세속적 군주들의 이해관계와도 일치하였기에 개신교 국가들에 의한 대중교육은 확산되어 각종 법령 등으로 구체화되었다. 국가에 의해 관리되는 교육체제를 의미하는 공교육의 이념이 이 시기에 초보적으로 형성되었다고 할 수 있으며, 실제로 공교육 보급과정에서 종교개혁기에 만들어진 법령과 학교들은 공교육 확대의 주요 기반이 되었던 것으로 파악된다(Soysal & Strang, 1989).

2) 서양의 근대교육

(1) 17세기 이후 자연과학의 발달과 교육사상의 변화

근대교육의 기점을 정하는 문제는 쉽지 않다. 근대를 정의하는 것은 매우 복잡한 논쟁을 수반하기 때문이다. 따라서 여기에서는 교육의 기회가 확대되고 국가사회의 대중에 대한 교육적 책무 개념이 강화되는 대중교육 형성을 전후로 한 변화를 **근대교육**의 특징으로 다루고자 한다. **대중교육**(mass education)은 국민교육(national education), **국가교육**(state education), **공교육**(public education) 등과 그 의미가 중첩되기도 하는데, 이들과 구분되는 비교적 포괄적인 용어이면서 동시에 전통교육이 표방하던 소수정예주의와 근본적인 차이를 드러낸다는 점에서 시기 구분을 위한 용어로 사용 가능할 것이다.

우선 서양 고대 이래로 내려온 교육의 주류는 **자유교육**(liberal education)이었다고 할 수 있다. 특히 르네상스 이후 이러한 자유교육의 전통은 인문주의 교육으로 발전되어 현대교육에까지 영향을 주었다고 할 수 있다. 이러한 인문주의 교육은 19세기까지도 교육에서 확고한 지위를 차지했으나, 19세기 중후반 이후 산업화에 따른 개혁이 요청되면서 새로운 교육관으로 제도화되었다. 특히 서구 국가들과 달리 복선제가 발달되지 않았던 미국은 가장 먼저 **단선제** 학제를 발달시킨 국가가 되었다. 미국에서는 1890년대에 고등학교 취학률이 급속도로 높아지면서 라틴어 위주의 고전학습에 기초한 인문주의 교육을 1910년대 이후 생활 중심의 다양한 교육과정으로 변화시켰다(Kliebard, 1991; Tyack, 1967).

제도적 변화가 가시화된 19세기 이전에도 인문주의 교육에 대한 비판은 일찍이 시작되고 있었다. 특히 사상적 측면에서 볼 때 17세기 이후 지동설 등 자연과학의 발달과 지리상의 발견 등에 따라 새로운 세계관의 기초가 형성되면서 인문주의 교육에 대한 새로운 도전이 시작되고 있었다. 이미 르네상스 이후 인문주의 교육은 **'키케로주의'**로 표현되는 언어적 형식주의에 빠지는 것으로 비판받고 있었다. 고대 문화의 이해를 위하여 모범적 문체로 간주된 키케로를 읽는 것이 유행되었지만, 정작 인문주의의 본령인 인간주의적 가치를 적극적으로 추구하거나 전면적으로 발달한 인간을 키우려는 이상은 실제에서 사라져 버리고 형식적 모방이나 과도한 문법

학습 위주의 단조로운 교육이 이루어져서 비판의 대상이 되고 있었던 것이다(Boyd, 이홍우 외 공역, 1996; Brubacher, 1966; Butts, 1955).

라틴어 학습이라는 인문주의 교육의 목표를 잃지 않으면서 인위적이고 문자 위주의 학습에 대한 새로운 방법을 제시한 선구적 학자로는 코메니우스(J. A. Comenius)를 들 수 있다. 코메니우스는 『세계도회(Oribis Sensualium Pictus)』, 『대교수학(Didactica Magna)』 등의 저서를 통하여 당시 인문주의 교육이 지나치게 언어적 형식주의를 중심으로 이루어지고 있는 점을 문제시하였고, 자연적 성장의 원리에 근거한[합자연적(合自然的)] 실물 중시의 접근을 통한 언어 및 세계 이해를 강조하였다(Comenius, 정확실 역, 1996).

이러한 자연적 원리에 근거한 교육론은 루소(J. J. Rousseau), 페스탈로치(J. H. Pestalozzi)로 이어지며 19세기 말 **진보주의**로도 연결되어 기존의 자유교과 중심의 인문주의 교육관과 근본적으로 대치되는 경험 및 생활 위주의 교육관을 형성하게 된다. 특히 루소는 그의 저서인 『에밀(Emile)』에서 "조물주의 손에서는 선하게 태어난 인간이 인간의 손으로 넘어오면서 타락했다."는 유명한 명제부터 시작하여 에밀이라는 소년의 성장과정을 제시함으로써 교육학에 큰 영향을 주었다. 페스탈로치는 교육이론가보다는 실천가로서 서양교육의 실질적 변화에 큰 기여를 하였다. 그는 스위스에서 빈민대중의 교육에 직접적으로 관여하면서 직관주의적 교육원리 및 실물교수법을 적용하였다. 그의 교육사상의 단면들은 『린하르트와 게르트루트(Lienhard and Gertrud)』 『은자의 황혼(Die Abendstunde eines Einsiedlers)』 등에 나타나 있다(Pestalozzi, 김정환 역, 1996).

한편, 19세기 국민교육체제의 발달에 따라 교원양성도 제도적으로 이루어지기 시작하며 교육학도 하나의 학문으로서 체계화되기 시작한다. 국가적 차원에서 대중교육체제를 가장 먼저 발달시킨 독일은 교원양성 교육과 교육학의 발달도 일찍 이루어 타국들의 모범이 되었다. 특히 독일의 헤르바르트(J. F. Herbart)는 윤리학과 심리학을 기반으로 하여 교육학을 학적으로 체계화시킨 학자로 인정되고 있으며, 당시 독일교육학의 영향을 강하게 받고 있던 미국 진보주의 교육의 성립에도 영향을 주게 된다(Kliebard, 1991).

미국에서 19세기 후반에 형성된 진보주의는 서양교육의 전통을 근본적으로 변화시키는 데 크게 기여하였다. 19세기 중반에 미국 매사추세츠주 퀸시 지역에서 경험적 원리에 의한 교육법을 적용한 파커(F. Parker)의 개혁 이후 새로운 교육 방법과 원리에 대한 실험들이 주목받기 시작하였다(Brubacher, 1966). 1890년대 시카고 대학교에 부설 실험학교를 설립하여 새로운 교육을 시도한 듀이(J. Dewey)의 철학을 기반으로 경험 중심적, 생활 중심적 교육원리가 제도교육의 원리로 자리 잡기 시작하였고, 20세기 이후에는 교육계의 논란을 거쳐 제도교육의 주류를 형성하게 되었다.[7]

(2) 국민교육체제의 성립과 발달

19세기 이후에는 국가에 의하여 관리되는 대중적 공교육체제가 교육의 기본적 제도를 형성하게 되었다. 근대사회의 특징에 따른 교육의 변화를 간단히 정리하면, 정치적으로는 국민국가 혹은 민족국가의 형성으로 교육을 통한 국민화 혹은 애국적 시민 양성이 강조되었고, 경제적으로는 산업화에 의한 숙련된 노동력의 양성에 따라 문자해독과 기능 교육 등 실제적 교육의 필요성이 나타났다. 사회적으로는 시민혁명 이후의 신분제 붕괴에 따라 자유와 평등의 이념에 기초한 능력주의(업적주의)가 사회조직의 기본 원리로 되어 교육의 학력관리 기능이 강조되었다. 또한 문화적으로는 탈종교화 및 세속화가 보편화되어 교육 지식도 탈종교적이고 세속적인 방식으로 체계화되었다.

이러한 새로운 사회조직 원리에 따른 대중적 교육체제의 형성은 국가별로 볼 때 단일한 원인에 의해서라기보다는 각국의 역사적 특수성을 드러내며 진행되어 왔다고 할 수 있다.

우선 독일은 나폴레옹 전쟁 이후 민족주의의 발흥으로 국가에 의한 초등교육체제를 정비하였는데, 이러한 대중교육체제의 형성은 서유럽 국가들에 비하여 매우 앞선 것이었다. 1808년에 초등교육체제가 성립되었으며, 1830년대까지 초·중등 의무교육(7~14세 의무취학)이 정비되었다. 1868년에는 무상교육의 실시로 세금에

[7] 20세기 초 미국에서 전개된 항존주의, 본질주의, 사회재건주의 등의 논의는 진보주의 교육사상의 영향력에 대한 반향이었다고 할 수 있다(Kneller, 정희숙 역, 1990).

의한 완전 공교육체제가 성립되었으며 교사교육 등이 의무화되었다. 또한 전통적 인문주의 교육기관인 김나지움과 병렬적으로 새로운 중등학교(realschule)가 출현하였고, 1810년 베를린 대학의 설립 등으로 연구와 교수의 자유를 중심으로 한 대학 개혁이 이루어져 선택과목제도를 도입하고 독일어를 통한 교수를 하는 등 새로운 시도들이 나타났다.

한편, 프랑스도 시민혁명 이후 국가에 의한 교육체제의 정비가 일찍 이루어진 사례다. 그러나 기존의 귀족세력을 대체하는 권력 이양에 초점이 맞추어져 초등교육보다는 국립중등학교 설치 등 국가에 의한 중등교육 통제를 중심으로 하여 교육체제가 정비되었다. 1806~1808년 동안 나폴레옹에 의해 중앙집권화된 체제가 형성되었고, 1852~1975년에 국민교육의 법적 · 행정적 기초가 정비되었다.

영국은 산업혁명 이후 노동대중에 대한 교육이 일찍 실시되었으나 국민교육체제의 발달은 가장 늦은 국가다. 특히 산업혁명이 일찍 발달하여 산업화를 위한 문해력이 특별히 강조되거나 민족주의적 동기를 자극할 외압이 없었고, 전통적 자유주의 이념의 발달로 국가 개입에 대한 거부감이 형성되어 있어 국민교육체제 정비의 동기가 다른 국가에 비해 매우 낮았다고 할 수 있다. 1870년대 이후 좌익 자유주의자들과 비국교도들의 연합세력이 국가교육연맹을 구성하여 의무무상교육 운동과 국가 주도 교육을 강조하게 되었고, 1880년대에는 노동운동에 의한 「노동법」 개정으로 의무취학의 효력이 발생하기 시작하였다. 1902년에 이루어진 국가에 의한 국립중등학교 설립이 전반적 교육행정체계 수립의 계기가 되었다고 평가된다.

미국은 신흥국가로서 독립 후 프로테스탄트주의 전파와 북부에서의 산업화에 따른 교육 보급(문해력 확대 및 사회통합 목적)이 중요한 동기가 되어 대중교육이 발달하였다. 산업화가 일찍 진전된 미국 동북부의 경우는 1830~1860년에 초등학교가 확대되고 1860년대까지 등록금이 폐지되었으며, 남부는 남북전쟁 이후에 초등교육 확대가 이루어졌다. 1890년대에는 중등학교도 취학률이 비약적으로 상승하여 기존의 엘리트적 성격에서 대중교육적 성격으로 그 위상이 변화하였다. 이로써 1910년대 후반 생활 중심 중등교육과정으로의 변화(Seven cardinal principles)가 이루어졌고 단선제 학제가 형성되었다(이윤미, 2004; Green, 1990 참조).

국민교육체제는 기존에 소수에게 제한되던 교육을 **의무취학** 규정으로 다수에게 확대하였다는 데 의의가 있다. 또한 일부 사회세력에게 좌우되지 않는 중립성과 평등성을 보장하는 국가의 관리에 의해 공공성이 보장된다는 장점이 있다. 반면, 국가의 관리에 따른 획일성과 통제 가능성이 문제시될 수 있으며 국가 이데올로기나 사회의 지배적 문화가 강제될 수 있다는 위험성이 있다. 또한 대중교육이 일반화됨에 따라 교수 · 학습에 있어 개별적 교육보다는 집단적 교육의 원리가 적용된 점이나 개인들의 신념, 이념, 필요 등을 반영한 교육권, 학습권 등이 제한된다는 점이 대중교육의 진전에 따라 제기되어 온 문제들이라고 할 수 있다.

4. 한국교육의 역사적 전개

1) 한국의 전통적 교육

앞서 언급한 것처럼, 한국의 교육사를 서양보다 후에 배치한 것은 그 중요성에 있어 서양이 앞서기 때문이 아니라 우리의 교육사를 비교사적 관점에서 보다 의미 있게 접근해 보자는 취지에서다.

우선 우리의 교육사를 볼 때 주목되는 것은 그 **'단절성'**이다. 서양의 경우는 그들의 시기 구분 방식을 따를 때 고대, 중세, 근대로의 이행에 따라 교육의 전통이 일정한 연속성을 유지해 온 반면, 우리의 경우는 19세기 말 이후 급격한 단절을 경험했다는 큰 차이가 있다. 즉, 19세기 말 이후에는 서양교육의 이념과 제도가 전통적 교육의 이념과 제도를 대체하게 되는 큰 변화가 있었다고 할 수 있다. 이러한 이유로 전통적 교육에서 제대로 계승할 것들과 현대적 요소들을 조화롭게 취하여 우리 교육의 정체성을 역사적 관점에서 재조명하고 이해하기 위한 노력이 절실하게 요구된다고 하겠다. 다음에서는 한국의 전통교육을 **유교적** 이념과 원리 속에서 살펴보고, 교육이 제도적으로 변화한 과정을 개관한다.[8]

[8] 한국 교육사와 연구사의 흐름을 이해하기 위해서는 이만규(1988), 한국교육사학회(2004, 2005)를 참고한다.

(1) 유교적 교육의 이념과 제도적 기초

기록에 따르면 학교교육의 역사는 삼국시대에 그 모습이 드러난다. 한자와 유교의 도입은 제도교육의 성립에 큰 역할을 하였다고 할 수 있다. 불교, 도교, 각종 민간신앙 등 교육에 영향을 준 사상적 원류는 다양하지만, 제도교육의 형성과 발달에 직접적인 영향을 준 것은 유교였다고 할 수 있다.

유교는 중국 춘추시대 사상가인 공자의 사상을 중심으로 형성되었다. 춘추전국시대는 통일적 왕조 없이 제후국이 할거하던 시기로, 정치적으로는 무질서하고 학문사상적으로는 백가쟁명이라고 일컬어지는 것처럼 다양한 학문적 입장들이 난립하였다. 그중 유가는 현실적이면서도 개혁적인 이상을 추구하는 학파로 춘추시기 이전 서주(西周)시대의 정치질서를 이상화하는 입장이었다. 즉, 종법제도와 봉건제도에 기반을 둔 군주 중심의 도덕적 정치로의 회복을 추구하며, 당시의 하극상적 혼란을 극복하기 위한 방법으로 각자의 사회적 지위에 따른 역할을 바르게 할 것을 주장하였다. 공자의 **'정명론(正名論)'**은 "군군신신부부자자(君君臣臣父父子子)"라는 표현에 잘 드러나 있다. 유가에서 가장 기본적인 인륜적 가치는 가족윤리의 기본인 효(孝)와 자(慈)인데, 이러한 관계가 사회적으로 확대되는 것을 추구하였다. 즉, 자신의 부모를 사랑하는 자연스러운 인간애를 사회적 차원으로 확대시키는 것이 유가가 추구한 인간애라고 할 수 있다(김충열, 2001; 박연호, 2006a).

인간관계에서 '인(仁)'은 기본적 가치로서 '충서(忠恕)'라는 표현에 나타나듯이 자신이 좋아하는 것을 남에게도 베풀고 자신이 싫어하는 것은 남에게 강요하지 않는 인간관계를 관통하는 기본 도리를 의미한다. 이러한 인을 체득하고 예로써 그것을 행하는 인간을 군자라고 하였다. 그 **군자** 됨은 자기 수양의 결과로 이루어지는 것이었다. 유교에서는 개인적 수양만이 아니라 치자(治者)로서 남을 다스리는 일, 즉 수기치인(修己治人)을 기본 이념으로 하였다. 즉, 개인의 학문적 완성은 비단 개인적 수양에 그치는 것이 아니라 『대학』에서 제시하였듯이 "수신제가치국평천하(修身齊家治國平天下)" 등 가정, 사회, 국가적 윤리를 포괄하는 것이었다(김효선, 안인희, 정희숙, 2003).

유교에서 특히 제도교육이 발달하게 된 배경은 치자의 학문이라는 점과 국왕을 정점으로 하는 봉건적 통치체제를 정당화하는 정치이념이었던 것과 관련이 깊다.

유교는 학문으로서 개인의 마음을 다스리고 개인의 인격 수양을 지향하는 교육원리를 지닌 동시에 사회적으로는 국가의 인재를 양성하고 선발하는 것에 중요성을 부여하고 있었다. 따라서 유교적 이념은 국가의 지배적 이념으로 채택되기 쉬운 조건을 지니고 있었고, 왕권 강화를 위한 이데올로기적 기반으로 기능하였다고 할 수 있다.

유교적 국가에서 특징적인 것은 인재를 선발하기 위한 개방적 장치로서 과거제도를 실시했다는 점과 인재 양성을 위한 국가 교육기관인 **관학(官學)**을 두고 있었다는 점이다. 유교적 국가에서는 관리로 등용할 현명하고 덕성 있는 인재를 가려내기 위해 양인(良人) 이상의 신분을 가진 자들에게 과거에 응시할 자격을 주어 인재를 가려내고자 하였고, 인재 양성을 위한 교육을 실시하고자 하였다(김경용, 2003; 이성무, 1994).

이러한 인재 양성 및 선발의 노력은 국왕권 혹은 군권(君權)의 강화와 관련된다. 이는 귀족권 혹은 신권(臣權)과 대립되는 개념이다. 국가는 관료제를 통하여 중앙집권적 통치체제를 갖추기 위한 노력을 하였고, 유교적 교육제도는 이러한 국왕권의 강화와 관련하여 그 의미가 매우 컸다고 할 수 있다.

한편, 이런 정치적 의미를 넘어 유학은 높은 수준의 도덕적 수양과 지적 체득을 추구하는 학문이었다. 유교적 교육 공간은 크게 강학 공간과 제향 공간으로 구분된다. 강학 공간이 교수 · 학습이 이루어지는 공간이었던 데 비하여, 제향 공간은 선현의 위패를 모시고 제사를 지내는 공간이었다. 이러한 제향 공간은 유교적 교육의 특징을 상징적으로 잘 드러내는 것으로, 이 공간이 지니는 의미는 동양적 **스승관**과 통한다고 할 수 있다(박종배, 2003: 37-60). 동양에서의 가르침은 『중용(中庸)』에 나오는 성(性), 도(道), 교(敎)의 세 글자에 잘 표현되어 있다. 교(敎)는 좁은 의미의 가르침이라기보다는 하늘이 부여한[성(性)] 이치인 도(道)를 따르는 것으로 스스로 수양하는 것을 의미한다. 교보다는 좁은 의미로 '뜻을 헤아리고 깨우친다.'는 행위는 회(誨)라는 용어로 표현하였다(최봉영, 1998).

학습에서는 자발성이 가장 중요하여 억지로 자라게 하는 '조장(助長)'을 하지 않음을 중요하게 생각하였다. 또한 유학 공부에서는 **하학상달**(下學上達)의 학습원리가 매우 중요하다. 이는 구체적이고 일상적인 공부에서 시작하여 추상적이고 개념적인 공부로 나아간다는 의미로, 『소학(小學)』 등에서 제시된 일상적 실천이 선재되지 않은 학문은 기초가 취약하다는 것을 시사하는 원리다. 기본적 경전을 학습함에 있어서도 순서가 있었으며(文字-經-史-詩賦), 반드시 앞의 것을 충분히 익히고 복습한 후 새로운 내용으로 나아가는[온고지신(溫故知新)] 원리를 강조하였다(정순목, 1990: 186-193).

유교적 학문은 이러한 원리에 의해 이루어지는 자기 수양의 학문이었으며 궁극적으로는 치인을 위한 학문이기도 하였던 것이다. 한국교육사에서 이러한 유교적 교육이 제도화되는 것은 삼국시대부터이며, 유교가 국가통치의 이념으로 정비되는 고려와 조선 시대를 거쳐 유교적 교육의 제도화도 보다 본격적으로 진행되었다고 할 수 있다.

(2) 인재의 양성과 선발: 관학, 사학, 선발제도

① 삼국시대 및 통일신라

교육제도에 대한 기록은 삼국시대부터 시작된다. 삼국 중 가장 구체적인 기록을 가진 것은 **고구려**로서 최초의 관학이자 고등교육기관이라고 할 수 있는 **태학(太學)**이 중앙에 설립되어 있었다는 것[『삼국사기(三國史記)』]과 지방에 경당(扃堂)이 있었다는 기록이 있다[『구당서(舊唐書)』 『신당서(新唐書)』]. **백제**에는 학교제도 자체에 대한 직접적인 기록은 없으나 삼국시대에 백제의 **오경박사(五經博士)**가 일본에 학문을 전한 기록이 있어 유학교육이 상당한 정도로 발달했을 것이라는 추측이 가능하다.

한편, 통일 이전 신라의 경우 제도적 교육기관에 대해서는 알기 어렵지만 화랑도의 교육기능이 주목되어 왔다. **화랑도**는 유교, 불교, 도교의 사상이 혼합되어 이루어진 무사조직으로, 국가에 의해 지원되고 인정되어 인재 선별에 활용되었다고 할 수 있다(박균섭, 2006).

신라는 삼국통일(30대 문무왕 16년, 676) 이후 신문왕 2년(682)에 **국학(國學)**체제를 정비하였다. 국학의 교육목적은 유학교육이며, 입학자격은 15~30세의 귀족 자제였다. 수업연한은 9년이었으며, 교과과정은 논어, 효경을 필수로 하여 수준에 따라 예기, 주역, 춘추, 상서, 문선을 세 과로 나누어 부과하였다. 졸업 후에는 신라 17관

등 중 10번째와 11번째에 해당하는 대나마, 나마의 자격을 부여받았다. 한편, 국학 졸업생을 대상으로는 **독서삼품과(讀書三品科)**를 두어 관리 선발에 활용하였다(이성무, 1994).

② 고려

후삼국 시기를 거쳐 건국한 고려는 국초부터 고구려 옛 땅을 회복하기 위하여 북진정책을 표방하고, 지방 호족세력을 억제하여 강력한 중앙집권체제를 이룩하기 위한 노력을 하였으며, 그 일환으로 과거제도를 도입하여 새로운 관료계층을 형성하였다. 그러나 숭문사상(崇文思想)과 문인(文人) 우대의 풍조는 무인(武人)의 불만을 유발하여 무인의 난을 초래하기도 하였다.

고려시대에는 관학, 사학, 과거제도 등 유교적 인재 양성 및 선발의 체제가 갖추어졌다. 지배이념과 사회적 종교로서 유교와 불교가 공존하고, 국왕권에 비해 귀족권이 상대적으로 강하여 문음제(門蔭制) 등이 활성화되어 있는 등 조선시대와는 유교적 제도들이 다소 다르게 형성되어 있었다.

고려시대의 교육제도를 크게 관학, 사학, 과거제도로 나누어 살펴보면 다음과 같다.

우선, 관학은 국가에 의해 설립된 교육기관으로 유교적 교육의 상징인 **문묘(文廟)**를 설치하여 대성전과 동서양무에 공자 및 유학자들의 위패(10철 및 72제자)를 모시고 제사를 지냈다. 우리나라 유학자로는 최치원(현종 11년, 1020), 설총(1022)을 문묘에 배향하였다(박종배, 2003).

고려의 관학에는 중앙의 국자감(國子監) 및 학당(學堂)과 지방의 **향교(鄕校)**가 있었다. 국자감은 성종 11년(992) 왕명에 의해 창건되었고, 인종 1년(1123)에는 식목도감을 설치하여 학식과 학규를 완비하였다. 이에 따르면 국자감은 국자학, 태학, 사문학, 율학, 서학, 산학의 6학으로 구성되었다. 이 6학은 아버지의 관직에 따른 입학규정이 있어 『효경』과 『논어』를 비롯한 유학교과를 가르치는 국자학, 태학, 사문학은 입학자격이 제한되어 있었고, 잡학인 율서산학은 8품 이하의 아들이나 서인에게도 개방되었다(신천식, 1995).

한편, 24대 원종 1261년에는 **동서학당(東西學堂)**을 설치하였는데, 이는 중앙에 위치한 학교로 향교와 비슷한 수준의 교육기관이었다. 고려 말 공양왕 2년(1390) 정몽주가 **국자감**(당시 명칭은 성균관)에 재직하면서 동서학당에 3개(남 · 북 · 중)를 더 증설할 것을 주장하였으나 북부학당은 결국 설치되지 못하고 4부학당에 그쳤다.

지방의 관학으로는 **향교**가 있었다. 향교의 설립 시기에 대한 명확한 기록은 없다. 그러나 성종 6년(987)에는 12목에 경학박사와 의학박사 1명을 파견하여 지방관리와 백성의 아들을 가르치게 한 권학관제도가 있었고, 인종 5년(1127)에는 지방에 학교를 세우도록 명했다는 기록이 있다. 향교의 교관은 처음에는 국가에서 박사를 파견했으나 지방관청에서 초빙하거나 지방의 수령이 직접 교육을 맡기도 하였다. 또한 정부에서 토지와 노비를 지급했는데, 이는 말기로 갈수록 정부의 재정을 악화시켜 향교 쇠퇴의 원인이 되었다(신천식, 1995).

다음으로, 고려시대의 사학으로는 **12도**가 잘 알려져 있다. 최충이 1055년 문헌공도(文憲公徒)라는 사학을 설립하자 유학자들이 이와 유사한 학교들을 세우게 되었는데 유명한 11개를 더하여 12도(十二徒)라고 부르게 되었다. 이들 12도는 과거시험 준비기관의 성격을 띠었고 과거 시험관과 합격자 간의 인적 관계인 좌주문생제(座主門生制)의 온상이 되기도 하였는데, 고려 말에는 쇠퇴하였다(박찬수, 2006; 신천식, 1995).

지방의 대표적 사학으로는 서당을 들 수 있다. 목종의 교서(1003)에 '천인자제'들의 교육에 대한 기록, 인종 2년(1124) 송나라 사신 서긍의 『고려도경(高麗圖經)』에 미혼 자제의 교육에 대한 기록 등에 근거하여 서당이 상당히 성했을 것이라고 추정되고 있다(박의수, 강승규, 정영수, 강선보, 1999).

마지막으로, 고려시대의 인재 선발제도로는 **과거제도**와 음서제도가 있었다. 과거제도는 고려 4대 광종 9년(958) 중국 후주의 한림학사 쌍기의 건의로 처음 실시되었는데 국자감의 설립보다 일찍 이루어졌음을 주목할 수 있다. 인종 때 일종의 과거 시행법인 과거절목(科擧節目)을 제정함으로써 과거제가 완비되었다. 고려시대의 과거에는 제술업, 명경업, 잡업의 세 종류가 있었다. 고려시대에는 명경업보다 제술업이 우대되어 성행하였으며 제술업에 합격한 자를 진사(進士)라고 하였다. 제술업에 합격한 자는 성적에 따라 갑, 을, 병의 등급을 두었다. 공양왕 때는 무과가 설치되었으나 실제 성과를 거두지는 못했다(이성무, 1994).

과거는 3년에 한 번 치러졌으며 초시-국자감시-동당감시의 3단계로 실시되었고, 국자감에서 3년 재학 시 국자감시가 면제되는 혜택이 있었다. 앞서 논한 대로 고려시대에는 과거시험관[지공거(知貢擧)]과 급제자 간에 좌주문생의 관계가 맺어져 문제시되었다. 이에 따라 고려 말에는 시험관이 한 명인 단수지공거제(單數知貢擧制)를 복수지공거제(複數知貢擧制)로 전환하였으며, 왕권 강화의 목적으로 왕이 직접 시험관이 되는 전시(殿試)를 포함한 과거삼층법(科擧三層法)을 도입하였다(이성무, 1994).

③ 조선

조선은 태조 이성계의 친명외교와 억불숭유 정책에 기반을 둔 초기 정책이 일관되게 유지되었다고 할 수 있다. 따라서 유교가 여러 규범들을 전일적으로 지배하게 됨에 따라 유교적 원칙과 이념을 제도적으로 실현하고자 하는 노력이 매우 강하게 부각되던 시기였다고 할 수 있다. 조선시대의 교육제도에 대해서도 관학, 사학, 선발제도로 나누어 살펴볼 수 있다.

조선시대 학제의 기본 틀은 고려시대의 것을 계승하였으나 그것을 보다 발전시켰다고 할 수 있다. 관학으로는 성균관, 4학, 향교 등이 있었으며, 왕실 교육기관과 잡학(기술) 교육기관들도 있었다. 조선시대의 대표적 국립 교육기관인 **성균관**은 문묘와 명륜당, 학생 기숙사인 동서양재 등을 기본으로 하여 강학활동과 각종 의례(석전제, 입학례, 대사례, 양로례 등)가 행해지던 공간이었다(박종배, 2003). 성균관의 입학자격은 생원, 진사를 원칙으로 하였고, 정원은 200명이었다. 경국대전을 비롯하여 원점절목, 권학사목, 학교사목 등의 여러 규칙을 두어 교육 과정과 평가 등을 실시하였고, 유생들에게는 재회(齋會)를 중심으로 한 자치활동이 허용되어 유소(儒疏), 권당(捲堂), 공재(空齋), 공관(空館) 등의 집단활동이 이루어졌다. 성균관에서 아침, 저녁으로 식당에서 도기(到記)에 표기를 하면 **원점(圓點)** 1점을 부여하였는데, 총 300점을 획득해야 문과 대과에 응시할 자격을 주었다. 이는 인재의 양성과 선발을 연관시키고자 하는 원칙에 의한 것이었다. 한편, **사부학당(四學)**은 성균관의 부속학교와 같은 성격을 지닌 학교로, 자체 문묘를 가지고 있지는 않았으나 향교와 비슷한 수준의 교육기관 역할을 하였다(장재천, 2000).

조선시대 향교는 1읍 1교 원칙에 따라 문묘, 명륜당 등을 둔 지방의 대표적 교육기관이었다. 16세 이상의 양반 및 향리 자제에게 입학자격이 부여되었고, 정원은 행정단위에 따라 부 · 대도호부 · 목 90여 명, 도호부 70여 명, 군 50명, 현 30명 등으로 정해져 있었다. 향교는 지방민의 교화기능을 겸한 교육기관으로 문묘 석전제 외에 향음주례, 향사례, 양로례 등의 의례를 실시하였다. 향교의 재학생에게는 면역의 혜택이 주어졌기 때문에 교생 지위 유지를 위한 절차를 엄격히 하기 위한 조치들이 실시되었다(박연호, 2006b; 윤희면, 1996).

사학기관으로는 서원과 서당을 살펴볼 수 있다. 서원은 중국 송대 주자(朱子)에 의해 설립된 백록동서원을 따라 중종 38년(1543) 풍기 군수 주세붕이 **백운동서원**을 지은 것이 최초다. 그리고 명종 5년(1550) 풍기 군수로 부임한 이황이 중국 백록동서원의 예를 들어 국가에서 재정 지원을 해 줄 것을 요청하여 **소수서원**이라는 편액과 다수의 서적, 노비, 토지를 하사받은 것이 **사액서원(賜額書院)**의 시작이다. 서원은 특정한 선현(先賢)의 학식을 기리기 위한 사당을 두는 향사기능을 갖추고 있었다. 이러한 서원은 학령(學令)의 규제를 덜 받으며 학문활동과 수양을 하였으며, 사림들의 터전이 되었다. 그러나 당파에 기초한 서원의 난립과 사액서원의 증가로 인한 국가재정 손실 등으로 인해 고종 때(1871, 대원군) 47개소의 서원을 제외하고 모두 폐쇄하였다(윤희면, 2005; 정순목, 1979).

조선시대의 **서당**은 16~17세기까지는 주로 사족(士族) 위주로 설립되고 운영되었으나, 양란 후 신분제 변동으로 18세기 이후에는 동족 부락들을 중심으로 평민층에서 광범하게 분포하였던 것으로 파악된다. 특히 18세기 이후 서당들에서는 교육기관에는 볼 수 없는 가묘(家廟)가 설치되는 등 유교적 명륜기능이 쇠퇴하고, 잔반(殘班) 출신의 훈장들에 의한 모반 사건들도 보고되는 등 조선 후기 사회 해체기의 특징을 보여 주는 사례들이 있어 주목된다(정순우, 1985).

조선시대의 과거제도는 문과(文科), 무과(武科), 잡과(雜科)의 세 종류로 나뉘었고, 3년에 한 번씩 **식년**[式年: 자(子), 묘(卯), 오(午), 유(酉)]에 실시되는 것을 원칙으로 했다. 문과(대과)와 무과는 초시, 복시, 전시의 3단계로 이루어져 있었고, 잡과는 전시가 없었다. 문과는 소과(小科)와 대과(大科)가 구분되어 소과를 구성한 생원과와 진사과가 각각 초시, 복시로 이루어져 있고, 대과는 다시 초시, 복시, 전시로 나누어

치러졌다. 대과 응시자격으로는 생원 혹은 진사가 된 후 성균관 원점 300점을 받도록 요구하였다. 생원, 진사 및 잡과 합격자에게는 백패(白牌)가 수여되었고, 문과와 무과의 최종 합격자에게는 홍패(紅牌)가 주어졌다(이성무, 1994).

(3) 조선 후기 유교적 교육의 변용

조선 후기로 들어서면서 정치적으로는 당쟁이 심화되어 일부 벌열(閥閱)에 의한 권력의 독점현상이 나타나게 되었고, 사회경제적으로는 임진왜란과 병자호란 이후의 생산력 발달과 신분제 해이로 몰락양반과 부유한 평민이 등장하게 되었다. 그리고 문화적으로는 명-청 교체 이후 청학(淸學)의 도입으로 새로운 문물이 유입되는 등 사회적 변화가 가시화되었다. 이러한 사회적 변화를 배경으로 교육제도상의 변화도 나타났는데, 유교적 이념과 원칙에 의거하여 설립되었던 교육기관들의 기능이 변질되는 것을 살펴볼 수 있다.

조선 후기로 들어서면서 성균관, 향교, 서원, 서당, 과거제도 등의 각종 제도들은 본래의 취지와는 달리 사화, 당쟁, 양란 이후의 사회 변화 등과 연계되어 변질된 양상을 보이고 있었다는 것이 일반적 평가다. 이 시기의 교육에 대하여 일반화하여 부정적으로 논의하기는 어렵지만, 성균관에서의 거관유생의 감소, 원점제 해이, 향교에서의 강학기능 쇠퇴, 서원의 남설과 정쟁, 과거제도의 문란[잦은 비정규시, 유학(幼學)의 급제 증가 등], 서당의 탈명륜화 등이 교육적으로 주목되는 변화로 언급되어 왔다.

특히 이 과정에서 조선 후기에 나타난 정쟁의 결과로 다수의 지식인들이 자신의 학문적 뜻을 이루지 못하는 현상이 나타나게 되고, 그들에 의해 새로운 학문적 경향이 나타나고 있음을 주목할 수 있다. **실학자**로 분류되는 사상가들은 교육제도의 개혁을 요구하고 있었던 것이다. 특히 인재 양성 및 선발 방식의 변화를 요구하는 제안들이 많이 나타났음을 주목할 수 있고, 교육 내용이나 방법적 측면에서도 새로운 논의들이 등장했다(우용제, 1999).

특히 교육제도 개혁론들은 기존의 인재 양성 및 선발 방식에 대해 근본적 변화를 요구하고 있어 주목된다. 유형원은 『반계수록(磻溪隧錄)』에서 문장(文章)을 위주로 인재를 선발하는 기존의 방식은 공무를 올바로 수행할 현덕자(賢德者)를 가려낼 수 있는 적당한 방식이 아니라고 보고, 품행과 학식을 장기간의 체계적 양성과정을 통하여 관찰한 후 천거하는 공거제도(貢擧制度)를 제안하였다. 또한 개인의 현덕성에 기초하여 사(士)와 민(民)의 구별이 이루어져야 한다고 보는 점에서 유교적 능력주의의 회복을 주장하고 있음을 알 수 있다(최광만, 2006).

또한 천자문 불가독설, 사략통감 불가독설 등 기존의 교재들에 대한 비판도 실학자들에 의해 제기되어 주목할 만하다. 특히 정약용은 천자문의 글자 구성 등이 문자학습의 원리에 맞지 않음을 비판하면서 『아학편(兒學編)』이라는 문자서를 직접 제작하였다. 총 2,000글자로 된 『아학편』은 유형자 다음에 무형자를 배치하고 인간관계(인륜)를 포함한 실물적이고 구체적인 글자들부터 익히게 함으로써 보다 체계적인 방법으로 한자어를 익히도록 한 교재다(정세화, 1997: 263-304).

이러한 내부적 변화들은 19세기 들어 근대적 교육개혁 논의들이 등장하면서 전통적 제도의 이념과는 다른 교육체제로 변화해 가는 밑거름이 되었다고 할 수 있다.

2) 한국의 근대교육

(1) 개항기 신교육의 도입

한국의 근대교육에 대해서는 상당히 복잡한 논의들이 이루어져 왔다. 그 이유는 우리나라에 있어 근대라는 것은 단순하게 논의되기 어려운 문제이기 때문이다. 근대를 외생적인 것으로 보는가 혹은 자생적인 것으로 보는가에 따른 논쟁이 존재하며, 자생적인 것으로 볼 경우 언제부터를 그 기점으로 잡아야 하는가, 자생성과 외생성의 균형을 취할 경우 외생적 요인들의 자생적 수용에 대해 어떤 입장을 취할 것인가 등 복합적 논의들이 이루어질 수 있다. 이렇게 근대에 대한 논의가 많은 이유는 소위 근대 이후의 교육과 전통적 교육 사이에 급격한 제도적 단절이 이루어져 왔기 때문에 그렇다.

전통적 교육의 기초를 형성해 왔던 이념, 제도적 관행, 시험절차, 학습의 목표 등은 때로 완만하게, 때로는 급격하게 19세기 말과 20세기 전반을 거치면서 서구적 모델을 따라 변화해 갔고, 이러한 서구적 기준의 적용은 '근대화'라는 이름으로 이루어졌다.[9] 20세기 이후의 교육은 이 '**근대화**'의 역사 속에서 이루어졌다고 해도 과언이 아니다(이윤미, 2006).

개항기 이후의 교육이 전통교육과 단절적으로 나타나는 외형적 사례는 전통적 유교 교육기관에서 중요한 지위를 차지하던 '제향 공간'의 교육적 의미가 사라진 점이다. 관학에 존재하던 문묘와 사학기관에 존재하던 사당 등의 제향 공간은 단순한 제사 공간이 아니라 선현의 모범을 닮겠다는 인격교육적 · 도덕교육적 의미를 지니고 있었다. 그리고 제향 공간의 존재는 진정한 의미의 교육이 강학 공간에서 이루어지는 지식교육의 한계를 넘어 인격적 · 도덕적 수준에서 완성되는 것임을 시사하기도 하는 것이었다. 서구식 교육 공간과 교과체계의 도입으로 이러한 제향 공간이 지닌 전통적 기능은 퇴색하고 도덕 · 윤리교육은 교과 수준으로 축소되어, 제도교육에서의 실질적 교육목표가 지식 획득과 공인된 학력 획득으로 변모했음을 주목할 수 있다.

신교육은 개항 후 갑오개혁, 을사늑약 후 통감부 설치 등의 과정을 거치면서 그 제도적 기초가 형성되었으나 이미 1880년대부터 전통적 교육에 대한 개혁의 논의들이 형성되었고 새로운 학교들이 출현하였다.

특히 1883년에 설립된 **원산학사**는 관민(官民)이 연합하여 설립한 학교로서, 전통적 서당을 개량한 개량서당의 형태에서 발전하여 근대적 학문을 가르친 기관으로 그 교육사적 의의가 주목되어 왔다. 한편, 일반적으로 개항기의 교육에 대해서는 국가에 의하여 설립된 학교보다 선교사나 민간에 의하여 설립된 사립학교들이 더 부각된 경향이 있으나, 정부 측에서도 무비자강의 노력으로 별기군 훈련을 위한 군사 교육기관을 1881년에 설치하는 등 근대교육을 꾸준히 추진하고 있는 점을 확인할 수 있다(김기석, 류방란, 1999 참조).

제도적 차원에서 전통적 교육과 본격적인 단절이 시작된 것은 **갑오개혁**부터라고 할 수 있다. 전통적 교육기관들을 대체하여 소학교, 중학교 등으로 구성된 새로운 학제가 선포되고 신분 제약 없이 모든 국민이 학교에 입학할 수 있도록 하였다. 또

[9] 무엇을 근대로 이해하는가에 따라 근대의 기점이나 용어의 의미에 대한 다양한 논란이 있다. 여기서는 기술적 용어로 제한하여 사용한다.

한 교원 양성을 위하여 한성사범학교가 설치되어 근대적 초등교원 양성을 전문적으로 하도록 하였다(김경미, 1999; 임후남, 2002). 전통적 교육기관들인 성균관이나 향교는 그 교육적 기능을 제도적으로 상실하게 되었다. 성균관에는 경학과라는 유학 전문학과가 설치되고 국립대학으로서의 본래적 기능은 축소되었다. 그리고 인재 선발의 통로로서 900년 이상 존속되어 교육문화에 영향을 준 과거제도가 철폐되었다. 교육내용에서도 기존의 유교경전 위주의 학습내용 대신 교과중심의 교육과정으로의 전환이 이루어졌으며, 근대적 학제에 따른 **학력주의**도 이 시기부터 제도화되기 시작하였다(이광호, 1996).

이러한 변화들은 교육의 형식 및 내용을 기존과 다른 방식으로 만들었음에 틀림이 없다. 특히 이 시기에는 당시 국제적으로 생존의 위협을 받고 있는 상황에서 부국강병, 문명개화 등을 위해서 국민교육이 강조되어 실용교육, 대중교육, 여성교육의 필요성 등이 역설되었다.

한편, 근대교육의 필요성에 대한 강조는 러일전쟁에서 승리한 일본에 의해 1906년 통감부가 설치되면서 더욱 고조되어 학교 설립운동 등 자강을 위한 **교육구국 운동**이 활발하게 전개되는 계기가 되었다(조항섭, 1993). 이 시기에는 민간 차원에서 다양한 학교들이 설립되었는데 통감부 측에서 위협을 느낄 정도였다. 1908년에는 「**사립학교령**」이라는 법령을 통하여 이미 설립된 학교들을 재인가 혹은 철폐하고자 하였다. 지식인의 지역별 결사체였던 학회를 규제하려는 「학회령」이 「사립학교령」과 동시에 발표된 사실은 「사립학교령」이 단순히 교육적 기준을 제시한 것이 아니며 학회들에 의해 주도된 교육적 자강운동을 규제하기 위한 것이었음을 시사한다.

자강운동 시기(1905~1910)에 나타난 교육에 대한 높은 열의와 민족주의적 동기들은 이후 식민지화 과정에서 저항적 민족주의의 중요한 기초로 작용하게 되었다. 특히 이 시기에는 교육이 현실의 정치적 패배를 보상해 줄 수 있는 힘의 원천이라는 신념이 매우 강하게 작용하였는데, 이는 당시 자강운동의 이념적 배경이 된 사회진화론과 매우 관련이 깊다. 당시의 **사회진화론**은 중국의 사상가로 무술정변(戊戌政變) 실패 이후 일본에 망명해 있던 량치차오(梁啓超)의 신민론(新民論) 등에 강하게 영향을 받은 것이었다(최향순, 2001). 개화론자들은 우승열패(優勝劣敗)의 상황에서 승자의 힘이 교육에서 비롯되었다고 이해하였으며, 국민에 대한 교육을 통하여 현실의 패배가 미래의 진보로 전환될 수 있다는 낙관론적 교육론을 전개하였음을 주목할 수 있다(이윤미, 2006: 75-180).

개항기 교육에서 특히 주목해야 할 것은 여성에 대한 제도적 교육이 시작되었다는 점이다. 1886년 **이화학당**에서의 교육을 필두로 하여 선교사 및 민간에 의한 여학교 설립이 꾸준히 이루어졌고, 문명개화 및 자강 차원에서 여성교육의 필요성이 역설되었다. 이러한 제도적 여성교육의 시작은 사적 영역에 제한되어 있던 여성의 전통적 활동 범위를 확장시켜 여성의 공적 사회활동을 가능하게 하는 배경이 되었다. 한편, 초기에 강조된 여성교육은 국가사회의 필요를 실현하고자 하는 '애국적 현모양처주의'를 지향하고 있어 여성교육에 대한 국가사회적 기대가 교육받은 여성의 개인적 기대(개인으로서의 주체화)와 갈등할 수 있는 소지를 포함하고 있었다. 이러한 갈등은 식민지 시기 이후 '**신여성**'의 사회활동이 가시화되면서 공론화되었다(이윤미, 2006: 257-294).

(2) 식민지 시기 제도교육의 전개

식민지 시기는 1910년 한일강제합방 이후 1945년까지 일제 총독부의 지배하에 통치가 이루어지던 시기다. 이 시기의 교육은 4차에 걸쳐 개정된 「**조선교육령**」이라는 법령에 의하여 규제되었다(이혜영, 윤종혁, 류방란, 1997 참조).

「제1차 조선교육령」(1911년 8월)에 의해 조선에서의 학제는 **보통학교**(4년), **고등보통학교**(4년, 여자고등보통학교 3년), 전문학교 등으로 구분되었으며, 한성사범학교는 폐지되었다. 이러한 학제는 재조선 일본인에게 적용되었던 학제(소학교 6년, 중학교 5년)와 차별화된 것으로, 조선인에게는 고등보통학교가 사실상 최종 교육기관의 의미를 지니고 있었다고 할 수 있다.

1919년 3 · 1운동과 일본의 문화통치 영향으로 1922년 2월 발효된 「제2차 조선교육령」에 의해 교육연한이 일본과 동일해지는 형태로 변화한다. 그리고 1924년 경성제대 예과, 1926년 법문학부, 의학부 등의 설립으로 고등보통학교에서는 대학입학을 위한 준비교육이 본격적으로 시작되어, 기존의 종결 교육기관에서 상급학교 준비기관으로 그 위상이 변화하는 양상이 나타났다(박철희, 2002; 정선이, 2002).

1938년에는 「제3차 조선교육령」에 의해 학교 명칭이 일본과 동일한 소학교, 중학교, 고등여학교 등으로 변화되었고, 1941년에는 소학교가 **국민학교**로 개명되면서 본격적인 황국신민화 및 내선일체의 동화교육이 실시되었다. 이때부터 조선어가 선택과목인 수의과로 변경되어 사실상 폐지되었고, 사립중등학교의 설립이 금지되었으며, 일본역사, 수신 등의 이념교과가 강조되었다. 1943년의 「제4차 조선교육령」에서는 전시교육체제로의 전환이 이루어져 중학교의 수업연한이 4년으로 단축되고 전문학교도 3~6개월이 단축되었다. 이 시기에는 신사참배, 학도대조직, 황국신민서사 낭독 등 학교의 교육적 기능이 변질되고 군사체제화하였다(정규영, 2002).

식민지 시기에는 기본적으로 일본인과 차별적으로 교육기회가 주어진 데다가 식민지배의 이데올로기적 성격으로 인해 왜곡적인 교육이 이루어진 것이 사실이다. 따라서 식민지 시기의 변화에 대해서는 정치적 관점에서 평가가 이루어질 수밖에 없다. 한편, 교육적 변화를 중심으로 볼 때 이 시기 동안 제한적이고 억압적인 정책기조 속에서 전통적 교육기관에서 근대적 학교로 학생층이 이동하고, 입학난이라고 부를 정도로 취학률 및 입학경쟁이 강화되는 양상 등은 근대적 학제와 학력주의가 이 시기 동안 정착하고 있음을 시사하는 것이기도 하다. 근대적 직종들이 출현하면서 근대교육에 대한 수요가 증가하고 있음을 알 수 있고, 이는 초·중등학교에서의 입학난으로 나타났다고 할 수 있다. 1920년대 이전까지만 해도 전통적 서당에 비하여 저조했던 보통학교 취학률이 1923년을 기점으로 상승하였고, 1930년대 이후에는 만성적 입학난을 일으킬 정도로 수요가 증가하였다. 이 과정에서 보통학교 설립 확대를 위하여 수요자 부담에 의한 학급 증설, 학년 확대 운동이 전개되었음을 주목할 수 있는데, 이는 한국민의 **교육열**에 의해 보통학교교육이 확대되었음을 보여 주는 것이다. 이러한 취학률 상승과 입학경쟁은 총독부의 제도 확대 결과라기보다는 조선인이 근대교육을 권리로 인식하기 시작했음을 의미하는 것이라고 할 수 있다(오성철, 2000).

(3) 해방과 교육체제의 재구축

1945년 8월 제2차 세계대전에서 일본이 항복한 후, 한반도는 연합군에 의해 군정지배를 받게 되었다. 이로써 38선 이북은 소련, 이남은 미국의 군정 치하에 놓이게 되었다. 연합군에 의한 군정 지배는 제2차 세계대전의 결과에 의한 것으로, 당시 군정 지배를 받은 지역으로는 한국 이외에도 패전국인 독일(동서독)과 일본이 있었다. 특히 일본에서는 1952년까지 7년간의 군정이 실시되었다.

남북한이 군정 지배에 놓이게 된 것은 일본의 전 식민지로서의 패전 처리와 관련된 것이었다고 할 수 있다. 이러한 이유로, 비교적 치밀한 군정 준비를 하고 군국주의 세력 척결을 우선 과제로 하여 미국식 민주주의를 도입하려고 했던 일본의 사례와 비교할 때 한국에서의 군정 지배는 훈련된 전문가나 치밀하게 세워진 계획 없이 이루어진 경향이 있다.

미군정의 교육담당 장교이자 초대 학무국장이었던 로커드(Lockard) 대위는 교육 전문가가 아니었기 때문에 주로 한국 측 자문위원들의 협조하에 정책 입안 및 결정을 했다. 특히 영어에 능통하고 당시 교육계에서 지명도를 갖춘 인사들을 중심으로 미군정 교육제도가 형성되었다고 할 수 있다(송덕수, 1996).

미군정기에는 학무국과 조선교육심의회 등을 중심으로 기존의 일본식 교육제도를 개혁하기 위한 조치들이 취해졌는데, 교육이념의 재천명(홍익인간), 학제 개편(단선제, 6-3-3-4), 초등학교 한자 폐지(중등 한문과 설치), 남녀공학제, 종합대학체제 도입 등이 그것이다. 또한 새로운 교육원리로 새교육운동이 전개되었는데, 미국의 진보주의 교육원리 등을 교육과정 등에 적용하고 교원연수를 하는 등의 활동이 전개되었다(오욱환, 최정실, 1993 참조).

그러나 이러한 변화들의 추진이 평탄했다고 보기는 어렵다. 그 이유는 해방 직후 당시의 정치적 불안정에 기인하는 것이었다. 1920～1930년대부터 반식민주의 운동과 관련하여 이미 국내에서 좌우의 이념적 대립은 첨예했다고 할 수 있으며, 이러한 대립이 해방 후 새로운 국민국가 설립과정에서 새롭게 불거졌다고 할 수 있다. 해방 후 정세에서는 친일 잔재 청산의 과제와 더불어 트루먼 독트린 이후의 냉전체제 등이 좌우 대립을 가열화하는 배경이 되었고, 이는 교육계에도 반영되었다. 교육계에서 이러한 좌우 대립이 표면화된 가장 중요한 사건은 기존의 경성대학을 비롯한 관공립 고등교육기관들을 통폐합하여 단일한 종합대학으로 재편하려고 한 **국립서울대학교 설립안('국대안')**을 둘러싼 갈등이었다. 이 갈등의 결과, 남한의 교육계는 관련 교수들의 파면과 학생들의 퇴학 조치 등으로 인적 손실이 매우 컸으며, 좌우 대립으로 인한 후유증이 상당하였다(강명숙, 2002; 강일국, 2002).

해방 직후 인적 · 물적 기초의 취약한 기반 위에서도 남한은 **의무교육** 실시, 산업화 등의 과정을 거쳐 취학률 등의 면에서 단기간에 양적 확대를 이루었다고 할 수 있다. 그러나 이러한 양적 확대 성과에 비하여 교육의 체제, 내용, 운영방식 등은 경직되고 권위주의적인 방식으로 이루어졌던 것이 사실이다. 또한 7차례에 걸친 교육과정의 개혁이 있었지만, 교육과정 개혁과정에서 표명된 총론 수준의 개정 명분과 달리 교육과정의 실질적 변화요인은 정권교체와 관련되어 있는 등 교육을 이끌어 온 동인이 교육 내적인 것보다는 교육 외적인 경우가 많았다고 할 수 있다.

이러한 제반 문제들은 1990년대 이후 한국 사회가 민주화되면서 **교육개혁**의 논의가 활발하게 이루어지는 배경이 되었다. 기존의 경직된 교육체제를 자율적인 방향으로 변화시키고자 하는 노력은 각종 개혁조치로 이어져 왔다. 이러한 개혁기조가 학교교육의 다양화, 자율화 등을 중심으로 이루어지게 되면서 그 개혁의 이념적 배경이 되는 신자유주의 논쟁 등으로 나타나 지속적인 논의와 논란을 이끌어 내고 있다.

현재의 교육은 다양한 문제를 안고 있고 그 해결의 실마리가 보이지 않는 것처럼 논의되기도 한다. 그러나 해방 이후 70년이라는 짧은 기간 동안 이루어진 성과들에 대해 정당한 평가가 이루어지는 것은 매우 중요하며, 교육사 속에서 나타나는 교훈들을 면밀히 검토함으로써 교육계가 당면한 문제들을 해결하는 단초를 발견해 낼 수 있을 것이다.

학 / 습 / 과 / 제

1. 교육적으로 의미 있는 역사적 질문들을 생각하고 제시하시오. 일반사의 하위 분야로서의 교육사와 교육학의 하위 분야로서의 교육사에 차이가 있다면 무엇이며, 그 접근방법은 어떻게 다르게 나타날 수 있는지 논의하시오.

2. 우리의 교육적 전통에 대하여 얼마나 알고 있으며 그 중요성에 대해 어떻게 평가해 왔는지 논의하시오. 또한 전통적 교육 공간에서 제향 공간이 지닌 의미에 대해 조사해 보고, 동양적 스승관의 시사점을 교사와 학생의 관점에서 각각 논의하시오. 19세기 말 이후 서양식 교육 형태가 일반화되면서 제향 공간이 사라진 것이 전통교육에서는 일체화되어 있던 지식교육과 도덕교육을 분리시키는 계기가 되었다는 주장에 대해 토론하시오.

3. 유교적 이념에 의해 관학은 명분상 강조된 경향이 있으나 실제로 사학에 비하여 부진했다는 평가를 받기도 한다. 관학이 부진했던 이유가 교육재원을 학교에 적극 투자하여 교육의 과정을 내실화하기보다는 경쟁적 선발제도인 과거제도의 유지를 통해 간접적인 질 관리를 하는 것이 '경제적'이었기 때문이라는 주장도 있는데, 이 입장에 대해 논의하시오. 이러한 주장이 현재의 학교교육과 입시제도의 관계를 이해하는 데 주는 시사점에 대해서도 토론하시오.

4. 우리 사회의 교육열의 연원에 대해서는 다양한 논의들이 존재한다. 교육사에서 관찰되는 교육열의 양상에 대해 조사해 보고 그 의미에 대해 논의하시오. 특히 개항기(자강운동 기간)에 나타난 학교 설립운동과 식민지 시기에 나타난 만성적 입학난 등을 교육열의 표현으로 볼 수 있는지 조사해 보고 그 배경에 작용한 요인들에 대해 논의하시오.

5. 한국 사회의 교육이 해방 후 미국교육의 영향을 받았다고 하지만 실제로는 일제의 잔재가 더 강하게 남아 있는 것으로 평가되기도 한다. 그 이유가 무엇인지 토론하시오.

6. 진보주의 교육이론은 20세기의 대표적 교육론으로 주목되어 왔다. 진보주의 교육이론은 전대(前代) 사상(가)들의 어떠한 측면을 계승하고 있는지 조사해 보고 그 교육사적 의의를 이념적 · 실천적 차원에서 논의하시오.

7. 공교육체제에 대한 다양한 비판적 논의들이 있다. 공교육체제가 지니는 역사적 의의가 무엇인지에 대해 조사하고 그 장점과 한계에 대해 논의하시오. 공교육체제는 특정한 역사적 조건들에 의해 형성된 제도이므로 그 역사적 조건이 변화하면 폐지되거나 수정되어야 한다는 주장에 대해 토론하시오.

참고문헌

강명숙(2002). 미군정기 고등교육 연구. 서울대학교 대학원 박사학위논문.

강일국(2002). 새교육운동연구: 1950년대 초등 교육과정을 중심으로. 서울대학교 대학원 박사학위논문.

김경미(1999). 갑오개혁 전후 교육정책 전개과정 연구. 연세대학교 대학원 박사학위논문.

김경용(2003). 과거제도와 한국근대교육의 재인식. 서울: 교육과학사.

김기석, 류방란(1999). 한국 근대교육의 태동. 서울: 교육과학사.

김충열(1979). 유가의 윤리. 서울: 배영사.

김충열(2001). 김충열 교수의 유가윤리 강의. 서울: 예문서원.

김효선, 안인희, 정희숙(2003). 동양교육고전의 이해. 서울: 이화여자대학교 출판부.

박균섭(2006). 화랑제도에 대한 일본인 연구자들의 시각 비판. 박연호 편. 논문으로 읽는 교육사(pp. 103-135). 서울: 문음사.

박연호(2006a). 교사로서의 공자: 업적과 그 교육사적 의의. 박연호 편. 논문으로 읽는 교육사(pp. 25-102). 서울: 문음사.

박연호(2006b). 조선전기 향교정책의 성격과 한계. 박연호 편. 논문으로 읽는 교육사(pp. 291-344). 서울: 문음사.

박의수, 강승규, 정영수, 강선보(1999). 교육의 역사와 철학. 서울: 동문사.

박종배(2003). 조선시대 학교의례 연구. 서울대학교 대학원 박사학위논문.

박찬수(2006). 고려의 국자감과 사학 십이도. 박연호 편. 논문으로 읽는 교육사(pp. 137-162). 서울: 문음사.

박철희(2002). 식민지기 한국 중등교육 연구: 1920-30년대 고등보통학교를 중심으로. 서울대학교 대학원 박사학위논문.

송덕수(1996). 광복50년: 미군정기편. 서울: 대한교원공제회/교원복지신보사.

신천식(1995). 고려교육사연구. 서울: 경인문화사.

양금희(1996). 위대한 교육사상가들 1. 마틴 루터. 서울: 교육과학사.

양태종(2002). 수사학 이야기. 부산: 동아대학교 출판부.

오성철(2000). 식민지 초등교육의 형성. 서울: 교육과학사.

오욱환, 최정실(1993). 미군점령시대의 한국교육: 사실과 해석. 서울: 지식산업사.

오인탁(1996). 위대한 교육사상가들 1. 이소크라테스. 서울: 교육과학사.

오인탁(2001). 파이데이아: 고대 그리스의 교육사상. 서울: 학지사.

우용제(1999). 조선후기 교육개혁론 연구. 서울: 교육과학사.

우용제, 류방란, 한우희, 오성철(1998). 근대한국초등교육연구. 서울: 교육과학사.

윤희면(1996). 조선후기 향교연구. 서울: 일조각.

윤희면(2005). 조선시대 서원과 양반. 서울: 집문당.

이광호(1996). 구한말 근대교육체제와 학력주의 연구. 서울: 문음사.

이길상(1999). 사료론적 관점에서 본 교육사학의 현실. 교육학연구, 36(1).

이만규(1988). 조선교육사(1-2). 서울: 거름사.

이성무(1994). 한국의 과거제도. 서울: 집문당.

이윤미(2004). 공교육의 역사성과 교육의 공공성. 황원철 외 공저. 공교육: 이념, 제도, 개혁. 서울: 원미사.

이윤미(2006). 한국의 근대와 교육: 서구적 근대성을 넘어. 서울: 문음사.

이혜영, 윤종혁, 류방란(1997). 한국근대학교교육 100년사 연구(II): 일제시대의 학교교육. 서울: 한국교육개발원.

임후남(2002). 대한제국기 초등교원의 양성. 서울대학교 대학원 박사학위논문.

장재천(2000). 조선조 성균관교육과 유생문화. 서울: 아세아문화사.

정규영(2002). 전시동원체제와 식민지교육의 변용: 일본 식민지 지배하의 한국교육, 1937-1945. 교육학연구, 40(2), 35-64.

정선이(2002). 경성제국대학연구. 서울: 문음사.

정세화(1997). 한국교육고전의 이해. 서울: 양서원.

정순목(1979). 한국서원교육제도 연구. 경북: 영남대학교 민족문화연구소.

정순목(1990). 중국서원제도. 서울: 문음사.

정순우(1985). 18세기 서당연구. 한국정신문화연구원 대학원 박사학위논문.

조경원, 김미환, 최양미, 장선희, 정광희(2004). 서양교육의 이해: 역사와 사상. 서울: 교육과학사.

조항섭(1993). 1900년대의 애국계몽운동연구. 서울: 아세아문화사.

차장섭(1997). 조선후기벌열연구. 서울: 일조각.

최광만(2006). 반계 유형원의 교육개혁론 분석. 박연호 편. 논문으로 읽는 교육사(pp. 457-489). 서울: 문음사.

최봉영(1998). 조선시대 유학교육과 '교학'의 의미. 교육사학연구, 제8집, 1-25.

최자영, 최혜영 공역(2002). 고대 그리스 정치사 사료: 아테네 스파르타 테바이 정치제도. Aristotle, Xenophon 저. 서울: 신서원.

최향순(2001). 중국 근대 교육사상 1. 서울: 양서원.

최현 역(1997). 플라톤의 국가론(*The republic*). Plato 저. 서울: 집문당.

최호연 역(1997). 프로타고라스/메논(*Protagoras/Menon*). Plato 저. 서울: 두로.

한국교육사학회 편(2004). 한국교육사 연구의 현황과 과제. 한국교육사학회 창립 40주년 기념 학술대회 자료집.

한국교육사학회 편(2005). 한국교육사 연구의 현황과 과제(조선시대-일제강점기). 서울: 가람문화사.

尹健次(1987). 한국근대교육의 사상과 운동[朝鮮 近代 教育の 思想と 運動]. 심성보 역. 서울: 청사. (원저는 1982년에 출판).

Boyd, W. (1996). 서양교육사(*The history of western education*). (이홍우, 박재문, 유한구 공역). 서울: 교육과학사. (원저는 1966년에 출판).

Brubacher, J. S. (1966). *A history of the problems of education.* New York: McGraw-Hill Book Company.

Butts, R. F. (1955). *A cultural history of Western education: Its social and intellectual foundations.* New York: McGraw-Hill Book Company.

Comenius, I. A. (1996). 대교수학(*Didactica magna*). (정확실 역). 서울: 교육과학사. (원저는 1657년에 출판).

Green, A. (1990). *Education and the state formation: The rise of education systems in England, France, and the USA.* New York: St. Martin' s press.

Haskins, C. H. (1923, 1990). *The rise of universities.* Ithaca & London: Cornell University Press.

Kliebard, H. (1991). *The struggle for the American curriculum, 1893-1958.* New York: Routledge & Kegan Paul.

Kneller, G. F. (1990). 교육철학이란 무엇인가(*Introduction to the philosophy of education*). (정희숙 역). 서울: 서광사. (원저는 1964년에 출판).

Pestalozzi, J. B. (1996). 은자의 황혼(*Die Abendstunde eines Einsiedlers*). (김정환 역). 서울: 서문당. (원저는 1780년에 출판).

Soysal, Y. N., & Strang, D. (1989). Construction of the first mass education systems in nineteenth-century Europe. *Sociology of Education, 62*(October), 277-288.

Tyack, D. (1967). *Turning points in American educational history.* Waltham, MA: Blasidell.

Chapter 03

교육의 철학적 기초

1. 교육철학의 학문적 성격
2. 현대 교육철학의 사조
3. 현대 교육철학의 탐구주제

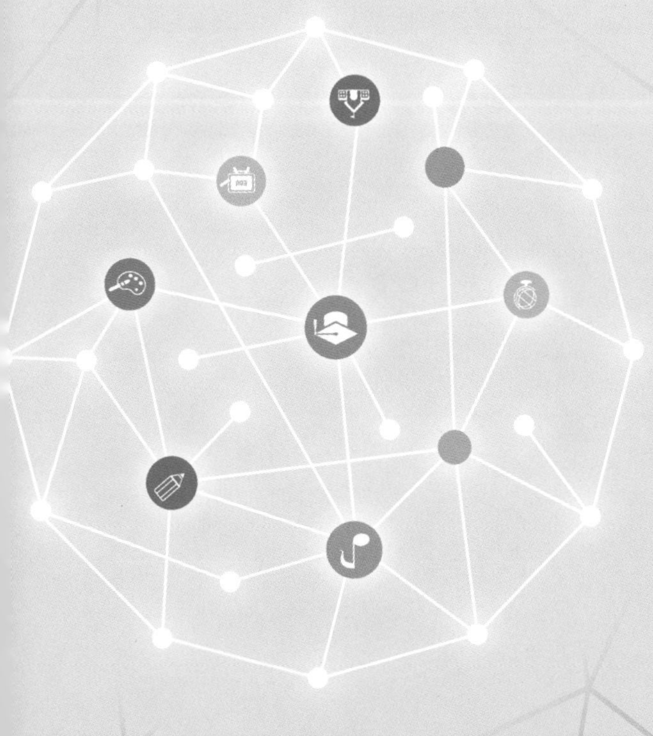

이 장에서는 교육철학 일반에 대한 거시적 소개를 통하여 다음의 두 가지 학습 내용의 습득을 목표로 한다. 첫째, 교육학의 한 분과학문으로서 교육철학의 성격과 탐구방법을 이해함으로써 교육철학 고유의 학문적 성격을 교육학 일반과 교육학 여타 하위 분야 그리고 교육 실제와의 관계 속에서 볼 수 있도록 한다. 둘째, 교육철학의 전통을 구성하는 여러 교육사조와 현대의 주요 교육철학적 탐구주제들을 이해함으로써 교육철학적 지식과 방법의 변화과정과 그 실제적 함의를 오늘날 교육 현실과의 관련하에 바라보고 음미할 수 있도록 한다. 특히 말미에 추가된 학습과제를 통하여 교육철학적 지식이 실제 우리 삶과 구체적으로 관련되는 방식을 이해하도록 돕는다.

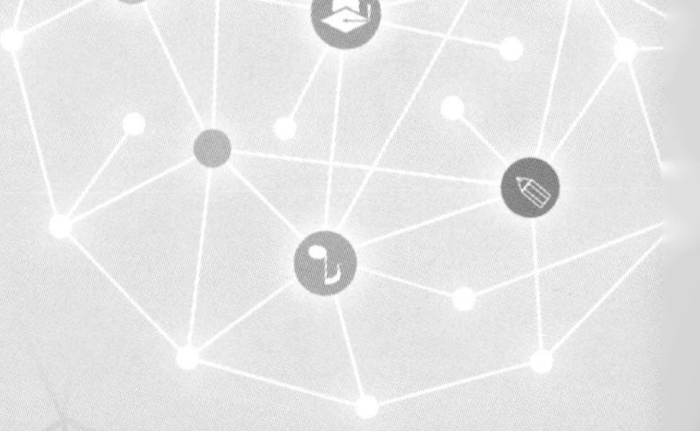

1. 교육철학의 학문적 성격

1) 교육철학의 역할과 과제

모든 **근대학문**은 그 학문 분야 고유의 연구 대상과 연구방법이 있다. 그러면 근대적 학문으로서의 교육철학은 무엇을 어떤 방법으로 탐구하는 학문인가? 모든 학문의 원천으로서의 철학은 본래 동양에서나 서양에서나 지혜를 사랑하고 그것을 가르치는 일을 그 본분으로 하였다. 공자(孔子)와 소크라테스(Socrates)는 각각 '인간다운 인간' 혹은 '훌륭한 인간의 삶'이란 무엇을 의미하는지와 우리가 그렇게 살아갈 수 있는 방법을 깊이 탐색하였으며, 그들에게 철학은 이를 위해 우리 자신의 삶을 끊임없이 성찰하는 것이었다. 고대인에게서 철학은 삶의 의미를 추구하거나 일상적 삶을 지혜롭고 행복하게 사는 문제와 분리되지 않았다. 그러나 17세기 이후 서양에서 학문의 분화와 더불어 근대학문이 등장하면서 철학은 점차 '지혜'의 문제보다는 '지식'의 문제에 관심을 돌리고 그것을 자신의 본분으로 삼기 시작했다. 여기서 지식이라는 것은 세계에 대한 과학적 지식을 말하고, 철학이 관심을 가진 지식의 문제는 이 과학적 지식을 우리가 어떻게 알게 되는지의 문제였다. 즉, 근대적 학문으로서 철학의 역할은 과학적 지식을 가능하게 하는 논리적 조건을 탐구하는 이론적 작업이었다.

철학은 이제까지 '지혜'의 문제든 '지식'의 문제든 인간 삶의 의미나 지식의 본질에 대한 궁극적 지식이나 절대적 진리를 체계적으로 추구하는 활동을 업으로 해왔다. 그러나 이러한 철학의 전통적인 본분은 인간과 세계에 대한 우리의 지식과 인식에 대한 이해가 보다 자기 의식적이고 자기 성찰적으로 된 20세기에 들어와 점차 의심스러운 것이 되기 시작한다. 오늘날 우리는 세계와 인간의 '궁극적' 문제에 대한 궁금증을 포기할 수는 없지만, 한편으로는 그것이 우리 인간에 의해 대답될 수 없는 성격의 문제라는 것을 대체로 인정하고 있다. 이러한 질문에 대한 많은 철학자들의 대답들은 절대적 진리에 가깝기보다는 특정 시대와 사회의 산물로서 인간에 의해 구성된 의미체계일 뿐이라는 것이다. 그리고 인간은 자신의 언어 공동체에 참여함으로써 세계와 삶의 의미를 창조하고 추구하는 존재라는 것이 광범위하게 받아들여지고 있다.

오늘날 철학은 진리를 추구하는 이론적 활동 자체라기보다는 인간의 의미체계를 표현하는 언어와 그것이 실제나 현실과 관련을 맺는 방식을 비판적으로 검토하여 그 의미를 이해하고 확장하며 탐구해 나가는 자기 형성적이고 실천적인 사고활동으로 제자리를 찾아가고 있다(Rorty, 1979). 어떤 의미에서 이것은 삶의 지혜를 추구하던 고대철학으로의 복귀라고도 볼 수 있다. 그리고 철학의 역할에 있어 이러한 변화는 태생적으로 실천학의 성격이 강한 교육철학의 역할을 규정하는 데 지대한 영향을 미친다. 오늘날 교육철학은 교육과 인간의 본질에 대한 진리를 추구하거나 교육적 이론 또는 실제의 근거를 제공하던 이론적 역할에서, 점차 우리가 제도적으로나 일상적으로 접하는 교육적 담론과 실천의 기저에 놓여 있는 언어적 의미체계가 현실 세계와 관계를 맺는 방식에 대하여 비판적으로 검토하는 실천적 사고활동으로 옮겨 가고 있다(Blake, Smeyers, Smith, & Standish, 2003).

그러나 교육철학의 기본적인 성격을 이론적인 것으로 볼 것인가 실천적인 것으로 볼 것인가에 대한 문제는 교육철학 공동체 내에서 그 의견이 여전히 분분하다. 먼저, 교육철학의 성격을 이론적인 것으로 볼 경우 교육철학의 과제는 대개 교육적 인간학의 질문, 즉 인간을 교육적으로 이해한다는 것이 무슨 뜻인지, 인간다운 인간 및 인간의 성장을 어떻게 이해하고 규정할 수 있는지에 대한 폭넓은 이론적 탐색에 참여하며, 이것에 대한 이론의 구성에 일차적 관심을 둔다. 한편, 교육철학의 성격을 실천적으로 볼 경우 교육철학의 과제는 주로 실제 일어나고 있는 우리 사회의 교육적 실천에 가정된 실천가들의 의미체계 파악에 기초하여 그 실천을 실천가들과 함께 개선하는 데에 일차적 목적을 둔다. 그러나 교육철학의 성격을 어느 것으로 규정하든 이것은 강조점의 문제일 뿐 여전히 실천적 관심의 학문이라고 말할 수 있을지 모른다. 실천적 교육철학이 교육실천을 보다 직접적으로 연구의 대상으로 삼고 그것의 이해와 개선에 관심을 두는 반면, 이론적 교육철학은 그 실천을 합당하게 이끌 교육적 판단의 평가적 준거를 장기적으로 구성하고 제공할 수 있다는 점에서 간접적으로나마 여전히 실천에 기여한다고 볼 수 있기 때문이다.

다른 한편으로 교육철학의 학문적 성격을 어떻게 규정하든 교육철학적 작업 자체는 그것이 '철학적'이라는 이유로 공통적으로 갖는 탐구방법적 특징이 있다. 그것은 바로 교육적 의미체계들에 대한 '분석적'이고 '평가적'이며 '통합적'인 탐구활동이라는 특징이다(이돈희, 조화태, 1995). 분석적 활동이라는 것은 일반적으로 교육적 의미체계를 구성하는 언어의 의미와 그 논리적 관계를 명백히 밝히는 것을 말한다. 그러나 단순한 언어의 논리적 분석을 넘어서서 교육적 의미체계가 어떠한 신념과 가정, 가치관과 이론적 배경에서 성립하고 있는가를 분석하여 그 의미체계가 전제하거나 반영하는 인간관과 세계관, 사회관과 학교관을 드러낼 수도 있다. 평가적 활동은 주어진 기준이나 준거에 비추어 교육적 의미체계나 교육 실제를 평가하는 활동을 말한다. 평가 기준이나 관점을 먼저 세우고 그것에 비추어 어떤 교육적 의미체계나 교육 현실이 바람직한 것인지를 평가하는 것이다. 이것은 교육 실제를 뒷받침하는 이론적 배경이나 의미체계를 분석하였을 때 그 의미체계가 어떤 한계와 문제점을 지니는지 평가하고 또 수용할 만한 **가치**가 있는지 판단한다. 통합적 활동은 여러 가지 차원과 관점에서 제시되는 교육에 대한 다양한 의미체계를 전체적으로 검토하고 이를 통합된 체계로 파악하는 것을 말한다. 교육현상은 다양한 학문적 접근을 통해 이루어진다. 심리학, 사회학, 역사학, 행정학 등 여러 학문들이 교육현상을 이해하고 설명하기 위해 활용되고 있으며, 이에 따라 교육에 대한 학문적 접근은 교육심리학, 교육사회학, 교육사, 교육행정학 등으로 다양하게 나뉘어 있다. 교육철학은 이렇게 다양한 학문적 접근 내에서 이루어지는 분할된 의미부여 체계를 전체적으로 조망하려는 경향을 가지고 있다.

이러한 탐구방법들에 기초한 활동을 통하여 교육철학은 역사적으로 축적되어 왔거나 교육 현실에서 작동하는 교육적 의미체계에 대해 좀 더 의식적이고 깊이 있는 이해를 추구하여 그것이 교육 실제나 현실과 관계를 맺는 방식을 보다 분명하게 드러낼 수 있다. 그리고 교육철학자들은 그 관계의 모순을 드러내거나 더 나은 방식의 관계를 모색하여 사회 구성원들이 좀 더 의식적이고 능동적으로 교육적 의미를 창조하고 부여하는 활동에 참여하도록 도울 수 있다. 교육철학적 이론과 담론이 교육실천과 관련되는 방식이나 교육이론 일반이 교육실천과 관계를 맺는 방식에 대해서는 앞으로 좀 더 다각적으로 규명될 필요가 있지만, 후기 근대적 맥락에서 실천학으로서의 교육철학의 성격이 그 어느 때보다도 절실히 요구되고 또 크게 부각되고 있다는 사실은 부인하기 어렵다. 이러한 사실을 고려할 때, 앞으로 교육철학의 과제는 다음 세 가지를 포함해야 할 것으로 보인다.

첫째, 교육철학은 교육철학의 핵심적 질문인 '교육은 무엇이어야 하는가?', 즉 교육의 의미와 목적, 그 가치에 대하여 계속적으로 그리고 보다 적극적으로 탐색할 필요가 있다. 이 작업은 학교교육이 공식적으로 표방하는 가치의 정치적 · 사회적 기능에 대한 사람들의 의심과 의식이 점차 높아져 가는 상황에서 더욱더 요구되는 것이다. 이것은 공자나 플라톤(Plato), 루소(Rousseau), 듀이(Dewey)와 같은 대철학자들이 자신만의 고유한 체계로 시도해 온 것이기도 하다. 그리고 교육철학자들은 이러한 대사상가들의 **교육이론**이 던지는 고전적 질문을 교육의 목적과 지식의 성격, 인간의 본성과 실천의 관점에서 검토하고 재해석하는 일에 늘 헌신해 왔다. 다만, 오늘날 교육철학자들의 일차적 관심은 이들 사상가들의 교육이론을 집대성하고 체계화하는 데보다는 그것을 오늘날 교육적 맥락이나 관심과의 관련 속에서 현대적으로 재해석하고 재발굴하는 데에 초점을 둘 필요가 있다. 이러한 노력을 통하여 교육철학은 오늘날 우리의 사고를 지배하고 이끄는 교육의 의미와 언어를 이해하고 성찰하며 또 풍요롭게 발전시키는 데 기여할 수 있을 것이다.

둘째, 교육철학은 교육학의 다양한 하위 학문 분야의 접근에 전제된 이론적 가정이나 가치들을 계속해서 비판적으로 검토할 필요가 있다. 그러나 이때 교육철학은 이론적 권위나 처방에 있어서 2차적 분석이라는 이전의 독보적 지위를 더 이상 지속하기는 어렵다. 왜냐하면 다른 하위 분과 학문 분야도 지난 수십 년간 자신의 작업에 대한 수준 높은 자기이해를 심화시켜 왔기 때문에, 이론의 추상적 수준에서나 관련 철학 문헌에 대한 접근의 수준에서나 교육철학자들의 그것과 크게 다르지 않기 때문이다. 그리하여 교육철학자들은 이제 교육학의 다른 분과 학문 연구자들과의 학문적 영역이나 경계 싸움에서 벗어나 각자의 학문적 전문성에 전제된 가정이나 가치에 대한 열린 소통과 비판적 토론에 동등한 자격으로 보다 적극적으로 참여할 필요가 있다.

셋째, 교육철학자들은 자신의 연구물들이 교육철학 학술 공동체에만 통용되는 것을 넘어서서 교육 관련 종사자들, 즉 교육정책가, 교육행정가, 교사 혹은 교육에 관심 있는 일반 대중에 의해 널리 읽히거나 활용될 수 있도록 그들의 관심과 요구를 고려한 철학적 글쓰기에 대해 고민할 필요가 있다. 물론 교육철학적 연구가 항상 이런 방식을 지향해야 한다는 것은 아니다. 교육 이론과 실천의 담론에서 우리가 막다른 골목에 다다랐을 때 정교한 철학적 탐구는 그 실마리를 푸는 개념적 매듭을 제공할 수 있다. 그리고 가치에 대한 질문의 추구는 상식적인 이해를 넘어서는 방식으로만 교육에 대한 지배적인 담론을 변화시킬 수 있다. 더불어 고대와 근대의 주요 교육사상들에 대한 엄격하고 학술적인 재해석과 탐색은 교육에 대한 우리의 아이디어를 더욱 풍요롭게 할 것이다. 하지만 이러한 정교하고 엄격한 철학적 작업들이 좀 더 광범위한 청중에 의해 음미되고 활용될 때 실천학으로서의 교육철학의 역할은 제대로 제 빛을 발할 수 있을 것이다. 따라서 교육철학적 작업은 보다 다양하고 개방된 방식으로 시도될 필요가 있다.

2) 교육철학의 방법

교육철학은 방법론적으로 철학에 기대고 있다. 그리하여 교육철학의 방법론적 발전은 곧 철학의 방법론적 발전과 밀접한 관련을 가지고 있다. 교육철학자들 간에는 자율적인 학문적 정체성을 위하여 교육과 철학의 관계를 명료화해야 한다거나 교육철학과 철학의 경계를 구분해야 한다는 논의들이 있어 왔다. 하지만 이 관계에 대한 생산적인 논의가 계속되어야 한다는 당위론과는 별도로, 교육철학의 방법론이 철학과 함께 변화해 왔고 발전해 왔다는 사실은 부인하기 어렵다. 그러므로 교육철학적 탐구가 철학적 지식과 방법론을 활용해 온 방식을 중심으로 교육철학의 탐구방법을 정리할 수 있다. 그리고 이것은 근대학문으로서의 교육철학의 성립과 밀접한 관련을 가지고 있다.

근대학문으로서 교육철학의 학문적 역사는 그리 길지 않다. 물론 교육에 대한 주관적 신념체계로서의 교육철학은 동서양을 막론하고 오랫동안 존재해 왔다. 공자, 플라톤, 듀이, 이황, 정약용과 같이 교육이 자신의 사회철학이나 정치철학에서 핵심적 위치를 차지하는 철학자들이나 코메니우스(J. A. Comenius), 헤르바르트(J. F. Herbart)와 같이 교육 자체에 대하여 일차적 관심을 가진 철학자들이 교육철학 사상의 주요 전통을 이루고 있다. 그러나 체계적인 연구방법을 통한 객관적 지식체계를 지닌 독자적인 근대학문으로서의 교육철학은 대학교에서의 교수 직책이나 전문 학술지 출간, 학회 등 제도적 요건을 갖추기 시작한 20세기 중반에 와서야 본격화된다. 하나의 독립된 근대학문으로서의 교육철학은 1941년 미국 교육철학회가 창립되고, 10년 후 교육철학 전문 학술지인 『교육이론(Educational Theory)』이 발간되면서 시작되었다고 볼 수 있다. 교육철학의 방법도 이 시기를 전후하여 질적인 변화를 겪는다. 다음은 이 시기 전후를 중심으로 구분한 교육철학의 지배적인 방법들이다(신차균, 안경식, 유재봉, 2006).

(1) 규범적 접근

한 교육사상가나 교육전통의 포괄적 교육체계를 이해하기 위해 그 교육관이 함의하는 이상적 사회나 인간관에 비추어 교육에서 추구해야 할 목적과 가치, 교육방법에 대해 탐구하는 접근방법이다. 즉, **규범적 접근**은 교육철학적 연구를 공자나 플라톤과 같은 철학자들의 교육철학을 연구하는 '교육관' 연구, 코메니우스나 헤르바르트 등의 교육사상을 연구하는 '교육사상가' 연구, 자연주의나 진보주의 같은 사조의 역사를 연구하는 '교육사상사' 연구 등으로 보는 것이다. 이것은 근대학문으로서의 교육철학이 성립되기 이전부터 행해진 교육철학의 전통적 접근의 하나로, 교육적 지침이나 권고를 줄 수 있지만 교육적 주장에 대한 철학적 엄밀성을 보장하기는 어렵다. 하지만 이 접근은 근대학문으로서의 교육철학이 성립된 이후에도 교육고전 텍스트의 해석에 대한 철학적 방법이 정교화되고 세련화되면서 여전히 유효한 교육철학의 한 접근방법으로 여겨지고 있다.

그러나 근대학문으로서 교육철학이 추구하는 규범적 접근은 그 일차적 관심에서 차별화된다고 볼 수 있을지 모른다. 그것은 연구 대상이 되는 특정 사상가의 교육관이나 교육사상 자체의 체계성과 일관성을 정립하는 데에 있다기보다는 거기서 추출해 낸 교육이론이 현실의 교육에 시사할 수 있는 바를 찾는 데에 있다. 즉, 해당 교육관과 교육사상이 전제하고 있는 교육적 가치와 이상에 대한 철학적 검토는 현실교육에 대한 성찰이나 비판을 위한 준거를 제공하거나 현실교육에 대한 대안적 비전의 탐색에 구체적인 도움을 줄 필요가 있다. 우리가 이것을 여전히 '규범적'(normative) 접근이라고 부르는 이유는 이 접근의 대상이 되는 교육관이나 교육사상이 '교육받은 자는 어떠한 모습이어야 하는가?' '교육에서 추구해야 할 가치는 무엇인가?'와 같은 일련의 당위적인 질문에 대한 체계적인 대답을 추구하고 있고, 그 답을 검토하고 탐구하는 교육철학자들도 바로 이러한 일련의 질문에 몰두하여 이에 대한 보다 보편적이고 체계적인 답을 추구하고 있기 때문이다.

규범적 접근의 실례

- 공자의 교육사상
- 헤르바르트의 교육 개념
- 루소의 교육적 이상으로서 '자연인'의 의미 탐색

(2) 철학적 지식의 확장과 응용

이것은 철학적 이론이나 지식을 교육의 문제를 위해 확장하거나 응용하여 교육이론을 생산하거나 교육의 실천원리를 찾는 접근방법이다. 한 예는 다양한 철학적 체계인 **관념론**, **실재론**, **실용주의**(pragmatism) 등으로부터 그것에 전제된 교육학적 주장이나 원리를 끄집어내어 그 철학적 체계에 상응하는 교육에 대한 이론적 체계를 정립하려는 것이다. 또 다른 예는 철학의 하위 분야로 알려진 인식론, 윤리학, 정치철학, 논리학 등의 영역에서 발견되고 정립된 철학적 이론을 교육의 영역에 응용하여 새로운 교육의 실천원리를 찾는 것이다. 예를 들면, 인식론에서 지식교육의 원리를, 윤리학에서 도덕교육의 원리를, 정치철학에서 교육정의와 교육평등의 원리를, 그리고 논리학에서 비판적 사고교육의 원리를 찾는 것이다.

철학적 이론과 지식을 교육에 확장시키거나 응용하는 접근방법은 철학의 다양한 이론과 지식을 포괄할 수 있고 철학적 지식에 기대어 그 이론적 엄격성을 확보할 수 있다는 장점이 있다. 그러나 철학 일반과 구분되어 교육철학만이 독자적으로 공헌할 수 있는 학문적 가능성을 열기보다는 교육철학을 철학과 철학적 주장의 시녀로 전락시켜 학문적 종속성을 강화시킬 우려가 있다. 하지만 이 접근방법도 오늘날 여전히 유효한 교육철학의 방법 중 하나로 받아들이고 있다. 예를 들어, '사회정의론'이나 '공동체주의', 그리고 '주체성과 타자성의 철학' 등 철학 내 여러 하위 분야에서 쏟아져 나오는 뛰어난 철학적 이론들과 개념들은 현실 교육의 문제를 이해하고 진단하며 해결하는 데 활용되거나 확장되는 방식으로 그 교육철학적 유용성을 입증하곤 한다.

> 철학적 지식의 확장과 응용의 실례
>
> - 듀이의 교육관과 반성적 사고
> - 롤즈(J. Rawls)의 사회정의론에 기초한 교육정의의 개념
> - 반정초주의 지식관과 교육

(3) 분석적 접근

이것은 제2차 세계대전 후 영국을 중심으로 발전한 '일상적 언어철학파'의 분석철학적 방법에 영향을 받아 런던 **사범대학**을 근거지로 형성된 런던 학파의 핵심 인물인 피터스(R. S. Peters)에 의해 체계화되기 시작한 접근으로서, 이전의 접근과는 확연히 구분되는 교육철학의 접근방법이다. 분석적 접근은 좀 더 체계적이고 객관적인 학문의 정립을 지향하며 부주의한 사고과정으로 발생하는 개념의 혼란과 신비화를 제거하는 것을 목적으로 한다. 그리하여 애매하거나 모호하게 일상적으로 사용되고 있는 교육의 주요 개념이나 의미를 명료하게 하고, 다양한 교육 논의에 깔려 있는 각종 논리적 가정과 함의를 드러내며, 나아가 교육에 관한 주요 주장들을 검토하고 정당화하는 일에 관심을 가진다. 엄격하고 합리적인 분석의 절차와 방법을 강조하는 분석적 접근은 '교육인 것'과 '교육이 아닌 것' 간의 개념적 구분과 교육적 사고에 있어 오류의 확인, 도덕적 상대주의와 인식론적 환원주의의 근본적인 오류의 지적 등을 통해 근대적 학문으로서의 교육철학의 내적 체계를 확립하는 데 크게 공헌한다. 다시 말해, 분석적 접근은 철학에서 이론이나 지식을 빌려 오기보다는 방법론을 빌려 와 교육적 신념과 실천의 일관되고 체계적인 정당화를 추구함으로써 학문적 교육철학의 독자적 내용 및 그 탐구방법의 엄밀성과 객관성을 동시에 확보하게 해 주었다.

그러나 이러한 분석적 접근은 이론적 엄밀성과 **개념의 명료화**에 지나치게 집착함

으로써 마치 객관적으로 확인될 수 있는 교육 개념의 논리적 구조가 있는 것처럼 가정한다거나, 가능한 한 가치 중립적인 태도로 언어의 의미를 명료하게 하려는 등 분석철학적 방법 자체가 가지고 있는 성격 때문에 교육에서의 가치 문제나 교육실천 문제를 다루는 데에 적극적으로 대응하지 못했다는 비판에 직면한다. 그리하여 분석적 접근은 1970년대를 거치면서 심각한 도전과 위기에 봉착하여 점차 그 학문적 위세를 잃는다. 오늘날 분석적 접근은 더 이상 교육철학의 주류적인 방법이 아니다. 그러나 분석적 방법을 통한 교육 개념의 명료화와 교육이론의 정당화는 부차적이고 부분적이기는 해도 여전히 중요한 교육철학의 방법을 구성하고, 교육철학자라면 반드시 숙달되어야 할 기본적인 교육철학의 방법으로 받아들여진다.

분석적 접근의 실례

- '교수'와 '훈육'의 개념적 차이
- 교육의 목적으로서 '합리적 자율성'의 개념 분석
- '이성'과 '교육'의 개념적 관련성

(4) 실제적 접근

1980년대를 지나면서 영미 교육철학계의 분석적 접근은 퇴조하고 새로운 성격의 접근방법이 등장한다. 학문적 객관성과 가치중립성을 확보하기 위하여 언어와 논리의 분석에 그 영역을 제한한 분석적 접근과는 달리, 인간의 삶과 직접 관련된 다양한 사회적 · 정치적 문제와 교육 현실 그리고 이와 관련된 교육적 담론에 대한 비판적 분석과 검토를 중심으로 교육실천의 개선을 위한 실천학으로서의 교육철학의 성격을 강조하는 접근방법이 힘을 얻기 시작한다. 이러한 경향의 교육철학적 접근이 등장하게 된 것은 영미 세계에서의 정치적 · 사회적 변화—주류적 정치문화와 자유주의에 대한 회의 그리고 성, 인종, 종교, 민족 등의 배경에서 소수인 집단의 불만 표면화 등 사회정의 문제에 대한 관심이 고조되는 정치적 · 사회적 배경—와 더불어 보편주의와 합리주의를 추구하는 모더니즘에 대항하는 다양한 포스트모던 철학이론의 발전, 학문적 객관성과 가치중립성보다는 근대인의 삶의 양식과 사회적 · 존재론적 가치의 위기문제에 깊이 천착해 온 유럽 철학에 대한 관심과 영향의 확장에 힘입은 바 크다.

실제적 접근방법은 교육철학자가 의존하는 철학이론에 따라 다양한 양태를 띤다. 비판이론, 포스트모더니즘, 신실용주의, 페미니즘, 현상학, 후기 구조주의 등 다양한 사회철학 이론에 기초한 교육 이론과 실제에 대한 비판적 탐구를 포괄한다고 볼 수 있다. 이 철학적 이론들의 공통점은 서구의 보편적 합리주의에 기초한 과학적 세계 인식과 계몽주의적 기획에 대한 총체적 회의, 인간 이성과 지식의 사회적 · 역사적 맥락성의 강조, 정치적 · 경제적 구조에 의한 억압으로부터의 인간 해방과 자유와 평등의 이념에 기초한 사회정의의 실현에 대한 관심 등이다. 그리하여 실제적 접근방법은 구체적 교육 현실과 실천에 대한 비판적 탐구방법으로서 다양한 철학적 혹은 질적 접근방법—현상학적 · 해석학적 · 내러티브적 · 자서전적 방법 등—을 활용하여 인간 해방이나 사회정의의 관점에서 교육의 실제를 개선시킬 수 있는 실천적 교육이론의 특징을 개념화하고 그 실질적 개발에 관심을 가진다. 실제적 접근방법의 관점에서 보면, 교육철학의 학문적 정체성은 연구 대상이나 방법의 경계를 명료화하거나 객관적 지식을 생산한다는 관점에서 정의되기보다는 다양한 철학적 접근방법을 활용하여 교육 실제를 이해하고 개선시키거나 풍요롭게 하는 교육이론을 개발하고 활용한다는 관점에서 정의될 수 있다.

실제적 접근의 실례

- 다문화주의 교육
- 교육과 시장
- 민주적 시민성과 교육
- 종교와 영성을 위한 교육

2. 현대 교육철학의 사조

20세기에 등장한 교육철학 사조를 주로 미국을 중심으로 소개하고자 한다. 20세기는 세계사적으로 격동과 변화, 혁신의 시대였다. 두 차례의 세계대전과 눈부신

과학기술의 발전 등으로 인류의 지성계가 인간 역사의 진보에 대한 희망과 절망 사이를 극단적으로 오고 간 시기이기도 했다. 사회적으로는 변화와 안정, 진보적 이념과 보수적 이념, 자유와 전통 간의 대결과 경쟁 구도가 끊임없이 반복된 시대였다. 이러한 시대적 · 사회적 배경하에 20세기 전반의 교육철학의 경향은 진보적인 교육사조인 진보주의와 보수적인 교육사조인 항존주의 및 본질주의 간의 경쟁으로 요약될 수 있다. 이들 사조는 교육철학의 전통적 유형으로서 교육관 혹은 교육적 신념체계로서의 교육철학이라고 볼 수 있다.

한편, 20세기 후반의 교육철학의 흐름은 연구 방법과 담론의 정확성에 몰두하며 교육철학을 자율적인 학문으로 성립시키는 데에 지대한 공헌을 한 분석철학 그리고 이 분석철학의 순수철학적이고 이론적인 학문적 접근에 대항하여 사회적 · 정치적 문제에 관심을 가지고 큰 맥락하에서의 교육의 문제 및 교육철학적 작업의 사회 관련성에 관심을 가진 교육철학으로 구분될 수 있다. 이 시기에는 진보주의와 본질주의 간의 싸움이 어느 정도 약화되고 교육철학적 방법론에 대한 다양한 실험이 시도되었다. 특히 분석철학 이후의 교육철학은 교육적 분석의 생산성을 위해 교육적 의미체계를 설명하고 해석하는 다양한 질적 방법론—해석학적 · 내러티브적 · 자서전적 방법론 등—뿐 아니라 다양한 학문적 접근—사회학적 · 역사학적 · 경제학적 접근 등—과의 학제적 융합에도 개방적이다.

1) 20세기 전반의 교육철학 사조

(1) 진보주의

교육에서 권위를 불신하고 교육적 관심의 중심으로 개별 아동을 강조하는 교육적 이념이다. **진보주의** 교육사상을 일찍이 옹호하고 발전시킨 대표적 사상가로는 루소, 페스탈로치(J. H. Pestalozzi), 프뢰벨(F. W. A. Fröebel), 몬테소리(M. Montessori) 등을 꼽을 수 있다(Winch & Gingell, 1999). 영국을 포함한 유럽의 교육에서는 루소의 영향이 더 컸던 반면, 미국에서는 듀이와 그의 실용주의 철학이 진보주의 교육의 이념적 기반이 된다. 미국에서는 1918년 전통주의 교육관을 비판하며 듀이의 경험이론에 기초한 것으로 알려진 아동중심 교육관을 슬로건으로 하여 진보주의 교육학회가 창립된다. 그러나 미국에서의 진보주의는 하나로 아우를 수 있는 교육운동이라기보다는 상이하고 심지어 서로 충돌하는 목소리를 가진 다양한 이론, 정책, 프로그램들을 총칭하는 이념이다.

미국의 진보주의 교육운동은 성인의 기준에 따라 아이를 재단하고 맞추려는 당시의 학교교육에 대해 상당히 비판적이었다. 이에 지식의 객관성과 확실성을 부정하며 아동의 홍미를 일차적으로 중요한 것으로 보는 학습관을 기초로 하였다. 그리고 무엇보다도 사회의 재건을 목표로 학교교육을 재구성하려 하였다. 삶에 적응할 수 있게 하는 교육으로서 일상적 삶의 요구와 관련해 현명한 선택을 할 수 있는 능력을 키우는 것을 목적으로 하였다. 이것은 인간을 고도로 복잡한 물질적 유기체로 본 자유주의적 인간관에 기초했기 때문이다. 즉, 인간을 자연의 모든 힘에 종속된 진화적 과정을 거쳐 생물학적 단계에서 심리적 단계 그리고 가장 높은 단계인 사회적 단계로 나아가는 것으로 보았다. 그리고 모든 것은 변화하기 때문에 실재에 대한 일반적 이론은 불가능하다고 간주하였다. 실재에 대한 진리라는 것은 존재하지 않고 우리가 삶을 살아가는 데 유용하게 활용될 수 있는 검증된 주장만이 있을 뿐이라는 것이다. 학교교육은 인간을 사적이고 주관적인 경험에서 경험적이고 사회적인 관계로 끌어올려 자연적 세계에서 능동적 주체가 되도록 하여 공동체의 유용하고 책임감 있는 구성원으로 키우는 것을 목표로 해야 한다고 주장하였다(Power, 1996).

흥미롭게도, 듀이 자신은 미국의 진보주의 교육운동과 오히려 거리를 두었다. 그 이유는 진보주의 운동이 자신의 경험이론을 확대 해석하여 지나치게 아동의 흥미만을 강조한 점도 있지만, 자신의 교육철학의 핵심적 요소인 사회적 · 정치적 재건설로서의 교육을 사실상 거의 무시했기 때문이다(Kaminsky, 1993). 그러나 여전히 진보주의 교육은 가난과 빈곤이라는 사회적 이슈에 관심을 가진 정치적 교육운동으로서 교육을 사회개혁을 위한 정치적 활동으로 생각하는 경향이 있었다고 볼 수 있다. 다만, 지나친 열정과 정치적 슬로건화로 구체적 교육방법이나 교육이론의 뒷받침이 없는 학교현장 중심의 사회운동에 그친 경향이 있다. 시민과 학교현장의 교사들만이 적극 참여하였을 뿐, 미국의 대학교나 교육학자들에게는 크게 영향을 미치지 못했다. 그 이념이 지나치게 당파적이거나 급진적으로 들렸기 때문이다. 이러한 진보주의 교육은 제2차 세계대전 이후 미국 아동들의 학업능력 저하에 대한 책임론이 대두하여 정치적 수세에 몰리면서 학교현장에서조차 그 영향력을 점차 잃게 되었다. 그러다가 1970년대 이후 교육과정의 기술주의적 접근에 반대하며 교육과정의 사회적 · 정치적 함의에 관심을 가지는 '재개념주의' 운동으로 불리는 미국의 교육과정학자들의 주장 속에서 듀이의 진보주의 교육정신이 되살아나기 시작하였다. 그리고 1980년대에 철학의 신실용주의와 심리학의 구성주의의 대두와 함께 듀이의 교육철학에 대한 이론적 관심이 고조되며 그 가치가 재조명되는 추세에 있다.

(2) 항존주의

1930년대와 1940년대에 허친스(R. M. Hutchins)와 아들러(M. Adler) 등이 미국 사회의 진보주의 교육운동에 대항할 때 등장한 정치적으로 보수적인 교육철학 이념이다. 항존주의는 진보주의가 가정하는 자연주의, 즉 인간을 고도로 복잡한 물질적 유기체로 보는 관점과 반지성주의에 반대한다. 항존주의는 관념론을 그 철학적 기반으로 삼고 종교적 세계관과 관련이 깊다. 그리고 물질주의적 사고방식이 점차 보편화되어 가는 시대적 대세 속에서 인간을 본질적으로 영적인 존재로 볼 뿐만 아니라 실재를 영적인 것과 관련이 있는 것으로 보았다.

이에 따라서 교육의 세속화에 반대하고 형이상학과 신학이 고등교육의 교육과정에 포함되어야 한다고 주장하였다. 그리고 하급학교의 교육목적은 과학적 방법에 의한 진리보다 더 우월한 것으로 여겨지는 형이상학적 혹은 종교적 진리에 기대야 한다고 보았다. 경험적이거나 논리적인 과정을 통해 타당한 지식이나 진리에 도달할 가능성에 회의적이며 진리 획득에 있어 직관이나 문화적 조건화를 강조하였다. 교육의 목적은 지적 능력의 개발에 초점을 두었지만 학습에 도움이 되는 환경이나 학습자의 신체적 능력에 대해서는 무관심한 경향이 있었다. 엄격한 훈육이 학습심리학이나 학습생리학이 처방하는 교육적 방법 대신에 강조되어야 한다고 보았다. 교육의 내용은 일상적 삶의 실제적 문제에 대한 고려 없이 오랜 세월 동안 축적되어 온 문화유산에서 선정되어야 하며 권위주의적 도덕규범, 지적 수월성, 사회적 미덕을 강조하였다(Power, 1996).

1960년대 유럽과 미국을 휩쓴 학생운동과 반문화운동에 비판적이었던 신보수주의자들의 주장에서도 항존주의자의 목소리가 담겨 있다고 볼 수 있다. 예를 들면, 시카고 대학교의 정치철학자 블룸(A. Bloom)은 유명한 자신의 저서 『미국 정신의 종말(The Closing of the American Mind)』(1978)에서 현대 젊은이들 사이에 일상화된 듯 보이는 경향, 즉 서적과 만화책, 음악과 로큰롤, 성과 사랑을 혼동하는 경향 등을 비난하며 교육에서의 고전(Great Books) 읽기를 강조한다.

우리나라의 경우, 교과의 가치를 영적인 실재의 발견과 연관시키는 이홍우의 후기 연구(2004) 또한 항존주의에 가까운 것같이 보인다. 자유와 평등을 이상으로 하는 자유민주주의 정치이념하의 근대 공교육체제에서 항존주의 교육이념은 학교교육의 실제를 구성하는 기본 원리가 되기는 어렵다. 하지만 자유, 평등, 개인성과 같은 근대 공교육의 원리가 우리에게 허용하는 교육적 혜택의 대가로 우리가 치를 수밖에 없는 정신적 상실이 무엇인지를 드러내는 데에, 그리하여 근대적 삶의 양식이 강요하는 존재적 가치의 위기 속에 놓인 우리의 모습을 보다 거시적이고 역사적으로 바라보고 이해하는 데에 도움이 되는 교육이념으로 수용될 수도 있다.

(3) 본질주의

미국에서 1930년대와 1940년대에 진보주의 교육을 비판하며 항존주의와 더불어 등장한 교육사조다. 철학적 이념에서 실재론과 가깝고 종교보다는 이성에 기초한 기본적인 도덕적 명제를 포함한다. 본질주의는 진보주의 교육에 반대하지만 진보주의가 강조한 아동의 흥미와 개인주의적 자유는 여전히 강조한다. 그러나 진보주의 교육이 훈육, 권위, 진리, 전통을 무시한 것에 대하여 비판적이다. 이런 점에서 볼 때 본질주의는 진보주의와 항존주의 사이에서 절충적인 입장을 취한다고 볼 수 있다. 객관적인 세계가 독립적으로 존재한다고 가정하며 적절한 방법을 통해 인식되고 증명될 수 있는 물리적 현상을 존중함으로써 지식의 타당성과 안정성에 대한 믿음을 전제한다.

본질주의는 전통적 교육을 옹호하되 기존 문화에 포함되어 있는 중요한 내용이나 가치를 가장 잘 가르칠 수 있는 학교교육을 위하여 교육방법의 질에 변화가 있어야 한다고 보았다. 그리하여 학생이 교육적 과정에서 주도적 역할을 하게 하는 교수방법을 개발하려 노력하였고, 이를 위하여 교사교육의 수준을 높여야 한다고 주장하였다. 학교는 즐거운 곳이 되어야 하고 교수와 학습도 우호적인 환경에서 이루어지도록 해야 한다고 보았다. 본질주의에서 생각하는 교육의 목적은 문화전수다. 변화나 혼란보다는 질서가 우주를 특징짓는다고 생각하였고, 인간은 세계의 질서를 변화시킬 수는 없어도 이해하는 것은 가능하다고 보았다. 교육은 바로 물리적 세계와 사회적 세계를 지배하는 자연적 법칙을 발견하고 가르치는 것이라고 주장한다. 즉, 세계를 알고 그에 대한 우리의 관계를 파악하여 그 질서에 맞추고 적응하도록 하는 것이 교육이라는 것이다. 교사는 이러한 지식을 잘 알고 가르치는 일을 본분으로 하고, 아이들은 삶에 필요한 이런 지식을 모두 배워 삶을 잘 살아갈 수 있는 능력을 키우도록 되어 있다. 학교는 훈련과 교수, 훈육을 강조하는 프로그램으로 인간 고유의 능력을 최대한 개발하여 학생들을 문명화하여야 한다. 본질주의에 따르면 학교는 수월성을 최고의 가치로 생각하는데, 이를 위해 훈육은 필수적이다 (Power, 1996).

1957년 구 소련이 최초의 **인공위성 스푸트니크**를 발사한 이후 미국 아동의 학력 저하의 원인을 진보주의 교육운동 탓으로 돌리면서 본질주의 사조의 목소리가 힘을 얻었던 것처럼, 1980년대에 일본과 독일의 경제성장이 미국의 성장을 앞지르자 미국 정부가 주도한 '기초로의 회귀운동(back to the basics movement)'도 기본적으로 본질주의 사조의 재등장이라고 볼 수 있다. 또한 미국의 교육학자 허쉬(E. D. Hirsch)는 그의 영향력 있는 저서 『문화적 문해(Cultural Literacy)』(1987)에서 한 사회 전체가 동의할 수 있는 핵심적 지식과 문화라는 것은 있을 수 있다고 보며, 현대사회에서 잘 살아가기 위해 필수적인 기본적 정보를 소유하는 것으로서의 '문화적 문해'의 습득을 교육의 목표로 제안한다. 이러한 본질주의 사조의 후예는 교육을 공학적으로 보는 오늘날 주류적 교육관의 기본 원리나 원칙과 맥을 같이한다. 사회적 이슈에는 다소 무관심하고 수월성과 학업성취 기준을 강조하며 교육이 사회복지 사업으로 전락하지 않는 것이 더 낫다고 보는 이 견해는 현실적으로 들리는 것만큼이나 다소 비판적으로 바라볼 필요가 있는 교육관이다.

2) 20세기 후반의 교육철학 사조

(1) 분석적 교육철학

1950년대 중반부터 영미 교육철학계의 주도적 흐름을 장악하기 시작하여 1960년대에 전성기를 누리다가 1980년대에 이르러 퇴조된 교육철학 사조다. 분석적 교육철학자들은 제2차 세계대전 전의 진보주의 교육운동이 사회적 · 경제적 정의문제에 직접 개입한 것과는 반대로 사회와 교육의 실제적 문제와 거리를 두는 한편, 교육철학을 교육에 대한 주관적이고 개인적인 신념체계가 아닌 하나의 객관적인 지식체계로 이루어진 독자적인 학문으로 발전시키고자 노력하였다. 실제로 분석적 교육철학의 등장과 더불어 교육철학은 많은 대학에서 독립된 연구 대상과 방법을 가진 하나의 학문 분야로 자리 잡기 시작하였다. 초기 분석적 교육철학자로는 영국의 하디(C. D. Hardie), 피터스(R. S. Peters)와 미국의 브라우디(H. Broudy), 프라이스(K. Price), 셰플러(I. Scheffler) 등이 있고, 2세대 분석적 교육철학자로는 윌슨(J. Wilson), 허스트(P. Hirst), 마틴(J. R. Martin), 그린(T. F. Green), 솔티스(J. F. Soltis) 등이 있다(Chambliss, 1996).

객관적 지식체계로서의 교육철학을 확립시키는 일은 교육철학적 지식에서 주관적인 주장이나 개인적인 신념을 제거하는 것이다. 이것은 곧 가치의 문제를 교육철학의 연구 대상에서 제외한다는 것을 의미한다. 왜냐하면 가치의 문제는 객관적인 관찰이나 검증을 통해 그 객관성이나 **보편타당성**이 확인될 수 없는 것이기 때문이다. 그리하여 교육철학은 가치의 세계에서 벗어나 객관적인 '사실'의 세계만을 다루어야 한다는 인식으로 나아갔고, 초기 분석적 교육철학자들에게서 사실의 세계는 '언어'와 '논리'의 세계였다. 즉, 교육을 둘러싸고 전개되는 이론이나 논의에 사용되는 언어의 의미를 명백하게 분석하여 그 객관적인 의미를 명료하게 하고, 각 진술들의 논리적 관련을 분석하여 그 일관성과 타당성을 점검하는 것이 교육철학이 해야 할 중요한 역할로 받아들여졌다. 그 결과, 분석적 교육철학은 교육철학의 역할과 내용을 교육적 언어의 의미분석에 국한시키고 교육적 개념의 명료화에 일차적 목적을 두었다.

분석적 교육철학자들이 주로 다룬 주제로는 '교육'의 개념이 있는데, 여기서의 핵심적 관심은 교육이 규범적으로 중립적인지 아닌지, 교육은 어떤 종류의 지식을 포함해야 하는지, 그리고 교육은 특정 교수방법을 배제하는 것인지 등에 관한 것이었다. 그리고 '지식'의 개념을 검토하면서 기술적 지식(skill knowledge)과 명제적 지식(propositional knowledge)을 구분하여 '이해(understanding)'의 개념을 명료화하려 하였고, 이와 다른 방식의 '앎'이 있는지 검토하였다. '교수(teaching)'에 대한 연구에서는 교수의 의도성에 특히 관심이 있었는데, '교수'는 논리적으로 '학습'의 발생을 함의하는지, '교화'나 '조건화'와 어떻게 다른지 등에 관한 것이었다. 이 외에도 '흥미' '동기' '바람' 등의 심리적 개념을 분석하였다. 분석철학자들이 연구한 개념이나 이슈 중에는 교육 정책과 직접 관련된 것도 있다. '학교는 정치적으로 중립적이다.'라는 진술이 의미하는 것이 무엇이며, 학교는 그래야 하는 것인지, 그리고 교육에서 '평등정책'을 추진할 때 이 말의 의미가 무엇인지, 즉 '교육적 기회'를 뜻하는지 혹은 '교육적 결과'를 뜻하는지에 관한 것도 있으며, 학교의 특정 정책이 학생의 권리를 침해하는 것은 아닌지에 관한 것도 있다. 여기에서 볼 수 있는 것처럼, 1960년대 말 이후 분석적 교육철학자들은 언어분석의 대상으로 학교현장과 관련되는 보다 사회적인 이슈도 포함시켜 교육철학적 작업과 교육 실제 간의 관련성을 높이려는 노력을 시도하였다.

그러나 1970년대 이후 분석적 교육철학은 그 영향력을 상실하기 시작하고 비판이론이나 포스트모더니즘 등에 그 자리를 내주게 된다. 다양한 견해를 가진 교육철학자이나 교사 그리고 분석적 교육철학자들조차도 분석적 교육철학에 대해 비판을 가하기 시작했다. 그 비판 중의 하나는 분석적 교육철학은 '가치'와 '사실'의 이분법적 사고에 지배되어 개념의 명료화에 지나치게 집착함으로써 교육적 비전의 제시나 처방에 무력했다는 것이다. 즉, 그들의 개념분석은 본질적으로 가치 지향적인 교육활동에서 가치 문제를 의미 있게 다루지 못했다. 2세대 분석적 교육철학자인 솔티스의 좀 더 정교한 비판에 따르면, 분석적 교육철학자들은 자신들이 분석하는 언어에 실제로 의미를 부여하는 맥락의 가치적·사회역사적 요소를 인식하지 못했다(Power, 1996). 그리하여 1980년대에 이르러 분석적 교육철학은 비판이론가와 페미니스트 교육철학자에게 더욱 심각한 도전을 받는다. 그들이 비판한 내용은 두 가지로 나누어 설명할 수 있다. 하나는 분석적 교육철학이 논리적 엄격성과 정확성,

객관성, 이론적 이성을 강조함으로써 비과학적이고 덜 논리적인 사고를 하는 비주류 문화를 무시하고 교육에서 인간 경험의 정서적이고 실제적인 측면을 무시했다는 것이다. 다른 하나는 분석적 교육철학은 그 전성기에도 처방 중심의 사회과학적 접근에 매료된 현장의 교육실천가들에게 그리 호소력을 지니지 못했다는 것이다. 분석철학자들이 교육의 문제를 언어의 문제로 보았던 반면, 교육 행정가나 정책가 혹은 교사들은 교육의 문제를 제도와 행위의 문제로 보았기 때문이다.

이 모든 비난과 비판에도 불구하고 분석적 교육철학이 교육적 담론을 명료화하고 교육적 의미체계들을 구성하는 이론과 용어, 진술 개념들로 구성된 하나의 학문적 지식체계를 낳아 교육철학의 학문적 정초를 닦았다는 것은 누구도 부인할 수 없는 사실이다. 그리하여 오늘날 분석적 접근방법은 교육철학자들에게 여전히 교육철학을 하는 기본적인 방법론으로서 '비판적 사고'에 대한 이론(R. H. Ennis, J. McPeck 참조)이나 '교수'에 관한 이론(C. J. B. Macmillan, H. W. Garrison 참조), '아동중심 교육'에 관한 이론(E. Callan 참조), 심지어 '사회정치적 이론'(K. A. Strike, J. P. White 참조) 등 교육적 이론의 수립을 위한 방법으로 광범위하게 동원되고 있다.

(2) 비판적 교육철학

1960년대 후반에 교육이론가들이 사회학적 접근으로 기울면서, 교육문제에 대하여 좀 더 실제적이고 정치사회적인 관점을 취하며 학교체제에 대하여 비판적인 교육학자들이 등장한다. 그들이 바로 분석적 교육철학자들을 잇는, 교육철학의 대안적 관점을 형성하는 비판적 교육철학자들이다. 그들은 인간의 의식이나 지식이 사회적 · 경제적 · 정치적 제약하에서 형성된다는 인식을 갖고, 인간의 자유로운 의식 형성을 억압하고 왜곡시키는 사회적 · 경제적 · 정치적 제약요인들을 분석하고 비판하는 일을 통하여 인간 의식을 억압의 영향에서 해방시키는 것을 교육의 목적으로 본다.

보울즈(S. Bowles)와 긴티스(H. Gintis)는 자신들의 유명한 저서 『미국 자본주의 사회에서의 학교교육(Schooling in Capitalist America)』(1976)에서 학교가 불평등한 사회구조를 어떻게 재생산하는지에 대해서 **마르크스주의적 분석**을 시도하여 자본주의 사회에서 불평등의 문제를 유용하게 설명하였다. 영국과 미국에서의 신교육사회학의 등장은 이데올로기와 교육 및 사회 사이의 관계에 관한 연구에 새 길을 열었다. 그리고 브라질에서 가난하고 글을 읽지 못하는 농민들에게 글을 가르쳐 그들의 억압된 의식의 해방을 도모한 교육철학자 프레이리(P. Freire)는 교육 이론가와 실천가 모두에게 상당한 영향을 미친 '비판적 교육철학자'의 대명사다. 독일에서 시작된 일단의 사회적 · 정치적 사상을 포괄하는 비판이론 혹은 프랑크푸르트 학파도 비판적 교육연구에서 또 하나의 중요한 이론적 원천이 되었다. 하버마스(J. Habermas)와 그의 동료들은 '교육'과 '지배적 사회' 간의 관계에 대한 보다 정교하고 포괄적인 분석을 시도하였다. 그리고 하버마스의 '지식'과 '이해(interests)'에 관한 이론과 '기술적 합리성'에 대한 비판은 지루(H. Giroux)나 그린(M. Greene) 등에 의해 다루어졌으며, 학교 교육체제에 효과적으로 적용되기도 하였다(Chambliss, 1996).

비판이론에 의하면, 지식 획득을 포함한 인간의 모든 인식행위는 인간이 갖고 있는 욕구와 동기, 관심과 선입견, 신념과 가치판단이 작용한 결과로서 가능하다. 즉, 가치 부하적인 것이다. 학문의 과정이나 그 결과 역시 가치 부하적이지 결코 가치 중립적일 수 없다는 것이다. 그리하여 비판적 교육철학자들은 애당초 가능하지도 않은 학문의 가치중립성을 표방하기보다는 자신이 옹호하는 신념과 가치관을 분명하게 밝히고, 이러한 신념과 가치관의 정당성에 대한 비판적 자기평가를 통하여 교육 현실이나 이론을 비판적으로 검토한다는 것을 분명히 한다. 어떤 교육 현실과 이론이 있을 때 그것이 어떠한 신념과 가치관하에서, 그리고 어떤 숨은 동기와 관심하에서 이루어지고 있는지를 분석하고, 그것이 인간의 자유로운 의식의 성장을 어떻게 왜곡시키는지를 비판하기도 한다. 이것은 비판적 교육철학이 교육을 기술적으로(descriptively) 설명하는 데에 그치지 않고 규범적이고 평가적인 성격을 지니며 교육 개선과 실천을 위한 실천학으로서 제 역할을 한다는 것을 의미한다. 반성적이고 비판적인 검토의 과정을 거치는 비판적 교육철학의 논의는 객관적이고 보편적인 이론체계로서의 가능성도 지닌다고 볼 수 있다.

그러나 실천학으로서의 **비판적 교육철학** 연구에 문제가 없는 것은 아니다. 많은 페미니스트들이 비판하는 것처럼 하버마스의 연구는 여전히 서구 유럽 남성의 입장에 서 있어서 의사소통의 상황에 영향을 미치는 '젠더(gender)'의 문제나 '차이(difference)'에 대하여 관심을 기울이지 않았고, 인종차별주의나 계급차별주의, 성

차별주의와 같이 제도화되고 내면화된 억압의 문제를 분명하게 인정하지 않았다. 그리고 이들 비판이론가는 자신들에게 핵심적 개념이었던 '이성(reason)'이라는 것이 어떻게 문화적으로 규정되는지 그 방식에 대해 다루지 않았다. 이러한 비판들은 모두 바로 포스트모더니즘의 등장을 알리는 것이다.

(3) 포스트모더니즘과 그 외의 다른 접근들

'이성'과 '해방'이라는 전통적인 근대적 이상을 추구하며 교육 실제와 실천의 문제에 관심을 기울였던 비판적 교육철학은 1980년대에 와서 서구 유럽의 전통적인 이론적 패러다임과 그것의 정치적 지배권에 도전하는 일련의 문화적 · 지적 태도인 **포스트모더니즘**에 의해 의심스러운 것으로 비춰지기 시작한다. 포스트모더니즘은 근대 계몽주의가 가정하는 보편적 진리의 존재를 의심하고 권력관계와 분리된 무관심한(disinterested) 지식을 부정한다. 그리하여 이성이나 합리성의 절대성을 거부하고 개인의 감정과 정서를 중요시하며, 지식은 사회적 · 역사적 · 문화적 맥락에 따라 다르게 형성된다는 반정초주의적인 입장을 취한다. 미국의 로티(R. Rorty, 1979)가 서양 근대 인식론의 정초주의를 해체하려고 했다면, 프랑스의 리오타르(J. Lyotard, 1984)는 서양 근대철학의 **메타담론**을 통한 과학의 정당화를 거부하고 다양한 형태의 작은 담론을 중시한다. 그리하여 포스트모더니즘은 교육 이론과 실제에서 다양한 문화적 관점과 공헌을 중시하고, 인종, 민족, 계급, 성, 종교 등과 같은 배경적 요소에서 오는 차이를 인정하며, 이 차이의 교육적 가치를 옹호하도록 이끈다.

포스트모더니즘은 20세기 후반의 다국적 자본주의화, 후기 산업사회화, 정보사회화 등으로 불리는 일련의 사회 변화와 밀접히 관련된 문화 전반에 나타나는 어떤 특징과 태도를 의미하는 광의의 개념으로 정의되기도 한다. 그러나 교육철학 영역에서의 포스트모더니즘은 주로 지식의 성격문제나 정치적 · 윤리적 문제에 국한되어 논의되어 왔다. 포스트모더니즘 노선에서의 교육은 모든 학생이 자신의 문화뿐 아니라 다양한 타 문화의 관점을 경험하고 사회의 이질성과 다원성을 의식하고 인정하는 교육을 강조한다. 그리고 다양한 문화적 · 종교적 배경에 따른 차이를 단순히 허용하게 하는 교육보다는 그것의 교육적 가치를 적극적으로 배울 수 있게 하는 교육을 장려한다. 이를 '다문화적 문해(multi-cultural literacy)' 교육이라고 부른다(Chambliss, 1996). 포스트모더니즘이 학교교육에 초래한 중요한 변화 중의 하나는 전통적인 서구 남성 중심의 합리주의적 문화에서 중요한 것으로 여겨지던 절차적 합리성, 개인의 자율성, 이론적 지식 등의 가치보다는 합당성, 공동체, 관계성, 실천적 지식 등의 가치를 강조함으로써 보다 열린 사회로의 전환을 주도하고 있다는 점이다. 그러나 포스트모더니즘은 전통적인 모더니즘의 교육적 원리와 기준을 비판하고 해체하는 데에는 강력하지만, 그 자체의 포괄적인 교육원리를 생산해 내는 데에는 한계를 보이고 있다. 그리하여 모더니즘과 포스트모더니즘 간의 지속적인 긴장과 생산적인 논쟁은 실천학으로서의 교육철학을 유지하고 발전시키는 데 필수적인 조건같이 보인다.

지식의 정초에 근거해 진리를 찾는 근대적 기획을 포기했다는 것이 곧 진리에 대한 믿음을 포기하는 상대주의적 입장을 취한다는 것을 의미하지는 않는다. 이것은 오히려 진리를 담는다고 여겨져 온 언어가 사회제도나 개인적 경험과 같은 실제나 현실과 관계를 맺는 방식에 대해 좀 더 깊이 고찰하도록 우리에게 요구한다. 그리고 최근의 교육철학자들은 이러한 고찰을 위해 다양한 철학적 접근을 시도한다. 즉, **페미니즘**[예: 마틴(Martin), 나딩즈(Noddings)], **신실용주의**[예: 로티(Rorty), 니만(Nieman)], **해석학적 접근**[예: 가다머(Gadamer), 갈라거(Gallagher)], **후기 구조주의**[예: 푸코(Foucault), 피터스(Peters)], **후기 실증주의**[예: 필립스(Phillips), 버뷸러스(Burbules)] 등이 교육철학자들에 의해 광범위하게 수용되고 활용된다. 이것은 오늘날 교육철학자들이 더 이상 하나의 철학적 접근방법에 매이지 않고 대상과 맥락, 목적에 따라 다양한 철학적 접근방법을 동원해 교육적 의미체계나 교육 실제에 대한 비판적 탐구활동에 참여한다는 것을 의미한다.

3. 현대 교육철학의 탐구주제

다국적 자본주의화에 의한 시장의 세계화와 이에 따른 다양한 배경 집단으로 구성되는 사회의 다원화 그리고 개인의 자유와 평등이 강조되는 정치적 자유민주주의의 보편화가 가속화됨에 따라 한 사회에게나 개개인에게 교육은 초미의 관심사가 되고 있지만, 교육의 본질과 목적에 대한 담론에서 사회 구성원 간의 합의를 얻는 일은 점차 어렵게 되고 있다. 그러나 이러한 세계의 변화가 강요하는 교육 환경과 조건의 특징을 구체적으로 읽어 내고 이에 능동적으로 대처할 수 있기 위하여 현대의 교육철학자들은 교육 실제 문제에 대해 다양한 주제들을 중심으로 다양한 방식으로 접근함으로써 그 학문적 범위와 역량을 확장시켜 왔다. 다음에서는 오늘날 교육철학자들이 관심을 가지고 논의해 온 주제들을 네 가지로 크게 묶어 간단히 소개하고자 한다.

1) 자유주의와 공동체주의 간의 논쟁

1970년대 말과 1980년대 초를 거치면서 롤즈 중심의 정치적 자유주의에 대한 공동체주의의 비판이 영미 정치철학계에 등장하기 시작하는 한편, 영미 교육철학계에서도 당시 지배적이던 자유주의 교육이 가정하는 자아관과 사회적 정의의 개념에 대한 비판이 일기 시작한다. 자유주의 교육이 이상으로 삼는 인간은 자신의 욕망과 신념으로부터 자유로울 수 있고 독립적이며 합리적인 마음의 소유자로서, 무엇보다도 자신의 정체성을 독자적으로 결정할 수 있는 자기결정적 자아를 기초로 한다. 신아리스토텔레스주의 사회철학자인 매킨타이어(A. MacIntyre)와 헤겔주의자인 테일러(C. Taylor) 등으로 대표되는 공동체주의자들은 이러한 자아관이 욕망 추구에 일차적 관심을 가지는 권리중심의 원자적 자아관이라고 비판하며, 공동의 목적과 관심을 가진 공동체에 참여하는 시민적 역할을 자아 형성의 핵심으로 보는 자아관을 옹호한다. 즉, 우리 자신의 정체성은 우리 스스로 선택하고 결정하는 것이라기보다는 우리가 속한 사회 속에서 우리가 수행하는 역할에 의해 부분적으로 규정되고, 그런 만큼 그 사회가 추구하는 도덕적 목적과 관심에 의해 영향을 받을 수밖에 없다는 것이다. 이것은 또한 우리의 자아가 자유롭고 독립적인 추상적 자아라기보다는 특정 역사와 문화적 배경을 가진 세계 속에 위치 지어져 있는 구체적 자아라는 것을 의미한다.

이러한 자유주의와 공동체주의 간의 논쟁은 서구 사회에서 정치적으로 주변화된 비주류 소수집단으로 하여금 자신의 사회적 불만을 표현하게 하고 문화적 열등감을 극복하게 하는 담론의 이론적 배경이 된다. 그리하여 당연하게 받아들여지던 서구 주류문화에의 동화라는 학교교육의 목적에 대하여 그 정치적 의도를 의심하고 문화적 · 언어적 차이와 다양성을 허용하도록 요구하여 타 문화, 특히 소수문화의 이해를 돕는 교육을 교과내용의 일부로 도입하도록 주장하는 다문화주의 교육이론이 등장하게 된다. 영미 교육철학계의 교육적 담론을 지배하고 많은 논쟁과 문헌들을 양산하였던 다문화주의 교육이론은, 다양한 문화적 배경의 학생들로 하여금 자신이 속한 문화의 고유한 가치와 신념을 습득하도록 하고 타 문화가 이를 인정함으로써 서로에 대한 신뢰를 회복할 수 있다고 주장하는 "인정의 정치학(politics of recognition)"(Talyor, 1994)을 그 이념적 기초로 한다. 그러나 이 인정의 정치학은 상호 인정을 통한 사회 전체의 연대감을 향상시키기보다는 각 집단의 정치적 정체성을 강화시켜 집단 간 당파심과 적개심을 강화하는 결과를 초래했다는 비난을 받기도 한다.

그리하여 이에 대한 대안적 관점으로 너스바움(Nussbaum, 1997)과 아피아(Appiah, 2006) 등이 제안한 세계시민주의(cosmopolitanism)가 새롭게 등장한다. 이것은 인정의 정치학, 정체성의 정치학에서처럼 집단 간 차이를 부각하기보다는 개인에게 영향을 미치는 문화적 차이와 다양성을 무시하지 않으면서도 인류 전체 공동체의 구성원으로서 우리가 가져야 할 타자에 대한 의무감을 강조하는 세계시민성 교육 담론을 이끈다.

한편, 자유주의와 공동체주의 간의 논쟁이 우리나라의 교육철학계에 시사하는 것도 많다. 서구의 근대적 합리주의 교육이론을 일방적으로 좇아온 기존의 학문적 경향을 반성하게 하고(홍은숙, 2004 참조), 교육의 목표로서 우리 사회와 문화에 맞는 합리성과 자율성의 개념을 재구성하도록 하며(곽덕주, 2005 참조), 우리의 전통적 교육철학에 대한 새로운 해석과 더불어 우리의 사회적 맥락에 맞는 교육이론의 개발을 더욱 자극하고 있다(김창완, 2005; 박의수, 2005).

2) 도덕교육에 대한 다양한 접근

1960년대 중반 미국에서는 전통적인 도덕교육의 방법에 대한 비판과 함께 이른바 '가치 명료화' '인지발달적 접근' '가치분석' 등의 합리적 도덕교육 방법이 대두하였다. 구체적인 전통적 덕목을 전수하려는 시도들은 도덕적 교화로 간주되는 경향이 있었고, 도덕적 문제에 대한 합리적 논의나 학생들의 판단력 신장이 도덕교육의 전부인 것처럼 인식되었다. 이러한 경향은 자신의 행동을 정당화하는 도덕적 추론능력에 의해 도덕성의 발달 정도를 규정하는 콜버그(L. Kolhberg)의 도덕발달 이론에 의해 더욱 공고화되어, 도덕교육의 목적이 도덕적 추론능력을 핵심으로 하는 도덕적 자율성의 개발로 받아들여졌다. 그러나 1980년대 초 여성 심리학자 길리건(C. Gilligan)은 남성과 여성은 도덕적 문제에 대해 각기 다른 목소리를 지향한다고 주장하고, 공동체주의와 맥을 같이하는 신아리스토텔레스주의자들은 합리주의적 도덕교육이 기반으로 하는 '정당함(the right)' 중심의 칸트 윤리학을 비판하고 '선(the good)' 중심의 덕 윤리(virtue ethics)를 재조명한다. 길리건에 따르면, 남성과 여성은 서로 다른 도덕적 언어를 갖고 다른 방식으로 사고를 한다. 남성은 사회적 관계를 위계적 질서로 해석하는 경향이 있으며 권리의 도덕성에 비중을 두는 반면, 여성은 인간관계적 연관성, 따뜻한 배려, 민감성, 타인에 대한 책임을 소중히 여긴다. 한편, 덕 윤리학자들은 어린 시절부터 구체적 상황이 요구하는 덕목을 습관화하지 않고서는 어린아이가 성장하여 성숙된 도덕적 숙고나 판단을 하는 것이 불가능하다고 하였다.

이들 모두는 합리적 추론능력 중심의 도덕적 판단력 교육을 일차적으로 보는 인지적 접근의 도덕교육 모델에 반대하면서 도덕교육의 대안적 모델을 위한 길을 연다. 길리건에 이어 교육철학자 나딩즈(N. Noddings)는 도덕적 판단은 반드시 보편화될 수 있어야 한다고 생각하는 남성의 윤리를 '원칙의 윤리'로 부르고, 도덕적 판단보다는 상대방이 느끼는 감정을 같이 공감하고 수용하며 상대의 필요에 응하려는 여성의 윤리를 '배려의 윤리(ethic of caring)'로 부르며 후자의 교육을 위한 방법론을 제시한다. 한편, 리코나(T. Lickona)는 덕 윤리학자들의 이론을 받아들여 도덕교육에서 특정 덕목이나 가치를 직접 가르치는 것을 강조하는 인격교육(character education) 운동을 주도한다. 그의 도덕교육 이론은 전통적인 인격교육의 완전한 부활을 주장하는 복고적인 입장이기보다는 인지발달 이론과 전통적인 인격교육의 장점들을 상호 보완하여 통합적인 이론을 제시하려는 것이다. 최근 우리나라의 도덕교육 이론가들도 서구의 다양한 도덕교육 이론을 보다 자기 의식적으로 수용하기 위하여 한국의 윤리사상에 대한 이론적 이해와 교육적 활용 가능성에 눈을 돌리는 등 새로운 이론적 시도에 적극적이다(심성보, 2002; 조난심, 2004; 박병기, 추병완, 2000 참조).

3) 공교육의 역할과 민주사회에서의 시민교육

도덕교육이 개인의 인격적 통합과 성숙에 관심을 가진다면, **시민교육**은 서로 다른 인종적 · 문화적 · 종교적 · 성적 · 정치적 배경과 취향을 가진 사람들이 집단적 · 개인적 이해관계의 차이에도 불구하고 한 사회 내에서 함께 살아갈 수 있기 위하여 갖추어야 할 덕목과 가치의 교육에 관심을 가진다. 고도의 경제성장과 함께 세계 각지로부터 유입된 이민자 문제와 원자적 개인주의가 지배적이던 1980년대 미국 사회에서는 서로 다른 배경을 가진 사람들로 하여금 사회적 연대를 가능하게 하는 기초로서 합의에 의해 지지될 수 있는 공동의 신념, 즉 '공공성'의 개념과 그 가능성에 대한 논쟁이 시작되었다. 버츠(R. F. Butts)와 같이 강한 정치적 자유주의 입장을 취하는 이들은 정의, 평등, 권위, 참여, 자유, 다양성, 프라이버시, 정당한 절차에 의한 재판, 인권 등 자유주의적 이상이 '공공성'을 구성한다고 생각한다. 이에 비해 매킨타이어와 같은 공동체주의자들은 자유주의자의 이러한 이상은 추상적인 유령일 뿐, 합의 가능한 합법성의 척도를 가지는 교육받은 진정한 의미의 공중은 서구 사회에서 더 이상 가능하지 않다는 비관론을 편다. 다른 한편, 지루(H. Giroux)와 같은 신마르크스주의자들은 국가가 주도하는 오늘날의 학교교육은 권력, 역사, 정체성의 관계망 속에서 공과 사, 사회적 관심과 개인적 관심이 정치적으로 경합하는 장인 동시에, 연대와 공동생활이 가능하다는 신념에 기초한다면 대화와 실천의 과정을 배울 수 있는 공적 영역이 될 수 있다고 주장한다.

최근의 시민교육에 대한 연구(McLaughlin, 2000)에서는 공교육을 통한 시민교육의 과제를 다음과 같이 제시한다. 좋은 삶(good life)에 대한 자신의 개인적 신념과 가치관을 유지하고 자유롭게 추구하면서도 이에 대하여 자신과는 다른 개념과 견해를 가진 이들과 함께 살아가는 데에 필요한 정치적 · 시민적 가치와 덕목이 무엇인지 밝히고 그것을 갖추게 하는 것이 바로 시민교육의 과제라는 것이다. 그리고 이 가치와 덕목을 포괄하는 능력 및 자질을 '정치적 문해(political literacy)'라고 총칭하며 이를 위한 구체적인 민주 시민적 덕목으로 관용, 차이에 대한 민감성, 사회적 책임감 등을 들고 있다. 그리고 이러한 덕목이 어떻게 길러질 수 있는지에 대한 다양한 연구가 이루어지고 있다. 이 외에도 공적 영역과 사적 영역에 대한 개념적 구분의 문제, 시민교육과 도덕교육의 경계와 관계에 대한 문제 등이 시민교육과 관련된 연구의 핵심 쟁점이다. 우리나라에도 공교육제도의 이념적 근거(이기범, 2004; 이종태, 2004 참조)에 대한 연구나 공교육체제하에서 국가 이데올로기에 대항하여 학교교육이 지닐 수 있는 상대적 자율성에 대한 문제(나병현, 2004 참조) 등을 다룬 이론적 연구물들이 있다. 그러나 최근 해외 노동이민자들의 유입으로 문화적 다양성과 이질성 및 정치적 갈등과 분쟁이 증가 일로에 있는 우리의 사회적 상황을 고려할 때 정치적 문해력의 향상을 위한 학교 시민교육에 대한 구체적이고 실제적인 연구는 아직 많이 부족한 편이므로 이 분야의 외국 연구물들은 우리에게 시사하는 것이 많다.

4) 탈근대성 담론 및 교육이론과 교육실천 간의 관계

1980년대 이래로 유럽 철학은 영미의 철학 담론 및 교육철학 분야에 중요한 영향을 미치기 시작하였다. 유럽 철학의 최근 경향은 보편적 계몽주의와 합리주의를 근간으로 하는 근대성의 위기를 첨예하게 드러내는 것이다. 이것은 윤리학에서 합리주의적 도덕관에 대한 회의로, 인식론에서 정초주의에 대한 비판으로, 그리고 존재론에서 근대 주체 개념에 대한 비판으로 나타났다. 그리하여 교육철학 내의 도덕교육 담론에서는 감정과 정서의 중요성을 강조하는 흐름이, 지식교육에서는 교육내용으로서 지식의 맥락성과 역사성, 우연성을 갖는 강조하는 흐름이, 교육의 목적으로는 주체성보다는 타자성의 인정 및 상호주관성이 강조되는 흐름이 등장할 뿐 아니라, 근대 학교교육에서 무시되어 온 몸의 존재론적 의미 및 내면화된 권력의 문제가 새로운 교육적 문제로 등장하기 시작한다. 이러한 탈근대적 비판담론에서 특히 주목해야 할 것은 그동안 교육철학 분야에서 주변부에 머물렀던 미적 경험의 가치와 미학적 접근이 근대적 사유의 억압성과 편협성을 극복할 수 있는 새로운 사유의 계기로서 조명받기 시작했다는 점이다. 이것은 다음에서 보다 구체적으로 소개하는 교육철학 담론의 실제적 선회와 더불어 그것의 미(학)적 선회를 이끌 것으로 보인다(조상식, 2004 참조).

이 모든 흐름은 과학적 패러다임과 기술적 합리성에 기초한 근대 교육이론의 합법성에 대하여 보다 근본적인 방식으로 문제를 제기하고, 교육이론이 교육실천과 맺는 관계의 성격에 대한 총체적 재검토를 요구한다. 이것은 많은 교육철학자들로 하여금 교육 실제와의 관련하에서 교육철학의 학문적 역할과 정체성에 대하여 고민하게 하였다. 그 고민의 내용은 다음과 같이 정리될 수 있다. 첫째, 보편주의의 몰락과 함께 (교육)이론은 더 이상 보편적인 타당성을 주장할 수 없다는 것이다. 둘째, 교육과 교육철학에서 '실천'을 어떻게 규정할 것인가의 문제다. 특히 교육 실제에 교육이론이 필요하다면 교육이론은 어떻게 형성되었고 또 형성되어야 하는 것인가에 대한 문제 제기도 포함된다. 이에 대한 답을 위해 아리스토텔레스 철학과 해석학적 전통이 유용한 이론적 자원이 된다. 즉, 교육은 전통에 의해 매개된, 그 자체로 내적인 합리성과 자율성을 지니는 하나의 실천적 전통으로서 교육과학이 생산한 외적 이론에 의해 안내될 필요가 없다는 것이다. 교육에서의 실천적 행동은 이제 고도의 일반화를 특수 상황에 적용하는 기술적 합리성 모델이 아니라 교육실천의 전통에 내재한 실천적 이성에 의해 안내되어야 한다는 것이다.

이것은 이론 생산 중심의 기술적·절차적 합리성에 기초한 기존의 교육학 연구에 대한 총체적 비판과 더불어 교육연구에서 '사회적 실제(practice)'와 '실천적 이성(phronesis)'을 강조하는 패러다임으로의 전환을 요구한다. 이러한 교육연구의 경향은 현장성을 강조하고 교육실천의 개선을 가져올 수 있는 교사교육에 대한 관심(Schön, 1983 참조), 실천적 이성인 프로네시스(phronesis)에 대한 개념적 분석과 그것의 교육적 의의에 관한 연구(Dunne, 1993 참조), 교육이론과 교육실천의 관계에 대한 이론적 재조명, 교육철학에서 교육이론의 한계와 역할에 대한 논쟁(Hirst &

Carr, 2005 참조) 등을 낳았다. 최근 우리나라에서도 '사회적 실제'의 개념과 관련된 연구들(유재봉, 2000; 한기철, 2004; 홍은숙, 2004 참조)이 등장하고 있는데, 이들 연구는 주로 이론적 지식중심의 주지주의적 교육론에 대한 대안적 모델을 찾는 데에 집중된다. 더불어 교육이론과 교육실천 간의 관계라는 보다 넓은 맥락에서의 이론적 관심과 연구 또한 요청된다.

학/습/과/제

1. '철학을 한다' 는 것이 무엇을 의미하는지 우리가 잘 아는 철학자들(공자, 소크라테스, 칸트 등)의 삶과 지적 작업의 특징을 생각해 보며 구체적으로 설명하시오.

2. 교육철학적 접근이 교육심리학적 접근이나 교육사회학적 접근과 어떻게 다른지 그 차이를 몇 가지로 비교하시오. (이 책의 5장까지 공부한 후 생각해 볼 것)

3. 진보주의와 항존주의, 본질주의 교육사조를 교육의 목적과 내용, 방법 그리고 학생-교사 관계의 관점에서 각각 비교해 보고 그 장단점을 함께 논의하시오.

4. 포스트모던 교육이론이 분석철학적 교육이론과 비판적 교육이론에 취하는 비판적 태도를 생각해 보고, 이 태도를 정당화해 주는 구체적 사례를 우리의 교육 현실에서 찾아보시오.

5. 다음에 제시된 현대 교육철학의 탐구주제들 중 특별히 본인의 관심을 끄는 주제 하나를 선택하여 그 주제에서 쟁점이 되는 문제가 무엇인지 조사해 보고 함께 토론하시오.

   - 자유주의적 교육 이상과 공동체주의적 교육 이상 중 오늘날 우리 문화에 더 맞는 것은 어느 것인가?

   - 남성의 도덕성과 여성의 도덕성은 어떻게 다른가?

   - 민주사회 시민의 덕목으로서 '관용' 의 미덕은 도덕적 상대주의를 낳지 않는가?

   - 교육이론은 왜 실제적이어야만 하는가?

참고문헌

강영혜, 곽덕주, 나병현, 박철홍, 유재봉, 유현옥, 이기범, 이종태, 정진곤, 조난심, 조화태, 홍은숙(2004). 현대사회와 교육의 이해: 교육철학의 최근 동향. 서울: 교육과학사.

곽덕주(2005). 서구 도덕교육이론의 비판적 수용을 위한 일고찰. 교육학연구, 43(1), 137-161.

김창완(2005). 한국 교육철학의 학문적 정체성. 교육철학, 33(1), 7-22.

나병현(2004). 교육의 상대적 자율성론 비판. 강영혜, 곽덕주, 나병현, 박철홍, 유재봉, 유현옥, 이기범, 이종태, 정진곤, 조난심, 조화태, 홍은숙 편. 현대사회와 교육의 이해: 교육철학의 최근 동향(pp. 83-531). 서울: 교육과학사.

박병기, 추병완(1996). 윤리학과 도덕교육 1 경기: 인간사랑.

박병기, 추병완(2000). 윤리학과 도덕교육 2. 경기: 인간사랑.

박의수(2005). 학교교육에 관한 교육철학회의 연구 성과와 전망. 교육철학, 33(1), 23-40.

신차균, 안경식, 유재봉(2006). 교육철학 및 교육사의 이해. 서울: 학지사.

심성보(2002). 덕윤리학의 관점과 도덕교육의 통합화를 위한 시도. 도덕교육연구, 14(1), 71-107.

유재봉(2000). 맥킨타이어의 '사회적 실제' 개념에 대한 논의. 교육철학, 24, 49-72.

윤정일, 허형, 이성호, 이용남, 박철홍, 박인우(2002). 신교육의 이해. 서울: 학지사.

이돈희, 조화태(1995). 교육철학. 서울: 한국방송통신대학교 출판부.

이지헌(2001). 교육의 철학적 차원. 서울: 교육과학사.

이홍우(2004). Man and ghost: Toward a neo-confucianist theory of curriculum. 도덕교육연구, 15(2), 1-23.

정진곤(2004). 개인중심 교육사상의 기본가정과 한계점. 강영혜, 곽덕주, 나병현, 박철홍, 유재봉, 유현옥, 이기범, 이종태, 정진곤, 조난심, 조화태, 홍은숙 편. 현대사회와 교육의 이해: 교육철학의 최근 동향(pp. 141-174). 서울: 교육과학사.

조난심(2004). 교육철학의 정체성과 학교교육. 교육철학, 31, 169-184.

조상식(2004). 교육철학의 연구주제로서 육체로의 복귀: 연구동향에 대한 개관. 교육의 이론과 실천, 9(1), 77-95.

조화태(2004). 포스트모던 철학과 교육의 새로운 비전. 강영혜, 곽덕주, 나병현, 박철홍, 유재봉, 유현옥, 이기범, 이종태, 정진곤, 조난심, 조화태, 홍은숙 편. 현대사회와 교육의 이해: 교육철학의 최근 동향(pp. 11-46). 서울: 교육과학사.

한기철(2004). Alasdair MacIntyre의 '행위전통' 개념과 그것의 교육학적 활용에 대한 재검토. 아시아교육연구, 5(3), 23-50.

홍은숙(2004). "입문으로서의 교육"의 재음미. 교육과학연구, 35(2), 253-271.

Appiah, K. A. (2006). *Cosmopolitanism: Ethics in the world of strangers*. New York: W. W. Norton & Company.

Blake, N., Smeyers, P., Smith, R., & Standish, P. (Eds.). (2003). *The Blackwell Guide to the Philosophy of Education*. Oxford: Blackwell Publishers.

Chambliss, J. J. (Ed.). (1996). *Philosophy of education: An encyclopedia*. New York: Garland.

Dunne, J. (1993). *Back to the rough ground*. Notre Dame, IN: University of Notre Dame Press.

Hirst, P., & Carr, W. (2005). Philosophy and education: Symposium. *Journal of Philosophy of Education*, *39*(4), 616-632.

Kaminsky, J. S. (1993). *A new history of educational philosophy*. Westport, CT: Greenwood Press.

Kohli, W. (Ed.). (1995). *Critical conversations in philosophy of education*. New York: Routlege.

Lickona, T. (1991). *Educating for character: How our schools can teach respect and responsibility*. New York: Bantam Books.

Lyotard, J. (1984). *The postmodern condition: A report on knowledge*. Bennington, G. & Massumi, B. (trans.). Minneapolis, MN: University of Minnesota Press.

McLaughlin, T. H., & Halstead, J. H. (1999). Education in Character and Virtue. In J. H. Halstead & T. H. McLaughlin (Eds.), *Education in morality*. London: Routledge.

McLaughlin, T. H. (2000) Citizenship Education in England: The crick report and beyond. *Journal of Philosophy of Education*, *34*, 541-570.

Nussbaum, M. C. (1997). *Cultivating humanities: A classical defence of reform in liberal education*. Cambridge, MA: Harvard University Press.

Power, E. J. (1996). *Educational philosophy: A history from the ancient world to modern America*. New York: Garland.

Rorty, R. (1979). *Philosophy and the mirror of nature*. Princeton, NJ: Princeton University Press.

Schön, D. A. (1983). *The reflective practitioner: How professionals think in action*. New

York: Basic Books.

Taylor, C. (1994). *Multiculturalism: Examining the politics of recognition.* Princeton, NJ.: Princeton University Press.

Winch, C., & Gingell, J. (1999). *Key concepts in the philosophy of education.* London: Routlege.

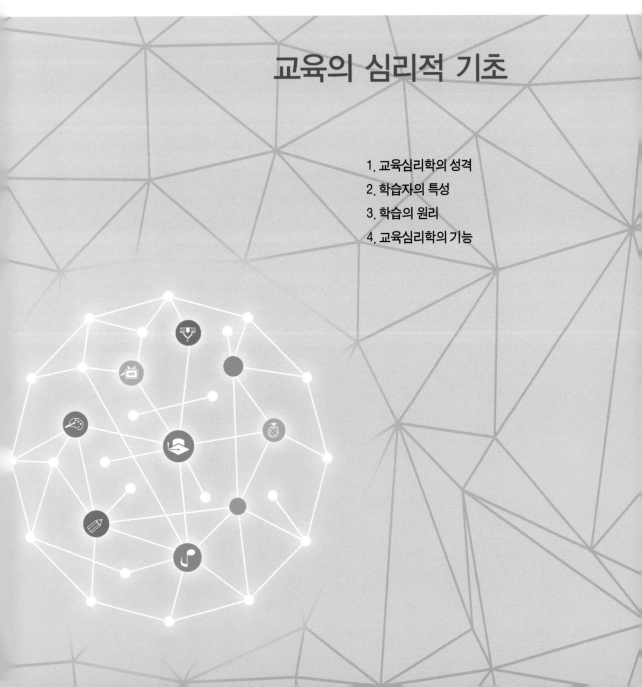

Chapter 04

교육의 심리적 기초

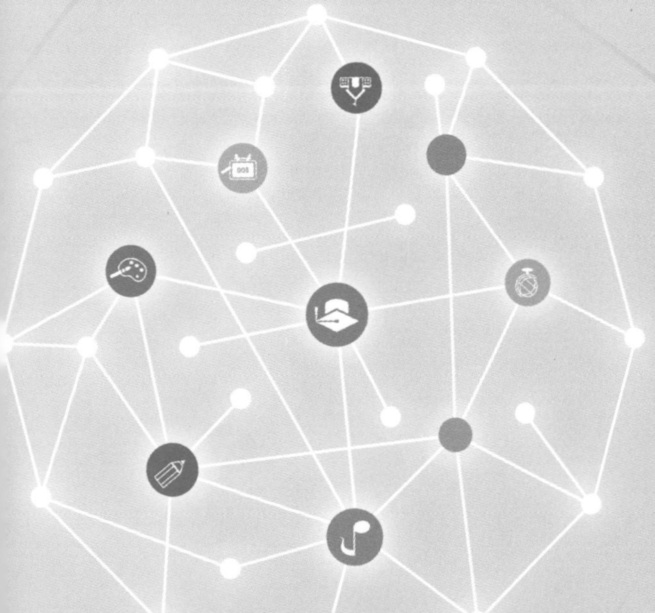

교육에 있어서 심리학적 관심은 학습효과를 극대화하기 위하여 학습자의 발달이나 지능 혹은 창의성과 같은 학습자 내부의 요인들을 탐구하는 데 있다. 또한 이러한 학습자 내부의 요인들이 어떻게 발현되어 최적의 학습이 이루어지는지에 대한 탐색 역시 매우 중요한 주제다. 이 장에서는 학습자에 대한 이해와 학습이 진행되는 과정 그리고 다양한 학습 상황에 대한 이해의 틀을 제공함으로써 교육에 있어서 심리학적 관심의 중요성을 제시하고자 한다.

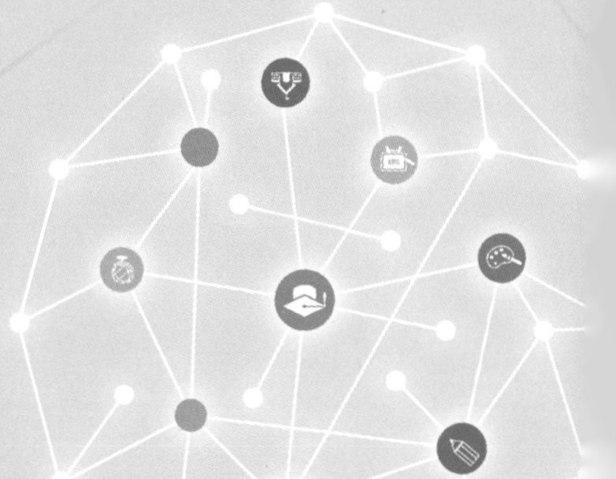

1. 교육심리학의 성격

학생들을 효과적으로 가르치기 위해 교사에게는 다양한 종류의 지식이 필요하다. 학습목표를 성취하기 위해 어떠한 자료를 선택해야 하는지, 선택된 자료를 어떠한 방식으로 제시해야 하는지, 학생들의 이해 수준을 어떻게 평가해야 하는지 등에 대하여 교사는 하루에도 수십 번씩 판단하고 고민해야 한다. 교육심리학은 교실 상황에서 교사가 결정해야 하는 학습과 관련된 다양한 문제들에 대해 적절한 지식을 제공하는 학문 분야다. 즉, 교육심리학이란 학습자와 학습과정 그리고 다양한 학습 상황에 대한 이해의 틀을 제공하는 학문인 것이다.

이 장에서는 학습과 관련하여 교사가 이해하여야 할 학습자의 특성과 학습과정에 대하여 살펴봄으로써 효과적인 교육을 위한 심리학적 기초의 필요성을 제시하고자 한다.

2. 학습자의 특성

학생에게 지식을 효과적으로 전달하고 그 지식이 의미 있게 구조화될 수 있도록 도와주기 위해서는 무엇보다도 학습자의 특성에 대한 이해가 우선되어야 한다. 교사가 다양한 예를 제시하고 정밀하게 설명했음에도 불구하고 학생이 만족할 만한 성취에 이르지 못한다거나, 과제를 해결하는 데 있어 초등학교 저학년 학생과 고학년 학생이 차이를 보이는 것 등은 학생의 발달 수준이나 개인차 등이 그 이유가 될 수 있다. 따라서 학생의 다양한 특성을 이해하는 것은 효과적인 학습을 위한 기본 전제가 될 것이다.

1) 인간 발달

발달(development)이란 학습자의 성장과 변화와 관련된 개념이다. 따라서 발달에 대한 이론과 연구들은 교육의 주체인 학습자에 대한 폭넓고 다양한 이해를 제시함으로써 보다 바람직한 교과내용을 구성하고 교육효과를 극대화하는 데 그 목적이 있다 할 것이다(임규혁, 1996). 인간 발달에 대한 연구들은 다음과 같은 내용들을 폭넓게 다루고 있다.

첫째, 유전 대 환경(nature vs. nurture)의 문제다. 발달과정이 유전적인 요인에 의해 결정된다는 입장은 개인의 성장과 발달이 유전적으로 프로그램화되어 있다고 가정하므로 개인의 심리적 · 행동적 특성은 부모에게 물려받은 유전자에 의해 결정된다고 주장한다. 이에 비해 환경의 영향을 강조하는 발달이론가들은 시대와 문화에 따른 인간 존재의 다양성을 인정하고 개인의 특성이 형성되는 원인을 양육 환경 및 경험에서 찾는다. 따라서 이러한 시각에서는 환경과 경험이 개인의 특성을 결정하는 중요한 원인이라 생각한다. 발달에 있어 이와 같은 논쟁은 매우 오랫동안 진행되어 왔으나, 최근에는 점차 '유전이냐' 혹은 '환경이냐'의 이분법적 시각에서 탈피하여 개인의 성장에 따른 두 요인의 복합적인 영향을 고려하는 방향으로 기울고 있다.

둘째, 연속성 대 불연속성(continuity vs. discontinuity)에 대한 탐구다. 프로이트(S. Freud)와 피아제(J. Piaget)와 같은 초기 심리학자들은 인간 발달의 본질을 이해하는 데 있어 질적인 측면을 강조했다. 그들은 발달에 일련의 단계가 있으며, 각 단계로의 순차적인 변화를 통해 불연속적으로 이루어진다고 주장한다. 이에 비해 행동주의자들은 발달을 양적인 변화로 규정한다. 즉, 인간이 발달함에 있어 과거 경험에 새로운 지식 혹은 기술의 습득과 같은 것들로 인해 야기되는 연속적인 과정을 발달이라고 본 것이다. 그러나 오늘날에는 두 관점을 모두 수용하여 발달을 설명하고자 한다. 예를 들어, 지글러(Siegler, 1991)는 거시적으로 보면 아동의 사고는 단계적으로 변화하는 것 같지만, 미시적으로 보면 그러한 단계적인 변화들은 종종 점진적 · 연속적인 것처럼 보일 수 있다고 지적한다.

셋째, 결정적 시기(critical periods)에 대한 연구다. 발달과 관련하여 감각과 지각에 있어서 중요하고 민감한 시기가 있는지에 대한 논의는 발달심리학자들의 주된 관심사였다. 예를 들어, 1960년대에는 동물을 대상으로 한 실험들(예: Harlow & Harlow, 1962)과 인간을 대상으로 한 연구들(예: Yarrow, 1964)을 토대로 영아의 사회성 발달의 결정적 시기가 존재한다고 받아들여졌다. 그러나 1960년대 이후 여러 연구들(예: Clarke & Clarke, 1976)에 의해 이 가설에 대한 반론이 제기되었다. 다시 말해, 특정한 시기에 사회적 관계성을 충분히 경험하지 않았더라도 영아기에 획득한 애착관계가 변화될 수 있다는 것이다.

지금까지 살펴본 바와 같이 발달과 관련된 연구들은 인간이 성장하는 과정에서 고유한 특성을 구성해 가는 과정과 내용에 부단한 관심을 가져왔으며, 교육심리학자들은 학습자의 학습효과를 극대화하기 위한 기초로서 이러한 발달연구 결과를 토대로 학습자의 특성을 이해하려고 노력하여 왔다.

(1) 피아제의 인지발달

학습자의 인지발달을 연구하고 이를 기초로 학습자의 학습과정을 이해하는 데 매우 큰 공헌을 한 심리학자는 피아제(J. Piaget)다(Beilin, 1992). 피아제는 평형화(equilibrium)와 도식(schema) 그리고 동화(assimilation)와 조절(accommodation)의 개념을 사용하여 인간의 인지발달 과정을 설명한다. 평형화란 인간이 생존하기 위하여 자신의 내부 구조를 일정하게 유지하려는 본능적인 경향성을 의미한다. 즉, 목이 마르면 물을 마시는 것이나 피곤하면 잠을 자는 것 등은 생존을 위한 가장 본능적인 행위이며, 이는 신체의 평형화를 유지하기 위한 것이다. 피아제는 인간의 인지발달 역시 이러한 평형화의 기제를 따른다고 제안하였다.

인지발달에 있어 평형화의 욕구가 충족되어 구조화되고 조직화된 상태를 도식이라 한다. 따라서 **도식**은 우리가 환경에서의 수많은 정보를 받아들이고 적절히 반응하기 위하여 사용되는 지식의 틀을 의미한다. 평형화의 원리에 따라 도식이 구성되는 과정을 설명하기 위하여 피아제가 제시하는 개념이 동화와 조절이다.

동화란 새로운 정보 혹은 경험을 접할 때 그것을 이미 자신에게 구성되어 있는 도식에 적용하려 하는 경향성을 뜻한다. 반면, 조절이란 새로운 정보 혹은 경험을 인식하기 위해 기존의 도식을 수정하는 것을 의미한다. 결국 피아제에 의하면 인지발달이란 기존의 도식에 비추어 모순 없는 지식은 동화시키고, 기존의 도식에 적절하지 않은 지식은 도식을 변경하는 과정을 통해 끊임없이 도식을 확장시키는 과정으로 풀이될 수 있다.

조절과 관련하여 반드시 주의해야 할 점은 새로운 정보가 기존의 도식으로 설명되지 않을 경우 항상 조절이 일어나는 것은 아니라는 사실이다. [그림 4-1]에 정리되어 있는 바와 같이, 기존의 도식으로 해결되지 않는 경우는 조절이 일어나기도 하지만 동화와 무시라는 기제가 발생할 수도 있다. 즉, 새로운 정보를 기존의 도식으로 도저히 해석할 수 없을 경우, 학생들은 그러한 정보를 무시하기도 하고 자신의 도식을 이용하여 억지로 해석해 버리기도 한다. 이러한 사실은 교육의 실제가 우리가 바라고 원하는 방향으로 이루지는 것만은 아니라는 사실을 보여 준다.

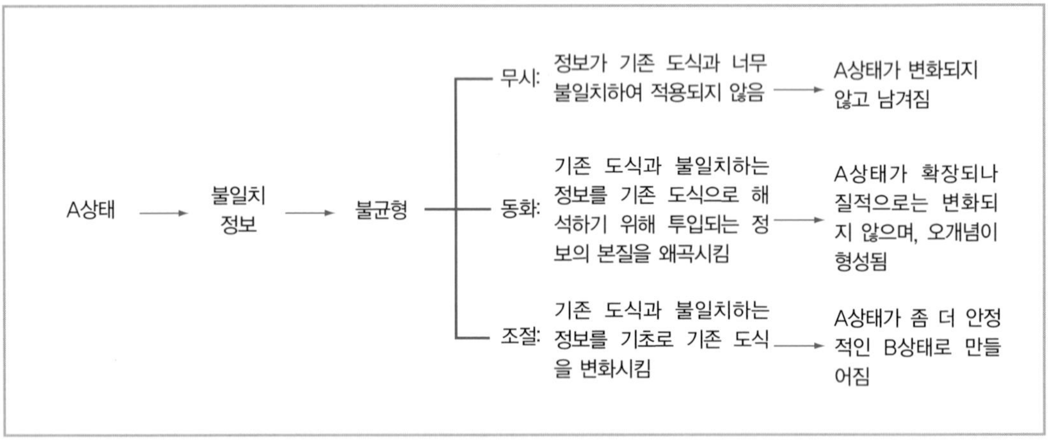

[그림 4-1] **기존 도식과 불일치하는 정보에 대한 평형화 모델**

출처: Bjorklund (2000), p. 78.

피아제는 이와 같은 과정을 거쳐 형성되는 학습자의 인지는 연령에 따라 단계적으로 발달한다고 설명한다. 피아제가 제시하는 발달단계는 다음과 같다.

첫 번째 단계는 **감각운동기**(sensorimotor stage, 0~2세)다. 이 단계의 아동은 시각·청각 등의 조절감각과 운동능력에 초점을 둔다. 그들의 사고는 자신의 신체적 행동에 주변의 세계가 어떻게 반응하는가에 제한되어 있다. 감각운동기의 아동은 기억 속에 사물에 대한 어떤 표상도 가지고 있지 않으며 모방력을 발전시키는데, 이 시기에 발전되는 모방력은 이후의 관찰학습을 위한 토대를 형성하는 데 중요한 기능을 하게 된다.

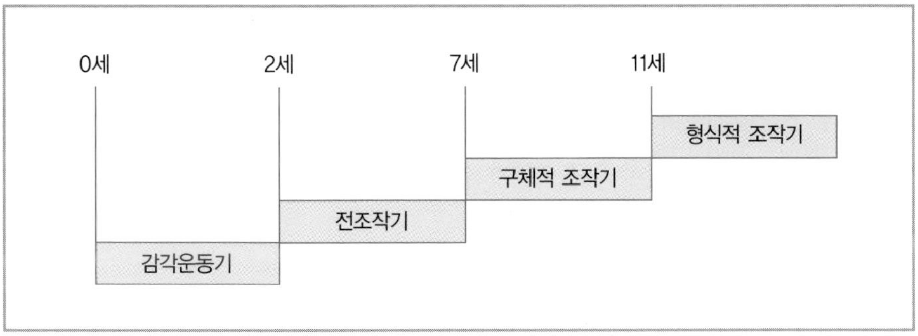

[그림 4-2] **피아제의 인지발달단계**

두 번째 단계는 **전조작기**(preoperational stage, 2~7세)다. 아동은 이 단계를 거치면서 언어발달이 급속히 이루어지고 상징적 사고의 발달과 개념 습득능력에 있어서 빠른 성장을 보인다. 또한 이 단계에서 아동은 다양한 개념을 형성한다. 아파트나 책상 등과 같이 물질로 존재하거나 현재 상황과 연결된 개념들은 비교적 쉽게 습득하지만 추상적인 개념의 습득은 여전히 한정되어 있다.

세 번째 단계는 **구체적 조작기**(concrete operational stage, 7~11세)다. 이 단계에서는 주변의 세계를 인식하는 아동의 능력이 상당히 진전된다. 아동은 구체적 조작기를 통해 전조작기의 결핍요소들을 습득한다. 즉, 자기중심적 사고는 타인에 대한 관심으로 전환되고, 이러한 능력들의 습득으로 구체적인 사물에 대한 논리적인 조작을 수행할 수 있게 된다. 단순한 지각에 의해서가 아닌 추론을 토대로 결론에 도달하게 되는 능력을 발전시키게 되며, 특히 수와 물질의 특성에 대해서 배열과 분류의 능력이 발달된다.

마지막 단계는 **형식적 조작기**(formal operational stage, 11세 혹은 사춘기에서 성인까지)다. 이 시기에는 가설을 세워 사고하며, 현실적인 것뿐만 아니라 비현실적인 것에 대해서도 추론할 수 있는 능력을 갖게 된다. 또한 추상적인 문제를 체계적으로 사고하고 그 결과를 일반화할 수도 있다. 더불어 이 단계에서 삼단논법의 이해도 이루어지며, 문제 상황에서 변인을 확인하여 분류할 수 있고 이를 통제 혹은 제어할 수 있다.

학습자를 이해하는 데 있어 피아제의 관점은 인간 발달의 이해에 지대한 공헌을 한 것이 사실이다. 물론 피아제의 이론이 완전한 것은 아니라는 비판이 있는 것도 사실이지만, "발달심리학에서의 피아제는 영미 문학에서의 셰익스피어나 철학에서의 아리스토텔레스와 같다."(Beilin, 1992: 191)는 평가는 인간의 발달을 이해하는 데에 피아제의 역할이 얼마나 중요한가를 나타내는 말이라 할 것이다.

(2) 비고츠키의 인지발달 이론

아동은 스스로의 세계를 구조화하고 이해하는 존재라고 생각하는 피아제와는 달리, 비고츠키(Vygotsky, 1986)는 아동이 타인과의 관계에서 영향을 받으며 성장하는 사회적 존재임을 강조하면서 인간에 대한 이해에 있어 사회적 · 문화적 · 역사적 측면의 중요성을 강조한다. 그에 따르면, 인간의 정신은 독립적 활동이 아닌 사회학습의 결과이며, 일상에서의 과제 해결은 성인이나 뛰어난 동료와의 대화로부터 영향을 받는다. 이처럼 사회의 보다 성숙한 구성원들과 상호작용하는 동안 자신의 문화에 적합한 인지과정이 아동에게 전이된다. 따라서 비고츠키는 상호작용에 필수적 요소인 언어의 습득을 아동 발달의 가장 중요한 변인으로 생각한다.

아동의 인지발달에 관하여 상이한 견해를 보이는 피아제와 비고츠키는 사고와 언어에 있어서도 입장을 달리한다. 피아제는 전조작기 아동의 언어가 자기중심성이라는 특징을 갖는다고 설명한다. 자기중심적 언어(egocentric speech)는 완전하게 다듬어지지 않은 아동의 자기중심적 표현일 뿐 성장해 가면서 점차 감소된다고 보았다. 그러나 비고츠키는 자기중심적 언어의 사용이 단순하게 자기만의 생각을 표현하는 것이 아니라 문제해결을 위한 사고의 도구라고 생각하였다. 즉, 독립적으로 발생하기 시작한 사고(thought)와 언어(speech)는 일정 시간이 지난 후에 서로 연합되고, 이러한 연합은 아동이 발달해 가는 과정에서 변화하고 성장한다는 것이다.

비고츠키는 아동의 인지발달이 아동의 내적 언어와 사회적 언어 모두에 영향을 받는다고 설명한다. 그는 아동이 일정한 양의 비언어적인 사고와 비지적인 언어를 가지고 있으며, 문제해결의 초기에는 비언어적인 사고가 사용되고 이 시기가 지난 후에야 구체적인 단어로 형성된다고 주장한다.

이처럼 목적 달성에 필요한 수단을 얻기 위해 마음속에서 사용되는 언어를 내적 언어(inner speech)라 한다. 아동의 내적 언어발달에 관한 연구(Palincsar & Brown,

1989)에 따르면, 내적 언어의 사용 빈도는 과제 수행의 시간이 지나면서 더욱 증가하였고 과제의 난이도와 정적 상관을 보였다. 즉, 문제해결에 있어서 곤란도가 높을수록 내적 언어의 사용은 증가한다. 이러한 결과는 내적 언어가 아동의 문제해결에 중요하게 기능한다는 사실을 말해 주고 있다.

비고츠키의 인지발달이론에 있어 학습과 관련하여 가장 중요한 개념 중의 하나는 근접발달영역(Zone of Proximal Development: ZPD)이다. 근접발달영역이란 아동이 혼자서는 해결할 수 없지만 성인이나 뛰어난 동료와 함께 학습하면 성공할 수 있는 영역을 의미한다. 근접발달영역에 위치하는 아동에게는 구조화를 형성할 수 있는 단서를 제공하거나, 세부 사항과 단계를 기억할 수 있도록 조력하고 꾸준히 시도하도록 격려하는 도움이 필요하다. 비고츠키는 인지발달이 아동과 어른 혹은 아동과 더 능력 있는 동료 간의 상호작용을 통해 발생한다고 믿었다. 그들은 아동이 지적으로 성장하는 데 필요한 요소를 지원하는 안내자 혹은 교사의 역할을 할 수 있다. 이러한 조력을 발판(scaffolding)이라고 한다. 이 용어는 아동이 궁극적으로 그들 스스로의 힘으로 문제를 해결할 수 있도록 하는 견고한 이해를 확립하는 동안에 제공되는 조력을 의미한다. 따라서 교사는 학생의 능력을 평가한 후, 학생들에게 문제해결 능력이 없다면 그들을 근접발달영역 내에 존재하도록 조절하는 것이 필요하다.

아동의 능력평가와 관련하여 비고츠키는 아동의 지적 발달 수준을 측정하는 대부분의 검사가 적절하지 않다는 입장을 보인다. 그에 따르면, 일반적으로 지능검사는 표준화 검사 문항을 풀게 하여 아동의 지적 발달 수준을 측정하는데, 이런 종류의 검사를 통해 알 수 있는 것은 아동의 지적 발달과정 중에서 어느 특정한 단계의 수준일 뿐이다. 이러한 방법으로는 아동의 지적 능력의 전체적인 모습을 알 수 없으며, 아동 발달에 대해서 완전하게 설명할 수도 없다. 따라서 학생이 혼자서도 풀 수 있는 문제와 도움을 받아 풀 수 있는 문제 수준을 모두 평가하여 양자를 비교해야만 지적 발달의 전체 윤곽을 파악할 수 있다.

이처럼 근접발달영역의 개념은 인지발달이 사회적 상호작용의 결과로 발전한다는 사실을 강조하고 있으며, 아동의 인지발달에 교사나 성인이 적극적으로 도움을 줄 수 있는 이론적 근거를 마련했다는 점에서 중요한 의미를 지니고 있다.

2) 개인차와 학습

동일한 발달단계에 있는 학습자라 해도 개인 간에는 학습성취에 차이가 있다. 이러한 차이는 학습방법, 부모의 관심 등 다양한 이유로 인해 나타날 수 있을 것이다. 개인차에 대한 연구는 이러한 이유들 중에서 지능이나 창의성 혹은 사고양식 등과 같은 학습자 개인 내부에 존재하는 요인을 탐구하는 것이다.

(1) 지능

지능(intelligence)이란 인간의 지적 능력을 나타내는 대표적인 심리학적 개념이다. 일반적으로 학습자들의 학업성취에 차이가 생기는 가장 큰 요인은 학습자들의 능력 차이 때문이라고 받아들여지고 있다. 따라서 이러한 능력의 구조에 대한 탐색은 효과적인 교육을 위한 가장 기초적인 연구로 인식되어 왔다.

인간의 지능은 일반요인(general factor: g요인)과 특수요인(specific factor: s요인)으로 이루어진다고 제안하는 스피어먼(Spearman)의 g요인이론, 7개의 기본 정신능력으로 구성되어 있다고 주장하는 서스톤(Thurstone)의 기본 정신능력(Primary Mental Abilities: PMA), 그리고 인간의 인지과제는 인지 활동과 내용 및 결과의 세 가지 서로 다른 차원에서 파생되는 180개의 독립적 요인들로 구성된다는 길포드(Guilford)의 지능구조(Structure Of Intellect: SOI) 모형 등은 지능의 구조를 확인하고 이를 교육에 활용하려는 오래된 노력이라 할 수 있다.

이와 같은 이론들이 학습자의 현재 능력을 판단하고 미래의 수행을 예측하는 데 공헌한 것은 사실이지만, 최근 몇몇 학자들은 지금까지의 지능이론이 인간의 능력을 완전하게 설명하지 못하고 있다는 문제를 제기하고 있다.

가드너(Gardner, 1983)는 다중지능(Multiple Intelligence: MI) 이론을 제안하면서, 지능이란 한 문화권 혹은 여러 문화권에서 가치 있게 인정되는 문제를 해결하고 산물을 창조해 내는 능력이라고 정의한다. 이와 같은 정의를 바탕으로 그는 인간에게는 서로 독립적인 다양한 종류의 지능이 존재한다고 주장한다. 가드너가 그의 다중지능 이론에서 제시한 지능의 종류는 8개로서 신체-운동(bodily-kinesthetic) 지능, 언어(linguistic) 지능, 공간(spatial) 지능, 논리-수학(logical-mathematical) 지능, 음악

(musical) 지능, 대인관계(interpersonal) 지능, 자기이해(intrapersonal) 지능, 자연탐구(naturalist) 지능이다. 가드너의 다중지능 이론이 기존의 이론들과 차별되는 가장 중요한 점은 지금까지 지능으로 생각되지 못했던 능력들이 지능의 기능을 할 수 있다는 가정이다. 가드너의 제안이 사실이라면, 현재의 교육방법은 특정 지능이 우수한 학생에게만 유리하게 작용하고 있을 가능성이 있기 때문에 정밀하게 검토될 필요가 있다. 예를 들어, 음악 지능이 높은 학생은 개념이나 지식을 습득하는 과정이 음악적 방법으로 제시된다면 충분히 학습성취를 이룰 수 있는데도 현재의 교육이 언어적 표현에 집중되어 있기에 불이익을 받을 수도 있을 것이다.

스턴버그(Sternberg, 1985)의 삼원지능 이론(triarchic theory of intelligence) 역시 기존의 지능이 완전하지 못하다는 비판에서 출발하고 있다. 그는 기존의 지능이론들이 지능의 근원을 오로지 개인, 행동 혹은 상황 중 일부에서 구하려 했기 때문에 불완전한 이론이 되었다고 가정한다. 지능이론이 보다 완전한 이론이 되려면 이 세 가지를 모두 고려한 이론이 되어야 한다고 주장한다. 따라서 그의 이론은 그 이름이 암시하듯 이 세 근원을 각기 고려한 세 가지 하위이론, 즉 상황 하위이론, 경험 하위이론, 요소 하위이론으로 구성된 하나의 종합적인 지능이론을 제안하고 있다.

(2) 창의성

인간의 인지능력에 대한 최근의 연구들은 보다 고차적이고 생산적인 지적 작용으로서의 창의성에 높은 관심을 보이고 있다. 인간의 다양한 능력 중에서 특별히 창의적 사고력을 강조하는 이유는 급변하는 사회를 살아가는 현대인에게는 새로운 문화를 바르게 수용하고 고유의 문화를 창조적으로 개발할 수 있는 능력이 요구되기 때문이다. 창의성의 중요성은 학교현장에도 확산되고 있으며, 창의성 개발이 교육의 중요한 과제로 제기되고 있다(임규혁, 1996).

일반적으로 창의성은 "새로우면서도(novel) 적절한(appropriate) 것을 생성해 낼 수 있는 능력"(Hennessey & Amabile, 1988; Perkins, 1988)으로 정의되고 있다. 창의성에 관한 대부분의 연구는 심리측정학적(psychometric), 실험적(experimental), 전기적(biograpical), 역사측정적(historiometric), 생물측정학적(biometric) 접근으로 나뉜다(Plucker & Renzulli, 1999).

먼저, 심리측정학적 접근과 실험적 접근은 창의성을 연구하는 방법에서의 차이로 구별된다. 심리측정학자들은 상관적 설계를 이용하는 반면, 실험연구자들은 준실험설계 및 실험설계를 통해 창의성을 연구한다. 즉, 실험적 접근을 통한 창의성 연구에서는 실험적 조작을 통해 창의적 산출물에 영향을 끼치는 원인을 규명하는 것에 관심을 둔다. 다음으로, 전기적 접근은 탁월한 창의적 인물에 대한 사례연구를 통해 창의성의 본질을 알아내고자 한다. 이것은 창의적인 인물 사례를 연구함으로써 창의성에 접근하기 때문에 창의성에 대한 정의 자체가 다양해진다는 특징을 지닌다. 또한 역사측정적 접근은 시몬턴(D. K. Simonton)에 의해 주로 이뤄졌는데, 일반적으로 산출되는 자기보고 또는 검사 측정치에 의존하지 않고 역사적 고증을 통한 질적인 자료를 바탕으로 창의성을 연구한다는 점에서 심리측정적 접근과 다르다. 마지막으로, 생물측정학적 접근은 창의적인 사람들의 유전적 혹은 신경생물학적 특성을 밝히려는 데 목적을 둔다. 다시 말해, 창의적인 사람들이 독특한 유전적 구조를 소유하고 있는지 또는 신경체계의 기능이나 구조에서 두드러진 특징이 존재하는지를 조사한다.

이와 같은 창의성과 앞서 살펴본 지능 간의 관계에 대하여 학자들은 다양한 관점을 보여 왔다. 스턴버그와 오하라(Sternberg & O'Hara, 1999)에 따르면, 지능과 창의성에 관한 여러 연구들은 다음과 같은 다섯 가지 관점으로 구분할 수 있다.

첫째, 창의성이 지능에 종속되는 관점이다. 앞서 살펴본 지능이론 중 길포드가 제안한 지능구조 모형(SOI)이 대표적인 것으로, 모형에서의 발산적 생산(divergent production)은 창의성과 관련되는 지능의 하위 요인이다. 가드너 역시 창의성 구인이 지능에 종속된다고 보는데, 다중지능의 기능 속에 창의성이 포함된다고 본다.

둘째, 지능이 창의성에 속한다는 관점이다. 스턴버그와 루바트(Sternberg & Lubart, 1995)는 창의성의 발현에 기여하는 여섯 가지 주요한 구성요인들로서 지능, 지식, 사고양식, 성격, 동기, 환경을 언급한다. 즉, 그들의 이론에 따르면 지능은 창의적인 사고 혹은 행동을 생성하는 여섯 가지 요인들 중 하나이기 때문에 창의성에 속하는 개념이 된다.

셋째, 창의성과 지적 능력(IQ)은 중첩된다고 보는 관점이다. IQ로 측정된 전통적인 지능 개념과 창의성 간의 관계성에 대한 연구들에서는 다음과 같은 결과가 나왔다. 창의적인 사람들의 IQ는 평균(약 120) 이상이었고, IQ가 120 이상인 경우에는 IQ가 창의성과 크게 관련되지 않았다. 이러한 관계성은 식역이론(threshold theory)이라고 일컬어진다. 즉, 개인이 창의적인 문제해결을 할 때 보편적으로 120이라는 최소한의 지능을 필요로 한다는 것이다. 그런데 IQ가 매우 높을 경우에 분석적인 사고가 너무 우세해 결과적으로 창의적인 사고에 지장을 준다고 주장하는 연구자들(예: Simonton, 1994; Sternberg, 1996)도 있다. 또한 렌줄리(Renzulli, 1986)는 세 개의 고리 모델(three-ring model)을 제안했는데, 그는 평균 이상의 IQ, 창의성, 과제몰입(task commitment)의 교차점에 의해 영재성을 정의한다. 따라서 그의 이론도 지능과 창의성이 중첩된다고 보는 입장이다.

넷째, 창의성과 지능이 본질적으로 동일한 개념이라고 보는 관점이다. 핸슬리와 레이놀즈(Haensly & Reynolds, 1989)는 창의성과 지능을 동일한 현상으로 간주하며 창의성이 지능의 다른 이름이라고 주장한다. 또한 와이스버그(Weisberg, 1993)는 일반적인 문제해결 과정과 창의성의 기저에 있는 메커니즘 간에 차이가 없다고 주장하였다. 이러한 시각에서 보자면 창의성에 대한 이해는 문제해결 과정에 대한 연구를 통해 이뤄질 수 있다.

다섯째, 창의성과 지능이 서로 독립적이라고 여기는 관점이다. 이러한 입장을 취하는 연구자들(예: Getzels & Jackson, 1962; Torrance, 1975)은 창의성과 지능이 아무런 연관성이 없다고 주장하기보다는 영재를 판별하기 위해 사용하는 전통적인 IQ와 관련된 문제에 관심을 가져왔다. 최근에는 연습효과를 근거로 들면서 창의성과 지능의 독립성을 주장하는 견해가 등장했다. 이러한 시각에 따르면 전문가는 부단한 연습의 결과로 그 능력이 개발된다는 것이다. 따라서 창의적 전문가는 타고난 능력으로 되는 것이 아니라 영역 안에서 창의적인 작업을 하는 동안에 이뤄진 노력의 결과라는 것이다. 실제로 많은 연구자들(예: Gardner, 1993; Simonton, 1994)이 10년의 법칙을 확인하고 있다.

(3) 인지양식

능력과 관련된 변인 이외에도 개인차를 설명하는 것 중 하나가 인지양식(cognitive style)이다. 인지양식은 개인이 정보를 처리하고 문제를 해결할 때 사용하는 전략의 선호성을 의미한다. 이것은 개인이 과제를 수행함에 있어 전략의 사용과 밀접하게 연관되기 때문에 수행의 차이를 만드는 중요한 요소다.

지금까지 제안되어 온 다양한 인지양식 중 일반적으로 가장 잘 알려진 것은 장 의존-장 독립(field dependence-field independence)의 분류다. 장 의존적 인지양식을 가진 사람은 사물을 지각할 때 장(field)에 의해 영향을 받고 전체적인 특징을 지각하는 반응을 보인다. 즉, 장 의존적인 사람은 시각적 장(visual field)에서 하나의 패턴을 전체적인 것으로 지각하여서 상황 속에서 한 측면에 집중하거나, 세부적인 사항을 선택적으로 변별해 내거나, 문제를 해결할 때 자신이 사용하는 전략을 조절하는 것에 어려움을 느낀다.

이에 비해서 장 독립적 인지양식을 가진 사람은 정보를 배경에 관계없이 독립적으로 분리하여 지각한다. 장 독립적인 사람은 자신이 정보를 처리하는 과정에 대한 인식이 가능하며, 시각적 장에 대한 조직화가 가능하여 각각의 독립적인 부분을 하나의 패턴으로 통합하거나 그것의 구성요인을 분석해 낼 수 있다. 장 독립적인 개인은 내적인 관련성(internal referents)에 의존하는 데 비해 장 의존적인 개인은 외적인 관련성(external referents)에 의존하는 경향이 있다.

충동성-사려성(impulsiveness-reflectiveness)의 분류 역시 개인차를 설명하는 중요한 분류로 인식되어 왔다(Kagan, Moss, & Sigel, 1963). 케이건 등(Kagan et al., 1963)은 제시된 문제를 신중하게 해결하는 정도에 따라 개인을 충동성과 사려성의 두 인지양식자로 구분할 수 있다고 제안하였다. 문제해결을 할 때 충동성 인지양식을 지닌 사람은 생각나는 대로 단순하게 답하려는 경향이 있고, 사려성 인지양식을 지닌 사람은 여러 대안들을 탐색하고 여러 측면에서 검토하여 적절한 답을 구하는 경향이 있다. 충동성 인지양식을 가진 사람은 정보를 빠르게 처리하지만 많은 실수를 한다. 그들은 가능한 모든 대안에 대해 탐색하지 않는 경향이 있다(Kagan & Kogan, 1970). 사려성 인지양식을 가진 사람은 반응하기 전에 모든 대안을 신중히 검토하고 정보를 늦게 처리하는 경향이 있지만 과제 수행에서 실수가 적다는 특징을 갖는다.

최근 스턴버그 등(Sternberg, 1988; Sternberg & Grigorenko, 1997; Zhang, 2001)은 인지양식에 대한 기존의 이분법적 개념화를 뛰어넘은 다차원적인 사고양식(thinking style)을 제안하고 있다. 스턴버그(1988)는 지능과 성격 사이를 매개하는 지적 양식을 뜻하는 정신자치제 이론(theory of mental self-government)을 통해서 사람들이 각기 선호하는 방식의 사고양식이 존재한다고 주장한다. 이러한 사고양식은 다른 상황에서 융통성 있게 변화될 수 있으며 사회화될 수 있는 가변성 있는 것으로 개념화된다. 그는 열세 가지 사고양식 개념을 기능, 형식, 수준, 범위 그리고 경향성의 다섯 가지 차원으로 나누어 제안하고 있다.

3. 학습의 원리

앞에서 살펴본 학습의 주체인 학습자에 대한 연구와 더불어 교육심리학의 가장 중요한 관심은 학습이 발생하는 원리에 대한 연구다. 학습이 발생하는 과정에 대한 탐색과 이를 바탕으로 최적의 학습효과를 도출하고자 하는 노력은 행동주의와 인지주의라는 두 가지 입장에 의해 연구되고 발전되어 왔다.

1) 행동주의

학자들에 따라 강조하는 부분에 약간의 차이가 있지만, 행동주의 학습이론에 내재된 근본적인 학습원리는 자극과 반응 간의 연합이다. 자극(stimulus)이란 환경으로부터 학습자에게 제시되는 모든 것을 의미한다. 즉, 눈에 보이는 사물, 귀로 들리는 소리, 피부로 느껴지는 감촉 등은 모두 자극이 된다. 반응(response)이란 자극으로 인한 행동을 의미한다. 즉, 뜨거운 물이 손에 닿았을 때 급히 손을 떼는 행동, 역겨운 냄새를 맡았을 때 순간적으로 숨을 멈추는 행동 등은 모두 자극에 대한 반응을 의미한다.

행동주의에서는 이와 같은 자극과 반응의 연합을 학습으로 이해하고 있다. 이는 인간의 학습능력이란 선천적으로 결정되는 것이 아니라 적절한 환경의 조성을 통해 충분히 형성될 수 있다는 행동주의의 믿음을 반영하고 있다. 이러한 행동주의의 관점은 학습의 효과성을 극대화하기 위한 최적의 환경과 절차를 발견하고자 하는 꾸준한 노력의 기초를 구성하여 왔다.

이처럼 학습능력에서의 선천적 결정론을 거부하며 학습자에게 제공되는 환경의 중요성을 역설하는 행동주의 학습이론은, 모든 인간은 평등하다는 이념을 기초로 건립된 미국 사회의 열띤 성원을 받으면서 학습 자체에 대한 이해뿐 아니라 정신지체나 아동기의 공포증과 우울증 및 성역할 정체성 등 수많은 현상을 이해하는 데 지대한 공헌을 하였다.

(1) 고전적 조건화

고전적 조건화(classical conditioning)는 러시아의 생리학자인 파블로프(I. Pavlov)에 의해 발전된 이론으로서, 환경을 적절히 조작함으로써 원하는 학습이 형성될 수 있다는 중요한 원리를 제공하였다. 파블로프가 제시한 고전적 조건화의 원리는 특정한 반응과 전혀 관련이 없는 자극이 일정한 과정을 통해 특정한 반응을 일으킬 수 있음을 보여 주고 있다.

파블로프는 배고픈 개에게 고기를 주면서 동시에 종소리를 들려주었다. 즉, 종소리와 고기를 같이 제시하는 실험을 하였다. 이 실험에서 우선 종소리는 중립자극으로 간주된다. 여기서 중립자극(Neutral Stimulus: NS)이란 개에게 물리적 반응을 일으키지 못하는 자극을 뜻한다. 즉, 종소리만으로는 개가 침을 흘리지 않기에 종소리는 이 실험에서 중립자극이 되는 것이다. 반면, 고기를 주면 개는 고기에 반응하여 자연적으로 침을 흘리게 된다. 따라서 고기는 무조건자극(UnConditioned Stimulus: UCS)이 되며, 고기에 반응하여 자연적으로 흘리게 되는 침은 무조건반응(UnConditioned Response: UCR)이 된다.

파블로프는 개에게 무조건자극인 고기를 줄 때마다 중립자극인 종소리를 들려주었다. 이와 같이 고기를 줄 때마다 종소리를 함께 들려주는 실험을 반복한 결과, 개에게 고기 없이 종소리만 들려주어도 침을 흘리게 된다는 사실을 발견하게 되었다. 이제 종소리는 더 이상 중립자극이 아니다. 종소리는 개에게 침을 흘리게 하는 힘을 갖게 되었다. 개는 무조건자극 없이 종소리만으로도 침을 흘리도록 조건화되었기에 이때의 종소리는 중립자극이 아닌 조건자극(Conditioned Stimulus: CS)으로 작용한다. 이렇게 종소리만으로 침을 흘리게 되는 것을 조건반응(Conditioned Response: CR)이라고 한다. 고기(UCS)와 침(UCR) 사이에는 무조건적인 관계성이 존

단계 1: 조건화 이전	중립자극 (종소리)	→	(반응 없음)
단계 2: 조건화 형성	중립자극 (종소리) + 무조건자극 (고기)	→	무조건반응 (침)
단계 3: 조건화 이후	조건자극 (종소리)	→	조건반응 (침)

[그림 4-3] **고전적 조건화의 3단계**

재하는 반면, 종소리(CS)와 침(CR) 사이에는 조건화가 형성되는 것이다. [그림 4-3]은 이와 같은 조건화의 과정을 잘 보여 주고 있다.

이와 같이 어떠한 조건을 형성함으로써 반응을 유도해 내는 것이 고전적 조건화다. 많은 학습이론가들은 학습자가 환경자극과 정서적 · 인지적 반응 사이의 관계를 학습하는 방식을 설명하는 데 고전적 조건화의 원리를 이용한다. 가령, 특정한 향수 냄새가 연인을 생각나게 한다거나, 시험이라는 단어를 듣고 속이 메스꺼워지는 등의 현상들은 향수 냄새, 시험 등과 같은 중립자극이 조건화되어 반응을 일으키는 좋은 예가 될 수 있다. 따라서 고전적 조건화 이론에서는 사람과 사물에 대한 정서적 · 인지적 반응이 고전적 조건화 과정을 통해 학습된다고 주장한다. 실제로 조건반사로서의 고전적 조건화로 설명될 수 있는 현상은 정서적이고 심리적인 학교 상황에 다양하게 적용될 수 있다.

(2) 조작적 조건화

고전적 조건화의 학습원리가 학습자의 다양한 심리적 · 생리적 현상을 설명하는 강력한 도구임에는 틀림없으나, 학습자는 고전적 조건화에서의 설명과 같이 어떠한 환경에서 단순히 자극에 반응하는 것만은 아니다. 스키너(B. Skinner)는 고전적 조건화의 원리가 학습자의 의지가 개입되지 않는 비자발적 학습에는 유용한 설명이지만 학교에서 일어나는 대부분의 고차원적인 학습에는 적용되기 힘들다고 주장하면서 조작적 조건화(operant conditioning)의 원리를 제시하였다.

고전적 조건화가 행동을 유발하기 위한 자극에 관심을 두는 반면, 조작적 조건화는 자극보다는 유발된 행동의 결과에 관심을 둔다. 예를 들어, 파블로프의 실험에서 고기와 함께 종소리를 들려주는 이유는 개에게 종소리만으로도 침을 흘리도록 하기 위한 것이며, 이는 행동을 유발하기 위하여 자극을 조절하는 것이다. 그러나 조작적 조건화에서는 행동으로 인한 결과, 즉 어떤 행동이 보인 이후에 나타나는 산물에 관심을 둔다.

자신의 이론을 설명하기 위하여 스키너(1971)는 지렛대를 누르면 먹이접시에 먹이가 떨어지도록 고안되어 있는 상자 안에 쥐를 넣어 두었다. 쥐는 우연히 지렛대를 누르게 되고 이때 음식이 접시에 떨어지게 된다. 쥐는 자신이 지렛대를 누르게 되면 그 행동의 결과로 자신이 좋아하는 먹이를 얻을 수 있다는 것을 알게 되어 반복적으로 지렛대를 누르게 된다. 이처럼 쥐가 지렛대를 누르는 행동의 빈도가 증가되는 과정을 스키너는 **강화(reinforcement)**라는 용어로 설명하고 있다. 강화란 결국 행동의 빈도를 증가시키는 것으로서 조작적 조건화 이론에서 가장 중요한 개념이다. 이때 행동의 발생 빈도를 증가시키는 개체를 강화물(reinforcer)이라고 한다. 의도된 행동의 발생 빈도를 증가시키고자 하는 강화는 강화물의 제시방법에 따라 정적 강화와 부적 강화로 분류될 수 있다.

정적 강화(positive reinforcement)란 학생들을 만족시킬 수 있는 강화물을 제공함으로써 의도한 행동을 유발하고 유지시키는 과정을 의미한다. 노트 정리를 잘하는 학생에게 칭찬해 줌으로써 계속 노트 정리를 잘하도록 유도하는 것, 미술시간에 그림을 잘 그린 학생의 작품을 교실에 전시하여 학생이 그림 그리기에 더욱 흥미를 갖도록 하는 것 등이 정적 강화의 좋은 예다. 교실에서의 정적 강화는 학생과 교사 모두에게 일어날 수 있다. 좋은 성적, 교사의 웃는 표정, 칭찬, 게시판에 전시된 학생의 작품 등은 학생들에게 정적 강화물로 작용할 것이다. 그리고 학생들이 보여주는 성실한 수업 태도나 질문, 학부모나 교장으로부터의 인정 등은 교사에게도 정적 강화물이 될 수 있다.

한편, 부적 강화(negative reinforcement)란 학생들이 싫어하는 것을 제거하는 방법으로 의도하는 행동의 빈도를 증가시키고 유지시키는 것을 의미한다. 예를 들어, 수업시간에 집중을 잘하고 또 질문을 하는 학생들에게 청소당번을 면제해 주는 경우를 생각해 보자. 교사가 바라는 수업은 학생들이 집중을 잘하고 질문도 많이 하는 아주 진지하면서도 활기찬 모습일 것이다. 청소를 면제해 주겠다는 교사의 약속으로 인해 학생들이 매우 집중해서 수업을 듣고 질문의 빈도 역시 증가했다면, 이는 학생들이 싫어하는 청소당번을 제거함으로써 교사가 의도하는 수업이 발생하는 이른바 부적 강화가 일어났다고 볼 수 있다. 결국 부적 강화라는 용어에서 '부적' 이라는 단어는 의도한 행동을 증가시키기 위해 학생이 싫어하는 어떠한 것을 제거한다는 의미다.

그렇다면 학습자의 행동에 대해 강화가 제공되지 않는다면 어떻게 될 것인가? 대부분의 경우 학습자는 자신의 행동에 대해 아무런 강화를 받지 못하게 되면 더 이상 그 행동을 하지 않게 된다. 예를 들어, 학생이 질문을 하기 위해 손을 들었을 때 교사가 그 행동에 아무런 반응을 보이지 않고 무시해 버린다면, 학생은 질문을 하기 위하여 손을 드는 행동을 더 이상 하지 않을 것이다. 강화가 제공되지 않을 경우 행동의 빈도가 감소하거나 사라지는 과정을 행동주의 이론에서는 소거(extinction)라 한다. 또한 행동주의 이론가들은 이미 학습된 행동이라 하더라도 더 이상 강화가 주어지지 않을 경우 소거현상이 일어난다고 설명한다. 다음에서 설명될 강화계획은 이와 같은 소거현상을 억제하기 위한 하나의 방법으로 고안된 원리다.

소거의 과정에는 반드시 유의해야 할 매우 중요한 특징이 있다. 강화가 주어지지 않는 행동은 곧바로 소거되는 것이 아니라 일시적인 행동의 증가 후에 점차적으로 사라진다는 사실이다. 이처럼 강화의 제거 이후에 나타나는 일시적인 행동의 증가를 소거폭발(extinction burst)이라 한다(Lerman & Iwata, 1995). 예를 들어, 수업 중에 질문을 하기 위해 "선생님!" 하며 큰 소리로 외치는 학생이 있다고 하자. 교사는 질문을 하기 위해 조용히 손을 드는 행동을 가르치려고 일단 학생이 "선생님!" 하고 외치는 소리를 무시하기로 했다. 즉, 큰 소리로 외치는 행동의 소거를 의도한 것이다. 하지만 교사의 기대와는 달리 학생은 "선생님! 선생님!" 하며 더 큰 소리로, 그리고 더 자주 외치는 것이 아닌가! 만약 이때 교사가 자신이 선택한 방법인 소거의 원리, 즉 행동을 무시하고 강화를 주지 않는 것이 효과가 없다고 생각한다면 이는 너무 성급한 판단이 된다.

행동주의자들은 이 경우 계속해서 무시하는 것이 올바른 방법이라고 조언한다. 소거의 원리를 잘못 사용할 경우 학급 관리와 관련하여 최악의 결과가 발생할 수 있다는 것을 교사는 반드시 인지하고 있어야 한다. 만약 교사가 서너 번쯤 무시하다가 결국 포기하고 반응을 보이게 되면, 학생은 일단 처음에 자신의 의도가 성공하지 않았다고 하더라도 두세 번 반복하면 결국에는 성공할 것이라는 믿음을 갖게 된다. 결국 소거과정에서 교사의 성급한 포기는 단순히 소거를 시키지 못하는 것뿐만 아니라 오히려 교사가 소거하고자 했던 바로 그 행동을 증가시키는 결과를 가져오게 된다.

소거는 두려움을 갖게 되는 상황에 처한 사람들을 원래의 상태로 되돌려 놓을 수 있는 이론적 원리를 제공한다. 예를 들어, 물에 빠진 경험으로 인해 물을 두려워하는 사람에게 수영을 가르쳐서 두려움을 없앤다거나, 발표를 유난히 힘들어하는 학생에게 부담 없이 발표할 기회를 많이 만들어 줌으로써 발표가 별로 어렵지 않다는 생각을 갖도록 해 주는 것 등이 소거의 원리를 적용하는 경우다. 이처럼 소거의 원리를 응용하는 것은 두려움이나 공포를 극복하게 하는 좋은 방법이 될 수 있다. 결국 인간의 행동을 설명하는 데 있어 소거는 강화의 반대 개념이 된다.

강화가 의도한 행동을 유발하고 그 빈도를 증가시키려는 과정인 데 비해, 벌(punishment)은 일반적으로 바람직하지 않다고 가정된 행동의 빈도를 약화시키거나 감소시키는 과정을 의미한다. 정적 강화와 부적 강화로 분류할 수 있는 강화의 경우와 유사하게, 벌 역시 수여성 벌과 제거성 벌의 두 가지로 분류할 수 있다.

수여성 벌(presentation punishment)은 바람직하지 않은 행동을 감소시키기 위해 불유쾌한 자극을 제공하는 것을 의미한다. 교실바닥에 습관적으로 휴지를 버리는 행동을 억제시키기 위해 교사가 꾸지람을 하거나 청소를 시키는 것 등이 수여성 벌의 대표적인 예다. 수여성 벌은 대부분 물리적인 경우가 많기 때문에 효과가 즉각적이라는 이점이 있다. 그러나 대부분의 학자들은 이와 같은 수여성 벌에 대해 부정적 견해를 보이고 있다. 물리적인 벌은 장기적으로나 단기적으로나 학생들에게 이로울 것이 없기 때문이다. 물리적인 벌은 단기적으로는 학생들에게 고통이나 두려움 그리고 모욕감, 심지어 육체적인 상해를 가져올 수 있으며, 장기적으로는 폭력에 대한 무감각이나 모든 문제를 물리적으로 해결하려는 습관의 형성, 심지어 정신질환성 스트레스 증상까지 야기할 수 있기 때문이다(Eggen & Kauchak, 1992).

수여성 벌이 원하지 않는 것을 제공함으로써 학생들에게 불유쾌한 감정을 경험하게 하여 궁극적으로 바람직하지 않은 행동의 빈도를 감소시키는 과정이라면, 제거성 벌(removal punishment)은 학생이 좋아하는 것을 제거함으로써 불유쾌한 감정을 경험하게 하여 결과적으로 바람직하지 않은 행동을 약화시키거나 감소시키기 위한 것이다. 앞서 설명했듯이 종종 제거성 벌과 부적 강화를 혼돈하는 경우가 있는데, 부적 강화는 싫어하는 행동을 제거함으로써 후속 행동의 발생 빈도를 높이고자 하는 반면, 제거성 벌은 기대하고 바라는 행동을 제거함으로써 후속 행동의 감소를 의도한다는 점에서 차이가 있다.

2) 인지주의

학습의 과정과 지식의 구조를 설명하는 또 하나의 시각은 인지주의적인 입장이다. 지식을 구조화하는 데 있어 환경적 조건(자극)과 관찰 가능한 행동(반응) 간의 최적의 연합에 초점을 맞추었던 행동주의와는 달리, 인지주의는 인간 내부에서 일어나는 인지적 과정, 즉 사물을 인식하고 해석하고 기억하는 방법 등을 강조하여 왔다. 톨먼과 혼지크(Tolman & Honzik, 1930)의 실험은 학습의 과정이 자극과 반응 간의 관계만으로 설명될 때 어떻게 학습에 대한 오해가 생길 수 있는지를 잘 보여준다.

톨먼은 서로 다른 강화조건을 갖고 있는 세 개의 집단을 만든 후 이 집단의 쥐들에게 미로찾기 학습을 시켰다. 첫 번째 집단의 쥐들에게는 첫날부터 미로 찾기 학습에 성공할 때마다 강화물로서 음식물이 제공되었으며, 두 번째 집단의 쥐들에게는 성공에 대하여 아무런 강화물도 제공되지 않았다. 그리고 세 번째 집단의 쥐들에게는 처음 10일 동안은 아무런 강화물도 주지 않았으나, 11일째부터는 성공에 대하여 강화물을 주기 시작했다.

[그림 4-4]에서 보이는 바와 같이 시간이 지남에 따라 감소하는 실패의 빈도는 행동주의에서 강조하는 강화의 결과로 해석하기 어려운 것이었다. 즉, 행동주의 이론

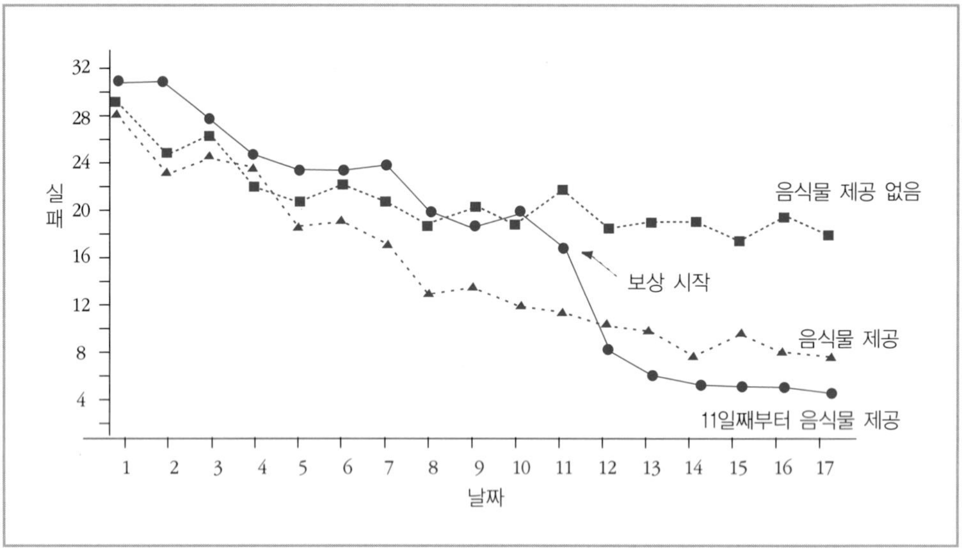

[그림 4-4] **미로학습의 수행결과**

출처: Tolman & Honzik (1930), p. 267.

에 따르면 세 번째 집단의 쥐들은 강화물이 제공되는 11일째부터 실패의 빈도가 첫 번째 집단의 초기 형태를 따라야 한다. 하지만 결과는 첫 번째 집단의 실패 빈도와 같은 수준으로 나타났다. 이는 강화물이 제공되지 않아도 학습이 이루어지고 있었음을 의미하며, 강화물은 단지 습득된 학습이 행동으로 표출되도록 만드는 역할만 할 뿐이라는 사실을 보여 준다.

이처럼 강화가 학습에 있어 절대적 역할을 한다는 행동주의 시각에 문제가 있음을 주장하면서 인간 내부에서 일어나는 인지과정에 대하여 관심을 가져야 한다는 톨먼의 시각에 영향을 미친 것은 형태주의 심리학이었다. 다음에서는 인지주의의 토대를 제공한 형태주의 심리학을 살펴본다.

(1) 형태주의 심리학

형태주의 심리학(gestalt psychology)은 인간이 정보를 받아들이는 과정과 그것이 학습되고 기억되는 과정에 관심을 갖는다. 형태주의 심리학의 기본적인 관점은 다음과 같다.

첫째, 우리가 무언가를 경험할 때 종종 실제 존재하는 사실과는 다르게 받아들이게 된다는 것이다. 이는 베르트하이머(M. Wertheimer)가 주장한 파이현상(phi phenomenon)으로 잘 알려져 있는데, 두 개의 불빛이 번갈아서 꺼졌다 켜졌다를 반복할 때 마치 불빛이 움직이고 있다고 착각하는 것이 좋은 예다. 이처럼 형태주의 심리학은 우리가 경험하고 있는 것이 때로는 현상의 본질과는 상당히 다를 수 있다는 것을 보여 주고 있다.

둘째, 전체는 단순히 부분의 합이 아닌 그 이상을 의미한다는 것이 형태주의의 또 다른 입장이다(Goetz, Alexander, & Ash, 1992). 이러한 주장은 인간 행동을 가장 단순한 요소로 작게 나누어서 설명하려는 행동주의의 환원주의(reductionism)에 반대하는 것으로(Bower & Hilgard, 1981), 형태주의 학자들은 복잡한 현상들을 단순한 요소로 분해하는 것이 현상에 대한 전체적인 모습을 왜곡하게 된다고 주장한다. [그림 4-5]는 모퉁이가 빠져나간 세 개의 검은 원과 세 개의 꺾인 실선으로 구성되어 있다. 이와 같은 여섯 개의 요소가 그림과 같이 배열되었을 때, 그림의 가운데 부분에 실제적으로 존재하지 않는 새로운 삼각형이 나타나게 된다. 이 삼각형은 여섯 개의 요소를 각각 떼어 놓고 보았을 때에는 발견될 수 없으며, 배경과 그림이 특정

[그림 4-5] **부분과 전체의 관계**

한 형식으로 합성되었을 때 비로소 존재하게 된다(Goetz et al., 1992).

셋째, 인간은 자신의 경험을 나름의 방식으로 구조화하고 조직화한다. 앞서 설명한 파이현상 역시 두 개의 반짝이는 빛을 한 개의 움직이는 빛으로 구조화하는 인간의 인지 속성을 설명한다고 할 것이다. 또한 [그림 4-6]은 우리가 경험하는 정보들이 어떤 식으로 조직화되는지를 잘 보여 주고 있다. 위쪽 그림은 양 끝에 한 개의 직선이 있고 가운데에는 네 쌍의 두 직선이 있는 것으로 파악될 것이다. 그러나 아래의 그림은 위의 그림과 똑같은 정보가 다섯 개의 사각형을 이루는 요소로 사용되고 있다고 인지하게 된다. 두 그림은 정확하게 동일한 정보를 포함하고 있지만, 그러한 정보가 조직화되는 방식은 정보를 경험하는 상황에 따라 매우 상이할 수 있다.

이처럼 형태주의 학자들은 인간의 감각기관을 통해 들어오는 정보의 형태를 인지하고 해석하는 인간의 지각(perception)에 대한 문제에 관심을 갖고 있으며, 이처럼 지각된 정보가 구조화되고 조직화되는 원리를 밝히고자 한다. 결국 형태주의 심리학자들은 문제해결의 핵심을 문제의 조직 혹은 구성에 관한 것으로 이해하고 있다.

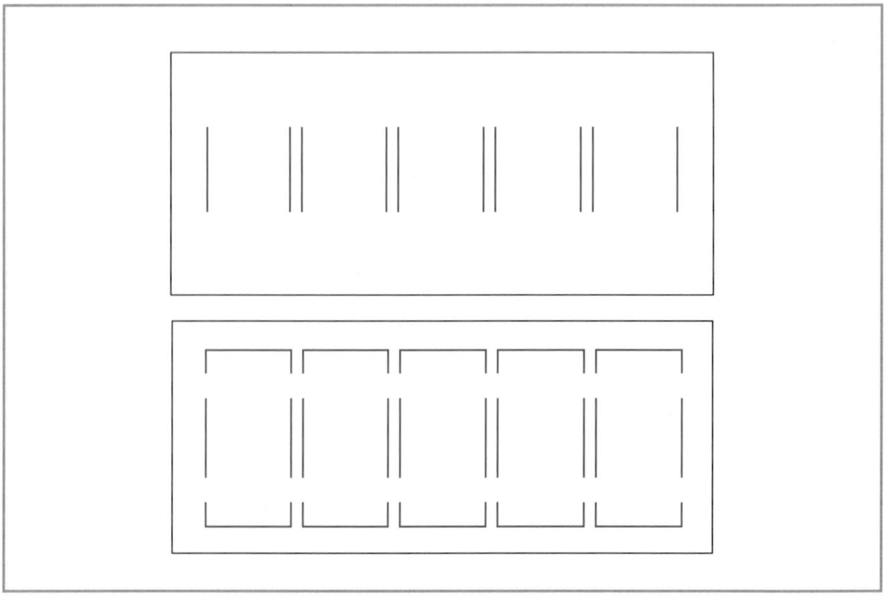

[그림 4-6] **정보의 조직화**

퀼러(W. Köhller)가 제안한 통찰이론(insight theory)은 이러한 형태주의 심리학의 입장을 잘 보여 주고 있다. 퀼러(1925)는 바나나를 높은 곳에 매달고 나무막대와 상자들을 놓아둔 후에 침팬지의 행동을 관찰하였다. 침팬지는 바나나를 따기 위해 손을 뻗치거나 발돋움을 하는 등 애를 쓰지만 바나나를 딸 수 없다는 것을 깨닫게 된다. 침팬지는 잠시 행동을 멈추고 방 안을 살핀 후 상자들을 쌓고 그 위에 올라가 나무막대를 이용하여 바나나를 땄다. 이러한 실험결과는 학습이 계속적인 시행착오의 결과라고 생각하는 행동주의의 입장과 다르게 문제해결의 과정이 통찰적 전략의 사용을 통해 이루어진다는 사실을 보여 주고 있다. 즉, 학습 상황에서 문제를 해결할 때 문제를 전체적으로 지각하는 의식현상의 중요성을 보여 주는 것이다.

(2) 정보처리 이론

지금까지 살펴본 바와 같이, 학습이 발생하는 기제가 단순히 환경에서의 자극과 그에 대한 반응만으로 설명될 수 없으며 인간 내부의 인지과정을 파악할 필요가 있다는 인식은 정보가 투입되고 기억되는 과정에 대한 관심을 불러일으켰다. **정보처리 이론(information-processing theory)**은 새로운 정보가 투입되고 기억되며 다시 인출되는 과정, 즉 학습자의 내부에서 학습이 발생하는 기제를 설명하려는 이론이다.

정보처리 이론은 정보와 관련된 인간의 내적 처리과정을 컴퓨터의 처리과정에 비유하고 있다. [그림 4-7]은 정보처리 이론의 일반적 모델이다.

정보처리 이론의 구조는 정보 저장소와 인지처리과정의 두 가지 요소로 구성되어 있다. 정보저장소(information store)란 투입된 정보가 머무르는 곳이며, 인지처리과정이란 각각의 정보 저장소로부터 정보가 이동하는 것과 관계되는 처리과정을 의미한다.

투입된 정보가 머무르는 장소를 의미하는 정보 저장소는 정보의 저장에 이용되는 서류철이나 주소록 등으로 비유될 수 있다. 이러한 정보 저장소에는 감각등록기, 작동기억, 장기기억의 세 가지 요소가 포함되어 있다.

감각등록기(sensory register)란 학습자가 환경으로부터 눈이나 귀와 같은 감각 수용기관을 통해 정보를 최초로 저장하는 곳이다. 감각등록기는 자극을 아주 정확하게 저장하지만 매우 짧은 시간 동안 저장한다는 특징을 가지고 있다. 시각인 경우

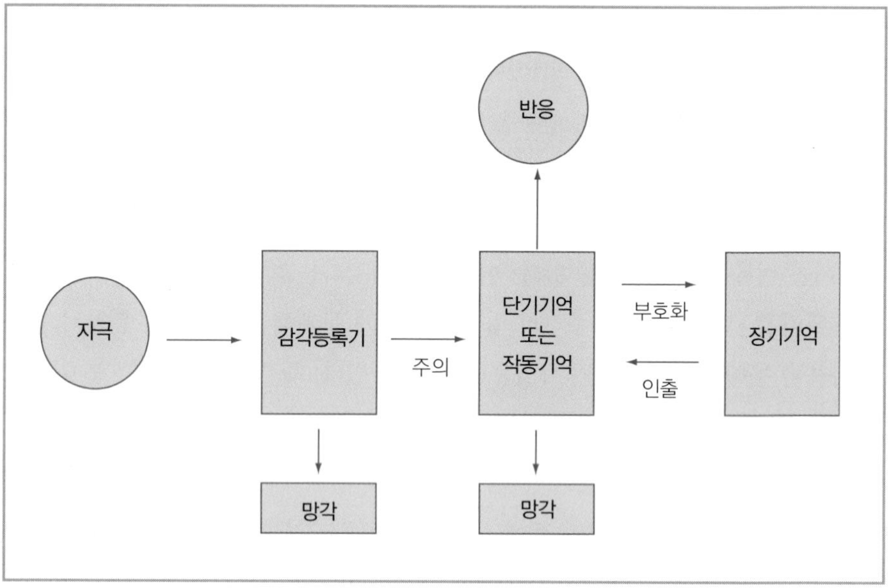

[그림 4-7] 정보처리 이론의 모델

약 1초 정도, 청각인 경우 약 4초 정도 정보를 저장한다고 알려져 있다. 감각등록기는 그 수용량에 제한이 없지만, 투입되는 정보가 즉시 처리되지 않을 경우에는 그 정보가 곧 유실된다. 작동기억(working memory)은 단기기억(short-term memory)이라고도 한다. 감각등록기를 거쳐 투입된 5~9개의 정보가 약 20초 동안 저장될 수 있는 곳이며, 투입된 정보를 해석하고 결과를 판단하는 작업이 이루어지는 곳이다. 장기기억(long-term memory)은 무한한 정보를 영구적으로 저장할 수 있는 곳을 의미하는데, 학교에서 학습되는 대부분의 지식은 서로 연관을 맺으면서 체계적인 네트워크를 구성하는 것으로 알려져 있다(Yantis & Meyer, 1988). 이것은 장기기억 속에 존재하는 정보들이 따로따로 분리되어 존재하는 것이 아니라 서로 관계성을 맺고 상호 연결되어 있다는 것을 의미하는 것이다. 이는 학습에 있어 학습자가 어떠한 식으로 네트워크를 구성하느냐에 따라 학습의 질이 달라질 수 있음을 보여 준다.

4. 교육심리학의 기능

지금까지 살펴본 바와 같이, 교육에서의 심리학적 관심은 최적의 학습효과를 도출해 내기 위하여 필요한 학습자의 내부적 요인의 탐구와 관련이 있다. 따라서 학습자의 일반적인 발달구조의 이해 또는 지능이나 창의성과 같은 학습자 내부의 개인차에 대한 연구 등은 교육심리학의 주된 관심이 된다. 또한 학습이 어떻게 진행되고 구성되는가에 대한 탐색 역시 매우 중요한 주제라 할 것이다.

때때로 교사들은 교육심리학에서 다루는 이론적 탐구가 실제적으로 적용되기 어려울 뿐만 아니라 그 효과도 미비하다고 말하기도 한다. 물론 실제 교육현장에서 경험과 상식의 중요성은 간과될 수 없는 부분이다. 그러나 교사가 진정 효과적으로 가르치기 위하여 교육심리학 이론에 정통해야 하는 이유는 가르치는 과정에 있어 상식과 경험으로도 충분한 경우는 단지 절반 정도일 뿐이며, 나머지 절반 정도는 상식이나 경험과는 무관하거나 때로는 반대일 경우가 있기 때문이다(Coker, Medley, & Soar, 1980).

예를 들어, 성공의 경험이 부족하여 무력감에 빠져 있는 학생에게 성공을 경험하게 하기 위하여 쉬운 문제를 풀게 한다면 학생이 성공을 경험할 수는 있겠지만, 이러한 방법이 학생의 유능감을 더욱 저하시킬 수도 있다. 왜냐하면 학생이 자기에게 쉬운 문제를 제시한 이유가 자신의 능력이 낮기 때문이라고 생각할 수 있기 때문이다(Good & Brophy, 1995). 또 다른 예는 긍정적 피드백의 사용이다. 우리는 긍정적 피드백이 학생의 유능감을 높인다는 사실을 알고 있다. 이러한 유능감의 향상이 학생의 동기를 높이고 결국 학습에서의 수행 역시 향상시킬 것이라고 생각한다. 그러나 피드백은 학생의 동기뿐만 아니라 인지적 측면에도 영향을 미칠 수 있기 때문에 무조건적으로 긍정적 피드백을 사용하는 것은 학습과 관련하여 최선이 아닐 수도 있다. 즉, 수행에 상관없이 긍정적 피드백을 받을 때 바르지 않은 수행을 보인 학생의 경우, 동기적 측면에서의 유능감은 향상된다 하더라도 긍정적 피드백을 받았다는 사실로 인해 자신의 수행이 옳았다고 느낀다면 이전 수행을 계속 답습하게 되므로 수행의 향상을 기대하기는 어려울 것이다(임웅, 2005). 따라서 성취의 향상을 기대한다면 긍정적 피드백보다는 올바른 피드백이 보다 효과적일 것이다.

이처럼 교육심리학자들은 학습이 촉진되고 최적화될 수 있는 상황을 구체적으로 연구하고 그 결과를 통해 자신들의 이론을 확인함으로써 보다 양질의 교육효과를 이루고자 노력하고 있다. 물론 모든 상황을 정확히 예측하고 또 모든 상황에 꼭 들어맞는 이론을 개발하는 것은 교육심리학뿐만 아니라 어떠한 사회과학에서도 불가능할 것이다. 하지만 우리가 잊지 말아야 할 것은 이론이란 그 결과를 예측할 수 있는 확률을 높여 준다는 것이다(Good & Brophy, 1995).

결론적으로, 교육심리학은 교실에서의 다양한 상황에 적합한 이론을 구성하고 실제로 적용하는 구체적 방법을 탐구함으로써 효과적인 교사가 되기 위한 기초적인 지식을 제시하고자 하는 학문이다.

학/습/과/제

1. 피아제의 인지발달에 있어 평형화(equilibrium)의 개념을 동화(assimilation)와 조절(accommodation)의 개념을 이용하여 설명하고 교육에서의 함의점을 논의하시오.

2. 비고츠키의 근접발달영역(ZPD)에 관하여 설명하시오.

3. 스턴버그의 삼원지능 이론과 가드너의 다중지능 이론의 교육적 함의를 서술하시오.

4. 정적 강화와 부적 강화 그리고 벌의 개념을 설명하시오.

5. 형태주의 심리학이 인간의 학습 이해에 공헌한 바를 설명하시오.

참고문헌

임규혁(1996). 인간발달 연구의 최근 발전동향과 적용. 교육심리연구, 10(1), 67-85.

임웅(2005). 창의적 학습과정에서의 수행유관보상의 인지 및 동기 효과. 교육심리연구, 19(4), 1125-1138.

Beilin, H. (1992). Piaget's enduring contribution to developmental psychology. *Developmental Psychology, 29*, 191-204.

Bjorklund, D. F. (2000). *Children' Thinking*. Belmont, CA: Wadsworth/Thomson Learning.

Bower, G. H., & Hilgard, E. R. (1981). *Theories of learning*. Englewood Cliffs, NJ: Prentice-Hall.

Clarke, A. M., & Clarke, A. D. B. (1976). *Early experience: Myth and evidence*. London: Open Books.

Coker, H., Medley, D., & Soar, R. (1980). How valid are expert opinions about effective teaching? *Phi Delta Kappan, 62*, 131-134.

Eggen, P. D., & Kauchak, D. (1992). *Educational psychology: Classroom connections*. Upper Saddle River, NJ: Macmillan.

Gardner, H. (1983). *Frames of mind: The theory of multiple intelligences*. New York: Basic Books.

Gardner, H. (1993). *Creating minds*. New York: Basic.

Getzels, J. W., & Jackson, P. W. (1962). *Creativity and intelligence: Explorations with gifted students*. New York: Wiley.

Goetz, E. T., Alexander, P. A., & Ash, M. J. (1992). *Educational psychology: A classroom perspective*. New York: Macmillan.

Good, T. L., & Brophy, J. E. (1995). *Contemporary educational psychology* (5th ed.). New York: Longman.

Haensly, P. A., & Reynolds, C. R. (1989). Creativity and intelligence. In J. A. Glover, R. R. Ronning, & C. R. Reynolds (Eds.), *Handbook of creativity* (pp. 111-132). New York: Plenum.

Harlow, H. F., & Harlow, M. K. (1962). Social deprivation in monkeys. *Scientific*

American, 207, 137–146.

Hennessey, B. A., & Amabile, T. M. (1988). The role of environment in creativity. In R. J. Sternberg (Ed.), *The nature of creativity* (pp. 11–38). Cambridge, MA: Cambridge University Press.

Kagan, J., & Kogan, N. (1970). Individual variation in cognitive processes. In P. Mussen (Ed.), *Carmichael manual of child psychology* (3rd ed., Vol. 1). New York: Wiley.

Kagan, J., Moss, H. A., & Sigel, I. E. (1963). Psychological significance of styles of conceptualization. In J. C. Wright & J. Kagan (Eds.), *Basic cognitive process in children* (pp. 73–112). Chicago, IL: The University of Chicago Press.

Köhler, W. (1925). *The mentality of apes.* London: Routledge & Kegan Paul.

Lerman, D. C., & Iwata, B. A. (1995). Prevalence of the extinction burst and its attenuation during treatment. *Journal of Applied Behavior Analysis, 28*, 93–94.

Palincsar, A., & Brown, A. (1989). Classroom dialogue to promote self-regulated comprehension. In J. Brophy (Ed.), *Advances in research in teaching.* Greenwich, CT: JAI.

Perkins, D. N. (1988). Creativity and Quest for mechanism. In R. J. Sternberg & E. E. Smith (Eds.), *The Psychology of human thought.* New York: Cambridge University Press.

Plucker, J. A., & Renzulli, J. S. (1999). Psychometric Approaches to the Study of Human Creativity. In R. J. Sternberg (Ed.), *Handbook of creativity* (pp. 35–61). New York: Cambridge University Press.

Renzulli, J. S. (1986). The three-ring conception of giftedness: A developmental model for creative productivity. In R. Sternberg & J. Davidson (Eds.), *Conceptions of giftedness.* Cambridge, MA: Cambridge University Press.

Siegler, R. S. (1991). *Children s thinking* (2nd ed.). Englewood Cliffs, NJ: Prentice-Hall.

Simonton, D. K. (1994). *Greatness: Who makes history and why?* New York: Guilford.

Skinner, B. F. (1971). *Beyond freedom and dignity.* New York: Knopf.

Sternberg, R. J. (1985). *Beyond IQ: A triarchic theory of human intelligence.* New York: Cambridge University Press.

Sternberg, R. J. (1988). Mental self-government: A theory of intellectual styles and their development. *Human Development, 31*, 197–224.

Sternberg, R. J. (1996). *Successful intelligence.* New York: Simon & Schuster.

Sternberg, R. J., & Grigorenko, E. L. (1997). Are cognitive styles still in style? *American*

Psychologist, 52, 700–712.

Sternberg, R. J., & Lubart, T. I. (1995). *Defying the crowd: Cultivating creativity in a culture of conformity*. New York: Free Press.

Sternberg, R. J., & O' Hara, L. A. (1999). Creativity and intelligence. In R. J. Sternberg (Ed.), *Handbook of creativity* (pp. 251–272). New York: Cambridge University Press.

Tolman, E. C., & Honzik, C. H. (1930). Introduction and removal of reward, and maze performance in rats. *University of California Publications in Psychology, 4*, 257–275.

Torrance, E. P. (1975). Creativity research in education: Still alive. In I. A. Taylor & J. W. Getzels (Eds.), *Perspectives in creativity* (pp. 278–296). Chicago, IL: Aldine.

Vygotsky, L. S. (1986). *Thought and language*. Cambridge, MA: MIT Press.

Weisberg, R. (1993). *Creativity: Beyond the myth of genius*. New York: Freeman.

Yantis, S., & Meyer, D. (1988). Dynamics of activation in semantic and episodic memory. *Journal of Experimental Psychology: General, 117*, 130–147.

Yarrow, L. J. (1964). Separation from parents during early childhood. In M. L. Hoffman, & L. W. Hoffman (Eds.), *Review of child development research* (Vol. 1, pp. 89–136). New York: Sage.

Zhang, L. F. (2001). Do styles of thinking matter among Hong Kong secondary school student? *Personality and Individual Differences, 31*, 289–301.

Chapter 05

교육의 사회적 기초

이 장은 교육사회학 지식과 이론을 단순히 이해하는 데 목표를 두고 있지 않다. 많은 이론과 연구결과를 활용하여 우리 교육 현실을 새롭게 사유할 수 있게 되고, 또한 우리 사회가 직면한 교육현안을 진지하게 고민하고 그것을 해결할 수 있는 아이디어를 창출하는 데 목표를 두고 있다. 구체적인 목표는 다음과 같다. 첫째, 학교교육의 사회적 기능에 대한 다양한 관점을 이해한다. 둘째, 교육불평등 및 사회불평등과 관련된 다양한 사회적 · 교육적 쟁점을 파악하고 탐구한다. 셋째, 학교에서는 무엇을 가르치는지, 교육과정과 관련된 사회적 · 정치적 쟁점을 탐구한다. 넷째, 공교육을 개혁하기 위한 교육철학을 이해하고, 한국교육에 적합한 교육철학을 탐구한다.

1. 교육을 이해하는 교육사회학적 관점

교육사회학은 교육학의 어느 분야보다 교육 현실에 더욱 관심을 둔다. 교육 이상(理想)이 무엇인가도 중요하지만 교육 현실이 어떠한가를 제대로 알아야 한다. 그렇지 못하고서 교육 이상을 논한다면 그것은 교육 현실과는 무관한 관념적 유희일 뿐이어서 교육 현실에 뿌리 내리기 어렵다. 모든 교육 이상은 반드시 교육 현실과의 관계 속에서 논의되어야 한다.

교육 현실을 이해하는 데는 폭넓은 교육학적 안목과 사회학적 안목이 필요하다. 그 두 가지 안목을 동시에 접목하고 통합시켜 주는 학문이 교육사회학이라고 할 수 있다. 교육사회학은 학교교육이 사회와의 상호 관련성 속에서 이루어지고 있음을 전제한다.

실제로 한 사회에서 학교가 행하고 있는 교육을 이해하기 위해서는 그 사회의 성격을 알지 않으면 안 된다. 그 사회를 알지 못하고서 교육을 이해한다는 것은 불가능하다. 예를 들어, 미국이나 영국의 교육을 이해하기 위해서는 그 사회가 어떤 사회인가를 먼저 탐구해야 한다. 그 사회의 역사적 · 문화적 특성은 어떠한가, 그리고 정치경제적 성격은 무엇인가를 알아야 한다. 교육은 그 사회의 역사적 · 문화적 · 정치경제적 성격을 어떤 방식으로든 반영하게 되어 있기 때문이다. 물론 현대와 같이 모든 국가가 서로 영향을 주고받는 국제화 시대에서는 한 사회의 교육을 이해하기 위하여 그 사회뿐만 아니라 그 사회에 영향을 주는 국제적 관계도 고려해야 한다. 특히 중심부 국가를 둘러싸고 있는 주변부 국가는 더욱더 그렇다.

그리고 사회마다 이루어지는 교육이 다르지만, 거의 모든 사회에서 산업주의를 경제적 기반으로 삼는다는 점에서 비슷한 구조적 특징을 발전시키게 된다(Gumbert, 1988). 따라서 그 사회의 이데올로기, 사회구조, 역사적 배경과는 상관없이 교육체제에는 공통점이 많다. 물론 교육이 산업주의적 요구에 완전하게 종속되지는 않기 때문에 사회 나름의 특징을 갖는다는 것을 간과해서는 안 된다.

교육과 사회의 관계를 해석하고 이해하는 관점은 다양하다. 대개 기능주의이론, 갈등이론, 해석학 등 세 가지 흐름으로 나눈다.

이 가운데 교육에 대한 사회적 안목을 지배해 온 전통적 패러다임은 기능주의였다. 기능주의 패러다임은 기존 사회의 구조 및 이데올로기를 문제시하지 않고 '탈정치적' 입장에서 교육을 이해하고자 하였다. 그 결과, 자본주의 계급구조의 필요에 따라 형성되어 온 교육 변화의 제 측면마저도 민주적 개혁으로 잘못 해석했다는 비판을 받기도 한다. 기능주의 패러다임의 보수적 성향은, 교육이론이 20세기 초 과학으로서의 학문적 정당성을 확보하기 위해 자연과학과 같은 '실증주의적 합리성(positivistic rationality)'에 크게 의존하면서 더욱 굳어졌다고 할 수 있다(Giroux, 1981).

그러나 1970년대 이후 학교교육에 대한 전통적인 이해와는 다른 새로운 비판적 해석이 제기되었다. 곧 학교교육이 정치적 · 경제적 · 인종적 불평등과 남녀의 불평등을 어떻게 부추기고 또 그 불평등의 수혜자들이라고 할 수 있는 지배집단들이 어떻게 형성 · 변화되어 왔는가, 그리고 현재에도 지배집단들의 이익에 맞추어 어떤 방식으로 기능하고 있는가 하는 그 모든 과정의 심층구조를 이 비판적 해석에서는 밝혀내고자 하였다.

이러한 비판적 해석은 기존의 기능론적 관점과는 근본적으로 다르기 때문에 교육사회학에서의 '패러다임적 변화(paradigmic shift)'라고 평가되기도 한다(Feinberg, 1983). 패러다임은 과학철학자 토머스 쿤(T. Kuhn)이 만들어 낸 용어로 일정한 과학자 공동체를 지배하는 일련의 사유 유형인데, 과학자에게 무엇을 강조할 것이고, 어떤 대상을 탐구할 것이며, 어떤 질문을 할 것이고, 어떤 검증 기준을 적용할 것인가를 안내해 준다. 따라서 교육 이해에서 패러다임이 전환되었다는 것은 사회와 교육에 대한 사유 유형이 달라지고, 다른 개념과 분석도구가 사용되며, 문제 제기도 달라진다는 것이다.

예를 들면, 우리가 1980년대에 목격하였듯이, 보수적 교육관료가 인식하고 있는 교육 현실과 전교조 교사들이 인식하고 있는 교육 현실은 매우 다르다는 것을 알 수 있다. 교육을 사회계급적 · 정치적 맥락과 동떨어진 중립적이고 순수한 활동이라고 보는 사람들은 교육을 복잡한 사회관계 속에서 파악하려는 사람들이 '이단적'으로 보일 것이다. 이것은 교육 현실을 서로 다른 패러다임에서 보기 때문이다.

교육 인식의 패러다임적 전환을 가져온 데 영향을 준 이론은 갈등이론이라 할 수 있다. 흔히 갈등이론이라 하면 색안경을 끼고 바라보는 경향이 있는데, 합의이론과 갈등이론은 이미 고대부터 시작된 것임을 알 필요가 있다.

현대에서 기능주의이론으로 불리는 합의이론은 기존의 사회질서의 안정에 관심을 두고 있으며, 그 안정이 사회규범과 가치에 대한 사회구성원들의 합의에 따라 가능하다고 본다. 한편, 갈등이론은 사회와 역사란 정체되어 있는 것이 아니라 끊임없이 변화되는 것이며, 그 변화의 원인은 사회의 갈등이라 본다. 플라톤(Plato)은 사회의 갈등과 변화는 사악한 것으로, 그리고 역사와 사회의 정지된 상태는 선한 것으로 보았다. 사회 변화의 정체에 대한 플라톤의 갈망은 그로 하여금 영원히 변하지 않는 형이상학적 이데아의 세계를 그리게 했다(Popper, 1963).

합의이론과 갈등이론의 역사를 보면, 고대 그리스의 플라톤과 아리스토텔레스(Aristoteles) 간에 합의 · 갈등이론의 차이가 있었고, 철학사를 통해서는 아퀴나스(Aquinas)와 아우구스티누스(Augustinus), 홉스(Hobbes)와 마키아벨리(Machiavelli), 루소(Rousseau)와 로크(Locke)가 각각 합의 · 갈등이론으로 맞섰다. 나중에 사회학에서 이 합의 · 갈등 논쟁에 가담했는데, 콩트(Comte)와 마르크스(Marx), 뒤르켐(Durkheim)과 짐멜(Simmel), 파슨스(Parsons)와 다렌도르프(Dahrendorf)와의 논쟁이 그것이다(Ritzer, 1988).

그런데 오랫동안 교육이론(특히 과거의 교육사회학)을 지배한 것은 합의이론, 특히 파슨스의 합의이론이었고, 또한 이것이 사회과학에서 주류적 · 정통적 입장을 차지했다. 사실, 파슨스의 합의이론을 사회학의 정통으로 만든 것은 그 이론의 강점 때문이라기보다는 그 이론을 뒷받침하고 있는 미국 사회의 이데올로기와 권력관계였음을 부정할 수 없다.

합의이론에 입각해 있던 교육이론에 새롭고 강력한 도전을 한 것이 갈등이론, 특히 마르크스적 전통의 갈등이론으로, 교육에서는 소위 '불평등 재생산 이론'이라 하는 것이다. 이 이론은 현재 교육사회학 이론에서 매우 큰 비중을 차지하고 있다. 이 이론의 전통에 속하는 학자의 수효는 적다고 볼 수 있지만, 그들의 영향력은 주류적 학자들의 영향력에 못지않다. 미국에서 재생산 이론의 관점에 따라 교육사를 분석한 효시로는 하바드 대학교의 사무엘 보울즈(S. Bowles)와 허버트 긴티스(H. Gintis)의 연구를 들 수 있다. 이들의 결정론적 해석에 따르면, 학교교육의 역할은 어디까지나 생산영역의 필요(노동력과 생산관계의 재생산)로 결정된다. 따라서 자본주의 교육체제의 개혁은 생산영역의 요구 범주를 벗어날 수가 없다는 것이다. 한 예로, 요즈음 대학이 기업에서 필요로 하는 사람을 길러 내지 못한다는 비판이 기업 쪽에서 흘러나오기도 하는데, 이것은 대학교육이 기업에서 요구하는 대로 이루어져야 한다는 것을 당연하게 전제하고 있기 때문이다. 사실, 대학으로서도 졸업생을 고용할 수 있는 힘을 가진 기업의 요구를 무시하기가 어렵다.

여기서 생각해 볼 것은 과연 자본의 교육 지배가 바람직한 현상인가 하는 것이다. 어떤 사람들은 자본주의 사회에서는 교육도 자본이 요구하는 대로 자본주의 경쟁방식으로 이루어져야 한다고 말하기도 한다. 그러나 미국의 교육철학자 존 듀이는 이러한 생각에 반대하였다.

듀이(Dewey, 1966)는 저서 『민주주의와 교육(Democray and education)』에서, 그 제목이 시사하는 것처럼 교육을 자본주의와 연계시킨 것이 아니라 민주주의와 연계시켰다. 듀이는 학교를 '민주적 공공영역'으로 발전시켜야 한다고 생각하였다. 그리하여 아이들이 학교에서 민주적인 공동체적 삶을 경험하며 시민정신의 지식과 기술을 배우도록 해야 한다고 여겼다.

그러나 보울즈와 긴티스가 보기에 듀이류의 자유주의적 교육은 자본주의 사회에서는 실현 불가능하다. 자본주의 사회에는 '평등주의 교육'과 '전인교육'의 실현을 불가능하게 하는 구조적 한계가 엄존하고 있다. 평등주의 교육이란 사회에서 냉혹하게 나타나는 자연적·사회적·역사적 불평등을 극복해 내는 교육을 말한다. 그리고 전인교육이란 한 인간으로서 가지는 인지적·육체적·정서적·비판적·미적 능력을 발달시키는 교육을 말한다. 이러한 전인교육에는 민주적 공동체에 효과적으로 참여하고 자신의 삶을 결정할 수 있는 인지적·사회적 능력의 발달이 포함된다.

보울즈와 긴티스에 따르면, 자본주의 사회에서 교육은 자유주의적 교육목표와는 모순되게 사회의 불평등을 해소하기보다는 재생산하며, 개인의 발달을 촉진하기보다는 억압하는 힘으로 작용한다. 이들은 자유주의적 교육개혁의 실패가 실질적으로 학교교육의 기능을 규정하고 있는 자본주의 경제구조에서 기인된다고 본다. 즉, 자유주의 교육의 실현에 장애가 되는 것은 바로 자본주의 경제에서의 권위주의적 권력과 통제의 구조라는 것이다. 이 같은 견해의 근저에는 자유주의 교육이 근본적으로 자본주의와 대립, 모순된다는 인식이 깔려 있다.

교육사회학의 비판이론(예: 상대적 자율성 이론, 문화재생산 이론, 저항이론, 교육과정사회학 등)이 모두 보울즈와 긴티스의 재생산 이론에 대한 비판에서 출발한다. 이것은 교육사회학 이론 변화의 흐름을 파악하는 데 중요하다.

여기서 우리는 1980년대 이후 사회경제적 환경의 변화와 더불어 서구사회(특히 영미 국가)의 교육에 일어났던 일대 혁신에 주목할 필요가 있다. 그것은 신자유주의에 따른 전반적인 교육체제의 개혁이다. 개인주의, 시장의 효율성, 시장의 자유를 강조하는 신자유주의는 서구사회에서 교육을 포함한 사회 전 영역의 개혁논리가 되었다. 우리나라 교육 역시 신자유주의적 세계화의 추세 속에서 예외가 아니다. 우리 정부가 개혁의 용어로 사용하는 '작은 정부' '시장원리' '정부 규제 완화' '소비자 주권'도 모두 이 신자유주의 담론체계에서 빌려 온 것이다.

이제 교육을 말하는 데 있어 신자유주의의 시장논리를 빼놓을 수 없다. 기존의 교육사회학에서는 기능주의와 갈등이론 그리고 해석학과 지식사회학 정도만 다루면 되었지만, 이제는 신자유주의를 다루지 않을 수 없게 되었다.

지금까지 현실 교육과 관련하여 교육사회학의 이론적 논의의 흐름을 대략적으로 살펴보았다. 교육사회학에서의 다양한 이론적 논의는 구체적으로 다음 여섯 가지 주제에 초점이 모아진다. 첫째, 교육이란 무엇인가, 둘째, 누가 학교에 가는가, 셋째, 학생들은 학교생활을 어떻게 하고 있는가, 넷째, 학교에서는 무엇을 가르치는가, 다섯째, 누가 학교교육을 통제하는가, 여섯째, 교육은 어떻게 변화되어야 하는가다.

2. 기능주의: 사회화에 대한 관점

한 사회에서 학교교육이 수행하고 있는 중요한 기능은 무엇일까? 기능주의 이론에서는 학교가 수행하고 있는 기능으로 어린아이들을 사회로 인도하는 사회화와 유능한 인재를 선발하는 선발 기능이 가장 중요하다고 본다.

1) 기능주의

기능주의이론은 현상 유지, 사회질서, 합의, 사회적 통합에 주로 관심을 가지며, '어떻게 사회의 유지 및 존속이 가능한가?'에 대해 체계적인 설명을 제공한다. 이 이론은 프랑스의 콩트와 뒤르켐이 선구적으로 개척하였고, 후에 미국의 파슨스가 체계적으로 발전시켰다.

근대적 모습의 기능주의이론의 발전은 인류학자들의 연구로부터 강한 영향을 받았다. 예를 들어, 래드클리프 브라운(R. Brown)과 말리노프스키(B. Malinowski)는 사회의 목적은 사회질서와 사회안정의 유지이며, 사회의 여러 부분의 기능과 그것들이 조직된 방식(사회구조)은 이 질서와 안정을 유지하려 한다고 주장하였다. 이 관점은 아직도 영향력이 매우 크며, 우리는 이것을 구조기능주의(structural functionalism)라고 부른다. 이러한 구조기능주의가 더욱 세련되게 발전한 것이 규범적 기능주의(normative functionalism)다. 이는 질서유지나 평형상태(equilibrium, 기계학에서 빌려 온 또 다른 유추)는 주로 사회 속의 다수 사람들이 공유하는 공동의 가치 또는 규범의 존재에 따라 성취된다는 생각에 근거한다. 구조보다는 규범을 강조하고 있기 때문에 이러한 관점을 규범적 기능주의라 부르게 되었다. 이 관점은 미국 및 상당수의 영국 사회학자들 사이에 인기를 끌고 있다. 대표적 이론가는 탈코트 파슨스(T. Parsons)다.

기능주의 사회학자들은 사회의 제도나 관습이 어떻게 사회 전체를 유지하는 데 기여하는가에 대한 분석을 생물학적인 또는 기계적인 유추를 통해서 제공한다. 생물학적인 유추에서는 사회를 인체나 유기체에 비유한다. 인간의 생존은 인체를 구성하고 있는 여러 기관들(예: 심장, 위장 등)이 각기 맡고 있는 기능을 협동적으로 수행함으로써 가능하다. 이와 비슷하게, 사회의 제도나 관습이 제각기 맡은 독특한 기능을 수행함으로써 사회의 존속도 가능한 것이다. 따라서 어떤 사회제도나 풍습을 이해하려면 그것이 전체로서의 사회체제를 유지 · 존속시키기 위해 수행하고 있는 역할을 살펴보아야 한다는 것이다.

기계적인 유추에서는 사회를 시계와 같은 기계로 비유한다(Coulson & Riddell, 1993). 시계 유추에서 출발하는 가장 중요한 논점은 시계가 그 부품들의 총합 이상이라는 것이다. 여러분이 이 책을 읽고 있을 때 손에 시계를 가지고 있다면, 그것을 분해해 볼 수 있다. 모든 부품들을 다시 모아서 손에 쥐어 보자. 여러분은 하나의 시계가 아닌 부품들의 덩어리를 가지고 있다. 하나의 시계는 단지 그 부품들의 총합이 아니라, 부품들의 총합에 부품들이 한데 모여 서로 관계 맺고 조직되는 방식이 더해진 것이다. 마찬가지로 사회는 그 안의 사람들의 총합 이상의 것이다. 사회는 사람들뿐만 아니라 서로 관련되고 조직되는 방식, 즉 사회구조인 것이다. 그렇다면 사회 속에서 이루어지는 일은 사회구성원들이 서로 관련되어 있는 방식을 이해함으로써 설명될 수 있다.

그러나 기능주의에서 사용하는 기계 유추에는 오류가 있다. 다시 시계 유추를 예로 들어 보자. 시계의 부품과 부품의 집단들은 시계구조 안에서 정확히 규정된 작동을 한다. 시계는 특정 목적(시간 표시)에 맞게 고안된 것이다. 시계의 부품 작동에는 조금의 편차도 있을 수 없다. 왜냐하면 작동하도록 만들어진 대로 정확히 작동하지 않는다면, 그것들은 결함을 가진 것이기 때문이다. 이때 우리는 그 시계가 고장 났다고 말한다. 사회학적으로 이것을 '병리적 현상'이라고 부른다.

여기서 우리가 생각해야 할 것은 사회는 기계가 아니라는 사실이다. 사회는 시계와는 달리, 외부적 창조자도 없고 외부적으로 규정된 어떠한 목적도 없다. 사회는 상호 교섭하는 구조의 부분(사람)에 따라 창조된다. 외부적 창조자와 목적이 없기 때문에 사회가 가지는 또는 가져야만 하는 목적에 관해 구조 속의 인간집단이 취하는 견해는 갈등을 일으키기 쉽다. 그렇지만 이에 대해 우리는 사람들이나 '설계'에 잘못이 있다고 말하지는 못한다. 물론 시계의 경우와 같이 사회를 설계하는 것이 이론적으로 가능하며, 사회는 설계되어야만 한다고 생각하는 사람들도 있다. 그러나 일반적으로 말하자면 지금까지 인간이 살아온 사회를 설계한 사람은 아무도 없었다. 그러므로 목적을 위해 설계된 시계의 부품과는 달리, 사람과 집단 그리고 기관은 '잘 들어맞지' 않을 수도 있다. 시계에서와는 달리, 집단 간의 이해 갈등은 (시계에서는 있을 수 없지만) 사회구조의 부분이 될 수 있다.

기능주의적 관점에서 볼 때 학교는 사회의 한 부분(제도)으로 전체 사회를 유지시키는 책임과 기능을 담당하고 있다. 그 기능은 무엇인가? 그것을 어떻게 확인할 수 있는가? 머튼(Merton, 1957)에 따르면, 사회적 기능(function)과 개인들의 동기

(motives)는 다르다. 기능이란 사회체제에 적응하기 위한 가시적 결과다. 예를 들어, 부모가 아이를 학교에 보내는 동기는 학교가 자신의 아이를 유모처럼 돌봐 주기 때문일 수도 있다. 하지만 이것이 학교의 기능이 될 수는 없다. 물론 이 예에서 보는 것과 같이 동기와 기능이 확연하게 구분되는 것은 아니다. 그리고 '적응기능이 무엇인가를 어떻게 사람들이 깨달을 수 있을까?' 하는 의문도 든다(머튼은 사람이 깨닫지 못하는 기능을 '잠재적 기능'이라 부른다. 사회제도를 분석해 보면 잠재적 기능을 알 수 있다고 한다).

기능주의에 따르면, 학교교육의 사회적 기능은 전체 사회에 대한 적응체제적 기능으로 전체 사회의 유지에 기여한다. 이 기능은 다음 두 가지로 파악된다. 첫째, 새로운 세대에게 기존 사회의 생활양식과 가치 및 규범을 전수하는 사회화 기능이다. 둘째, 재능 있는 사람을 분류하고 선발하여 적재적소에 배치하는 선발 기능이다. 이러한 두 가지 기능은 한 사회의 연속성을 보존하고 유지하는 데 아주 필수적인 기능이라 할 수 있다. 여기서는 사회화를 중심으로 자세히 살펴볼 것이다.

2) 사회화

사회화란 생물학적 존재로서의 개개인이 사회적 관계 속에서 자아와 인성을 형성하는 과정이라고 할 수 있다. 사회화 개념에는 기존 사회의 문화를 내면화하고 적절한 사회적 행동을 학습한다는 의미가 함축되어 있다. 그래서 사회화가 덜 된 사람이라는 말에는 사회성이 부족하여 사회집단이 요구하는 가치관이나 행동양식, 감정 표현법을 제대로 갖추고 있지 못한 사람이라는 부정적인 의미가 담겨 있다.

사회적 차원에서 보면, 사회화로서의 교육은 사회의 존속을 위해서 필요하다. 듀이(1966)는 이런 측면에서 다음과 같이 교육의 필요성을 역설하였다. "사회집단을 구성하고 있는 각각의 성원이 태어나서 죽는다는 이 원초적이고 불가피한 사실이 교육의 필연성 또는 필요성을 규정한다." 만일 사회구성원이 바뀌지 않는다고 한다면 사회화로서 교육이 그리 필요하지 않다. 하지만 사람은 태어나서 죽을 수밖에 없고 계속적으로 세대가 바뀌기 때문에 불가피하게 성인세대는 새로운 세대에게 대를 이을 수 있도록 교육해야 한다. 따라서 "교육은 사회생활을 위한 준비를 아직 갖추지 못한 사람들에 대한 성인세대들의 영향력 행사다."라는 뒤르켐(1985)의 말은 사회화로서의 교육의 본질을 잘 파악한 것이다. 뒤르켐은 교육을 성인세대의 일방적인 영향력 행사라고 했지만, 교육은 기존의 사회구성원과 새로운 구성원을 연결시켜 주는 구실을 한다고 볼 수 있다. 교육이 없이는 기존 성원과 새로운 다른 성원 간을 연결시켜 줄 수가 없다.

사회의 존속에서 사회화가 중요한 것은 사회화가 특히 사회의 동질성을 유지하는 기능을 하기 때문이다. 사회동질성을 특히 중요하게 생각한 학자는 뒤르켐이다. 뒤르켐(1985)은 "사회가 존속하려면 그 구성원들 사이에 동질성이 충분히 유지되지 않으면 안 된다."는 전제하에 "교육은 아동에게 어릴 때부터 집단생활에 필요한 기본적인 동질성을 형성시킴으로써 사회의 동질성을 영속시키고 동시에 강화하는 기능을 해야 한다."고 주장하였다. 사회의 동질성을 유지하기 위해서는 어떻게 해야 하는가? 한 사회의 공통적인 감성과 신념, 집단의식을 새로운 세대에 내면화시키는 것이 필요하다. 뒤르켐은 이를 **'보편적 사회화'**라 불렀다.

교육이 사회화 기능을 한 것은 인간집단의 사회생활이 시작되면서부터였을 것이다. 그런데 이론적으로 사회화 기능을 부각시키는 데는 그럴 만한 사회적 배경이 자리 잡고 있다. 사회화로서 교육을 강조한다는 것은 그만큼 사회구성원을 기존의 사회에 통합하는 것이 중요한 사회문제로 부각되어 있음을 시사한다. 교육을 사회화로 보았던 뒤르켐은 사회가 산업화 과정에서 급속하게 변화되고, 교회의 사회통제력이 약화되고, 사회의 무규범적 현상이 확산되는 시점에서 교육의 사회화 기능이 그 어느 때보다 중요함을 절감하였다. 사회화가 강조되는 것은 사회구성원 간의 동질감이나 유대감을 강화시킬 필요가 커질 때라고 할 수 있다.

우리는 여기서 사회화의 불가피성에 대한 논의에서 벗어나 교육을 사회화로 보는 관점이 가질 수 있는 오류에 대해서도 생각해 볼 필요가 있다. 사회화의 불가피성을 이야기할 때는 사회화된 사람과 사회화되지 못한 사람이 동시에 존재한다는 것을 전제한다. 일반적으로 사회화된 사람은 성숙한 성인이고, 사회화되지 못한 사람은 미성숙한 아이들이다. 아이들은 미성숙한 존재로 성인의 기준을 받아들여야 할 수동적 존재라고 여겨진다. 그렇기 때문에 사회화란 성인의 주도로 일방적으로 이루어지는 교육의 과정이라 생각하기 쉽다.

이런 관점에서 보면, 사회화로서의 교육은 사회활동의 표준적인 형식에 맞게 동화시키는 주입과 주형으로 인식된다. 마치 붕어빵처럼 일정한 틀 속에 부어 넣고 구워 내는 것이라 생각되기 쉽다. 그런데 성인의 이념과 가치를 이렇게 붕어빵 구워 내듯 아이의 머릿속에 집어넣어 자기 것으로 받아들이도록 하는 것을 교육이라 부를 수 있을 것인가? 교육은 세뇌될 수 없다. 우리는 사회화로서 교육을 정의할 때 이 점에 유의해야 한다. 성인이 자신의 이상과 가치를 전수한다고 해서 그것을 주입시켜야 한다고 생각하는 것은 잘못된 것이다. 그리고 아이들 역시 성장하면서 수동적으로 받아들이지 않는다. 가정과 학교에서 가르치는 것을 무조건적으로 수용하여 순응하는 학생들은 별로 없다. 아이들도 자아 정체감이 형성되면서 주체적으로 취사선택해서 받아들인다. 이 점은 사회적 상호작용론에 잘 나타나 있다.

상호작용이론가인 미드(Mead, 1934)는 사회적 상호작용을 통한 자아발달을 사회화의 핵심으로 생각한다. 미드에 따르면, 사회화된 인간이라고 해서 사회에서 타인들이 하라는 대로 피동적·수동적으로 행동하는 꼭두각시는 아니다. 미드는 'I'와 'Me'의 개념을 나누어 생각한다. 언어를 배우고 사회의 규범을 받아들이는 사회화된 개인의 자아에도 사회적으로 형성된 사회적인 자아(Me)만 있는 것이 아니라, 사회의 기대에도 불구하고 스스로 결정하는 능동적이고 주체적인 자아(I)가 있다고 본다.

이처럼 성인의 삶의 표준에 맞추어 아이들을 동화시키는 것이 사회화이며, 교육이라고 생각하는 것은 잘못된 것이다. 듀이(1966: 84)는 이런 잘못에 대해 다음과 같이 지적한다. "동화가 목적이기 때문에 아이가 가지고 있는 특이하게 개인적인 요소는 일고의 가치가 없는 것으로 배척되거나, 비행 또는 무법의 원천으로 간주된다. 여기서 동화라는 것은 획일성을 뜻하는 것으로 생각되고, 따라서 이 경우는 새로운 것에 대한 무관심, 진보에 대한 혐오, 불확실성과 미지의 것에 대한 공포를 의도적으로 조장하는 결과를 초래한다." 교육이 동화라고 한다면 교육에서 아이들의 다양한 사고와 개성 신장은 억제될 수밖에 없다.

또한 우리가 생각해야 할 것은 '사회화에서는 공통의 이념과 가치를 가정하고 있는데 이 가정이 맞는가?' 하는 것이다. 교육을 사회화로 정의하였던 뒤르켐은 보편적인 가치와 이념이 존재한다고 생각하였다. 만약 성인들의 이상과 가치가 각기 다르다면 성원을 하나로 묶어 줄 사회화는 제대로 이루어지기 어렵다. 하지만 과연 성인 누구나 받아들이는 보편적인 가치와 규범이 존재하는 것인가? 사회구성원 집단 간의 차이는 없는 것인가? 그리고 성인의 규범은 정전(正典)처럼 받아들여야 하고, 아이들이 스스로 형성해 가는 가치와 규범은 무시할 수 있는 것인가?

뒤르켐의 생각과는 달리 보편적이고 공통적인 이상과 가치가 존재하지 않는다고 한다면 어떤 일이 일어날 것인가? 교육이 사회화라는 명분으로 특정한 성인집단의 가치와 이념을 전수해 주는 일이 생겨날 것이다. 현실 사회에서 이런 일이 생겨날 수 있는가? 충분히 그럴 수 있다. 특정한 성인집단의 가치와 이념이 보편적인 것으로 둔갑하게 되는 경우도 많다. 여기서 특정한 성인집단이란 권력집단, 특정한 인종집단(예: 백인) 또는 성별집단(예: 남성)을 가리킨다. 말하자면, 사회를 지배하는 권력집단의 이념과 가치가 보편적 사회화라는 이름으로 아이들에게 보편적인 것으로 가르쳐질 수 있다는 것이다. 이렇게 된다면 새로운 세대들은 지배계급의 가치와 규범을 내면화하여 공유하게 되고, 지배체제에 자발적으로 순종하게 된다.

교육을 사회화로 볼 때는 공통의 이념과 가치가 존재하는가, 그것에 대한 사회구성원 간의 합의가 이루어졌는가를 살펴보는 것이 매우 중요하다. 듀이(1966)는 한 사회의 공통의 이념과 가치가 존재하는가를 판단하는 데 중요한 두 가지 기준을 제시하였는데, 이 기준은 바로 민주주의에서 도출된다. 첫째, 사회구성원들이 상호 간에 다양한 관심을 공유하고 있는가? 둘째, 자유롭고 평등한 상호 교섭이 이루어지고 있는가? 사회가 계급적으로 분리되어 지배계급, 중간계급, 노동계급이 상호 경험하는 것이 다르고 관심사도 다르다고 한다면, 공통의 가치라는 것이 존재하기 어렵다. 그리고 계급과 인종이 다르다는 이유로 상호 간에 교섭이 이루어지지 않고 상호 배타적으로 자신의 집단만의 관심사를 추구한다면, 공통의 가치를 합의해서 도출해 낼 수 없다. 듀이는 이러한 사회는 비민주적 사회이며, 교육이 이런 사회를 표준으로 하여 사회화시켜서는 안 된다고 주장한다.

결국 사회화를 논할 때 중요한 것은 사회화시키는 표준이 되는 사회가 어떤 사회인가 하는 것이다. 이는 사회화의 질과 가치가 어떠한가를 물어봐야 한다는 말이다. 듀이가 지적한 것처럼, "한 집단에서 이루어지는 교육은 어떤 것이든 그 구성원들을 사회화하는 경향이 있지만, 그 사회화의 질과 가치는 그 집단의 (행동과 사고 및 감정의) 습관과 목적에 따라 다르다." 만약 이런 점을 고려하지 않는다면, 사회화로서의 교육은 기존의 좋지 못한 (비민주적) 사회를 영속화시켜 주는 구실을 할 수 있다. 사회화에서 중요한 쟁점은 현 사회의 표준을 유지시켜 나갈 것인가, 아니면 변화될 사회의 이상(민주적 사회)을 사회화시킬 것인가 하는 점이다. 사회화를 어떤 사회 표준에 따라 할 것인가에 따라 교육의 목적과 방법은 달라지는 것이다.

3. 갈등이론: 능력의 차이에 따라 불평등이 생기는가

기능주의이론에서는 불평등이 능력의 차이에 따라 생긴다고 주장한다. 갈등이론에서는 이 주장에 대해 반론을 제기한다. 다음에서는 이에 대해 자세히 살펴본다.

1) 마르크스 관점

마르크스 관점에서 자본주의 사회에서의 교육의 재생산 기능을 체계적으로 연구한 대표적 학자는 보울즈와 긴티스(Bowles & Gintis, 1976)다. 이들의 연구는 제2차 세계대전 이후 미국 교육의 기조를 형성했던 **자유주의적 교육개혁**이 왜 실패했는가를 규명하는 데 그 목적이 있었다. 이들은 자유주의적 교육개혁의 실패가 실질적으로 학교교육의 기능을 규정하고 있는 자본주의 경제구조에서 기인되었다고 보았다. 이 같은 견해의 기저에는 자유주의 교육이 근본적으로 자본주의와 대립, 모순된다는 인식이 깔려 있다. 이들은 교육사가인 캘러한(Callahan)과 마찬가지로 "20세기의 교육사는 진보주의의 역사가 아니라 비즈니스 가치를 학교에 부과한 역사이며, 자본주의 체제의 권위와 특권의 피라미드를 반영하는 사회적 관계를 학교에 부과한 역사" (Bowles & Gintis, 1976: 44)라고 단정한다. 보울즈와 긴티스는 정치영역에서 국가의 억압과 지배가 문제되는 것과 마찬가지로 경제영역에서 자본의 권위와 특권 그리고 자본의 억압과 지배도 문제가 된다고 보았다.

보울즈와 긴티스는 자유주의 이론들이 이데올로기적인 면에서 모두 동질적이라고 보지 않고 그 안에는 상당한 차이가 있다고 본다. 이들은 자유주의적 교육이론을 두 가지로 나누고 있다. 하나는 듀이와 그 추종자들로 대표되는 '민주적 학파'이며, 다른 하나는 기능주의 사회학과 신고전경제학으로 대표되는 '기술-능력주의적 학파'다. 이는 자유주의 학파 내의 다른 두 흐름을 '진보주의적 자유주의'와 '보수주의적 자유주의'로 나누는 학자들(예: Church, 1976)의 주장과 일치하는 것이다. 말하자면, 진보주의적 자유주의는 민주적 학파에 해당하며, 보수주의적 자유주의는 기술-능력주의적 학파에 해당한다. 수정주의 학자들은 이렇게 구분할 만한 뚜렷한 근거가 없다고 비판하지만, 자유주의의 흐름에서 역사적으로 보수적인 경향을 띤 이론가들이 있는 반면에 더욱 진보주의적인 경향을 띤 이론가들도 있음을 부인하기 어렵다. 만일 자본주의 체제 유지에 부합된 자유주의 교육론이 있다면, 그것은 바로 기술-능력주의적 학파의 이론이다.

자유주의적 교육개혁가들이 추진한 교육개혁은 듀이의 교육이론에 입각한 것으로, 첫째는 교육의 통합적 기능이고, 둘째는 **교육의 사회평등화 기능**이며, 셋째는 **교육의 전인적 발달기능**(developmental function)이다. 보울즈와 긴티스는 교육의 세 기능 가운데 학생들을 사회의 일원으로 사회체제 속에 통합시키는 기능인 통합적 기능은 성공적이었지만, 나머지 두 기능은 실패했다고 결론짓는다. 하지만 교육의 사회평등화 기능의 성패 여부에 대해서는 특히 상반된 연구결과들이 제시되고 있어 뚜렷한 결론을 내리기가 어렵다(이에 관해서는 6장 참고).

보울즈와 긴티스는 교육의 사회평등화와 전인적 발달기능이 실패한 근본적 원인을 교육제도에서 찾지 않고 자본주의적 경제구조 자체에서 찾고 있다. 이들은 그 실패 원인에 대한 자신들의 접근방식을 다음과 같이 표현하고 있다. "요컨대, 미국 교육에 대한 우리의 접근방식은 교육개혁 운동이 바로 경제영역의 재산과 권력의 기본적 구조를 문제로 삼지 못함으로써 실패할 수밖에 없었다는 것을 시사한다." (Bowles & Gintis, 1976: 14)

보울즈와 긴티스가 자본주의 교육을 분석하기 위해 채택한 이론적 틀은 하부-상부구조라는 고전적인 마르크스주의 모델이다. 이들의 경제결정론적 해석에 따르면, 경제적 하부구조(생산력과 생산관계)는 상부구조를 결정한다. 교육체제는 상부구조에 속하며, 따라서 경제적 하부구조의 요구를 반영하게 된다.

보울즈와 긴티스는 마르크스 이론의 틀에 따라서 학교교육의 기능을 다음 두 가지로 파악한다. 첫째, 자본주의적 계급관계의 모순과 긴장을 완화시켜 줌으로써 계급구조와 불평등을 정당화한다. 둘째, 작업수행에 맞는 인지적 · 사회적 기능과 동기구조를 갖춘 '인간자본'을 만들어 낸다. 즉, 교육은 생산 능력을 갖춘 미래 노동자를 길러 낸다. 이 두 가지 기능을 학교가 어떻게 수행하는가에 대해서 보다 상세하게 살펴보자.

2) 불평등의 정당화

경제적 성공은 능력과 적절한 교육으로 가능하다는 확신을 갖게 함으로써 학교는 계급구조와 불평등을 정당화하고 합법화한다.

불평등한 계급관계는 기회균등과 능력주의 이데올로기에 따라 정당화된다. 여기서 기능주의에서 강조하는 선발의 기능을 다시 살펴보자. 선발은 '능력'에 따라 이루어지고, 선발된 인재는 적재적소에 배치되며, 그 역할에 따라 차등적인 보상이 주어진다. **차등적 보상의 결과**는 필연적으로 불평등을 낳는다(Davis & Moore, 1945). 이 같은 불평등은 사회 유지의 필요상 필연적이며 능력의 차이에 따라서 생기는 것이므로 누구나 수용하게 된다.

여기서 중요한 것은 선발 기능을 맡고 있는 학교교육이 바로 사회불평등을 정당화하는 중요한 기능을 하고 있다는 사실이다. 능력주의를 표방하는 사회에서 학교는 능력에 따라서 선발을 하고 지위를 배분한다고 여겨지기 때문에 그것의 정당성은 의심받지 않는다.

보울즈와 긴티스(1976)는 자신들의 연구에서 IQ 수치에 근거한 능력을 가지고 경제적 성공을 설명할 수 없다는 것을 밝혔다. IQ에 근거한 능력주의는 현실적으로 존재하지 않는다. 개인의 학교교육 연한의 균등화 경향과 수입의 평등화 사이에는 아무런 의미 있는 관계가 없다. 이를 더 풀어서 설명해 보자. 교육수준이 '능력(IQ)'에 따라 거의 결정된다고 가정한다. 따라서 IQ가 비슷한 사람들은 출신계급과는 상관없이 교육수준이 비슷해야 한다. 그리고 교육수준에 따라 경제적 성공이 결정된다면, IQ가 비슷한 사람들은 출신계급과 상관없이 경제적으로 성공할 가능성이 비슷해야 할 것이다. 그러나 실제는 그렇지 않다는 말이다.

젠슨(Jensen, 1969)과 같은 심리학자는 사회경제적 불평등이란 IQ의 불평등에서 비롯된다고 주장한다. 이 주장을 들어 보면, 일리가 있는 것 같다. 젠슨은 사회경제적 지위(Socio-Economic Status: SES)가 높은 사람들의 자녀가 경제적으로 성공할 가능성이 높다는 것을 인정한다. 하지만 실제에서는 SES가 경제적 성공에 영향을 준 것이 아니라, IQ가 영향을 준 것이다. 구체적으로 말하자면, SES가 높은 집단이 성공할 가능성이 높은 것은 다른 이유가 있는 것이 아니고 이 집단의 IQ가 높기 때문이라는 것이다. 즉, SES가 높은 집단은 IQ가 높고, 따라서 SES가 높은 집단은 경제적 성공 가능성이 높다. 그러므로 SES가 아니라 IQ에 기초한 능력주의가 실제적으로 불평등을 초래한다는 말이다. 예컨대, 흑인집단이 경제적으로 잘 살지 못하는 이유는 흑인집단이 IQ가 낮기 때문이다.

젠슨의 이러한 주장은 타당한가? 여러분은 어떻게 생각하는가? 여러분은 젠슨의 주장이 틀렸다고 생각한다면, 어떻게 반론을 제기해 보겠는가?

보울즈와 긴티스는 젠슨의 주장이 잘못되었다고 반박한다. 이들은 어떻게 반론을 펼쳤을까? 보울즈와 긴티스의 반론의 논리는 이렇다. 만일에 SES와 관계없이 IQ에 따라 사회경제적 성공이 결정되는 것이 사실이라고 가정하자. 그렇다면 누구든지 SES는 다르더라도 IQ만 같다면 사회경제적 성공과 보상은 같아야 한다. 그러나 실제 통계 자료를 분석해 보면 전혀 그렇지 못하다. 보울즈와 긴티스는 이러한 실증적 분석을 근거로 경제적 보상과 사회적 혜택의 분배에서 IQ가 중요한 것이 아니라 아직도 사회계급과 같은 귀속적 요인이 크게 작용하고 있다고 주장한다.

4. 능력의 사회적 구성

교육불평등과 사회불평등의 논의에서 핵심적 개념은 '능력'이라 할 수 있다. 왜냐하면 능력 차이에 따라 교육불평등과 사회불평등이 정당화될 수 있다고 믿기 때문이다. 그래서 능력에 관계없이 평준화된 학교에서 교육을 받도록 하는 것은 '능력에 따라 균등하게 교육을 받을 권리를 갖는다.'는 헌법적 권리를 침해하는 것이라는 제법 그럴듯한 주장도 나온다.

그러면 능력이란 도대체 무엇인가? '능력주의(meritocracy)' 이념을 표방하는 서구사회에서는 무엇을 능력이라고 규정하는가? 교육현장에서 개인의 능력을 나타내는 것은 학업성취도이며, 학업성취도는 '지능+노력'에 의해 결정된다고 믿고 있는 교육자들이 많다. 하지만 지능은 무엇이고, 노력은 무엇에 의해 생겨나는가? 우리는 일련의 의문을 가지게 된다.

다음에서는 학교현장에서 능력을 나타내는 개념으로 인식되고 있는 IQ를 규정짓는 IQ 검사의 성격을 살펴보고, 학업성취에 영향을 주는 요인들에 대해서 다각도로 분석한다. 그리고 대학선발에서 능력을 무엇으로 규정하는가에 대해 살펴본다. 입학사정관제 실시에 따라 이는 특히 중요한 문제라 하지 않을 수 없다.

1) IQ 검사의 사회적 성격

현재 미국은 IQ 검사에서 세계 최고의 생산국이자 소비국이라 할 수 있다. 왜 특히 미국에서 이토록 IQ 검사가 지속적으로 사용되어 왔을까? 그 이유에 대해서는 각기 다른 해석이 있다.

기능주의적 관점에서 IQ 검사는 현대사회에서 능력을 평가하고 지위를 배분하는 데 보편적인 기준으로 이용되기 때문이라고 본다. IQ 검사를 통해 지능을 객관적으로 확인할 수 있고, 각 개인의 능력에 맞는 교육을 제공하며, 능력에 부합된 직업적 책임을 부여할 수 있다는 것이다.

기능주의적 설명과는 달리 갈등론적 관점에서는 IQ 검사가 사회경제적 불평등을 영속화하고 정당화하는 메커니즘으로 개발되었다고 본다. 예를 들어, 카민(Kamin, 1974)에 따르면, 미국에서 처음 IQ 검사가 개발되어 시행될 때의 주 관심은 이민자 그리고 노동계급의 선천적인 열등한 능력을 증명하려는 것이었다. 실직과 빈곤, 범죄는 바로 열등한 능력의 소산이며, 바로 열등한 능력이 교육적 · 직업적 실패를 결정짓는다는 것이다.

미국의 심리학자들 가운데 특히 고다드(Goddard), 터먼(Terman), 손다이크(Thorndike)는 개인의 능력차 개념을 발전시키는 데 중요한 역할을 하였다. 이들은 일반 대중의 지적 열등성과 엘리트 집단의 지적 우월성에 대한 신념을 가지고 있었다. 고다드는 “7억 또는 8억 5천만 명이나 되는 대중이 만사를 자기들의 손에 쥔다는 것은 심히 우려해야 될 일이다.”라고 걱정하면서 ‘우수한 지능’을 가진 ‘400만 명’이 일반 대중을 지도해야 한다고 주장하였다(Karier, Violas, & Spring, 1975).

손다이크 역시 이러한 신념을 가지고 있었고, 개인차(능력차)에 관한 연구를 카네기재단의 지원을 받아 수행하였다. 개인차에 관한 과학적 연구를 통해 개인의 능력의 특성을 밝혀 줄 수 있으며, 사회개혁의 원리를 제공할 수 있다고 생각하였다.

실제로 손다이크의 개인차 개념은 능력의 우월성과 열등성을 구분하여 개인들을 차등적으로 취급하는 데 활용되었다. 학생의 선택 자유의 범위는 심리학적 한계에 따라 결정되었다. 능력의 개인차에 따라 교육과정은 차등화되었고, 학생들은 능력에 따라 실업계와 인문계로 진학하도록 이끌어졌다. 능력에 맞는 사회적 삶을 살아가도록 하는 데는 이러한 교육과정이 필수적이라 여겨졌다.

손다이크의 개인차 연구에 대해 비판적인 평가를 하는 마크스(Marks, 1980)는 개인의 능력차는 단순히 개인의 특성을 기술하는 개념이라기보다는 당시의 특정한 사회적 맥락 속에서 만들어진 산물로, 사회질서를 정당화하고 나아가 자본주의를 정당화하는 이데올로기적 기능을 했다고 주장한다. 따라서 개인의 지적 능력의 특성에 초점을 둘 것이 아니라 개인차를 정의하는 사람이 누구이며, 개인차는 어떻게 정의되며, 그 정의의 사회적 함의는 무엇인가를 밝히는 데 관심을 가져야 한다고 주장한다.

지금도 일부 심리학자들은 사회에서 성공하는 집단과 그렇지 못한 집단을 결정하는 요인이 IQ라는 신념을 표출하기도 한다. 예를 들어, 헤른스타인과 머레이(Hernstein & Murray, 1994)가 그렇게 생각하고 있고, 젠슨과 기타 학자들도 여기에 동조한다. 헤른스타인과 머레이는 보이지 않는 손이 인재는 상층부에 떠오르게 하고, 둔재는 하층부에 가라앉게 한다고 주장한다.

사회불평등을 논할 때 실제 IQ가 유전적 영향을 받느냐, 환경의 영향을 받느냐 하는 논쟁은 별로 의미가 없다. 실제 연구들(Bowles & Gintis, 1976; Goleman, 1996; Sternberg, 1997)은 IQ가 사회적 성공을 결정하는 요인이라는 데 부정적이다. 물론 변호사, 의사, 기업가, 대학교수 등 상류계급의 인사들은 일용근로자, 가정부, 청소부 등과 같은 하류계급의 사람들보다 더 높은 IQ를 가지고 있다. 그래서 높은 IQ는 지능만 측정하는 것이 아니라 직업의 성공도를 측정하는 기준이 되었다. 하지만 그렇다고 IQ가 성공의 원인일 수는 없다. 인과관계와 상관관계를 혼동해서는 안 된다. IQ는 성공을 결정하는 요인들 가운데 감안할 수 있는 요인이기는 하나 절대적 요인은 아니다. 성공을 결정하는 요인 중에서 IQ가 차지하는 비율은 기껏해야 10%이고, 나머지 90%는 다른 요인들에 기인한다(Sternberg, 1997). 보울즈와 긴티스는 이미 오래전에 자신들의 연구에서 경제적인 성공을 IQ 수치에 근거한 능력을 가지고 성공을 설명할 수 없다는 것을 밝혀냈다. 골먼(Goleman, 1996)은 IQ보다 감성적으로 우수한 사람들이 사회에서 성공한다고 주장하기도 한다.

2) IQ 검사의 폐해

IQ 검사는 타당한 것인가? IQ 검사 문제를 출제하는 사람이나 출판하는 사람은 문제를 어떻게 구성하는가? IQ 검사는 대개 두 가지 방법으로 구성된다.

한 가지 방법은, 학교에서 성공한 학생들을 주의 깊게 관찰한 다음 성공할 가능성이 높은 학생과 가장 낮은 학생을 구분하는 방식으로 문제를 출제하는 방법이다. 또는 나이 든 학생이 나이 어린 학생보다 더 정확하게 대답할 것 같은 문제를 선택한다. 이런 방법의 난점은 검사 내용이 학교에서 공부한 내용을 중심으로 구성될 수밖에 없다는 점이다. 이러한 IQ 검사는 학습된 지식으로부터 순수한 지능을 분리해 내지 못한다.

다른 방법은, 지능이론을 바탕으로 문제를 만들어 내는 방법이다. 그러나 대개 IQ 검사 출판사는 IQ 검사가 복잡한 지능이론에 구속되기 때문에 지능이론을 기피한다.

IQ 검사는 학생들에게 대단히 낯선 것이어서 IQ 검사도구에 쉽게 적응하지 못한다. 이와 관련하여 메한(Mehan)의 해석학적 연구가 시사해 주는 점이 크다. 메한(1973)은 어떤 검사에서의 '잘못된' 대답이 다른 기준으로 판단해 볼 때 얼마나 '올바른' 대답이며 논리적인 사고인가 하는 증거를 제시했다. 예를 들어, 4~6세 아동을 위한 검사에서 새, 코끼리, 개 중에서 날아다닐 수 있는 동물을 선택하라는 질문을 했다. 많은 아동들이 새는 물론이고 코끼리를 선택했다. 그 이유는 그림의 코끼리가 덤보(Dumbo: 월트 디즈니에 나오는 날 수 있는 코끼리)와 같은 모습이었기 때문이다. 메한의 주장은 "틀린 답임을 보여 주는 점수가 아동의 합리적 사고능력의 부족을 증명하지 못하며, 그것은 단지 출제자가 기대했던 것과는 다른 대답을 제시했다는 것을 증명할 뿐이다."(1973: 250)라고 하였다. 이는 능력과 같은 개인적 특성은 인정되든 인정되지 않든 간에 항상 사회적 맥락의 일부를 나타낸다는 것을 주장하는 것이다.

보다 더 큰 문제는 검사결과가 어떻게 활용되는가다. IQ 검사를 하면 점수에 따라 꼬리표가 붙는다. 테스트 게임에서 진 학생들에게는 '저능아'라는 꼬리표가 붙는 것이다. 그것은 어떤 효과가 있는가? 저능아 꼬리표가 붙은 학생에게는 많은 것을 요구하지 않는다. 교사의 기대치가 낮아진 것이다. 학생은 낮은 기대치에 부응하게 되어 부정적인 자아성취예언이 이루어진다.

미국의 초등학교를 대상으로 한 실험이 이러한 사실을 입증해 준다. 한 심리학자가 담임교사들에게 그 학급 학생들의 IQ를 알려 주었다. 그런데 이 IQ 실험은 근거가 없는 완전한 가짜이고 그냥 점수를 준 것이다. 교사들은 IQ 점수가 높은 학생들 대부분을 좋은 학생이라고 평가하고, IQ 점수가 낮은 학생들의 60% 이상은 나쁜 학생들이라 평가하였다. 교사들은 교사 스스로 지능이 높다고 생각하는 학생들에게 더 많은 관심을 가졌고, 지능이 낮다고 생각하는 학생들에게는 관심이 줄어들었다. 그 결과는 어떻게 되었는가? 교사들이 기대가 높고 관심이 많았던 학생들의 성적은 실제적으로 향상되었는데, 그 기대효과는 저학년과 하류계층 학생들에게 더 뚜렷하였다(Rosenthal & Jacobson, 1968).

지능이론가인 스턴버그(Sternberg)는 성공지능의 개발에 가장 큰 걸림돌이 되는 것은 권위 있는 인물들의 부정적인 기대치라고 지적한다. 예컨대 교사, 행정관, 부모, 고용주 등 권위 있는 인물들이 낮은 기대치를 갖고 있으면, 그들은 해당 개인으로부터 대부분 그런 낮은 기대치밖에 얻어 내지 못한다. 이런 낮은 기대치의 첫 과정은 학교에서 시작되는데, 대부분의 경우 학교에서 끝나지 않고 그 이후의 사회생활에까지 연결된다. 학업성적이 나쁘다는 사실은 곧 인생의 꽉 막힌 차선으로 들어서는 통행권이 되어 버린다. 이렇게 볼 때 우리를 파멸의 구렁텅이로 몰아넣는 것은 낮은 IQ 그 자체가 아니라, 그것이 불러일으키는 부정적인 기대치라고 할 수 있다(Sternberg, 1997: 17-18).

IQ 검사나 기타 심리검사의 낮은 점수가 야기하는 부정적인 기대치에 도전할 줄 아는 사람이 스턴버그(1997)가 말하는 '성공지능'이 높은 사람이다.

IQ 검사의 가장 큰 문제는 인간이 선천적으로 불평등하다는 낡아 빠진 도식을 위장하는 과학이 될 위험을 안고 있다는 점이다. IQ에 따라 능력불평등, 사회불평등이 생겨난다고 하는 낡아 빠진 신화를 비신화화해야 할 것이다.

3) 대학입학전형에서의 능력의 정의

우리나라 대학입시에서는 학업성취도에 근거하여 학생을 선발하는 것이 공정한 선발방식이라고 여겨지고 있다. 하지만 시험성적만을 학생의 메리트(merit)로 규정하지 않는 대학입학제도도 있다. 미국의 '빅 스리(Big Three)' 대학인 하버드, 예일, 프린스턴 대학교의 입학제도가 그러하다. 빅 스리 대학은 단순히 학자, 지식인, 교사, 법률가, 과학자를 양성하는 대학이 아니라는 인식이 강하다. 전통적으로 빅 스리 대학은 미국의 전인적인 신사계급, 나아가 정치 · 경제 지도자를 양성하는 대학이다. 따라서 지도자로서의 고상한 품성과 리더십이라는 문화적 자질을 갖추고 있는가가 매우 중요한 선발조건이 된다. 이러한 선발목표와 선발기준을 담고 있는 선발방식을 '비실력주의 선발모델'이라고 부른다(Karabel, 2010). 미국 빅 스리 대학의 입학사정관제는 바로 이러한 비실력주의 선발모델에서 나온 것이다.

미국 빅 스리 대학이 비실력주의 모델을 전통적으로 채택해 온 이유는 대학교육의 목표가 전인적 신사계급의 양성에 있었기도 하지만, 무엇보다 빅 스리 대학의 이익을 확실하게 보장해 줄 수 있는 방법이었기 때문이다. 그렇다면 비실력주의 선발모델이 빅 스리의 이익을 어떻게 보장해 주었는가? 비실력주의 선발모델은 성적은 매우 우수하지만 품격이 떨어진다고 인식된 학생집단(특정 인종집단 · 계급집단)을 배제하면서, 상류층 자제와 동문 자제, 일류 사립예비학교 출신을 뽑을 수 있게 해 주었다. 이들 출신을 자신들 대학의 학생으로 받아들임으로써 대학은 든든한 재정적 후원자를 확보할 수 있었고, 특별한 홍보 없이도 평판을 높일 수 있는 발판을 마련할 수 있었던 것이다(Karabel, 2010). 비실력주의 선발방식은 그야말로 일석이

조의 효과를 가져다주는 것이었다.

비실력주의 선발모델에서의 전인적 자질 평가가 어떻게 상류층과 동문 자제, 일류 사립예비학교 출신에게 유리하게 작용하는 것일까? 전인적 자질 평가의 본질을 분명히 규명할 필요가 있다. 빅 스리 대학의 '전인적 인간'이라는 개념은 우리가 일반적으로 생각하는 개념과 다르다. 빅 스리 대학에서 정의하는 전인적 인간은 미국 사회의 프로테스탄트 백인 상류층 신사계급을 일컫는 것이었다. 말하자면, 전인적 인간은 계급적 실체가 없는 추상적 개념이 아니라 신사계급이라는 실체에 근거하고 있는 것이다. 그리고 전인적 요소인 품격과 인성, 리더십도 상류층 문화에 의해서 규정되는, 특정한 것임에 유의해야 한다.

비실력주의 선발모델은 사회적 배제의 원리로 작용했다는 점에 주목할 필요가 있다. 현실적으로 전인적 인간을 미국 전역의 고등학교 출신을 대상으로 뽑는다는 것은 거의 불가능에 가깝다. 어떻게 소수의 입학사정관이 수십만 명의 학생들의 인성과 품격을 다 확인하고 평가할 수 있겠는가? 사실, 전인적 인간의 모범이 될 만한 집단이 존재했기 때문에 전인적 인재를 뽑는 것이 현실성을 가질 수 있었던 것이다. 그렇다면 전인적 인간의 모범이 되는 학생집단은 어떤 집단이었는가? 일류 사립예비학교 출신이다. 이들 학생은 성적이 가장 우수한 집단은 아니다. 품격과 리더십이 뛰어나고, 또한 대학이 선호하는 백인의 모범적인 체격과 체육 특기를 가지고 있었다. 이처럼 구체적인 실체가 있었기 때문에 전인적 인간 선발에서 입학사정관이 많은 어려움을 겪지 않아도 되었다. 상류층과 동문 자제, 일류 사립예비학교 출신 중에서 선발하면 되기 때문이다.

1950년대 후반 구 소련의 스푸트니크 호 발사의 충격 속에서도 빅 스리 대학은 비학문적인 자질인 성품, 인성, 리더십을 메리트로 인정하는 비실력주의 모델을 바꾸지 않은 채 학문적인 자질을 메리트로 추가하는 정도였다. 물론 이는 과학기술을 중시하는 시대적 · 국가적 요청에 부응하기 위한 것이기도 하였지만, 계급적으로는 지배계급의 변동에 따른 것이기도 하였다. 빅 스리의 전통적인 지지 세력인 구 엘리트 신사계급과의 유대관계가 다소 약해지고, 새로 부상한 계급, 즉 엘리트 전문직 계급과의 새로운 유대관계가 형성되기 시작하였기 때문이다(Karabel, 2010). 엘리트 전문직 계급은 옛 상류층 계급이 가진 부는 결여되어 있지만, 문화자본이 풍부한 계급이었다. 빅 스리로 가는 통로로서 경제자본이 여전히 중요하지만, 문화자본 역시 매우 중요한 요소가 된 것이다. 이에 따라 빅 스리 대학의 입학 기회가 옛 상류층 계급과 새로운 엘리트 전문직 계급 간에 일부 재분배되는 현상이 일어났다. 하지만 중간계급과 노동계급·빈곤계급에 있어 빅 스리 대학의 입학 기회는 별다른 변화가 없었다. 이들이 빅 스리 대학에 들어가기 위해서는 사회적 포용의 원칙, 다양성의 원칙에 의존할 수밖에 없었다.

대학의 입학전형에서 무엇을 '**메리트**'로 인정하느냐는 한 나라의 국가정책과 문화적 이상, 계급적 이해관계에 달려 있다. '유리한 삶의 조건'이라는 사회적 정황(사회적으로 성공할 가능성)을 메리트로 인정할 수도 있으며, 이와는 반대로 '불리한 삶의 조건'이라는 사회적 정황을 메리트로 인정할 수도 있다. 유리한 삶의 조건은 상류층과 엘리트 집단의 메리트이며, 불리한 삶의 조건은 소수민족집단과 노동계급·빈곤계급의 메리트다. 불리한 삶의 조건을 메리트로 인정하는 입학제도의 예가 바로 '차별수정조치(affirmative action policy)'다. 최근 우리나라에서도 입학사정관제 실시에 따라 비교과 활동이 중시되기 시작한 것은 메리트의 정의에 대한 모종의 변화를 암시한다. 그러한 정의의 변화는 어떤 계급집단의 문화적 이상과 이익을 더욱 강력하게 반영하게 될지 앞으로 지켜봐야 할 일이다.

5. 교육의 기회균등과 교육평등

교육의 기회균등이란 무엇이고, 교육평등이란 무엇인가? 왜 모든 학생에게 교육평등이 보장되어야 하는가? 때로는 학교에서 학생들을 '능력차'라는 구실로 차별하는 것도 마다하지 않는다. 그러면서도 그것이 교육평등이라고 주장하기도 한다. 교육평등이라는 이름으로 교육불평등이 자행되고 있는 것이다.

다음에서는 **교육평등**이란 무엇인가를 살펴보고, 교육평등화 정책과 관련된 쟁점들을 검토해 본다.

1) 교육평등의 원리

교육평등이 무엇인가를 다양한 원리에 비추어 여러 가지로 논의해 볼 수 있다. 여기서는 자연적 자유체제의 원리, 공정한 기회균등의 원리, 최대이익의 원리, 인간존중의 원리, 민주적 평등주의 원리 등을 중심으로 살펴보자(Rawls, 2003에서 재인용).

(1) 자연적 자유체제의 원리

자연적 자유체제에서 기회균등은 "능력 있는 자에게는 누구에게나 기회가 주어진다."(Rawls, 2003)는 원리로 해석된다. 말하자면, 누구에게나 기회는 열려 있으니, 능력만 있으면 성공할 수 있다는 주장이다. 실패하는 것은 능력이 없기 때문이므로 사회를 탓할 것이 아니라 자신의 능력을 탓해야 한다는 것이다. 이는 보울즈와 긴티스가 비판했던 'IQ-ism'의 주장과 비슷하다. 능력이 있는 자들에게는 그에 맞는 교육을 제공해야지, 능력이 없는 자에게까지 똑같은 교육을 제공하는 것은 기회균등에 어긋난다고 본다.

자연적 자유체제의 원리에 대해 어떻게 생각하는가? 자연적 자유체제 원리의 한 가지 분명한 맹점은, 천부적 재능과 능력이 사회적 여건과 행운 또는 불운 등 우연적 변수들에 따라 계발되거나 실현되지 못하는 현실을 전혀 고려하지 못한다는 점이다(Rawls, 2003). 즉, 타고난 사회적 지위 등의 가정환경에 따라 재능과 능력이 실현되지 못하거나 불리하게 사용될 수 있다는 점을 도외시하고 있다. 능력이 동일하면 동일하게, 다르면 다르게 취급하는 것이 평등이라는 '동일성의 원리'도 자연적 자유체제의 원리를 벗어나지 못한다.

(2) 공정한 기회균등의 원리

공정한 기회균등의 원리는 자연적 자유체제에 '공정성'을 덧붙인 원리다. 단지 형식적 의미에서만 기회가 개방되어서는 안 되고 모든 사람이 사회적 지위를 획득할 수 있도록 공정한 기회가 주어져야 한다는 것이다. 여기서 공정한 기회란 개인이 자신이 처한 사회적 계급의 영향을 받지 않고 타고난 재능과 능력을 충분히 다

계발할 수 있는 기회를 의미한다. 따라서 "동일한 수준의 재능과 능력을 가진 사람들로서 그것을 사용할 동일한 의향을 가진 사람들은 사회체제 내에서의 그들의 최초의 지위에 관계없이 동일한 성공의 전망을 가져야 한다."(Rawls, 2003: 120)는 입장을 견지한다.

공정한 기회균등의 원리는 사회적 우연성(가정의 계급적 위치)의 영향을 감소시키는 작용을 하는 장점이 있다. 하지만 이 원리는 능력과 재능의 천부적 요소에 따라 부나 소득의 분배가 결정되는 것을 허용하고 있다는 비판을 받는다.

롤스(Rawls)의 비판에 대해 의아하게 생각할 사람들도 있을 것이다. 계급적인 영향을 받지 않은 채 오로지 능력과 재능에 따라 부나 소득의 분배가 결정되도록 하는 것은 능력주의 사회의 가장 이상적인 모습이 아닌가? 왜 그것이 문제인가? 그 이유는 무엇인가? 롤스는 다음과 같이 주장한다. "소득과 부의 분배가 역사적 · 사회적 행운에 따라서 이루어지는 것을 허용할 이유가 없는 것과 마찬가지로, 천부적 우연성(재능, 능력)에 따라서 소득과 부의 분배가 이루어지는 것도 허용할 이유가 없다."(Rawls, 2003: 121) 이에 동의하는가? 이에 대해서 다음과 같은 반문도 나올 수 있다.

물론 천부적 우연성 자체에 따라 부의 분배가 이루어지는 것은 부정의하다. 하지만 실제에 있어서는, 사람이 천부적으로 주어진 능력만으로 어떤 사회적 지위를 획득하는 것만은 아니기 때문에, 단순히 천부적 우연성에 따라 부의 분배가 이루어진다고는 말할 수 없다. 사람이 자신의 능력을 계발하기 위해 남들이 놀 때 놀지 않고 애쓰고 노력하며 투자하는 것만큼은 천부적 우연성의 요소가 아니지 않은가? 롤스가 주장하는 것처럼 단순히 천부적 우연성으로 사회적 지위가 얻어질 수 있는 것은 아니다. 이에 대한 롤스의 대답은 무엇인가?

천부적 능력이 계발되고 성숙하는 정도는 모든 종류의 사회적 여건과 사회계급의 영향을 받는다. 노력하고 힘쓰며 일반적인 의미에서 가치 있는 존재가 되고자 하는 의욕 그 자체까지도 행복한 가정 및 사회적 여건에 의존한다(Rawls, 2003: 121).

(3) 최대이익의 원리

최대이익의 원리는, 우리가 선택을 할 때 최대 다수의 사람에게 최대의 행복, 혹은 최대의 이익이 돌아가게끔 결정해야 한다는 것이다. 그러한 결정이 최선이면서 가장 정당한 것이다. 이는 공리주의적 원리로 '만족의 최대 순수 잔여량'을 달성하는 것이 정의의 원칙이 된다. 따라서 최대이익의 원리에 따르면, 우리의 행위가 도덕적인가 아닌가에 대한 판단은 그 결과에 달려 있다. 최선의 행위란 최선의 결과가 따르는 행위임을 의미한다.

그러나 이 원리는 무엇을 이익 혹은 행복으로 볼 수 있느냐에 대해서는 직접적으로 말해 주는 것이 없다. 사람이 어떤 욕구가 충족될 때 행복해지는가 하는 것은 차후의 문제다. 이 원리는 단지 우리가 행복이 무엇인지를 안다면 최선의 결정은 행복이라는 결과를 극대화하는 결정이라는 점을 말해 줄 뿐이다. 따라서 공리주의 원리에 따라 사회제도를 만들 때 중요한 것은 만족의 최대 총량을 달성하도록 하는 것이며, 만족의 원천이나 성격에 대해서는 묻지 않고 단지 그 만족이 행복의 총량에 어떤 영향을 미치게 될지에 대한 것만 문제 삼으면 된다.

(4) 인간존중의 원리

인간존중의 원리는 우리가 도덕적 행위자인 인간의 동등한 가치를 존중하는 방식으로 행동할 것을 요구한다. 이 원리의 핵심은 성경에 나오는 황금률("네가 대접받고 싶은 대로 남을 대접하라.")에 잘 나타나 있다.

우리가 다른 사람들로부터 대접받기를 기대하는 것과 같이 그들을 대접할 의무가 있다. 인간존중의 원리는 다음 세 가지의 부수적인 생각을 포함하고 있다고 볼 수 있다.

첫째, 인간존중의 원리는 다른 사람을 수단이 아닌 목적으로 대할 것을 요구한다. 이는 우리 자신의 목적을 성취시키기 위한 수단으로 다른 사람을 대해서는 안 된다는 것을 의미한다. 우리는 다른 사람의 목적도 물론 존중해야 한다. 우리 자신의 행복에 기여하는 면에서만 가치 있는 존재, 즉 단순한 대상으로 다른 사람을 대할 수는 없다. 우리는 그들의 행복도 물론 고려해야 한다. 인간을 목적에 기여하는 수단으로 취급해서는 안 된다는 생각이 바로 이것이다.

둘째, 인간을 수단이 아닌 목적으로 취급한다는 것이 무엇을 의미하는가를 고찰하려고 할 때 우리는 인간이 자유롭고 이성적인 도덕적 행위자란 사실을 가장 중요하게 여겨야 한다. 무엇보다도 이 말은 다른 사람의 선택의 자유를 존중해야 한다는 것을 의미한다. 그리고 우리가 동의하지 않더라도 다른 사람의 선택을 존중해야 한다는 뜻이다. 더 나아가 우리는 다른 사람이 책임 있는 결정을 내릴 수 있도록 도와주는 데 최우선 순위를 두어야 한다는 것을 의미한다. 그러므로 인간이 자유로운 도덕적 행위자로서 스스로 책임 있게 행동할 수 있도록 도와주는 정보와 교육을 접할 기회가 중요하다.

셋째, 비록 인간은 각각 다르긴 하지만 도덕적 행위자로서의 인간은 동등한 가치를 지닌다. 이는 인간의 능력이나 역량을 동등하게 보아야 한다는 것을 의미하는 것이 아니다. 또한 인간 간의 적절한 차이가 그들을 어떻게 대할 것인가를 결정하는 데 고려될 수 없다는 것을 의미하지도 않는다. 예컨대, 더 열심히 일하고 더 많이 공헌했기 때문에 어떤 사람에게는 다른 사람보다 더 많은 봉급을 지불하는 것이 동등한 존중의 정신에 위배되는 것은 아니다.

인간이 도덕적 행위자로서 동등한 가치를 지닌다는 것은 똑같은 기본 권리를 가지고 있고 동등한 가치의 이해관계를 가진다는 것을 의미한다. 모든 사람은 타고난 능력에 상관없이 동등한 기회를 가질 권리가 있다. 민주주의 선거에서 모든 사람은 각각 하나의 투표권이 있고, 각 투표권은 다른 모든 투표권과 동일한 가치를 지닌다. 누구도 자신의 행복이 다른 사람의 행복 이상으로 중요한 것처럼 행동할 자격은 없다. 인간으로서 모든 사람은 동등한 가치를 지닌다.

(5) 민주적 평등주의의 원칙

민주적 평등주의는 롤스(2003)가 주장하는 것으로, '공정한 기회균등＋차등의 원칙'으로 표현될 수 있다. 여기서 보면 자유주의적 기회균등의 원리에 차등의 원칙을 결합시킨 것이 민주적 평등주의임을 알 수 있다. 따라서 차등의 원칙이 롤스의 민주적 평등주의에서 가장 특징적인 요소라 할 수 있다.

차등의 원칙에서 '차등'이란 분배에서 균등적 분배가 아니라 차등적 분배를 한다는 의미를 내포한다. 그렇다면 '차등이란 평등의 원칙과 다른 것이 아닌가?' '불평등을 정당화하는 것은 아닌가?' 하는 의문이 일어날 수 있다. 차등의 원칙에서는 분명히 불평등이 정당할 수 있으며, 그것은 공정한 기회균등의 원칙에 더하여 다음

조건들을 충족시킬 경우에 한한다.

첫째, 이 원칙은 모든 이익이 평등하게 분배되도록 요구하지는 않지만 불평등, 즉 평등한 분배로부터의 일탈(逸脫), 다시 말해서 불평등은 결과적으로 모든 사람에게 이득이 될 경우에만 인정되어야 함을 요구한다. 적은 몫을 받은 사람이 그들이 평등한 분배를 받았을 때보다 오히려 더 풍족해지는 경우에만 불평등이 정당화될 수 있다는 것이다. 다른 사람들의 복지를 위하여 어떤 사람의 복지를 희생하는 그런 불평등은 허용되지 않는다.

둘째, 이 원칙은 사회적으로 가장 불리한 입장에 있는 사람들의 필요에 특히 신경 쓸 것을 요구한다. 요컨대, 이 원리는 불리한 사람들에게 이익이 되는 방식으로 자원을 분배해야 함을 요구한다. 사회 전체의 복지는 평균적으로 증대되었지만 결과적으로 불리한 사람들이 더 궁핍해졌다면, 그러한 방식으로 자원을 분배해서는 안 된다. 사회정의의 시금석은 사회 전체의 평균 복지에 있는 것이 아니라, 가장 불리한 입장에 있는 사람들의 복지에 있는 셈이다.

셋째, 이 원칙은 모든 사람이 평등하게 살아야 한다는 것이 아니라 어떤 사람이 다른 사람의 희생으로 잘 살게 되는 것을 금지하는 것이다. 그리하여 불리한 입장에 있는 사람들을 포함하여 모든 사람에게 이득이 될 때만 자원분배의 불평등이 인정된다.

롤스의 차등의 원칙에 대해 두 가지 비판이 나올 수 있다. 어떻게 불평등이 모든 사람의 이익을 향상시킬 수 있는가? 그리고 최소 수혜자에게 사소한 이득을 주는 대신에 무한히 큰 불평등을 허용할 수도 있지 않은가? 최소 수혜자에게 1원어치의 이득이라도 향상시켜 주는 것이라면, 최대 수혜자의 이익은 얼마가 되든 정당화되는 것이 아닌가? 여기서 상세한 논의는 할 수 없지만 롤스가 정의론에서 분명히 하는 것은, 최대 수혜자의 상위 기대치가 과도하게 높아서는 안 되며, 또 그 상위 기대치가 공정한 기회균등의 원칙을 침해해서도 안 된다는 것이다. 그에 따르면, 차등의 원칙은 최소 수혜자의 이익은 '극대화의 원리'에 따라야 하며, '사회적 최소치'가 분명하게 정해져야 하고, 불평등의 정당성 여부는 노동자 계층의 상황이 정말로 개선되는가에 따라서만 판명된다.

2) 평등교육과 엘리트 교육의 대립

교육결과의 평등 관점에서 하류계층 출신 학생의 교육결과를 중·상류층 출신 학생의 교육결과와 비슷하게 끌어올리는 것이 교육의 평등에 부합된다면, 하류계층 출신의 학생들에게 교육자원의 투입을 차등적으로 더 많이 해야 한다.

그러나 이에 대한 반대도 만만치 않다. 국가의 발전을 위해서는 성적이 우수한 학생들을 위한 교육에 집중적 투자가 필요하지 않는가? 여기서 교육의 수월성은 우수 학생을 위한 교육, 소위 '엘리트 교육'으로 좁게 규정된다. 교육평등을 주장하다 보면 우수 학생의 교육은 도외시되지 않는가? 소수의 우수집단에게 투자하는 것이 투자의 효과성 측면에서 훨씬 낫지 않은가? 이것이 소위 엘리트 교육을 내세우는 사람들의 주장이다. 그리고 이들은 엘리트 교육이 오히려 교육평등의 원리에도 맞는다고 주장한다.

> 교육의 수월성은 실적주의를 바탕으로 한 진정한 의미의 기회균등 이념과 맥락을 같이하는 개념이다. 우리 사회에서 능력이나 자격에 상관없이 똑같은 혜택을 부여하는 것이 평등인 것처럼 잘못 인식하고 있는 것이다. 본래 평등이란 구성원 개개인에게 공정하게 경쟁하고 그 결과에 상응하는 혜택을 받을 수 있는 기회가 균등하게 제공됨을 의미한다. 자유민주주의 이념하에서는 절대적인 평등이 아니라 상대적인 평등이 중요하며, 동등하지 않은 것을 동등하게 취급하는 것은 오히려 불평등에 해당한다(교육개혁심의회, 1987: 15-16).

'수월성 교육(엘리트 교육)'을 지지하는 교육개혁심의회(제5공화국 대통령 자문기구)는 사회문제화된 빈익빈 부익부의 심각한 불평등과 위화감에 대한 사회적 비판과 우려를 오히려 평등에 대한 잘못된 인식에서 비롯된 것으로 보고 있다. 그러나 우리 사회의 불평등을 능력주의 사회의 필연적 현상으로 보는 교육개혁심의회의 관점은 크게 잘못되어 있다. 마치 우리 사회에 공정한 경쟁이 이루어질 수 있는 조건이 이미 다 갖추어져 있는 것처럼 착각하고 있다. 앞에서도 지적했듯이, 공정한 경쟁을 할 수 있는 평등교육이 제공되지 못한 것이 우리 현실이다.

그리고 마치 평등 이념을 교육에 잘못 적용하여 그동안 평준화의 방향을 추구한 나머지 능력에 맞는 교육을 등한시한 것처럼 주장하고 있다. 말하자면, 평등교육에 지나치게 치중한 나머지 교육의 질적 수준 향상을 위해 학교 간의 경쟁을 조장하는 체제가 미약했다는 것이다(교육개혁심의회, 1987). 교육개혁심의회는 우리 교육이 얼마나 경쟁적이기를 바라는가? 이미 우리 학교는 비인간적인 무한정의 입시경쟁에 매달려 있고, 그와 같은 입시경쟁은 우리 교육 전체를 황폐화의 위기로 몰아넣고 있다는 것을 잊고 있는 것 같다(정범모, 1991).

교육개혁심의회는 능력 차의 논거로 '적성과 능력 본위'의 학생 선발제도와 교육제도를 확립할 것을 제안하였다. 말하자면, 능력 있는 학생과 능력 없는 학생을 분리하여 교육시키는 체제를 갖추자는 것이다. 이러한 체제가 바로 교육평등의 원리에 부합된다고 주장한다.

이를테면, 수월성 교육을 실현하기 위한 방안으로 제시된 월반과 속진제의 교육학적 논리를 살펴보자.

> 중등학교의 **평준화 정책**으로 교육현장에서는 개인차가 심한 이질집단 속에서 평균 수준의 학생을 중심으로 한 획일적인 교육을 실시함으로써 그들의 능력을 충분히 발휘할 기회를 주지 못하고 있는 실정이다. 따라서 학제운영에서는 개인의 잠재능력과 특수한 재능을 조속히 찾아내어 이를 신장할 수 있도록 다각적인 교육정책을 마련하여 추진할 필요가 있다. 그러므로 우수 학생을 조기에 발굴하여 개인의 능력에 적합한 교육을 실시하기 위하여 월반제를 도입해야 한다(교육개혁심의회, 1987: 50).

이 논리에 따르면, 우리나라 교육은 평균 수준의 학생을 중심으로 한 획일적인 평등주의 교육이었다는 것이다. 그 결과, 우수 학생들은 자신들의 능력을 충분히 발휘할 교육기회를 갖지 못했다는 것이다. 과연 그런가? 정범모(1989: 205)는 그런 주장이 교육 현실에 부합되지 않음을 밝히고 있다. "그동안 그리고 지금도 우리 교육정책은 사회불평등을 조장하는 요소들이 많았다. 어느 정도는 다 고루 잘 살도록 하는 것이 교육정책의 한 원칙이었다면 그것은 실패였고, 엘리트만 계속 능력 신장이 되고 더 잘 살게 되기를 원했다면 그것은 성공이었다." 그렇다면 수월성 교육을 실시하는 목적은 엘리트의 능력 신장만을 가속화하기 위한 것이며, 이것은 궁극적으로 엘리트의 '출세주의'를 돕기 위한 교육제도라는 비판을 받게 된다.

월반제 도입 논리의 핵심은 지적 우수 학생을 조기에 발굴하며 개인의 능력에 맞는 교육을 해야 한다는 것이다. 이 월반제는 소수의 엘리트 학생들을 위한 제도다. 대다수의 학생들은 관심 밖이다. 엘리트 교육론의 문제점에 대해서 정범모는 다음과 같이 말하고 있다.

> 이 사회에는 엘리트가 필요하다고 강조하는 말이 많다. 그래서 엘리트 후보자들이 갈 수 있는 일류학교, 일류대학, 천재학교도 있어야 한다. 엘리트와 우민을 섞어 놓으면 엘리트가 썩는다. 그러나 이런 주장들은 거의 전부 기존 엘리트층에서 나오는 말이라는 것도 우리는 알고 있다. 사회와 역사에서 지도자, 엘리트, 지배층의 역할이 의외로 그렇게 큰 것이 아닌지도 모른다는 생각을 할 수 있다. 엘리트의 역할은 20%도 아니고 10%나 될까 말까고, 도리어 국민의 역할이 80% 아니 90%일지도 모른다. 이것은 옛날과 같은 단순한 사회가 아니라, 현대처럼 복잡하고 다양하고 변화무쌍한 사회에서는 더 그럴 가능성이 있다(정범모, 1989: 191-192).

한편, 능력 차의 문제를 우리는 단순하게 받아들여서는 안 된다. 그리고 개인차에 적합한 교육이 월반제에 따른 교육인지에 대해서도 재고해 봐야 한다. 학교에서 능력 차는 곧 성적의 차를 말한다. 성적이란 무엇인가? 이미 많은 교육사회학 연구들이 밝혀낸 것과 같이 학생의 학업성취도는 학교 내외의 복합적 요인들의 영향을 받는다. 그런데 월반제를 주장하는 능력주의자들은 마치 성적의 차이가 개인의 생득적인 능력과 노력의 차이에서 비롯되는 것으로 착각하고 있다. 정범모는 능력주의자들이 간과하고 있는 점을 다음과 같이 지적하고 있다.

> 극단의 능력주의자들이 말하듯, 우리는 능력불평등의 기원이 소질의 탓, 의지의 탓, 자신의 탓만은 아니라는 것 그리고 능력불평등이 사회정책, 교육정책 여하에 따라 크게 상향적으로 좁혀질 수 있다는 것은 깊게 새겨들을 만하다. 능력주의의 심각

한 문제점은 그것이 그렇지 않아도 이 나라의 출세주의를 더 거세게 부채질한다는 데 있다(정범모, 1989: 194).

여기서 수월성 교육은 엘리트 교육을 신봉하는 엘리트 계층의 요구를 정당화하는 논리이며, 정범모의 말처럼 그러한 요구의 저변에는 그 계층의 '출세주의'가 깔려 있는 것이다. 말하자면, 교육을 자기 계층의 이익을 위해 이용하고 있고 이를 국가경쟁력 강화라는 이름으로 합리화하고 있다는 비판을 받기도 한다.

6. 사회불평등과 교육

사회불평등은 불가피하다고 많은 사람들은 생각한다. 사람들이 가진 능력이 불평등하기 때문이다. 다시 말해서, 능력의 차이가 존재하는 한 사회불평등은 사라질 수 없다는 것이다. 학교는 능력이 있고 없음을 선별해 주기 때문에 능력이 있는 사람은 아무리 집안이 가난해도 학교교육을 통해 얼마든지 자신의 능력만큼 상승이동을 할 수 있다. 반대로 능력이 없으면 아무리 집안이 부유해도 하강이동을 할 수 밖에 없다는 것이다.

과연 그러한가? 오로지 능력에 따라서만 사회적 지위가 주어지는가? 이 장에서는 이 질문을 중심으로 살펴보기로 하자.

여기서 우리가 유념해야 할 점은 교육을 통한 사회적 이동에는 적어도 다음 세 가지가 전제되어야 한다는 것이다. 먼저 능력을 계발할 수 있는 기회가 공정하게 주어져야 하며, 또한 학교가 능력에 따라 공정하게 선발해야 한다. 그리고 능력에 따라서만 사회경제적 지위가 분배되어야 한다는 것이다.

1) 교육의 효과에 관한 기능론적 연구

개인의 사회이동에서 특히 우리의 관심사는 교육이 어느 정도 영향을 주느냐 하는 것이다. 사회이동에 관한 기능론적 연구에서 기본적으로 깔려 있는 가정은 학교

교육이 수직이동을 결정하는 주요 기제라는 것이다. 학교교육은 재능 있는 사람을 분류 · 선발하여 적재적소에 배치하는 기능을 수행하기 때문이다. 실제 상승이동 과정에서 학교교육이 얼마만큼 중요한 역할을 하고 있는지를 살펴보기로 한다.

(1) 지위획득 모형 연구

지위획득 모형 연구의 선구적 연구는 블로와 던컨(Blau & Duncan, 1967)의 '미국의 직업구조'다. 이들이 지위획득 모형 연구에서 밝히고자 한 질문은 다음과 같다. "출생조건이 이후의 지위에 어떻게, 그리고 어느 정도 영향을 미치는가? 인생주기의 한 단계에서 획득된 지위는 (그것이 대물림을 받은 것이든 자신이 성취한 것이든 간에) 다음 단계의 성공 가능성에 어느 정도 영향을 미치는가?" (Blau & Duncan, 1967: 164)

이들은 직업지위획득을 결정하는 결정변수를 아버지의 교육, 아버지의 직업, 본인의 교육, 본인의 첫 번째 직업경험 등 네 가지로 파악하였다. 아버지의 교육과 직업 요인은 가정의 배경 요인을, 본인의 교육과 직업경험은 자신의 훈련과 경험을 대표하는 것으로 간주하였다. 이들 네 개의 변수가 개인의 직업지위에 미치는 영향에 대하여 중다회귀분석을 실시하고, 그것을 근거로 행로분석을 하였다. 이들의 연구결과에 따르면, 본인이 받은 교육과 초기의 직업경험은 자신의 직업적 성공에 큰 영향을 미치며, 이러한 영향력은 배경 요인보다 더 강하였다.

블로와 던컨의 연구 모형에서 유의할 점은 설명력이 매우 제한되어 있다는 점이다. 본인의 현재 직업은 모형 내의 변인들에 따라 43%만이 설명되고 있을 따름이다. 즉, 아버지의 배경 요인(직업과 교육수준)과 본인의 성취 요인(교육수준과 직업경험)을 가지고 현재의 직업획득을 설명할 수 있는 정도는 43%일 뿐이다. 나머지 57%는 이들 변인 이외의 변인으로 설명되어야 한다. 참고로, 젠크스 등(Jencks et al., 1972)은 가정배경, 지적 능력, 교육수준, 직업지위의 변인으로 소득 차를 설명할 수 있는 부분은 12~15%에 불과하다고 보고, 그 나머지 85%는 '운'으로 설명되어야 한다고 주장하였다.

블로와 던컨은 연구결과를 근거로 현대 산업사회는 '배타주의(귀속주의)'에서 **'보편주의(업적주의)'**로 변화되고 있음을 주장하였다. 그러나 본인의 배경 요인보다 본인의 교육수준이 직업획득에 크게 영향을 주었다고 해도 그것이 업적주의로의 변화를 증명해 주는 것은 아니다. 왜냐하면 사회경제적 지위의 세습은 교육을 통해서도 이루어질 수 있기 때문이다. 업적주의로의 변화를 증명하려면 표본집단을 계급별로 나누고, 특히 하층계급 출신에서 교육수준이 지위획득에 얼마만큼 영향을 주었는지를 분석해야 한다. 사실, 이들이 주장하는 산업사회의 변화가 일어났다면 부모와 자식의 직업지위 간의 상관관계는 시간이 지남에 따라 줄어들어야 한다. 그러나 실제로는 그 같은 현상이 보이지 않고 있다(Karabel & Halsey, 1977).

(2) 위스콘신 모형

미국 위스콘신 대학교의 스웰(Sewell)과 동료들은 가족의 배경이 어떻게 교육 및 직업적 성취에 영향을 미치는지 밝히고자 하였다. 이들은 블로와 던컨의 모형에 사회심리적 변수를 추가하였다. 특히 사회심리학적 관점에서 교육과 직업포부에 영향을 미치는 것으로 보이는 '의미 있는 타인'에 초점을 두었다.

이들의 연구결과에 따르면, 부모의 격려가 학생들의 사회경제적 배경 및 능력과 교육포부(educational aspirations) 사이에 개입하는 강력한 매개변인임이 밝혀졌다. 부모의 격려는 비교적 IQ 검사 점수가 높고 상류층 가정배경을 가진 학생들의 교육포부에 가장 강력한 영향을 주었다(홍두승, 구해근, 1993 참조).

한편, 포터(Porter, 1976)는 의미 있는 타인의 기대와 후원이 학업성취와 직업적 열망에 직접적으로 영향을 주는 강력한 힘이 된다는 것은 모든 집단에게 해당되는 이야기는 아니라고 주장하였다. 그것은 백인에게나 해당될 뿐이며 흑인에게는 해당되지 않는다. 백인의 경우는 야망을 키워 주어 학업성취를 높여 주는 데 비해, 흑인의 경우 의미 있는 타인의 영향은 순응성을 길러 주는 것일 뿐이다.

더구나 백인에게 의미 있는 타인의 후원은 격려와 역할모범의 영향만 주는 것이 아니다. 계급적 양상을 띤 후원과 연줄을 통해서도 영향을 주기도 한다. 예를 들어, 코칭을 해 주거나 특급 정보를 줄 수 있으며, '당겨 주고 밀어 줄 수'도 있다(Stanton-Salazar & Dornbusch, 1995).

2) 기능론적 관점의 한계: 노동시장 분단론적 연구

기능주의에서 가정하는 것처럼, 과연 학교교육이 직업성취에 미치는 효과가 언제, 어디서나, 누구에게나 같을까? 노동시장 분단론자들은 그렇지 않다고 주장한다. 왜 그럴까? 노동시장이 동질적이지 않고, 분단되어 있으며, 인적 특성에 따라 차별이 존재하기 때문이다(Doeringer & Piore, 1971). 말하자면, 노동시장이 분단되어 있어 임금결정 과정이 노동시장마다 달라질 수밖에 없고, 이에 따라 노동시장별로 학력이 직업적 성취에 미치는 효과는 달라진다.

노동시장 분단론자들은 노동시장이 동질적이고 경쟁적이라는 기능주의론자들(특히 인간자본론자들)의 가설이 잘못되어 있다고 주장한다. 가설과는 달리 실제에서는 노동시장이 분단되어 있고, 차별이 존재한다는 것이다. 임금결정 메커니즘은 생산성뿐만 아니라 회사조직의 크기, 산업 부문, 이중 노동시장 등과 같은 구조적 요인에 영향을 받으며, 교육의 임금결정 효과도 노동시장의 어느 곳에서 일하는가에 따라 달라진다. 또한 노동자의 성, 계급, 인종, 출신지역과 같은 인적 특성에 따라 차별이 존재하며, 교육의 임금결정 효과가 달라진다.

계급적 특성에 따라 어떻게 고용차별, 배치상의 차별, 승진상의 차별이 생기는가에 대해서 확실하게 밝혀 주는 연구는 찾아보기 어렵다. 다만 계급적 특성에 따라 임금효과가 다르다는 연구는 찾아볼 수 있다. 이를테면, 라이트와 페론(Wright & Perrone)의 실증적인 연구결과에 따르면, 교육투자 수익률은 고용주, 관리직, 노동자의 순서였다(김신일, 1993에서 재인용). 즉, 고등교육을 받은 경우일지라도 노동계급 출신자는 그들의 가정배경 때문에 상류계급 출신자들만큼 사회적 성취를 이루지 못하였다. 다시 말해서, 노동계급 출신 자녀는 동일하거나 낮은 교육수준을 가진 중간층 자녀에 비해 그들의 교육을 직업적 위세나 경제적 수입으로 전환시키는 데 불리한 위치에 있었다. 요컨대, 교육은 상층계급에게는 큰 효과가 있으나 하층계급에는 큰 효과가 없었다.

우리나라의 경우도 계급적 특성에 따라 교육투자 수익률에서 차이가 난다(Koo & Hong, 1980). 예를 들어, 교육투자 수익률은 자본계급과 화이트 칼라 노동계급 출신자에게서 가장 높게 나타났다. 반면, 행상이나 일용노동자 같은 최저 수준의 노동계급 출신자는 최하의 교육투자 수익률을 보였다. 교육은 또한 화이트 칼라와 블루 칼라 노동자에게 각기 다른 효과를 가지고 있었다. 신중산계급은 노동계급에 비해서 교육수준이 한 단계 높아질 때마다 두 배 이상의 수입을 얻었다. 요컨대, 계급은 개인의 수입을 결정하는 데 결정적인 작용을 한다.

노동시장 분단론자들은 사회이동에서 개개인의 학력수준만을 중시하는 기능주의 학자들과는 달리 노동시장의 구조적 분단과 그에 따른 기회구조의 차이라는 개념을 도입함으로써 교육과 사회이동 간의 관계에 대해서 더욱 복합적으로 이해할 수 있도록 해 주었다. 또한 인적 특성에 따라서 성취 기회가 구조적으로 차별화되어 있다는 점을 이해할 수 있도록 해 주었다.

7. 교육과정사회학

교육사회학자들은 오랫동안 교육기회의 분배와 선발과정에만 전념해 왔고, 교육과정의 내용은 도외시하였다. 설사 관심이 있었다고 해도 기능주의적 관점에서는 교육과정의 내용을 사회적으로 합의된 보편적인 것이라고 간주하였다. 그리고 실증주의적 지식관에 입각하여 학교에서 전수되는 지식은 경험적으로 증명된 과학적 진리인 것처럼 생각하였다.

그러나 1970년대 이후에 많은 비판적 교육사회학자들은 학교에서 가르치는 지식의 보편성, 절대성에 대해 문제를 제기하기 시작하였다. 이들이 보기에 교육과정 지식은 사회와 학교의 권력 및 권위 구조를 확립·유지하는 핵심적 요소다.

다음에서는 **신교육사회학** 또는 **교육과정사회학**과 관련된 다양한 이론들과 이것들을 둘러싼 논쟁들을 살펴본다.

1) 교육과정사회학의 발전

교육사회학에서 지식과 교육의 과정에 대한 연구는 학업성취도와 사회화 연구 전통이 주류를 이루어 왔다. 학업성취도 연구 전통에서는 교육과정에서 다루는 지식 자체를 문제 삼지 않는다. 학교에서 가르치는 지식은 주어진 것이며 보편적인 것이라 여긴다. 따라서 무엇이 가치 있는 지식인가에 대해서는 충분히 검토하지 않은 채 학업성취를 측정하고 분류하여 서열화하는 것이 주요 관심사였다. 이런 전통에서는 학생하위문화, 교육자원의 불평등한 분배, 학생의 사회적 배경 등 학업의 성공과 실패와 관련된 변인들을 밝혀내는 데 중점을 둔다. 이러한 맥락에서 학교의 가장 중요한 목표는 학업성취를 극대화하는 것이다. 학업성취도 연구는 학교의 교육과정을 완전히 '블랙박스(black box)'로 남겨 두고 있다. 이 블랙박스 속에서 어떤 일이 일어나고 있는가, 무엇을 가르치는가, 학생과 교사는 무엇을 경험하고 있는가에 대해서는 밝혀 주지 못한다.

사회화 연구 전통에서는 학교에서 가르치는 지식에 관심을 갖는다. 그러나 주요 관심사는 학교에서 가르쳐야 할 사회규범과 가치다. 이 전통에서는 사회의 가치체계를 주어진 것으로 설정하고, 사회기관인 학교가 어떻게 학생들에게 합의된 가치와 규범을 사회화시킬 것인가를 탐구한다. 드리븐(Dreeben, 1968)의 『학교에서는 무엇을 학습하는가(On what is learned in school)』는 이러한 연구경향을 보여 주는 대표적인 저서다. 사회화 연구는 사회적 합의를 가정하고 있고, 사회로부터 '주어진' 가치가 학교에서 어떻게 가르쳐지고 있는가에 관심을 두고 있어 기능주의적 한계를 벗어나지 못한다.

한편, '신(新)교육사회학' 또는 '교육과정사회학'은 과거 교육사회학에서 블랙박스로 남겨 놓았던 학교교육의 내적 과정에 관심을 갖는다. 학교에서 중시되는 지식은 무엇이며, 교육의 내적 과정이 어떠한가를 탐구하는 것이다. 이렇듯 학교교육의 내적 과정과 지식을 사회적으로 탐구하는 교육과정사회학은 1970년대 초 영국에서 등장한 '신교육사회학'에서 비롯되었다. 특별히 영국에서 신교육사회학이 발전된 데는 여러 가지 이유가 있지만, 영국 사회에서 야심차게 추진된 교육평등화 개혁이 실패한 원인에 대한 규명의 필요성 때문이기도 하였다.

영국은 제2차 세계대전 이후 불평등을 해소하기 위해 여러 가지 교육제도 개혁을 단행하였다. 예를 들어, 조기선발의 폐지, 종합중등학교제, 보상교육 프로그램 도입 등을 들 수 있다. 그러나 이러한 개혁에도 불구하고 계급 간의 교육불평등은 줄어들지 않았고, 계층 상속의 정도가 완화되지 않았다. 결국 교육개혁의 효력에 의문이 제기되면서 교육개혁에서 소홀히 다루어졌던 교육과정 개혁의 필요성이 대두되었다. 호어(Q. Hoare)는 영국 노동당의 교육정책에 대한 비판에서 교육불평등 해결전략이 구조적 개혁을 중시하면서 가르치는 내용 및 교육과정과 같은 교육체제의 실제적 핵심을 공격하지 않았다고 지적하였다(Karabel & Halsey, 1977). 이를테면, 종합중등학교 체제는 교육과정과 교수방법의 혁신이 뒤따르지 않았기 때문에 학교 내적인 차별을 통해서 낡은 계급적 차이를 재생산하였다는 것이다.

2) 교육과정사회학과 잠재적 교육과정

잠재적 교육과정에 대한 연구는 대개 기능주의적 관점에서 이루어져 왔다. 기능주의적 관점은 드리븐(Dreeben, 1968)과 잭슨(Jackson, 1968)의 연구를 들 수 있다. 이들에게 학교는 학생들이 가정의 울타리 내에서는 학습할 수 없는 가치 있는 사회규범과 가치를 배우는 곳이다. 샤프(Sharp)는 이들 연구에 대해 다음과 같이 비판한다.

> 잭슨과 드리븐은 잠재적 교육과정을 상대적으로 양호한 것으로 간주한다. 그들의 관점에서 잠재적 교육과정은 학급에서 효율적인 학습의 필수적인 조건을 제공하는 것이며, 사회질서를 유지시켜 주는 성인 사회의 규범과 가치와의 단절이 결코 아니다. 이 두 학자 중 누구도 계급사회를 유지하는 데 잠재적 교육과정이 갖는 중요성을 논의하지 않는다(Sharp, 1980: 127).

한편, 교육과정사회학적 관점에서는 사회적 · 정치적 · 경제적 조건들이 학교의 잠재적 교육과정을 어떻게 만들어 내는가에 초점을 둔다. 이 관점에서는 잠재적 교육과정이 계급차별적 · 억압적 특성을 담고 있다고 본다. 다음에서 자세히 살펴보자.

(1) 재생산 이론과 잠재적 교육과정

보울즈와 긴티스(1976)는 학교의 비공식적인 교육과정을 잠재적 교육과정으로 보고 그것을 사회의 경제구조와 관련하여 보다 세밀히 분석 · 비판하였다. 이들은 생산활동과 학교생활이 구조적으로 대응되어 있다고 본다.

보울즈와 긴티스는 학교가 자본주의 사회의 유지에 필요한 가치관과 성격 특성을 주입시키는 기능을 한다고 본다. 그러나 교육은 대상에 따라 두 가지 다른 방식으로 이루어진다. 공장의 생산라인에서 단순노동자로 일할 사람에게는 윗사람의 지시에 순종하고, 시간을 엄수하며, 기계적 작업방식에 순응하도록 가르치는 반면, 회사의 관리자나 경영자로 일할 사람에게는 독립적인 사고력 및 작업능력, 여러 가지 선택 가능성 가운데 현명하게 선택하기, 외적 규율보다는 내면적 기준에 따라 행동하기 등을 중점적으로 가르친다. 이처럼 한 집단은 순종적이고 능률적인 노동자가 되도록 배우며, 다른 한 집단은 독립적이고 진취적인 지도자가 되도록 배우는 것이다.

잠재적 교육과정은 전체 사회의 구조나 지배집단의 의도와 분리된 채 이해될 수 없다. 이 과정에서 잠재적 교육과정은 학생의 사회계층에 따라 차별적으로 작용하기도 한다. 즉, 학교가 작업장의 위계적인 관계(그리고 그 관계를 규정하는 규범)를 재생산하기 위해서 장차 각기 다른 위치를 차지할 학생들에게 다른 교육내용과 학습장면에서의 상호관계를 요구하고 있는 것이다. 따라서 부유층 자녀들이 많이 다니는 학교와 하류층 자녀들이 다니는 학교 간에는 교실의 분위기, 학생이 습득하는 행동규범 등에 차이가 나타난다.

에이니언(Anyon, 1980)은 보울즈와 긴티스의 잠재적 교육과정 명제(잠재적 교육과정이 생산관계의 위계적 질서와 규범을 반영한다는 명제)에 기초하여 실제 잠재적 교육과정을 분석하였다. 그녀는 아이들의 사회경제적 배경이 다른 다섯 학교의 5학년 학생들을 관찰한 결과, 일, 소유, 규율, 의사결정 등과 같은 개념들이 잠재적 교육과정을 통해서 표현되는 방식에 의미 있는 차이가 있음을 밝혀냈다. 예컨대, 노동계급의 아이들이 다니는 학교에서는 많은 일들이 기계적이고 반복적이었고, 아이들에게 스스로 선택할 수 있는 기회가 주어지지 않았다. 규칙은 아이들이 반드시 지키도록 하였다. 이 학교에서 교사는 수업에서 시간과 공간 사용에 대한 전반적인 통제를 가하고 의사결정권을 독점하였다. 수업에 대한 통제는 "책 펴." "입 닥쳐." 등과 같이 직선적인 명령으로 이루어졌다.

부유한 중·상류계층의 자녀들이 다니는 학교는 노동계층 자녀들이 다니는 학교와 확연한 대조를 보였다. 이 학교의 잠재적 교육과정은 규칙, 권위, 소유에 대하여 노동계층의 자녀들이 다니는 학교와는 현저하게 다른 의미들을 부여하고 있었다. 교실에 대한 통제는 협의에 따라서 이루어졌다. 학생이 교실에서 나갈 때도 허가를 받을 필요가 없으며, 칠판에 자기 이름을 쓰기만 하면 되었다.

에이니언은 학교에 따라 다른 잠재적 교육과정을 생산관계와 대응시켜서 해석하였다. 이를테면, 노동계급 출신의 학생들은 생산과정에서 상대적으로 낮은 위계에 속하는 일의 세계에 적응하는 방법을 배운다. 그들은 자기들이 잘 이해하지도 못하는 규칙들에 순종하고, 자신들에게는 별 의미가 없는 세계에서 일하고, 외부에서 강제되는 명령에 의문을 제기하지 않고 따르도록 배우고 있다. 이에 비해 중상류계층의 학교에 다니는 학생들은 상대적으로 높은 위계에 속하는 일의 세계에 종사하는 방법을 배우고 있다. 그들은 한 규칙이 어떤 과제의 수행을 위해서 보다 더 중요한 목적과 부합되는지의 여부를 스스로 판단할 수 있도록 배우고 있다. 에이니언의 연구는 한계가 있다. 예를 들어, 잠재적 교육과정을 생산관계와 대응시켜서 해석하는 것이 타당한가는 논란의 대상이 되어 왔다(Liston, 1988).

(2) 저항이론과 잠재적 교육과정

영국에서 행해진 윌리스(Willis, 1981)의 문화기술적 연구는 잠재적 교육과정에 대해 학생들이 보이는 저항적 하위문화를 구체적으로 기술하였다. 노동계급의 중등학교 학생들은 스스로 '사나이'라고 불렀는데, 이들 사나이들은 학교 내에서 자신의 하위문화를 형성하고 있다. 이들은 '얌전이들'이라고 부르는 학생들과 같이 교사들에게 고분고분 따르는 것에 거부감을 가졌다. 이들은 일탈자이며, 사고뭉치들이다.

그들은 권력과 통제에 대항하여 끊임없는 싸움을 벌인다. 학교는 그 자체가 가진 제재능력만 가지고는 질서를 유지하지 못한다. 학교는 자체의 도덕적 권위와 다수 학생들이 수용하고 있는 권위에 많이 의존하고 있다. 윌리스(1981: 64)가 말한 것과 같이, "교사의 권위는 강압이 아닌 도덕적인 근거 위에서만 획득되고 유지될 수 있다. 학생들의 동의가 있어야 한다." 학교에서 제시하는 기본적인 거래를 학생들이 받아들일 때, 교사의 도덕적 권위가 산다. 이러한 협약은 다음과 같은 방식으로 진행된다. 만일 학생들이 규칙을 준수하고 교사에게 순응한다면 교사는 그 보상으로 의미 있는 지식을 학생에게 제공해 줄 것이며, 이러한 지식을 통해서 노동시장에서 직업과 교환이 가능한 졸업장을 얻는다. 나아가서는 상당한 보수를 받을 수 있는 직업을 얻을 수 있게 해 줄 것이다.

대부분의 학생들은 이러한 협약을 기꺼이 받아들이나 '사나이들'은 그렇지 않다. 그들은 학교의 공식적 구조가 의존하고 있는 도덕적 권위를 거부한다. 그와 같은 거부의 과정은 학교가 전달하는 메시지에 대한 창의적인 재해석과 '사나이들' 만의 문화적인 틀을 개발해 가는 것을 포함하고 있다.

'사나이들'에게는 실제적인 방법론이 남성다운 것으로 보이는 반면, 이론적인 지식은 여성적인 것으로 간주된다. 학교가 제공하는 지식을 거부했기 때문에 '사나이들'은 당연히 교사들이 요구하는 존경심이라는 것도 공식적인 학교문화가 지닌 부당하고 억압적인 특성이나 비합법적인 강제로 본다.

그들의 저항적인 하위문화는 그들이 더 나은 삶을 추구하고 다른 대안을 추구하는 데 장애요인으로 작용한다. 기회균등과 상승이동이라는 것을 모두 거부하기 때문이다. '사나이들'은 자신들의 삶의 의미를 형식적인 일이나 학교교육 이외의 것에서 찾으려고 한다.

윌리스의 연구는 재생산의 메커니즘이 결코 일방적인 것이 아니고 완전한 것도 아니며 언제나 그 안에 저항의 요소를 내포하고 있다는 사실을 밝혀 준다. 이 점이 윌리스의 연구에서 중요한 공헌으로 평가받고 있다(Giroux, 1983).

3) 학교지식과 문화적 헤게모니

(1) 교육과정 지식의 이데올로기

문화적 재생산 이론에서는 문화와 불평등을 탐구하는 데 비해 교육과정사회학자들은 **교육과정 지식의 이데올로기** 문제를 제기한다. 이데올로기와 교육과정의 상호관련성에 대한 연구는 미국의 교육과정사회학자인 마이클 애플(M. Apple)이 잘 수행하였다. 애플(1979)은 교육과정 연구에서 비판적으로 탐구해야 할 문제를 다음과 같이 제기한다. "어떻게 하여 학교에서 가르치고 있는 지식이 한 사회의 지배집단의 이데올로기를 반영하게 되는가, 학교는 어떻게 하여 제한적이며 부분적인 지식들을 의심할 여지조차 없는 진리로서 정당화하는가?" 하는 것이다. 요컨대, 학교에서 보편적인 진리인 것처럼 가르치는 지식은 지배계급의 이데올로기에 불과하다는 것이다.

애플은 교육과정에 담겨져 있는 지배적인 가정을 밝혀내기 위해 그람시(Gramsci)의 '문화적 헤게모니' 개념을 분석도구로 차용한다. 헤게모니란 대중을 상대로 '도덕적 · 지적(이념적) 리더십'을 발휘하는 것을 말한다. 단지 이데올로기(허위의식)를 대중에게 심어 주는 것만으로는 지속적인 지배가 어렵다. 대중이 적극 찬동하고 따를 수 있는 보편적인 이념과 사상, 가치를 표방하지 않으면 안 된다. 그러한 이념과 사상, 가치는 보편적인 듯 보이지만, 결국은 지배질서를 유지하기 위한 방편에 불과하다. 예를 들어, 서구사회에서 시민혁명을 일으켰던 시민계급이 자유 · 평등을 주장했지만, 그것은 기존의 계급을 무너뜨리기 위한 전술이었다. 자유 · 평등의 대의를 내세워야 민중이 호응을 하기 때문이다. 그러나 그런 대의를 성취하기 위한 혁명에서 자신들이 지배계급이 되자, 민중에게는 자유 · 평등을 실질적으로 보장해 주지 않고, 형식상의 흉내만 낸다. 이에 민중은 투쟁을 통해 자유 · 평등을 쟁취해 간다. 중요한 것은 기존의 질서를 무너뜨리고, 새로운 질서를 형성하기 위해서는 보편적 이념을 내세워야 하고, 그에 맞는 새로운 도덕적 모습을 보여 줘야 대중이 지배집단의 지도에 호응하고 따라 준다는 것이다.

애플은 헤게모니 개념을 적용하여 교육과정에서 갈등을 어떻게 다루고 있는가를 밝히고자 하였다. 이를테면, 사회교과와 역사교과는 사회적 갈등을 부정적으로 다루면서 사회적 갈등의 긍정적인 기능을 무시한다. 또한 과학교과에서는 과학적 활동과 논쟁의 본질을 간과한다.

애플은 다음과 같이 말하고 있다.

> 사회교과의 관련 문헌들을 살펴보면 그중 대부분이 사회를 기본적인 협동체제로 보고 있음을 알 수 있다. 이러한 경향은 갈등이 사회적 관계의 본질적 특징이 아니라고 하는 이데올로기적 가정에서 연유한 것이다. …… 인권운동과 흑인운동에 대한 탐구를 통해서 사회계급과 집단 간의 갈등의 역사와 그 의의를 현실적으로 조망하려는 노력이 있었다는 사실은 인식되어야 한다(Apple, 1986: 92-93, 96).

애플과 같은 관점에서 에이니언(1991)은 미국의 중등학교 역사 교과서의 분석을 통해 교육내용이 계급 편향적임을 보여 주었다. 많은 사람들이 역사 교과서는 학생들이 역사와 현실 문제를 이해하고 해석하는 데 요구되는 지식과 정보를 편견 없이 제공하는 것으로 믿고 있으나, 실제로는 특정 집단의 이익에 봉사하는 이데올로기를 반영하고 있다. 에이니언은 다음과 같이 말하고 있다.

> 교과서에 서술된 이야기는 그와 관련된 다양한 집단의 시각에 대해 중립적이지 않다는 사실이 입증되었다. 모든 교육과정이 부자와 강자의 이익을 옹호하는 것이었다. 편향되지 않는 것처럼 표현하고 있으나, 교과서의 역사 해석은 가진 집단의 행동과 특권을 이데올로기적으로 정당화하는 것이며, 사회적인 인정과 지원을 위해 이 기득권 집단과 경쟁하는 집단의 관점이나 중요성에 정당성을 부여하지 않는다 (Anyon, 1991: 180).

한편, 페미니즘의 시각에서는 수학, 과학의 중립성에 대해서도 문제를 제기한다. 이 시각에 따르면, 수학과 과학의 중립성은 신화에 지나지 않는다. 그 어떤 교과보다도 수학과 과학이 오히려 기존의 계급적 · 인종적 · 성적 위계관계를 유지하는 데 기여한다는 것이다(곽윤숙, 1997 참조). 특히 과학은 남성적 교과로 인식되며 남학생에게 유리하게 제공되어 성별분업을 재생산한다. 그리고 수학과 과학의 내용과 그 교과가 지향하는 교수방법은 계급적으로는 자본가 계급, 인종적으로는 백인, 성적으로는 남성에게 유리하기 때문에 노동자 계급, 흑인, 여성은 이 교과에서 학업성취가 저조할 수밖에 없다(Singh, 1989). 그리고 과학의 속성은 추상적인 것으로 과학의 적용이나 사회적 의미를 다루지 않기 때문에 과학적 지식이 없는 대중은 과학 분야의 전문가에게 의존함으로써 노동분업의 재생산에 기여하게 된다.

(2) 한국에서의 교육과정사회학 연구

우리나라에서도 교육과정사회학의 관점에서 교육내용의 계급적 · 성적 편향성에 대한 비판적 논의가 활발히 전개되어 왔다. 학자뿐만 아니라 교사들도 교과서 내용을 비판적으로 연구하였다. 이 연구들(예: 윤구병 편, 1988; 전국교직원노동조합 교과위원회, 1990; 한만길, 1989)은 대체적으로 교육내용에 정치적 · 경제적 지배집단의 체제 유지 및 재생산을 위한 이데올로기가 담겨 있다고 주장한다. 예를 들어, 홍후조(1986)는 5공화국 당시의 중학교 사회 교과서를 분석하였는데, 교과서 저작자는 사회갈등에 대해 대체적으로 부정적인 태도를 취하고 있음을 밝히고 있다. 특히 정치적 갈등에 대해서는 더욱 부정적인데, 한국전쟁과 같은 지극히 극단적인 사례를 들어 정치갈등을 금기시하였다. 사회과 교과서는 국어, 윤리(도덕) 교과 등과 더불어 5공화국의 군부통치 이념을 담고 있었으며, 국민정신 교육내용이 직접적으로 반영되어 있었다.

우리나라에서 이루어지는 교육과정사회학적 논의에 대한 비판적인 시각도 있다. 이를테면, 이해성(1994)은 사회과 교과내용 속에는 대의제의 의미, 삼권분립의 원리, 선거의 중요성, 소수인의 권리 보장 그리고 시민의 저항권 등 민주정치의 기본원리에 대한 내용이 들어 있으며, 이는 우리 교육에서 민주시민교육이 제대로 이루어져 온 증거라고 주장한다. 이해성의 말대로 우리 교육은 양면성을 가지고 있을지도 모른다. 한편으로는 권위주의적 권력유지를 위한 이념적 통제기능을 발휘하면서도 동시에 민주시민교육을 실시하는 양면성이다. 그러나 단편적인 교과서 내용만 가지고서 민주시민교육이 제대로 되었다고 판단하는 것은 비약이다. 실제 교과내용이 현장에서 어떻게 가르쳐지느냐가 중요하다. 여기서 우리가 생각해야 할 점은 양면성을 띤 교육을 통해 궁극적으로 학생들에게 현실세계를 비판적으로 읽을 수 있는 민주시민의 능력을 길러 줄 수 있는가 하는 것이다.

군사정권이 종식되고, 김대중-노무현 대통령으로 이어지는 민주정부가 들어서면서부터는 교과서 내용에 대해 예전과는 정반대의 비판이 제기되고 있다. 예전에는 군사정권의 통치를 정당화하는 교과서 내용에 대한 민주화세력의 비판이 많았던 반면에, 민주정부 이후에는 보수집단들의 교과서 비판이 늘어나고 대안교과서까지 내놓고 있는 형편이다. 예를 들어, 보수진영과 전국경제인연합회(전경련) 등의 기업 쪽에선 "현재의 교과서가 대한민국의 정통성을 부인하거나 반시장적이고 반기업적인 내용을 포함하고 있다."고 반발한다. 교육부는 이러한 보수진영의 반발을 의식하여 전경련과 공동으로 경제 교과서 모형을 펴내기도 하였는데, 노동계는 이 경제 교과서가 친기업, 반노동 시각에 치우친 내용을 담고 있다고 비판하고, 이에 맞서 자신들의 '경제 교과서'를 펴내고자 하고 있다.

교과서 내용에 대한 보수와 진보 진영의 대립과 논쟁을 교육과정사회학에서는 어떻게 분석할 것인가? 앞으로 이에 대한 교육과정사회학적 연구가 많이 이루어질 필요가 있다.

한편, 교육과정사회학적 논의에서 빼놓을 수 없는 것은 우리나라 국정교과서 제도다. 국정교과서(1종) 제도에서는 국가가 교과서를 직접 지어서 무엇을 가르치고 무엇을 가르치지 말아야 할 것인가를 결정한다. 여기서 문제가 되는 것은 국가가 '공인한' 지식만 가르치도록 교과내용을 통제한다는 점이다. 이는 무엇이 진리이며, 무엇이 진리가 아닌가를 국가가 결정해야 하고, 또 결정할 수 있다는 것을 전제한다. 김기수의 지적을 들어 보자.

> 이제까지의 국민윤리나 도덕 교과서들은 공공성을 현저하게 결여한 정권들이 제작하였기 때문에 국민의 자유와 권리의 제한을 정당화하고, 국민에게 올바른 가치관이라는 이름하에 맹목적인 충성을 강요하는 것이 그 특징이었습니다. 윤리와 도덕과목이 이와 같이 국가에 대한 맹목적인 충성을 강요한다면, 국어나 국사 과목은 국가를 미화함으로써 그와 같이 맹목적인 충성을 부추기는 역할을 했습니다(김기수, 1994: 199).

국정교과서 제도의 가장 큰 위험성은 아이들에게 진리를 탐구하도록 가르칠 수 없다는 점이다. 이러한 위험성은 과거 일본 군국주의하에서 일본 국민이 뼈아프게 경험했던 것이다(Horio, 1988).

교육과정사회학은 교과내용 분석에 한계가 있지만, 지식교육에 여러 가지 중요한 시사점을 주고 있다. 예를 들어, 첫째, 지식을 학습하는 것은 지식 자체를 위한 것이 아니며, 지식은 개인과 사회 현실 간의 매개물로 이해되고 학습되어야 한다. 지식은 사고의 끝 또는 완결로서 숙달이나 암기되어야 하는 대상이 아니라, 문제를 제기하고 분석하고 재구성해야 할 어떤 것이다. 둘째, 학생들은 주어진 '참조체계(frame of reference)'를 넘어서는 방법을 배워야 하며, 자신의 참조체계를 자각하는 것이 필요하다. 사람들은 의식적이건 무의식적이건 참조체계를 가지고 있으며, 학생들은 자신의 관점의 사회적 근거를 깨닫는 것이 필요하다. 셋째, '정당한 지식'이란 지배적인 규범, 보편적인 가치 또는 관점이 아니며, 무조건 수용하고 받아들여야 할 진리가 아니다. 비판적 사고와 변증법적 사고활동을 통하여 지식을 재형성하고 재구조화하는 과정의 지식이 정당한 지식이다. 즉, 주어진 사실, 개념 혹은 논제의 정당성에 의문을 갖고, 자신의 참조체제를 전체적인 관계체제 속에서 인식하는 방법을 통해 재구조화하는 지식인 것이다(Giroux, 2001).

8. 공교육의 대안적 접근

우리는 앞에서 학교교육의 현실을 다양한 이론적 관점에서 살펴보았다. 이제 남은 과제는 '그렇다면 학교교육은 어떻게 변화되어야 하는가?' 하는 것이다. 그 현실적 대안은 무엇인가? 그 대안은 어디에서 찾을 수 있을까? 해답이 바로 이것이라고 명료하게 제시하는 것은 극히 어려운 일일 뿐만 아니라 그리 바람직하지도 않다. 공적인 토론과 민주적 의사소통을 통해 그 대안을 탐색하고 합의하는 것이 필요하다.

다음에서는 공교육의 대안을 공교육 비판이론들이 제시하는 대안을 중심으로 검토한다. 이러한 작업은 우리나라 공교육의 위기극복을 위한 큰 틀을 설정하는 데 도움이 될 것이다. 이 장에서는 낭만주의이론(탈학교론), 신마르크스이론, 포스트모더니즘, 생태주의이론을 중심으로 살펴보고자 한다(김양자, 2003; 김천기, 김양자, 2003 참조).

1) 낭만주의: 대안학교와 학습조직망

낭만주의는 '내적 성장'이라는 교육의 본질적인 목적을 중시하며 스스로 배울 수 있다는 학습자의 자율성을 존중한다. 낭만주의는 자연성, 학습의 자율성, 아동의 관심, 생활중심을 강조한다.

낭만주의의 주된 비판은 제도화된 학교교육이 어린이를 미성숙자 혹은 어른의 축소판으로 생각하고, 자율성보다는 강요, 현재의 삶보다는 미래를 위한 준비교육에 치중함으로써 아동의 잠재능력 계발이라는 교육의 본질적인 기능을 실현하지 못한다는 점에 맞추어져 있다. 학교교육이 취업과 대학입시의 직접적인 수단이라는 굿맨(Goodman, 1966)의 지적, 공립학교는 보호 감옥이라는 코졸(Kozol, 1967)의 지적 그리고 학교교육의 신화에 대한 일리치(Illich, 1971)의 비판이나 학교의 사회통제 기능에 대한 라이머(Reimer, 1987)의 비판은 한국교육의 현실을 비판하는 데 적절하다.

우리나라의 학교교육은 표면상 '인격함양' '시민의식' '전인교육'을 목표로 하고 있지만, 상급 학교 진학과 취업을 위한 수단으로 전락했다. 이는 초·중등학교의 입시위주 교육과 대학의 교육에서 여실히 드러난다. 입시위주 교육은 다양한 관심과 적성을 가진 학생들을 획일화된 주입식 수업으로 몰아넣어 학습에 관심이 없는 학생들에게는 쓸모없는 지식을 전달하고, 사회인으로서 준비도 제대로 시키지 못할 뿐만 아니라, 대다수 탈락자들을 차별화하고 무시하며 열등감을 갖게 하였다. 낭만주의의 공교육 비판은 우리 공교육의 근현대사를 통해 드러나는 교육의 내재적 가치의 상실과 학교교육이 진학과 취업을 위한 수단으로 전락했다는 문제점을 잘 지적해 준다.

낭만주의는 의무교육 제도를 비판하면서 학교체제 내에서의 변화를 요구하는 소규모 학교, 개방교실, 자유학교 그리고 탈학교론에서 나온 '학습을 위한 조직망' 구성을 대안으로 제시한다. 그 대안은 학생들의 자연성, 흥미 그리고 자율성을 보장받을 수 있는 교육으로의 변화다. 낭만주의의 논의는 일차적으로 교육받는 학생들을 교육의 중심에 두고, 사회는 아동의 잠재능력을 자유롭게 신장할 수 있는 교육의 장을 마련해야 한다는 데 있다.

공교육 비판론에서 제시하는 대안들은 우리 교육의 위기를 극복하는 데 새로운 대안이 될 수 있는가? 먼저, 낭만주의의 소규모 학교, 개방교실, 자유학교는 학교체제의 변화를, 일리치와 라이머의 '학습을 위한 조직망' 구성은 학교체제의 폐지를 주장하는 것이다. 우리 교육의 현실에서 모든 학교제도가 자유학교로, 개방교실로 또는 '학습조직망'으로 대체되어야 한다는 주장은 현실성이 부족하지만 공교육체제를 다양화해야 한다는 데 시사하는 점이 크다. 거대규모의 학교, 입시위주의 획일화된 교육 속에서 만연된 학교교육의 위기를 풀 수 있는 해법 중의 하나는 보다 자유롭고 학생들의 개성이 인정되는, 그러면서도 인간적인 정이 있는 학교로의 변화일 것이다. 오늘날 소규모 학교와 자유학교는 학교교육에서 소외된 학생이나 개성이 강한 학생들을 위한 대안학교 형태로 확산되고 있다. 그러므로 이러한 학교를 공교육체제 내에서 부분적으로 인정하는 것은 좋은 대안점이 될 수 있다. 이런 면에서 우리 교육은 대안학교나 홈스쿨링이 공교육체제 내에 수용되어야 하는 과제를 안고 있다.

2) 신마르크스주의: 경제와 교육의 민주화 실현

신마르크스주의자들은 학교교육의 계급재생산 기능을 가장 큰 문제로 지적하고, 이를 혁파하기 위해 경제적 민주주의 실현과 교육의 민주화를 대안으로 제시하고 있다. 재생산론자인 보울즈와 긴티스(1976)는 자유자본주의 사회에서는 인간해방을 위한 교육개혁안들(자유학교나 탈학교론)이 실효를 거둘 수 없다고 보았다. 학교교육이 순응적인 노동자를 양성하고, 계급관계를 재생산하는 중심적인 축이라면, 경제생활의 변혁 없이 학교를 없애는 것은 사회적 혼돈 상황을 가져올 뿐이라고 지적한다. 평등하고 인간을 해방시킬 수 있는 교육제도는 경제생활의 변혁에 기여하는 광범위한 운동을 통해서만 가능하다고 믿는다.

그들은 노동자가 직접적으로 참여하여 자신의 노동생활을 구조화할 수 있는 경제적 민주주의를 옹호한다. 그렇게 되면 작업장의 민주화를 가져올 수 있고, 작업장의 민주화는 대응원리에 따라 교육의 사회적 관계도 민주화하기 때문에 교육제도의 해방을 가져올 수 있다는 것이다. 여기서 교육의 해방을 위한 투쟁과 경제적 삶의 민주화를 위한 투쟁은 밀접하게 관련됨을 알 수 있다. 이처럼 보울즈와 긴티스는 초기 저술에서 자본주의 경제의 변혁을 통해 교육의 계급재생산 기능을 극복할 수 있고 사회평등화를 실현할 수 있다고 주장하였다.

한편, 저항이론가인 지루(Giroux)는 교육을 사적인 시장영역이 아니라 공공영역 속에 위치시키고 학교제도 안팎에서 교육의 문제해결을 위해 노력해야 함을 주장한다. 즉, 교육자는 일상생활 속의 억압에 대한 비판적 이해를 허용하고 억압에 대항하고 투쟁하는 데 필요한 기초지식과 사회관계를 제공하도록 노력해야 한다. 애플(Apple, 2001)도 학부모나 교사들의 집단적인 활동계획 수립, 교육과정과 수업모형 개발, 정치교육과 다른 단체와의 연대, 교육내용 차원에서 노동자들의 투쟁과 전망을 담아내어 투쟁적으로 나가야 한다는 실천 지향적인 대안을 제시하고 있다.

이와 같이 신마르크스주의의 교육적 대안은 경제적 민주주의 실현이라는 사회구조의 개혁과 함께 학교 안팎에서의 억압에 대한 이해, 연대의식 그리고 투쟁에 필요한 지식과 기술 제공 등 교육민주화를 위한 의식교육이다. 교사와 학생(학부모)들은 어느 정도 상대적 자율성을 가지고 있으므로 교사는 노조활동 등을 통해 교육민주화운동을 이끌고, 학부모는 시민단체를 결성하여 교육문제에 참여하고, 학생은 인권의 보장을 위해 연대해야 교육의 민주화, 경제적 민주주의, 정의로운 민주사회를 만들 수 있다.

우리나라의 교육에서 신마르크스적인 대안이 무엇인가를 제시하는 것은 쉽지 않다. 엘리트주의와 인적 자본론이 지배적인 교육 현실에서 자칫 비현실적인 논의로 도외시되기 쉽기 때문이다. 그러나 적극적으로 대안을 찾아본다면 이런 것들이 될 수 있다. 첫째, 노동계급과 여성 등 사회적 약자의 정치적 · 경제적 정의 실현을 위한 교육과정과 수업모형을 개발한다. 둘째, 학생들에게 정치적 · 경제적 역사 속에서 그들의 위치를 분명하게 이해시키고, 노동계급의 투쟁과 전망에 대해서 가르친다. 그러나 계급의식 교육은 그 자체가 또한 계급적인 편향성을 띠고 있기 때문에 보편적 대안으로서 충분한 공감을 얻기 어렵다.

우리의 현실 속에서 대안은 사회경제적 불평등의 재생산 고리를 어떻게 끊을 수 있는가에 모아진다. 물론 경제적 불평등을 줄임으로써 계급 간의 교육기회의 불평등을 해소하는 것이 신마르크스적 대안이지만, 그것은 사회적 대안이지 계급 간의 교육불평등을 타파하는 교육적 대안은 아니다. 교육불평등을 점진적으로 해소할 수 있는 정책 방안이 나와야 하고, 그와 아울러 계급재생산의 통로 구실을 하는 잠재적 교육과정과 명시적 교육과정을 개혁함으로써 교육과정의 계급편향성을 시정할 수 있는 방향으로 나아가야 한다. 교육과정 내용에는 노동계급의 억압적 위치에 대한 의식교육, 서로 단결할 수 있는 연대감 형성, 민주화 실현을 위한 투쟁에 필요한 기초지식과 기술 함양이 들어갈 수 있다. 현재 교육의 수월성, 교육의 질적 향상이라는 교육개혁의 목표에는 이러한 대안들은 담겨 있지 않다.

3) 신자유주의적 교육개혁 타파

신자유주의자들은 공립학교의 교육자원과 공적 서비스의 비효율성의 근본 원인이 학교교육체제 내의 관료적 통제에 있으며, 이것은 경쟁 부재, 자율성과 책무성의 부재, 획일적 교육서비스 제공을 가져왔다고 주장한다. 그들은 선택과 경쟁이라는 시장경쟁 논리의 도입을 제안한다. 이를 통해 단위학교의 자율성과 책무성을 강화할 수 있고, 학교 간의 경쟁 유도를 통해 교육의 질을 향상시킬 수 있으며, 학부모 및 학생에게 학교선택권을 부여하여 교육수요자의 요구에 부합되는 교육을 받을 수 있게 한다는 것이다(Chubb & Moe, 1990).

공립학교의 관료적 통제에 대한 신자유주의의 비판은 우리나라 교육문제의 가장 핵심적인 부분이기도 하다. **신자유주의**에 따르면, 관료적 통제는 비효율성, 무기력, 타성, 질적 하락, 책무성의 부재를 낳는다. 이러한 관료적 통제하에서는 학교들이 학생 유치를 위해 경쟁해야 할 필요도 없고 자신의 교육적 실패에 대해 책임질 필요도 없는 무사안일한 풍토가 만연하기 마련이다. 교육의 관료적 통제에 대한 신자유주의적 비판은 우리 교육 운영의 실제를 반성하도록 한다.

미국에서도 1980년대 이후 시장경쟁 원리에 따라 공교육체제를 개혁하려는 노력이 이루어져 왔다. 레이건 대통령은 학교선택권과 지방자치단체의 교육자율성을 강화하였고, 부시 대통령은 건전한 시장원리에 따라 공교육체제를 재조직하려 노력하였다.

미국의 경우 신자유주의에 의거한 공교육개혁의 방향은 다음과 같다.

- 학생들의 학업성취도(읽기 · 쓰기)를 평가하고 그 결과에 대해 학교와 교사가 책임지게 하라.
- 학생과 학부모에게 학교를 선택할 수 있는 자유를 허용하라.
- 슈퍼스타 교사로 학교를 채우라.
- 문제학생은 학교에서 쫓아내라.

앞서 언급한 방안들은 그야말로 간단명료하고, 장밋빛 미래를 약속해 주는 것처럼 보인다. 하지만 신자유주의 개혁의 결과, 미국에서는 과연 이상적이고 바람직한 공교육이 재탄생되었는가? 한때 열렬한 신자유주의 교육개혁의 전도사였던 교육사학자 래비치(Ravitch)는 다음과 같이 반성적으로 회고하고 있다.

> 나 역시 다른 사람들과 마찬가지로 최근에 등장한 만병통치약과 기적의 묘책에 속아 어려운 문제를 바로잡을 수 있다고 약속하는 묘약에 흠뻑 취해 책무성 부과와 인센티브, 시장의 힘을 숭상하는 축제의 행렬에 동참했다는 것이다. 눈이 멀고 마음을 빼앗긴 것으로 치자면 나 역시 예외가 아니었다. …… 시간이 지나면서, 최근의 개혁 정책이 그 약속을 실현해 주지 못한다는 증거만 늘어 가자, 나는 결국 설복될 수밖에 없었다. 더 많은 증거가 등장할수록 내 신념도 서서히 사그라졌다(Ravitch, 2010: 17–18).

한마디로, 미국의 신자유주의적 공교육개혁의 결과는 공교육의 파탄을 가져왔다는 비판을 피하기 어렵게 되었다. 선택제를 보장하기 위해 도입된 협약학교, 바우처스쿨 등은 그 자체의 효과도 의심스러울 뿐만 아니라 무엇보다 공립학교를 황폐화시켰으며, 교육당국은 시험이 갖는 한계를 무시하고 오로지 시험점수의 결과로 교사를 해고하고, 공립학교를 폐쇄시킴으로써 공립학교를 와해시키는 지경에 이르렀다. 학교 간 경쟁이 치열해질수록 공립학교는 전혀 개선되지 않고 오히려 더욱 몰락하는 결과를 보이고 있다(Ravitch, 2010). 이러한 신자유주의 개혁의 결과에 직면하면서 래비치(2010)는 공교육의 희망이 이제 신자유주의적 교육개혁을 타파하는 데 있음을 역설한다. 그는 다음과 같이 개혁방향을 제시하고 있다.

- 본질적인 교육목표를 무시하고 교육의 구조와 관리체계만 계속 바꾼다면 학교는 개선되지 못할 것이다. 미국 공교육의 문제는 교육적 비전의 결여에서 발생한 것이다. 우리가 개탄해야 할 대상은 학교의 구조가 아니라 건전한 교육적 가치의 부재다.
- 정부 관료들이 교육학적 영역에 개입하면서 전문교육자가 적절히 내려야 할

결정을 대신 내린다면 학교는 발전하지 못한다.

- 좋은 교육의 본질을 이루는 여타 과목을 등한시하고 계속 읽기와 수학에만 치중한다면 학교는 발전할 수 없다.
- 시험이 측정하는 대상에만 가치를 두어서는 학교가 개선될 수 없다. 시험은 학업향상도에 대해서는 유용한 정보를 제공할지 몰라도 정작 교육에서 가장 중요한 것은 측정하지 못한다.
- 오로지 시험에 의존해서 학생, 교사, 학교장, 학교의 운명을 결정한다면 학교는 발전할 수 없다.
- 개혁이란 이름으로 계속 지역 학교의 문을 닫는다면 학교는 개선되지 못한다.
- 시장의 마법에 학교를 맡긴다면 학교는 결코 발전할 수 없다. 차터스쿨이 가난한 지역 일반 공립학교에서 학습동기가 가장 높은 학생과 그 가족을 빼내간다면 학교는 성장하지 못한다.
- 학교가 이익을 추구하는 민간 기업처럼 작동하기를 기대해도 학교는 발전할 수 없다. 학교는 성공과 실패에 대한 정보를 즉각 공유하면서 서로에게서 배움을 얻어야지, 생존을 위한 싸움에서 라이벌이 돼서는 안 된다.
- 시험성적 데이터만 맹신해서는 학교가 절대 발전할 수 없다. 데이터는 숫자로 된 측정 결과일 뿐이며, 어디까지나 보조 역할을 수행하는 데 그쳐야 한다.
- 학교교육에서 돈이 중요하지 않다고 말하는 사람들의 손으로는 학교가 개선될 수 없다. 풍부한 자원이 성공을 보장하지는 않지만, 풍부한 자원 없이 학교가 성공하기는 무척 어렵다. 진정으로 학업성취도 격차를 줄이고자 한다면 가장 가난한 아이들이 제대로 교육받은 교사와 소규모 학급, 멋진 시설, 풍부한 예술 및 과학 교육과정이 마련된 학교에 다닐 수 있도록 해야 한다.
- 빈곤한 가정환경처럼 사회적으로 불리한 여건을 무시해서는 학교가 발전할 수 없다.
- 좋지 못한 경제 상황이나 가난, 가족의 붕괴, 시민의식 저해 등을 학교교육 탓으로 돌리며 학교를 우리 사회의 다목적 샌드백으로 사용하는 한, 학교는 개선될 수 없다. 학교는 여타 제도나 기구와 더불어 운영돼야 할 기관이지, 이들 기구를 대체할 수 있는 기관이 아니다(Ravitch, 2010).

요컨대, 신자유주의적 교육개혁의 핵심적 논리, 즉 ① 공립학교를 민간기업처럼 경영하고, ② 학교들이 생존경쟁을 하도록 해야 학교를 개선할 수 있다는 환상을 버려야 한다. 나아가 교육의 진정한 목적과 비전을 확고하게 하고, 신자유주의 교육개혁에서 도외시하는 빈곤한 가정환경, 열악하고 위험한 지역환경, 불평등한 교육환경 등을 개선할 때에야 비로소 학교교육이 개선될 수 있다.

학 / 습 / 과 / 제

1. 능력의 차이가 있으므로 불평등은 생겨날 수밖에 없다는 주장에 대해서 어떻게 생각하는가? 이와 관련된 다양한 관점, 예를 들어 기능주의적 관점, 재생산 이론적 관점, 롤스의 관점, 능력의 사회적 구성 관점 등을 먼저 검토하고 자신의 생각을 정리해 보시오.

2. 교육이 사회적 이동에 기여한다는 주장과 사회적 불평등 재생산에 기여한다는 주장이 있다. 여러분은 어떤 주장에 동의하는지 그리고 그 이유는 무엇인지 논의하시오.

3. 교육의 기회균등 원리가 결과의 불평등을 정당화한다는 주장이 있다. 롤스는 결과의 불평등을 시정하기 위해 차등의 원칙을 도입한다. 차등의 원칙이 어떻게 결과의 불평등을 시정할 수 있다고 생각하는지 논의하시오.

참고문헌

곽윤숙(1997). 학교 지식에 대한 페미니스트적 논의. 교육사회학 연구, 7(2), 54-67.

교육개혁심의회(1987). 10대 교육개혁. 서울: 교육개혁심의회.

교육개혁위원회(1995). 세계화. 정보화 시대를 주도하는 신교육체제 수립을 위한 교육개혁 방안(제2차 대통령 보고서). 미간행 보고서.

김기석(1991). 문화재생산이론. 서울: 교육과학사.

김기수(1994). 자녀교육을 위한 철학: 자유주의 교육론. 서울: 지식산업사.

김신일(1993). 교육사회학(개정증보판). 서울: 교육과학사.

김양자(2003). 한국 공교육의 재구성을 위한 대안적 접근. 전북대학교 대학원 박사학위 논문.

김천기(2002). 평준화의 왜곡과 자립형 사립고의 문제에 대한 비판적 고찰. 교육사회학연구, 12(3), 55-76.

김천기(2005). 평준화제도의 불평등성 논쟁에 대한 비판적 고찰: 거주지 중심 학교 배정을 중심으로. 교육사회학연구, 15(1), 65-88.

김천기(2012). 한국교육의 신자유주의화 과정과 그 성격: 학교의 입시학원화와 '자율적 통치성' 강화. 교육종합연구, 10(1), 119-149.

김천기, 김양자(2003). 공교육의 문제와 대안에 대한 서구교육 이론의 한국적 타당성 고찰. 교육사회학연구, 13(1), 77-107.

나병현(2003). 교육개혁의 신자유주의적 성격. 아시아교육연구, 29(2), 293-310.

나병현(2004). 교육의 상대적 자율성론 비판. 강영혜, 곽덕주, 나병현, 박철홍, 유재봉, 유현옥, 이기범, 이종태, 정진곤, 조난심, 조화태, 홍은숙 편. 현대사회와 교육의 이해: 교육철학의 최근 동향(pp. 83-531). 서울: 교육과학사.

윤구병 편(1988). 교과서와 이데올로기. 서울: 천지.

이건만(1996). 마르크스주의 교육사회학. 서울: 교육과학사.

이돈희(1992). 교육정의론. 서울: 고려원.

이두휴(1993). 입시경쟁의 지역 간 분화의 구조 분석. 교육사회학 연구, 3(1), 35-56.

이해성(1994). 잠재적 교육과정과 민주적 태도 그리고 개방적 수업방식. 교육사회학연구, 4(1), 201-226.

전국교직원노동조합 교과위원회(1990). 참교육 실현을 위한 교과서 백서. 서울: 푸른나무.

정범모(1989). 미래의 선택. 서울: 나남.

정범모(1991). 교육난국의 해부: 한국교육의 진단과 전망. 서울: 나남.

정범모(1993). 입시와 교육개혁. 서울: 나남.

한만길(1989). 1950년대 민주주의 교육의 이데올로기적 성격. 한국교육문제연구회 편. 한국교육문제연구 제2집. 서울: 푸른나무.

홍두승, 구해근(1993). 사회계층 · 계급론. 서울: 다산출판사.

홍후조(1986). 사회과 교과서의 사회갈등 내용 분석. 교육출판기획실 편. 교육 현실과 교사(pp. 271-316). 서울: 청사.

Anyon, J. (1980). Social class and the hidden curriculum of work. *Journal of Education, 162* (Winter), 67-92.

Apple, M. (1979). *Ideology and curriculum*. Boston, MA: Routledge & Kegan Paul.

Apple, M. (1986). *Teachers & texts: A political economy of class & gender relations in education*. London: Routledge.

Apple, W. (1996). *Cultural politics & education*. New York: Teachers College Press.

Aronowitz, S., & Giroux, H. (1985). *Education under siege: The conservative, liberal, and radical debate over schooling*. South hardley, MA: Bergin & Garvey.

Ball, S. T. (1994). *Education reform: A critical and post-structural approach*. Buckingham, PI: Open University Press.

Bernstein, B. (1975). *Class, codes and control (Vol. 3): Towards a theory of educational transmissions*. London: Routledge & Kegan Paul.

Blau, P., & Duncan, O. (1967). *The American occupational structure*. New York: John Wiley.

Bourdieu, P. (1995). 구별짓기: 문화와 취향의 사회학(*La distinction*). (최종철 역). 서울: 새물결. (원저는 1979년에 출판).

Bourdieu, P., & Passeron, J. C. (2000). 재생산: 교육체계이론을 위한 요소들(*Reproduction in education, society, and culture*). (이상호 역). 서울: 동문사. (원저는 1964년에 출판).

Bowles, S., & Gintis, H. (1976). *Schooling in capitalist America: Educational reform and the contradictions of economic life*. New York: Basic Books.

Chubb, J. E., & Moe, T. M. (1990). *Politics, markets, and American schools*. Washington, DC: The Brookings Institution.

Church, R. (1976). *Education in the United States*. New York: The Free Press.

Coleman, J. (1968). The Concept of equality of educational opportunity. *Havard*

Educational Review, *38*(1), 7-22.

Collins, R. (1977). Functional and conflict theories of educational stratification. In J. Karabel & A. Halsey (Eds.), *Power and Ideology in Education* (pp. 118-136). London: Oxford University Press.

Coulson, M., & Riddell, D. (1993). 사회학에의 접근: 비판적 사회인식(*Approaching sociology: A critical introduction*). (박영신 역). 서울: 민영사. (원저는 1970년에 출판).

Davis, K., & Moore, W. (1945). Some principles of stratification. *American Sociological Review*, *10*(April), 242-249.

Dewey, J. (1966). *Democracy and education*. New York: The Free Press.

Doeringer, P., & Piore, M. (1971). *Internal labor markers and manpower analysis*. Lexington.

Dreeben, E. R. (1968). *On what is learned in school*. Mass: Addison-Wesley.

Durkheim, E. (1985). Definition of education. In J. Ballantine (Ed.), *Schools & society: A reader in education and sociology* (pp. 19-22). Palo Alto, CA: Mayfield.

Elmore, R. (1988). Choice in public education. In W. Boyd & Kerchner (Eds.), *The politics of excellence and choice in education* (pp. 79-98). London: Falmer Press.

Feinberg, W., & Soltis, J. (1985). *School and society*. New York: Teachers College, Columbia University.

Giroux, H. (1981). *Ideology, culture & the process of schooling*. Philadelphia, PA: Temple University Press.

Giroux, H. (1983). *Theory and resistance in education: A pedagogy for the opposition*. Amherst, MA: Bergin & Garvey.

Giroux, H. (2001). 교사는 지성인이다(*Teachers as intellectuals*). (이경숙 역). 서울: 아침이슬. (원저는 1988년에 출판).

Goldthorpe, J., Llewellyn C., & Payne, C. (1980). *Social mobility and class structure in modern Britain*. Oxford: Clarendon Press.

Goleman, D. (1996). 감성지능(*Emotional intelligence*). (황태호 역). 서울: 비전코리아. (원저는 1995년에 출판).

Goodman, P. (1966). Compulsory mis-education and the community of school. New York: Vintage.

Gumbert, E., & Spring, J. (1974). *The superschool and the superstate: American education in the twentieth century, 1918-1970*. New York: John Wiley & Sons.

Hernstein, R., & Murray, C. (1994). *The bell curve.* New York: Free Press.

Hogan, D. (1979). Capitalism, liberalism and schooling. *Theory and Society, 8*, 387-411.

Horio, T. (1988). *Educational thought and ideology in modern Japan.* Tokyo: University of Tokyo Press.

Illich, I. (1971). *Deschooling society.* New York: Harper & Low.

Jackson, P. (1968). *Life in classrooms.* New York: Holt, Rinehart, & Winston.

Jencks, C. et al. (1972). *Inequality: A Reassessment of the Effect of Family and Schooling in America.* New York: Basic Books.

Jensen, A. (1969). How Much Can We Boost IQ and Scholastic Achievement? *Harvard Educational Review, 39*, 1-123.

Karabel, J. (2010). 누가 선발되는가: 하버드, 예일, 프린스턴의 입학사정관제(*The hidden history of admission and exclusion at Harvard, Yale, and Princeton*). (이종삼 역). 서울: 한울. (원저는 2005년에 출판).

Karabel, J., & Halsey, A. (1977). Educational research: A review and an interpretation. In J. Karabel & A. Halsey (Eds.), *Power and ideology in education* (pp. 1-86). New York: Oxford University Press.

Keddie, N. (1991). 교실지식. 이인효, 이인효, 이혜영, 김정원, 류방란, 오성철 편역. 교육과 사회 (pp. 120-154). 서울: 교육과학사.

Kneller, G. F. (1984). *Movements of though in modern education.* New York: J. Wiley.

Kohl, H. (1969). *The open classroom: A practical guide to a new way of teaching.* New York: New York Review.

Koo, H., & Hong, D. (1980). Class and income inguality in Korea. *American Social Review, 45*, 610-626.

Kozol, J. (1967). *Death at an early age.* New York Times Company.

Kozol, J. (1991). *Savage inequalities: Children in America' s schools.* New York: Crown.

Liston, D. (1988). *Capitalist School.* New York: Routledge.

Marks, R. (1980). Legitimating industrial capitalism: Philanthropy and individual differences. In R. Arnove (Ed.), *Philanthropy and cultural imperialism.* Boston, MA: G.K. Hall & Co.

McDermott, R. (1982). Achieving school failure: An anthropological approach to illiteracy and social stratification. In G. Spindler (Ed.), *Education & cultural process.* New York: Halt, Rinehart, & Winston.

Mead, G. (1934). *Mind, Self and Society.* Chicago: University of Chicago.

Mehan, H. (1973). Assessing children' s school performance. *Recent Sociology, 5*, 240-264.

Mehan, H., & Woods, H. (1975). *The reality of ethnomethodology*. New York: John wiley & Sons.

Merton, R. (1957). *Social theory & social structure*. Glencoe, IL: Free Press.

Parelius, A., & Parelius, R. (1978). *The sociology of education*. Englewood Cliffs, NJ: Prentice Hall.

Parkin, F. (1979). *Marxism and class theory: A bourgeois critique*. New York: Columbia University Press.

Parsons, T. (1959). The school class as a social system: Some of its functions in American society. *Harvard Education Review, 29*(Fall), 297-318.

Persell, C. (1977). *Education and inequality: A theoretical and empirical synthesis*. New York: Free Press.

Popper, K. (1963). *The open society and its enemies (Vol. 1): The Spell of Plato*. Princeton, NJ: Princeton University Press.

Porter, J. (1976). Socialization and mobility in educational and early occupational attainment. *Sociology of Education, 49*, 23-33.

Ravitch, D. (2010). 미국의 공교육 개혁, 그 빛과 그림자(*The death and life of the great American school system: How testing and choice are undermining education*). (윤재원 역). 서울: 지식의 날개. (원저는 2010년에 출판).

Rawls, J. (2003). 정의론(*A theory of justice*). (황경숙 역). 서울: 이학사. (원저는 1999년에 출판).

Reimer, E. (1987). 학교는 죽었다(*School is dead: Alternatives in education*). (김석원 역). 서울: 한마당. (원저는 1971년에 출판).

Rist, R. (1973). *The urban school: Factory for failure*. Cambridge, MA: The MIT Press.

Rist, R. (1985). On understanding the process of schooling: The contributions of labeling theory. In J. H. Ballantine (Ed.), *Schools and society* (pp. 88-106). Palo Alto, CA: Mayfield.

Ritzer, G. (1988). *Sociological theory*. New York: Alfred A. Knope.

Rosenthal, R., & Jacobson, L. (1968). *Pygmalion in the classroom*. New York: Holt, Reinhart, & Winston.

Sharp, R. (1980). *Knowledge, ideology, and the politics of schooling*. London: Routledge & Kegan Paul.

Siberman, C. (1970). *Crisis in the classroom*. New York: Random House.

Sieber, R. (1982). The politics of middle-class success in an inner city school. *Journal of Education, 164*(1), 30-47.

Singh, E. (1989). The second years: Mathematics and science. In M. Cole (Ed.), *Education for equality*. London: Routledge & Kegan Paul.

Stanley, W. B. (1992). *Curriculum for utopia: Social reconstructionism and critical pedagogy in the postmodern era*. New York: State University of New York Press.

Stanton-Salazar, R., & Dornbusch, S. (1995). Social capital and the reproduction of inequality: Information networks among Mexican-origin high school students. *Sociology of Education, 68*(2), 117-135.

Sternberg, R. (1997). 성공지능(*Successful intelligence*). (이종인 역). 서울: 영림카디널.

Willis, P. (1981). *Learning to labor: How working class kids get working class jobs*. New York: Columbia University Press.

Young, M. (1991). 사회적으로 조직된 지식으로서의 교육과정. 이인효, 이혜영, 김정원, 류방란, 오성철 편역. 교육과 사회(pp. 85-119). 서울: 교육과학사.

Chapter 06

교육과정

1. 교육과정에 대한 기본적 이해
2. 교육과정 발달의 역사적 이해
3. 교육과정의 개발
4. 교육과정의 운영과 평가
5. 교육과정의 과제와 전망

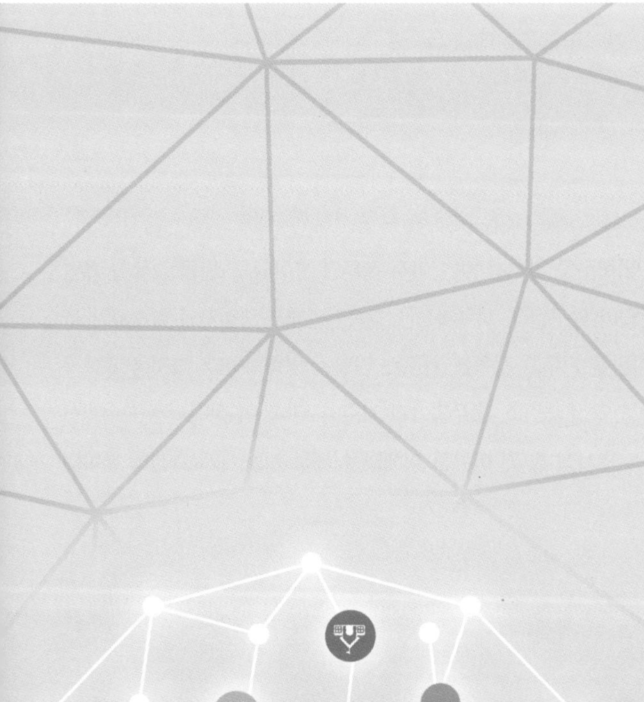

교육과정(학)은 교육학에서 모(母)학문을 가지지 않은 아주 독특한 분야다. 그만큼 고유한 개념과 원리에 기초하여 자체 이론 정립이 요구된다. 교육과정은 교육기관에서 교수자와 학습자가 주고받는 그 무엇이다. 넓게 보면 사람을 키우고 사회를 가꾸는 안팎의 영향력이다. 그것은 교육목표를 구현하는 수단이고, 교수 · 학습의 소재이며, 교육평가의 기준이 된다. 이 장에서는 교육과정의 개념 정의, 실제의 모습과 종류, 역사적 발달, 이론적 이해와 실제적 개발, 교육과정학 분야의 공부와 진로를 중심으로 다룬다.

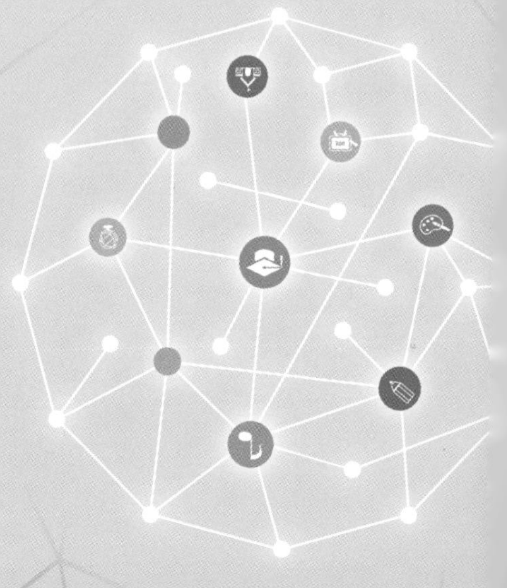

1. 교육과정에 대한 기본적 이해

다음에서는 교육에서 교육과정의 위상을 확인하고, 교육과정의 기본 질문과 그 대답을 예시한다. 또한 교육과정에 대한 다양한 정의를 살펴보고, 교육과정을 결정하는 사회(공동체), 학습자, 교과(학문)의 상호관계를 탐구하며, 나아가 교육과정의 다양한 분류를 통해 전체적인 면모를 파악해 본다.

1) 교육과 교육과정

(1) 학교교육과 교육과정

인간의 학습은 일생을 두고 일어난다. 임신 중 태교, 유아기의 돌봄과 놀이, 학교의 교육과 학습, 직장의 직업 훈련과 교육, 사회교육기관의 성인교육, 노인교육 등 출생에서부터 죽음에 이르도록 인간의 학습은 평생 계속된다. 인공지능(AI)과 로봇을 곁에 둔 100세 시대에 인간의 여가와 학습은 더 중요해진다. 교육은 학습자가 변화와 발달 가능성(plasticity)이 상대적으로 높은 특정 시기에 이루어지는 학습의 특수한 형태로, 기본적으로 교수자의 적극적 가르침이나 도움을 전제로 한다. 교육은 매우 의도적인 인간의 활동이며 일정한 목적이 있는 사회적 사업이다. 교육은 사람을 사람답게 기르고, 사회를 사회답게 가꾸는 공익적 사업이다. 사람을 길러 내는 데서는 개인적으로 지덕체의 균형이 잡힌 전인을, 사회적 존재로서 공익에 기여하는 홍익인간을 이상적으로 강조한다. 사회적으로는 장기적으로 정치, 경제, 사회문화, 윤리도덕, 과학기술, 자연환경 등에서의 지속 가능한 발전을 추구한다. 교육의 가장 큰 특징은 교수자와 학습자가 동시에 존재하며 그들이 상호작용한다는 점이다. 교육이 정치, 경제, 문화와 같이 현상을 지칭하는 개념이라면, 학교는 의회, 기업, 미술관 등과 같이 실제 이를 수행하는 제도적 기관이다.

학교와 같은 교육기관이나 교수자와 학습자가 만나는 교육 상황에서 교육은 '사회 속의 학습자의 잠재력을 찾아 더 나은 배움과 삶을 열어 주고, 학습자가 사회공동체의 지속 가능한 발전에 기여하도록 하기 위한 교수자의 배려와 활동'이다. 교

표 6-1 평생학습사회에서 공교육으로서 학교 교육과정의 위치

구분					교육주체		교육활동				교육제도 (공식)	교육문화 (비공식)	교육변화
교육 마당	생애단계	교육과정	연령대	교육단계	학습자 특성 (누가)	교수자 특성 (누구와 더불어)	교육목표 (왜)	교육과정 (무엇을)	교수·학습 (어떻게)	교육평가 (제대로)	법, 재정, 인사, 시설·설비	역사, 전통, 풍토, 사회문화	주체, 원리, 목적, 절차, 결과
가정	부모품 (젖먹이)	초보과정	~2	(학부모 교육)									
	유아학교 (유아기)	기초과정 1	~5	유아교육									
학교 (edu fare)	초등저학년 (아동전기)	기초과정 2	~9	초등교육									
	초등고학년 (아동후기)	기본과정 1	~12										
	중학교 (청소년전기)	기본과정 2	~15	중등교육									
	고등학교 (청소년중기)	진로과정 1	~18										
	대학 (청소년후기)	진로과정 2	~24	고등교육									
직장 (가상) (work fare)	성인전기	직업과정 1	~40	직업/ 성인/사회/ 학부모 교육									
	성인중기	직업과정 2	~70										
	성인후기	직업과정 3 (준직업)	~80										
사회 (가정) (wel fare)	노년전기	봉사과정 (준직업)	~90	어르신 교육									
	노년후기	정리과정	91~										

육과정은 학교교육을 효율적으로 진행하고 그 효과를 높이는 수단이다. 교육은 학교에서만 이루어지는 것이 아니며 교육이 있는 곳이라면 어디나 그 과정이 효율적 · 효과적으로 이루어지도록 도와주는 모종의 교육과정이 있다. 특히 학교교육은 대체로 초반에는 모든 사람, 전체 사회, 모든 교과가 관여하는 공통된 기초 · 기본 · 교양 교육을 시민의 기본권으로서 충실히 책임 교육하는 것과, 이어서 각 집단, 사회 각 분야, 일부 교과가 관여하는 심화 · 특수 · 전문 · 직업 교육을 학습자의 적성과 사회적 진로에 따라 알맞게 교육하는 맞춤형 교육으로 이루어진다. 전자는 어떠한 차이에도 불구하고 모든 학습자 집단에게 공통된 것을 가르치고, 후자는 차별이 아닌 차이에 따라 각 집단에게 다르게 가르친다. 교육과정은 교육의 일부로서 교육목적을 구체적으로 구현하는 수단이고, 교육내용과 활동계획이며, 교수자와 학습자가 만나서 주고받는 그 무엇이기도 하고, 계획의 반성적 실천이자 계속적인 개선 과정이다.

(2) 교육과정의 기본 질문

모든 탐구 분야는 독특하면서도 가장 기본적인 질문을 갖는다. 앞의 교육에 대한 개념 규정에 따르면, **교육과정(教育課程, curriculum)**의 가장 기본적인 질문은 '무엇을 가르치고 배울 것인가?'다. 더 넓게는 '무엇을 왜 어떻게' 가르치고 배울 것인가를 묻고 답하는 것이다. 학교와 같은 교육기관이나 교수자와 학습자가 만나는 교육 상황에서 교육과정은 학습자의 더 나은 배움과 삶을 열어 주기 위함이고, 사회공동체의 지속 가능한 발전을 추구하는 데 기여하기 위해서 존재한다.

교육과정을 탐구하는 교육과정학도 이론과 실제로 나뉜다. 교육과정 관련 이론을 이해하고 만들거나, 실제로 계획하여 실천하고, 평가 · 반성하여 개선하는 일이 포함된다. 교육과정 실제를 이론적으로 탐구하는 교육과정학의 탐구는 기본적으로 현행 교육과정에 대한 비판적 이해(critical understanding)와 보다 바람직한 미래 교육과정에 대한 창의적 개발(creative development)을 중심으로 한다. 교육과정학의 가장 큰 특징은 교육과정 현실에 대한 비판과 교육과정의 미래 창출이다(critical and creative curriculum). 현재 가르치고 있는 것 중에서 혹시 가르치지 않아도 될 만한 것은 없는지, 현재 가르치지 않아도 될 만한 것 때문에 마땅히 가르칠 만한 것을 빠뜨리고 있지는 않은지 등을 묻고 답하는 것이다.

이런 반성은 현행 교육과정, 즉 국가수준, 학교수준, 학습자 개인이 속한 계열과 전공, 배우는 교과와 과목 및 단원 등 여러 수준에서의 '유지와 변화(개선)'로 귀결된다. 변화는 다시 부적절한 내용과 ① 활동의 삭제 · 폐지, 기존의 것에서 ② 축소 · 약화할 것과 ③ 확대 · 강화할 것을 찾고, 새로운 것으로 ④ 추가 · 신설할 것을 부단히 찾는 것을 의미한다. 교육과정의 개정은 국가나 학교 수준에서 교육의 전체적인 방향이나 목표 및 강조점, 교육의 하위를 구성하는 각종 교과목이나 활동의 구성, 그것을 실행하는 지침 등을 변경 혹은 개선하는 작업이다. 이것은 일반적인 현상이나 분야로서의 교육과정과는 달리, 실제로 일어나는 교육활동의 규범적 준칙으로서의 '교육과정 기준(curriculum standards)'으로 문서의 형태를 띤다.

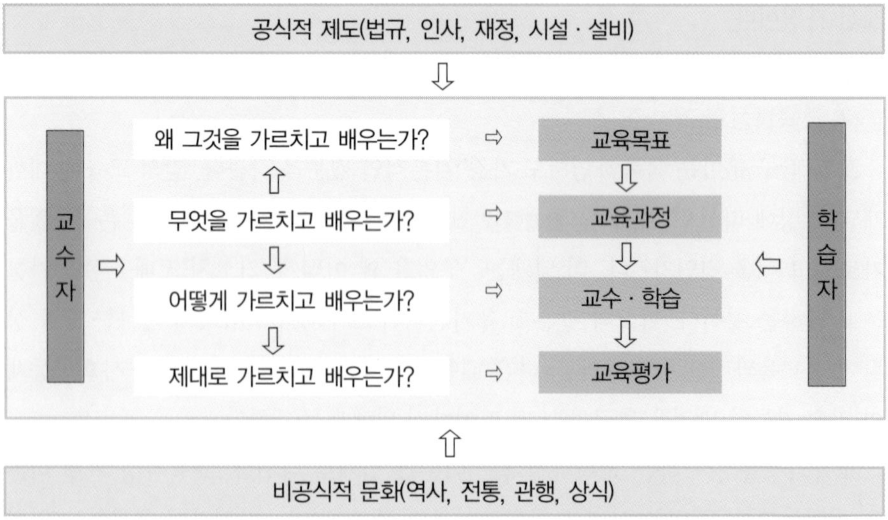

[그림 6-1] **교육의 진행과정을 기초로 한 기본 질문**

(3) 기본 질문에 대답하는 방식

교육과정의 기본 질문에 대답하는 방식은 역사적으로 두 가지였다. 하나의 방법은 구체적인 목표(objectives)와 내용(content), 교과와 활동 목록을 직접적으로 보여주면서 '이것을 가르치고 배워야 한다.'고 하는 방식이다. 예컨대, 국가교육과정기준을 고시하거나 주제 목록, 교과목별 교과서를 개발해 제공하는 것이다. 예컨대, 12~16년간의 학교교육을 통해 무엇을 가르치고 배우는지에 대한 대답 중 하나는 크게 모든 사람을 위한 기본교양, 특정 분야나 집단 종사자들을 위한 주요 소양, 남과 대체할 수 없는 개인의 독특한 핵심역량을 가르치고 배운다는 것이다. 개인의 진로를 볼 때에도 가장 중요한 전공이나 핵심 분야, 이를 보완하는 부전공이나 보완 분야, 알거나 할 줄 알면 좋을 상식이나 교양을 배우게 된다. 각 교과도 가르치고 배울 만한 것이 가장 중요한 핵심, 덜 중요한 보완, 주변을 이루는 교양이 동심원 혹은 피라미드의 형태를 이룬다.

과학혁명과 산업혁명으로 인한 지식의 폭증, AI나 로봇 같은 지능기계의 등장, 가상세계의 확대, 지식 접근성의 용이성 증가, 지식 유효 기간의 단축, 백과사전식 지식 습득 불가 등으로 복잡계를 이룬 교과나 학문의 세계를 학생들이 한정된 기간에 다 파악하기는 어렵다. 그러므로 분야마다 '핵심에 이르는 지름길'을 분명하게 보여 줄 필요가 있다. 즉, 초·중·고등교육을 통해 학업과 직업 세계의 전모(全貌)를 큰 그림(big picture)으로 학습자에게 보여 줄 수 있어야 그들이 학업 및 직업 진로를 인식하고 결정하는 데 도움을 줄 수 있다.

교육과정의 기본 질문에 대답하는 다른 하나의 방식은 이러저러한 개발 과정(process), 원리(principles)와 절차(procedures)를 쓰면 그것을 결정할 수 있다고 제시하는 것이다. 흔히 교육과정 개발에 종사하는 학자들이 교육과정(예: 기준 문서, 교과서 등) 개발 절차나 모형으로 제시해 온 것들이 그것이다. 가안과 초안을 다듬고 여러 차례 수정안을 거쳐 최종안을 만든다. 교육과정기준을 만드는 것은 이론적 이해와 실제적 개발 능력을 겸하고, 사회적 공인과 합의를 거치는 고도로 종합적인 활동이다. 교육과정기준은 교육과정 이론과 실제를 이어 준다.

2) 교육과정의 정의

교육과정(curriculum)의 어원을 보면 고대 로마시대의 마차 경주로를 달리는 작은 전차를, 더 확장되어 그 경주로를 지칭하기도 하고, 나아가 경주하는 행위와 과정(출발-진행-종착, currere)과 관련된다. 교육과정에 대한 정의는 다양하다. 교육과정을 결정하는 세 요소인 교과(학문), 학습자(개인), 사회를 중심으로 하여 정의하거나 혹은 양자가 겹치거나 삼자가 종합되는 지점을 정의의 주체 혹은 내용으로 하여 정의한다. 또한 정의하는 방식에 따라 사전(辭典)에 나온 일반적인 약정적 정의, 당위적 가치판단을 중심으로 하는 규범적 정의, 보다 구체적인 교육활동의 출발-진행과정-결과 측정을 위한 조작적 정의, 교육과정을 다른 목적 달성을 위한 수단으로 보는 기능적 정의로 교육과정을 규정할 수 있다.

교육의 진행과정에 따라 교육과정 실행을 위한 내용과 활동의 '계획(plan)', 학생과 교사가 만나서 상호작용하는 '과정(process)', 교육적 상호작용을 통해 학생들에게 최종적으로 길러지는 '결과(product)'를 중시하는 입장과 이를 보다 '종합적'으로 정의하려는 입장으로 나눌 수 있다. 교육기관의 교육계획서와 청사진, 개설된 교과목이나 강좌 목록, 교과서나 지도서, 강의계획 및 지도요목, 교사와 학생의 상호작용, 학교의 지도하에 겪는 학생 경험의 총체, 학습한 결과나 성취한 능력 등 다양하게 정의된다. 또한 종합적으로 정의하거나 공통적인 현상에 주목하는 경우도 있다. 곽병선(1985: 20-22)은 교육과정의 다섯 가지 속성으로 계획, 교육적 성취, 문화 내용, 교육과정의 제시 형태, 유효성을 든다. 그는 교육과정을 "학습자에게 교육적 성취를 의도하여 학교에서 유효할 수 있도록 지식, 사고의 양식, 경험 등 문화 내용을 재구성한 모든 수준의 계획"으로 정의한 바 있다. 교육과정은 학교와 같은 교육기관의 교육활동에서 무엇을 가르치고 배울 것인가라는 물음에 사회, 학습자, 교과의 요구를 종합 · 절충하여 답하고 이를 실천하여 성과를 개선해 가는 총체적인 과정이라고 규정할 수 있다.

유의할 것은 일반적인 교육현상으로서 교육과정(curriculum)과 학문 및 활동 분야로서 교육과정학(curriculum studies) 그리고 실제적인 교육활동을 펼치기 위한 계획과 규범적 기준으로서 교육과정 '기준'은 구분된다는 것이다. 교육과정기준(curriculum standards)은 보통 교육의 방향과 목적, 그 내용과 활동의 구성, 실제적 실천을 위한 실행과 지원 및 질 관리 지침으로 구성되어 발표되는 법적 문서다. 우리나라는 교육과정기준은 국가수준에서 종합적인 총론과 개별적인 각론 문서로 고시된다. 이 점에서 교육과정은 복잡한 교육활동을 위한 질 높은 '기준'을 제시하여 학습자와 사회의 지속 가능한 발전을 위한 적절한 학습 '기회'를 마련해 주는 것이다.

또 다른 방법은 아예 정의하려는 의도를 멈추고 교육과정의 현상과 이미지를 다른 현상에 빗대어 비유해 보는 것이다. 클리바드(H. Kliebard, 1987)는 교육과정 문헌과 실제에서 발견되는 세 가지 특징을 들어 교육과정을 공장의 생산, 식물의 성장, 여행의 여정에 비유(metaphor)하고 있다. 교육과정은 운동경기나 건축에 비유되기도 한다.

3) 교육과정 결정의 세 요소

교육의 역사나 교육과정 개발사를 살펴볼 때, 교과(학문), 학습자(개인과 집단), 사회(국가공동체)는 교육과정을 결정하는 세 요소로 작용해 왔다(Dewey, 1902; Tyler, 1949). 이들 요소는 교육과정의 기본 성격을 결정하는 데 작용할 뿐만 아니라(이경섭, 1991) 여러 교육과정의 사조(유형, 경향)를 결정하며, 교육과정에 대한 여러 정의, 유파, 개발 방식도 기본적으로 여기서 파생된다(홍후조, 2002). 학습자의 연령과 학년이 올라감에 따라, 교과(학문)에 따라, 시대나 사회에 따라 세 요소가 미치는 영향의 정도는 달라진다. 교육이나 학습은 세 요소의 배합과 비중의 함수인데, '사회의 요구로서 유지와 변화의 실용주의, 교과나 학문의 요구로서 체계적인 구조주의, 학습자의 요구로서 능동적 학습력의 구성주의' 간의 절충과 종합의 문제다. 대체로 20세기 이전에는 교과가, 20세기 초 · 중반 진보주의 교육이 우세한 때는 학습자나 사회가 주된 축을 차지했다. 교육과정학자들은 20세기 내내 초 · 중등학교가 체계화됨에 따라 대학과 학문 위주의 영향을 받은 교과 우위로부터, 학습자와 사회의 요구를 동등하게, 때로는 그보다 중요하게 다루려고 노력해 왔다. 왜냐하면 교과 공부는 바람직한 인간과 소망하는 사회를 만드는 데 기여하는 수단으로 보았기 때문이다.

(1) 사회

학교교육은 일정한 사회적 틀 속에서 이루어지며, 학교를 통해서 길러진 학습자가 일정한 사회 속에서 활동하게 된다는 점에서 교육과정 결정에 영향을 주는 첫 번째 요소는 '사회'이다. 좁게는 지역사회이고 기본적으로 국가사회이며, 넓게는 국제사회다. 인구와 사회문화(가치관), 정치, 경제, 과학기술, 환경 등이 사회를 구성하고 변화시킨다. 사회의 입장에서 교육과정에 대해 일차적으로 요구하는 바는 유용성(usefulness)이다. 사회의 입장에서는 교육과정을 구성하고 있는 요소들(지식, 전략, 태도 등)이 쓸모가 있을 때 교육기관에서 가르치고 배울 가치가 있다고 본다. **사회적 실용주의**인 유용성은 사회의 유지와 변화, 지속 가능한 발전을 추구한다. 정치적 권력, 경제적 부와 소득, 사회적 지위 등이 보다 공정하게 모든 사람의 가치와 존엄을 향상시키고 공동체가 지속 가능한 방향으로 나아가도록 돕는 것이다. 자유, 평등, 박애를 기치로 국민국가가 형성된 근대사회 이후로 교육, 특히 학교교육은 사회의 유지와 개선이라는 사회적 목적 달성의 필요성 때문에 교사나 시설과 같은 사회적 자원을 동원하여, 소집단 활동과 같은 사회적 과정을 거쳐 이루어지는 '사회적 사업'이었다. 오늘날에는 문명발달의 두 축인 세계화와 지능정보화의 문해력(언어 · 문법, 기술 · 과학)을 증진시키는 교육과정이 더 중요하다.

역사적으로 강대국의 어부지리(漁父之利)감이 되어 이이제이(以夷制夷)의 각종 갈등으로 내우외환(內憂外患)이 심화된 우리나라는 국가우선의 가치를 강조하지 않을 수 없다(곽병선, 2016). 공교육을 통해 개인과 집단의 이기주의, 애교심, 애사심, 애향심, 애당심을 극복하고 대한민국에의 애국심을 기본으로 세계와 인류애에 기여하는 국가를 추구하고자 한다. 자유민주주의와 자본주의의 성숙, 선진화된 통일국가 달성, 국가공동체 정립 등의 위기적 국가과제를 안고 있는 우리나라(박세일, 2016)는, 인류사가 보여 주었듯이, 갈등과 분열보다 배려와 협력이 공동체의 존속과 지속 가능한 발전을 보장한다는 가치를 공교육을 통해 정립하고 실천력을 배양할 필요가 절실하다. 이처럼 만성적 갈등과 위기를 겪는 국가에서는 부분보다 전체 국가공동체 이익을 앞세울 때 위기 극복에 도움이 되므로 공교육의 사회적 기능으로서 사회개혁을 애써 강조한다.

사회를 중심으로 한 교육과정의 종류를 구분하면, ① 실생활이 요구하는 지식, 기능, 태도, 행동양식을 효과적 · 효율적으로 습득하여 실생활 적응을 강조하는 생활적응(life adjustment) 교육과정, ② 직업 세계가 요구하는 기본 교양, 주요 소양, 핵심역량을 익혀 효율적이고 생산성 있는 직업인 양성을 강조하는 직업준비(vocational) 교육과정, ③ 청소년의 관심을 끄는 사회의 문제와 쟁점을 중심으로 여러 교과의 내용을 통합적으로 구성하는 중핵(core) 교육과정, ④ 불합리하고 모순된 사회 현실을 꿰뚫어 보고 이를 구조적으로 변화시킬 반성적 · 주체적 실천인의 양성을 강조하는 사회개조(social reconstruction) 교육과정으로 나눌 수 있다. 이들 교육과정은 사회의 유지와 개혁, 그에 따른 학습자의 적응과 변화 능력 개발을 조금씩 다르게 강조한다. 2015 개정 교육과정에서 강조한 핵심역량은 기본적으로 직업교육의 성과로 강조된 것이나, 확대하여 일반교양교육의 과정과 성과로 강조된 것이다.

(2) 학습자

교육과정의 결정에 영향을 미치는 두 번째 요소는 학습자다. 어느 교육과정이나 교육받은 인간상이나 기르려는 인간상을 제시하여, 학습자의 성장과 발달을 교육목표로 설정한다. 각종 장애나 어려움을 겪는 개인에게는 특별한 배려(personal care)를 하지만, 공교육에서 학습자는 개인(individual)이기보다 일정한 크기의 집단(group)이고 그 성원이다. 교육은 인간 형성작용으로 개인적 전인 및 사회적 홍익인간을 기르기 위해 모든 자원을 수단으로 사용한다. 교육과정의 목적은 학습자의 능력과 소질과 적성을 신장하고 그들의 요구와 진로를 만족시키는 교육적 배려에 있다. 교육과정에서는 학습자들의 공통적인 면과 개별적인 면을 아울러 길러 준다. 학습자가 교육과정에서 중요한 이유는 학습자가 교육과정이 제공하는 온갖 활동과 내용을 경험할 주체이고, 교육과정의 **계열**(수준)과 **범위**(포괄)는 학습자의 발달 수준에 의해 결정되기 때문이다. 또한 학습자의 서로 다른 경험과 발달단계, 소질과 적성, 요구와 진로 및 장애는 공통과 상이 교육과정 구성과 운영의 원천이 되며, 그들의 성취 정도에 대한 평가는 교육과정의 성패에 대한 주된 잣대이기 때문에 교육과정 결정에서 학습자는 중요한 요소가 된다.

학습자를 중심으로 한 교육과정의 종류를 보면, ① 학습자의 흥미를 기초로 교육적 경험의 계속적 성장을 강조한 경험중심(experiential) 교육과정, ② 인간의 타고난 선한 본성을 유지하거나 현대사회에서 뒤틀린 학습자의 본성 회복을 강조하는 인간중심(humanistic) 교육과정, ③ 학습내용의 구조적 이해를 통한 학습자의 인지구조의 질적 변화를 도모하는 인지주의(cognitive) 교육과정, ④ 학습자의 적극적 · 참여적 지식 구성을 강조하는 구성주의(constructive) 교육과정이 있다. 이들 교육과정은 각각 학습자의 경험의 확장, 인간성의 유지와 개선, 인지능력의 발달, 지식의 구성능력의 확장을 겨냥한 것들이다.

2015 개정 교육과정에서는 교육받은 인간상의 특징으로 학습자들의 핵심역량을 강조하며, 학습자가 수업의 진행과정에서 주도적 역할을 수행할 것을 기대하고 있다.

(3) 교과(학문)

초 · 중등학교 교육과정에서 **교과**는 교육과정의 핵심이 되는 내용을 제공한다. 교과는 창의적 체험활동과 함께 교육과정 각론을 구성한다. 교과는 사회와 학습자의 요구를 담아서 전달하는 주요 수단이다. 교과는 그것이 대변하는 대상 세계의 표상에 있어서 포괄성(comprehensiveness)과 정확성(correctness)이 있어야 하며, 그 내용과 활동은 체계적으로 잘 조직되어 논리정연성(coherence)이 있어야 한다. 기본 교과는 교육의 목적에 따라 확연히 구분될 수 있고, 그 아래는 더 통합되고 그 위로는 더 분화되어, 고등학교 이후부터는 다시 기본과정 · 학과 · 전공 · 계열 등으로 묶인다. 특히 국어, 외국어, 사회, 수학, 과학, 기술 등은 핵심 개념과 원리를 중심으로 짜인 지식의 구조가 상대적으로 중요하다. 이들 교과는 기본 공통 지식, 분야별 지식, 최신 학문의 성과를 반영하고, 내용의 폭과 깊이의 균형과 함께 전이력(transferability)이 탁월해야 한다. 예술과 체육은 전인 형성에 중요하다. 전인과 홍익인간 형성을 위한 지정의체(知情意體)의 고른 발달을 위한 교과목과 함께, 세계화와 지능정보화의 문해력 증진과 국가 위기적 과제해결을 통한 공동체의 지속 가능한 발전에 도움이 되는 교과목이 특히 강조된다. 최근에는 경직된 구조를 지닌 교과를 넘어, 교과통합적 주제, 목표, 역량, 장기 프로젝트, 교과 외 활동 등을 통해 교육활동을 재구조화하려는 노력도 적지 않다.

교과를 중심으로 한 교육과정의 종류를 구분하면, ① 전통문화 중에서 다음 세대로 전해 줄 핵심적 문화내용(cultural literacy)을 담은 교과를 가르치고 배우자는 보수적 · 전통적 교과중심(subject-centered) 교육과정, ② 1960년대 이후 수학과 과학을 중심으로 각 학문의 기본 아이디어, 개념, 주제, 이론, 법칙, 원리들 사이의 관계로서 구조 형성과 그 이해를 효과적인 학습전략으로 강조한 학문중심(discipline-centered) 교육과정, ③ 구체적인 수업목표를 행동적으로 기술함으로써 교과교육의 효과를 높이려는 성과위주(outcome-based) 및 역량중심(competency-based) 교육과정이 있다. 이는 역사적으로 발달한 순서인데, 교육 내용과 활동의 조직 및 표현, 전달과 습득, 전이력과 학습효과를 극대화하기 위한 방식을 정교화한 것으로, 백과사전적 지식 습득, 구조 이해, 수행능력 성취를 강조한 것이다. 지식과 기술의 폭증으로 낭비 없는 지름길로 학습자로 하여금 핵심 구조를 파악하도록 안내할 필요가 있다.

(4) 세 요소의 관계

사회, 학습자(개인), 교과(학문)는 넓게는 교육, 좁게는 교육과정에 관한 다양한 탐구를 촉발시키는 근원이 된다. 학습자는 교육의 주 대상이자 목표이고 기준이며, 그들의 요구는 개인의 자아실현 요구(개인적 자본의 형성과 확대)와 관계된다. 학습자는 교육을 통해 장차 사회구성원으로서의 역할을 수행할 수 있도록 자질을 구유해야 하며, 사회는 그 유지와 변화를 위해 교육에 실질적 역할을 요구(사회적 자본의 형성과 확대)한다. 교과(학문)는 체계적으로 축적된 문화적 자본이면서 문명의 변화 방향을 알려 주며, 그 요구는 주요 결과의 전달이자 계승이다. 대학의 학문은 언제나 초·중등학교의 교과로 변환할 기회를 찾거나 기존 교과에 의탁하여 교육에서 그 비중을 높이고 지위를 강화하려고 한다.

3자의 관계를 보면, 일반적으로 '교육의 일반목표'는 학습자와 사회에서 유래하고, **교과**나 **창의적 체험활동**은 그 목표를 잘 달성할 것으로 생각되는 바를 분야별로 체계적으로 묶어 수단으로 동원한 것이다. 교육의 일반목표에 비추어 여러 교과의 특수목표와 내용을 상호 비교·이해하여 조정하기 위해서는 교과의 위상과 기능에 대해 분명히 명시할 필요가 있다. 결국 교과는 학교의 교육과정을 구성하는 가장 큰 비중을 차지하는 핵심요소이기는 하지만, 그 가치는 학습자와 사회가 요구하는 교육의 일반목표를 얼마나 잘 달성하는지에 의해 결정된다. 공교육은 결국 사회적 도리를 다하는 공인으로서 인간을 기르는 것이므로 여기에 크게는 교육과정 전체가, 작게는 개별 교과 교육과정이 수단적으로 기능하는 것이다.

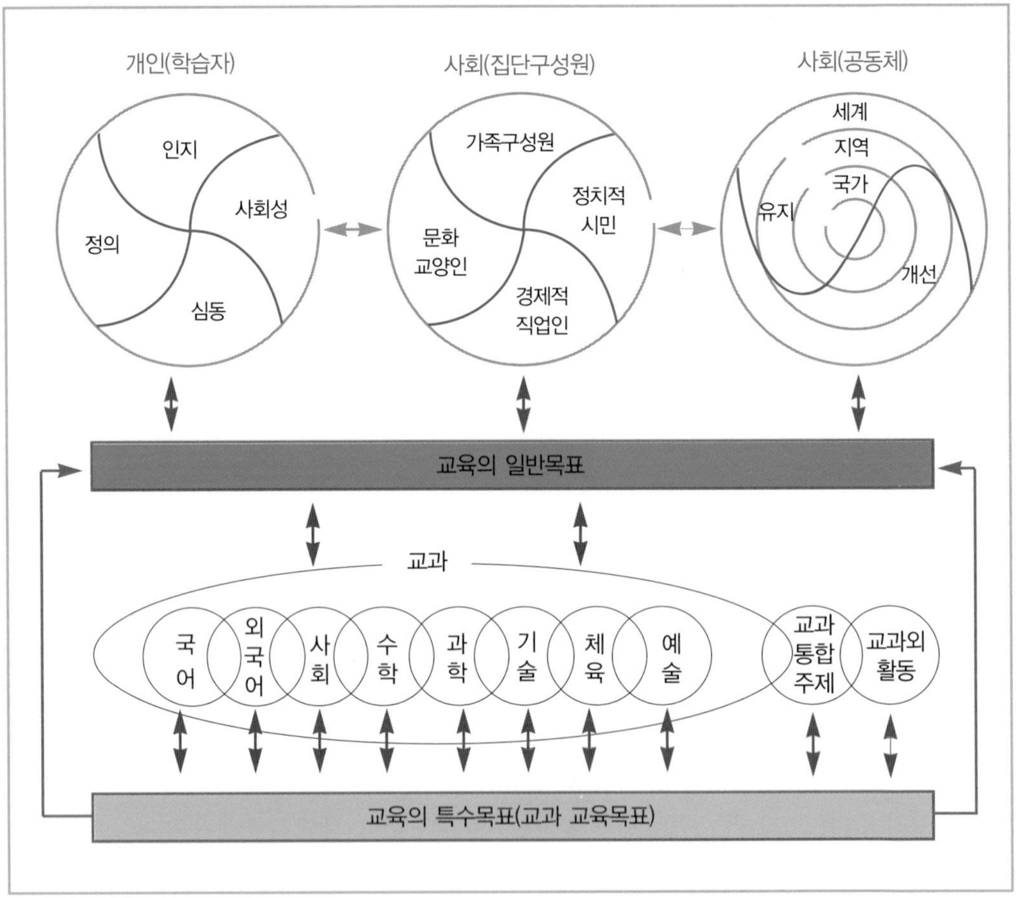

[그림 6-2] **학습자 · 사회 · 교과와 교육목표의 관계**

4) 교육과정의 다양한 모습

현실의 교육과정은 다양한 모양새를 띤다. 가장 큰 구분은 공식화(명시성) 정도에 따른 공식적 교육과정, 잠재적 교육과정, 영 교육과정이다. 잠재적 교육과정이나 영 교육과정은 계획하거나 실천하기 어려워 교육과정에 대한 대부분의 논의는 공식적 교육과정에 대한 것이다.

(1) 교육과정의 기본적인 구분

공식적 교육과정 국가교육과정기준을 담은 문서, 시 · 도 교육청의 교육과정 지침, 지역 교육청의 장학자료, 교과서를 비롯한 수업용 교재, 학교 교육과정 운영계획, 교사의 수업계획, 실행된 수업과 각종 활동, 성취한 결과 등은 교육적 목적과 목표에 따라 분명하게 의도되고 계획된 공식적(official), 형식적(formal), 가시적(explicit), 표면적(overt) 교육과정이다. 빙산에 비유하면 물 위로 나온 부분이다. 학교의 교육활동 전체, 특히 교과서와 지도서의 내용, 교사의 교과 수업, 창의적 체험활동 등을 통해 표현한 것이 전형적인 예이다. 공식적 교육과정은 학생들에게 경험됨으로써 그 소임을 다하나 필연적으로 부산물을 낳는다. 즉, 공식적 교육과정의 그림자라고 할 수 있는 잠재적 교육과정과 가르쳐지지 않고 소홀히 취급되거나 금기시되는 영 교육과정이 그것이다.

잠재적 교육과정 잠재적(latent, hidden, implicit) 교육과정은 학교와 같은 교육기관의 공식적 교육과정에서 의도 · 계획하지 않았으나 수업 또는 학교의 관행으로 학생들이 은연중에 배우는 가치, 태도, 행동양식과 같이 교육의 결과로서 경험된 교육과정이다(Jackson, 1968). 잠재적 교육과정은 우리가 깨닫지 못하는 사이에 공식적 교육과정에 동반되는 경우가 많다. 이 교육과정은 의도를 가지고 계획하거나 공식적으로 실천하기보다 우리가 흔히 비교육적 · 반교육적이라고 칭하는 잘못된 교육의 결과이기 쉽다. 교사의 가르침과 학생의 배움 사이의 차이로, 학생의 오해나 편견으로 형성되기도 한다. 학교교육에서 통용되는 상과 벌, 장려와 억제, 사회적 관행, 문화적 편견, 인간적 차별, 건물이나 시설 및 설비의 물리적 배치나 여건 등은 잠재적 교육과정을 형성하는 주된 근원이다.

영 교육과정 영(零, null) 교육과정은 학교에서 소홀히 하거나 공식적으로 가르치지 않는 지식, 사고양식, 가치, 태도, 행동양식, 교과 등으로서 학습자들이 아직 경험하지 못한 것을 말한다. 선택의 결과로서 교육과정이 포함과 배제의 산물이기 때문에 영 교육과정은 공식적 교육과정의 필연적 산물이다. 영 교육과정은 소극적 의미에서 보면 학생들이 공식적 교육과정을 배우는 동안 놓치게 되는 '기회학습'

내용이라고 할 수 있지만, 적극적 의미에서 보면 의도적으로 특정 지식, 가치, 행동양식을 배제하여(excluded) 아예 접할 수 없도록 지워 버린(nullified) 것이라고 할 수 있다. 이것은 독재체제나 국교가 있는 국가에서 흔히 발견된다. 고교에서 교사 수급에 따라 교과목을 개설하고 학생이 요구하였지만 묵살되는 교과목도 이에 해당한다. 영 교육과정은 특정 정치(이념), 경제, 문화(종교) 세력들에 의해 금기시된 것들이므로 새로운 교육과정 내용이 될 수 있는 가능성이 높은 영역이다. 아이즈너(Eisner, 1985)는 예술적 상상력과 같이 소홀히 된 영 교육과정을 새롭게 조명함으로써 공식적 교육과정이 더 풍성해질 수 있다고 하였다.

(2) 공식적 교육과정의 구분

교육과정이 어떤 형태인지를 물을 때, 다양한 곳에서 다양한 모양으로 나타나는 교육과정을 제대로 파악하기는 쉽지 않다. 교육과정의 전모나 실체는 교육과정의 시공간적인 특성을 잘 표현함으로써 드러날 수 있다. 즉, 공식적 교육과정은 어디에서 찾아볼 수 있는가의 '존립수준', 그것은 무엇으로 이루어져 있는가의 '구성영역', 그것은 어떤 상태인가에 대한 '변화단계'의 3차원으로 이루어져 있다. [그림 6-3]과 같이 일반적인 교육과정은 존립수준 4개, 구성영역 3개, 변화단계 5개가 교차하여 이루는 60개의 개별 교육과정으로 이루어져 있다. 더 간단하게는 학교와 국가의 교육과정이, 총론과 각론으로 구성되어, 계획 · 실천 · 결과한 12개의 교육과정의 모습이다. 각각은 독립적인 혹은 상호작용하는 모습을 띠고, 이들의 그림자인 잠재적 교육과정이 뒤따르고, 그 바깥에는 영 교육과정이 있다. 또한 교육과정은 제도, 법, 재정, 행정, 인사 등과 같은 '공식적' 존립환경과 문화, 전통, 역사, 관습, 풍토와 같은 '비공식적' 존립환경의 영향을 주고받는다.

① 존립수준에 따른 교육과정의 구분

학교(기관) 교육과정 넓게 보면 기업, 학교, 사회교육기관, 평생학습기관, 사회시민단체(NGO) 등 기관의 제도적인 교육과정이지만, 좁게 보면 학교에서 이루어지는 교육과정 결정과 계획 및 실천의 산물로서 학교에서 이루어지는 교육과정(school curriculum)이다. 기업의 교육과정은 직무 수행역량과 전문지식 관련 직업교

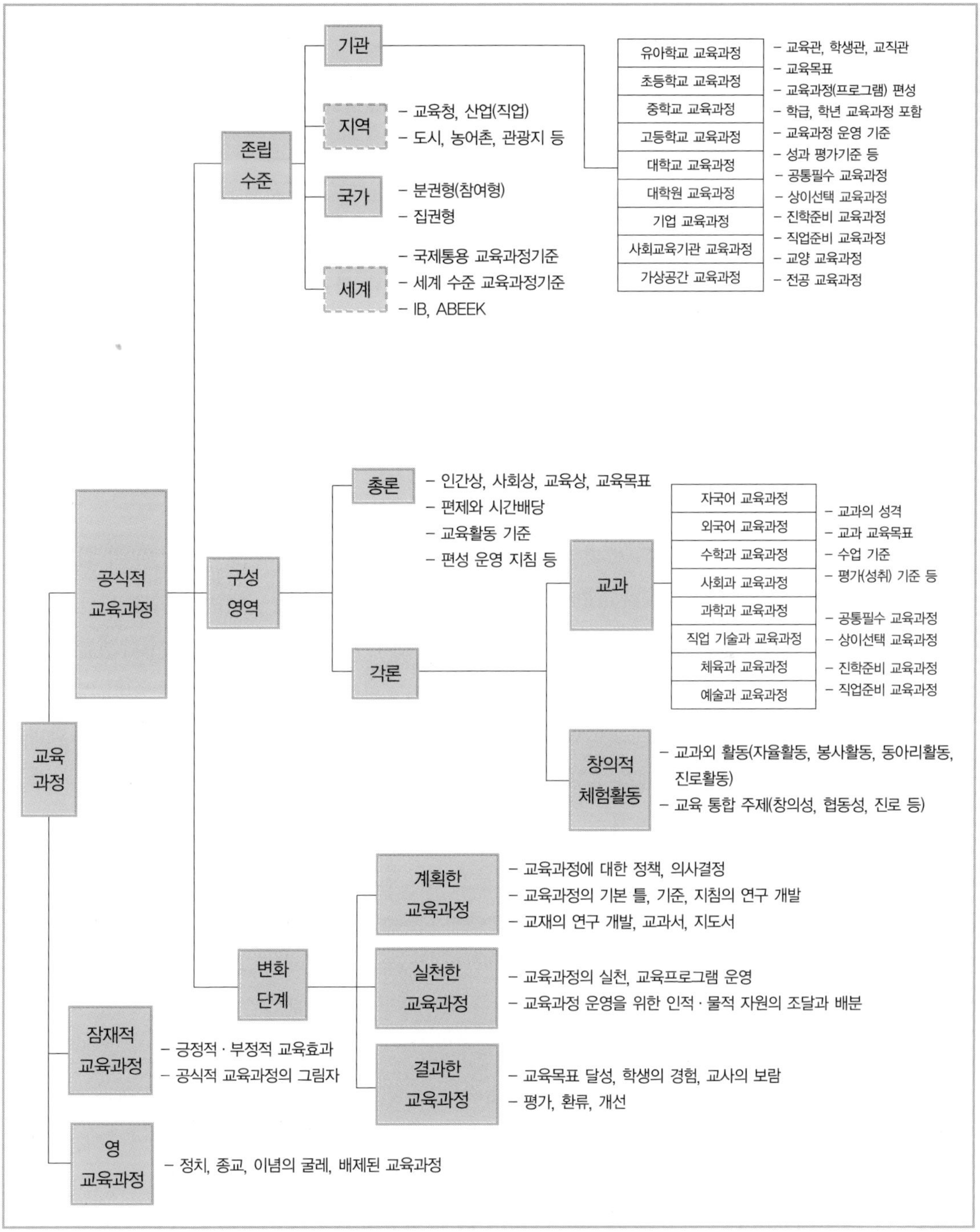

[그림 6-3] **교육과정의 전체적인 면모**

육을 주로 한다. 학교가 어느 정도 독립적 기관이기 때문에 학교 교육과정은 실질적인 교육과정이며 교육과정의 핵심이라고 할 수 있다(Ellis, Mackey, & Glenn, 1988). 우리는 보통 교육과정 하면 특정 학교급의 교육과정을 연상하게 된다. 교육과정 결정의 분권화를 이룬 국가에서 발달한 학교중심 교육과정개발(School-Based Curriculum Development: SBCD)은 학교 교육과정의 융성을 대표한다(Skilbeck, 1984). 학교 교육과정에는 학교의 전통, 이사회나 학교장의 교육철학, 학교 교훈이나 목표에 따라 특성화된 프로그램이 가미된다. 다른 학교와 달리 특정 학교의 문화, 풍토, 프로그램이 독특하여 그 학교를 거쳐 나온 학생들이 독특한 경험을 통해 독특한 품성과 능력을 익혔다면, 그 학교는 그 나름의 학교 교육과정이 있다고 할 수 있다. 학교를 중심으로 교육과정을 나누면, 크게 학교 안 교육과정과 밖 교육과정 등의 두 개가 있다. 학교 교육과정이 학교 밖의 더 큰 범위의 교육과정의 영향을 주로 받는다면 현재로서는 국가수준 교육과정이다.

학교보다 좁은 범위의 학년, 학급, 교사, 교과, 학생의 교육과정도 이 범위에 속한다고 볼 수 있다. 대학의 교수, 사회교육기관의 전문 강사나 컨설턴트들은 나름의 개인별 · 강좌별 교육과정을 가지고 있다. 특히 학교의 교사들이 학생들과 함께 개인적 · 집단적으로 결정하여 계획하고 실천하는 교사 교육과정도 있다. 담임지도제가 이루어지는 초등학교 교실 및 교과별 교실이 있고, 교과교사 모임이 활발한 중등학교 교실에서는 교실 교육과정을 찾아볼 수 있다. 개인 교수자나 교실 교육과정은 교육이 펼쳐지는, 실질적인 실천이 이루어지는 현장에서 만들어지는(emerging) 교육과정이다. 최근 일부 교육과정학자들이 중시하는, 교사가 실제 업무를 수행하면서 체득한 지식(personal practical knowledge)은 이 수준의 교육과정에 관한 것이라고 할 수 있다. 그러나 교실 수준 교육과정은 교과 수업과 겹치고, 전체 교육과정의 일부가 되므로 온전한 교육과정이라고 보기 어렵다.

지역 교육과정　일정한 지역에서 지역적 특성을 반영하여 결정되는 교육과정(local curriculum)이다. 연방국가나 지방분권적인 정책을 취하는 국가에서, 그리고 교육에 대한 의무와 권한이 중앙 정부에 있지 않고 지역에 있는 국가에서 지역 교육과정을 찾아볼 수 있다. 이탈리아의 레지오 에밀리아 시의 유아교육 프로그램(임재택, 박재환, 2000)이나 다인종 · 다언어 · 다문화를 가진 캘리포니아 주의 교육과정도 지역적 특색을 잘 드러내고 있다. 캐스웰과 캠벨(Caswell & Campbell, 1935)의 교육과정 개발은 주로 주와 시 수준의 학교를 위한 교육과정 개발을 말한 것이다.

우리나라에서도 국가교육과정기준을 보다 구체적으로 실현하기 위하여 각 시 · 도 교육청에서 학교 교육과정 편성 · 운영 지침을 마련하고, 시 · 군 · 구 교육지원청에서는 교육과정 장학 자료를 마련하여 학교 교육과정을 돕는다. 학교 입장에서는 국가, 광역, 지역 등 학교 밖에서 만들어지는 교육과정기준이 여러 가지이면 국가교육과정기준과 충돌하여 오히려 혼란과 요구과잉을 겪기 때문에, 교육청은 새로운 지침을 만들기보다 학교 교육과정을 편성 · 운영하는 것을 지원하면 도움이 된다.

국가 교육과정 교육과정 역사에서 볼 때 국가 수준의 교육과정이 등장한 것은 근대 국민국가(nation state) 형성 이후라고 할 수 있다. 20세기 후반부터 다시 세계 보편 교육과정이 등장함에 따라 국가 교육과정의 역사는 매우 짧았다고 할 수 있다. 국민국가의 국가 교육과정은 서구에서는 16세기 말부터, 우리나라에서는 19세기 말부터 도입되어, 자국의 언어로 자국의 역사와 전통문화를 강조하여 국민적 정체성(national identity)을 형성하기 위해 마련되었다. 이는 국민국가의 부국강병을 위한 정신적 기반으로 인식되어 왔다. 국가는 국민교육의 보편성과 통일성, 기회균등, 일정 수준의 교육 질 유지, 국가 간 경쟁우위의 확보를 위한 수단으로서 국가 수준 교육과정을 강조한다(Dearing, 1993; Kelly, 2004).

특히 국민보통교육으로 규정되는 초등교육의 경우 많은 국가에서 의무교육으로 **공통필수 교육과정**을 취하고 있다. 최근의 복지국가들은 시민의 학습권 보장 차원에서 교육의 기회를 확대하는 것을 넘어 교육의 결과나 높은 품질을 확보하기 위하여 교육과정기준을 수립하고 있다. 세계화의 진전으로 국가 교육과정은 지역 이하의 문제나 쟁점보다 국가 이상의 문제나 쟁점을 담아내려고 노력하고 있다. 세계화의 진전에도 불구하고 학교 밖에서 학교 교육과정에 가장 큰 영향을 주는 것이 국가 수준 교육과정이다. 중앙집권적 교육과정기준을 가진 국가에서는 이를 보다 분권화 · 자율화하려고 하고, 역으로 지나치게 분권화 · 자율화된 국가에서는 이를 보다 중앙집권화하려고 한다.

세계 교육과정 국가의 경계를 넘어 인류 보편적인 지식, 가치, 행동양식을 추구하는 교육과정이다. 세계화가 진전되면 국가 간 장벽은 낮아지고, 교육의 질을 찾아 수요자의 이동은 잦아진다. 각국은 매력적인 국가가 되기 위해 교육과정과 교육활동의 품질 향상에 노력하게 된다. 실제로 교육과정을 이루는 내용을 보면 교육의 표현 및 전달 용어만 자국어일 뿐 세계 공통성과 보편성을 띤 것이 적지 않다. 일찍부터 수학, 과학을 비롯하여 적지 않은 교과들이 세계 공통이었다고 할 수 있으며, 대학교육에서도 건축설계, 공학교육, 의학교육 등의 분야에서 세계 공통 교육과정이 진행되고 있다. 또한 중등학교 수준에서도 국제학교에서 주로 채택하는 국제공인교육 프로그램(International Baccalaureate Program)과 시험이 있다. 유럽연합(EU)과 같이 학교교육의 입학, 졸업, 자격, 면허, 진급 등을 표준화하려는 지역 공동의 교육과정이나, 유엔의 새천년개발목표에 이은 지속가능발전목표(2016~2030년)에 따른 각국의 교육 발전 노력도 이에 포함된다.

② 구성영역에 따른 교육과정의 구분

교육과정 총론 교육과정 총론은 각론과 짝을 이루어 교육과정기준을 구성한다. 총론은 국가나 학교 교육의 전체적인 방향이나 목표, 교육과정기준의 기능과 성격, 학년군과 교과군의 교육목표, 해당 교육과정의 중점, 교과나 활동 편제(명칭, 기능, 지위, 비중 등), 질 높은 실천을 위한 지침 등을 수록한 기준 문서에 잘 드러나는 교육과정이다. **국가교육과정기준(national curriculum standards)** 문서의 앞부분에 개괄적으로 제시된 전체 틀과 규정이다. 이것은 전국 학교 교육과정의 전체적 포괄성과 균형성을 확보하기 위한 것이다. 각론의 교과는 중요화, 독립화, 필수화, 조기화, 장기화, 다량화, 시험화의 논리로 과장하기에 총론 측은 사회와 학습자의 요구를 고려해서 이를 종합 · 절충 · 조정해야 교과 간, 교과와 교과 외 활동 간의 균형이 유지된다. 개별 교과 교육과정을 단순히 합한다고 하여 전체성(totality), 균형성(balance), 유기적 통일성(coherence)을 확보할 수 있는 것은 아니기 때문에 일반 교육과정으로서 교육과정 총론이 필요하다. 보통 교육과정 전문가들이나 교육행정기관의 관리자들이 연구, 개발, 질 관리를 하는 영역이다. 총론은 주로 학교관리자나 교육 정책입안자 및 행정가들이, 각론은 주로 교사가 관장한다. 국가교육과정기준에서는 학교의 전반적인 교육활동을 아우르는 교육활동을 **'총론'**, 각 교실의 교과나 활동을 **'각론'**이라고 부른다. 우리나라 각론은 교과들과 **창의적 체험활동**으로 구성된다. 한 교사가 각론의 대부분을 담당하는 유・초등학교에는 교육과정-수업-교육평가의 구분이나 총론과 각론의 구분이 잘 되지 않고, 교과교사가 가르치는 중등학교에서는 상대적으로 총론과 각론의 구분이 뚜렷해지며, 개별 교수의 높은 전문성이 특징인 대학에서는 총론의 기능이 상대적으로 희미해진다.

교과(형식적) 교육과정 학교, 기업, 사회교육기관의 교육과정을 구성하는 많은 프로그램이나 교과들은 뚜렷한 형식과 목적을 지니고 지식, 기술, 태도, 행동을 길러 주기 위해 제공된다는 점에서 넓게 보면 형식적 교육과정(formal curriculum)이라고 할 수 있다. 형식적 교육과정은 뚜렷한 목적과 방식 및 절차를 따라 이루어지고 엄정한 기준에 의해 그 성과가 평가되므로 과업 지향적(task-oriented)이다. 학교에서는 국어과, 수학과 교육과정과 같은 교과 교육과정이 형식적 교육과정의 특성을 띠는데, 교과 교육과정은 특정한 성격, 목표, 내용체계(개념과 원리), 탐구방식 등을 지닌다. 교과 교육목표의 설정, 내용의 선정과 조직 등은 바로 이 교육과정과 관련된다. 학교 수업은 교과 교육과정을 구현하는 것이라고 해도 과언이 아닐 정도로 학교의 교육과정에서 가장 많은 분량과 비중을 차지한다.

유아나 초등 저학년에서는 교과가 잘 드러나지 않고, 초등 고학년에서는 기본교과가 드러나며, 중학에서는 적성이 조기 발현하고 전성기가 조기 도래하는 교과목이 선택으로 제공되기 시작하고, 교과목들이 많이 분화된 고교 이후부터는 진로에 따라 선택과 집중하여 이수하도록 묶인 기본 과정(계열, 학과, 전공)을 배우게 된다. 교과 교육과정은 주로 대학의 관련 학과, 각종 교과교육학회, 실천 중심의 현장 교사들에 의한 교과별 교사 모임에 의해 구체화되고 실천된다. 그 비중이 지나치면 교과에 포위된 교육, 교사 주도의, 시험 위주의, 결과 위주의 교육, 고부담 교육이 되기 쉽다. 그러므로 교과외 활동 프로그램과 균형을 이루어야 한다.

교과 외(특별활동, 준형식적) 교육과정　각 존립수준과 변화단계에서 볼 수 있는 교과목 이외의 나머지 부분을 통틀어 지칭하는 교육과정이다. 행복하고 성공적인 개인과 조화로운 사회에 중요한 교육활동이 모두 형식적 혹은 교과 교육과정으로 수렴될 수는 없다. 여유로운 데서 오는 개인의 자유로운 발상과 창의력 및 소질을 개발하고, 기관에 공동체 문화를 구축하고 전수하는 것이 그 주된 목적이다. 준형식적 교육과정은 개인과 사회의 요구를 반영한 것이어서 인화 지향적(human-oriented)이고 지역사회 기반(community-based)이다. 교과 교육과정이 '지적'으로 편향되기 쉬운 데 비해, 준형식적 교육과정은 지정의체의 균형을 잡아 주는 역할을 수행한다. 기업체 등에서는 단합대회, 체육대회 등이, 학교에서는 '교과 외'로 제공되는 특별활동(extra-curriculum) 또는 재량활동, 특기적성 교육활동, 학교 특성화 프로그램 등이 준형식적 교육과정에 속한다. 교과 '외' 활동만이 아니라 여러 교과 '간'을 가로지르는(cross-curriculum) 창의성, 진로, 사회성 등과 같은 통합적 목표나 주제 구현 활동도 이에 속한다.

교과학습에 치우친 우리나라 초·중등학교에서는 이를 보완하기 위해 창의적 체험활동을 강화하여 정규 교육과정에 포함하지만, 일부 국가에서는 이를 비정규 과정으로 하여 학생들은 이에 자율적으로 참여한다. 교과를 교과답게 가르치면 창의적 체험활동의 비중은 약화될 수 있겠지만, 사회와 학습자의 요구 변화로 새로운 활동도 필요해진다. 개인의 처지에 따라 어떤 학생들에게는 교과 공부보다 더 절실하게 해결해야 할 문제들(예: 자기관리 능력, 열등감 극복과 자신감 회복, 대인관계 능력 등)이 있다. OECD의 핵심역량(2003)이나 IB의 6개 교과 영역을 통합해 주는 CAS (creativity, action, service), 호주 빅토리아주의 전통적 교과를 제외한 두 개의 학습영역은 모두 준형식적이다. 이 모두는 인간적·사회적으로 의의를 지닌 교육 프로그램이라고 할 수 있다.

③ 변화단계에 따른 교육과정의 구분

교육과정정책　계획한 교육과정에는 정책이나 의사결정, 기준이나 교재의 연구 개발이 있다. 교육과정정책은 각 존립수준과 구성영역의 교육과정에 대한 각종 정책결정 및 의사결정을 통해 영향을 미치는 단계다. 정책은 교실이나 학교 혹은 지역보다 상대적으로 높은 수준에서 관리된다. 특히 교육과정정책은 교육정책의 영향을 받는다. 이것은 보통 정치, 경제, 여타 사회 정책을 고려하여 이루어진다. 현행 교육과정의 유지 · 개선 · 폐지, 새 교육과정의 신설과 도입을 결정하는 단계다. 이 단계에서는 각종 교육적 요구 중에서 수용할 것이 무엇인가에 대한 의사결정을 하게 된다. 이런 정책결정은 이후에 기준의 연구 개발에서 평가 및 개선에 이르는 후속 변화단계를 이끄는 데 아주 중요한 영향을 미친다. 정책결정자의 교육과정 총론에 대한 문해력이 낮으면 질 낮은 교육과정이 결정되고 운영될 수밖에 없다. 교육과정정책의 특성과 대상 확인, 대안 수립의 절차와 방법, 실현 수단(교원 인사, 법규, 재정 조달, 시설과 설비 등), 그 실효성의 평가 등이 이 단계와 관련된 연구 문제들이다.

교육과정기준(문서)　계획한 교육과정의 한 종류로서 각 존립수준에서 각 구성영역의 교육과정기준을 연구 개발하는 단계다. 복잡한 교육활동의 규범적 '기준'을 마련해 주어 풍성한 성장과 학습 기회를 보장하기 위한 단계다. 교육과정기준은 **'총론과 각론'**으로 구성된다. 현행 기준에 대한 평가와 개선(기준의 장기적 · 단기적 적합성 검토, 기준의 전체 및 부분 적합성), 기준 개발 절차의 수립, 기준 개발 참여자의 역할 분담과 협조, 학생발달에 따른 학교급별 종적 교육목표와 사회 각 분야와 교과의 횡적 영역별 교육목표의 수립, 다양한 수준의 교육목표 진술, 다양한 요구를 종합 · 비교 · 절충 · 조정하기, 실행과 지원의 지침 개발하기 등이 기준의 연구 개발 업무에 속한다. 교육과정기준으로 설계하여 그 틀을 짜고 시안을 심의하여 문서로 만들어 보급한다. 이 문서에는 어떤 교육목표를 통해 무슨 교육성과를 기대하며, 이를 만들어 내기 위해 어떤 과정과 절차를 밟으며, 궁극적으로 이를 구현하기 위해서는 어떤 경영 관리와 평가가 필요한가에 대한 규범적 기준을 담게 된다.

교육과정기준이 교육과정 교재를 만들기 위한 모본이라면 개략적일 수 있지만, 교사들이 수업을 구성하는 바탕이라면 적절히 구체적이어야 한다. 이러한 구체적인 교육과정기준에는 교육계획을 위한 교과의 내용기준, 교육 진행을 위한 학생과 교사의 활동수행 기준, 교육결과 평가를 위한 학생의 학업성취 기준 등이 있다. 보비트(Bobbitt, 1918)에서 타일러(Tyler, 1949)를 거치는 20세기 교육과정 개발의 역사는 대부분 교육의 목표와 내용으로 이루어진 기준의 연구 개발의 역사라고 해도 과언이 아니다. 우리나라의 경우 국가교육과정기준의 연구 개발은 이 분야에서 중핵을 차지하고 있다.

교육과정자료(교재, 교과서) 계획한 교육과정의 한 종류로서 각 존립수준과 구성영역의 교육과정, 특히 교과 교육과정기준을 자료(materials)나 교재(texts)로 구체화하는 단계다. 총론은 해설서나 운영의 길잡이로, 각론은 교과서나 지도서로 개발된다. 교과서와 같은 주교재와 이를 돕는 부교재를 제작하기 위해 각종 연구 개발을 한다. 각급 학교 교과의 교과서, 교과서와 관련된 교사용 지도서, 각종 보조교재, 국정 · 검정 · 인정 등의 교과서 발행제도, 교재의 심의기준, 교과 특성을 반영한 다양한 표현양식의 교재, 교재내용 체제, 교재 외형체제, 교재 공급제도 등에서 자료로서 교육과정의 모습을 보게 된다. 교육은 학습과 달리 면대면의 직접적 · 집단적인 면이 많지만 평생학습과 지능정보화 시대에는 지식의 표현양식과 학습자의 학습양식 등에 따라 멀티미디어로 표현된 온라인 디지털 교재가 확대된다.

교육과정경영(운영) 실천한 교육과정의 별칭으로 각 존립수준과 구성영역의 교육과정이 질 높고 원활하게 현장에서 실천될 수 있도록 하는 단계다. 총론은 학교 수준에서 학교관리자에 의해 경영되고, 각론은 교실 수준에서 교사에 의해 수업으로 운영된다. 학교 밖의 지역 수준이나 국가 수준에서도 경영되고 실천되는 교육과정을 찾아볼 수 있다. 경영의 대상으로서 교육과정 총론, 경영의 원리와 절차 및 실태, 계획과 결과의 격차 확인, 경영의 장애와 촉진 요인 확인, 경영 관리의 구체적 실현 과정, 방법, 수단 등을 통해 '경영으로서의 교육과정' 면모가 잘 드러난다. 또한 장학이나 학교 교육과정 개선 관련 교장의 리더십 연구에서 보듯이 학교의 장은 교육과정의 실천이 원활히 이루어지도록 그것을 경영한다. 교육과정은 단순히 외부에서 만들어 준 것을 적용하여 실행하는 것에서 벗어나 창의적으로 경영하는 것이 점차 중요해지고 있다. 개별 교사는 교실 안팎에서 교육과정 각론을 수업으로 실천 · 평가 · 개선한다. 교육과정의 모범 사례는 주로 자율성 · 전문성 · 책무성이 높은 교사, 교실, 학교, 학교구에서 창출된다.

교육과정평가(질 관리, 개선) 성취한 교육과정의 별칭으로 평가로서의 교육과정은 각 존립수준과 구성영역의 교육과정을 실천한 바를 평가하고 이를 바탕으로 개선하는 단계다. 교육과정의 목표에 비추어 그 달성 여부를 평가하고 평가결과를 반영하여 그 개선안을 제안한다. 교육과정평가의 대상(영역과 항목) 규명, 평가의 준거와 지표 개발, 교육과정 평가도구 개발, 교육과정평가의 피드백을 통한 질 관리방안 등을 통해 '평가로서의 교육과정' 면모가 드러난다. 가장 간단한 모습은 교육과정 계획의 평가, 실행의 평가, 성과의 평가로 이루어지며, 또 계획의 평가는 상황(context)평가와 투입(input)평가로 더 구체화되기도 한다(Stufflebeam, 2003). 교육활동의 효과는 학습자의 만족도, 학습도, 전이도와 기관의 풍토 변화 기여도로 확산될 수 있다.

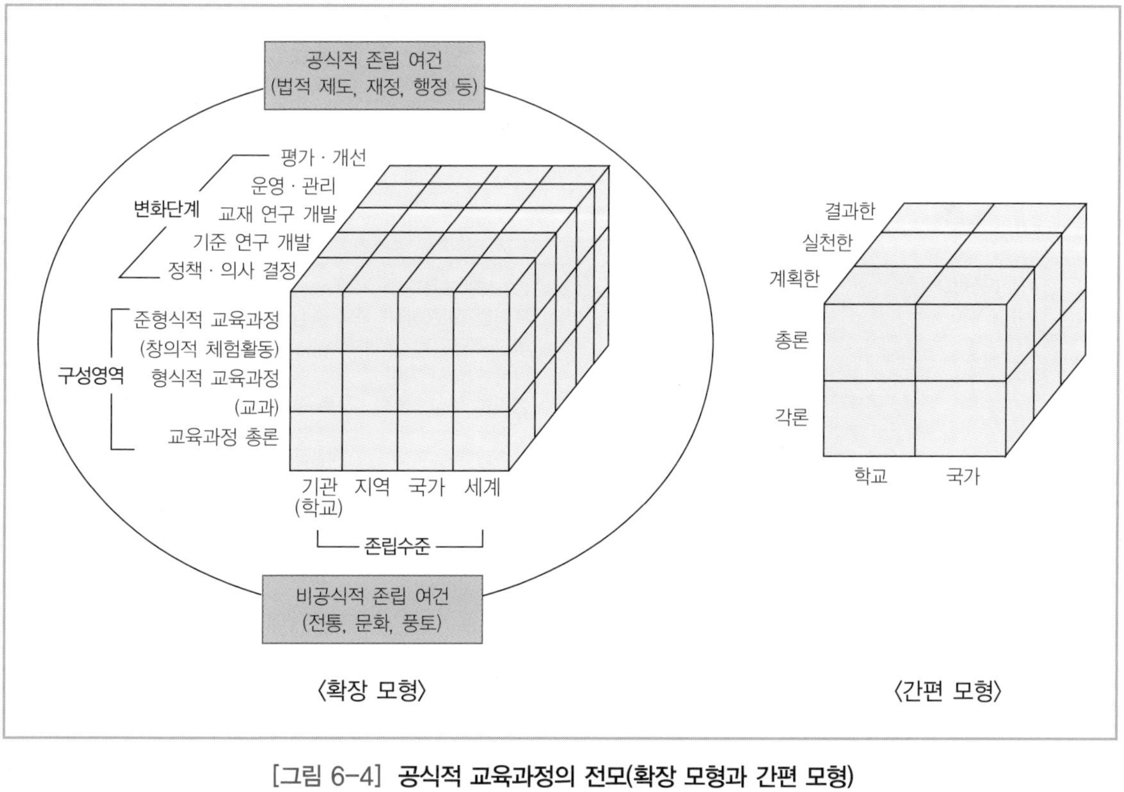

[그림 6-4] **공식적 교육과정의 전모(확장 모형과 간편 모형)**

(3) 기능에 따른 교육과정의 구분

교육과정은 그 적용 집단의 **범위**에 따라 공통과 상이로 구분되며, 부과(교육과정 제공자 입장)나 이수(교육과정 수혜자 입장) 형태에 따라 필수와 선택으로 구분된다. 공통(共通, common) 교육과정은 모든 학습자 집단에게 똑같이 적용되는 교육과정이고, 상이(相異, differentiated) 교육과정은 서로 다른 집단에게 서로 다르게 적용되는 교육과정이다. 공통 교육과정은 한 사회구성원에게 다 같이 요구되는 지식, 기능, 가치, 행동양식, 상식으로 구성되며, 보통 초등학교를 포함한 의무교육기에 적용된다. 상이 교육과정은 학습자 집단의 서로 다른 적성, 진로, 능력, 애로에 따라 서로 다른 학교, 계열, 과정, 교과, 과목을 선택하여 집중 이수하도록 하며, 주로 고교 교육과정 이상의 학교교육에 적용된다. 교육과정은 공통(같음)에서 상이(다름)로 옮아간다. 전자는 모든 사람, 전체 사회, 모든 교과가 관여하여 기초 · 기본 · 교양 교육을 제공하여 사회적 자본을 형성 확대하는 것이고, 후자는 일부 집단, 사회 각 분야, 일부 교과가 관여하여 심화 · 특수 · 전문 · 직업 교육을 제공하여 상대적으로 개인적 자본을 형성 확대하는 것이다. 전자는 교육복지 차원에서 어떠한 차이에도 불구하고 고른 출발 · 과정 · 결과를 책임지고 보장하여야 하며, 후자는 사회복지

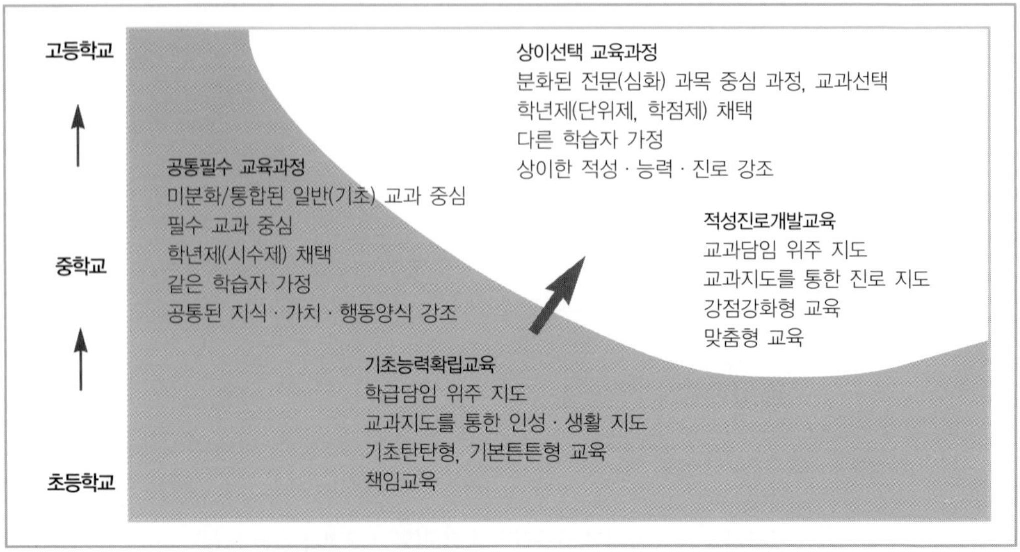

[그림 6-5] **공통필수 교육과정에서 상이선택 교육과정으로의 점진적 변화**

차원에서 차별이 되지 않은 차이(학습자의 적성과 사회적 진로)에 따라 알맞게 맞춤형 교육을 보장하여야 한다.

제공자 입장에서 부과방식, 수혜자 입장에서 이수방식에 따라 교육과정을 구분하면 필수와 선택으로 나뉜다. 필수(required) 교육과정이 누구나 반드시 학습하여 이수해야 하는 것이라면, 선택(elective) 교육과정은 대체 가능한 학습 분량이나 학습 대상들 중에서 골라서 이수해도 되는 것이다. 보통 직업계 고교나 대학에서는 계열별, 과정별, 교과별 혹은 학과별 필수와 선택 교육과정이 따로 정해져 있다. 초·중등학교 교육과정은 주로 **공통필수 교육과정**에서 시작하여 점차 **상이선택 교육과정**으로 옮아간다. 초·중등학교의 교육과정은 직업 진로를 개척하기 위해 제공되는 직업준비 교육과정이나 대학 교육과정에 비해 매우 단순한 편이며, 또한 교육과정을 교육의 단기적 목적에서 구분하면 상급학교를 준비하는 진학준비 교육과정과 직업준비 교육과정으로 나눌 수도 있다. 모든 학습자의 공식적 교육과정의 최종 단계가 직업준비 교육과정이어야 학생이 사회에 나아가 제구실을 할 수 있으므로, 졸업생이 일정한 직업교육을 받지 않고 사회에 진출하도록 방기하는 것은 공교육의 무책임이다.

2. 교육과정 발달의 역사적 이해

교육과정을 이해하는 길은 여러 가지가 있을 수 있으나, 역사적으로 주요한 인물과 계기를 통하는 것도 좋은 방법이다. 형식적 교육이 진행된 곳에서는 언제나 교육과정이 있어 왔다. 그러나 공교육으로서 학교라는 제도와 일반 대중을 위한 보편교육에서 교육학이 체계화되고 탐구 영역이 전문화됨에 따라 교육과정은 보다 체계적인 형식을 갖추어 왔다. 다음에서는 19세기 중반 허버트 스펜서(Herbert Spencer)에서 시작하여 20세기 중반 랠프 타일러(Ralph W. Tyler, 1902~1994)의 교육과정 개발 패러다임과 1980년대 이후 교육과정 이해 패러다임에 이르기까지 교육과정 논의의 이론적·실제적 발달과정을 간략히 살펴본다.

1) 19세기 이전의 교육과정사

인류가 인지혁명, 수렵과 채집, 농업혁명, 과학혁명, 산업혁명을 거치면서 교육은 변화 · 발전해 왔다. 세계 어디서나 교육과정의 대부분은 국가의 형성과 봉건적 계급사회에서 소수 귀족, 양반 및 관료를 양성하기 위한 체계적인 고등교육이 두드러졌고, 중고급 숙련 기술을 배우고 발휘하는 영역에서 중인계급의 장인훈련과 함께 일상인들의 생활 속의 가르침의 형태로 계속되었다. 역사가 그러하듯이 교육도 소수의 특권적 존엄 · 가치 · 발전 기회를 보장한 계급사회의 지배층을 위한 교육으로부터 모든 사람의 보편적 기회를 보장하기 위한 것으로 확대되었다.

19세기 이전을 간략하게 살펴보면, 서양 중세의 7자유과, 신학, 의학, 법학 등은 대학 학문의 근간을 이루었고, 대학 예비학교로서 고교는 점차 상공인의 자녀들에게 보다 실용적인 교육을 단기에 효율적으로 제공하기 위해 마련되었다. 오늘날 초 · 중등학교 교과목은 17세기 이후 백과전서를 체계적으로 분류하여 '강의-연습-시험-토론과 적용'의 새 교수법을 적용한 라무스(Ramus, 1515~1573)와 코메니우스(Comenius) 등에서 유래한다. 이후 18세기 루소(Rousseau)와 로크(Locke)로 대표되는 계몽기의 자양분을 받아 전 국민을 대상으로 기초교육을 제공한, 부국강병과 국민적 정체감 형성을 꾀한 국가주의도 한몫하였다. 또한 페스탈로치(Pestalozzi), 헤르바르트(Herbart), 프뢰벨(Fröbel) 등의 아동의 잠재력 계발주의와 다윈(Darwin)의 진화론의 영향을 받아 교육의 목적 · 내용 · 방법을 종합한 스펜서의 과학적 실증주의를 바탕으로 하고 있다. 현대 교육과 교과의 발전은 구미(歐美)의 과학혁명과 산업혁명에 기대는 바가 적지 않았다. 실증적인 자연과학과 사회과학의 태동이 그것이다.

산업혁명 이후 지식의 팽창, 교육에 대한 요구 증가, 교육기회 확대, 직업의 분화, 산업의 발전으로 대중화 · 보편화된 사회에서는 '무엇을 가르치고 배울 것인가'를 새롭게 결정하지 않을 수 없었다. 현대적 의미의 교육과정 논의를 시작한 이는 스펜서(1861)다. 그는 '어떤 지식이 가장 가치 있는 지식인가?'를 묻고, 그것은 온전한 생활에 도움이 되는 과학적 기반을 지닌 지식이라고 하였다. 이러한 지식에는 생명 · 건강 · 안전과 같은 직접적 자기 보전을 위한 지식, 의식주 조달을 위한 직간접적 자기 보전을 위한 지식, 부모의 자녀양육을 위한 지식, 사회적 · 정치적 지식, 여가와 예술을 위한 지식 등이 있다.

맥머리 형제(C. A. McMurry & F. W. McMurry)는 교육과정의 주된 관심사는 수업을 위한 생활문제 중심의 학습경험을 체계적으로 조직하는 것이라고 보았다. 그들은 교육과정을 구체화해 가는 다섯 가지 질문으로 교육의 목적, 교육목적 달성에 가장 가치가 높은 교과, 교수방법, 학습 순서, 교육과정 조직방법에 관한 것을 들고 있다.

1892년 전미교육협회(National Education Association: NEA)는 중등학교 교육에 관한 10인 위원회를 통해 학생의 진로와 관계없이 누구나 공통적으로 '생활의 소임(duties of life)'을 다하도록 가르칠 것을 권고하였다. 그러면서 고전적 교과를 가르치는 것이 대학수학 준비든 일상생활 준비든 똑같은 교육 가치(정신도야)를 가진다고 하였다. 이들의 교육과정론은 1828년 예일대 교수단이 강조했던 정신도야론(mental discipline theory)에 기초했다. 즉, 고전어나 고전을 배워야 할 이유로, 신체 근육의 발달처럼 인간이성의 하위 분야(추론, 분석, 종합, 상상, 창의 등)를 단련시키는 데에도 이런 교과목이 시대를 넘어 기능한다고 주장하였다. 한편, 학습의 순서는 헤르바르트주의자들이 제안한 개인-문명발달상응론(cultural epoch theory)에 기대었으나, 20세기 초반에 폐기되었다.

고전적 학문 옹호론자인 윌리엄 토리 해리스(W. T. Harris)에 따르면, 의무화되는 학교교육은 학생의 올바른 습관 형성과 교양교육을 통해 시대의 지혜를 전수하는 역할을 해야 한다. 도덕적 교양인 양성에 필요한 '영혼의 5개 창(窓)'은 언어의 기술적 · 과학적 연구로서의 문법, 문학과 예술, 수학과 물리학, 생물학, 일반사회 · 지리 · 역사다. 교사는 학생이 질서, 시간 엄수, 정숙하기, 근면의 기본적인 임무를 지키도록 훈련시켜야 한다. 이런 것들은 오늘날 대부분의 학교가 지키는 '문법'이 되었다.

20세기 초반에는 능력심리학과 정신도야론에 입각한 전통적 교육과정을 거부하는 운동이 다양하게 일어났다. 새로운 심리학과 과학의 발전은 산업사회의 등장, 유물론적 사고, 제국주의의 팽창을 반영하는 직업적 · 기술적 · 과학적 교과를 강조하였다. 듀이(J. Dewey), 파커(John F. Parker), 게슈탈트(Gestalt) 심리학, 아동심리학, 행동주의 심리학, 전이이론 등은 전통적으로 학교교육에서 중시해 오던 교과나 학문이 특별히 더 높은 교육적(도야적) 가치가 있다는 견해를 부정하였다. 마침내 1917년 고전어를 대변하던 엘리엇(Eliot, 1984~1926)도 라틴어를 고교와 대학에서 필수교과로 할 필요가 없다고 하였다. 플렉스너(Flexner, 1866~1959)는 중등학교의 전통 교육과정을 거부하고, 현대사회에 맞는 과학, 실업, 공민, 미학 등의 교육과정을 제안하였다. 그는 라틴어와 그리스어를 현재 쓰이는 외국어로 대체하고 과학적 탐구를 강조했다. 저드(Judd, 1873~1946)는 성공적인 성인들이 쓰는 언어를 통계적으로 분석하여 읽기, 쓰기, 철자를 가르치고 실생활에 많이 쓰이는 수학을 가르쳐야 한다고 제안하였다.

2) 20세기의 교육과정사

클리바드(Kliebard, 1987)는 교육과정의 역사를 무엇을 가르쳐야 하는가를 둘러싼 서로 다른 이익집단들 사이의 견해충돌과정으로 설명했다. 오늘날 논의되는 교육과정의 주제, 쟁점, 문제들은 계보를 따져 보면 과거와 다름없이 반복되는 것들이다. 오늘날에도 영향을 미치는 집단들로는 전통 교과와 문화 전수를 강조하는 엘리엇으로 대표되는 전통적 인문주의자, 아동 발달 연구에 기초해야 한다는 홀(Hall, 1844~1924)로 대표되는 아동중심주의자, 사회적으로 유능한 인재를 효율적으로 길러 내야 한다는 보비트(Bobbitt, 1876~1956)로 대표되는 사회적 효율주의자, 그리고 학생들에게 사회 정의와 평등에 대한 전망을 심어 주어 사회 변화를 촉진해야 한다는 러그(Rugg, 1886~1960)로 대표되는 사회개조주의자 등이 있다. 전통적 인문주의자들은 19세기에, 사회적 효율성을 추구하면서 교육과정을 과학적으로 구성할 것을 시도한 입장은 20세기 초반 20여 년간에, 그리고 자기주도적 실제 과제 해결 학습을 통한 아동의 지적 발달과 경험 및 활동 중심 교육과정을 주창한 아동중심주의자들은 1920년대에 교육과정의 중심 무대에 올랐다. 또한 러그 등의 사회개조주의자들은 1930년대를 풍미하였다. 클리바드(1987)에 따르면, 듀이의 종합적이고 실천적인 교육적 전망은 탁월하나 주도적 네 집단에 비해 현실적 영향력은 미약하였다.

듀이의 아동과 교과의 통합으로서 교육과정 아동중심 교육과정의 논의를 구체화한 듀이는 교육과정을 기본적으로 미성숙하고 미발달된 아동과 사회적 목표, 의미 및 가치를 체화한 성숙한 경험을 지닌 성인 간의 상호작용이라고 보았다. 듀이에 따르면, 참된 교과는 과학, 수학, 역사, 지리 등이라기보다 아동의 사회적 활동이다. 교과의 주된 구실은 사회활동 전반을 의지적이고 목적적이고 호기심 있고 능동적인 아동과 공유하는 데 있고, 그 가치는 아동의 계속적인 성장과 민주주의의 성숙과 같은 사회적 기여에서 온다고 보았다. 그는 교사와 학생의 일상적 삶을 교육과정 구성의 기본 축으로 삼을 것을 제안한다. 학습자는 경험을 심리적으로 축적하며, 교과는 인간 경험과 탐구결과를 논리적으로 축적한다. 경험의 심리적 측면을 지닌 학습자와 경험의 논리적 측면인 교과를 만나도록 하기 위해서는 교과가 먼저 심리화되어야 한다. 학습자의 흥미, 관심, 발달단계, 일상 경험에 맞춘 것이 곧 심리화된 교과다. 그는 아동중심의 유·초등학교 교육과정에 큰 영향을 미쳤다.

보비트의 활동분석에 기초한 교육과정 구성 사회적 효율성을 달성하기 위한 테일러(Taylor, 1856~1915)의 과학적 직무관리기법을 교육에 적용한 보비트는 성인의 활동을 전문적으로 분석하여 교육과정을 만드는 일을 전문가들이 해야 할 전문 분야로 정립하였다. 그는 교육을 성인생활을 위한 준비라고 보고, 교육과정은 현재 성인들의 활동 영역을 잘 분석하여 그중 학교에서 꼭 가르쳐야 할 분야를 선정해서 교육목표로 만들고 이를 교육과정 요소로 구체화하는 일이라고 보았다. 유·초등교육을 강조한 듀이와 달리 성인을 닮아 가는 청소년의 중등교육을 강조한 셈이다. 보비트는 일상생활에서 배울 수 있는 것과 성인이 되면 자연스럽게 터득하는 것을 일부러 학교에서 가르칠 필요는 없다고 보고, 학교에서는 제대로 배우지 않으면 성인생활이나 직업생활에 치명적 결함을 초래하는 것만 가르쳐야 한다고 보았다. 당시 교육에서의 낭비 제거는 효율성을 강조한 시대정신을 반영한 것이었다. 그의 이런 생각은 중등교육과 직업 교육과정에 영향을 주었다.

민주주의 사회의 교육목표 미국교육협회(NEA)는 중등교육재편위원회를 결성하여 '중등교육의 기본원리'(1918)를 제시하였다. 미국의 교육은 기본적으로 민주주의 노선을 따라야 하며, 민주주의에서의 교육은 학교 안팎에서 모든 사람에게 지식과 흥미, 이상, 습관, 일할 수 있는 역량을 길러 주어야 한다. 이에 따라 위원회에서는 건강한 사람 기르기(health), 기초학습 능력 기르기(command of fundamental processes), 가족구성원으로서의 역할 익히기(worthy home-membership), 직업 수행 능력 준비하기(vocation), 시민성 함양하기(citizenship), 여가 선용하기(worthy use of leisure), 윤리적 품성 기르기(ethical character)와 같은 중등교육의 7대 목표를 제안하였다. 이것은 스펜서의 지식의 우선순위 다섯 가지를 확대한 것이다.

1938년 NEA의 교육정책위원회에서는 미국 민주주의에서의 교육목표를 '잘 교육받은 사람이 갖추게 될 특질인 자아실현, 인간관계, 경제적 효율성, 시민으로서 책무'의 네 가지로 정하고 그 세부 목표를 제시하였다. 이를 더 구체화한 1944년의 '모든 미국 청소년을 위한 교육'에서는 쓸모 있는 직업기능, 건강, 유능한 시민, 화목한 가족구성원, 권익을 찾는 소비자, 과학적 방법, 심미성, 여가의 현명한 활용, 민주적 가치, 합리적 사고 등의 10가지 교육목표를 제안하였다. 이런 교육목표는 20세기 대부분 국가의 학교 교육과정에서 변용하여 사용되었다.

교사에 의한 교수요목 개발 미국 콜로라도주 덴버 시 교육장 뉴론(J. Newlon)은 1920년대 지역 교육청 단위의 교육과정 개발을 주도한 인물이다. 그는 교사는 전문가이고 교사의 전문성은 교육과정 개발 참여를 통해 잘 신장될 수 있다고 믿었으며, 교사들에게 안식년을 주어 교육과정 개발에 전념하게 하였다. 오늘날 교사들의 협동적 수업연구 모임이나 장학사들이 수업에서 떠나 교육과정과 수업을 연구하여 학교를 돕는 것을 선구적으로 실천한 것이다.

8년 연구와 중등학교 교육과정의 혁신 진보주의교육학회(PEA)가 추진한 8년 연구(1933~1944년)는 20세기 전반기 진보주의 교육과정 논의의 교육적 실효성을 교육목표, 교육과정, 수업, 교육평가, 교원연수 등의 측면에서 종합적으로 검증하는 것이었다. 그 주된 목적은 초등교육에서 통했던 진보주의적 방식이 중등교육에도 가능한지, 또 대학입시의 굴레에서 벗어나 진보주의적 교육과정으로 고교 교육을 받은 학생들이 대학에서 성공적인 학업생활을 영위하는지를 확인하는 것이었다.

실험학교 교사들이 모여서 중핵 교육과정을 마련할 때 단원의 핵심 아이디어는 민주사회에서 청소년의 관심을 끄는 사회 문제와 쟁점이었다. 연구결과는 오늘날 미국 고교교육과 대학입시의 주된 특색을 규정할 정도로 성공적이었다. 8년 연구는 성공적인 대학 공부와 생활을 준비하는 경험의 종류가 지필고사 외에도 다양하며, 교육의 개선과 성공에는 대학과 고교의 교육과정 연계 및 교원들의 상호 협조가 중요하다는 것을 밝혀 주었다.

타일러와 교육과정 개발의 발달　20세기 전반기의 교육과정 논의를 정리하면서 20세기 후반기 교육과정 논의를 이끌어 내기 위해 꼭 검토해야 하는 교육과정학자는 타일러다. 그는 교육과정 연구 개발에 있어 획기적인 저서 『교육과정과 수업의 기본원리(Basic Principles of Curriculum and Instruction)』(1949)를 펴냈다. 이 책은 20세기 전반기 교육과정 논의를 합리적이고 깔끔하게 종합 정리한 것이었다. 20세기 후반기의 교육과정 논의나 개발이 타일러의 그것을 부연 설명하거나 극복하려는 대안들로 이루어졌다고 하여도 과언이 아닐 정도로 그 비중은 커다란 것이었다.

타일러(1949)에 따르면, 교육과정과 수업을 하나의 과정으로 보아 이를 계획하는 사람은 누구나 다음의 네 가지 질문을 던져 보아야 한다. 첫째, 학교에서 달성하고자 하는 교육목표는 무엇인가? 둘째, 수립된 교육목표를 달성하는 데 유용한 교육경험은 어떻게 선정하는가? 셋째, (수업을 위해서) 선정된 교육경험은 어떻게 효과적으로 조직할 수 있는가? 넷째, 교육목표가 달성되었는지의 여부는 어떻게 결정(평가)할 수 있는가? 그는 교육과정 개발의 절차를 교육목표 설정, 학습경험 선정, 학습경험 조직, 평가로 단순화하였다.

교육과정 이해의 발달　1960년대 이후 사범대학 교육학자들의 진보주의·아동·사회·생활 중심 교육과정이 쇠퇴하고, 문리과대학 전통학자들의 교과·학문중심 교육과정이 교육과정을 점하게 되며, 실제적인 교육과정 개발이 학교와 교사 및 장학진들의 손에 넘어가자, 교육과정학자들은 교육과정의 실제 문제에서 밀려나게 되었다. 또한 교육과정은 타일러의 개발 논리에서 벗어나지 못하고 기술적인 절차와 방법을 정교화하거나 행동과학을 추종하여 실제의 개선에는 도움이 못 되고 있다고 비판받았다. 슈왑(Joseph J. Schwab)은 이런 상황을 두고 "교육과정학이 빈사상태에 있다."고 했다. 휴브너(D. E. Hüebner), 맥도날드(J. B. Macdonald), 애플(M. W. Apple), 지루스(H. Giroux), 파이너(W. Pinar), 아오키(T. Aoki) 등은 새로운 돌파구로 교육과정의 재개념화 운동을 펼치게 된다.

이들은 개발론자들에 비해 교육과정의 개념분석, 개인적 의미, 사회적 관련성(자유, 정의, 평등), 역사, 인종, 국제관계, 남녀, 생태, 계층, 언어 등 개발된 교육과정 내용과 그 영향에 관한 비판적 이해(understanding)를 주로 다룬다. 또한 교육과정 현상을 이론적으로, 혹은 새로운 인문학적 · 사회과학적 방법론을 동원하여 다룬다. 교육과정의 재개념화 혹은 이해에서는 역사학, 신학, 현상학, 정신분석학, 자서전과 생애사, 신마르크스주의, 미학적 비평, 포스트모더니즘 등을 통해 부조리하고 불평등하며 억압적인 문화와 구조를 재해석하고 기존 담론을 해체하여 억압으로부터 해방을 꿈꾼다. 그들이 보기에는 전통적 개발 패러다임도 효율성이나 경제성의 이름으로 개인을 억압하고 희생을 강요하는 데 한몫해 왔다. 재개념론자들은 교육의 목적을 이런 희생을 강요하는 억압적 기제에서 개인을 해방시키는 것으로 본다. 애플은 이런 억압의 원인을 사회구조에서 찾으며, 파이너는 개인의 의식에서 찾는다.

이들은 전통적 교육과정 개발론자들의 관심인 교육목표, 교육과정, 교육방법, 교육평가의 조율된 개발과 실행보다, 학교와 교사 및 교재의 사회적 기능 등을 통해 교육과정을 재해석하고 비판적 이해를 통해 새로운 가치를 창조하며 개인과 사회의 해방을 기획하는 작업을 중요시한다. 하지만 이로 인해 교육과정학자들은 인문학 쪽으로 가까워졌으나 도리어 교육과정 실제로부터는 점점 멀어지는 결과를 빚었다.

교육과정 개발과 이해의 절충과 공진화 개인의 자아실현과 이상적 사회를 위한다고 언명해 온 학교교육의 성공과 실패의 원인을 밝히는 것은 쉽지 않다. 이는 교육과정학자들이 교육과정의 실제적 개발에 치우친 탓이라고 하기도 어렵다. 더구나 중앙집권적 · 관료적 교육과정 개발을 지속해 온 우리나라의 현실에서는 이론적 논의를 알차게 거친 교육과정 개발이 본격화된 적도 없다. 우리는 교육과정에서 개인, 성, 인종, 계급, 문화, 국가, 식민과 제국주의, 세계체제 등에 대한 비판적 이해를 필요로 한다. 다양한 인문학적 · 사회과학적 방법론을 동원하여 여러 측면에서 공정하게 이해된 교육과정은 일정한 절차를 거쳐 효율적으로 그리고 효과를 낳도록 개발되어야 한다. 이 점에서 해석적 관점의 교육과정 이해가 개발에 선행되면서 양자는 동전의 양면처럼 결코 분리하기 어렵다. 재개념주의 혹은 교육과정 이해의 패러다임으로 현행 교육과정에 대해 비판적으로 이해하고, 이해된 교육과정을 20세기 내내 다듬어 온 교육과정 개발의 절차와 원리를 통해서 보다 나은 창의적 교육과정으로 개발하여야 비로소 교육과 사회에 기여할 수 있다. 이런 점에서 교육과정의 이론적 · 비판적 이해와 실제적 · 창의적 개발을 절충 · 종합 · 협동하는 것이 요구된다. 즉, 교육과정에 대한 이론적 이해와 교육과정 실제에 대한 개발이 상호 협조하여 시너지 효과를 볼 때 이 분야는 발전될 수 있다. 교육과정은 언제나 사회의 실용주의 위에, **학문이나 교과의 구조주의**, **학습자의 구성주의** 사이를 적절히 종합 · 절충하는 일이다. 즉, 각각의 강약에 따라 결정되는데 21세기에는 지식의 폭증과 유효기간 단축으로 학문의 구조주의는 약화되는 편이다.

3. 교육과정의 개발

교육과정 개발은 학교와 교실에서 교육할 소재를 마련해 주는 일이다. 교육과정 실제에서는 질 높은 교육과정기준을 개발하여 풍성한 학습기회를 보장하는 것이 중요하다. 무엇을 가르치고 배울 것인가의 물음은 흔히 일정한 원리와 절차를 따라 구체적으로 대답된다. 다음에서는 교육과정 개발의 주요한 모형, 교육과정 목표의 설정과 진술, 각론의 구성과 교과 내용의 선정과 조직, 우리나라의 국가교육과정기준 개발과 이를 구체화한 교과서 개발 과정을 다룬다. 교육과정기준과 교과서 개발로 교육과정은 실행하기 위한 준비를 갖추게 된다.

1) 교육과정 개발 과정

(1) 교육과정 개발 모형

교육과정의 개발은 교실, 학교, 지역, 국가 등 다양한 수준에서 다양한 모습으로 진행된다. 이는 학교에서 가르치고 배울 거리를 다듬어 내는 일이다. 개발할 대상은 교육과정기준의 총론과 각론, 교과서, 특정 단원, 주제별 프로그램 실행계획, 학교교육계획서, 수업계획서 등으로 다양하다. 교육과정 개발 모형은 개발하는 절차를 간결하게 도형화한 것으로, 교육과정 개발자들이 따라야 하는 체제를 제시하거나, 교육과정 개선의 과정에 포함되는 단계 혹은 요소들을 상세히 설명하는 틀로 제시된다. 일반적으로 교육과정 개발에서 공통적으로 취하는 절차는 요구분석, 목표 설정, 교육경험의 선정, 교육경험 조직, 단원 구성, 모의 실행, 수정 · 보완, 본격 실행, 평가 및 개선이다. 보통 교육과정 개발 절차를 거치면 기준은 ① 상황과 요구 분석에 기초한 목표 설정, ② 목표를 구현하는 내용과 활동 구성, ③ 이를 구현하는 데 필요한 지침과 지원 및 평가와 개선 방향을 담게 된다.

타일러의 교육과정 개발 모형은 체제적 · 합리적 처방 모형으로 가장 널리 받아들여진다. 이는 교육목표 설정, 교육경험 선정과 조직, 교육목표에 따른 평가의 최소한의 절차와 구성요소를 명시한 것으로, 이후 교육과정 개발 모형들은 많은 경우 이를 확대 · 보완한 것이다. 타바(Taba, 1902~1967)의 교육과정 개발 모형은 학교에서 교사가 직접 참여하여 수업지도 계획의 기초가 되는 교과목의 '단원'을 개발할 때 적합한 모형이다. 카스웰(H. Caswell)은 주 수준의 교육과정 개발에 참여하면서 시간적 계열(sequence)과 공간적 범위(scope)를 체계화하였고, 스킬백(M. Skilbeck)은 분권화된 학교 수준 교육과정 개발에 영향을 주었다. 워커(D. Walker)의 교육과정 개발 모형은 이미 이루어진 교육과정 개발 사례를 참여 · 관찰하여 귀납적으로 추출한 실제적 모형으로, 개발 과정 참여집단들의 정치적 · 규범적 의도와 이해관계의 복잡성을 잘 드러낸다. 아이즈너(E. W. Eisner)의 것은 학습자의 이해와 표현양식을 확장하기 위한 예술 영역의 교육과정 개발 모형이다. 아이즈너는 영 교육과정과 함께, 교육과정은 물음과 정답이 있는 것에서 벗어나 물음에 따라 다양한 해답이 있거나 물음도 대답도 새로이 만들어 가는 것으로 확장할 것을 강조하였다.

직업 교육과정 개발 모형은 전통적인 타일러 모형을 따르는 체제적 접근과 직업 수행에 필요한 직무를 분석하여 이를 계획 · 준비시켜 주기 위한 직무분석모형으로 나뉜다.

(2) 요구분석과 교육목표의 설정

학습자와 사회의 요구를 분석하여 교육목표로 전환하는 것은 교육과정 개발에서 가장 오래된 방법이다. 요구는 현재의 상태와 미래의 바람직한 상태의 격차를 나타내기 때문에 곧 달성해야 할 목표로 전환된다. 요구분석은 목적 결정, 정보의 출처 확인, 도구 선택, 단계별 요구분석 실시, 결과에 따른 의사결정의 단계로 진행된다. 요구가 확인되면 중요도, 실현가능도, 긴급도 등을 고려하여 그 우선순위를 정한다.

교육과정기준 총론에는 교육의 방향과 목적이 제시되는데, 이들은 교육이념, 교육비전, 교육목표 순서로 구체화된다. 교육이념은 헌법적 가치 구현이므로 법에 명시된다. 교육비전은 지향하는 사회상과 추구하는 인간상, 그리고 이를 구현하는 바람직한 교육상으로 구성된다. 일반적인 교육목표는 종적 **계열**로는 학교급(학년군, 학년)별 교육목표로 구체화되고, 횡적 **범위**로는 영역별(교과군, 과정, 계열) 교육목표로 구체화된다. 이로써 총론과 각론이 연결된다. 각론의 개별적인 교과 교육목표는 학교급 · 학년군 · 학년별 교과 교육목표, 단원목표, 수업목표, 차시목표로 점차 구체화된다. 고교부터는 진도별로 선택과 집중을 하는 과정이 제시된다.

잘 진술된 교육목표는 타당성, 포괄성, 배타성, 위계성, 의사소통성, 실천가능성, 달성 가능성 등의 특성을 띤다. 교육목표는 교육활동의 행동적 지침이며 교육평가의 지침이 되므로 분명하고 자세할 필요가 있다. 구체적 교육목표로서 단원별 성취기준은 교육내용, 교수 · 학습, 교육평가의 지침이 된다.

(3) 각론의 구성 및 각론 교육내용의 선정과 조직

교육의 방향과 목적이 설정되면 이를 달성하기 위해 총론에서는 해당 **학년**(군)에서 가르칠 교과나 교육활동의 종류, 기능, 지위, 비중을 정한다. 무엇보다 먼저, 교과목의 종류를 정해야 하는데, 이는 교육목표 등에 따라 학년이 올라갈수록 점점 분화되고, 일정한 분화 이후에는 통합하여 선택과 집중할 수 있도록 한다. 즉, 유아 단계에서 고교 또는 대학에 이르기까지 학교교육을 통해 제공되는 모든 교과목과 활동을 체계적으로 보여 주는 교과목종합표와 그 이수체계가 있다면, 학생들은 학업과 직업 준비를 위한 경로를 잠정적으로 결정할 수 있다.

각론에서도 각종 교육목표가 단원목표까지 결정되면 이를 구현하는 내용과 활동을 선정하고 조직해야 한다. 각론의 교과 내용 선정에서는 그 기준이 중요하다. 대체로 내용 자체가 지니는 속성과 내용이 미치는 외부적 효과가 주요한 기준이 된다. 그 기준으로는 지적 중요성, 학문적 타당성, 개인적 유의미성, 사회적 효용성, 실행가능성 등을 들 수 있다.

교육과정 조직(organization)의 목적, 곧 교육과정을 조직하거나 조직된 교육과정의 양호도를 점검하는 것은 교육과정 조직에서 중복, 편중, 누락, 비약, 후퇴(낙차), 혼란(역전) 등과 같은 하자(瑕疵)를 없애서 교육과정 내용의 일관성과 통일성을 달성하고 교육활동의 노력과 시간의 낭비를 막기 위함이다. 내용조직의 기준에는 수평적(공간적 · 횡적) 측면에서 범위(scope)와 통합성(integration), 수직적(시간적 · 종적) 측면에서 계속성(continuity)과 계열성(sequence) 그리고 전체적 측면에서 연계성(articulation), 균형성(balance), 통일성(coherence)이 있다.

2) 우리나라 교육과정의 개발 과정

우리나라는 중앙집권화된 국가교육과정기준을 가지고 있다. 교육부가 주축이 되어 한국교육과정평가원, 한국직업능력개발원, 한국과학창의재단 등과 대학의 교수진 및 학교 교사를 통해 총론과 각론을 연구 개발한다. 연구 개발된 교육과정기준 문서는 해설서, 교과서 집필 지침 및 검정심의 기준 등을 통해 교과서나 지도서로 구체화된다. 초 · 중등학교는 교육부와 교육청의 지원을 받아 학교 교육과정 계획을 마련하고 교사들이 수업 등을 통해 이를 시행하는 전형적인 중앙집권적 하향식(top-down) 교육과정기준을 운영하고 있다.

(1) 국가교육과정기준의 개발

국가교육과정기준은 순기능과 역기능을 동시에 수행한다. 순기능은 모든 학습자에게 일정 수준의 학습기회를 균등하게 부여하고 교육의 질을 일정 수준으로 유지하게 한다는 것이다. 반면, 역기능은 지역과 학교의 전문성과 자율성을 바탕으로 한 특색 있는 학교 교육과정 편성과 운영을 제약하기도 한다는 것이다. 국가교육과정기준이 있더라도 지역과 학교의 자율성을 존중하는 교육과정 관련 업무의 구분은 중요하다.

우리나라의 교육과정기준은 1955년 제정 이후 10차례 이상의 전면 개정이 있어 왔다. 교육과정 개정의 발의는 주로 정치적 힘을 지닌 교육개혁 집단, 연구 개발은 주로 교육연구자 집단, 개정과정의 행정 관리는 교육부 교육전문직 집단에 의해 수행되어 왔다. 국가교육과정기준의 개발 절차는 크게 '계획 수립 → 기초연구 → 교육과정기준의 연구 개발 → 심의 → 최종기준안 작성 → 확정 고시'의 절차를 거친다.

우리나라 교육과정 개정의 특징은 고교 이하 모든 학교급의, 모든 교과의 교육과정을 모두 바꾸는 식의 전면개정, 5~6년마다의 단주기 혹은 수시개정, 교육과정 총론과 각론을 2~3년 안에 동시에 바꾸는 일시개정, 여러 기관에서 각론을 나누어서 개정하는 분산개정 등의 특징을 지닌다. 이로 인하여 교육과정 실현이나 현장 실천과 거리가 있는 문서중심 개정, 이전 교육과정의 운영경험이 잘 반영되지 않는 개정, 잦은 개정으로 인한 혼란과 질 높은 기준을 만들 기회 상실, 학습자나 사회의 요구보다 교과의 요구가 강한 교과중심 개정, 질 개선 및 관리 장치가 부족한 개정이라는 비판을 받고 있다.

국가교육과정기준 총론은 교장의 학교 경영에, 각론은 교사의 수업 운영에 도움을 주도록 되어 있다. 총론은 지역을 거쳐 학교교육의 기본 설계도로 작용하지만, 교과 교육과정기준은 교과서를 쓰는 모본(母本)의 역할에 그치고, 교실의 수업과 평가에서는 교과서가 교육과정기준을 대신한다. 이것은 교과서, 교사, 지필시험 위주의 교육을 초래한다. 최근 들어 학교의 체계적 지식 전수 및 습득을 통한 지력 개발 기능이 약화됨에 따라, 특히 중등학교에서 교과서의 활용 비율이 떨어지고 있다.

국가교육과정기준을 개선하기 위한 대안적 방향으로, 먼저 기준 개발 과정은 총론과 각론을 순차적으로 개선하고, 각론도 학교급별, 교과군별로 연차적으로 차근 차근 개정하여 질 높은 기준을 개발하여 고시할 필요가 있다. 국가수준 기준의 요강화와 함께 학교 교육과정 계획의 특성화를 추구해야 할 것이다. 총론 문서의 형식과 내용에서 교육비전에 지향하는 사회상을 보완하여 공교육의 사회적 기능을 강화하고, 영역별 교육목표를 설정하여 총론과 각론을 유기적으로 이어 주며, 개설할 전체 교과목종합표와 이수체계를 보여 줄 필요가 있다. 고교부터는 진도에 따라 선택과 집중이 가능한 진도별 학습기회를 보장하는 방향의 교육과정 설계가 요구된다. 진도별 교육이 가능하기 위해서는 고교에서 개설할 계열과 과정의 종수와 과정별로 차이가 나는 교과목의 종류 및 단위수를 반드시 최소 규정할 필요가 있다. 또한 기준 개발 이후의 교과서 발행제를 명시하고, 질 높은 기준의 확보를 위한 평

표 6-2 학년군(학교급)간 연계를 위한 교과의 체계적 분화와 통합

<table>
<tr><th>학교</th><th>학년</th><th colspan="10">교과 및 학문(지능정보화와 세계화 관점에서 재점검 필요)</th><th>교과수(택)</th></tr>
<tr><td>전문/대</td><td>2~4년
무학년</td><td colspan="10">cornerstone-stepstone-capstone 전공(학과)</td><td>(1~2)</td></tr>
<tr><td rowspan="3">진로/고</td><td rowspan="3">2~3년
무학년</td><td colspan="7">12개 이상 진로탐색과정(인사/경상, 과학/IT/공학1/공학2/보건의료, 개인/단체운동, 음/미/연) 선택 이수</td><td rowspan="3">직업계 고교는 산업계 요구와 NCS를 따름</td><td rowspan="9">학교자율과목</td><td rowspan="9">창체</td><td>(4~2)</td></tr>
<tr><td colspan="7">4개(자연계, 인사계, 예술계, 체육계) 계열별 선택 이수</td><td>(6~2)</td></tr>
<tr><td colspan="7">교과에서 체계적으로 분화한 과목들에서 영역별 · 수준별 선택 이수</td><td>8(8)</td></tr>
<tr><td rowspan="3">기본/중</td><td>9</td><td colspan="8">8개 통합교과 중 예술, 체육, 외국어, 기술 및 직업진로탐색은 선택하여 필수 이수</td><td>8(5)</td></tr>
<tr><td>8</td><td colspan="8">8개 통합교과 중 예술, 체육, 외국어, 기술은 선택하여 필수 이수</td><td>8(4)</td></tr>
<tr><td>7</td><td colspan="8">8개 통합교과 중 예술, 체육, 외국어는 선택하여 필수 이수</td><td>8(3)</td></tr>
<tr><td rowspan="3">기본/초고</td><td>6</td><td colspan="8">8개 생활교과 중 예술, 체육(개인맞춤형 운동처방 택1)은 선택하여 필수 이수</td><td>8(2)</td></tr>
<tr><td>5</td><td colspan="8">8개 생활교과 중 예술(미술디자인, 음악, 연극영화 …… 중 택1)은 선택하여 필수 이수</td><td>8(1)</td></tr>
<tr><td>4</td><td>생활국어</td><td>생활영어</td><td>생활사회</td><td>생활수학</td><td>생활과학</td><td>생활정보기술</td><td>생활예술</td><td>생활체육</td><td>8</td></tr>
<tr><td rowspan="3">기초/초저</td><td>3</td><td>생활국어</td><td>생활영어</td><td>생활사회</td><td>생활산수</td><td colspan="2">생활과학기술</td><td colspan="2">생활예술</td><td colspan="2">생활체육</td><td>7</td></tr>
<tr><td>2</td><td colspan="2">생활국어</td><td>생활영어</td><td colspan="2">생활산수</td><td colspan="2">생활과학기술</td><td>즐거운 생활</td><td colspan="2">건강하고 바른 생활</td><td>6</td></tr>
<tr><td>1</td><td colspan="2">생활국어</td><td colspan="2">생활영어</td><td colspan="2">생활산수</td><td colspan="2">즐거운 생활</td><td colspan="2">건강하고 바른 생활</td><td>5</td></tr>
<tr><td rowspan="3">기초/유</td><td rowspan="3">3~5세</td><td colspan="3">건강한 생활</td><td colspan="2">즐거운 생활</td><td colspan="3">바른 생활</td><td colspan="2">슬기로운 생활</td><td>4</td></tr>
<tr><td colspan="3">건강한 생활</td><td colspan="3">즐거운 생활</td><td colspan="4">바른 생활</td><td>3</td></tr>
<tr><td colspan="4">건강한 생활</td><td colspan="4">즐거운 생활</td><td colspan="2"></td><td>2</td></tr>
</table>

가와 개선 방안 등을 총론 문서에 담을 필요가 있다. 각론은 교과의 특성과 교육에서 달성하기로 된 목표에 따라 독특한 기준의 형식과 내용을 개발할 필요가 있다. 또한 국가 수준과 학교 수준 교육과정 업무의 구분과 연계, 전면개정과 부분개선의 상호 보완, 교과 특성을 고려한 교육과정의 편성·운영, 교과 공부보다 다른 문제가 더 절실한 학생들에게 필요한 교육기회의 제공과 교육프로그램의 개발·제공 등이 요청된다.

(2) 학교 수업용 교재의 개발

학교 수업용 교재로는 공식적으로 교육과정을 구현한 교과서, 교육과정과 교과서를 이어 주는 지도서, 상업용으로 출판된 교과서 내용 해설 및 평가 자료집의 성격을 지닌 참고서 등이 있다. 그중에서 교과서와 지도서는 '교과용 도서'라고 칭하는데 공식적으로는 가장 중요한 학교 수업용 교재다. 교과나 활동의 특성에 따라 서책 형태의 교과서가 필요한 경우도 있고, 화첩이나 도록, 동영상 등이 더 효과적인 경우도 있으며, 교재 도움이 필요 없는 교과나 활동도 있다. 교과교육과정기준이 있다고 하여 무조건 교과서를 발간·배포하는 것도 낭비이거나 교육활동을 왜곡시킬 수 있다. 학생용, 학급용, 학교용으로 쓰임새에 따라 교과별 차이를 둘 필요가 있다.

국가교육과정기준을 가진 우리의 교과서 제도를 교과서 편찬과정에 대한 국가의 관여 정도나 방식에 따라 분류하면 국정제, 검정제, 인정제로 나뉜다. 국정 교과서는 교육부가 직접 위탁하여 제작-심의-공급하는 것이고, 검정 교과서는 민간 출판사와 저작자들이 제작하여 교육부가 위탁한 검정 심사를 거쳐 합격하면 학교에서 선정하여 쓰인다. 인정 교과서는 출판사와 저작자들이 제작하여 교육부나 교육청의 인가를 받아 학교에 사용할 수 있는데, 일부 인정 교과서는 검정과 유사한 사전 심의를 거친다. 교과서 제도는 국정제보다 검정제, 검정제보다 인정제를 발전한 형태로 간주하지만, 시장 실패로 여겨지는 교과의 교재들은 국가정책이나 교육복지 차원에서 국정제를 취할 수밖에 없다.

어떤 교사가 가르쳐도 질 높은 양질의 교재를 학생에게 공급하기 위해서는 전면개편보다 수정·보완형의 판수를 거듭하는 교과서 만들기, 교재별 전문 출판사 확립, 정기 검정제의 확립 및 교과 특성에 맞는 예측 가능한 검정 주기 정립, 사용 후 폐기 처분하지 않고 반납하는 대여제 확대, 동영상과 도록 등 교재 형태의 다양화, 수업과 학습 의존도가 낮은 교과 교재의 학교용 · 다학년용 · 학급용 · 교사용 교재로의 전환 등이 요구된다.

4. 교육과정의 운영과 평가

개발된 교육과정기준과 교과서는 교육청의 지원을 받아 학교와 교실에서 실행된다. 주로 학교관리자에 의해 교육과정 총론은 경영되고, 각론은 교사들에 의해 운영된다고 할 수 있다. 교육학을 배우거나 교원이 되려는 예비교사들은 먼저 교육과정 총론을 개괄하고 이를 발판으로 각론의 개별 교과 및 창의적 체험활동 교육과정을 익힐 필요가 있다. 개발되고 실천된 교육과정은 평가를 거쳐 다시 개선으로 이어진다.

1) 교육과정의 운영

(1) 교육과정의 경영과 운영

교육과정 운영은 교육과정의 계획, 실행, 성과 평가 중 주로 학교 현장에서 실행 측면을 지칭한다. 교육활동 전반에 관련되는 교육과정 총론은 학교장의 학교 경영에서 핵심이어서 교육과정 '경영'이라고 칭하고, 개별 교과 수업과 관련되는 교육과정 각론은 교사의 교실 수업의 핵심이어서 교육과정 '운영'이라고 구별하여 칭할 수 있다. 보통 학교 밖에서 만들어진 교육과정기준, 교과서, 지도서 등을 곧이곧대로 차용(adoption)하거나 재구성하여 변용(adaptation)하지만, 창의적 체험활동이나 방과 후 학교와 같이 교내에서 자체적으로 교육프로그램을 창안(creation)하여 실행하기도 한다.

교육정책결정자는 먼저 학교 교육과정, 즉 학교의 교과목과 그 시간배당에 따라 교사 수급, 학생 수용, 시설과 설비 구비, 예산 배정 등을 결정하게 된다. 학교장은 학교에 알맞은 교육과정을 먼저 계획하고 이에 맞추어 교사 수급 및 역할부여, 학생 배정, 시설과 설비 구축, 예산 배정 등을 하게 된다. 교사는 지역, 학교, 학년, 학급, 학생 등에 맞추어 학년 · 교과 간 교육 내용이나 활동을 통합 · 조정하여 수업하는 교육과정 재구성 활동을 수행하게 된다. 교육과정중심 학교 운영이나 교육활동은 이런 상황을 지칭한 것이다.

초등학교는 공통필수 교육과정이 대부분이어서 학교가 자율성을 발휘할 여지가 상대적으로 적은 편이지만, 고부담의 대입시와 멀리 떨어져 있어 교육과정을 정상적으로 운영할 여지는 크다. 진로별 교육을 하는 고교는 학교의 규모가 제한되어서 학생들이 원하는 **진로별 교육과정**을 교내에서 다 제공할 수 없다. 그러므로 지역 내 이웃 학교들과 교과목 및 과정 개설에서 역할을 분담하고 협력해야 학생들이 요구하는 진로별 학습기회를 보장할 수 있다. 모든 학교에 모든 시설과 설비를 다 할 수 없기에 개설되는 계열이나 과정을 고려하여 인근 학교 간 역할 분담하는 것도 효율적이다. 고교나 진로별 교육을 하는 학교에서는 학생을 수용할 때 진로 요구를 고려해야 학교가 질 높은 교육을 제공할 수 있다. 초등학교에는 교과전담 교사가 있어야 담임교사의 부담을 덜고 질 높은 교육이 가능해지고, 중등학교에는 교사들이 복수의 교과목을 가르쳐야 다양한 교과목을 개설할 수 있다. 해마다 담당하는 학년이나 학급을 바꾸기보다 담임연임제나 학년전담제도 필요하다.

(2) 교육과정 경영과 운영의 개선

우리나라 교육과정 운영에 영향을 미치는 교외 요소로는 학교의 자율성과 특수성을 허락하지 않는 중앙집권적 교육정책, 학교급과 교과군의 특수성을 고려하지 않고 획일적으로 적용하는 교육개혁안, 전면 · 일시 · 수시 개정되어 불안정한 교육과정기준, 불비하고 불친절한 기준 문서, 수업보다 우선시되는 각종 공무와 잡무, 교실 · 수업 · 학생과 멀어져야 유리한 교원 승진체제, 정상적으로 교육과정을 운영하면 불리한 대입시 및 각종 시험, 지필 위주 선택형 총괄평가, 1학년 공통 위주의 진학계고교 교육과정 설계, 진로를 무시한 학생 배정과 평준화 제도, 학교 간 불평등을 조장하는 비평준화 제도, 열악한 직접 교육비 여건 등이다.

교육과정 운영도 사람이 하는 일이라 인적 요소가 가장 중요하다. 사실, 교육부 · 교육청의 교육정책결정자들은 교육과정에 따라 각종 정책 결정을 하면서도 정작 교육과정 총론에 대한 종합적 이해가 부족하거나 무관심하다. 이들은 주로 행정, 법, 예산, 인사 등에 대한 이해는 높지만, 이들이 수립하는 교육정책은 교육목표나 교육과정, 학교의 교육활동과 유리되는 경우가 적지 않다. 학교교육이 본연의 교육활동 위주로 진행되기 위해서는 학교에서 가르치고 배우는 교과목이나 활동 프로그램에 대한 사회와 학습자의 요구를 종합 절충하여 그 이해 위에 교원 양성과 수급, 학생 수용, 시설과 설비, 예산 등을 계획하고 집행해야 할 것이다. 저출산의 영향으로 학생 수용의 학제나 교원 자격 운용제도도 변화가 필요하다. 즉, 유 · 초저학년과 초고학년 그리고 중학교를 묶는 학교나 학교급을 넘나드는 교원자격제도가 필요하다.

또한 현장 교원 출신들이 주축을 이루는 교육과정과 교과서 정책 관련 부서에는 공통 교육과정에 익숙한 초등교원 출신들은 중등학교의 상이선택 교육과정의 복잡함을 이해하지 못한 채로, 중등교원 출신들은 특정 교과에 대한 이해와 수업 경력을 배경으로 업무에 임하는 경우가 많다. 이들이 특정 학교급이나 교과의 이해를 대변하게 되면 국가교육과정기준이 있는 국가에서는 매우 치명적인 결함을 안게 된다. 이들에게는 특정 학교급이나 교과의 이해관계에 얽매이지 않는 전반적인 교육과정 총론에 대한 종합적 이해, 즉 평생학습과 종적 계열 차원의 학년군별(학교급별) 교육과정의 특성과 횡적 차원의 교과의 체계적 통합과 분화를 통한 공통과 상이선택 교육과정의 적절한 배치에 대한 이해가 절실하다.

다음으로, 교육과정 운영에 영향을 주는 교내 요소로는 교육에 중요하지 않은 각종 요구의 과잉, 감당 불가능한 학생집단의 이질성, 교과서 위주 수업교재, 교과목 시간 단위 배당에만 쓰이는 기준 문서, 수업일수 채우기에 급급한 불합리한 학사력, 수업 공백을 초래하는 요일별 시간표제, 교과 특성이 고려되지 않는 획일적인 수업시간 배정, 매 학년 매 학기에 모든 교과목을 조금씩 다 가르치려는 다과목 · 분산 · 피상 학습 풍토, 교사들의 학년 간 및 학교 간 잦은 이동, 열악한 시설과 설비, 과시성 · 행사성 학교 운영, 특히 고교에서는 교사 위주의 교과목 개설과 교육과정 개설에서 이웃 학교들 사이의 협력 부족 등을 들 수 있다.

교육과정 경영과 운영 개선에서 교원들은 가장 중요한 위치에 있다. 교원은 개혁적인 교육과정정책에 대한 자신의 관심수준에 따라 다양한 수준으로 교육과정을 실행한다. 따라서 교사의 관심수준을 새 교육과정이 자신에게 미치는 이해득실을 따지는 수준에서 새 교육과정 자체에 대한 이해와 질 개선, 나아가 학생들에게 주는 유익을 우선으로 여기는 수준까지 나아가도록 도와야 실행수준도 높아질 수 있다. 중요도가 높음에도 실행도가 낮은 요소들을 찾아 교원들이 실행할 수 있도록 도울 필요가 있다. 교내 숙원사업이 풀리지 않으면 다른 많은 개혁안들이 실행될 수 없다는 점에서 숙원사업에 해당하는 바를 풀어 주어야 할 것이다. 이런 변화는 교내외의 지원과 압력(support with control)이 적절히 조화되어야 가능해진다. 여기에는 교원의 변화를 돕는 교내외 각종 연수, 장학컨설팅, 교원들의 자발적인 학습공동체 지원, 교단교사의 성장을 추동하는 직급다층화 등이 있다.

2) 교육과정의 평가

교육과정 평가는 근본적으로 교육과정의 성과를 판단하고 개선하는 데 필요한 정보를 체계적으로 수집하여 보고하는 과정이다. 교육과정 평가는 수업평가, 교사평가, 학생(성적과 성취)평가보다 종합적이어서 교육목표, 교육과정, 수업, 교육평가의 일관성(consistency) 여부를 확인하고, 이에 따라 교사 수급, 학생 수용, 시설과 설비, 예산 배정이 이루어지는 교육과정중심의 학교운영이 이루어지는가를 판단하고 이를 바탕으로 교육의 품질을 높이는 일련의 과정이다. 교육과정 평가의 대상은 공식적 교육과정의 전모에서 말하는 각종 존립수준, 구성영역, 변화단계다. 더 간단하게는 총론 측면에서는 교육과정기준 문서, 교육행정기관의 교육과정정책, 학교의 교육과정 계획과 실행 및 성과, 학생과 학부모의 학교교육과정에 대한 만족도, 학업 및 직업 진로 확정도 등이 대상이고, 각론 측면에서는 교과교육과정기준 문서, 교사의 교육과정 재구성과 수업, 학생의 수업만족도, 학업성취도, 실제 전이도 등이 그 대상이다.

또한 전국, 지역, 학교구, 개별 학교 차원에서 교육과정의 타당성과 적절성 여부를 판단할 수 있고, 교육과정의 개발과 그 평가의 기본 틀은 보통 계획-실행-산출로 이루어지는 3단계다. 예컨대, 스터플빔(Stufflebeam, 2003)은 상황(context)평가,

투입(input)평가, 과정(process)평가, 산출(product)평가의 CIPP 모형을 제안했다. 상황평가는 교육과정 여건평가, 투입평가는 교육과정 계획과 준비 평가, 과정평가는 교육과정 실행과 경영 평가, 산출평가는 교육과정 결과평가라고 할 수 있다. 커크패트릭(Kirkpatrick, 1959, 1998)의 교육훈련평가모형(Training Evaluation Model)은 교육참여자의 강사, 주제, 교재, 전달력, 일시와 장소의 접근성 등에 대한 만족도(reaction), 지식 · 기능 · 태도 등 교육목표 달성도 확인의 학습도(learning), 배운 바를 실제 적용하는 정도 확인의 전이도(behavior)와 함께 넓게는 소속기관의 조직 풍토 개선도(results)까지 4수준을 차례로 평가할 것을 권고한다.

학교 교육과정 평가의 가장 근본적인 목적은 학교교육의 질 관리를 통한 교육력 제고다. 학교 교육과정 평가는 계획, 실행, 산출 단계로 나누어 실시할 필요가 있다. 계획단계에서는 요구분석, 참여와 숙의, 내적 평가의 중요성을 지적할 수 있다. 실행단계에서는 학생, 교사, 학교의 교육과정 실행 여건, 정량적 평가와 정성적 평가의 병행 등에 대하여 언급할 수 있다. 그리고 산출단계에서는 학생들의 인지적 · 정의적 영역의 성취 수준, 교사들의 교육과정 실천결과, 학부모에 의한 평가, 행정적 · 재정적 지원 평가, 평가결과에 대한 보고서 작성과 공유의 중요성에 대하여 지적할 수 있다.

우리나라에서 교육과정 평가활동이 이루어진 것은 한국교육개발원에서 제4차 교육과정을 개정하면서 국가교육과정기준을 연구 개발형으로 개발한 것과 관련되며, 제6차 교육과정을 계기로 교육과정 분권화가 시도되면서 학교 수준 교육과정 평가로 확장되었다. 학생들에게 제공한 국가와 학교의 교육과정기준의 질에 대한 평가 없이 학업성취만 확인하고 높이려고 한다면, 이는 제대로 된 교육의 효과인지도 알 수 없을뿐더러 학생에게 그 성패의 책임을 지우는 일이 된다. 따라서 교육과정이 교육을 위해 제대로 편성 · 운영되고 있는지를 먼저 평가해야 한다. 또한 학교에서는 일정 기간 학교를 다녀서 졸업하는 것만 아니라 실질적으로 기대된 변화를 확인하기 위하여 졸업인정제 등을 통해 질을 관리하려는 노력이 요구된다. 국가 수준에서도 학년군별 최소 성취 수준을 도입하여 이를 확인하고 보장할 필요가 있다. 대학의 경우에도 교육과정, 교수, 졸업생의 성취도 등을 종합적으로 고려하여 대학, 전공, 학과별 교육프로그램의 평가인증제(accreditation)를 도입하는 경우도 적지 않다. 교육기관의 대외적 책무성(accountability)과 대내적 책임(responsibility)을 다하는가를 판단하는 데에서 교육과정에 대한 평가가 절반 이상의 가장 큰 비중을 차지한다.

5. 교육과정의 과제와 전망

다음에서는 교육과정 공부를 계속하는 데서 오는 학문적 · 직업적 진로를 탐색하고, 이 분야의 이론적 · 실제적 연구 개발 과제를 전망한다.

1) 교육과정 공부와 직업 진로

교육과정학은 교육학 하위 분야 중에서 모학문이 없는 가운데 자체적인 학문적 토대를 구축해야 하는 입장이다. 학문적 도전을 즐기는 이들이 교육과정학을 공부하게 되면 위험과 기회를 아울러 만나게 된다. 연구 개발할 대상이 적게는 12개 많게는 60개 종류의 교육과정이 있어 그 범위도 광범하여 당황스럽기도 하겠지만 탐구되지 않은 황무지 같은 곳도 많아서 할 일이 많다.

넓게는 문명 변화에 대한 종합적 이해와 사회 각 분야 및 학습자의 집단적 · 세대적 변화를 탐구함으로써 평생학습 차원에서 교육의 방향과 목표를 정하고, 후대를 교육할 거리로서 교육과정을 선도적으로 마련할 수 있다. 온갖 생활경험, 학업, 직업에 대한 공부, 인문사회, 과학기술, 예술체육 등 초 · 중등학교를 거쳐 오면서 접했던 교과목 관련 공부가 이 분야 공부에 도움이 된다. 해당 교과목들의 교육과정 기준에서 성격과 목표, 내용체계를 일별해 보면, 종합 비교를 할 수 있어 학교에서 가르칠 만한 더 중요한 것이 무엇인가를 가늠하는 데 도움이 된다. 또 교육학의 인접 분야들, 가령 교육철학, 교육사, 비교교육학, 교육심리학, 교육사회학, 교수 · 학습론, 교육공학, 교사론, 학습자론, 교육평가, 평생학습론, 기업교육론 등을 두루 섭렵하면 직접적인 도움이 된다. 또한 언론, 학회 발표 등을 통해 알려지는 국내외 각종 교육 현안이나 쟁점, 문제점, 개선안을 정리해 두면 이 분야를 공부하는 데 도움이 된다.

학문으로서 교육과정학을 공부하는 것은 이론적 이해와 실제적 개발에 참여하는 것으로 나타난다. 이는 이론과 실제를 잇는 교육과정학자들의 중요한 역할이다. 이와 같은 일에 종사하는 이들은 대체로 한국교육과정학회 소속으로 정기적으로 학술발표를 갖는다. 교육과정에 대한 이론적 연구는 흔히 교육과정 재개념화나 교육과정 이해로 지칭되는데, 주로 실제 교육과정에 관심이 적은 교수나 대학원생들이 추구하는 편이다. 이들은 각종 인문학적 · 사회학적 · 정치학적 방법을 동원하여 주로 규범적 · 문헌적 · 사변적 연구를 수행하는 편이다. 이런 경우에는 규범적 학문의 특성상 개인과 집단의 이념적 입장이나 주장을 앞세우기도 한다.

이에 비해 실제적인 연구 개발은 일부 대학의 교수나 한국교육과정평가원, 한국직업능력개발원, 한국교육개발원, 한국교육학술정보원, 한국고용정보원 등에서 일하는 연구원, 대학원 과정을 거친 현장 교원들이 수행한다. 대학의 교수들은 대학원생들과 함께 공식적 교육과정의 각 수준에서 교육과정 구성영역 및 변화단계와 관련된 각종 연구를 수행한다. 각 정부출연 연구기관은 해당 교과 분야의 교육과정 기준 개정을 위한 연구 개발을 하거나 실행에 대한 평가연구를 수행한다. 특히 한국교육과정평가원은 이 분야에서 중심이 되는 기관이다. 교육부의 교육과정정책과처럼 각 시 · 도 교육청에도 교육과정 관련 부서가 있다. 이들은 장학을 통해 학교의 교육과정 실행을 지원 · 자문하고 있다. 특히 교육부의 교육과정정책과는 교육과정기준의 연구 개발, 심의, 실행, 평가를 상당한 정도로 관리 · 지원한다. 각 학교에서는 주로 교장, 교감, 연구부장이 학교 교육과정을 계획, 실행, 평가, 개선하는 데 중심을 이루고 있다. 각 기업에서도 직급에 따라 필요한 분야의 교육프로그램을 개발 · 적용하게 된다. 이 밖에도 평생학습기관이나 사회교육기관, 사이버 교육기관에서도 형식적 · 준형식적 교육과정을 연구 개발할 여지가 많이 있다. 교육과정 연구 개발자들은 장차 대학교수, 연구소 연구원, 기업의 프로그램 개발 운영진, 교육행정기관의 장학진, 학교의 관리자로 활동하게 된다.

2) 교육과정의 연구 개발 과제

교육과정, 특히 총론은 주로 사회의 유지와 개선, 사회구성원의 양성, 개인의 요구 등에서 나오는 교육의 일반목표를 달성하기 위한 것이다. 각 수준과 분야의 교육과정은 이를 달성하기 위한 것이다. 최근 들어 교육과정이 지나치게 '교과'중심으로 설계된 데에 대한 반성이 일어나고 있다. 교과를 가르치는 것만으로는 행복하고 성공적인 시민육성과 조화로운 사회를 만들어 가는 데 충분하지 않다. 교육목표, 교과통합적 주제, 역량, 프로젝트 수행 등 교과보다 교육적으로 더 의미 있고 사회적으로 적합한 것들도 제안된다. 교과학습에 치중하도록 유도하는 좁은 '교과과정'보다 개인적 유의미성과 사회적 적절성이 높은 전체적으로 균형 잡힌 '교육과정'이 요청된다.

학습자에게 무엇을 가르치고 배우도록 하면 그들이 더 낫게 배우고 더 낫게 살아갈 수 있는가, 또 그들이 더 나은 사회를 꾸려 갈 수 있는가 하는 문제는 끊임없는 통찰과 분석을 필요로 한다. 학생들이 20년 후에도 행복하고 성공적으로 살아가려면 지금 무엇을 가르치고 배워야 할까? 그들이 꾸려 갈 세상에서는 어떤 모습이 그 지속 가능한 발전을 보장할까? 교육과정학은 이런 질문에 보다 체계적이고 전문적인 대답을 하고자 하는 분야다.

우리나라 교육에서는 인지적 학업성취나 신체적 발달 관련 교육활동에는 상대적으로 문제가 적지만 감성 · 사회성 측면에서는 많은 문제를 드러내고 있다. 성적은 높지만 정작 공부하기를 싫어하면서 억지로 하는 경우가 많다. 세계화 · 다문화로 한국어를 구사하는 어려움, 핵가족화로 인해 가정의 사회적 기능이 약화된 데 따른 어려움을 겪는 학생들도 늘어났다. 학교폭력과 왕따, 심리적 스트레스와 질병 등으로 고통받는 학생들도 적지 않다. 가정의 안온한 양육환경이 학교에서 학습의 기초가 된다는 점에서 가정의 위기는 학교의 위기로 비화되기도 한다. 특히 교과 공부보다 더 절실한 문제로 위기를 겪는 학생에게는 전문가를 통해 적절한 도움 프로그램이 필요하다. 자기관리, 자기정체성 확립, 대인관계 능력, 진로의 개척, 의사소통(대화) 기술, 자기주장 및 의사결정 훈련, 학교폭력 예방, 인터넷 중독 예방 등 다양한 생활지도 프로그램이 요청된다.

교육과정 분야에서 경험과학적 연구방법론을 적용하고 개발하는 것은 과제가 되고 있다. 최근 학교정보공시, 학업성취도평가, 국제비교연구(PISA, TIMSS) 등으로 이전과는 다른 교육과정 정보들이 산출되고 있어, 이를 처리하여 교육적 지식과 실천적 지혜를 만드는 일이 더욱 필요해졌다. 또한 학생들의 학업과 직업 진로에 맞는 학습기회를 제공하기 위해 패널(panel) 및 코호트(cohort)의 종단적 정보 축적과 결과 처리의 필요도 늘어났다. 다양한 교육과정 원천 정보를 처리할 수 있는 통계 능력, 외국과 교류하는 외국어 능력, 디지털 세계를 이해하는 정보문해력은 이 분야 연구자들에게 점점 더 필요한 소양이 되고 있다.

평생학습, 지능정보화, 다원화, 세계화로 인하여 교육목표, 교육과정, 수업, 교육평가 등에 대한 기대가 달라지고 있다. 평생학습사회에서 학습할 기초, 흥미, 동기, 관심, 자신감을 길러 주는 일, 지능정보화로 손쉽게 구할 수 있는 정보를 어떻게 자신의 지식으로 체화할 것인가의 과제, 다원화와 세계화로 낯선 것들과 조화할 수 있는 개방적 · 관용적 태도와 외국어를 기초로 한 국제적 교류능력의 육성이 더욱 중요하게 되었다. AI, 로봇이 다해 주니까 공부할 필요가 없다는 오도나, 많이 놀면 창의성이 더 발전한다는 것도 잘못이다. 튼튼한 기초 · 기본 지식을 넘어 전문적인 지식과 경험을 통해 지력과 상상력이 발달해야 각종 창의력이 생겨난다. 지능기계들을 설계 · 설치 · 운영 · 관리 · 개선할 수 있는 지성인의 육성도 커다란 과제다. 이 점에서 지식의 체계적인 전수와 습득을 통한 지력의 개발은 여전히 중요하다.

정치 · 경제 · 사회문화 · 외교 · 과학기술 · 도덕적으로 위기적 과제를 안고 있는 국가에서는 공교육의 사회적 기능 회복과 강화가 절실하다. 국가 및 학교의 교육과정에서도 세계화와 지능정보화의 문해력(언어, 문법, 기술, 과학)이 더 큰 비중을 차지할 것이다. 세계화로 인해 국제 교류 협력과 세계 수준의 질 높은 교육 제공의 필요성이 높아지고 있다. 실제 세계에서만 아니라 온라인 가상 세계에서의 교육과 학습도 커다란 도전이 되고 있다. 과학혁명과 산업혁명은 수학, 과학, 기술(공학)을 학교에서 비중 있게 제대로 가르칠 것을 요구한다. 1인 1외 1직 1예 1체를 위한 균형 잡힌 교육과정 설계가 요청된다. 지능정보화로 인해 디지털 교재를 위한 교육과정 이해와 개발은 새로운 양상을 띤다. 교육과정은 교육목표를 달성하기 위한 수단이며, 사회적 존재로서 학습자들의 잠재력을 찾아 그들이 더 잘 배우고 더 낫게 살아갈 수 있도록 지식과 능력, 가치와 태도를 길러 주는 중요한 통로다.

학 / 습 / 과 / 제

1. 넓게는 교육 분야의 기본 질문, 좁게는 교육과정의 기본 질문이 시사하는 바를 도형으로 그려서 정리하시오.

2. 평생학습 중에서 학교(유 · 초 · 중 · 고 · 대) 교육과정의 개인적 · 사회적 기능이 각각 무엇인가를 연대기적 표로 그려서 정리하시오.

3. 공식적 교육과정의 모습을 종합적인 계통도로 그려 보고, 자신이 관심 있는 분야가 어디에 위치하는지 확인한 후 이를 중심으로 더 심화 · 확장된 교육과정적 견해를 정리하시오.

4. 교육과정에서 학습자와 사회의 요구를 교과의 요구 위에 두는 방안에는 어떤 것이 있는지 정리하시오. 아울러 구획된 교과만이 아니라 다른 방식으로 교육의 일반목표를 달성하고 교육활동(내용, 경험)을 채우는 학교교육의 예를 들어 보시오.

5. 교육과정에서 같음에서 다름(공통과 상이), 필수에서 선택으로 이행하는 것은 각각 어떤 교육적 요구와 목표 달성에 필요한지 대비시켜 종합하여 정리하시오.

6. '모든 사람의 공식적 최종 교육은 직업준비교육이다.' 라는 명제가 학교 교육활동 및 교육과정 실천에 주는 시사점을 종합하여 정리하시오.

7. 이 장의 필자가 굳이 교육과정 총론과 각론을 대비하여 기술하는 이유를 천착하고, 이에 대한 구분이 모호한 경우 일어날 수 있는 개념 혼란을 진술하시오.

8. 교육과정의 설계와 조직에서 종적 계열(sequence)과 횡적 범위(scope)가 무엇에 기초하는지 그 연원을 탐구하시오.

9. 지능정보화 사회, 제4차 산업혁명에서 만물이 지능(뇌, 센서)으로 연결되는 신물활론(범신론)적 특징을 요약하고, 이것이 학교교육, 인재육성에 주는 시사점을 학업과 직업 측면에서 정리하여, 장차 어떤 교육과정적 대책이 요구되는지를 열거하

고 동료들과 함께 토론하여 대안을 종합하여 정리하시오.

10. 세계화(다원화, 다문화) 사회에서 우리나라의 교육과정이 질 높은 것(국제 통용성이 높고, 품질이 좋아서 해외에서도 매력을 끌며, 아울러 두뇌 유출을 막는)이 되려면 어떤 변화가 요구되는지 기초 자료를 작성해 보고 토론하여, 더 나은 대안으로 종합하여 정리하시오.

11. 상대적 약소국이면서 내우외환이 잦았던 우리나라의 역사와 대외관계, 남북통일 달성, 자유민주주의와 시장경제 자본주의의 지속 가능한 발전, 국내 분열과 갈등의 치유를 통한 국가공동체성의 확립, 살 만한 매력적인 국가 만들기 등의 측면에서 공교육의 사회적 기능을 회복 · 강화시키기 위해 교육과정 분야에서는 어떤 점을 강조하여 이에 기여할 수 있는지 토론하고 종합하여 정리하시오.

12. 교육과정 분야의 학업적 · 직업적 진로를 조사하시오.

참고문헌

곽병선(1985). 한국의 교육과정. 서울: 한국교육개발원.

곽병선(2016). 미래 창조문명의 허브, 한반도 밸리를 향해. 국제미래학회 편. 대한민국 미래 보고서(pp. 577-587). 경기: 교보문고.

미래창조과학부(2016. 12. 27.). 제4차 산업혁명에 대응한 지능정보사회 중장기 종합대책. 미간행 보도자료.

교육부(2015). 초 · 중등학교 교육과정. 서울: 교육부.

김경자(2001). 학교교육과정. 서울: 교육과학사.

김대현, 김석우(2000). 교육과정 및 교육평가. 서울: 학지사.

김수천(1999). 교육과정과 교과. 서울: 교육과학사.

박도순, 홍후조(2006). 교육과정과 교육평가(제3판). 서울: 문음사.

박세일(2016. 5. 20.). 국가발전과 지도자. 전국포럼연합회 기조 강연 미간행 자료.

이경섭(1991). 교육과정유형별 연구. 서울: 교육과학사.

이성호(1994). 교육과정: 개발전략과 절차. 서울: 문음사.

이홍우(1996). 증보 교육과정 탐구. 경기: 박영사.

임재택, 박재환(2000). 유아교육과정. 서울: 양서원.

정범모(1956). 교육과 교육과정. 서울: 풍국학원.

정범모(2014). 격동기에 겪은 사상들. 서울: 서울대학교출판문화원.

홍후조(2002). 교육과정의 이해와 개발. 서울: 문음사.

홍후조(2017). 알기 쉬운 교육과정(제2판). 서울: 학지사.

Aikin, W. M. (1942). *The story of the eight-year study: With conclusions and recommendations.* New York: Harper & Brothers.

Apple, M. W. (1979). *Ideology and curriculum.* London & Boston, MA: Routledge & Kegan Paul.

Bernstein, B. (1977). *Class, codes and control (Vol. 3): Towards a theory of educational transmission* (2nd ed.). London: Routledge & Kegan Paul.

Bloom, B. S. (Ed.). (1956). *Taxonomy of educational objectives: Cognitive domain.* New York: David McKay.

Bobbitt, F. (1918). *The curriculum.* Boston, MA: Houghton-Mifflin.

Bobbitt, F. (1924). *How to make a curriculum.* Boston, MA: Houghton-Mifflin.

Bruner, J. S. (1960). *The process of education.* New York: Bintage.

Caswell, H. L., & Campbell, D. S. (1935). *Curriculum development.* New York: American Book Company.

Charters, W. W. (1923). *Curriculum construction.* New York: Macmillan.

Commission on the Reorganization of Secondary Education of the National Education Association. (1918). *Cardinal principles of secondary education.* Washington, DC: U.S. Government Printing Office.

Dearing, R. (1993). *The national curriculum and its assessment: Final report.* London: SCAA.

Dewey, J. (2002). 아동과 교육과정 경험과 교육(*The child and the curriculum*). (박철홍 역). 서울: 문음사. (원저는 1902년에 출판).

Educational Policies Commission. (1938). *The purposes of education in American democracy.* Washington, DC: NEA.

Eisner, E. W. (1985). *The educational imagination* (2nd ed.). New York: Macmillan.

Ellis, A. K., Mackey, J. A., & Glenn, A. D. (1988). *The school curriculum.* Boston, MA: Allyn & Bacon.

Fullan, M. (1993). *Change forces: Probing the depths of educational reform.* New York: The Falmer Press.

Gagné, R. M., & Briggs, L. J. (1979). *Principles of instructional design.* New York: Holt, Rinehart & Winston.

Giroux, H. A. (1983). *Theory and resistance in education: A pedagogy for the opposition.* South Hadley, MA: Bergin & Garvey.

Goodlad, J. I. (1984). *A place called school.* New York: McGraw-Hill.

Jackson, P. W. (1968). *Life in classrooms.* New York: Holt, Rinehart, & Winston.

Kelly, A. V. (2004). *The curriculum: Theory and practice* (5th ed.). London: Sage.

Kilpatrick, W. H. (1918). The project method. *Teachers College Record, 19*(4), 319-335.

Kirkpatrick, D. L. (1959, 1998). *Evaluating training programs: Four levels* (2nd ed.). San Francisco, CA: Berrett-Koehler.

Kliebard, H. M. (1982). *Curriculum theory as metaphor. Theory into Practice, 21*(1), 11-17.

Kliebard, H. M. (1987). *The struggle for the American curriculum: 1893-1958.* London & Boston, MA: Routledge & Kegan Paul.

Mager, R. F. (1962, 1984). *Preparing instructional objectives*. Belmont, CA: David S. Lake.

Morshead, R. W. (1995). *Patterns of educational practice: Theories of curriculum*. Ann Arbor, MI: The Pierian Press.

Pinar, W. F., Reynolds, W. M., Slattery, P., & Taubman, P. M. (1995). *Understanding curriculum*. New York: Lang.

Rychen, D. S., & Salganik, L. H. (Eds.). (2003). *Key competencies for a successful life and a well-functioning society*. Geneva: OECD.

Schubert, W. H. (1993). 교육과정 이론(*Curriculum: Perspective, paradigm, and possibility*). (연세대학교 교육학과 교육과정연구회 역). 서울: 양서원. (원저는 1985년에 출판).

Schubert, W. H., Schubert, A. L. L., Thomas, T. P., & Carroll, W. M. (2002). *Curriculum books: The first hundred years* (2nd ed.). New York: Peter Lang.

Schwab, J. J. (1978). *Science, curriculum, and liberal education: Selected essays*. Chicago, IL: University of Chicago Press.

Schwab, K. (2016). 클라우스 슈밥의 제4차 산업혁명(*The fourth industrial revolution by Klaus Schwab*). (송경진 역). 서울: 새로운현재. (원저는 2016년에 출판).

Sizer, T. R. (1992). *Horace's school: Redesigning the American high school*. Boston, MA: Houghton-Mifflin.

Skilbeck, M. (1984). *School-based curriculum development*. London: Harper & Row.

Spencer, H. (1861). *Education: Intellectual, moral, and physical*. New York: D. Appleton.

Stenhouse, L. (1983). *Authority, education and emancipation*. London: Heinemann.

Stufflebeam, D. L. (2003). The CIPP model for evaluation. In T. Kellaghan, D. L. Stufflebeam, & L. A. Wingate (Eds.), *International handbook of educational evaluation* (pp. 31-62). Boston, MA: Kluwer Academic.

Taba, H. (1962). *Curriculum development: Theory and practice*. New York: Harcourt Brace & World.

Tyler, R. W. (1949). *Basic principles of curriculum and instruction*. Chicago, IL: University of Chicago Press.

Walker, D. F. (1993). *Fundamentals of curriculum*. San Diego, CA: HBJ.

Walker, D. F., & Soltis, J. F. (2004). 교육과정과 목적[*Curriculum and aims* (3rd ed.)]. (허숙, 박승배 공역). 서울: 교육과학사. (원저는 1997년에 출판).

Young, M. F. D. (1998). *The curriculum of the future*. London: The Falmer Press.

Chapter 07

교수 · 학습

이 장에서는 교수와 학습의 관련성을 파악하고, 교수활동은 학습활동을 지원하기 위해 이루어지는 목적 지향적인 인간 행위임을 주장한다. 먼저, 직관적인 학습의 과정을 이해하고, 학습과 교수의 정의를 규명한다. 교수라는 유목적적인 행위의 하위 영역인 설계, 개발, 실행, 관리, 평가 영역을 살펴본다. 다음으로, 이상적인 교수(설계)활동이 이루어지기 위해 반드시 고려해야 하는 교수의 3대 변인과 그 하위 변인들을 분석한다. 독자의 이해를 높이기 위해 이 하위 변인들은 교수설계자로서 교사가 갖추어야 할 구체적인 역량으로 재해석한다.

가장 대표적인 교수이론 중 하나인 가네(Gagné)의 교수이론을 소개하면서 학습이론의 성격과 비교하여 교수이론의 성격을 규명하고 '목표별 학습조건론'을 상세히 개관한다. 그리고 한 시간의 교수를 효과적이고 효율적으로 운영하는 방안인 '수업사상'을 소개하고, 학습성과 영역별로 이 수업사상을 이상적으로 운영하는 방안을 제안한다.

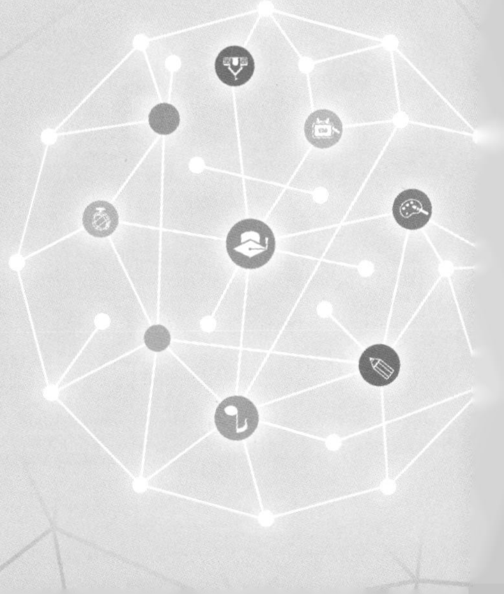

1. 교수 · 학습

1) 학습의 과정 및 정의

(1) 학습의 과정

학습자가 학습을 할 때는 본능적으로 또는 직관적으로 어떤 인지적 과정이 발생하는 것일까? 의식적이거나 무의식적으로 발생하는 이 정신활동에 대한 심리학자들의 연구결과를 스미스와 레이건(Smith & Ragan, 2005)은 다음과 같이 요약 · 정리하고 있다. 우선, 학습자는 청각, 시각, 촉각, 후각, 미각 등 수많은 감각적 입력자극에 몰두한다. 이 과정에서 학습이 일어나려면 학습자는 옆방에서 들리는 TV 소리나 창 너머에서 들리는 음악 소리와 같은 경쟁적 자극은 무시하고, 학습과제나 수업과 관련된 학습환경에 속한 자극에 주의를 집중하려는 인지적 노력을 선택해야만 한다. 이 과정을 선택적 지각(selective perception)이라고 한다. 이런 지각에 뒤이어 정보는 아주 짧은 순간 동안 작동기억(working memory)에 저장된다.

다음으로, 학습자는 이미 알고 있는 것들 중에서 그 새로운 정보를 이해하는 데 도움을 줄 수 있는 것을 이용하여 수업과정 속으로 그 정보를 끌어들인다. 이제 새로운 정보는 학생의 장기기억 속에 이미 저장되어 있는 것들 중 그 정보와 관련된 내용 지식이나 가치, 신념, 전략에 기초하여 해석된다. 이처럼 학습자가 이미 알고 있는 것과 새로운 것을 관련짓는 과정에서 새로운 많은 정보가 장기기억 속으로 저장됨으로써 학습자가 이미 알고 있는 것에 새로운 것들이 추가되기도 하고, 때로는 이미 알고 있는 것들이 수정 · 보완되기도 한다. 이후 학습자는 질문에 답하고 문제를 해결하고 훨씬 더 새로운 정보를 이해하기 위해서 새롭게 학습한 것들을 장기기억으로부터 인출하게 된다.

이처럼 학습의 과정은 인간이 환경과의 상호작용을 통하여 정보를 수용하고 처리하고 저장한 후 필요한 상황에서 적절한 정보를 인출해 내는 총체적인 과정으로서 매우 직관적이고 본능적인 과정이라고 할 수 있다. 인간은 누구나 자기 나름의 독특한 학습의 과정과 방법이 있다는 사실에 입각하여 보면, 이 과정을 이해하는 일이 중요한 이유는 이 독특한 과정과 방법을 잘 이해하는 것이 교수의 효과성과 효율성을 확보하는 데 근본적인 토대의 역할을 하기 때문이다. 요컨대, 모든 교수활동은 이 학습의 과정과 방법을 지원하는 범위 내에서 이루어져야 그 효용 가치를 인정받을 수 있다. 여기서 논의하는 교수와 학습은 이러한 관계성, 즉 '교수의 과정과 방법은 학습의 과정과 방법에 의존한다.'는 전제에 기초하여 논의된다.

(2) 학습의 정의

앞서 살펴본 직관적인 학습의 과정을 보다 실증적으로 살펴보기 위해서 학습에 관해 가장 널리 알려진 두 가지 정의와 그 정의에 담겨진 의미를 살펴본다. 첫째, **학습은 "연습이나 경험의 결과로 발생하는 비교적 영속적인 행동상의 변화"** (Morgan, King, & Robinson, 1979: 112)로 정의된다. 둘째, 학습은 "개체가 주어진 상황에서 경험을 반복함으로써 그 상황에 대한 개체의 행동과 행동 잠재력이 변화하는 것으로, 이 같은 행동 변화는 개체의 생득적 반응 경향이나 성숙 또는 일반적 상태(예: 피로, 마취, 만취, 충동 등)에 의하여 설명될 수 없는 것" (Bower & Hilgard, 1981: 11)으로 정의된다.

이 두 정의를 통해서 학습이라는 개념을 구성하고 있으며 학습의 기준이 되는 세 가지 중요한 요소를 확인할 수 있다. 우선, 학습이 일어났다고 판단하기 위해서는 학습의 결과로 인한 변화가 행동으로 나타나야 한다. 즉, 변화의 부위(locus of change)가 자연적인 성숙에 의한 신체상의 변화나 생득적인 반응 경향은 학습의 범주에 포함시키지 않고, 일반적으로 교육 분야에서는 블룸(B. S. Bloom)과 크래스홀(D. Krathwohl) 등이 **교육목표분류학**에서 제시하고 있는 인지적 · 정의적 · 심동적 영역에서의 행동상의 변화를 의미한다. 다음으로, 그러한 행동의 변화가 장기간 지속되어야 한다(duration of change). 벼락치기나 밤샘 시험공부로 잠깐 기억 속에 있다가 시험이 끝난 즉시 완전히 망각되어 버리는 경우는 학습이 일어났다고 할 수 없다. 또한 피로나 약물, 사고 등으로 인한 일시적인 변화 역시 학습이라 할 수 없다. 끝으로, 변화를 야기한 원인(cause of change), 즉 학습의 수단이나 방법은 연습이나 훈련, 경험에 의한 것이어야 한다. 국제적인 운동경기에서 약물중독 검사를 실시하

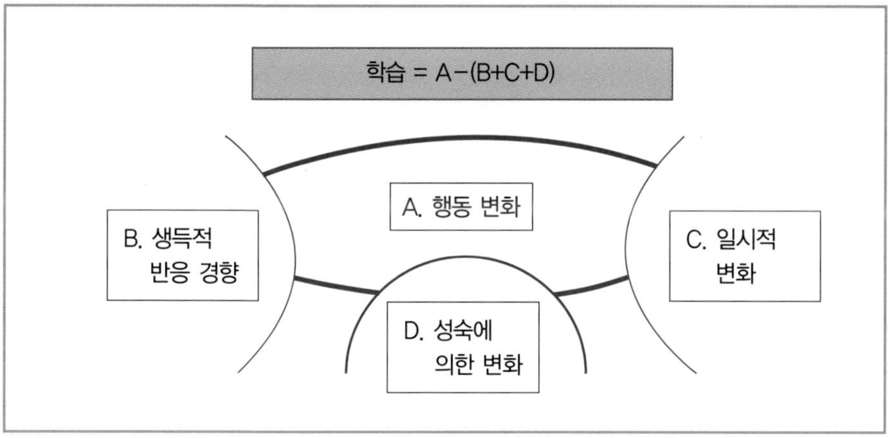

[그림 7-1] **학습의 범주**

는 이유는 약물로 인한 기록상의 변화는 순수한 학습의 결과가 아니기 때문이다. 이상의 내용을 도식으로 나타내면 [그림 7-1]과 같다.

초창기 학습의 법칙과 이론들은 실험실이라는 인위적인 공간에서 동물 피험자를 대상으로 학습심리학자들에 의해 발견되었다. 따라서 그 법칙과 이론들이 인간 학습자를 대상으로 하는 학교교육에 곧바로 적용되기 어려운 경우가 많다. 일찍이 듀이도 이 양자 간의 괴리를 접목하여 연계시킬 수 있는 연계 학문(linking science)의 필요성을 주장하였다. 이 같은 주장은 이후에 교수심리학(Driscoll, 2005; Gredler, 2005; Snowman & Biehler, 2006)이라는 새로운 영역의 학문이 출현하게 되는 촉발제가 되었다. 부겔스키(Bugelski, 1964)는 동물을 대상으로 하는 실험실 학습과 인간을 대상으로 하는 학교 학습의 차이점을 8개 항목에 비추어 설명하면서 학교 학습의 상황과 특성을 고려한 이론의 필요성을 강조하고 있다(〈표 7-1〉 참조).

표 7-1 동물 학습과 인간 학습의 차이점

비교 요목	동물 학습(실험)	인간 학습(실험)
학습자, 피험자	동물	인간
과거 경험과의 연계성	없음	많음
학습의 기준	낮고, 무의미	높고, 유의미
학습과제의 질	단순, 무의미, 짧음	복잡, 고부가가치
학습장의 통제기술	엄중	자유
개인차 관	모두 동일	다양성 고려
학습자 수	소수	다수
학습과제의 기능	무의미, 무용, 무가치	유목적적, 고효용

2) 교수의 정의 및 하위 영역

(1) 교수의 정의

교수 또는 수업은 영어의 instruction을 번역한 것으로서 영어 어휘의 번역상 teaching을 교수로, instruction을 수업으로 사용하는 경우도 있다. 그러나 이 장에서는 teaching은 교사의 수업활동을 의미하는 것으로만 한정하고, instruction은 수업 전 · 중 · 후의 모든 활동을 의미하는 것으로 사용한다. 즉, 교사 개인에 의해 전개되는 사상이 아니라 인간 학습에 직접적인 영향을 끼칠 수 있는 모든 사상을 기술하기 위해 teaching보다는 instruction 용어를 사용한다(Gagné & Briggs, 1979: 3). 그리고 교수가 teaching을 의미하는 상황에서는 영문을 별도로 병기한다.

교수에 대한 정의는 다양하게 있을 수 있다. 지금까지 대표적으로 인용되고 있는 두 가지 정의를 제시하고, 그 정의에 포함되어 있는 핵심 개념을 분석한다. 첫째, 코리(Corey, 1971)는 “개인이 구체적인 조건하에서 또는 구체적인 상황에 대한 반응으로서 특정 행동을 나타내게 하거나 그 행동에 관여할 수 있게 하기 위하여 그의 환경을 의도적으로 조작하는 과정”으로 교수를 정의한다. 이 정의에서 강조하는 것은 교수는 특정 행동, 즉 목표를 성취하기 위한 최적의 학습환경을 의도적으로 조작하는 일련의 과정이라는 것이다. 둘째, 가네(Gagné, 1985)는 **“학습자의 내적 학습과정을**

지원하기 위해 의도적으로 설계 · 정렬된 외적 사상의 집합(a deliberately arranged set of external events designed to support internal learning process)"으로 교수를 정의한다. 이 정의는 교수란 의도적으로 정리되고 배열된 외적 사상들의 집합인데 이 사상들이 학습자의 학습을 지원하기 위한 것임을 강조한다.

앞서 제시한 정의에는 교수에 대한 핵심 아이디어들이 간결하게 제시되어 있다. 첫째, 교수는 행동 유형의 변화, 즉 바람직하고 가치 있는 행동으로의 변화를 목적으로 하는 유목적적인 활동이다. 여기에서 행동이란 앞서 언급한 블룸과 크래스홀 등이 교육목표분류학에서 제시하고 있는 지식, 기능, 태도(knowledge, skills, attitude: KSA)를 포괄하는 것으로서, 그러한 행동들이 바람직하고 가치 있는 것들로 변화되기를 기대하면서 행해지는 교육행위가 교수다.

둘째, 교수는 학습자의 내적 학습과정에 맞추어서 이루어져야 하는 활동이다. 즉, 학습자의 개별적인 특성을 적극 고려한 교육행위가 이루어져야 함을 강조하고 있다. 이 장의 서두에서 밝혔듯이, 학습은 직관적인 활동이며 그 의도성 또한 명확하지 않은 개인 특유의 활동이다. 따라서 교수는 그러한 개별적 특성을 수용하고 그 특성에 가장 적합한 방법을 처방하여 학습자 개인의 독특한 학습과정을 가장 효과적이고 효율적으로 지원해 주는 목적 지향적이고 의도적인 활동일 때 그 존재 가치를 인정받는다. 학습자의 개별적인 특성은 '차이심리학(differential psychology)'의 '개인차' 연구를 통해 매우 다양하게 밝혀지고 있다. 학습자의 개인차에 대한 심리학적 의미와 중요성은 4장에서 상세하게 다루고 있다. 가네(1985)는 **학습자의 내적 학습과정**을 '주의집중 → 목표 제시→ 선행학습 상기 → 학습자료 제시 → 학습 안내 및 지도 → 연습 → 피드백 제공 → 형성평가 → 파지 및 전이의 고양'의 아홉 가지로 기술하고 있다.

셋째, 교수는 학습자가 처한 외적 조건과 상황을 설계 · 개발 · 관리하는 적극적인 과정이라는 것이다. 즉, 한 시간의 교수활동은 체계적으로 설계된 몇 가지 외적 사상들로 구성되어야 한다. 이 사상들은 학습자의 전형적인 내적 학습과정을 가장 잘 지원해 주기 위한 목적에 근거하여 교사가 선정한 교수활동들이다. 한 시간의 단위수업에서 전형적으로 나타나는 **외적 학습조건**, 즉 수업사상을 가네(1985)는 '주의집중 → 목표 제시→ 선행학습 상기 → 학습자료 제시 → 학습 안내 및 지도 → 연습 → 피드백 제공 → 형성평가 → 파지 및 전이의 고양'의 아홉 가지로 제시하고 있다. 이 아홉 가지 수업사상에 대해서는 3절에서 상세하게 논의한다.

(2) 교수의 하위 영역

지금까지 살펴본 바와 같이, 교수는 상당히 포괄적인 교육행위를 포함하고 있다. 교수의 대표적인 하위 영역은 [그림 7-2]에 제시되어 있다(Reigeluth, 1983).

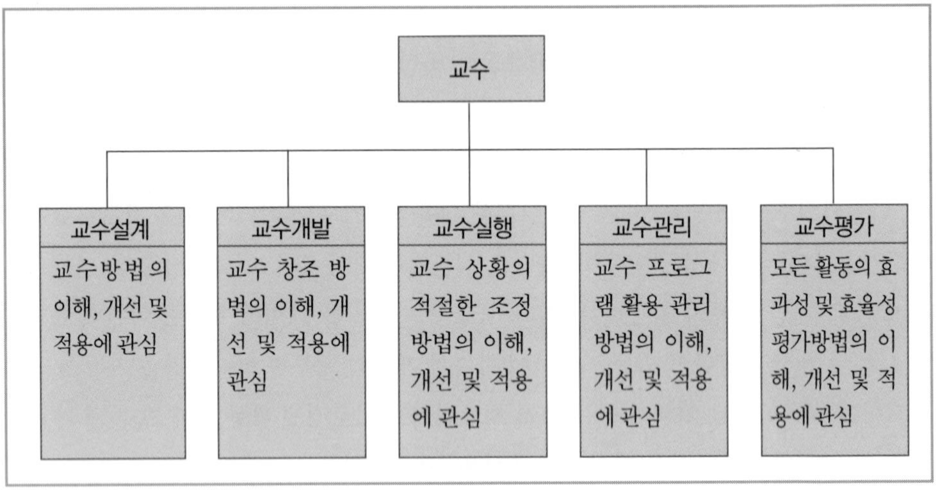

[그림 7-2] **교수의 하위 영역**

① 교수설계

교수설계는 교수개발 과정의 기획단계에 해당된다. 한 교과 영역을 구성하고 있는 내용의 자연적인 상호 관련성을 밝혀 준다는 점에서 교수설계는 **기술적**(descriptive)이다. 또한 교수설계는 학습자의 특성, 지식 구조로서의 내용, 매체 및 그 속성, 교사의 기능, 비용을 포함한 교육적 맥락, 가용한 시간과 같은 요소들에 기초하여 여러 사상들에 관한 정보와 계열을 조직하고 재조직하는 절차들을 추천한다는 점에서 **처방적**(prescriptive)이다.

교수설계 분야는 일반체제 이론, 학습이론, 교수이론 및 커뮤니케이션 이론 등의 많은 영향을 받아 왔다. 일반체제 이론은 교육목적, 학습목표, 교수 전략 및 평가와 같은 제반 요소 간의 상호 관련성을 설명하는 하나의 틀을 제공한다. 일반체제 이론의 핵심 요소인 피드백 과정은 교사가 매체를 통해 전달한 교과내용에 대한 학습자의 독특한 반응양식을 밝힐 수 있는 정보를 교수설계자에게 제공해 준다. 학습이론에서 기술한 조건을 충족시키기 위하여 교수이론이 처방적 전략을 결정지어 주는 데 비해, 학습이론은 교수설계의 기술적인 측면을 제공해 준다. 커뮤니케이션 이론은 송신자와 수신자 사이에 주고받는 메시지의 내용과 전달방법에 있어 발생하는 현상을 기술해 주는 기능을 한다. 메시지 설계의 원리를 제공해 주는 것은 바로 이 커뮤니케이션 이론에서 비롯되는 것이다.

가용한 자원을 최대한 활용하여 최적의 학습활동 계열을 수립하는 일이 이 설계단계에서 이루어진다. 설계단계의 산출물은 학습의 조건을 규정하고, 교수와의 적절한 관련성을 기술해 주고, 수업활동(instructional episodes)의 개발, 실행 및 관리를 위한 전략 및 절차를 처방해 주는 세부 기획안이 된다.

대표적인 교수설계의 실제는 다음과 같다.

- 교수의 대안을 제안한다.
- 개념적인 모형을 실제 활용을 위한 처방들로 대체한다.
- 상황분석을 수행한다.
- 요구분석 및 학습자 분석을 수행한다.
- 교수의 범위, 의도, 목적을 결정한다.
- 적합한 교수전략을 선정한다.
- 목표를 설정하고 계열을 결정한다.
- 과제분석, 내용분석, 절차분석 등의 교수분석을 수행한다.
- 형성평가 및 총괄평가 계획안을 수립한다.
- 교수계획서의 초고를 준비한다.
- 교과전문가와 협의한다.

② 교수개발

교수개발은 세부적인 교수설계안을 참고하여 수업활동을 지원하고 계열을 지어 주는 절차 및 매체를 산출하는 과정이다. 이 개발단계 동안 설계안에서 확증된 학습목표를 토대로 하여 교수 절차 및 매체가 개발되고 검증된다. 이 같은 선정전략이나 제시전략뿐만 아니라 설계단계에서 처방된 교수전략들은 개발단계에서 여러 번의 반복 실행을 통한 결과를 토대로 개정되고 확정된다.

대표적인 수업개발의 실제는 다음과 같다.

- 교수설계안을 검토하고 논평한다.
- 교수설계자와 교과전문가의 협의하에 교수설계안을 교정한다.
- 제안된 교수 아이디어와 전략 및 자료에 대한 현장실습을 수행한다.
- 실습결과에 따라 교수 아이디어와 전략 및 자료를 교정한다.
- 각종 매체를 제작한다.
- 기본 교수안을 개발한다.

③ 교수실행

교수실행은 교수개발에서 완성된 교수 방법이나 자료들을 실제로 활용하는 방법을 고안하고 개선하려는 목적을 가진 과정이다. 특정 교수 · 학습(teaching-learning) 프로그램이 특정한 수업 상황에서 최적의 효과를 얻기 위해서는 수업절차들이 효과적으로 활용되어야 한다. 즉, 개발된 교육프로그램을 실제 현장에서 활용하고 이를 기존의 교육과정에 통합하여 유지하는 과정이다.

대표적인 교수실행의 실제는 다음과 같다.

- 프로그램을 현장에서 실행한다.
- 새로운 프로그램에 대한 지원을 확보한다.
- 프로그램을 운영할 강사를 확보한다.
- 관련자들에게 시범을 보임으로써 여론을 파악한다.
- 장기적인 유지 계획을 수립한다.
- 프로그램의 설치 및 유지가 제도화되도록 지속적으로 관리한다.

④ 교수관리

교수관리는 교수의 모든 영역을 결합시키는 통합자 역할을 하는 것으로 일련의 교수활동을 지원하는 인적 · 물적 자원뿐만 아니라 수업 전후 활동을 포함한 교수활동 전반을 감독하는 일을 주관한다. 교수설계, 개발 및 평가 과정에 관련되어 있는 입법, 관리, 조정, 검토 등은 교수관리를 통해서 승인되어야 한다. 이와 같은 지침들은 교수를 실시하는 것에 관련된 모든 과정들을 원활히 수행하는 데 필수적으로 요구되며, 이 지침들을 도입하여 확산하는 데 필요한 방법들 또한 요구된다. 관리뿐만 아니라 조직행위론, 기획 및 개발, 팀 구축, 혁신의 보급, 조정 및 평가 등의 영역에 대한 지식과 기능 또한 요구된다.

대표적인 교수관리의 실제는 다음과 같다.

- 비용-효과 분석을 관리한다.
- 관련 인원을 선발한다.
- 시간계획을 수립한다.
- 예산을 관리한다.
- 프로젝트 추진과정 보고회를 주도한다.
- 필요 자원을 공급한다.
- 교수진행 관리를 주도한다.
- 계획이나 인원, 시설과 같은 자원 지원체계를 조직한다.
- 기록을 관리한다.
- 보고서를 준비한다.
- 업무진과 집단적 · 개별적으로 상담한다.

⑤ 교수평가

교수평가는 학습자가 다양한 교수 조건하에서 특정 내용 정보를 학습하는 방법에 관한 자료를 수집하는 인공지능적 과정이다. 이 자료는 입안된 교수활동의 잠재력을 판단하기 위해 여러 가지 방법으로 분석되고 종합된다. 설계 및 개발 단계에서 수집된 평가자료는 실제 교수를 수행하기에 앞서 교수전략 및 교수매체의 교정을 위한 기본 자료로 활용된다. 또한 교수평가를 통해 교수 설계 및 개발 과정을 착수, 보급 및 종결하는 데 필요한 의사결정 정보를 확보하게 된다.

지식 획득과 성취 수행 개선에 필요한 정보는 초기 설계단계부터 상황평가를 통해 제공된다. 교수평가 절차를 통해 교수가 최선의 해결방안이 되는 상황과 문제가 도출된다. 따라서 전체 개발과정 동안 평가는 지속적으로 이루어지며(형성평가), 교과전문가들은 교수 산출물을 개정하기 위하여 다양한 입력 정보를 제공한다. 교육목적 달성에 교수가 효과적으로 기여하는지를 알아보기 위하여 교수 산출물의 현실성을 확증하기에 앞서 중요한 자료 수집 활동을 하며(파일럿 평가), 실제 교수가 이루어진 후 전문가의 판단과 현장검증이 수행된다(총괄평가).

대표적인 수업평가의 실제는 다음과 같다.

- 상황평가를 수행한다.
- 성취 수행문제를 분석한다.
- 형성평가를 수행한다(일대일, 소집단, 현장검증).
- 파일럿 검증을 관리한다.
- 현장검증과 외부 전문가의 판단을 통해 총괄평가를 수행한다.
- 평가 도구와 절차를 수립하고 타당도를 검증한다.
- 교수 개발과정과 그 결과물에 대한 정성 및 정량 자료를 수집한다.
- 특정 교수활동의 가치를 판단한다.
- 이해 관련자들과의 상호 접촉을 통해 정보를 교류한다.
- 투입 자원과 수업목표 달성도 간의 비율을 통해 수행 비용을 사정한다.

2. 교수의 3대 변인

앞에서 이상적인 교수활동은 학습자의 학습활동을 지원해 주는 것이라고 했다. 교수자는 우선 학습자의 특성과 교수내용의 특징에 적합한 교수방법을 고안하여 최대의 학습성과를 달성하려는 시도를 끊임없이 해야 한다. 이와 같은 교사의 역할을 교수설계 관점에서 규명해 보면 특정 학습자 집단에게 특정 내용을 가르치기 위한 최적의 교수 처방전을 산출하는 것이 그 역할이라고 할 수 있다. 이상적인 교사의 요건을 교수(instruction)의 변인(Reigeluth, 1983; Reigeluth & Merrill, 1978, 1979)에 근거해서 규명해 보자. 라이겔루스(C. M. Reigeluth)와 메릴(M. D. Merrill)이 교육공학의 하위 영역 중 교수설계 분야의 내부 변인들로서, 체계적인 교수설계 행위가 이루어지기 위해서 반드시 고려해야 하는 변인들로서 제시한 것이 교수의 3대 변인이다. 앞서 언급한 역할들을 충실히 수행하기 위해서 이 교수의 3대 변인에서 제시하고 있는 여러 지식 및 기능들을 최대한 수행할 수 있어야 이상적인 교사라고 할 수 있다. 결국 교수설계 분야의 내부 변인들은 이상적인 교사의 역량을 결정짓는 변인으로도 고려될 수 있다는 것이다(강이철, 2001).

이제 라이겔루스와 메릴이 제시한 교수의 변인을 살펴보자. 교수의 변인은 조건(conditions)변인, 방법(methods)변인, 성과(outcomes)변인의 세 가지 범주로 분류된다. 교수설계 관점에서 이 세 가지 범주를 기술하면 다음과 같다. 교수의 조건변인은 교수방법과 상호작용을 하지만 교수설계자나 교사에 의해 통제될 수 없는 제약조건을 의미한다. 즉, 교사라면 누구나 이 요소들을 완벽하게 갖추고 있어야 한다. 교수의 방법변인은 서로 다른 조건하에서 다른 성과를 성취하기 위한 다양한 방안을 의미한다. 따라서 이 변인은 교사가 필요에 따라 조정할 수 있으며, 교사 간의 역량 차이를 드러나게 하는 요인이라고 할 수 있다. 그리고 교수의 성과변인은 서로 다른 교수조건하에서 사용된 여러 가지 교수방법들이 어떤 면에서 어느 정도의 효과가 있었는지를 나타내는 교수활동의 최종 산물이다.

교수설계자로서 교사는 교수의 조건변인, 방법변인, 성과변인에 포함된 하위 요소들에 대해서 체계적인 지식과 기능을 획득하고 수행할 수 있어야 한다. 라이겔루스(1983)는 교수의 3대 변인에 속해 있는 하위 요소들 간의 상호관계를 [그림 7-3]과 같이 나타냈다.

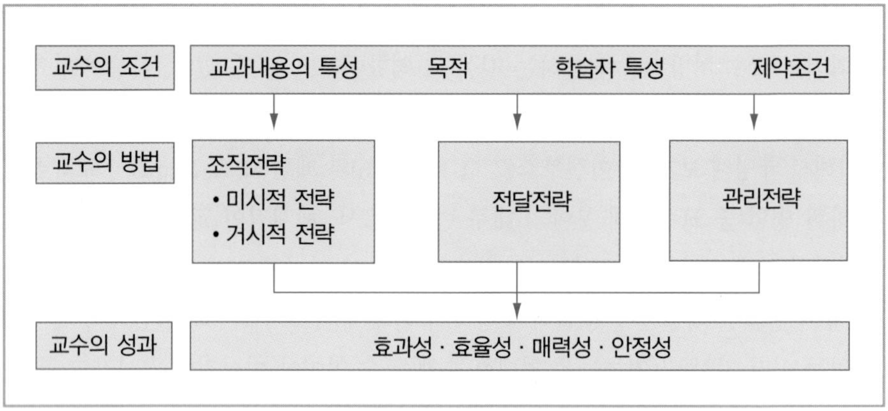

[그림 7-3] **교수의 조건, 방법, 성과 변인들의 요소와 상호관계**

1) 교수의 조건변인

교수의 조건변인은 교사라면 누구나 완벽하게 갖추고 있어야 할 요소들로 구성되어 있다. 이 요소들은 교사라는 전문직의 자격을 수여할 때 필수적인 선발기준으로 고려해야 할 요소라고 할 수 있다. 여기에는 ① 교과내용의 특성, ② 목적, ③ 학습자 특성, ④ 제약조건의 네 가지 하위 요소가 포함된다.

(1) 교과내용의 특성

우선, 교사라면 자신의 전공 교과내용이 어떤 지식을 다루고 있는지에 대해 완벽한 지식을 갖추고 있어야 할 것이다. 교과내용의 특성이라 함은 특정 내용이 어떤 지식을 포함하고 있으며 그 지식은 어떤 구조로 이루어져 있는지를 의미한다. 교과내용에 포함되는 지식으로는 개념, 원리, 절차, 기법 등을 비롯하여 명제적 지식과 절차적 지식 등 다양한 지식이 있을 수 있다. 물론 이 지식의 유형에 따라 가르치는 전략들 또한 다양하다고 할 수 있다. 따라서 교사는 가르치는 교과내용의 특성을 완벽하게 이해해야 할 뿐만 아니라 그 내용을 가르치는 데에 가장 적합한 전략들 역시 완벽하게 구사할 수 있어야 한다.

(2) 목적

교사가 가르치는 교과는 보다 포괄적인 의미에서 궁극적으로는 인간을 가르치기 위한 하나의 수단으로 생각된다. 너무 추상적이고 일반적인 진술이지만, 교사는 항상 그런 마음가짐을 가지고 학생들을 대하고 교과내용을 전달해야 한다. 또한 교사는 교과를 통해서 학생을 어떻게 변화시킬 것인지에 대한 거시적인 목적의식을 가지고 있어야 한다. 이것이 목적에 해당하는 구성요소다. 목적에는 상대적인 차이가 있을 수는 있으나, 인지적 영역의 목표를 비롯하여 정의적 영역의 목표와 운동기능 영역의 목표를 모두 포함하고 있다고 할 수 있다. 그뿐 아니라 교사가 가르치고자 하는 지식이나 기능의 적절한 수준이나 정도 등을 결정하는 것도 교사의 중요한 역량이라고 할 수 있다. 교수활동을 통해 달성해야 할 목표와 그 수준이나 정도를 정확하게 이해하는 것은 차후 어떤 교수방법을 선정할 것인가를 결정하는 중요한 기준이 되기 때문이다.

(3) 학습자 특성

계속해서 강조하지만, 교사가 가르치는 궁극적인 대상은 교과내용이 아닌 인간 학습자다. 따라서 학생의 여러 가지 상황을 고려하지 않고 교육을 하는 행위는 모래 위에 집을 짓는 것과 같은 허망한 결과를 낳을 뿐이다. 교육을 하기에 앞서 교사가 가장 먼저 수행해야 할 일은 학생의 현재 상태를 확인하고 그것을 고려하여 모든 교육행위의 수준과 정도를 결정하는 것이다. 학습자의 현재 상태는 적성, 학습동기, 흥미와 태도, 학습 유형 및 성격을 비롯하여 선수학습의 수준과 선수지식의 구조화 정도 등을 포함한다.

그런데 학습자 특성에 대하여 교사가 취해야 할 태도는 그 특성의 형태나 수준이 어떠하든지 있는 그대로를 수용해야 한다는 것이다. 즉, 학습자의 특성은 교사가 그 가치를 판단할 수 있는 평가의 대상이 아니라는 것이다. 예를 들면, 학습동기가 아주 낮은 학생은 그렇기에 교사가 그에 적합한 방법을 모색해야 하는 대상이고, 학습동기가 아주 높은 학생 또한 그에 적합한 방법을 모색해야 하는 대상이라는 의미다. 요컨대, 교사에게 학습자 특성변인은 가치가 배제된 개념(value-free concept)이다. 그래서 교사가 통제할 수 있는 변인이 아니라 있는 그대로를 수용해야 하는 조건변인에 해당된다. 듀이는 『민주주의와 교육(Democracy and Education)』에서 '방법의 성격'을 논하면서 다음과 같은 의미 있는 주장을 하고 있다.

> 한 학생의 능력이 양적으로 다른 사람의 능력보다 많은가 적은가는 교사의 관심사가 아니다. 그것은 교사가 하는 일과 하등 관련이 없다. 교사가 해야 할 일은 각각의 학생이 자신의 능력을 의미 있는 활동을 하는 데에 사용할 기회를 갖도록 하는 것이다(Dewey, 이홍우 역, 1996: 273).

(4) 제약조건

교수의 조건변인 중 네 번째 하위 요소인 제약조건 역시 교사가 통제할 수 없는 요인으로서, 사전에 그 상태를 확인하여 교수 · 학습 상황에 적절히 반영하는 교사가 이상적인 교사라고 할 수 있다. 예를 들어, 다양한 학습자료를 개발하여 교수 상황에서 활용하려고 하는 교사의 경우를 생각해 보자. 고화질의 멀티미디어 학습자료를 수업시간에 활용하기 위하여 교실의 컴퓨터를 확인해 본 결과, 컴퓨터의 사양이 그 학습자료를 운영하기에는 턱없이 부족하다는 사실을 발견하여 수업을 예상대로 할 수 없게 되었다면 교사의 사전 점검 미숙 때문이라고 결론지을 수밖에 없다. 이 경우 컴퓨터의 사양은 조건변인의 성격을 띠는 것으로, 교사가 사전에 그 사양을 확인하여 그에 적합한 학습자료를 개발하고 활용하기 위한 처방안을 설계하고 그에 근거해서 교수활동을 전개해야 하는 것이다. 또한 교사는 본인이 속해 있는 교육 상황의 여러 요인, 즉 기자재, 교수 · 학습자료, 재정, 자원, 인원 등이 제약조건이라는 사실을 인정하고, 그러한 상황을 수용하여 그 범위 내에서 교수활동을 전개해야 한다. 요컨대, 이상적인 교사라면 교과내용의 특성과 그 교과를 통해서 궁극적으로 가르치고자 하는 목적의식을 갖고서 각각의 학습자 특성에 맞게 교수방법을 구안해야 할 것이다.

2) 교수의 방법변인

교수의 방법변인은 교사마다 개인적 차이가 심하게 나타날 수 있는 영역이다. 조건변인이 교사가 수용해야 할 절대적인 성격의 변인들이라면, 방법변인은 교사가 개인적인 노력과 창의적인 발상에 의해 무한대로 발전시킬 수 있는 상대적인 성격의 변인이라고 할 수 있다. 따라서 교육방법적 차원에서 교사의 상대적인 우월성을 판단할 때 적용할 수 있는 요소라고 할 수 있다. 교수의 방법은 여러 가지 기준에서 구별할 수 있다. 교과별, 내용별로 적합한 방법이 있을 수 있고, 학습자 연령과 선수지식의 수준에 따라서도 그에 적합한 방법이 있을 수 있으며, 교사와 학생 간의 상호작용 유형에 따라서도 다양한 방법이 있을 수 있다.

여기에서는 교사가 교수 · 학습 상황에서 직접적으로 수행하는 교수방법의 종류에 근거하여 구별하고자 한다. 즉, 교과의 내용을 그 구조와 학습자의 수준에 적합하게 조직하는 방법인 조직전략, 그렇게 조직한 내용을 효과적이고 효율적으로 학생에게 전수하는 방법인 전달전략 그리고 교수 · 학습의 전체 과정을 통제하고 언제 어떤 조직전략과 전달전략을 사용할 것인지를 결정하며 수업 중에 활용하게 될 각종 교수 · 학습자료를 점검하는 방법인 관리전략으로 그 하위 요소를 구별하여 분석한다.

(1) 조직전략

가르칠 내용은 그 종류와 크기에 따라 매우 다양하다. 이상적인 교사는 내용을 분석하여 내용의 성격, 학습자의 수준, 시간 일정 등을 고려하여 최적의 상태로 조직할 수 있어야 한다. 어떤 내용은 그 성격상 연역적으로 조직하는 것이 가장 이상적이고, 어떤 경우는 연대순으로, 또 어떤 경우는 학습자의 친숙성 정도에 근거하여 조직하는 것이 좋을 때가 있다. 라이겔루스(1983)는 조직전략의 하위 요소로 미시적 조직전략과 거시적 조직전략을 제안하고 있다. **미시적 조직전략**은 단 하나의 아이디어를 가르치는 경우에 고려해야 할 전략으로서, 하나의 개념이나 사례, 연습문제 등을 제시할 때 어떻게 조직하는 것이 최상의 방안인지를 처방하는 전략이다. 대표적인 이론인 메릴(1983)의 내용요소 제시이론(Component Display Theory: CDT)[1]은 사

[1] 메릴의 내용요소 제시이론(CDT)은 효과적인 교수설계와 교수전략 그리고 학습활동을 설계하고 개발하는 데 구체적인 처방을 제시하고 있기에 교수설계 이론이라고 지칭되기도

실, 개념, 절차, 원리를 조직하고 그에 가장 적합한 제시전략을 제안하고 있다.

거시적 조직전략은 복잡한 여러 아이디어를 가르치고자 할 때 고려해야 할 전략으로서 여러 개의 아이디어들을 선택하고, 계열을 지으며, 종합하고, 요약하는 데 기여한다. 대표적인 이론인 라이겔루스(1983)의 정교화 이론(elaboration theory)[2]은 교수내용을 선정, 계열화, 활성화, 종합화, 요약화하기 위해 적절한 방법을 제공하는 거시적 수준의 조직전략들로 이루어진 이론이라 할 수 있다. 요컨대, 교사는 교수방법적 역량으로서 가르칠 내용을 거시적으로나 미시적으로나 적합하게 조직할 수 있어야 한다.

(2) 전달전략

전달전략은 교사가 교과내용을 학습자에게 전달하고, 그 전달이 옳게 되었는지를 평가하며, 그 상태에 따라 다양한 종류의 효과적인 피드백을 제시하는 방안에 관한 전략들이다. 이러한 전달전략은 교사의 수업을 직접 관찰함으로써 그 우수성을 확인해 볼 수 있다. 교사의 설명을 통한 강의식이나 설명식 방법은 물론이고, 학생의 이해력을 증진시키기 위하여 다양한 매체를 활용할 수도 있다. 때로는 소집단 학생의 상호 교수를 통해서도 내용을 효과적으로 전달할 수 있다. 대표적으로 많이 활용되고 있는 교수모형으로는 개념획득 모형, 탐구훈련 모형, 인지발달 모형, 비

한다. 이는 학습유형 중 인지적 영역을 중심으로 하고, 또한 인지적 영역 내에서도 주로 하나의 개념이나 원리와 같은 단일 아이디어들을 가르치는 것과 같은 미시적 수준을 다루고 있다(이화여자대학교 교육공학과, 1998: 176-185). 학생들이 학습해야 할 학습성과에는 다양한 영역이 있으며 이를 효율적으로 가르치고 평가하기 위해서는 각기 다른 방법들이 요구되기 때문에, 가네의 지적 기능 영역의 분류를 기초로 하되 이를 다시 내용 차원과 수행 차원으로 이원화하여 이차원적 분류체계를 활용하였다. 즉, 수행 차원은 기억, 활용, 발견의 세 단계로 나누며, 내용 차원은 사실, 개념, 절차, 원리의 네 가지 유형으로 나눈다(박성익 외, 2001: 223-224).

❷ 라이겔루스의 정교화 이론은 하나 이상의 여러 아이디어나 목표들을 조직하기 위한 거시적 수준의 수업전략에 속하며, 교수내용의 선정, 계열, 종합, 요약의 네 가지 측면에서 처방적인 교수설계 전략을 제시하고 있다. 즉, 단순한 것에서 복잡한 것의 순서로 학습내용의 개념, 절차 또는 원리들을 순환적으로 상세화하고 정교화하는 접근방식이다(박성익 외, 2001: 225-226).

지시적 교수 · 학습모형, 창의적 문제해결법, 학급회의 모형, 역할놀이 모형, 법률적 탐구모형, 사회과학 탐구모형, 완전학습 모형, 모의학습 모형, 주장성 훈련모형 등을 열거할 수 있다.

최근 들어 컴퓨터를 통한 개별화 수업방안이나 ICT(Information & Communication Technology) 활용수업 등도 교과의 내용과 학생의 수준에 따라 효율적으로 활용할 수 있는 전달전략이라 할 수 있다. 따라서 교사는 다양한 교수법과 다양한 종류의 매체를 활용할 수 있는 지식과 기능을 지니고 있어야 할 뿐만 아니라, 어떤 교수법과 어떤 매체가 어떤 유형의 학습자와 어떤 교과내용에 적합한지에 대한 지식과 기능도 갖추고 있어야 한다(Eggen & Kauchak, 2001; Gunter, Estes, & Schwab, 1999; Joyce, Weil, & Calhoun, 2004; Ormrod, 2000).

(3) 관리전략

방법변인 중 또 하나의 중요한 하위 요소는 관리전략이다. 교사는 교수 · 학습과정을 설계하고 개발하고 실행한 후 평가하는 모든 행위를 체계적인 절차와 원리에 따라 관리할 수 있어야 한다. 이에 앞서 언급한 조직전략과 전달전략의 많은 내용들을 언제 어떻게 활용할 것인지를 결정하는 데 필요한 체계적인 정보를 제시해 주는 전략이 관리전략이다. 즉, 어떤 매체를 어떤 내용의 과제를 설명할 때 활용할 것이며, 어떤 조직전략이 어떤 학습자에게 가장 효과적이었는지, 그리고 어떤 전달전략이 어느 정도 수준의 학습자에게 가장 효과적이며 어떤 종류의 내용에 가장 효과적이었는지에 대한 정보를 체계적으로 관리하는 전략이다.

예를 들어, 한 교사가 평소에 자주 사용하던 교수법이 있는데, 그 교수법으로는 학생들을 충분히 이해시키지 못한다고 판단하여 설명력을 높이기 위해 시각자료를 활용하기로 결정하고, 인터넷을 통해 관련 시각자료를 입수하여 활용하였다. 그 결과로 특정 몇몇 학생의 이해력이 크게 개선되었다고 하자. 이 경우 교사는 어떤 자료가 어떤 학생에게 도움을 주게 되었는지를 체계적으로 기록하여, 차후 수업과정에 적절하게 활용하기 위해 그 정보를 관리하여 개선하려는 노력을 해야 할 것이다. 이런 과정을 수행하는 교사는 교육방법 측면에서 이상적인 교사라고 할 수 있다.

3) 교수의 성과변인

교수의 성과변인은 교수활동의 결과로 얻어지는 성과를 의미한다. 교사는 항상 이 성과변인들을 고려하면서 교수활동을 전개해야 한다. 교수의 성과변인에는 ① 효과성, ② 효율성, ③ 매력성, ④ 안정성의 네 가지 하위 요소가 포함된다.

(1) 효과성

효과성(effectiveness)이란 학습자가 교수 · 학습과정을 통해 습득한 지식 및 기능의 정도로 측정되며, 이를 통해 의도한 교육목표가 달성되었는지의 여부와 관계가 있다. 즉, 교사의 교수 · 학습활동이 이상적이었는지를 판단하는 궁극적인 기준은 학습자가 소기의 목표를 달성하였는지의 여부에 달려 있다. 교육은 목적 지향적인 활동이기 때문에 그 성과로서 효과성을 확보하는 일은 매우 중요하다고 할 수 있다. 일단 효과성이 보장되고 나면 효율성의 정도가 의미를 갖게 된다.

(2) 효율성

효율성(efficiency)은 교육의 효과성으로 확인된 목표 달성을 이루는 데 어느 정도의 노력, 비용, 시간이 투자되었는지와 관계가 있다. 즉, 소기의 목적을 달성하는 데 가능한 한 적은 비용과 시간 그리고 노력이 투자될수록 효율적이라고 할 수 있다. 따라서 교사는 보다 다양한 방법과 매체를 사용해서 더 많은 시간과 노력이 들 수도 있는 목표를 보다 빠른 시간에 적은 노력으로 달성할 수 있도록 노력해야 한다. 효과성과 효율성은 '의도한 바대로 그 일을 하는 것(doing the right things!)'과 '일을 올바르게 하는 것(doing things right!)'으로 구별할 수 있다. 일반적으로 효과성은 타당성과 관련되는 개념이고 효율성은 신뢰성과 관련되는 개념이라고 규정할 수 있다. 요컨대, 교사는 교수활동을 통해 학생들이 의도한 목표를 달성하게 하고, 그 과정에서 교육을 받기 전보다는 보다 짧은 시간에 보다 적은 비용과 노력으로 소기의 목표를 달성할 수 있도록 해야 한다.

(3) 매력성

교수활동의 성과는 학습자가 교수 · 학습활동과 학습자료 등에 매력을 느끼도록 해서 더 많은 학습을 더 자주 하게 만들고, 학생이 습득한 지식과 기능이 과거의 것보다 더 매력적이어서 학습 이후부터는 계속해서 그 지식과 기능을 사용하게 되는 성향을 갖추게 해 주어야 한다. 교수의 성과요인으로서 **매력성**(appeal)은 바로 이러한 교수의 효과를 의미한다. 따라서 교사는 교수 자료 및 매체, 교수방법 등을 가능한 학습자가 매력적으로 느낄 수 있도록 설계 · 개발해야 한다. 이러한 매력성은 결국 학습자의 동기를 유발하게 되고, 그 결과로 보다 많은 학습을 이루는 동력으로 작용하게 된다. 켈러(Keller)의 ARCS 이론은 동기전략 요소를 처방해 주는 훌륭한 이론이다.

(4) 안정성

안정성(safety)은 교사를 통해 학습자가 습득한 지식이나 기능은 물리적인 안정과 정서적인 안정을 저해하는 요인이 되어서는 안 된다는 것이다. 즉, 도덕적으로 비윤리적이고 반사회적인 내용이나 기능이어서도 안 되고, 정치적으로 특정 정당의 이념을 지지하거나 비난하는 내용이어서도 안 되며, 지역적으로 특정 지역을 비하하는 내용이어서도 안 된다. 그뿐 아니라 종교적으로도 특정 종교를 폄하하거나 비난하는 것이어서는 안 되며, 신체적으로도 위험을 초래하는 것이어서는 안 된다.

요컨대, 교사의 교수행위를 통한 최종 산물은 학습자에게 매력적인 것이어야 하며, 물리적 · 정서적으로 안정적인 것이어야 한다. 따라서 이상적인 교사는 그 교수활동의 최종 산물이 효과적이고 효율적이며 매력적이고 안정적이 되도록 끊임없이 노력해야 한다.

3. 가네의 교수이론

1) 교수이론의 성격

앞서 언급한 교수의 3대 변인들은 그 상호관계 양상에 따라 학습이론의 성격과 교수이론의 성격을 규명해 준다. 교수이론의 성격은 [그림 7-4]의 ②에서처럼 성과에 대한 구체적인 목적의식에서 출발하고, 그 목적을 달성하기 위해서 많은 방법들 중에서 가장 효과적이고 효율적인 특정 방법을 활용해야 한다는 당위성을 내포하고 있다. 따라서 교수이론은 구체적인 교수성과 영역을 설정하고 있으며, 그 영역별로 최적의 교수방법들을 제공하고 있다는 점에서 **처방적**이라고 할 수 있다. 처방적 이론에 따르면 교수 · 학습과정에서 교사의 역할이 명확하게 규명된다. 즉, 교사는 교수의 조건변인에 해당하는 교과의 특성과 내용을 숙지하고, 교과를 통해 달성하고자 하는 목적과 학습자의 여러 가지 특성을 이해하고, 그러한 조건변인을 고려

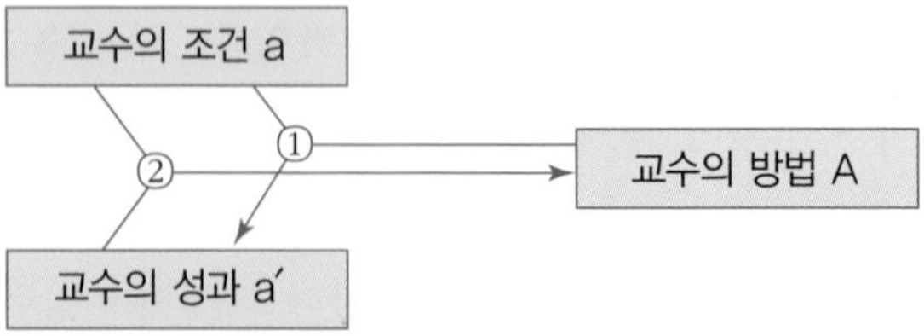

① 기술적 이론: 독립변인(조건과 방법) – 종속변인(성과)
a라는 조건하에서 A라는 교수방법을 실행하면 a′라는 성과가 나타날 것이다.

② 처방적 이론: 독립변인(조건과 성과) – 종속변인(방법)
a라는 조건하에서 a′라는 성과를 얻으려면 A라는 교수방법을 사용해야 한다.

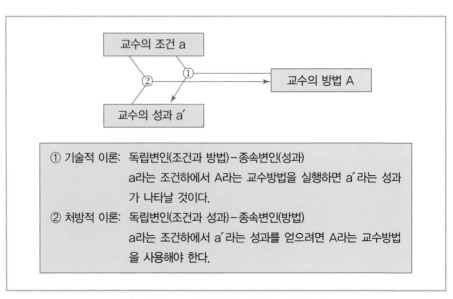

[그림 7-4] **기술적 이론과 처방적 이론**

한 최적의 다양한 조직전략과 방법전략 그리고 관리전략들을 선정하여 활용할 수 있어야 한다. 이에 비해 학습이론은 이런저런 방법을 사용하면서 그때 일어나는 현상을 관찰하여 단순히 기록하는 **기술적** 성격을 띠고 있다.

2) 목표별 학습조건론

(1) 학습성과 영역

가네의 교수이론은 인간 학습의 영역을 세분하여 포괄적으로 다루고 있으며, 각 영역을 가르치고 배우는 최적의 방법을 처방하고 있는 가장 널리 알려진 이론 중 하나다. 학습은 누가적이기에 선행학습이 후속학습에 긍정적으로 전이된다는 기본 가정을 전제하고 있는 가네는 인간의 학습된 능력, 즉 학습성과를 크게 언어정보(verbal information), 지적 기능(intellectual skills), 인지전략(cognitive strategy), 태도(attitude), 운동기능(motor skills)의 다섯 가지 영역으로 구분한다. 더불어 그는 이 다섯 가지 영역의 학습능력들을 학습하는 데 가장 적합한 내적 조건과 외적 조건을 각각 제시하고 있다. 내적 조건은 현재의 학습에 필수적이거나 보조적인 것으로서 학습자가 이전에 습득한 선수능력들의 회상이나 재획득을 의미하고, 외적 조건은 학습자 주위의 수업사상(instructional events)을 통해서 학습자의 내적 인지과정을 활성화해 주고 지원해 줄 수 있는 다양한 방법들을 의미한다.

다섯 가지 학습성과 영역 중 언어정보 영역과 지적 기능 영역은 다시 세 가지와 다섯 가지로 각각 세분되어 총 열한 가지 학습성과 영역을 구성한다. 각 영역에 해당되는 학습목표를 진술할 때 사용하기를 권장하는 표준 능력동사, 즉 학습을 통하여 새롭게 성취할 수 있기를 기대하는 행동들과 그 표준 동사를 지원해 주는 행위동사, 즉 별도의 학습을 하지 않고서도 이미 할 수 있는 행위를 의미하는 동사를 각각 제안하고 있다. 〈표 7-2〉는 가네가 권장하고 있는 표준 동사와 행위동사의 목록과 영역별 목표진술의 예를 제시하고 있다.

표 7-2 11대 학습성과 영역 및 표준 능력동사

학습성과 영역 및 하위 영역		표준 능력동사	대표적인 행위동사	목표진술 예시
언어정보 (verbal information)	1. 축어적 학습; 이름, 명명, 시	열거하다(list), 암송하다(recite)	구두로, 글로 써서	구구단을 구두로 암송할 수 있다.
	2. 사실학습	진술하다 (state)	구두로, 글로 써서	3 · 1운동의 주요 요인을 구두로 진술할 수 있다.
	3. 요지학습	요약하다 (summarize)	구두로, 글로 써서	독립선언서의 내용을 글로 써서 요약할 수 있다.
지적 기능 (intellectual skills)	1. 대상, 위치, 또는 대상의 속성 간의 감각적 변별	변별하다 (discriminate)	지적하여, 분류하여, 밑줄을 그어, 짝 지어서	같은 모양의 도형을 짝 지어서 변별할 수 있다.
	2. 구체적 개념	확인하다 (identify)	분류하여, 지적하여, 밑줄을 그어, 대상을 짝 지어서	저항기와 축전기를 확인할 수 있다.
	3. 정의된 개념	분류하다 (classify)	(정의를 내리는 것이 아니라) 정의를 활용하여 정확한 예와 부정확한 예를 분류하여	포함된 원소에 따라 유기물과 무기물을 분류할 수 있다.
	4. 원리 (원리 활용)	시범 보이다, 실증하다 (demonstrate)	구두로, 글로 써서, 또는 실제로 원리를 적용하여 수행함으로써	최소공배수를 활용하여 두 개의 분수를 합하는 방법을 시범 보일 수 있다.
	5. 고차원리 (문제해결)	산출하다 (generate)	몇몇 원리의 활용을 요하는 결과를 구두로 또는 글로 써서	수질오염 방지를 위한 해결안을 구두로 산출할 수 있다.
인지전략 (cognitive strategy)		창안하다 (originate), 채택하다(adopt)	새로운 문제해결을 말이나 글로 써서, 또는 직접 고안함으로써	작가와 작품을 기억하는 새로운 방법을 채택할 수 있다.
태도 (attitude)		선택하다 (choose)	자발적으로 행동에 참여함으로써	자신의 취미에 맞는 특별활동을 자발적으로 선택할 수 있다.
운동기능 (motor skills)		실행하다 (execute)	새로운 운동계열을 실제로 수행함으로써	이단 넘기(줄넘기)를 실제로 수행하며 실행할 수 있다.

(2) 수업목표 진술방식

수업목표는 학생들이 수업과정에서 습득하는 것을 기술하는 것이 아니라 수업 이전에 할 수 없었던 것을 수업이 끝난 직후에 할 수 있게 되는 것을 기술한다. 따라서 훌륭한 목표란 수업의 본질 또는 내용을 말하는 것이 아니라 학습자가 수업의 결과로 획득한 새로운 능력을 말한다. 이런 이유로 해서 목표는 적합한 검사 상황에서 학습자의 성취 수행을 기술하는 것이지, 검사에 앞선 교수 · 학습 상황을 기술하는 것은 아니다. 행동목표의 적합성 여부를 판정하기 위한 몇 가지 준거는 다음과 같다.

- 목표는 의도한 성취 수행능력이 획득되었다는 지표로 활용되는 학습자의 검사 행동을 기술해야 한다.
- 목표는 학습자의 지정된 행동 및 준거행동과 그것이 나타내는 능력이라는 점에서 검사 장면의 본질적인 특성을 명확하게 전달할 필요가 있기 때문에 명료하게 진술되어야 한다.
- 학습자의 목표 달성 여부를 측정하기 위해 설계된 검사 장면은 목표와 일치해야 한다. 검사는 다른 능력이 아니라 목표에 기술된 능력을 측정해야 한다.

가네는 이와 같은 준거를 충족시키는 목표진술 방법을 제안하면서 목표진술의 다섯 가지 구성요소를 제안하고 있다. 이 구성요소들을 열거하고, 불완전하게 진술된 목표를 다섯 가지 구성요소 형식으로 재진술한 예를 몇 가지 소개한다(Briggs & Wager, 1981).

- 어떤 상황에서 어떤 유형의 검사 문항이 주어지면[상황(situation)]
- 특정 유형의 학습될 행동을 위하여[학습될 능력(learned capabilties)]
- 학생들이 행해야 하는 학습될 능력의 내용[대상(objects)]
- 어떤 관찰 가능한 방법으로[행위동사(action verb)]
- 어떤 도구를 사용하여, 어떤 제약 또는 어떤 특정 조건에서[도구, 제약조건 및 특정 조건(tools, constraints, and special conditions)]

표 7-3 가네의 목표진술 구성요소에 따른 예시

불완전한 목표	상황	도구/제약조건	행위	대상	능력
학습자는 자동차 타이어를 갈아끼울 수 있다.	100km/h 고속도로에서 학습자는	타이어 교체과정을 명세화한 안전법규를 준수하면서	펑크 난 타이어를 제거하고 예비용으로 갈아끼움으로써	펑크 난 타이어의 교체 작업을	실행할 수 있다.
학습자는 보일의 법칙을 적용할 수 있다.	실험실의 실험 장면에서 학습자는	평방인치당 40파운드의 안전장치를 지닌 스미스 압력실을 활용하여	100°~110° 온도 범위에 따른 압력 증가를 기록함으로써	보일의 법칙에 제시된 온도와 압력 간의 관계를	실증해 보일 수 있다.
학습자는 권리장전을 알 수 있다.	교실 필답고사에서 학습자는	참고자료를 활용하지 않고 10분 이내에	글로 써서	권리장전에 명시된 네 가지 권리보호 조항을	요약할 수 있다.
학습자는 저항기와 축전기를 분류할 수 있다.	부품 상자의 축전기와 저항기를 분류하게 하면 학습자는	참고자료 없이 1분당 15개 속도로	상자에서 뽑아서 분리된 통에 넣음으로써	저항기와 축전기를	확인할 수 있다.

(3) 성과 영역별 학습조건

이처럼 교수이론으로서 가네의 이론은 명시적인 학습성과 영역을 다섯 가지로 제시하고, 그 영역 각각의 달성 여부를 확인하기 위한 능력동사를 포함하고 있는 목표진술 방식을 매우 구체적으로 제안하고 있다. 또한 교수이론이 갖추어야 할 또 다른 중요한 특징으로서 성과 영역별 최적의 학습조건을 제안하고 있다. 즉, 학습성과 영역의 성격이 상이하고 다양한 것처럼 각 성과 영역을 달성하는 방법 또한 그에 적합하도록 다양하게 처방되어 있다. 〈표 7-4〉는 다섯 가지 학습성과 영역별로 그에 적합한 학습조건을 제안하고 있다(Driscoll, 1994: 345-346).

표 7-4 학습성과 영역과 학습조건

학습성과 영역	학습조건
언어정보	• 글이나 말에 변화를 주어 독특한 특징에 대해 주의를 끈다. • 정보가 유목화될 수 있도록 제시한다. • 정보의 유의미 약호화를 위해 유의미 맥락을 제공한다. • 정보의 효과적인 회상과 일반화를 위하여 단서를 제공한다.
지적 기능	• 독특한 특징에 대해 주의를 환기한다. • 작동기억의 범위 내에 머무르게 한다. • 이미 학습한 요소 기능의 상기를 자극한다. • 구체적이고 다양한 정례와 부정례를 제시한다. • 요소 기능의 순서 또는 결합에 대한 언어적 단서를 제시한다. • 연습과 분산복습을 위한 기회를 제공한다. • 전이를 증진시키기 위한 다양한 맥락을 사용한다.
인지전략	• 전략을 기술하거나 시범 보인다. • 전략을 사용하는 연습의 다양한 계기를 제공한다. • 전략이나 성과의 창의성 또는 독창성에 관한 정보적 피드백을 제공한다.
태도	• 바라는 태도와 관련하여 성공의 기대감을 갖도록 한다. • 존경하는 인물에 대한 동일시를 확신시켜 준다. • 개인적인 행위 선택을 위한 의사소통이나 시범을 제공한다. • 실행 성공에 대한 피드백과 존경하는 인물에게서 피드백을 받도록 한다.
운동기능	• 실행의 하위 단계에 단서가 되는 언어적 또는 그 밖의 학습안내를 제시한다. • 반복 연습을 하도록 한다. • 실행의 정확성에 관한 즉각적 피드백을 제공한다. • 마음속으로 연습하도록 격려해 준다.

(4) 학습위계

학습의 누가적 특성과 긍정적 전이를 가정하고 있는 가네의 교수이론은 특별히 선수학습 요소의 확인 및 처방과 학습위계(learning hierarchy)의 중요성을 강조하고 있다. 효과적인 학습을 보장하기 위해서는 후속학습에 반드시 요구되는 필수적 선수학습 요소(essential prerequisite)뿐만 아니라 후속학습을 촉진하는 지원적 선수학습 요소(supportive prerequisite)의 완전 습득이 이루어져야 한다는 것이다. 이들 필수 학습요소의 상호 관련성을 도식으로 표현하고 있는 것이 학습위계도로, 최상부

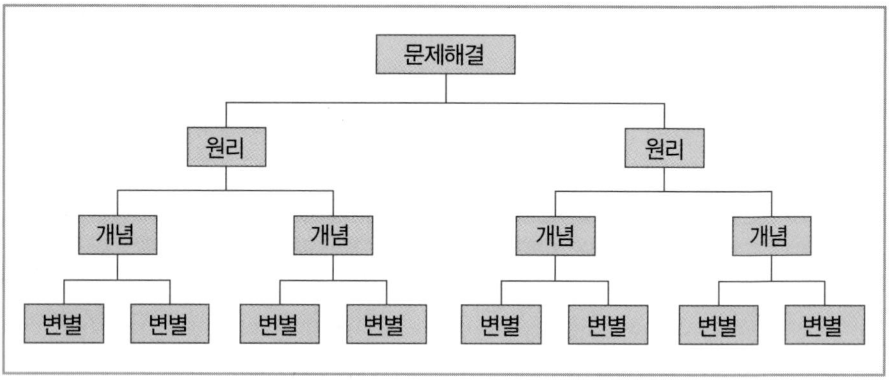

[그림 7-5] **지적 기능 영역의 위계적 관계**

에 최종 목표가 위치하고 최하부에는 그 목표를 도달하는 데 필요한 출발점 행동목표가 위치하고 있다. **학습위계**의 분석절차는 최상부부터 하향식으로 이루어져야 하며, 수업의 절차는 최하부부터 상향식으로 이루어져야 한다. 학습과제의 위계적인 관계가 가장 분명한 지적 기능 영역의 위계도는 [그림 7-5]와 같다.

3) 수업사상

가네의 교수이론에 포함된 또 하나의 중요한 요소로 수업사상(授業事象, instructional events)이라는 개념이 있다. **수업사상은 학습자의 내적 학습과정을 지원해 주는 외적 학습 조건이나 상황을 의미한다.** 이는 한 시간의 단위수업에서 수업성과를 극대화하기 위해 전형적으로 적용할 수 있는 일종의 단시수업 운영원리라 할 수 있다. 일반적으로 도입부, 전개부, 정리부로 크게 나누어지는 한 단위의 수업은 보다 세부적인 사상들로 구성되어 있다. 〈표 7-5〉의 9단계 수업사상이 모든 수업에 일괄적으로 적용되는 것은 아니다. 수업의 내용과 특성, 시간과 학습자의 수준, 수업환경 등에 따라 9단계 중 전부 또는 일부가 적용되기도 하고, 그 순서 역시 융통성 있게 변형되어 적용될 수 있다. 물론 이러한 변형은 폭넓은 내용 이해와 풍부한 교수경험을 갖춘 교사의 경우에 해당된다. 그렇지 않은 경우 이 단계를 순서에 따라 체계적으로 적용하는 수업을 계획하고 실행해야 한다. 〈표 7-5〉는 학습성과 영역에

표 7-5 수업사상 및 학습성과 영역별 학습조건

9단계 수업사상	5대 학습성과(목표)의 유형				
	지적 기능	인지전략	언어정보	태도	운동기능
1. 주의집중	감각양식의 다양한 변화를 포함하여 여러 가지 멀티미디어 자극을 다양하게 제시				
2. 목표 제시	기대하는 성취 수행을 설명하고 예를 제시	기대하는 해결방안의 일반적 특성을 명료화	답해야 할 언어적 질문의 종류를 명시	의도하는 행동 선택의 종류를 제시	기대하는 성취 수행의 시범을 제공
3. 선행학습 상기	선행요건이 되는 하위 개념과 원리의 상기를 자극	인지전략 및 관련 지적 기능의 상기를 자극	조직된 정보의 맥락을 상기하도록 자극	관련 정보와 기능 및 동일시하고자 하는 인간 모델의 상기를 자극	실행의 하위 절차와 부분 기능의 상기를 자극
4. 학습자료 제시	개념 또는 원리의 예를 제시	신기하고 참신한 새로운 문제를 제시	정보를 명제의 형태로 제시	인간 모델을 제시하고 개인적 행위의 선택을 실증	성취 수행을 위한 도구 또는 실행을 포함한 외적 자극을 제공
5. 학습 안내 및 지도	문제해결을 돕는 언어적 단서를 제공	참신하고 새로운 해답을 위한 힌트나 단서를 제시	보다 큰 유의미 맥락에 언어적 관련성을 제공	모델의 선택 행위와 모델로 인한 강화의 관찰을 제공	수행행동의 성취에 대한 피드백과 함께 연습 기회를 제공
6. 연습	학습자에게 새로운 예를 제시하고, 규칙과 개념을 적용하도록 요구	문제에 대한 해결안을 요구	학습자에게 정보를 부연 설명하거나 자기 자신의 말로 진술하도록 요구	학습자에게 실지 또는 모의 상황에서 행위 선택을 하도록 요구	성취 수행의 실행을 요구
7. 피드백 제공	규칙 또는 개념 적용의 정확성 여부를 확증	문제해결의 독창성 여부를 확인	정보의 정확성 여부를 확인	행위 선택에 대한 직접적 또는 간접적 강화를 제공	성취 수행의 정확성과 타이밍 정도에 대한 피드백을 제공
8. 형성평가	학습자에게 개념이나 원리의 적용 여부를 실증하도록 요구	학습자에게 새로운 해답을 창출하도록 요구	학습자에게 정보를 부연설명 형태로 재진술하도록 요구	실지 또는 모의 상황에서 개인적 행위의 바람직한 선택을 요구	학습자에게 전체 기능의 수행을 실행하도록 요구
9. 파지 및 전이의 고양	여러 가지 다양한 예를 가지고 분산적 복습의 기회를 제공	다양하고 참신한 문제해결의 기회를 제공	정보의 부가적 복잡성에 대한 언어적 연결을 제공	대안적 행위 선택에 대한 여러 상황을 부가적으로 제공	학습자에게 지속적인 기능연습을 제공

따라 한 시간의 수업운영 방안을 9단계 수업사상별로 제안하고 있다.

(1) 수업의 도입부

① 주의집중

수업은 학습자의 주의를 환기시키는 일부터 시작된다. 따라서 학습자의 흥미를 유발하거나 관심을 끌 수 있는 자극적인 자료, 즉 교과내용과 관련된 시사정보나 간단한 사건 · 사고 이야기, 역사적인 인물의 일화 등을 활용하는 것이 효과적이다.

② 목표 제시

수업을 통해 할 수 있게 되기를 기대하는 '새로운 행동'을 알려 줌으로써 수업이 진행되는 동안 나침반의 역할을 하게 된다. 즉, 모든 학습활동은 구체적으로 명시된 학습목표를 달성하기 위해 의도적으로 설계 · 개발 · 적용되어야 한다.

③ 선행학습 상기

교육은 영속적이고 누적적인 활동이기 때문에 이전의 학습내용에 대한 숙달여부가 중요한 의미를 갖는다. 따라서 이번 시간의 내용을 학습하는 데 꼭 필요한 내용을 확인하여 후속학습에 지장이 없도록 적절한 처방(보충 · 심화 학습)을 제시해야 한다.

(2) 수업의 전개부

① 학습자료 제시

수업을 통해 학습할 구체적인 자료를 제시하는 단계다. 일제수업 형태로 이루어지는 학습활동으로서, 내용에 따라 다양하고 효과적인 제시 방안을 고안하여 학습자료를 선택적으로 지각할 수 있도록 차별성 있는 제시 방안을 고려해야 한다.

② 학습 안내 및 지도

제시한 내용에 대한 학습자의 이해 수준에 따라 보다 개별적인 학습 안내 및 지도를 제공하는 단계다. 즉, 학습자료가 효과적으로 개개인의 장기기억에 유의미하게 저장될 수 있도록 다양한 상황과 맥락을 이용해 구조적으로 제시해야 한다.

③ 연습

학습자에게 배운 내용을 스스로 연습 · 실행해 볼 수 있는 기회를 제공하는 단계다. 이론적인 수준에서 체계화된 학습내용을 여러 가지 문제해결 상황에 반복적으로 적용해 봄으로써 내용을 깊이 있게 이해할 수 있는 기회를 제공해 준다.

④ 피드백 제공

연습의 결과에 대한 지식(knowledge of results)을 제공하는 단계다. 학습자의 수준이나 결과의 정확성에 따라 정답 · 오답 확인 피드백, 설명적 피드백, 오류 교정 피드백 등 다양한 형태의 피드백을 제시해 개별 처방식 수업이 이루어지도록 한다.

(3) 수업의 정리부

① 형성평가

수업의 종결 시점에서 학습목표로 설정한 '새로운 행동'이 성취되었는지의 여부를 확인하기 위하여 목표 관련 평가를 실시하는 단계다. 평가의 결과는 차기 수업을 개선하기 위한 자료로 활용되어야 하며, 학생의 성취를 평가하기 위한 것은 아니다.

② 파지 및 전이의 고양

수업의 마지막 단계로서 학습한 지식 및 기능들이 영구히 기억되도록 요약 · 정리한다. 아울러 다음 시간의 내용과 관련지어서 학습한 내용이 주변의 새롭고 유사한 문제 상황에도 긍정적으로 적용되는 경우를 소개하여 일반화 가능성을 증진시킨다.

4) 수업사상의 활용

수업은 학습자의 학습과정을 지원하기 위해 교수가 수행하는 외적 사상들의 집합이라고 정의했다. 이 과정을 한 시간의 수업을 예로 들어 분석해 보자. 수업 시작을 알리는 종이 울리고 교사가 교실에 들어오면, 학생들은 조금 전까지의 쉬는 시간과는 달리 주변에서 무엇인가가 이루어지고 있고 또 곧 이루어질 것이라는 사실에 주의를 기울이게 된다. 이때 교사는 다양한 방법으로 학생의 주의를 집중시키기 위한 활동을 함으로써 학생의 학습과정인 주의를 기울이는 일을 지원하게 된다.

일단 주의가 집중된 학생은 이번 시간에는 무엇을 배우게 될 것인지 기대하게 된다. 이때 교사는 수업목표를 알려 줌으로써 학생이 가진 그런 기대를 충족시켜 주기 위한 수업활동을 한다. 이번 시간이 끝날 즈음에 자신들이 할 줄 알게 되기를 기대하는 수업목표를 전해 들은 학생은 바로 그 순간 교사가 제시한 목표에 대해 자신이 이미 알고 있는 것이 무엇인지를 과거의 기억으로부터 끄집어내게 된다. 아직은 하지 못하는 수업목표를 접하면서 약간의 기대와 함께 모르는 것에 대한 불안감을 갖게 될 것이고, 그런 불안을 최소화하기 위해 자연스럽게 기억으로부터 자신이 이미 알고 있는 내용을 최대한 동원하려 할 것이기 때문이다.

이 과정에서 교사는 학생이 장기기억의 내용을 작동기억으로 끄집어내는 활동을 지원해야 할 필요성이 있다. 따라서 교수는 지금까지의 수업을 통해 학생들이 이미 배운 내용 중에서 이번 시간의 목표를 달성하는 데 필요한 선행학습 내용을 상기시키는 수업활동을 수행하게 된다. 여기까지가 수업의 도입부다. 50분 수업의 경우 약 5~7분 정도의 소요 시간을 추천하고 있다.

이제 학생은 자신이 이미 배운 내용 중에서 이번 수업의 목표를 달성하는 데 필요한 선행학습 내용을 확인하고는 편안한 마음으로 지금부터의 수업에 집중하면서 중요하고 의미 있는 내용에 선택적으로 귀를 기울이려 한다. 학생의 학습동기가 부여된 선택적 지각 활동을 지원하기 위하여 교사는 다양한 방법으로 이번 수업에 계획된 중요한 내용을 제시한다. 교사의 수업내용을 들은 학생은 그 내용을 자신의 것으로 만들기 위해 스스로 내용을 약호화 또는 부호화하기 위한 노력을 하게 된다. 그때 교사는 학습자 각자에게 적합한 방법을 동원하여 수업 내용을 이해할 수 있도록 학습 안내를 제공하는 활동을 한다.

수업의 중요한 내용을 배우고 자신의 것으로 이해한 학생은 이제 배운 내용을 활용해 보려는 생각을 하게 된다. 즉, 문제 상황에 반응해 보고 싶게 된다. 그때 교사는 적절한 수준의 연습을 해 볼 수 있는 기회를 학생에게 제공한다. 연습의 기회를 가진 학생은 당연히 자신이 수행한 연습의 결과를 궁금하게 생각하고, 그에 대한 강화를 받고 싶어 할 것이다. 학생의 이러한 궁금증을 해소해 주기 위하여 교사는 결과에 대한 지식인 피드백을 제공한다. 여기까지가 수업의 전개부인데, 50분 수업의 경우 약 35~40분의 소요 시간을 추천하고 있다.

이번 수업의 목표를 효과적으로 달성하였다는 최종 단서를 확보하고 싶어 하는 학생에게 교사는 형성평가를 실시하여 목표 달성을 최종적으로 확정하게 된다. 이제 학생은 오늘 배운 내용이 장차 어느 장면에서 어떻게 활용될 것인지 알고 싶어 할 것이고, 그것을 지원하기 위해 교사는 마지막으로 다양한 방법을 동원하여 배운 내용을 잘 저장하도록 노력하고, 그 내용들이 어떤 상황에서 어떻게 활용될 수 있는지에 대한 설명을 제공함으로써 수업을 마무리하게 된다. 여기까지가 수업의 정리부로서 50분 수업의 경우 약 3~5분의 소요 시간을 추천하고 있다.

요컨대, 가네는 **학습자의 내적 학습과정**을 '주의집중 → 목표 제시→ 선행학습 상기 → 학습자료 제시 → 학습 안내 및 지도 → 연습 → 피드백 제공 → 형성평가 → 파지 및 전이의 고양'에 이르는 아홉 가지 의식의 흐름으로 기술하고 있다. 그리고 이러한 학습과정을 지원하기 위한 **외적 학습조건**, 즉 수업사상을 '주의집중 → 목표 제시→ 선행학습 상기 → 학습자료 제시 → 학습 안내 및 지도 → 연습 → 피드백 제공 → 형성평가 → 파지 및 전이의 고양' 의 아홉 가지 의도적 활동으로 제시하고 있다. 이와 같은 학습과 수업의 상호 연계성을 도식화하면 [그림 7-6]과 같다.

보편적으로 학습자의 내적 학습과정을 지원하는 아홉 가지 수업사상을 간략히 표현하면 다음과 같다.

- 갑작스러운 자극 변화를 활용하라.
- 학습 후에 무엇을 할 수 있는지 학습자에게 말해 주라.
- 이전에 학습한 지식이나 기능의 회상을 요구하라.

- 내용을 특징 있게 제시하라.
- 유의미한 조직화를 제안하라.
- 학습자에게 수행하도록 요구하라.
- 정보적 피드백을 주라.
- 피드백에 따라 학습자에게 추가적 수행을 부과하라.
- 다양한 연습과 시간 간격을 둔 복습을 시켜라.

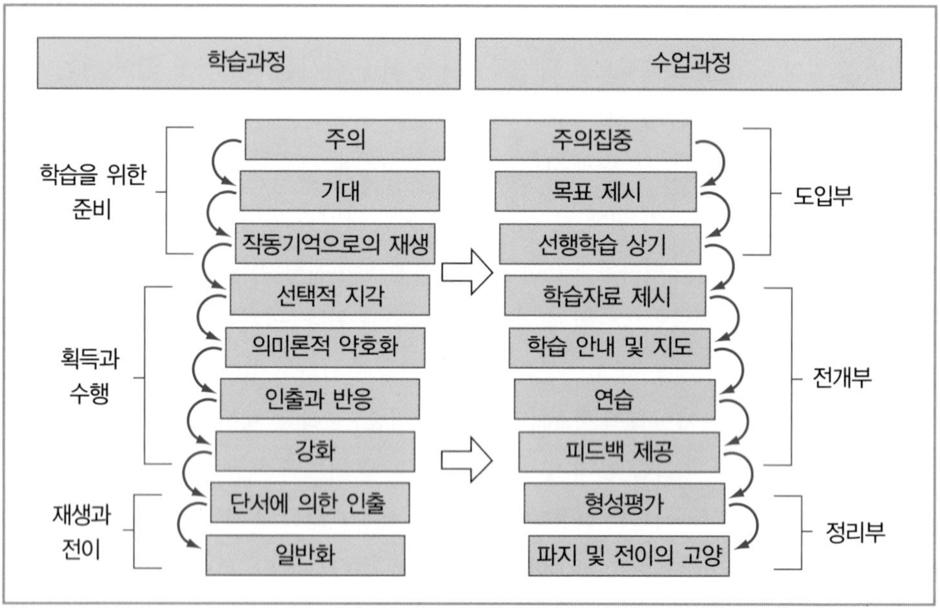

[그림 7-6] 학습과정과 수업과정의 상호 관계

학 / 습 / 과 / 제

1. 교수와 학습을 정의하고 그 차이점을 기술하시오.

2. 교수이론과 학습이론의 성격을 교수의 3대 변인에 근거해서 설명하시오.

3. 교수의 3대 변인을 참고로 하여 초보교사의 수업을 평가하는 기준을 산출하시오.

4. 전공 교과내용을 선정하여 가네의 목표진술 방식에 따라 목표를 진술하시오.

5. 전공 교과내용을 선정하여 학습성과 영역을 밝히고 최적의 학습조건을 열거하시오.

6. 가네의 수업사상에 따라 한 시간 동안 수업할 수 있는 교수 · 학습 지도안을 작성하시오.

참고문헌

강이철(2001). 코스웨어 설계를 위한 교육공학의 이론과 실제. 서울: 학지사.

강이철(2015). 교육방법과 교사의 전문성. 서울: 학지사.

박성익, 왕경수, 임철일, 박인우, 이재경, 김미량, 임정훈, 정현미(2001). 교육공학 탐구의 새 지평. 서울: 교육과학사.

이화여자대학교 교육공학과(1998). 교육방법 및 교육공학. 서울: 교육과학사.

Bower, G. H., & Hilgard, E. R. (1981). *Theories of learning*. Englewood Cliffs, NJ: Prentice-Hall.

Briggs, L. J., & Wager, W. W. (1981). *Handbook of Procedures for the Design of Instruction* (2nd ed.). Englewood Cliffs, NJ: Educational Technology Publications.

Bugelski, B. R. (1964). *The psychology of learning applied to teaching*. New York: Bobbs-Merrill.

Corey, S. M. (1971). The nature of instruction. In M. D. Merrill (Ed.), *Instructional design: Readings*. Englewood Cliffs, NJ: Prentice-Hall.

Dewey, J. (1996). 민주주의와 교육(*Democracy and education*). (이홍우 역). 서울: 교육과학사. (원저는 1916년에 출판).

Dick, W., & Carey, L. (1996). *The systematic design of instruction* (4th ed.). Glenview, IL: Harper Collins.

Driscoll, M. P. (1994). *Psychology of learning for instruction*. Boston, MA: Allyn & Bacon.

Driscoll, M. P. (2005). *Psychology of learning for instruction* (3rd. ed.). Upper Saddle River, NJ: Pearson Education.

Eggen, P. D., & Kauchak, D. P. (2001). *Strategies for teachers: Teaching content and thinking skills*. Boston, MA: Allyn & Bacon.

Gagné, R. M. (1985). *The conditions of learning* (4th ed.). New York: Holt, Rinehart & Winston.

Gagné, R. M., & Briggs, L. J. (1979). *Principles of instructional design*. New York: Holt, Rinehart & Winston.

Gredler, M. E. (2005). *Learning and instruction: Theory and practice* (5th ed.). Upper

Saddle River, NJ: Prentice-Hall.

Gunter, M. A., Estes, T. H., & Schwab, J. (1999). *Instruction: A models approach* (3rd ed.). Boston, MA: Allyn & Bacon.

Joyce, B., Weil, M., & Calhoun, E. (2004). *Models of teaching* (7th ed.). Boston, MA: Pearson Education.

Merrill, M. D. (1983). Component display theory. In C. M. Reigeluth (Ed.), *Instructional-design theories and models: An overview of their current status* (pp. 279-333). Hillsdale, NJ: Lawrence Erlbaum Associates Publishers.

Morgan, C. T., King, R. A., & Robinson, N. M. (1979). *Introduction to psychology*. Tokyo: McGraw-Hill.

Ormrod, J. E. (2000). *Educational psychology: Developing learners*. NJ: Prentice-Hall.

Reigeluth, C. M. (Ed.). (1983) *Instructional-design theories and models: An overview of their current status*. Hillsdale, NJ: Lawrence Erlbaum Associates Publishers.

Reigeluth, C. M., & Merrill, M. D. (1978). A knowledge base for improving our methods of instruction. *Educational Technologist, 13*, 57-70.

Reigeluth, C. M., & Merrill, M. D. (1979). Classes of instructional variables. *Educational Technology, 19*(3), 5-24.

Smith, P. L., & Ragan, T. J. (2005). *Instructional design*. New York: Wiley Jossey-Bass Education.

Snowman, J., & Biehler, R. (2006). *Psychology applied to teaching* (11th ed.). New York: Houghton-Mifflin.

Chapter 08

교육평가

1. 교육평가
2. 교육평가의 유형
3. 문항 제작과 검사이론
4. 검사도구의 질
5. 교육평가의 동향과 전망

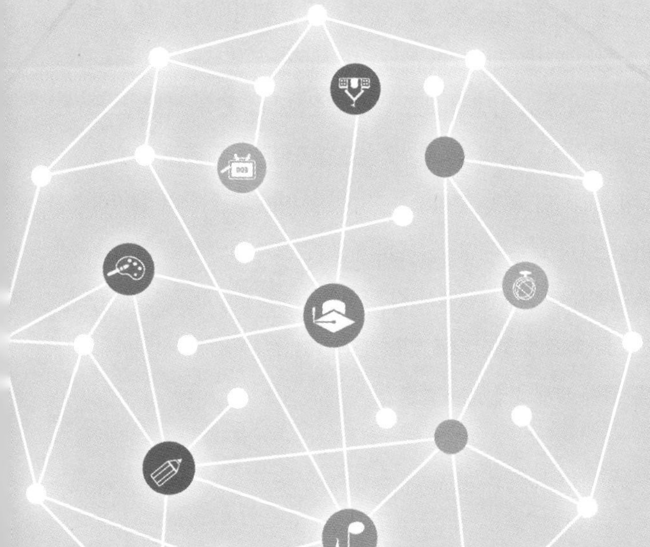

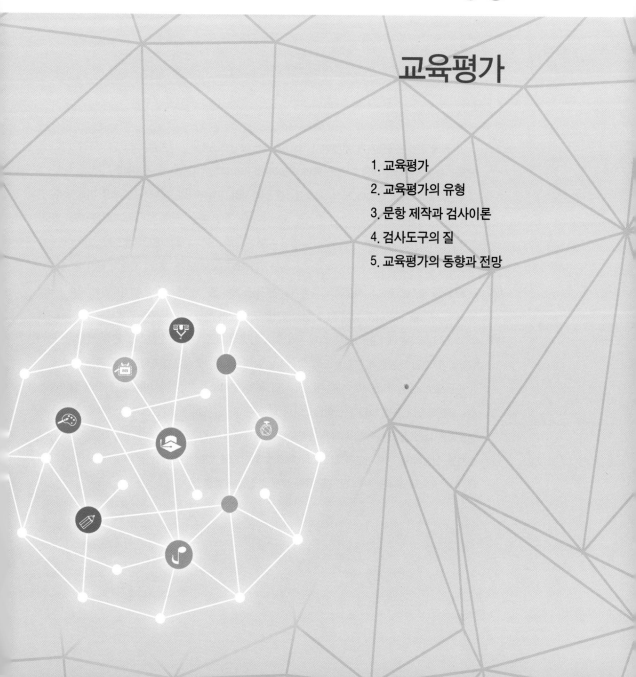

이 장에서는 교육평가가 무엇인지, 왜 하는지, 어떻게 하는지, 평가를 하고 난 후 평가결과를 어떻게 활용하는지에 대한 기초 이론과 더불어 최근의 동향에 대해서도 소개한다.

우선, 교육평가의 정의와 목적, 시행절차를 설명하여 교육평가의 기본적인 특성을 이해할 수 있도록 한다. 개인에 대한 종합적인 평가를 하기 위해서 이와 관련된 개념인 검사, 측정, 총평, 평가의 정의와 이들의 관계를 설명한다. 교육의 진행과정에 따른 교육평가의 유형으로 교수 · 학습을 시작하기 전에 실시하는 진단평가, 교수 · 학습과정에서의 형성평가, 교수 · 학습이 끝난 후 실시하는 총합평가를 설명한다. 최근에 교육평가가 평가를 위한 평가라는 비판이 제기되면서 교수 · 학습을 위한 평가를 강조하게 됨에 따라 형성평가를 재조명하고 있으며 새로운 방법으로 접근하고 있다. 또한 평가기준에 따른 교육평가의 유형으로 상대 비교를 위한 규준참조평가, 절대평가인 준거참조평가, 개인의 능력과 성장 정도를 고려하는 능력참조평가와 성장참조평가를 다룬다.

다음으로, 문항과 검사를 제작하는 절차와 이를 분석하기 위한 검사이론을 간략히 설명하며, 검사도구의 양호도를 나타내는 타당도와 신뢰도의 개념을 설명하고, 검증방법에 따른 종류와 추정방법을 다룬다. 교육평가의 최근 동향으로 교육현장에서 강조되고 있는 수행평가의 정의, 특징, 절차를 설명하며, 정보기술의 발전으로 빠르게 확산되고 있는 컴퓨터화 검사에 대해서도 설명한다. 마지막으로, 교육평가의 발전을 위한 과제와 전망을 설명한다.

1. 교육평가

1) 정의

교육은 목적적 행위로서 머리에 해당하는 인지능력, 가슴에 해당하는 정의적 특성 그리고 신체 움직임과 관련된 심동적 영역에 대한 전인적인 변화를 추구한다. 이러한 목적에 따라 교육을 실시한 후 교육이 제대로 이루어졌는지를 확인하는 작업이 필요한데 이를 교육평가라 한다. 1930년 타일러(R. Tyler)는 **교육평가**(educational evaluation)라는 용어를 처음으로 사용하였으며, 이를 교육목표의 달성 여부를 판단하는 행위라고 정의하였다(Tyler, 1942). 이를 도식화하면 [그림 8-1]과 같이 나타낼 수 있다. 타일러에 의하면, 교육평가는 교육목표를 설정하고 그에 따라 교육내용을 선정하고 조직하여 교수 · 학습을 실시한 이후에 설정된 목표가 달성되었는지를 확인하고 판단하는 과정이다.

한편, 크론바흐(Cronbach, 1969)는 평가의 목적을 새로운 교육과정을 검증하고 그에 근거해서 교육과정을 개선하는 것이라 하였고, 스터플빔(Stufflebeam, 1971)은 평가를 의사결정을 위한 정보를 제공하는 일이라고 정의하였다. 네보(Nevo, 1983)는 여러 교육평가학자들의 정의를 정리하여 교육평가를 교육 대상에 대한 체계적 서술 혹은 교육 대상의 가치와 장점에 대한 평이라 하였다. 이러한 정의를 종합하면, 교육평가란 교육과 관련된 모든 것의 양, 정도, 질, 가치, 장단점 등을 체계적으로

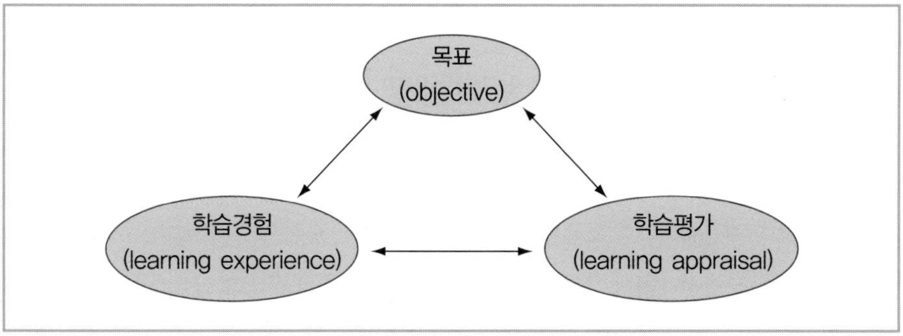

[그림 8-1] 타일러의 교육평가에 대한 정의

측정하여 판단하는 주관적 행위라고 할 수 있다(성태제, 2010).

2) 목적과 기능

교육평가는 평가 대상에 대한 정보를 수집하여 교육적 의사결정을 하거나 이를 도와주는 기능을 한다. 예를 들어, 교육평가는 어떤 교재를 선택할 것인가, 학급당 학생 수를 줄일 것인가, 학교시설을 현대화할 것인가와 같은 다양한 교육현장의 문제와 관련된 정책을 결정하기 위해 필요한 정보를 제공하는 기능을 한다. 나아가 교육평가의 궁극적인 목적은 학습과 교육과정에 최대한 도움을 주어 학습의 효과를 극대화하려는 데 있다. 그러므로 교육평가는 학생의 학업성취도 확인, 교육과정의 평가와 개선, 교육정책 관련 의사결정을 위한 기반을 제공하는 등의 실제적인 목적을 가지고 시행된다.

이와 같이 다양한 목적을 가지고 교육평가를 실행하기 때문에 교육평가의 기능 역시 다양하다. 첫째, 교육과정이나 교재 등을 개선하고 발전시키는 기능을 한다. 둘째, 교육 대상을 선발하거나 자격증을 부여하는 기능을 한다. 셋째, 교육의 질을 관리하기 위해 평가를 통해 교육활동에 대한 책무성을 부여한다. 넷째, 평가의 시행을 예고함으로써 행위에 대한 동기를 유발하는 역할을 한다. 다섯째, 평가를 통해 상이나 벌을 부여하는 기준을 제공한다. 이와 같이 교육평가의 역할은 교육목적의 실현을 극대화할 수 있는 방향으로 기능해야 할 것이다.

3) 절차

교육평가는 교수 · 학습의 전 과정에서 각 단계의 결과를 확인하고 이를 개선하기 위해 수행될 수 있다. 예를 들면, 고등학생에게 미적분을 가르칠 때 학생들의 특성과 선행학습 정도를 파악하여 교수 · 학습의 수준과 방법을 설정하는 데 참고한다. 해당 교육과정을 통해 도달해야 하는 목표를 구체적으로 설정한 후(예: 10문항 중 7문항 정답, 수행평가에서 '보통' 단계) 이를 기준으로 교수 · 학습의 결과를 종합적으로 평가하여 이후 교육과정의 개선에 활용한다.

이와 같이 교수 · 학습의 진행과정에 따라서 우선 교육목표가 적절하게 설정되었는지를 평가하고, 교육목표의 달성을 위해 세부 시행계획이 알맞게 구성되어 있으며 관련 여건이 양호한지, 교수 · 학습이 계획에 따라 제대로 시행되었는지, 그리고 결과적으로 교육목표를 얼마만큼 달성했는지를 평가할 수 있다.

4) 검사, 측정, 총평

어떤 사람을 만나고 나서 '멋있다, 키가 크다, 머리가 좋다' 등과 같이 그 사람에 대한 의견을 말하는데, 이러한 행위가 평가(evaluation)다. 평가는 평가하는 사람의 눈에(in one's eyes) 비춘 주관적 판단이므로 가치가 포함되어 있다. 어떤 사람은 자신보다 키가 큰 사람을 보고 '키가 크다'고 평가하지만, 농구선수처럼 키가 큰 사람은 그가 크다는 평가에 동의하지 않을 수 있다. 이처럼 주관적 평가는 상호 간에 의사소통을 원활하지 못하게 하고 판단의 실수를 범하는 원인이 되기도 한다. 이와 같은 경우에 그 사람의 키에 대해서 '크다' '작다'라고 표현하기보다 '그의 키는 180cm다.'라고 전달하면 상대방이 정확히 이해하는 데 도움이 될 것이다. 이를 측정(measurement)이라고 한다. 측정의 대상에는 길이 · 무게와 같이 직접 잴 수 있는 것도 있고, 지능 · 적성과 같이 직접 측정이 불가능한 것도 있다. 인간의 잠재적 특성은 눈에 보이지 않으므로 간접적으로 측정할 수밖에 없는데, 이때 사용되는 도구를 검사(test)라 한다.

(1) 검사

검사(test)는 간접 측정을 위한 도구다. 검사는 측정하고자 하는 내용 영역에 따라서 다양한 종류가 있다. 인지적 영역을 측정하는 검사로는 지능검사, 학업적성검사, 학업성취도 검사가 있으며, 정의적 특성을 측정하는 검사로는 성격검사, 흥미검사, 불안검사, 직업적성검사가 있다. 또한 인간의 가시적 행동을 점검표나 채점표를 이용해 측정하는 심동적 영역의 검사로 나누어 볼 수 있다.

검사의 기능은 교수 · 학습에 도움을 주는 교수적 기능, 학생의 분류 · 배치 등에 이용되는 행정적 기능, 검사 대상의 정의적 특성을 진단 · 치료하기 위해 사용되는 상담적 기능으로 분류할 수 있다(Findley, 1963).

(2) 측정

손다이크(Thorndike, 1918)는 어떠한 것이 존재한다면 그것은 양으로 존재하기 때문에 측정할 수 있다고 주장하였다. 존재한다는 것 자체가 어떤 속성이 있다는 것이기 때문에 적합한 방법을 사용하면 그 속성을 측정할 수 있다는 것이다. 이와 같이 특정 대상을 일정한 규칙에 따라 수량화하는 것을 **측정**(measurement)이라고 한다. 이는 사물의 성질을 구체화하기 위하여 수를 부여하는 절차라고 정의할 수 있다. 예를 들어, 그 사람의 키가 180cm이고 90kg이라고 하는 것이 측정의 결과다. 측정을 통해 대상의 속성을 수량화하는 것은 언어적 표현으로 인한 모호성과 막연함을 배제하고 주관적인 판단에 따른 오류를 최소화할 수 있다.

(3) 총평

인간의 전반적인 특성은 하나의 검사로 측정될 수 없다. 그러므로 인간의 특성을 파악하기 위해서는 다양한 방법을 동원하여 종합적으로 평가할 필요가 있다. 이를 **총평**(assessment)이라 하며, 사정(査定)이라고도 한다. 역사적으로는 제2차 세계대전 당시 미국의 전략정보국(Office of Strategic Services: OSS)에서 심층면접, 검사, 관찰 등의 다양한 방법을 이용하여 종합적 평가로 특수요원을 선발하였던 OSS 총평을 그 기원으로 들 수 있다. 그러므로 총평은 지필검사와 같은 단일한 방법에 의하여 평가 대상에 대한 정보를 수집하는 것이 아니라 관찰, 구술, 면접, 집단토의 등의 다양한 방법을 동원하여 얻은 자료를 가지고 종합적으로 평가하는 방법이다.

(4) 검사, 측정, 총평, 평가의 관계

검사, 측정, 총평, 평가의 정의는 다르지만 상황에 따라서 동의어로 사용되는 경우도 있다. 검사는 간접 측정을 위한 도구이고, 측정은 사물에 수를 부여하는 작업이며, 총평은 다양한 측정방법을 동원하여 종합적으로 평가하는 것이고, 평가는 측정결과에 가치판단이 부여된 것이다. 그러므로 개념적으로는 검사, 측정, 총평, 평가의 순으로 범위가 넓어진다고 볼 수 있다.

2. 교육평가의 유형

1) 교수 · 학습 진행에 따른 평가

병원을 찾게 되면 의사는 환자에게 아픈 곳에 대한 증상을 묻고 진찰과 검사를 한다. 그리고 병의 상태를 설명하며 약을 처방한 후 2~3일 뒤에 다시 오라고 한다. 이후에 다시 진료를 받으러 가면 환자의 상태를 진찰하고 완쾌되었다고 하거나 혹은 한 번 더 오라고 한다. 이와 같은 환자의 치료과정을 보면 의사의 평가는 처음 환자가 왔을 때, 처방 · 치료를 실시할 때, 치료가 끝났을 때 등 세 단계의 평가로 나눌 수 있다. 교육평가도 이와 유사한 단계를 거치게 되는데, 각 단계에서 이루어지는 평가를 진단평가, 형성평가, 총합평가라 한다.

(1) 진단평가

의사가 처방을 위하여 환자에게 질문하고 진찰을 하는 것과 마찬가지로 교사도 교수 · 학습을 시작하기 전에 학생의 학습에 대한 심리상태와 무엇을 얼마만큼 알고 있는가를 파악해야 할 필요가 있다. 이와 같이 **진단평가**(diagnostic evaluation)란 교수 · 학습이 시작되기 전에 학생이 소유하고 있는 특성을 체계적으로 관찰 · 측정하여 진단하는 평가로서 사전학습 정도, 적성, 흥미, 동기 등을 측정한다. 진단평가는 학습자에게 적절한 수업전략을 투입하기 위한 목적으로 시행된다. 이를 위해 다음의 사항들을 고려해야 한다. 첫째, 학습목표를 달성하기 위해 요구되는 능력과 기능을 갖추고 있는가를 확인한다. 둘째, 사전에 학습목표를 달성했는가를 분석한다. 셋째, 적절한 교수법이나 대안을 제공하기 위해 학생의 특성을 파악한다.

(2) 형성평가

교수 · 학습을 성공적으로 수행하려면 진행과정에서의 문제점이 무엇인가를 확인하고 이를 해결해 나가는 절차가 필요하다. **형성평가**(formative evaluation)는 교수 · 학습이 진행되고 있는 동안에 학생과 교사에게 학습 진행 정도를 알려 주고 교육과정 및 수업방법을 개선시키기 위한 평가다. 형성평가라는 용어를 최초로 사용한 스크리븐(Scriven, 1967)은 교육과정의 개선을 통하여 수업을 발전시키기 위한 평가라고 정의하였다. 그러므로 형성평가는 ① 개인별 능력에 맞추어 학습을 진행할 수 있도록 학습을 개별화할 수 있어야 하며, ② 평가결과를 학생에게 적절한 방법으로 알려 줌으로써 피드백 효과가 있어야 하고, ③ 학습 곤란을 진단하여야 하며, ④ 학습동기를 유발해야 한다. 블랙과 윌리엄(Black & Willam, 1998)은 학습을 위한 평가를 강조하면서 형성평가를 교사나 학생들이 참여하는 교수 · 학습활동을 수정하기 위하여 피드백을 주는 모든 활동으로 정의하였고, 피드백은 교사나 학생이 서로 할 수 있으며 수업을 개선하여야 한다고 주장했다. 퍼택(Furtak, 2009)은 형성평가의 주요 목적은 학생이 알아야 하는 것과 알고 있는 것의 차이를 극소화하는 것이므로 학생의 흥미와 학습동기를 높이기 위하여 교사가 지속적으로 학생들의 작업이나 행동을 평가하여 교육과정에 적용함으로써 평가결과를 피드백하고 교수법을 개선하여야 한다고 주장한다. 김성숙 등(2015)은 형성평가는 시험이 아니라 일련의 교수 · 학습과정이며, 학생과 교사가 모두 활용하고 서로에게 피드백되어 교수 · 학습방법을 수정하는 특징이 있다고 하였다.

형성평가에서 수집하는 학생에 대한 정보로는 사전검사, 과제, 퀴즈와 단원평가 같은 구조화된 정보도 있지만 학생의 표정, 몸짓과 시늉, 어조, 음성의 크기, 끊김, 억양, 발화 간격, 침묵, 시선 등도 비구조화된 정보로 교수 · 학습을 수정하기 위한 중요한 자료로 사용되고 있다.

(3) 총합평가

총합평가(summative evaluation)는 교수 · 학습이 완료된 시점에서 교육목표의 달성 여부나 정도를 종합적으로 판정하는 평가로서 총괄평가라고도 한다. 스크리븐(1967)은 이를 교수 · 학습을 통해서 성장이 이루어졌는가를 확인하고 교육목표를 성취했는가를 판정하는 평가라고 정의하였다. 일반적으로 성적표에 제시되는 서열이나 합격 혹은 불합격 판정 등을 총합평가의 예로 들 수 있다. 총합평가는 성취 수준의 도달 여부 판정, 서열화, 자격증 부여, 집단 간 비교, 프로그램 시행 여부 결정, 책무성 부여 등의 목적을 위하여 시행된다. 이러한 목적에 따라 교수 · 학습이 끝난 후에 의사결정을 위하여 총합평가를 실시하며, 주로 교과내용 전문가와 평가 전문가에 의해 제작된 표준화 검사를 사용한다. 총합평가는 검사의 목적에 따라서 서열화를 목적으로 상대비교평가를 실시하거나 성취기준의 통과 여부에 대한 판단을 목적으로 절대평가를 시행할 수도 있다.

2) 참조준거에 따른 평가

교육평가는 대상의 특성에 대한 가치를 판단하는 것이므로 판단을 위한 기준이 필요하다. 예를 들어, 한 학생의 영어점수가 상위 3%라거나 혹은 합격기준인 80점을 통과하였다고 평가한다. 전자는 상대적 서열에 따라서 판단한 것이고, 후자는 준거를 기준으로 하여 판단한다. 평가결과의 해석에서 참조하는 기준에 따라 규준참조평가, 준거참조평가, 능력참조평가, 성장참조평가로 분류할 수 있다.

(1) 규준참조평가

규준참조평가(norm-referenced evaluation)는 개인이 얻은 점수나 측정치를 비교집단의 규준에 비추어 상대적인 서열에 의하여 판단하는 평가를 말하며, 상대비교평가라고도 한다. 대학수학능력시험에서 제공되는 백분위(percentile), T점수, 9등급점수(stanines) 등은 모두 상대적인 서열에 따른 규준참조평가에 해당된다. 규준(norm)이란 원점수의 상대적인 위치를 설명하기 위해 쓰이는 자(scale)로서, 평가 대상의 모집단을 잘 대표하도록 표집된 규준집단에서 얻은 점수를 기초로 만들어진다. 예를 들어, 규준집단의 영어점수 평균이 60점이고 표준편차가 10점일 때 어떤 학생의 점수가 60점이면 평균과 같으므로 백분위는 50이고 Z점수는 0점, T점수는 50점이 된다. 다른 학생의 점수가 70점이면 그 학생은 84.13 백분위에 해당되고 표준적인 Z점수는 1, T점수는 60이 된다.

규준참조평가는 서열화가 쉽고 경쟁을 통해 학습동기를 유발할 수 있다는 장점이 있다. 그러나 학생이 무엇을 얼마나 아는가에 대한 평가가 아니고 상대적인 위치를 판단하기 위한 평가이므로 교수·학습의 개선에 필요한 직접적인 정보를 제공하지 못한다. 또한 고등 정신능력 함양보다는 암기 위주의 학습 유도, 서열주의식 사고의 팽배, 경쟁심의 조장, 검사 불안 등으로 인해 평가 대상의 정의적 특성에 부정적 영향을 미칠 수 있다는 단점이 있다.

(2) 준거참조평가

의사나 간호사 자격시험에서 상대적 서열에 의하여 자격증을 부여한다면 매년 일정 수준 이상의 높은 의료인의 수준을 유지하기 어려울 것이다. 그러므로 자격증을 부여하는 검사에서는 일정 점수 이상을 획득한 대상에게 자격증을 부여하는데, 이와 같은 평가를 **준거참조평가**(criterion-referenced evaluation), 또 쉽게는 절대평가라고 한다. 준거참조평가는 학습자가 학습해야 할 학습과제의 영역에 대해 얼마만큼 알고 있는지를 준거에 비추어 판단하는 평가다. 준거참조평가에서 가장 중요한 요소는 과제의 영역(domain)과 준거(criterion, standard, cut-off, cut score)다. **영역**은 측정하고자 하는 교육내용이며, **준거**는 피험자가 어떤 일을 수행할 수 있다고 대중이 확신하는 지식이나 기술 수준을 말한다(AERA, APA, & NCME, 1985). 그러므로 준거는 교육목표를 달성하기 위해 도달해야 하는 최저기준(minimum competency level)이며, 준거점수는 성패나 당락을 구분하기 위해 기준이 되는 점수라고 할 수 있다. 예를 들어, 간호사 자격시험에서 준거점수가 70점이라면 이 준거점수 이상을 받은 응시자에게는 간호사 자격증을 부여한다. 이러한 준거점수를 타당하게 설정하기 위한 다양한 방법들이 소개되었다(성태제, 2011; Angoff, 1971; Cizeu & Bunch, 2009; Jaeger, 1978).

이 평가방법은 미국의 「아동낙오방지법(No Child Left Behind Act: NCLB)」 및 우리나라의 국가 수준 직업성취도 평가에 널리 적용되고 있으며, 초·중·고의 내신평가와 대학수학능력시험의 영어와 한국사 영역에 적용되고 있다.

준거참조평가는 경쟁을 통한 학습자의 외적 동기 유발이 부족하다는 점이 있으나, 무엇을 알고 무엇을 모르는가에 대한 직접적인 정보를 제공함으로써 교수·학습을 개선할 수 있다는 본질적인 장점을 가지고 있다. 또한 탐구정신과 협동심의 함양, 서열의식보다는 지적인 성취동기 자극, 학습효과의 증진 등을 장점으로 들 수 있다.

(3) 능력참조평가

능력참조평가(ability-referenced evaluation)는 학생이 지니고 있는 능력에 비추어 얼마나 최선을 다하였는가에 초점을 두는 평가다. 예를 들어, 90점의 능력을 가진 학생과 70점의 능력을 가진 학생 모두 70점을 받았을 경우 두 학생을 동일하게 평가하지 않고 각자의 능력에 비추어 보다 최선을 다한 후자의 학생에게 더 좋은 평가결과를 부여하는 것이다. 교육평가는 교수 · 학습을 극대화하며 학생들이 긍정적 자아개념을 갖도록 해야 하므로 후자에게 교육적 관점에서 보다 좋은 평가결과를 부여하는 것이 바람직하다는 이론이다.

우스터호프(Oosterhof, 2001)는 개인의 능력과 수행결과를 비교하는 평가에서 '결과가 그 학생이 지닌 능력을 최대한 발휘한 것인가?'와 '충분한 시간이 있었다면 더 잘할 수 있었는가?'의 두 가지 질문이 고려될 수 있다고 하였다. 이와 같이 능력참조평가는 학생 개인이 지니고 있는 능력을 최대한 발휘하였는가에 관심을 두므로 모든 학생에게 일률적인 평가기준을 적용하는 것이 아니라 각 학생의 능력과 노력에 따라 개별적으로 평가된다는 특징이 있다. 능력참조평가는 특정 기능과 관련된 능력의 정확한 측정치에 의존하게 되므로 해당 능력에 제한해 학습자의 수행을 해석하게 되는 한계가 있지만, 개인을 위주로 각자의 고유한 기준을 참조함으로써 학생 개개인에게 보다 의미 있는 개별화된 평가가 가능하다는 장점이 있다.

(4) 성장참조평가

좋은 학교와 우수한 교사는 능력이 낮은 학생을 능력이 높은 학생으로 성장시킨다. 최근에 교육을 통한 학생의 변화와 성장에 대한 관심이 증가되고 있으며, 이러한 교육적 상황을 고려해 볼 때 교육평가에서도 상대적 서열이나 준거점수에 비추어 평가하는 것보다 교육의 진행과정을 통하여 얼마나 성장하였는가에 비추어 평가하는 것이 더 바람직하다는 것이다. **성장참조평가**(growth-referenced evaluation)는 일련의 교육과정을 거치면서 학생이 어떻게 얼마만큼 성장 · 변화하였는가에 초점을 두는 평가다. 최종적인 성취보다는 초기 능력 수준에 비추어 얼마만큼 능력이 향상되었는가를 기준으로 사전 능력 수준과 현재 능력 수준 간의 차이를 참조하여 평가한다. 그러므로 최종적인 평가결과의 상대적인 위치에 관계없이 교수 · 학습과정 동안에 많은 성장을 한 학생일수록 좋은 평가결과를 받는다. 성장참조평가는 학생들에게 학업 증진의 기회를 부여하고 평가의 개별화를 강조한다는 특징을 지닌다. 황정규(1998)도 개인 수준의 성장을 변화로 표현하고 변화의 내용과 정도를 평가하는 방법을 갖고 있었다면 교육은 혁신적인 변모를 겪었을 것이라고 주장하였다.

검사결과를 해석하기 위하여 규준참조평가는 개인과 타인을 비교하고 준거참조평가는 특정 영역의 준거와 비교를 하는 데 비하여, 능력참조평가와 성장참조평가는 비교의 기준이 각 개인 내에 있다는 특징이 있다. 검사의 교수적 · 상담적 기능이 강조되는 환경에서 능력참조평가나 성장참조평가는 개별화 학습을 촉진함으로써 평가의 교육적 효과를 증진시키는 방안이 될 수 있다. 즉, 능력참조평가와 성장참조평가는 개인을 존중하는 평가로서 개별학습을 지향하고 있으며 평가의 교수적 기능을 강조하는 선진화된 평가방법이라 할 수 있다.

3. 문항 제작과 검사이론

인간의 특성 중에서 눈에 보이지 않는 잠재적 특성은 검사를 이용하여 측정한다. 검사가 학생 개개인에게 미치는 영향이 크기 때문에 문항 작성과 검사 제작에는 세심한 주의가 필요하다. 또한 문항과 검사의 특성을 분석하기 위해서 검사이론이 발전되어 왔으며, 검사의 양호도를 검증하기 위해 타당도와 신뢰도를 추정해야 한다.

1) 문항과 검사 제작

검사는 인간을 평가하는 데 필요한 자료를 수집하기 위한 목적으로 제작되며, 검사의 제작 절차는 검사의 내용, 목적, 종류에 따라서 달라질 수 있다. 검사는 문항으로 구성되므로 좋은 검사를 제작하기 위해서 문항 제작자는 다음과 같은 자격을 갖추어야 한다. 첫째, 교육목표와 교과내용, 교육과정에 대해 잘 알고 있어야 한다. 둘째, 교수 · 학습이론과 인지심리에 대한 이해가 필요하다. 셋째, 피험자 집단의 수준과 특성을 파악해야 한다. 넷째, 문항 작성법을 알고 있어야 한다. 다섯째, 검사이론을 숙지해야 한다. 여섯째, 고등 정신능력을 지녀야 한다. 일곱째, 문장력과 표현력이 필요하다. 여덟째, 타인의 조언에 귀 기울이는 성품이 필요하다. 아홉째, 성별, 인종, 계층 등에 대한 편견이 없어야 한다. 마지막으로, 풍부한 문항 제작 경험이 필요하다. 이와 같은 자격을 갖춘 문항 제작자가 측정 내용과 피험자 수준, 문항 유형에 따른 특징을 잘 파악하고 검사가 피험자에게 미칠 수 있는 영향을 고려한다면 좋은 검사를 제작할 수 있다.

문항의 유형은 크게 선택형 문항과 서답형 문항으로 분류된다(〈표 8-1〉 참조). **선택형**(selection type) 문항은 주어진 답지 중 하나 이상을 선택하는 문항 형태로서 옳고 그름을 판단하는 진위형, 다수의 답지에서 옳은 답을 고르는 선다형, 좌우의 문제군의 문제와 답지군의 답지를 잇는 연결형 등의 문항이 있다. **서답형**(supply type) 문항은 답이 문항 내에 주어지지 않고 써 넣는 문항 형태로서 논술형, 단답형, 괄호형/완성형 등의 문항이 있다.

표 8-1 문항의 유형

선택형 문항	서답형 문항
진위형	논술형
선다형	단답형
연결형	괄호형/완성형

2) 검사이론

문항에 대한 평가는 크게 질적 평가와 양적 평가로 나뉜다. 문항에 대한 질적 평가는 문항이 측정목적에 부합되게 제작되었는지를 점검하기 위한 것으로, 전문가의 주관적 판단에 의해 문항의 내용이 타당한가를 확인하는 작업이다. 또한 문항의 형식이 문항 유형의 특징과 제작 원리, 문항 편집 지침에 따라 맞게 제작되었는지를 분석한다.

문항에 대한 양적 평가는 검사이론을 통해서 피험자의 응답결과를 분석하는 것이다. 일반적으로 대규모 검사 시행 이후에 '문제는 좋았는데 시험이 어려웠다.'와 같은 식의 발표는 양적인 평가의 예가 될 수 있다. 검사에 대한 분석은 문항분석에 의존할 수밖에 없다. 그러므로 구체적으로 어떤 문항이 쉬웠고 어려웠는지, 어떤 문항이 학생들을 잘 변별하였으며, 어떤 문항이 추측해서 답을 맞힐 확률이 높았는지를 분석하여야 한다. 이러한 작업은 문항난이도, 문항변별도, 문항추측도를 추정하는 것이다. 선다형의 경우에는 답지별 응답 분포를 이용하여 오답지의 매력도도 분석한다. 문항분석을 위한 검사이론에는 고전검사 이론과 문항반응 이론이 있다.

(1) 고전검사 이론

고전검사 이론(Classical Test Theory: CTT)은 우리나라의 모든 검사에서 사용하는 이론으로 1개 맞으면 1점, 2개 맞으면 2점으로, 얻은 점수, 즉 관찰점수에 의존한다. 그리고 검사를 통해 얻은 점수인 관찰점수는 학생의 진정한 능력을 나타내는 진점수와 측정의 오차로 인한 오차점수로 합성되어 있다고 가정하고 관찰점수인 총점에 의하여 검사를 분석하는 이론이다. 고전검사 이론에 의해 문항난이도, 문항변별도, 문항추측도와 답지매력도 등을 추정할 수 있다. 교육현장에서 주로 사용되고 있는 문항난이도와 문항변별도의 개념을 설명하면 〈표 8-2〉와 같다.

표 8-2 고전검사 이론에 의한 문항난이도와 문항변별도

문항 특성	문항난이도	문항변별도
개념	문항의 쉽고 어려운 정도를 나타내는 지수	문항이 능력에 따라 피험자를 변별하는 정도를 나타내는 지수
추정방법	총 피험자 중 답을 맞힌 피험자의 비율	문항점수와 피험자의 총점 간 상관계수에 의하여 추정

문항난이도(item difficulty)는 문항에 응답한 사람 중에서 정답을 맞힌 사람의 비율로 계산된다. 예를 들면, 어떤 문항에 100명이 응답하여 70명이 문항의 답을 맞혔다면 문항난이도는 .7이 된다. 계산 공식은 P=R(답을 맞힌 피험자 수)/ N(총 피험자 수)이다. 계산결과에서 지수가 높으면 정답률이 높은 것을 의미하므로 쉬운 문항으로 평

가 된다.

문항변별도(item discrimination)는 문항이 피험자를 능력에 따라 변별하는 정도를 나타내는 지수다. 능력이 높을수록 그 문항의 답을 맞힐 확률이 높고 능력이 낮을수록 답을 맞힐 확률이 낮다면 그 문항은 변별의 기능을 제대로 발휘하고 있다고 본다. 따라서 총점이 높은 학생들은 문항의 답을 맞히고 총점이 낮은 학생들은 문항의 답을 틀리는 경우 그 문항의 변별도는 높게 추정된다. 만일 능력이 낮은 응답자의 답이 맞고 능력이 높은 응답자의 답이 틀렸다면 그 문항의 변별도는 음수가 된다. 그리고 모든 응답자가 답을 맞혀 문항난이도가 1인 문항이나 모두 틀려서 문항난이도가 0인 문항의 변별도는 0이 된다.

고전검사 이론은 현재 우리나라에서 사용되고 있는 이론으로, 비교적 간단한 절차에 의해 문항과 검사를 분석할 수 있다는 장점이 있다. 그러나 응답한 피험자 집단의 특성에 따라 문항 특성이 다르게 분석되고, 피험자의 능력 역시 검사의 난이도에 따라 다르게 추정된다는 문제점이 있다. 예를 들어, 문항난이도가 .7인 문항을 능력이 낮은 다른 100명에게 응답하게 하였을 때 20명이 답을 맞혔다면 문항난이도는 .7이 아니라 .2가 된다. 응답 대상을 달리하는 과정에서 문항의 내용이 어려워진 것이 아님에도 불구하고 이와 같이 문항 특성에 대한 분석결과가 학생집단의 특성에 따라 달라질 수 있다는 것은 고전검사 이론의 문제점으로 지적되고 있다.

또한 동일한 학생이라도 쉬운 검사를 보면 점수가 높아지고 어려운 검사를 보면 점수가 낮아지는 문제점이 있어 피험자 능력 추정이 일정하지 않다는 문제점도 있다.

(2) 문항반응 이론

문항반응 이론(Item Response Theory: IRT)은 고전검사 이론의 문제점을 해결하기 위해 롤리(Lawley, 1943)가 제안한 검사이론이다. 모든 문항은 각자 고유한 문항특성곡선(Item Characteristic Curve: ICC)이 있다. 문항반응 이론을 통하여 피험자 집단의 능력이 높거나 낮은 것과 관계없이 거의 일정한 형태의 문항특성곡선을 추정할 수 있다.

문항특성곡선은 [그림 8-2]와 같이 피험자의 능력(θ)에 따라 문항의 답을 맞힐 확

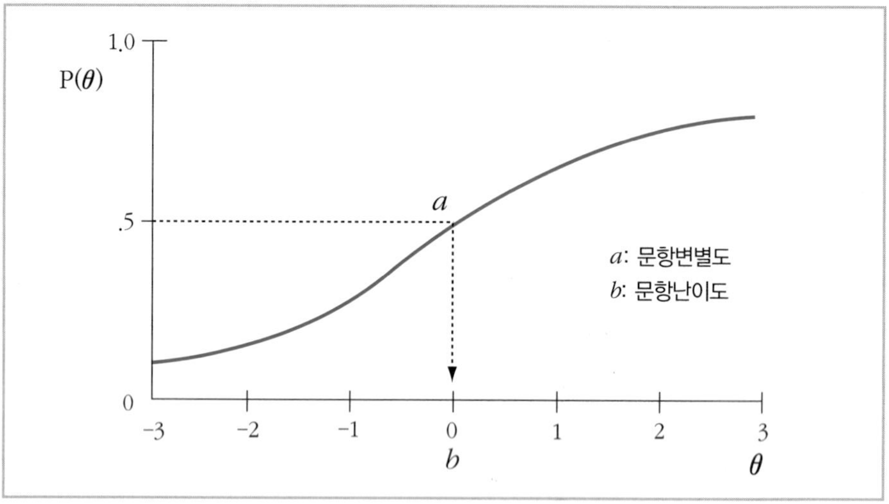

[그림 8-2] **전형적인 문항특성곡선**

률[P(θ)]을 연결한 곡선이다. 피험자의 능력이 높을수록 해당 문항을 맞힐 확률이 증가하므로 성장곡선과 같은 S자 형태를 유지한다.

문항특성곡선은 그래프의 위치와 기울기에 따라 형태가 달라진다. 문항특성곡선이 오른쪽에 위치할수록 능력 수준이 높은 피험자들에게 기능하는 어려운 문항이 되고, 왼쪽에 위치할수록 능력이 낮은 피험자에게 적합한 쉬운 문항이 될 것이다. 한편, 문항특성곡선의 기울기가 가파를수록 능력에 따라 문항의 답을 맞힐 확률의 변화가 크게 나타나 변별력이 높은 문항이 될 것이고, 기울기가 완만할수록 피험자의 능력이 달라져도 답을 맞힐 확률에 큰 차이가 없게 되어 변별력이 없는 문항이 될 것이다. 기울기가 완만하면 능력이 낮은 피험자들이 문항의 답을 맞힐 확률과 능력이 높은 피험자들이 문항의 답을 맞힐 확률이 차이가 적게 되기 때문이다. [그림 8-2]와 같이 문항특성곡선의 위치는 **문항난이도**(b)와 관련되고 기울기는 **문항변별도**(a)와 관련된다.

고전검사 이론과 달리, 문항반응 이론에서는 피험자 집단의 능력이 달라져도 결과적으로는 하나의 고유한 문항특성곡선이 추정된다. 그러므로 문항난이도나 문항변별도가 피험자 집단에 따라 다르게 추정되지 않는다는 장점이 있다. 마찬가지로, 쉬운 검사를 보면 능력이 높게 추정되거나 어려운 검사를 보면 능력이 낮게 추정되지 않는다는 장점이 있다. 나아가서는 문항의 답이 틀렸다 하더라도 매력 있는 오답지를 선택한 피험자의 능력이 매력적이지 않은 오답지를 선택한 피험자의 능력보다 높게 추정된다. 이러한 이유로 외국에서는 문제은행을 이용하는 컴퓨터화 검사나 국가 수준의 검사에 문항반응 이론을 도입하고 있으며 그 적용 범위가 점차 확대되고 있다. 따라서 문항반응 이론은 미래에 널리 사용될 검사이론이라고 할 수 있다. 문항반응 이론에 대한 기초적이며 전반적인 이해를 위해서는 성태제(2016)를 참고하기 바란다.

4. 검사도구의 질

측정 대상의 속성을 제대로 측정하기 위해서는 측정하고자 하는 목적에 맞는 도구가 필요하고, 이때 사용되는 도구는 정확한 측정결과를 제시해 줄 수 있어야 한다. 인간의 잠재적 특성을 측정하는 검사도 이와 같은 조건이 충족되어야 좋은 검사도구라고 할 수 있는데 이를 타당도와 신뢰도라고 한다. 간단히 설명하자면, 타당도는 목적에 부합하는가이고 신뢰도는 믿을 만한가다. 비유하건대, 타당한 사람은 결혼을 하기에 법적으로 문제가 없는 사람을 말하며, 신뢰성 있는 사람은 행위의 일관성이 있는 믿을 만한 사람을 말한다. 검사도구도 검사결과에 의하여 인간의 특성을 평가하기 이전에 측정한 내용에 대하여 타당도와 신뢰도를 검증하는 절차가 필요하다.

1) 타당도

타당도(validity)는 검사도구가 측정하고자 하는 내용을 측정하였는가의 문제로서 검사점수가 검사의 사용목적에 얼마나 부합하는가 하는 합목적성을 의미한다. 예를 들어, 무게를 재기 위한 목적으로 저울을 사용하였다면 그것이 타당한 도구라고 할 수 있지만, 자를 사용하였다면 타당한 도구라고 할 수 없다.

타당도의 개념은 점차 진화되고 있다. 과거에는 타당도를 검사 자체의 속성으로 보았으나, 최근에는 검사결과에 대한 해석이 얼마나 타당한가에 대한 근거를 수집하는 과정으로 본다. 따라서 타당도는 검사를 통해 얻은 점수가 재고자 하는 특성을 얼마나 잘 나타내 주는가를 기준으로 검증될 수 있으며, 검사목적에 따른 검사점수의 해석에 대하여 근거나 이론이 지지하여 주는 정도로 정의한다. 만일 학습동기검사를 치르고 난 후 점수를 받았다면 그 점수가 학습동기를 잘 설명하고 있다는 여러 측면의 근거(evidence)를 제시하는 것이 타당도를 검증하는 절차가 된다.

특히 검사도구의 기준을 수립하고자 구성된 교육 · 심리 관련 국제학회의 연합위원회에서는 타당도가 검사의 본질적인 속성을 나타내는 단일한 개념임을 강조하는 의미로 종전의 '타당도(validity)'라는 용어 대신에 '~**근거**(evidence regarding~)'라는 용어를 사용하였으며, 타당도의 근거를 다섯 종류로 분류하고 여덟 가지 구체적인 영역으로 나누어 소개하였다(AERA, APA, & NCME, 1999, 2014). 여기서는 새로이 소개된 타당도의 근거 중에서 과거부터 흔히 사용되었던 몇 가지 개념만을 설명하기로 한다.

예를 들어, 우수한 비행사를 선발하기 위해서 비행사 적성검사를 제작하여 사용하였다면 다음과 같은 방법을 이용하여 검사의 타당성을 검증할 수 있다.

첫째, 타당도 검증을 위한 가장 직관적인 방법은 내용분석을 통하여 해당 검사의 문항들이 비행사의 적성을 제대로 측정하고 있는가를 알아보는 것이다. 이를 내용타당도 또는 **검사 내용에 기초한 근거**(content-oriented evidence)라 한다. **내용타당도**는 내용 전문가에 의해 검사가 측정하고자 하는 속성을 제대로 측정하였는지, 내용 영역을 얼마나 잘 대표하는지를 주관적으로 판단하게 하여 검증한다.

둘째, 검사의 타당도는 다른 준거와의 관계에 비추어 검증될 수도 있다. 만일 제작된 비행사 적성검사의 점수가 높은 사람이 우수한 비행사가 된다면 그 검사가 비행사의 적성을 측정하기에 타당하다는 것이다. 예컨대, 비행사의 수행을 나타낼 수 있는 지표 중 하나인 무사고 안전운항 거리와 적성검사의 상관이 높다면 그 검사는 **예측타당도**, 즉 **예측근거**가 높다고 할 수 있다. 검사도구의 타당성에 대한 예측근거는 검사점수가 미래의 행위를 잘 예측하는가에 관심을 두는 것으로서 검사점수와 미래의 행위 간의 관계를 통해 추정된다.

셋째, 새로 제작한 비행사 적성검사에서 높은 점수를 얻은 사람이 기존에 타당하다고 인정받고 있는 비행사 적성 관련 표준화 검사에서도 높은 점수를 얻었다면 공인된 검사점수와 높은 상관이 있으므로 **공인타당도** 혹은 **공인근거**가 높다고 해석할 수 있다. 공인타당도는 이미 타당성을 입증받은 공인된 검사와의 관계에 의해 검증되는 타당도의 근거다.

이와 같이 검사가 측정하고자 하는 목적에 적합하다는 근거는 검사에서 측정하는 내용에 기초하거나, 예측에 근거하거나, 공인된 검사와의 연관성에 기초하여 찾을 수 있다.

이 외에도 새롭게 제안된 타당도의 근거로 반응과정에 기초한 근거, 수렴 및 판별 근거, 타당도의 일반화, 검사결과에 기초한 근거 등이 있으며, 성태제(2002)는 각각의 개념을 설명하고 있다.

2) 신뢰도

신뢰도(reliability)는 측정하려는 것을 얼마나 안정적으로 일관성 있게 측정하는가, 얼마나 정확하게 오차 없이 측정하는가와 관련된 것이다. 무게를 재기 위해서는 저울을 사용하는 것이 타당하지만 모든 저울이 무게를 정확하게 측정할 수 있는 것은 아니다. 같은 물체에 대해 무게를 잴 때마다 다르게 측정되는 저울이라면 측정의 일관성이 없으므로 오차가 크고 정확성이 떨어지는 도구라고 할 수 있다. 마찬가지로, 타당성이 입증된 검사라고 하여 그 결과가 모두 정확하다고 볼 수는 없다. 인간의 잠재적인 특성은 환경이 특별히 변하지 않는 한 급격하게 변화하지 않는다고 볼 때, 같은 사람을 같은 도구로 측정할 때마다 다른 점수를 얻는다면 그 검사결과는 믿을 수 없다. 반면, 피험자들에게 동일한 검사를 반복 실시하였을 때 동일한 결과가 나온다면 그 검사는 일관성, 안정성이 있다고 볼 수 있다. 신뢰도를 추정하는 방법은 크게 다음의 세 가지로 나누어 볼 수 있다.

첫째, 동일한 피험자 집단에게 동일한 검사를 일정 간격을 두고 반복 실시한 결과를 통하여 검사의 일관성을 알아볼 수 있다. 이때 두 점수 간 일관성의 정도는 상관계수에 의해 추정될 수 있으며, 이를 **검사-재검사신뢰도(test-retest reliability)**라고 한다. 재검사신뢰도를 추정하기 위해서는 두 번 검사를 실시해야 하는 번거로움이 있을 뿐 아니라 검사의 시행 간격에 따라 신뢰도가 달리 추정된다는 문제점도 있다. 또한 같은 사람이 같은 검사를 두 번 보기 때문에 연습이나 기억 효과가 작용하여 신뢰도 지수가 과대 추정된다.

둘째, 시험 간격과 연습효과와 같은 재검사신뢰도의 문제로 인하여 같은 검사를 두 번 실시하지 않고, 검사의 모든 특성이 거의 같은 두 개의 검사를 제작하여 두 검사 간의 유사성을 통해 신뢰도를 추정하려는 동형검사신뢰도(parallel-form reliability)가 제안되었다. 한 집단이 두 개의 동형검사를 치르고 점수 간 상관계수를 통해 검사의 신뢰도를 추정하는 방법이다. 이와 같은 방법을 사용하면 검사-재검사신뢰도의 문제점을 일부 해결할 수는 있지만, 여전히 검사를 두 번 실시해야 하며 동형검사를 제작하기 어렵다는 문제점이 있다. 또한 두 검사 간 동형성 정도에 따라서 신뢰도가 다르게 추정되므로 최근에는 거의 사용하지 않는다.

셋째, 검사를 두 번 실시하지 않고 신뢰도를 추정하기 위하여 검사를 두 부분으로 나누거나 각 문항 단위로 나누어 각 부분이 측정한 결과가 얼마나 유사한가를 추정하는 **내적 일관성 신뢰도**(internal consistency reliability)가 제안되었다. 내적 일관성 신뢰도는 두 부분검사 간의 유사성에 의해 추정되는 **반분검사신뢰도**(split-half reliability)와 각각의 문항을 하나의 검사로 간주하여 문항 간 측정의 일치성을 추정하는 **문항내적 일관성 신뢰도**(inter-item consistency reliability)로 분류할 수 있다.

반분검사신뢰도는 검사를 두 번 시행할 필요는 없지만 검사를 양분하는 방법에 따라 신뢰도가 다르게 추정된다는 단점이 있다. 그러나 문항을 단위로 하면 검사를 나누는 방법에 따른 영향을 받지 않고 항상 일정한 신뢰도 지수를 얻을 수 있다. 이와 같은 이유로 최근에는 검사의 신뢰도를 추정하는 방법으로 문항내적 일관성 신뢰도를 사용하고 있다. 문항내적 일관성 신뢰도를 추정하는 방법에는 **쿠더-리처드슨**(Kuder-Richardson)의 **20번과 21번** 공식, **크론바흐**(Cronbach)의 α계수, **호이트**(Hoyt)의 신뢰도 추정법 등이 있으나, 문항 유형과 관계없이 간단하게 신뢰도를 추정할 수 있는 크론바흐 α계수가 주로 사용된다.

5. 교육평가의 동향과 전망

최근 들어 학교현장에서 형성평가와 수행평가가 강조되고 있으며, 컴퓨터의 발전으로 컴퓨터화 검사가 교육계뿐 아니라 산업계, 의료계 등에서 전반적으로 널리 실시되고 있다. 컴퓨터화 검사는 지필검사가 지니고 있는 문항 제시의 한계성을 극복하여 다양한 형태의 문항을 제시하며, 최근에는 인터넷이나 혹은 모바일 검사로 발전하고 실기중심의 수행평가도 가능하게 하고 있다. 다음에서는 이와 같은 동향을 살펴보고 향후 발전 방향에 대하여 논의한다.

1) 수행평가

이 장의 서두에서 교육은 인지능력, 정의적 행동 특성, 심동적 영역의 변화를 추구하는 활동이라고 하였다. 이 중에서 심동적 영역의 교육은 예술·체육 분야에서 이루어지고 있으며, 가르치고 배운 내용을 얼마나 잘 수행하는가에 초점을 두고 평가된다. 예를 들어, 전통무용을 가르쳤다면 학생들이 기술과 예술의 조화를 이루면서 얼마나 전통무용을 잘할 수 있는지가 평가의 주안점이 된다. 이와 같이 실기중심의 평가에 기원을 두고 있는 **수행평가**(performance assessment)는 학습자가 해당 영역의 학습에 의해 습득한 기술이나 기능을 발휘하고 실연하는 과정을 통해 밖으로 드러난 학습자의 기술과 기능을 직접적으로 평가하는 방법이다.

산업사회에 들어서면서 제한된 자원에 대한 경쟁이 치열해지자 인지능력에 대한 평가방법은 시행의 효율성과 채점의 객관성을 높이기 위하여 선다형 문항 중심의 지필검사 위주로 변화되었다. 그러나 이러한 획일적인 평가방법이 배운 내용을 실생활이나 다른 환경에 적용하거나 실제의 문제를 해결하는 능력과 같은 고등 정신능력의 신장을 저해한다는 비판이 제기되었다. 또한 1980년대 말 미국에서는 아는 것과 수행능력은 일치하지 않을 수 있다는 점을 자각하고, 아는 것만 평가하는 것보다 행하는 능력까지 평가할 수 있는 방법으로 전환해야 한다는 주장이 대두되었다.

예를 들어, 교사의 문항 제작 능력을 평가하기 위하여 '다음 중 선다형 문항의 제작 원칙에 해당하는 것은?'과 같은 선다형 문항을 이용할 수도 있고, '담당교과 내용에 대한 5지선다형 문항을 제작하시오.'라는 과제를 부여할 수도 있다. 이 중 어떤 평가방법이 교사의 문항 제작 능력을 향상시킬 수 있는가? 즉, 앎(knowing)을 포함한 행함(doing)까지 측정할 수 있는 평가방법으로 전환되어야 학생들의 고등 정신능력 향상에 기여할 수 있다는 주장이다.

실기중심의 평가는 학습자가 무엇을 아는지는 물론 무엇을 할 수 있는지에 대한 직접적인 정보를 얻을 수 있는 평가방법이다. 이런 장점 때문에 최근에 와서는 인지적 영역 중심의 교과에서도 수행평가라는 이름으로 실기평가를 활용하게 되었다(남명호, 김성숙, 지은림, 2000; 성태제, 2005).

'수행'과 '평가'라는 두 가지 용어의 결합인 수행평가는 학습자가 새로운 문제해결이나 구체적인 과제 완성에 있어서 자신의 능력을 드러내는 방식이며, 학습자의 수행과정과 그 결과가 일정한 자격을 갖춘 평가자에 의해 직접 관찰되고 평정되는 평가방법이다. 김경희와 성태제(2002)는 수행평가를 학습자가 지식과 기능을 특정한 상황에서 얼마나 잘 수행하는지(doing, performing) 또는 어떻게 수행할 것인지(how to do, how to perform)를 관찰, 면접, 서술 등의 다양한 방법을 통하여 판단하는 평가방법으로서 수행 과정과 결과를 종합적으로 평가하는 것이라고 정의하였다.

수행평가는 결과에만 초점을 두는 것이 아니라 수행의 과정과 결과를 다양한 방법에 의해 종합적으로 평가하는 방법이기에 다음과 같은 특징을 갖는다(Herman, Aschbacher, & Winters, 1992; Linn & Baker, 1996). 첫째, 선택된 답지에 반응하는 것이 아니라 개방형의 과제에 대해 학생들이 반응을 구성하거나 활동을 수행한다. 둘째, 학생에게 문제를 제기하고 해결하며 분석하고 연구하는 등의 다양한 활동을 허용하며, 학생의 활동은 복합적인 기술을 포함한다. 셋째, 학생이 풍부한 반응을 구성하고 산출할 수 있도록 충분한 시간을 필요로 한다. 넷째, 학생 개인뿐 아니라 집단의 활동에 의해 수행하도록 설계되기도 한다. 다섯째, 학생 수행에 대한 평가자의 판단에 의해 점수화되기 때문에 점수 부여기준과 채점자 훈련이 중요하다. 수행평가는 학생들의 고등정신을 함양할 수 있는 장점이 있으나 평가도구 개발, 채점, 소요시간, 비용 등 시행상의 어려움이 적지 않다.

2) 컴퓨터화 검사

인간의 특성을 측정하기 위한 수단으로 오랫동안 지필검사가 사용되어 왔다. 지필검사는 인쇄물의 형태로 제시되기 때문에 문항 형식이 제한적일 뿐 아니라 검사 실시를 위해 시공간적인 제약을 받을 수밖에 없다. 1980년 이후 컴퓨터 관련 기술이 급속하게 발전하면서 컴퓨터로 검사를 실시하는 방법이 개발되었다. 특히 컴퓨터는 워드프로세서, 그래픽과 동영상, 빠른 자료 처리와 저장, 온라인 전송 등의 다양한 기능을 가지고 있기에 문항의 작성, 보관, 검사 구성, 실시, 채점과 결과 분석, 점수 보고, 학생 정보 관리까지 가능하게 하였다.

컴퓨터를 이용하면 동영상과 소리를 포함하는 문항을 제작할 수 있고 실제와 유사한 상황을 재현하여 수행평가를 실시할 수도 있으므로 컴퓨터화 검사가 다양한 분야에 널리 보급되고 있다. 예를 들어, 의사 자격시험에서 환자의 상태를 각종 동영상으로 제시한 후 치료계획을 작성하라고 하거나, 각종 입력장치를 이용하여 실제 치료를 수행하도록 하는 과제를 부여할 수 있다. 또한 이 모든 과정을 평가하여 합격 여부를 결정할 수 있다.

컴퓨터를 이용한 모든 검사를 **컴퓨터화 검사(computerized test)**라고 한다. 컴퓨터화 검사는 크게 지필검사와 동일한 내용의 검사를 컴퓨터를 이용하여 시행하는 컴퓨터 이용검사(Computer-Based Test: CBT)와 개인의 능력에 따라 다음 문항이 선택적으로 제시되는 개별적인 적응검사인 컴퓨터화 능력적응검사(Computerized Adaptive Test: CAT)로 나누어진다.

(1) 컴퓨터 이용검사

컴퓨터 이용검사(CBT)는 지필검사와 같은 내용을 종이 대신에 컴퓨터를 이용하여 실시하는 검사다. 컴퓨터 이용검사는 다음과 같은 장점이 있다(성태제, 2005; Wise & Plake, 1989). 첫째, 검사결과를 바로 알 수 있으므로 피드백을 줄 수 있어 학습 향상에 도움이 된다. 둘째, 채점과 결과 통보에 걸리는 인력과 시간, 경비를 절약할 수 있다. 셋째, 소리, 동영상 등을 이용한 다양한 형태의 문항을 제작할 수 있으므로 검사 내용이 정확하게 전달되어 검사에 대한 흥미를 갖게 할 수 있다. 넷째, 수행평가와 같이 실제 시행이 어려운 검사도 모의실험(simulation)을 이용하여 편리하게 시행할 수 있다. 다섯째, 시간과 장소에 구애받지 않고 검사를 실시할 수 있다. 여섯째, 문항과 피험자에 대한 정보를 지속적으로 관리하기가 쉽다. 여덟째, 검사지의 인쇄, 운반, 보안에 필요한 노력과 경비를 절감할 수 있다.

(2) 컴퓨터화 능력적응검사

학생들이 시험을 치를 때 너무 어려운 문제가 나오면 긴장과 불안의 증가로 실수를 하여 틀리고, 너무 쉬운 문제를 접하면 부주의하여 틀리는 경우가 종종 있다. 피험자의 능력 수준에 적합한 난이도를 가진 검사를 치를 때는 문제를 풀고자 하는 동기와 흥미가 유발되고 실수를 범하지 않아 측정의 정확성이 증가될 수 있다. 모든 사람이 같은 치수의 양복을 입는다면 크기가 맞지 않는 사람은 불편하여 잘 입을 수 없듯이, 모든 학생에게 같은 난이도의 검사를 치르게 한다면 능력에 맞지 않는 검사를 치르는 학생의 능력은 정확하게 측정될 수 없을 것이다. 로드(Lord, 1970)는 개인의 능력에 맞추어 제시되는 검사가 측정의 오차를 줄일 뿐 아니라 교육적으로도 바람직할 것이라는 아이디어에 기초하여 **맞춤검사**(tailored test)를 제안하였다.

맞춤검사의 기본 원리는 피험자의 능력 수준에 부합하는 문항을 제시하여 맞히면 더 어려운 문항이 제시되고, 틀리면 더 쉬운 문항이 제시되는 단계가 반복되다가 필요한 시기에 검사가 종료되도록 하는 것이다. 그러나 지필검사로는 개인마다 일일이 능력에 부합하는 문항을 각각 다르게 제시한다는 것이 거의 불가능하여 발전하지 못하다가 컴퓨터의 보급과 더불어 컴퓨터화 능력적응검사로 발전하게 되었다.

컴퓨터화 능력적응검사(CAT)는 피험자의 정답 여부에 따라 능력 수준에 맞는 난이도를 가진 문항을 제시하는 과정을 반복함으로써 수행되는 검사로, [그림 8-3]과 같은 진행절차에 따라 시행된다.

일반적으로 평균 정도의 능력 수준에 맞는 문항이 제시되고 문항에 대한 피험자의 정답 여부에 따라 어려운 문항이나 쉬운 문항이 제시되므로 모든 피험자가 다른 문항을 접하게 되며, 이러한 절차가 종료를 위한 기준을 만족할 때까지 반복되면서 피험자의 최종 능력 수준이 산출되는 절차를 거친다. 컴퓨터화 능력적응검사를 사용하면 각자의 수준에 맞는 문항을 풀게 되어 측정의 오차가 적다. 따라서 적은 수

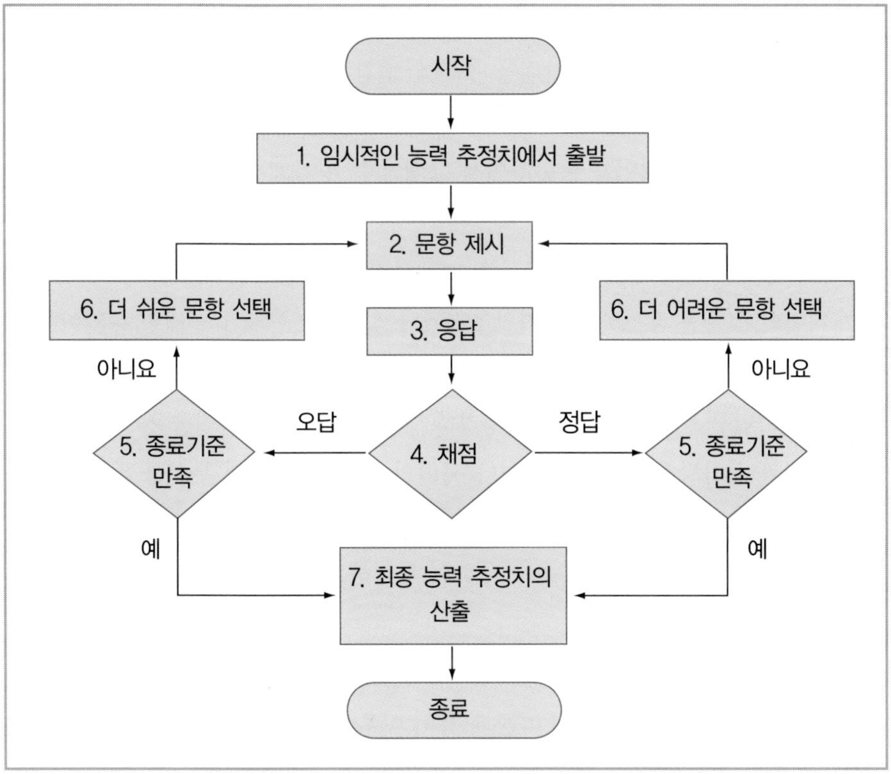

[그림 8-3] **컴퓨터화 능력적응검사의 알고리즘**

의 문항으로 보다 정확한 검사결과를 얻을 수 있는 효율성을 대표적인 장점으로 들 수 있다. 컴퓨터화 능력적응검사의 대표적인 예는 TOEFL의 듣기 시험으로 답을 맞추면 더 어려운 문제가 제시되고 틀리면 쉬운 문제가 제시된다.

3) 교육평가의 과제와 전망

지금까지 학교현장에 적용되고 있는 평가와 관련된 교육평가 이론을 설명하고, 최근 이론으로서 성장참조평가, 문항반응 이론, 수행평가, 컴퓨터화 검사 등을 소개하였다. 우리나라 교육평가의 수준은 실제적인 관점이나 이론적인 관점에서 초보적 단계에 있다고 하여도 과언이 아니다.

해방 이후 16차례 정도 변화된 대학입학전형제도에서 학생의 학업성취도에 대한 평가는 아직도 상대비교에 주안점을 두는 규준참조평가에 의존하고 있으며, 학교 내신뿐 아니라 대학수학능력시험마저도 9등급제를 실시하고 있다. 학생을 평가하는 기본 철학이 학생 개인을 존중하면서 그에 맞는 평가체제를 확립하는 데 있음에도 불구하고, 현실은 여전히 다른 학생과의 상대비교평가에 머무르고 있다. 더 창의적이고 능동적인 구성원을 요구하는 미래사회에 대비하기 위해서는 학교현장에서 개개인의 성장을 강조하는 능력참조평가와 성장참조평가가 널리 이용되어야 하며, 이를 실현하기 위하여 많은 연구와 적용방법이 강구되어야 할 것이다.

또한 검사만을 이용하여 인간을 평가하기보다는 다양한 방법을 통해서 평가할 때 평가결과가 타당하므로 신입생이나 사원의 선발, 자격증의 부여를 위해 총평을 시행하는 것이 바람직하다. 검사로 인간의 인지적 능력을 평가함에 있어서도 보다 과학적이며 체계적인 검사이론을 이용하여 분석하고 결과를 반영하려는 노력이 필요하다.

현재 학교현장에서 적용되고 있지만 그 개념조차 올바로 이해되지 못하고 있는 수행평가에 대한 개념화와 그에 따른 교육이 이루어져야 한다. 또한 수행평가를 실시할 수 있는 학교교육 환경도 중요하므로 교수 · 학습환경의 개선을 위해 노력해야 한다. 올바른 수행평가를 실시하기 위해서는 교사연수는 물론 지역이나 국가 단위에서 수행평가 도구를 개발하고 지원하는 일들이 학문적 차원뿐 아니라 실질적 차원에서 이루어져야 한다.

우리나라는 컴퓨터의 발전과 보급으로 IT 강국을 자처하고 있으나 컴퓨터화 검사를 실시하기에는 아직 부족한 점이 없지 않다. 컴퓨터화 검사를 위한 하드웨어는 만족스러운 수준이라 하더라도 컴퓨터화 검사, 나아가 컴퓨터화 능력적응검사를 실시하기 위한 노력은 거의 없는 실정이라고 할 수 있다. 컴퓨터화 능력적응검사 분야는 교육평가학적 관점에서도 바람직하고 발전되어야 할 분야이기도 하지만 국제적으로도 많은 관심을 받고 있는 분야이므로 국가적 차원에서의 연구 · 개발이 필요하다. 나아가 수행평가에 컴퓨터화 검사를 적용하여 준거참조평가나 성장참조평가를 반영한다면 교수 · 학습에 많은 변화를 유도할 수 있다고 본다. 이렇게 되면 교육계뿐 아니라 산업계, 의료계 등 다양한 분야가 선진적으로 발전할 것이다. 교육평가 분야의 과제와 미래의 발전 방향에 대한 보다 구체적인 설명은 성태제(2010, 2014)와 성태제 등(2013)을 참고하기 바란다.

현재 우리나라에서는 수많은 기관이 평가를 실시하고 있으며 평가를 받고 있다. 정부의 각 행정부청, 지방단체, 정부출연 연구기관, 그리고 시 · 도 교육청, 각급학교, 대학은 대학종합평가뿐 아니라 학문 분야별 평가를 받고 있다. 그뿐 아니라 언론사까지 대학평가를 실시하고 있다. 왜 이런 평가를 하는지, 평가의 철학이 무엇인지, 평가내용이 타당한지, 평가 방법과 절차가 체계적이고 과학적이며 종합적인지, 평가자 내 신뢰도와 평가자 간 신뢰도가 확보되었는지, 평가결과 보고서가 제대로 작성되었으며 평가보고서가 피평가 기관을 개선 · 발전시키는 데 도움이 되었는지, 그리고 평가가 해당 기관뿐 아니라 구성원 개개인, 나아가 사회와 국가에 어떤 영향을 주었는지에 대한 연구가 이루어져야 할 것이다. 평가를 위한 평가는 그 평가 때문에 기관의 고유 업무를 수행하는 데 방해가 되고 기관 발전을 저해하는 원인이 될 수도 있기 때문이다.

교육평가는 교육에 막강한 영향을 미친다. 평가의 내용과 방법에 따라 교육내용이 달라질 수 있기 때문에 심도 깊은 연구를 통해 신중하게 적용할 때 부정적 영향을 최소화할 수 있다.

지금까지 제시한 것 외에도 연구해야 할 과제는 무한하다. 인간의 특성을 측정할 표준화 검사 개발이라든지, 인적 자원 개발을 위한 기초 자료를 제공하고자 하는 평가방법 등 교육평가가 적용되지 않은 분야가 없을 정도로 광범위하다. 연구과제 선정에서도 특성화 대학 지원 심사 등과 같이 평가를 거치지 않고 이루어지는 일이 거의 없다. 교육평가의 정의와 특징을 설명할 때 교육평가의 대상은 무한하고 지속적으로 이루어진다고 설명한 바 있다. 인류가 존재하는 한 교육행위는 이루어질 것이고 교육이 이루어지는 한 교육평가는 중단될 수 없기 때문에, 시간이 지날수록 새로운 이론이 제안되고 적용되며 다시 새로운 이론이 제시될 것이다.

학 / 습 / 과 / 제

1. 교수 · 학습의 진행에 따라 수행되는 평가의 특징을 비교하여 설명하고, 학교에서 경험한 진단평가, 형성평가, 총합평가의 예를 드시오.

2. 규준참조평가, 준거참조평가, 능력참조평가, 성장참조평가를 예를 들어 설명하고 그 특징을 비교하시오. 또한 가장 바람직하다고 생각하는 평가방법과 그 이유를 평가 상황에 비추어 논하시오.

3. 검사, 측정, 총평, 평가의 정의를 내리고 그 관계를 설명하시오.

4. 문항 제작자의 자격과 문항 유형을 설명하시오.

5. 고전검사 이론과 문항반응 이론에 의한 문항난이도와 문항변별도를 설명하고 그 장단점을 논하시오.

6. 타당도와 신뢰도의 정의와 이를 검증해야 하는 이유를 설명하시오.

7. 수행평가의 정의를 설명하고 수행평가가 강조되는 이유를 논하시오.

8. 컴퓨터화 검사의 장단점을 설명하시오.

참고문헌

김경희, 성태제(2002). 수행평가의 이해와 실제. 서울: 이화여자대학교 출판부.

김성숙, 김희경, 서민희, 성태제(2015). 교수 · 학습과 하나되는 형성평가. 서울: 학지사.

남명호, 김성숙, 지은림(2000). 수행평가 이해와 적용. 서울: 문음사.

성태제(2002). 타당도와 신뢰도(개정판). 서울: 학지사.

성태제(2004). 문항제작 및 분석의 이론과 실제(개정판). 서울: 학지사.

성태제(2006). 문항반응이론의 이해와 적용(2판). 서울: 교육과학사.

성태제(2014a). 교육평가의 기초(2판). 서울: 학지사.

성태제(2014b). 현대교육평가(4판). 서울: 학지사.

성태제 외(2013). 2020 한국 · 중등교육의 향방과 과제: 교육과정, 교수 · 학습, 교육평가. 서울: 학지사.

황정규(1998). 학교학습과 교육평가. 서울: 교육과학사.

AERA, APA, & NCME. (1985, 1999, 2014). *Standard for educational and psychological testing.* Washington, DC: American Psychological Association.

Angoff, W. H. (1971). Scales, norms and equivalent scores. In R. L. Thorndike (Ed.), *Educational measurement* (2nd ed., pp. 508-600). Washington, DC: American Council on Education.

Black, P. J., & William, D. (1998). Inside the black box: Raising standards through classroom assessment. *Phi Delta Kappa, 80*(2), 139-148.

Cronbach, L. J. (1969). Validation of educational measures. In Educational Testing Service (Ed.), *Proceedings of the 1969 invitational conference on testing problems: Toward a theory of achievement measurement* (pp. 35-52). Princeton, NJ: Educatioanl Testing Service.

Findley, W. G. (1963). Purpose of school testing programs and their efficient development. In W. G. Findley (Ed.), *Sixty second yearbook of the national society for the study of education, Part II.* Chicago, IL: University of Chicago Press.

Furtak, E. M. (2009). *Formative assesment for secondary science teachers.* Thousand Oaks, CA: Corwin Press.

Herman, J. L., Aschbacher, P. R., & Winters, L. (1992). *A practical guide to alternative assessment*. Alexandria: Association for Supervision and Curriculum Development.

Jaeger, R. M. (1978). A proposal for setting a standard on the North Carolina High School Competency Test. Paper presented at the spring meeting of the North Carolina Association for Research in Education, Chapel Hill.

Lawley, D. N. (1943). On problems connected with item selection and test construction. *Proceedings of the Royal Society of Edinburgh*, *18*, 1-11.

Linn, R. L., & Baker, E. L. (1996). Can performance-based student assessment be psychometrically sound? In J. B. Babon & D. P. Wolf (Eds.), *Performance-based student assessment: Challenges and possibilities*. Chicago, IL: University of Chicago Press.

Lord, F. M. (1970). Some test theory for tailored testing. In W. H. Holtzman (Ed.), *Computer-assisted instruction, testing, and guidance*. New York: Harper & Row.

Nevo, D. (1983). The conceptualization of educational evaluation: An analytical review of the literature. *Review of Educational Research*, *53*(1), 117-128.

Oosterhof, A. (2001). *Classroom applications of educational measurement* (3rd ed.). Englewood Cliffs, NJ: Prentice-Hall.

Scriven, M. (1967). The methodology of evaluation. In R. Tyler, R. Gagné & M. Scriven (Eds.), *Perspectives on curricular evaluation*. (pp. 39-83). Skokie, IL: Rand McNally.

Stufflebeam, D. L. (1971). *Educational evaluation and decision making*. Ithaca, IL: Peacock.

Thorndike, E. L. (1918). The nature, purposes and general methods of measurements of educational products. In G. M. Whipple (Ed.), *The measurement of educational Products, seventeenth yearbook of the national society for the study of education, Part II* (pp. 16-24). Bloomington, IL: Public School.

Tyler, R. W. (1942). General statement on evaluation. *Journal of Educational Researcher*, *35*, 492-501.

Wise, S. L., & Plake, B. S. (1989). Research on the effects of administering tests via computers. *Educational Measurement: Issue and Practice*, *3*(3), 5-10.

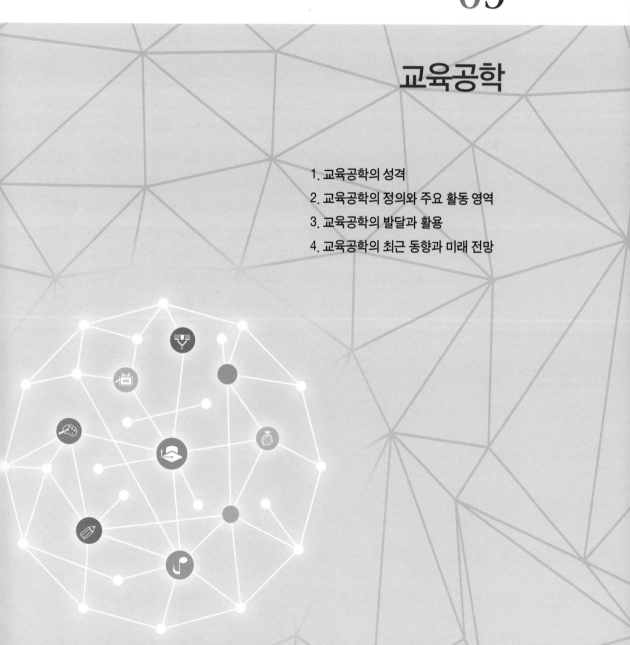

Chapter 09

교육공학

1. 교육공학의 성격
2. 교육공학의 정의와 주요 활동 영역
3. 교육공학의 발달과 활용
4. 교육공학의 최근 동향과 미래 전망

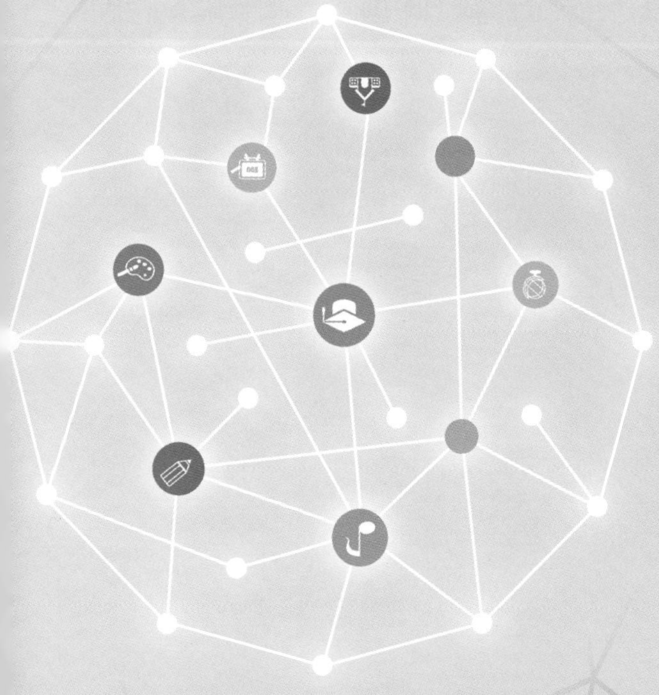

이 장에서는 교육공학의 학문적 성격, 교육공학의 정의와 주요 연구 영역, 교육공학의 활용 영역 그리고 최근 동향과 미래 전망을 살펴본다. 이를 위해 첫째, 교육공학이 교육학의 여러 하위 영역 가운데에서 어떠한 성격을 가지는지를 교육공학에서 공학(technology)의 의미를 중심으로 탐색한다. 둘째, 교육공학의 정의를 살펴보고 주요 활동 영역을 알아본다. 셋째, 교육공학이 역사적으로 어떻게 발달되어 왔는지를 살펴보고, 초·중고등학교, 대학, 기업체, 공공기관 등 다양한 부문에서의 활용 사례를 알아본다. 끝으로, 교육공학에서 최근 활발히 연구되고 있는 플립드 러닝(flipped learning), 역량중심 교육, 무크(MOOC) 등에 대해 살펴보고, 미래 교육공학의 전망을 제시한다.

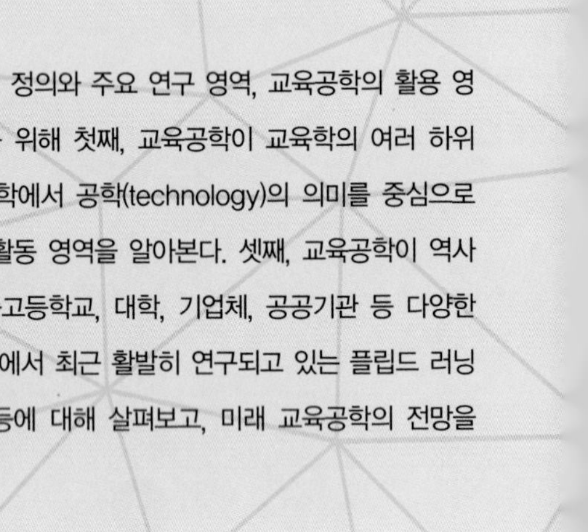

1. 교육공학의 성격

교육이 바람직한 인간 행동의 계획적인 변화를 주요 기능으로 하고 있다는 점에서 교육공학은 교육의 핵심적인 역할을 한다. 이는 교육공학에서 공학의 어원적 의미를 살펴봄으로써 분명히 할 수 있다. 교육공학이란 무엇인가에 답하기 위해서 교육공학의 성격을 테크놀로지의 의미를 중심으로 살펴본다.

1) 교육학과 교육공학

교육공학이란 무엇이며, 교육학의 여러 영역에서 어떠한 성격을 가지는가? 이러한 문제에 답하기 위해서는 먼저 교육공학이 교육과 어떻게 관계되는지를 살펴볼 필요가 있다. 이를 위해 먼저 교육이란 무엇이며, 또한 교육학이란 무엇인지를 생각해 보자. **교육**에 대한 정의는 이론적 관점에 따라 다양할 수 있으나 가장 널리 활용되는 정의중의 하나로 '인간 행동의 계획적인 변화'를 들 수 있다(정범모, 1976). 이 정의는 교육이 하는 주요한 일은 인간을 변화시키는 일에 관계한다는 것을 시사한다. 이때 교육이 대상으로 하는 것은 구체적으로 인간의 행동이어야 하며, 특히 관찰 가능한 행동이라는 점에 유의할 필요가 있다. 인간 행동의 변화는 발달이나 성숙 등과 같이 여러 가지 경로를 통해 일어날 수 있으므로 그것이 교육의 결과로 나타난 것임을 확인하기 위해서는 내면적인 변화로 그치는 것이 아니라 관찰 가능한 행동이어야 한다. 교육을 이와 같이 파악할 때 **교육학**은 인간 행동에서 변화가 가능하도록 하는 법칙을 발견하는 학문영역으로 정의할 수 있다. 즉, 변화시키고자 하는 인간 행동에 대해 명확한 목표를 설정한 후 인간 행동의 변화를 이끌 수 있는 이론에 기반하여, 이를 위한 구체적인 교육 프로그램을 만드는 분야다(이홍우, 1994). 교육학을 이러한 측면에서 정의할 때 교육학의 여러 하위 영역 중에서도 가장 핵심적인 역할을 하는 학문 분야가 교육공학이라고 할 수 있다. 이는 교육공학의 어원을 살펴보면 보다 명확해진다.

교육공학은 교육과 철학, 교육과 심리학, 교육과 행정학 등과 같이 교육과 다른 분야를 합친 말로 교육과 공학을 합친 말이다. 그렇다면 교육과 공학을 합친다는 것은 어떠한 의미를 가지는가? 교육공학의 성격을 이해하기 위해서는 공학이 우리가 흔히 생각하는 엔지니어링(engineering)이 아니라 테크놀로지(technology)라는 점을 이해할 필요가 있다. 엔지니어링으로서의 공학은 자동차와 같은 기계나 도로 · 항만과 같은 구조물을 창조할 목적으로 과학을 적용하는 데에 초점을 둔다. 기계공학이나 컴퓨터공학이 대표적이다. 누군가 교육공학이라는 말을 처음 들었을 때 사회과학으로서의 교육학에 왜 공학이 필요한가라고 의구심을 갖는다면 공학을 엔지니어링으로 이해하는 것으로 교육에서 기계나 구조물을 창조하는 일이 거의 없다는 점을 고려할 때 일견 당연한 의심이라고 할 수 있다. 이에 비해 테크놀로지로서의 공학은 문제를 해결하거나 목표를 달성하기 위해 지식을 적용하는 데에 초점을 둔다(Cunningham & Allen, 2010). 이를 교육공학에 적용해 본다면, 교육의 목표인 인간 행동의 계획적인 변화를 일으키기 위해서 인간 학습에 관련된 지식들을 적용하는 것으로 볼 수 있다. 앞서서 교육학을 인간 행동에 변화가 가능하도록 하는 법칙을 발견하는 학문영역으로 정의하였던 점을 상기해 본다면 교육공학은 교육학에서 의도하는 목표를 달성하는 데에 핵심적인 역할을 하는 영역이라고 할 수 있다. 요컨대, 교육학을 인간 행동의 변화를 위한 법칙을 발견하는 학문 분야로 정의하는 경우, 교육공학은 이러한 정의에 가장 근접한 학문 분야로서 학습에서 변화를 유도하기 위해 보다 효과적이고 효율적인 수업에 대한 법칙을 제공하는 학문영역이자 실천활동이라고 할 수 있다.

이와 같이 공학의 의미를 테크놀로지로 본다면 이를 다시 하드웨어로서의 테크놀로지와 소프트웨어로서의 테크놀로지 두 가지 관점으로 나누어 생각해 볼 수 있다. **하드웨어로서의 테크놀로지**는 교육의 장면에서 사용하는 테크놀로지들을 의미한다. 이는 가르치는 사람과 배우는 사람이 교육내용을 통해 상호작용하도록 지원하는 미디어들로, 수업에서 활용하는 각종 시각 자료, 청각 자료, 멀티미디어 자료, 이러닝 자료 등이 해당된다. 교육공학을 시청각 매체나 이러닝 교육자료와 같은 수업매체를 제작 · 개발 · 활용하는 분야로 생각하는 관점이 여기에 해당한다. 이에 비해 **소프트웨어로서의 테크놀로지**는 기법, 방법, 과정을 의미한다. 효과적이고 효율적인 교육이 가능하도록 수업기법이나 수업방법, 수업절차 등에 대한 계획을 세우고 수업모형 등을 개발하고 활용하는 관점이 여기에 해당한다. 이들 테크놀로지에 대한 두 가지 관점은 서로 밀접한 관련을 갖는다.

교육공학에서 테크놀로지에 대한 관점 구분을 살펴볼 때, 소프트웨어로서의 관점을 보다 넓게 해석해 보면 앞서 언급한 하드웨어적 관점에서 고려되는 테크놀로지들은 따로 구별되는 것이라기보다는 교수 · 학습을 촉진하기 위한 과정에서 마땅히 고려되어야 할 요소로 포함될 수 있다. 즉, 좋은 수업을 위한 계획을 세우다 보면 당연히 교육내용을 가장 잘 전달하기 위한 교육매체를 포함하여 계획을 세워야 하기 때문이다. 최근 교육공학의 활용이 촉진되고 그 영역이 확장됨에 따라 소프트웨어로서의 테크놀로지 개념은 학교학습을 넘어서서 다양한 영역에 적용되고 있다. 즉, 교육공학이란 학교환경에서 학생의 학업성취를 가능하도록 하는 수업 기술이나 방법에 대한 관심뿐만이 아니라 기업, 공공기관 등 다양한 교육적 환경에서 인간 학습문제의 해결을 가능하도록 체계적 지식을 적용하는 분야로 이해할 필요가 있다.

2) 교육공학에서 테크놀로지의 개념

교육의 장면에서는 다양한 테크놀로지들이 활용되고 있다. 교육에서 활용되는 테크놀로지는 미디어와 자원의 관점에서 이해될 수 있다. 흔히 교육에서 활용되는 테크놀로지들을 교육매체로 부르는데, 교육매체에서 매체는 **미디어(media)**를 의미한다. 즉, 교수자가 학습자에게 교과내용의 전달을 촉진하기 위해 활용하는 매개체로 시각 교육자료, 청각 교육자료, 시청각 교육자료 등을 일컫는다. 그런데 최근에는 교육에서 다양한 자료들이 활용되면서 테크놀로지의 개념이 단순히 교육내용을 전달하는 매체를 의미하는 것을 넘어서서 학습을 촉진하기 위한 **자원(resources)**의 의미로 확대되고 있다. 이때 자원은 학습자의 학습촉진과 수행향상을 위하여 상호작용하는 모든 도구, 자료, 장치, 환경, 사람까지 포함하는 것이다(김현진, 2016).

이와 같이 테크놀로지의 개념을 미디어로 볼 것인가 자원으로 볼 것인가는 교육공학의 주요 성격을 이해하는 데에도 영향을 준다. 미디어로 보는 관점에서 교육공학의 주요 관심사는 교사가 학습자에게 교육내용을 보다 효과적으로 전달하는 매체를 어떻게 지원할 것인가에 주어진다. 그렇지만 자원으로 그 개념을 확장시킬 경우에 교육공학의 주요 관심사는 수업에서 교사가 가르치는 과정에서의 사용되는 매체뿐만이 아니라 학습자 스스로 지식을 구성하기 위해 참고하는 자료, 환경, 도구, 수단 등까지 광범위하다. 테크놀로지를 미디어로 보는 관점에서 교육공학의 주요 역할은 교수자의 교수행위를 지원하는 교수매체들을 고안하는 데에 있었다면, 자원으로 보는 관점에서 교육공학의 주요 역할은 학습자의 능동적이고 구성적인 학습이 가능하도록 총체적인 학습환경을 구축하는 것까지로 확대된다.

2. 교육공학의 정의와 주요 활동 영역

교육공학이 어떠한 학문 분야인지를 알기 위해서는 교육공학이 어떻게 정의되고 있는지를 살펴볼 필요가 있다. 그런 다음 이들 정의에 기반하여 교육공학의 주요 활동 영역을 알아본다.

1) 교육공학의 개념적 정의

교육공학의 정의는 시대마다 학자에 따라 다양하게 제시되어 오고 있으나, 미국 교육공학회(Association for Educational Communications and Technology: AECT)에서 제시한 정의들을 시대별로 살펴보면 교육공학에 대한 정의가 어떻게 바뀌어 왔는지를 확인해 볼 수 있다. 가장 초기의 정의는 1977년에 제시된 것이다.

> 교육공학이란 인간학습에 포함된 모든 문제들을 분석하고, 그 해결책을 구안하여 실행하고, 평가하며, 관리하기 위하여 사람, 절차, 아이디어, 기자재, 조직 등을 포함하는 복합적이며 통합적인 과정이다(AECT, 1977).

이 정의는 교육공학의 목적이 학습문제의 해결에 있음을 분명히 하며, 교육공학의 주된 관심은 이를 위한 과정을 고안하고 자료들을 적절히 활용하는 것에 있음을 밝히고 있다. 학습문제의 해결과정으로는 분석, 구안, 실행, 평가, 관리를 제시하고 있으며, 학습문제의 해결을 위해 고려할 자원들로는 사람, 절차, 아이디어, 기자재, 조직 등을 통합적으로 언급하고 있다.

실즈와 리치(Seels & Richey, 1994)는 교육공학의 정의를 새로이 다음과 같이 제시하였다.

> 교수공학이란 학습을 위한 과정과 자원의 설계, 개발, 활용, 관리, 평가에 관한 이론과 실제다(Seels & Richey, 김영수 외 공역, 1996에서 재인용).

1994년의 정의는 교수공학(instructional technology)으로 명칭을 변경하고 교수공학이 학습문제의 해결을 위한 과정과 자원들에 관계하는 학문임을 밝히고 있다. 이 정의는 교육공학의 초점을 교수에 두고 있다는 점에 유념할 필요가 있다. 교수(instruction)는 학습(learning)의 상대적 개념이다. 이 정의에서는 교육공학이 특히 학습을 촉진하기 위한 교수, 즉 가르침과 관련해 이루어지는 실천이자 학문영역임을 분명히 하였다. 이 정의를 살펴보면 교수가 교육의 한 하위 영역이라는 점에서 교육공학의 학문적 영역이 좁혀진 것처럼 볼 수 있지만, 가르치는 행위가 학교교육에만 그치지 않고 군대, 병원, 공공기관, 기업체 등 학습이 일어나는 곳에서는 어디에서든 일어난다는 점을 고려할 때 오히려 교육공학의 학문적 영역을 확장시켰다는 평가를 받는다.

1994년 이후 2008년에 미국교육공학회에서는 그동안의 시대적 흐름과 학문적 변화를 수용하면서 **자누제브스키와 몰렌다**(Januszewski & Molenda)를 통해 교육공학에 대한 정의를 다음과 같이 제시하였다.

> 교육공학이란 적절한 테크놀로지 과정과 자원들을 창조, 활용, 관리함으로써 학습을 촉진하고 수행을 개선하는 것과 관련된 연구와 윤리적 실천이다(Januszewski & Molenda, 2008).

이들 정의의 구성요소는 [그림 9-1]과 같이 나타낼 수 있다.

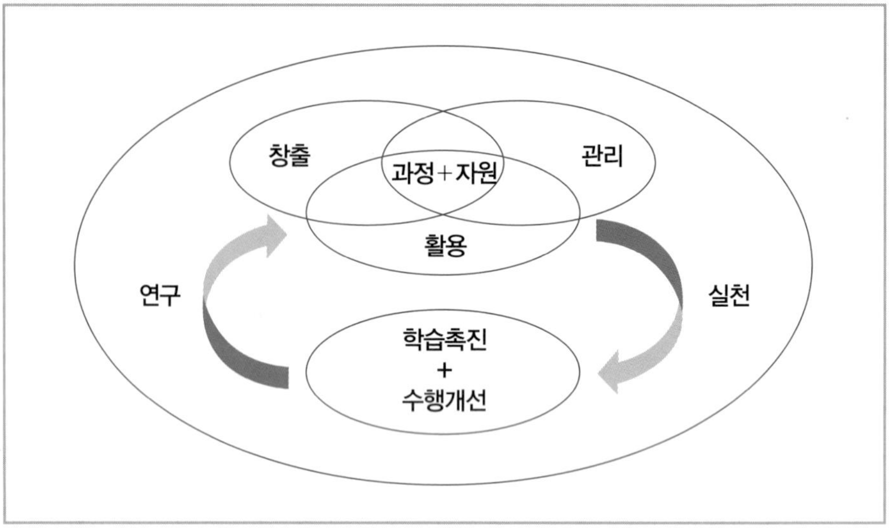

[그림 9-1] **교육공학 정의와 구성요소들**

출처: Januszewski & Molenda (2008).

2008년의 정의를 특히 1994년의 정의와 비교해 보면 교육공학의 강조점과 특징 변화를 분명히 알 수 있다(박성익, 2012).

첫째, 교육공학의 명칭을 교수공학에서 다시 교육공학으로 변경하고 있다는 점이다. 1994년 정의에서 교육공학 명칭을 교수공학으로 한 것은 교수에 관한 실천과 이론 분야임을 명확히 하고자 함이었다. 그렇지만 교육공학이 학습을 촉진한다는 목적을 달성하기 위해서는 가르치는 활동인 교수뿐만이 아니라 가르치는 대상인 학습자, 가르치는 대상이 속한 학교체제 및 교육환경 등 교육체제 전반을 고려할 필요가 있다는 점에서 교육공학으로 명칭을 변경한 것으로 판단된다.

둘째, 교육공학의 목적으로 학습을 촉진하는 것과 함께 수행을 개선하는 것을 제시하였다. 이는 그동안 교육공학에서는 학습문제의 해결에 주로 관심을 가져왔으나 학습한 결과가 실제 효과를 가지기 위해서는 개인의 행동에서의 변화, 즉 성과까지 변화해야 한다는 주장을 반영한 것이다.

셋째, 교육공학이 학습을 촉진하고 수행을 개선하기 위한 과정과 자원들과 관계되는 영역임을 이전의 정의와 일관되게 강조하고 있다. 여기에서 과정이란 테크놀로지에 대한 소프트웨어적 관점에서 언급하였던 문제해결을 위해 지식을 적용하는 과정을 의미한다. 한편, 자원은 테크놀로지의 개념에서 언급하였던 것처럼 교수매체뿐만이 아니라 학습문제의 해결을 위해 고려될 수 있는 모든 자원, 즉 자료, 환경, 도구, 수단 등을 총체적으로 의미한다. 특이한 점은 교육공학의 영역을 보다 단순하고 유연하게 창출, 활용, 관리로 제시하고 있다는 것이다. 이는 교육프로그램의 개발과정이 설계, 개발, 평가로 단계적 · 순차적으로 일어나는 것이 아니라, 실제 상황에서는 동시에 일어날 수 있으므로 보다 탄력적이고 구성적인 접근이 요구된다는 관점을 반영한 것이다.

넷째, 교육공학은 연구와 윤리적 실천을 기반으로 하는 영역임을 강조하고 있다. 교육공학은 학습촉진과 수행개선을 위한 과정들을 체계적으로 고안하고 이를 위해 적절한 자원들을 활용하는 실제적 활동임과 동시에 이에 대한 이론들을 축적하는 연구 분야이다. 교육공학에 관한 실천적 활동은 연구에 기초하고 있으며 활동의 결과 역시 연구로 피드백이 되고 있다는 점에서 연구가 강조되고 있다. 이들 교육공학에 관한 모든 실천과 연구는 궁극적으로 바람직한 행동 변화를 목표로 하여야 한다는 점에서 윤리적 활동이 추가로 강조되었다.

2) 교육공학의 주요 활동 영역

교육공학은 적절한 자원을 활용하여 학습촉진과 수행개선을 목표로 이루어지는 과정과 관련된 실천이자 연구 분야다. 이를 위해 구체적으로 어떠한 과정을 거치는지를 2008년 정의에서 제시된 창출, 활용, 관리를 중심으로 살펴본다. 이들 과정은 교육공학의 주요 활동 영역이 된다.

(1) 설계와 개발을 통한 창출

창출이란 학습촉진과 수행개선을 위해 요구되는 과정, 기법, 도구, 자원 등을 설계하고 개발하는 것을 의미한다. 이를 위한 하위 영역으로는 설계와 개발이 있다.

먼저, **설계**는 가장 단순한 의미로는 계획을 의미하며 단위수업, 프로그램, 교육과정 등에 대한 계획이 포함된다. 교육프로그램에 대한 설계를 위해서 유용한 것이

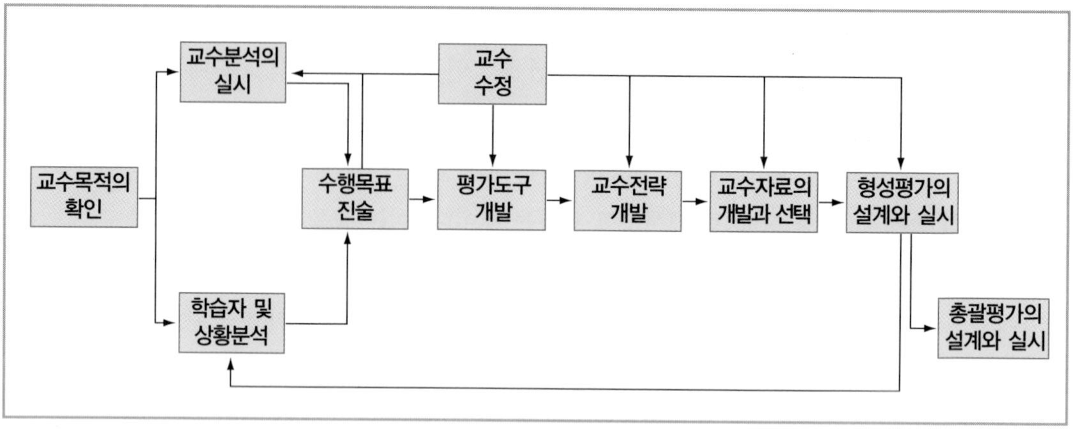

[그림 9-2] **교수체제설계모형**

출처: Dick, Carey, & Carey (2009).

교수설계모형이다. 교수설계모형은 크게 체제적인 관점에 따라 수업을 계획하는 전통적인 관점의 모형과 구성주의적 관점에 따라 학습환경을 설계하는 대안적인 관점이 있다. 먼저 전통적인 관점에서 교수설계는 체제적 관점에 접근해서 교육프로그램 개발과정에서 고려해야 할 요소들에 대해 구체적인 절차들을 제시해 주는데, 대표적인 교수설계모형으로 **교수체제설계**(Instructional System Design: ISD)**모형**을 들 수 있다(Dick, Carey, & Carey, 2009). 교수체제설계모형은 [그림 9-2]에서 제시된 것처럼 교육프로그램 개발을 위한 단계들을 절차적으로 제시함으로써 교육프로그램의 개발과정을 용이하게 도와줄 수 있다.

구체적인 단계는 요구 분석을 통한 교육프로그램 설계 목적의 확인, 과제분석을 통한 교수분석의 실시, 학습자 및 교육환경에 대한 분석, 학습목표를 수행동사로 진술하기, 학습목표에 근거한 평가도구의 개발, 학습목표의 달성을 위한 교육내용 계열화 및 교수전략의 개발, 교수자료의 개발과 선택, 형성평가의 설계와 실시를 거쳐 교육프로그램 개선을 위한 피드백 제공, 교육프로그램 개발 완료 후 총괄평가의 설계와 실시 단계를 거친다. 교수체제설계모형은 교육프로그램 개발을 위한 단계들을 체계적으로 제시하고 있다는 장점이 있으나 학습자들을 지식을 수용하는 존재로 가정하고 교육프로그램을 개발한다는 점에서 학습자의 자율성이나 주도성을 고려하지 못한다는 비판을 받는다. 따라서 이에 대한 대안으로 구성주의 교수설계모형이 제시되고 있다.

구성주의에 따르면, 유의미한 지식은 학습자들이 스스로 구성하는 지식이라야 의미가 있다. 따라서 교수설계에서는 교사가 지식을 학습자들에게 전달하는 방식이 아니라 학습자들에게 유의미한 학습이 가능하도록 학습환경을 구축하는 것이 중요하다고 본다. **구성주의**에서 학습환경을 설계할 때 고려할 요소는 [그림 9-3]과 같이 나타낼 수 있다(Jonassen, 1999). 구성주의적 관점에서 학습환경을 설계할 때의 중심은 학습자가 해결해야 할 '문제'다. 이것을 교수체제설계모형에 비유해 보면 학습목표에 해당된다. 다음으로 학습자들로 하여금 문제를 탐색하도록 하기 위해

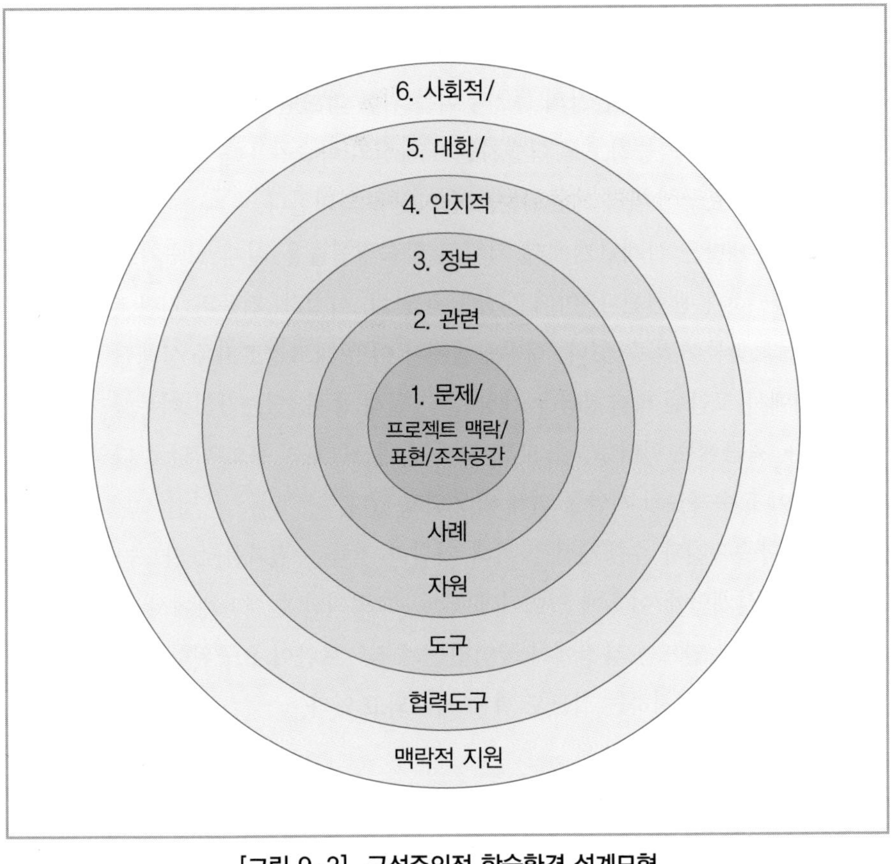

[그림 9-3] 구성주의적 학습환경 설계모형

출처: Jonassen (1999).

서는 문제의 제공과 함께 '관련 사례'나 '정보 자원'을 함께 제공하여 문제에 대해 관련된 경험을 제공하여야 한다. 또한 구성주의 환경에서 학습자들은 현실의 복잡한 문제들을 해결하다 보니 문제나 관련된 경험만 제공해서는 학습과정에서 인지적 어려움을 겪을 수 있다. 이를 돕기 위해 시각화 도구나 모델링 도구와 같은 '인지적 도구' 그리고 다른 학습자들과의 상호작용을 돕는 '대화와 협력도구'를 함께 제공하도록 계획해야 한다. 끝으로, 구성주의 학습환경 설계는 학습이 일어나는 상황적 · 맥락적 관점에 따라 다르게 해석될 수 있다는 점을 고려해야 한다. 따라서 학습이 일어나는 환경의 맥락들을 고려할 필요가 있다. 이것이 '사회적 · 맥락적 지원'이다.

교수자는 이때 학습자의 구성주의 학습을 돕기 위해서 모델링, 코칭, 스캐폴딩을 제공하는 것을 고려할 수 있다. 모델링은 전문가가 수행하는 과정에 대한 예를 제공하는 것이고, 코칭은 학습자의 동기부여를 위한 피드백을 제공하는 것이며, 스캐폴딩은 심화학습이 가능하도록 학습자들이 자신의 학습목표를 달성하는 것을 돕기 위해 학습자의 요구에 따라 제공되는 학습지원을 의미한다.

다음으로, **개발**은 설계단계에서 기획된 학습경험들을 실제 교수자료의 형태로 만들어 내는 것과 관련된다. 이때 개발물은 인쇄, 시청각, 컴퓨터 기반 테크놀로지 등을 활용해 만들어질 수 있다. 개발단계에서 어떤 테크놀로지를 선택할 것인가는 설계단계에서 고안된 학습경험을 가장 잘 지원해 줄 수 있는가의 여부를 기준으로 해야 한다. 최근에는 인터넷, 웹, SNS, 모바일 테크놀로지 등의 발달로 다양한 테크놀로지들이 교수자료의 개발을 위해 활용되고 있다.

개발은 학습촉진과 수행개선을 위해 기획한 것들을 결과물로 만드는 것이므로 일반적으로 설계단계 이후에 일어나게 된다. 그렇지만 설계단계에서 기획했던 사항들을 결과물로 만드는 과정에서 끊임없는 수정 · 보완이 요구된다는 점에서 설계와 개발을 동시에 실시하는 접근도 함께 제기되고 있다.

(2) 활용 및 관리

활용은 수업목표를 효과적이고 효율적으로 달성하기 위해 설계 · 개발된 수업전략, 테크놀로지, 매체, 자료 등을 사용하고, 보급하며, 제도화하는 영역이다. 새로운 교육자료의 설계 및 개발 시 교육내용, 학습자, 학습환경에 대한 분석이 요구되나 기존 자료를 재사용할 때에도 학습자의 특성, 학습목표 달성의 부합 정도를 고려해 적절한 자료를 선정하여 학습자가 적극적으로 참여하도록 하는 것이 중요하다.

활용과 관련하여 교육공학에서는 새로운 혁신적인 아이디어나 자료, 도구, 테크놀로지의 개발도 중요하나 어떻게 하면 이들을 성공적으로 보급·전파하는가에도 관심을 갖는다. 이를 **혁신의 전파**(diffusion)이라고 한다. 로저스(Rogers, 2003)는 새로운 아이디어들이 전파되는 과정을 지식·설득·결정·확인 단계의 과정으로 설명한다. 지식단계에서는 새로운 아이디어나 테크놀로지를 인지하고, 설득단계에서는 혁신에 대해 호의적이거나 비판적인 의견이나 정보들을 수집하고 시험 적용한 후, 결정단계에서는 시간과 비용을 들여서 사용할 가치가 충분한가에 대한 판단 후 혁신을 채택하거나 거부하는 과정을 거치고, 확인단계에서는 혁신을 채택한 경우 이를 자신의 지식·가치·신념 체계로 확고히 하는 과정을 거친다는 것이다. 교육공학에서 새로운 아이디어나 테크놀로지들을 고안하고 창조하는 것도 중요하지만, 이들이 실제 효과를 가지기 위해서는 이들 네 가지 단계의 특성을 고려하여 활용이 촉진되도록 접근하는 것이 중요하다.

관리 영역은 프로젝트 관리, 자원관리, 전달체제 관리 등을 하위 영역으로 포함한다. 프로젝트 관리는 학습촉진이나 수행개선을 목표로 이루어지는 과제들이 대부분 프로젝트 형태로 이루어지므로 이에 대한 체계적인 과정 관리와 관련 전문인력에 대한 관리를 의미한다. 자원관리는 교수·학습의 과정에서 요구되는 자원들에 대한 관리를, 전달체제 관리란 테크놀로지를 기반으로 하는 전달 매체 운영 시의 관리를 의미한다. 전달체제 관리의 예로는 웹 환경에서 이러닝 콘텐츠를 설계·개발하기 위한 학습관리 시스템(Learning Management System) 등을 들 수 있다.

(3) 평가

교수설계의 최종 결과물은 학습촉진과 수행개선을 위해 개발된 교육훈련 프로그램인 경우가 많다. 교수체제설계모형을 통해 개발된 한 차시 분량의 수업안이나 한 학기 분량의 교육프로그램, 그리고 1년 이상의 교육과정도 넓은 의미에서 교육프로그램이라고 할 수 있다. 교육프로그램이 성공적이기 위해서는 설계 시 의도한 목표들이 실제 프로그램들을 통해 성공적으로 달성되고 있는가를 지속적으로 평가할 필요가 있다. 교육프로그램 개발과정에서의 평가는 그 목적에 따라 크게 형성평가와 총괄평가가 있다. **형성평가**란 과정적 개념에서 실시하는 평가로 교육프로그램이 원하는 행동변화를 얼마나 달성하였는지를 평가하는 것이다. 평가의 결과는 다시 프로그램 개선을 위한 자료로 환류되어 활용되는데, 평가 대상의 규모에 따라 1:1 평가, 초점집단 평가, 소집단 평가 등의 방법이 활용된다. 이에 비해 **총괄평가**는 결과 혹은 산출물 관점에서 실시하는 평가로 개발된 교육프로그램을 활용한 결과, 대상집단이 의도한 목표를 달성했는지 학생들의 성취 정도를 평가하는 데에 초점을 둔다. 총괄평가의 결과는 개발된 교육프로그램의 채택 혹은 지속적 유지를 판단하기 위한 자료로 활용된다.

교육프로그램의 성공적 실시 여부는 교육받은 개인이나 조직의 성과 측면에서 어떠한 변화를 가져왔는가에 의해 결정된다고 할 수 있다. 커크패트릭(Kirkpatrick, 1998)은 **교육훈련평가모형**을 통해 교육프로그램의 성과가 반응(reaction) → 학습(learning) → 행동(behavior) → 결과(result)의 네 가지 수준에서 평가될 수 있다고 제안한다. 반응 수준은 교육프로그램 이수 후 학습자들이 얼마나 만족하는가에 대한 평가이며, 학습 수준은 교육프로그램 참여 직후 학습자들의 지식과 기술 수준이 얼마나 향상되었는가에 대한 평가이고, 행동 수준은 교육프로그램 참여 결과 자신의 직무에서 행동 변화가 일어났는지에 대한 평가로 학습된 기술이 수개월 이후에도 현장에서 잘 적용되고 있는지 전이(transfer) 여부를 평가한다. 끝으로, 결과 수준은 교육프로그램 참여가 궁극적으로 생산성 증가나 자원 절감 등과 같이 조직 경영성과 면에서 변화를 가져왔는지에 대한 평가다. 반응이나 학습 수준의 평가자료는 교육프로그램 개발과정에서 새로운 개선을 위한 정보로 활용될 수 있다는 점에서 형성평가에 활용될 수 있다. 한편, 단순한 반응 수준을 넘어선 학습, 행동, 결과 수준에서 평가자료는 교육프로그램을 활용한 결과 및 성과의 변화를 확인할 수 있다는 점에서 총괄평가의 목적에 활용될 수 있다. 일반적으로 초·중·고등학교 학교교육에서 교육평가는 주로 학생들의 만족도와 같은 반응 수준과 학업성취도를 확인하는 학습 수준에서 이루어지고 있다. 그렇지만 기업체나 공공기관에서는 교육훈련 프로그램의 성과를 확인하기 위해서 행동이나 결과 수준에서의 평가가 점차 중요시되고 있다.

3. 교육공학의 발달과 활용

교육공학의 발달은 교육에서 발달된 테크놀로지의 활용 관점에서 그 기원을 찾아볼 수 있으며, 오늘날에는 학교교육뿐만이 아니라 다양한 분야에서 활용이 증가되고 있다. 다음에서는 교육공학의 발달과정을 특히 테크놀로지의 활용 관점에서 살펴보고, 교육공학이 학교교육, 기업 그리고 공공기관 등 다양한 분야에서 어떻게 활용되고 있는지를 살펴본다.

1) 테크놀로지 활용 관점에서 교육공학의 발달과정

교육공학에 관한 연구와 실천의 기원은 보다 효율적인 교수방법을 발견하고자 하는 인간의 욕망에서 찾아볼 수 있다고 할 정도로 오래되었으나, 비로소 하나의 학문 분야로 정립되기 시작한 것은 20세기 초다(Molenda, 2008). 학문으로서의 교육공학의 출발은 20세기 들어서 시각 및 청각 자료를 통해 보다 풍부한 학습경험을 제공하고자 하는 관심에서 시작되었으며, 1930년대부터 1950년대 사이에는 라디오와 TV를 활용한 교육용 시청각 프로그램들의 개발을 통해 발달되었다. 이후 테크놀로지의 발달에 따라 다양한 테크놀로지들이 교육적으로 활용되고 있으며, 1995년에는 웹의 확산이 본격화되면서 컴퓨터, 멀티미디어, 인터넷 등의 매체들이 활용되고 있다.

우리나라에서 교육공학의 발달 역시 테크놀로지의 교육적 활용을 중심으로 이루어져 왔다. 우리나라의 경우 1950년대 이후에야 비로소 현대적 의미의 교육제도들이 발달해 왔다는 점을 고려해 본다면, 우리나라에서 교육공학의 발달은 외국에 비해 급속도로 빠른 시간 안에 전개되었다고 할 수 있다. 우리나라에서 테크놀로지의 교육적 활용을 촉진한 것은 국가 주도하에 이루어진 **교육정보화 정책**의 추진에 상당 부분 기인한다. 그러므로 우리나라에서 교육공학의 발달과정을 살펴보기 위해서는 교육정보화 정책을 통해 테크놀로지가 교육적으로 어떻게 활용되었는가를 알아볼 필요가 있다. 교육정보화정책은 1996년부터 2014년까지 4단계에 걸쳐 추진되었다. 먼저 1단계에 해당하는 1996년부터 2000년에는 교육정보 인프라의 구축이 중점이 되면서 학술정보서비스 구축, 에듀넷 서비스 개통, 학교 컴퓨터 실습실 설치 등이 주요 과제로 이루어졌으며 정보소양교육이 이루어졌다. 2단계인 2001년부터 2005년에는 ICT의 활용을 촉진하기 위한 교육과정 개발 및 교수 · 학습방법 개선 노력들이 이루어졌다. 3단계인 2006년부터 2010년까지는 교육정보화 서비스 고도화에 중점이 두어지면서 초 · 중 · 고등학교에서 이러닝 교수 · 학습 혁신체제 구축사업들이 이루어졌다. 4단계인 2010년부터 2014년에는 소프트웨어 교육이 강조되면서 이동성과 컴퓨팅 능력을 갖춘 스마트 기기들이 교육에 활용되고 유비쿼터스 교수 · 학습체제를 구축하기 위한 노력들이 이루어졌다(송해덕, 2016).

2) 학교, 대학, 기업, 공공기관에서 교육공학의 활용

교육공학은 유치원을 포함한 초 · 중 · 고등학교에서뿐만이 아니라 대학, 사회에서 활발히 활용되고 있다.

(1) 초 · 중 · 고등학교 학교교육에서의 활용

유치원을 포함한 초 · 중 · 고등학교는 교육공학이 가장 활발히 활용되는 대표적인 분야다. 학교교육에서 교육공학은 학습목표에 적합한 수업방법이나 수업모형을 고안하여 실행할 수 있는 기반을 제공하며, 교실에서의 교수매체의 활용과 사이버 가정학습의 확산을 그 예로 들 수 있다(임정훈, 2016). 먼저, 교육공학은 학생들이 보다 적극적으로 흥미를 가지며 학습과정에 참여할 수 있는 **수업방법**들을 개발 · 활용하도록 한다. 대부분의 수업에서 교사의 가장 큰 관심은 어떻게 하면 학생들이 학습목표를 보다 잘 달성할 수 있는가에 있으며, 이를 위해 다양한 수업방법을 고민하게 된다. 토의, 시범, 프로젝트 학습, 역할 놀이, 대화법, 협동학습, 문제해결 등이 그 예다. 다음으로, 교육공학은 다양한 수업모형의 설계와 개발을 통해 수업을 개선할 수 있는 기반을 제공한다. 수업에 들어가기 전에 교사는 가르칠 학생의 특성이 어떠한지, 가르칠 내용의 핵심은 무엇인지, 학생들이 흥미를 갖고 동기화될 수 있도록 가르칠 방법은 무엇인지, 학생들이 학습한 성과를 어떻게 평가할 것인지 등에 대한 고민을 가지고 수업 계획을 세우게 되는데, 이때 **수업모형**은 보다 효과적이고 효율적인 계획 수립을 위해 필요한 요소들을 미리 확인하여 수업현장에 적용할 수 있도록 도와준다. 끝으로, 교실에서 교수·학습매체의 교육적 활용방법 안내와 함께 에듀넷 등의 사이버 가정학습을 위한 이러닝 교수·학습자료들의 설계, 개발, 활용, 평가를 위한 구체적 지침을 제공한다.

(2) 대학교육에서의 교육공학 활용

대학교육에서 교육공학은 초·중등학교교육에서와 같이 교수·학습방법과 강의 모형의 개발 그리고 교수매체의 적용을 안내함으로써 대학 강의의 질을 개선하는 데 활용되고 있다. 초·중·고등학교와 달리 대학교육에서의 교육공학 활용의 특이점은 **교수학습개발센터**를 통한 대학교육의 혁신을 들 수 있다. 교수학습개발센터는 교육의 패러다임이 학생중심으로 변화함에 따라 대학교육의 질 향상을 목표로 1990년대 중반 이후 설립되어 2015년 현재 전국 174개 대학에 설치·운영되고 있다(송해덕, 2016). 교수학습개발센터는 대학의 여건에 따라 대학교육개발원, 교수학습혁신원, 스마트러닝센터 등 다양한 이름으로 불린다. 교수학습개발센터에서는 크게 교수의 강의 질 개선을 위한 교수법 안내와 강의 지원, 학생들의 학습역량을 증진시키기 위한 학습법 안내와 학습 가이드 및 학습상담 지원, 대학에서 이러닝과 교수매체의 활용 및 보급을 위한 이러닝 지원의 역할을 수행한다. 또한 한국방송통신대학교와 사이버대학교에서의 온라인 강의 동영상, 한국교육학술정보원에서 제공하는 온라인 공개교육자료(http://www.kocw.net) 등의 설계와 개발에 기여한다.

(3) 사회에서의 교육공학 실천

사회에서의 교육공학은 기업과 공공교육기관에서 활발히 활용되고 있다. 기업에서 교육공학은 기업 내 인적 자원을 위한 교육훈련이 효과적이고 효율적이며 흥미롭고 즐겁게 이루어질 수 있도록 다양한 이론과 구체적인 실천전략을 제공하고 있다(최성우 외, 2016). 구체적으로 교육훈련 프로그램의 개발 필요성을 확인하기 위한 훈련요구분석, DACUM(Developing a Curriculum) 등을 통한 교육프로그램의 개발, 강의법 · 액션러닝, 사례연구 등의 다양한 교수법과 코칭 · 멘토링 등의 직무상 교육(On the Job Training), 교육의 성과를 측정하기 위한 교육평가모형 등에 대한 연구와 실천들이 이루어지고 있다. 또한 교육공학은 기업에서 원격교육을 지원하기 위한 이러닝 콘텐츠의 설계와 개발에 기여한다.

공공교육기관에서의 활용과 관련해서는 대표적인 공무원 교육기관으로는 중앙부처 공무원을 대상으로 하는 국가공무원 인재개발원과 함께, 교육부의 중앙교육연수원, 안전행정부의 지방행정연수원 등과 같이 각 정부부서의 산하 연수원 등을 들 수 있다. 이들 기관에서 교육공학의 활용은 공무원으로서 공직 가치에 기초해 조직 및 개인의 성과를 기할 수 있는 교육훈련 제공을 목적으로 이루어지고 있다. 교육공학은 이를 위해 각 공공기관에서의 체계적 교육과정의 기획과 개발, 역량에 기반한 교육훈련체계의 구축, 공무원 참여 중심의 교육방법 제공, 교육훈련의 평가, 이러닝과 모바일러닝 등 테크놀로지를 적용한 다양한 연수들을 제공하고 있다.

4. 교육공학의 최근 동향과 미래 전망

교육공학은 학습촉진과 수행개선을 위해 지속적으로 진화하고 있으며, 이러한 진화는 테크놀로지의 발달로 더욱 촉진되고 있다. 다음에서는 교육공학에서 최근 활발히 연구되고 있는 연구주제들과 앞으로의 미래 전망에 대해 알아본다.

1) 교육공학의 최근 동향

(1) 학습자 중심 교육방법: 플립드 러닝

최근 온라인 학습동영상을 활용한 수업의 형태인 **플립드 러닝(flipped learning)** 방법이 주목을 받고 있다. 플립드 러닝이란 교실 수업 전에 온라인으로 강의 동영상이나 학습자료를 제공하여 학생들에게 자기주도적으로 학습하게 하고, 교실 수업에서는 교실 전 수업에서 해결하지 못한 과제나 문제를 동료 학습자들과의 과제학습활동, 교수자나 조교와의 심화학습활동, 연습문제 풀이 등을 통해 적극적으로 해결하도록 유도하는 교육방법이다(김연경, 2016). 플립드 러닝의 출현 배경은 전통적인 강의식 수업방식이 유의미한 수업을 지원하는 데에 한계가 있다는 비판에서 비롯된다. 그동안 수업은 주로 교수자가 수업 중에 강의 내용을 전달하는 강의식 수업방식이 주를 이루었다. 그렇지만 학생들의 경우 수업시간에 강의 내용을 전달받기보다는 토론이나 문제해결과 같이 활동중심의 수업에 참여하였을 때 학습 참여도와 학습성취도가 향상되는 것으로 보고되고 있다. 이와 같이 지식 전달형의 강의식 수업에서 오는 학생들의 학습 관심 저하를 막기 위해서는 전통적으로 교실 안에서 지식을 전달받는 수업활동들이 거꾸로 교실 밖에서 발생하도록 할 필요가 있다. 플립드(flipped)는 어원상 '거꾸로' '뒤집혀진'을 의미한다. 즉, 테크놀로지의 도움을 통해 전통적으로 교실 수업에서 이루어지는 강의 내용의 전달을 뒤집어 교실 수업 전에 온라인 동영상을 통해 미리 학습하도록 하고, 교실 수업에서는 교수자나 튜터의 도움을 통해 또래 학습자들과의 자율적인 학습활동이 이루어지도록 전환하자는 것이다. 전통적인 수업에서는 오프라인 수업이 주가 되고 과제는 방과 후 집에 가서 하는 활동이 주를 이룬다면, 플립드 러닝에서는 교실 수업에서 진행되던 오프라인 강의를 집 또는 그 밖의 장소에서 온라인 강의를 보는 것으로 대체하고 학교수업에서는 학습자 중심의 학습활동이 주를 이룬다.

플립드 러닝 수업에서는 학습자가 중심이 되면서 교수자와 학습자의 역할도 변화하게 된다. 학습자는 교실에서 교수자가 전달하는 강의 내용을 전달받는 소극적인 입장에서 온라인 선행학습을 통해 강의 내용을 미리 학습한 후 불명확하거나 보다 탐구해야 할 부분을 미리 조사하여 교실 수업에서 심화 탐구하도록 한다는 점에서 학습주도성이 보다 요구되며, 학습이 교실 공간만이 아닌 다양한 공간에서 이루어진다는 점에서 자신의 학습에 대해 보다 많은 책임감과 자기주도적 학습을 요구한다. 교사 역시 전통적인 수업방식에서는 주로 수업 내용을 효과적이고 효율적으로 전달하는 데에 초점을 두었다면 플립드 러닝 수업에서는 이러한 역할에 더해서 어떻게 하면 학습자들이 수업 내용을 내면화하여 적용하도록 할 것인가에까지 초점을 두게 된다. 즉, 교사의 역할이 전통적인 수업에서는 지식 전달자였다면 플립드 러닝에서는 학습자들의 학습수준에 따라 심화 보충학습을 유도하는 퍼실리테이터로 그 역할이 바뀌게 된다.

플립드 러닝을 위한 수업절차는 다음과 같다. 먼저, 교실 수업 전 단계에서 교수자는 수업을 위한 동영상뿐만이 아니라 교재, 과제물, 학습지 등 다양한 수업자료를 제공해야 한다. 이를 위해 선행학습을 위한 학습자료를 기획 및 개발하여야 하는데, 이때에는 학습자들이 자신의 학습능력과 선호하는 학습양식, 일정 등에 따라 수업자료를 선택할 수 있도록 융통성 있게 자료를 개발할 것이 요구된다. 학습자들은 교실 수업 전에 제공되는 이들 수업자료를 자신의 학습 일정에 따라 공부하면서 주요 개념이나 용어를 정리하게 된다. 다음으로, 교실 수업 단계에서는 선행학습에 대한 피드백, 팀별 심화활동, 형성평가, 개인별 보충활동을 중심으로 수업활동이 이루어진다. 수업 시작 시 학습자는 학습내용과 관련된 의문 사항이나 궁금한 사항을 질문하고 교수자는 학습자의 내용 이해를 돕도록 학습자의 의문 사항에 답하거나 잘못된 개념을 교정해 준다. 팀 심화활동에서는 주로 4~5명으로 한 팀을 이루어 교수자에 의해 부과된 다양한 팀 과제를 해결한다. 이때 교수자는 팀 활동을 지도하면서 내용을 이해하지 못하거나 궁금한 사항을 가진 학생들을 대상으로 개별적인 보충학습을 실시한다. 수업이 끝날 때 쯤 교수자는 학습자들이 학습내용을 잘 이해했는지를 확인하기 위하여 형성평가를 실시한다. 이와 같이 플립드 러닝은 교실 수업 전과 교실 수업을 함께 고려하여 학습자의 완전학습을 목표로 한다는 점에서 수업 내용의 전달에 주로 초점을 두는 전통적인 강의식 수업과는 확연히 차이를 갖는다. 플립드 러닝에 관한 최근 연구들은 학습자들의 학습내용에 대한 이해를 보다 완전히 하기 위하여 수업 후 활동을 추가할 것을 제안한다. 즉, 수업 후에도 교수자가 학습자들에게 보다 고차적인 적용활동을 수행할 수 있도록 다양한 학습자원과 피드백을 지속적으로 제공해야 한다.

(2) 성과중심 교육설계: 역량기반 교육과 수행공학

오늘날 교육, 특히 대학교육에 대한 가장 큰 비판 중 하나는 탈맥락적인 지식전달중심의 강의가 주를 이루다 보니 졸업생들이 사회에 진출했을 때 현장에서의 업무적용능력이 현저히 떨어진다는 것이다. 이러한 점에서 교육공학은 학습의 촉진과 함께 학습한 결과 수행개선을 통한 성과 향상까지 목표로 한다는 점에서 산업체나 사회의 요구를 적극적으로 반영하는 것으로 평가된다. 이러한 흐름은 크게 두 가지로 살펴볼 수 있다. 하나는 **역량기반 교육**으로 산업체나 사회에서 요구하는 역량을 반영하는 교육체제를 수립하도록 하는 방법론을 제공하고 있다는 점이다. 역량은 특정한 상황에서 개인이 실천적 수행능력을 보여 줄 수 있는 지식, 기능, 태도의 총합이다. 역량기반 교육은 학생들로 하여금 그들이 수행하게 될 직무에 필요한 역량을 규정하고, 이에 따라 교육목표, 교육내용, 교육방법을 설계한 후 교육의 결과를 측정하는 접근이라고 할 수 있다(송상호, 이지현, 2016). 우리나라에서는 2014년도부터 성과기반 사회를 구축하기 위한 시도로서 전 직종에서 직급별로 요구되는 역량들을 표준화하여 국가역량표준체계(National Competency Standards: NCS)를 구축하고 이에 기반하여 교육체계의 수립, 채용인사제도의 수립, 평가방법을 구축하고자 하고 있다. 교육공학은 역량표준의 분석과 역량에 근거한 교육과정 모듈의 개발, 교육체계 수립을 위한 구체적인 방법론을 제공한다.

또 다른 영역은 **수행공학**(Human Performance Technology: HPT)이다. 수행공학은 개인과 조직의 수행문제를 체계적이고 체제적으로 개선하는 과정으로 정의된다(송해덕 외, 2014). 교육공학의 주요 관심이 교육훈련을 통한 교수적 해결책의 설계와 개발에 있다면, 수행공학에서는 수행문제의 해결을 위해 교육훈련을 포함해 모든 가능한 해결책들을 고려한다. 일견 다른 학문영역으로 보이는 수행공학과 교육공학을 연계해 주는 연결고리는 바로 소프트웨어 관점에서의 테크놀로지에 있다. 즉, 학습촉진과 수행개선을 위해 체계적인 문제해결 과정을 거친다는 것이다. 이를 위해 수행공학에서는 성과상의 문제에 대한 정의, 성과에서 기대한 결과가 나타나지 않았다면 이러한 근본적인 원인에 대한 분석, 성과문제를 개선하기 위한 수행해결책의 고안, 해결책의 실행과 평가의 과정을 따른다. 이는 교육공학에서 교육프로그램의 개발을 위해 일반적으로 분석, 설계, 개발, 실행, 평가의 과정을 거치는 것과 동일하게 체계적 과정을 적용하고 있다는 점에서 유사하다고 할 수 있다. 교육공학에 대한 정의에서 시사하는 것처럼 교육공학은 학습의 결과가 궁극적으로 개인 행동의 변화와 조직 성과의 개선으로 나타나야 한다는 점에서 교육공학과 수행공학은 서로 연계된다고 할 수 있다.

(3) 교육자료의 개방과 개별화: 무크와 학습분석학

2000년 초반부터 공개교육자료(Open Education Research: OER)가 관심을 받게 되면서 교수 · 학습이나 평가, 연구목적으로 제작된 자료를 무상으로 제약 없이 사용할 수 있도록 하는 운동이 커지게 되었다. 이러한 관심의 연장선상에서 2010년 대형 온라인 공개강좌(Massive Open Online Courses: MOOC, 이하 무크)가 본격적으로 제공되기 시작하였다. **무크**의 시초는 스탠퍼드 대학교의 세바스찬 스런(Sebastian Thrun)과 피터 노빅(Peter Norvig) 교수가 자신의 인공지능개론 강좌를 온라인을 통하여 무료로 일반인에게 개방하면서 시작되었는데, 이 강좌는 전 세계 190여 개 나라에서 16만 명의 수강생이 등록하였다. 이후 이들은 2012년 코세라(Coursera)를 설립하였으며, 코세라는 2015년 7월 현재 전 세계 121개 대학이 참여하여 1,068개 강좌를 제공하고 수강 등록생 수만 1,400만 명에 달하고 있다(임철일, 조일현, 2016). 이후 미국에서 다양한 무크들이 개설되어 운영되고 있다. 에드엑스(edX)는 하버드 대학교와 MIT 대학교에 의해 설립되었는데, 2014년 11월 기준으로 35개 참여 대학에서 268개 강좌가 개설되어 300만 명의 누적 수강생이 듣고 있다(임철일, 조일현, 2016). 유다시티(Udacity)는 컴퓨터공학 분야 콘텐츠에 집중하여 강의를 개설하고 있으며, 참여 대학 외에도 구글이나 AT&T 등의 기업들이 참여하고 있다. 캔버스(Canvas)는 2014년 현재 117개 대학이 참여하면서 164개의 강좌를 개설하여 운영하고 있다. 한편, 유럽에서는 유럽연합(EU) 국가에 의해 오픈업에드(OpenupEd) 무크가 개설되어 운영되고 있다. 2013년 EU과 EU 외의 국가들을 일부 포함하여 총 14개 국가에 의해 개설되었으며, 개설 강좌 수는 200여 개에 달하고 있다. 영국에서는 2012년 오픈 유니버시티(Open University)에서 퓨처런(Future Learn)을 개설하여 운영하고 있으며, 스페인에서는 미리아다스(Miriadax)를 설립하여 운영하고 있다. 아시아권에서는 일본이 제이무크(JMOOC)를 운영하고 있다. 2016년 9월 기준 143개의 강좌가 개설되어 61만 명 이상의 학습자들이 활용하고 있다. 우리나라에서도 한국평생교육진흥원에서 케이무크(KMOOC)를 2015년 10개의 대학에서 27개의 강좌를 처음 개설하여 운영을 시작하였으며, 2016년도에는 총 100개 이상의 강좌가 개설되어 운영되고 있다. 현재 개설되어 운영되고 있는 무크명, 개설 국가, URL을 정리하면 〈표 9-1〉과 같다.

표 9-1 무크명 개설 국가 URL

무크명	개설 국가	URL
코세라(Coursera)	미국	https://www.coursera.org/
에드엑스(edX)	미국	https://www.edx.org/
유다시티(Udacity)	미국	https://www.udacity.com/
캔버스(Canvas)	미국	https://www.canvas.net/
오픈업에드(OpenupEd)	EU	http://www.openuped.eu/
퓨처런(Future Learn)	영국	https://www.futurelearn.com/
미리아다스(Miriadax)	스페인	https://miriadax.net/cursos
제이무크(JMOOC)	일본	http://www.jmooc.jp/
케이무크(KMOOC)	한국	http://www.kmooc.kr/

무크의 발전은 교육공학 관점에서 새로운 연구주제를 활성화시키고 있다. 이들 중 대표적인 것은 **학습분석(Learning Analytics)**을 통한 개별화학습(Personalized Learning)의 발전이다. 무크 강좌들 중 인기 강좌는 수강생 수가 10만 명을 넘을 정도로 많지만, 실제 무크 강좌의 평균 이수 비율은 6%대에 그치고 있다. 따라서 대형 온라인 공개 강좌임에도 수강생 개개인의 학습 특성을 고려하여 개별화 수업을 지원함으로써 이수율을 높이기 위한 시도들이 다양하게 이루어지고 있는데, 학습분석의 활용이 그 대표적인 예다. 학습분석은 수강생의 학습 관련 데이터를 통계적 기반하에 수집하고 활용하여 이들의 학업적 특성을 파악한 후 학습개선을 위해 활용하는 것이다. 무크 강좌의 경우 대규모의 학생들이 수강함에 따라 수강생들의 학습패턴 분석을 위한 데이터 수집이 가능하므로 이를 활용한 학습지원이 가능하다. 예를 들어, 수업을 성공적으로 이수한 학생들이 수업 도입, 전개, 정리 과정에서 주로 활용하는 학습전략들에 대한 데이터를 분석하여 패턴을 파악한 후 이때 얻은 자료들을 다른 학생들에게 제시하여 성공적으로 학습을 마치도록 도울 수 있다. 또한 수업에서 학생들이 자주 질문하거나 어려워하는 부분들에 대한 데이터를 분석하여 이에 대한 코칭, 힌트, 도움말 제공 등을 통해 무크 강좌를 끝까지 이수하는 학생들의 비율을 높일 수도 있다.

2) 교육공학의 미래 전망

교육공학은 학습촉진과 수행개선을 위해 적절한 과정과 자원들을 고안하고 활용하는 실천적 활동이자 연구활동이다. 그렇다면 앞으로 교육공학은 어떻게 발전할 것인가? 미래사회, 특히 우리나라의 경우는 저출산 고령화로 인한 인구구조의 변화, 4차 산업혁명시대 인공지능(AI)을 포함한 지능정보화 사회의 도래로 급격한 변화가 있을 것으로 예상되며, 이에 발맞추어 새로운 교육 패러다임의 모색이 요구된다. 교육공학의 미래 전망 역시 이러한 미래사회에 적합한 인재를 어떻게 기를 수 있을 것인가에 초점이 두어야 할 것이다. 이를 위해 미래 교육공학에서 연구와 개발이 활성화될 분야를 들면 다음과 같다.

첫째, 저출산 고령화로 인구구조가 변화함에 따라 교육공학의 대상은 특정 연령의 학습자를 대상으로 하기보다는 평생학습자를 대상으로 이루어질 것이다. 이러한 측면에서 교육공학의 대상은 형식적인 학교교육을 넘어서서 가정, 직장, 사회 등 언제 어디서나 학습이 발생되는 비형식적 학습활동으로 지속적으로 확대될 것이다. 특히 글로벌 네트워크가 가속화되면서, 교육공학의 주요 관심은 전 연령층에 걸쳐서 사회구성원들이 자기주도적이고 창의적인 구성원이 되도록 다양한 학습경험에 참여할 수 있게 총체적인 관점에서 **학습경험을 설계하고 구조화**하는 데에 초점이 두어져야 할 것이다(조은순, 2016).

둘째, 교육공학에서 테크놀로지의 발달이 중요한 영향을 미치고 있다는 점을 고려할 때, 향후 인공지능이 발달함에 따라 이들 **지능형 매체를 적용**하여 학습자의 개별화 학습을 지원해 주는 학습멘토링 연구가 활성화될 것이다. 미래에는 지능형 매체의 발전에 따라 뉴미디어를 통해 학생의 학습이력을 수시로 분석하여 학습자의 목표달성이 효율적으로 이루어지도록 도울 필요가 있다. 교수자로 하여금 학생학습과 관련해 필요로 하는 정보, 자원, 전문가에 용이하게 접근하도록 함으로써 학습자가 자기주도적으로 학습할 수 있는 멘토링 지원을 제공해야 할 것이다.

셋째, 미래 학습자의 학습양식이 변화함에 따라 맞춤형 **개별화 교수법**과 교사의 역할변화에 대한 연구가 증진될 것이다. 그동안 교육공학에서는 여러 학생들에게 효과적이고 효율적으로 교육내용을 전달해 주는 교육방법이나 수단의 설계와 개발에 관심이 있었다. 그렇지만 미래에는 개개 학습자의 특성에 대한 이해를 전제로 이들에 대한 맞춤형 학습을 지원할 필요가 있다. 1995년도 이후에 태어난 학습자를 Z세대라고 하는데, 이들은 디지털 기기에 수시로 연결되면서, 디지털 기기를 통한 또래 학습자들과의 상호작용에 익숙하며, 학습자료에 대한 주의집중 시간이 상대적으로 짧다는 특성을 지닌다. 따라서 이들 세대에게 적합한 교수법 · 학습법의 연구와 개발이 요구되고, 교사 역시 학습자 개개인의 차이에 주목하여 맞춤형 학습을 제공해 주는 것과 함께, 학습자들이 필요에 따라 주도적으로 자신의 경력을 바꾸어 갈 수 있도록 학습경험을 관리해 주는 보조자나 지원자의 역할을 수행해야 할 것이다.

넷째, 인간학습의 문제를 해결하기 위해 **과학적 연구방법론**이 지속적으로 적용될 것이다. 교육공학에 관한 초기의 연구들은 교실에서의 실험연구를 통해 특정한 테크놀로지의 활용이 이를 활용하지 않은 경우에 비해 학업성취에 효과가 있는가를 증명하고자 하였으나, 최근 들어서는 테크놀로지를 활용하는 학습자들이 가진 학습경험을 질적으로 분석하는 연구들이 주류를 이루고 있다. 이들 연구방법론들은 교실 수업을 대상으로 하므로 순수한 실험실 상황이 아니라는 점에서 외부 요인에 의해 영향을 받을 수 있고, 자기보고식의 질적인 연구방법들에 근거하므로 정확한 측정이 어렵다는 등 사회과학적 방법론의 한계를 가지고 있다. 향후 교육공학 연구는 이들 한계들을 극복하는 것과 동시에 뇌과학 연구들과 같이 과학적 · 객관적 증거에 기반하여 학습과 관련된 인지과정을 조사하고 촉진할 수 있는 연구들이 보다 활성화될 것이다.

학 / 습 / 과 / 제

1. 교육에 대한 정의로서 '인간 행동의 계획적인 변화'는 교육공학과 어떻게 관계되는지를 설명하시오.

2. 교육공학에서 테크놀로지의 의미를 소프트웨어와 하드웨어의 관점에서 설명하시오.

3. 교육공학의 정의 중 1994년 정의와 2008년 정의의 차이를 설명하시오.

4. 교육공학의 주요 영역을 세 가지 이상 열거하고 각 영역에서의 주요 연구과제들을 설명하시오.

5. 교육공학이 초·중등학교 교육, 대학, 기업, 공공기관에서 어떻게 활용되고, 이들 영역에서의 교육에 대한 공헌점이 무엇인지 기술하시오.

6. 교육공학의 최근 동향을 세 가지 이상 열거하고, 이들로부터 향후 교육공학 연구의 시사점을 기술하시오.

참고문헌

김연경(2016). 대학수업을 위한 활동이론기반 플립드 러닝 수업모형 개발. 중앙대학교 일반대학원 박사학위논문.

김현진(2016). 교육공학과 테크놀로지. 나일주, 조은순 편. **교육공학 탐구**(pp. 62-85). 서울: 박영사.

박성익(2012). 교육공학의 학문적 성격과 발전. 박성익, 임철일, 이재경, 최정임, 임정훈, 정현미, 송해덕, 장수정, 장경원, 이지연, 이지은 저. **교육공학의 원리와 적용**(pp. 13-52). 경기: 교육과학사.

송상호, 이지현(2016). 대학교육 혁신과 교육공학. 나일주, 조은순 공편. **교육공학 탐구**(pp. 129-145). 서울: 박영사.

송해덕(2016). 교육공학 관련 정부정책. 나일주, 조은순 공편. **교육공학 탐구**(pp. 87-107). 서울: 박영사.

이홍우(1994). **교육의 개념**. 서울: 문음사.

임정훈(2016). 유아, 초등, 중등 학교에서의 교육공학 실천. 나일주, 조은순 공편. **교육공학 탐구**(pp. 181-210). 서울: 박영사.

임철일, 조일현(2016). 공개교육자료(OER), 묵스(MOOCs), 그리고 학습분석학(Learning Analytics). 나일주, 조은순 공편. **교육공학 탐구**(pp. 147-179). 서울: 박영사.

정범모(1974). **교육과 교육학**. 서울: 배영사.

조은순(2016). 미래 교육환경과 교육공학. 나일주, 조은순 편. **교육공학 탐구**(pp. 274-291). 서울: 박영사.

최성우, 송영민, 하영자(2016). 기업, 군, 공공기관에서의 교육공학 실천. 나일주, 조은순 공편. **교육공학 탐구**(pp. 211-241). 서울: 박영사.

AECT(Association for Educational Communication and Technology). (1977). *The definition of educational technology*. Washington, DC: Author.

Cunningham, C. A., & Allen, B. L. (2010). Philosophical questions about learning technologies. In R. Bailey, R. Barrow, D. Carr, & C. McCarthy (Eds.), *The SAGE handbook of philosophy of education*. Thousand Oaks, LA: SAGE.

Dick, W., Carey, L., & Carey, J. O. (2009). *The systematic design of instruction* (7th ed.). Boston, MA: Pearson.

Januszewski, A., & Molenda, M. (2008). 교육공학: 정의와 논평[*Educational technology: A definition with commentary* (2nd ed.)]. (한정선, 김영수, 강명희, 정재삼 공역). 경기: 교육과학사. (원저는 2007년에 출판).

Jonassen, D. (1999). *Designing constructivist learning environments. In C. M. Reigeluth* (Ed.), *Instructional design theories and models: A new paradigm of instructional theory*. Mahwah, NJ: Lawrence Erlbaum Associates.

Kirkpatrick, D. (1998). *Evaluating training programs: The four levels* (2nd ed.). San Francisco, CA: Jossey Bass.

Molenda, M. (2008). Historical foundation. In J. M. Spector, M. D. Merril, J. V. Merrienboer, & M. P. Driscoll (Eds.), *Handbook of research on educational communications and technology* (3rd ed.). New York: Routledge.

Rogers, E. M. (2003). *Diffusion of innovations* (5th ed.). New York: The Free Press.

Rothwell, W. J., Hohne, C. K., & King, S. B. (2014). 수행공학 원리와 적용[*Human performance improvement* (2nd ed.)]. (송해덕, 권정언, 방성민, 신덕상 공역). 서울: 학지사.

Seels, B. B., & Richey, R. C. (1996). 교수공학: 정의와 영역(*Instructional technology: The definition and domains of the field*). (김영수, 한정선, 강명희, 정재삼 공역). 경기: 교육과학사. (원저는 1994년에 출판).

Chapter 10

생활지도와 상담

1. 생활지도의 개념
2. 생활지도의 영역과 기능
3. 상담의 이론과 방법
4. 학교상담의 역사와 제도

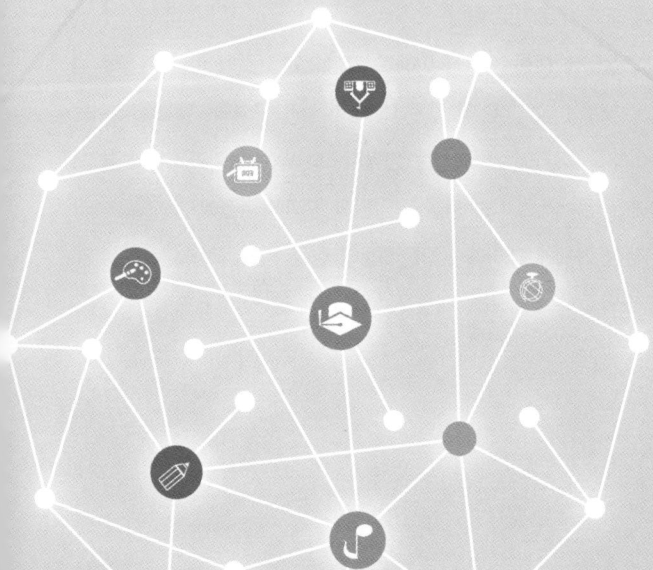

생활지도와 상담은 교육학에서 어떤 위치와 의미를 가지는가? 어떤 학생이 분수 계산을 못하면 수학교육이 잘못되었다고 탓할 것이고, 외국인과 대화를 하지 못하면 외국어교육, 특히 영어교육을 탓할 것이다. 그런데 어떤 학생이 예절 바르지 못하거나 학교 교칙을 자주 어기면 생활지도의 부재를 문제시할 것이다. 또 어떤 학생이 학급에서 따돌림을 당하고 고민에 빠져 있다면 상담의 필요성을 제기할 것이다. 생활지도와 상담은 학교교육에서 명백한 위치를 차지하고 있으며, 이 영역에 대한 학술적 이론과 지식들을 정리하여 체계화한 것이 **생활지도학**과 **상담학**이다. 이 장에서는 이를 편의상 '생활지도와 상담'으로 부르기로 한다.

이 장의 목표는 학교 생활지도와 상담에 대한 개념적 이해를 기반으로 그것이 학교 현장에 적용되는 실제적인 양상을 구체적으로 배우는 것이다. 이 장은 네 개의 절로 구성되는데, 1절에서는 생활지도에 대한 개념적 · 이론적 이해를 다루고, 2절에서는 생활지도의 활동 영역과 기능들을 서술하며, 3절에서는 상담의 핵심개념, 이론, 기초 기법 등을 설명한다. 마지막 4절에서는 우리나라 학교상담의 제도적 발전과정과 정책적 과제에 대하여 논의한다. 이 장을 통해 교사로서 학생 개인들을 어떻게 이해하고 어떻게 도와줄 수 있을지에 대한 통찰을 하게 될 것이다.

1. 생활지도의 개념

생활지도란 무엇인가? 생활지도의 목적과 방법은 무엇인가? 학교교육에서 생활지도는 누가 계획하며 누가 수행하는가? 무엇을 기준으로 생활지도가 잘되었는지 잘못되었는지를 평가하는가? 생활지도의 개념과 과제는 이와 같은 질문들에 답해 봄으로써 밝혀질 수 있으리라 예상된다. 특히 최근에는 각급학교, 특히 중학교 과정에서 진로지도가 강조되고 있으므로 다음에서는 진학지도를 포함한 진로지도가 어떻게 이루어지고 있는지를 함께 살펴본다. 이는 미래사회의 직업 세계가 급변할 것이라는 예상에 근거하고 있다.

1) 교과지도와 생활지도

학교 교육과정은 교과를 중심으로 구성되어 있다고 해도 과언이 아닐 것이다. 교과는 주로 지식을 중심으로 구성 · 조직되어 있으며 국어, 수학, 외국어, 사회, 과학, 기술, 예체능 등의 과목으로 대별된다. 반면, 생활지도는 학교에서 별도의 교과명을 가지고 있지 않다. 교과영역에서는 교육과정을 바탕으로 집필된 국정 혹은 검인정 교과서가 출판되어 있다.

생활지도는 어느 한 교과에 국한되어 있지 않을뿐더러 생활지도라는 하나의 독립된 교과서를 가지고 있지도 않다. 즉, 생활지도는 교과목으로 구성되는 일반 교육과정과는 다른 방식으로 접근할 수밖에 없을 것이다. 단, 진로지도의 부분은 '진로와 직업'이라는 교과가 존재할 뿐만 아니라 『진로와 직업』 교과서를 학교에서 사용하여 수업을 진행한다는 점이 새로운 변화다. 이는 생활지도 영역에서 진로지도의 비중이 그만큼 높아졌음을 반영하는 것이다.

생활지도는 특정 교사가 담당한다기보다는 모든 교사가 담당한다고 보아야 한다. 학교에는 진로상담부, 생활지도부 등의 조직이 있고, 전문상담교사 자격을 소지한 교사도 있다. 그러나 생활지도는 전문상담교사만의 의무가 아니며, 생활지도부와 진로상담부가 독점적으로 전담하는 업무도 아니다. 생활지도가 필요한 상황

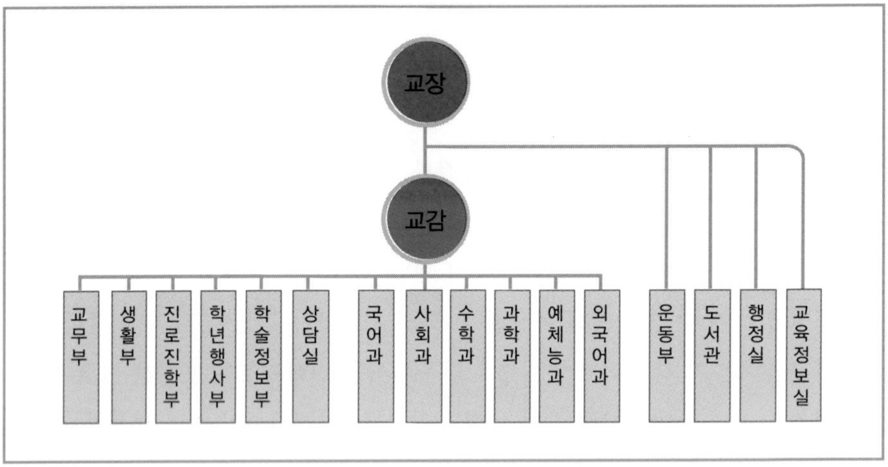

[그림 10-1] **고등학교 조직의 예**

은 일반 교과 수업 중에 발생하거나 학교 교내외의 모든 장소에서 발생하기 때문에 모든 교과의 교사들과 학급 담임교사들이 생활지도 활동을 분담해야 한다. 즉, 교과를 지도하는 교사는 본인이 담당하는 교과지식만 가르침으로써 그 의무를 다하는 것이 아니라 그 교과를 지도받는 학생들의 수업태도 및 학업발달 등의 부분까지 지도 영역에 포함시켜야 할 것이다. 생활지도는 전문상담교사, 담임교사, 교과교사 등의 모든 교사와 교장, 교감 등 학교행정가가 공동으로 담당하는 활동이다.

[그림 10-1]에 예시된 학교의 조직을 보면 교육의 영역을 크게 교과지도와 생활지도로 나누는 것을 알 수 있다. 이 학교의 행정과 교육 업무는 학년-학급 이외에 각 교과 및 생활지도 부서라는 이중적인 구조로 조직되어 있는 것으로 이해된다. 이와 같은 구조는 우리나라 학교에서 보편적인 한 형태다.

2) 생활지도의 대상

학교교육에서 생활지도의 대상은 누구인가? 학교교육에서 생활지도는 종종 문제학생에 대한 특별한 지도를 의미하곤 한다. 여기서 문제학생이란 행동, 정서, 인지, 사회성, 학업, 학교 규칙 준수 등에서 정상적인 범위를 벗어나는 학생을 지칭한다. 생활지도는 이런 각종 영역에서 평균을 크게 벗어나는 학생을 발견하여 특별한 지도를 시도한다는 의미를 가지고 있다. 이러한 경우에 지도의 목표는 교정 혹은 치료가 되는 경우가 많다.

그러나 학교 생활지도의 대상은 문제학생에 국한되지 않는다는 것이 교육학의 일반적인 견해다. 학생들이 겪는 문제는 고정적이거나 영구적이지 않기 때문이다. 거의 모든 학생이 문제를 일시적으로 경험할 뿐, 학창 시절 내내 지속적으로 문제를 경험하는 학생은 많지 않다는 것을 '교육적인' 관점으로 채택한다. 따라서 생활지도의 대상은 일부 특수한 학생이 아닌 모든 학생이라고 보아야 옳다(김계현, 2009).

어떤 학생이 문제를 겪고 있을 때 비로소 교사와 학교가 생활지도 활동에 임하는 것을 **반응적 활동**으로서의 생활지도라고 부른다. 문제가 발생한 다음에 문제를 해소하려고 시도하였다는 점에서 '반응적'이라는 용어를 붙인 것이다. 그러나 생활지도의 노력은 반응적인 차원에 머물러서는 안 된다. 학교 생활지도는 문제가 발생하기 전 혹은 심각해지기 전에 예방을 시도하는 '예방적' 차원의 활동을 반드시 수반해야 한다(강진령, 유형근, 2004a, b).

3) 예방으로서의 생활지도

생활지도에서 말하는 예방활동에는 크게 두 가지 의미가 있다. 첫째 의미는 문제가 발생하지 않도록 사전에 어떤 조치들을 취하는 것이다. 예컨대, 우리 학급에서는 학생 간에 폭력 사건이 발생하지 않았지만 그런 사건이 발생하지 않도록 사전에 폭력예방 프로그램을 실시한다면 이런 의미의 예방활동이 된다. 이를 **1차 예방**이라고 부른다. 둘째 의미는 문제가 발생한 아주 초기 혹은 문제가 발생하려는 조짐이 보일 때 그 문제가 더 이상 강화되거나 확산되지 않도록 조치를 취하는 것이다. 예컨대, 학생 간 폭력 사건이 발생하면 피해자의 보복 등 추가적인 사건의 발생을 예상할 수 있는데, 이런 추가적 폭력 사태를 사전에 막는 것은 매우 중요한 예방활동이 된다. 이를 **2차 예방**이라고 부른다.

예방활동으로서의 생활지도는 매우 중요한 의미를 지닌다. 학생들 중에서 성격적으로 비사교적이거나 발달적으로 지체되어 학교생활에서 문제를 겪을 가능성을 미리부터 가지고 있는 경우를 종종 발견한다. 주의가 산만한 학생도 문제를 경험할 가능성이 높다. 단, 모든 문제를 사전에 차단할 수는 없으며 또 그렇게 하는 것이 교육적으로 반드시 바람직한 것도 아니다. 그러나 문제가 너무 심각해지면 문제를 겪는 본인이나 가족, 급우, 교사가 그것을 해결할 능력을 상실할 수 있다. 예방으로서의 생활지도란 바로 이런 사태를 사전에 방지하기 위해서 추구하는 개념이다.

술, 담배, 마약류 등의 물질은 습관성 및 의존성이 생기기 때문에 물질 오남용의 문제는 예방이 중요하다. 일단 오남용이 심해진 경우 그것을 치료 · 교정하기가 너무 어렵기 때문이다. 학교폭력 및 집단따돌림도 유사한 성격이 있다. 학교 내에서 급우들 간의 갈등이 존재하는 것은 흔한 일이며 피할 수 없는 일이지만, 그것이 심해지면 피해자는 돌이킬 수 없는 상처를 입게 된다. 따라서 문제가 심해지기 전에 교사와 학교는 예방 조치를 취하는 것이 바람직하다. 학교폭력과 집단따돌림의 경우는 가해자도 결과적으로 형사처벌을 받거나 심한 죄책감에 시달릴 수 있으므로 예방의 중요성이 더해진다.

4) 교육으로서의 생활지도

앞에서 생활지도의 개념으로 치료-교정 기능과 예방기능을 언급하였기에 생활지도를 마치 의학적 틀로 개념화하고 있다는 오해를 낳을 수가 있다. 그러나 생활지도를 교육의 개념 틀로 파악해야 하는 것이 원칙이라는 데에는 이견이 없을 것이다. 생활지도를 교육으로 개념화한다는 것은 무엇일까?

학생들은 학교교육을 통해서 여러 영역의 발달과제를 성취해야 한다. 여기서 여러 영역이란 학업 영역, 사회성 영역, 심리 및 행동 영역, 진로의식 영역, 가치관 영역 등을 포함한다. 교과교육만으로 이들 여러 영역의 발달을 다 도모할 수 없다는 것은 자명하다. 생활지도가 교과교육과의 협조하에 통합적으로 이루어질 때 비로소 다양한 영역에서의 발달이 효과적으로 이루어질 것이다. 이는 생활지도가 교과지도와 같이 하나의 교육과정으로 체계화될 필요가 있음을 의미한다.

예컨대, 학생은 의사소통 능력, 의사결정 능력, 자율능력, 정보능력 등을 발달시켜야 한다. 그런데 이 기본 능력들을 발달시키려면 그에 필요한 구체적인 기술을 습득해야 한다. 예를 들어, 의사소통 능력을 발달시키려면 듣는 기술과 말하는 기술을 습득해야 하며, 정보능력을 발달시키려면 컴퓨터를 비롯한 각종 통신기기와 소프트웨어를 사용하는 기술을 습득해야 한다. 생활지도가 교육의 기능을 가지고 있다는 주장은 바로 이 점에서 출발한다. 다시 말해, 생활지도는 학생이 학교교육을 통해서 발달시켜야 할 능력들을 분류한 후 그 능력을 발달시키는 데 도움이 되는 구체적 기술을 가르쳐 주는 활동을 포함한다. 이를 기술훈련(skill training)이라고도 부른다. 따라서 의사소통 기술훈련, 의사결정 기술훈련, 정보 기술훈련 등은 생활지도의 구체적 내용이 된다.

우리나라에서는 최근 「**인성교육진흥법**」(2015)이 제정된 바 있다. 이 법에서 정의하는 인성교육이란 "자신의 내면을 바르고 건전하게 가꾸고 타인, 공동체, 자연과 더불어 살아가는 데 필요한 인간다운 성품과 역량을 기르는 것을 목적으로 하는 교육"이다. 이 「인성교육진흥법」에서 지칭하는 핵심 가치와 덕목은 곧 인성교육의 목표가 되는 것으로서 '예(禮), 효(孝), 정직, 책임, 존중, 배려, 소통, 협동 등의 마음가짐이나 사람됨과 관련되는 핵심적인 가치 또는 덕목'을 말한다. 덕목과 가치를 실현하는 능력을 '핵심역량'이라고 부르는데, 핵심역량은 핵심 가치와 덕목을 적극적이고 능동적으로 실천 또는 실행하는 데 필요한 지식과 공감, 소통하는 의사소통 능력이나 갈등해결 능력 등이 통합된 능력을 지칭한다.

인성교육은 가정, 학교 및 지역사회에서 모두 장려되어야 하는데, 각급학교의 장은 인성교육의 목표 및 성취 기준과 교육 대상의 연령 등을 고려하여 인성교육의 계획을 수립하고 교육을 실시하여야 한다(동법 제10조).

5) 민주주의 교육철학으로서의 생활지도

생활지도는 개인의 인권을 중시하는 민주주의 사상을 기초로 한다. 과거부터 학교교육에서는 훈육(discipline)을 중요하게 여겨 왔다. 학생은 학교생활을 하기 위해 몇 가지 중요한 규칙을 지켜야 한다. 등하교 시간을 지켜 수업에 출석하여야 하며, 수업시간을 준수해야 한다는 규범을 지켜야 한다. 또한 복장 및 두발 등에 대해서도 제한이 주어질 수 있다. 그 외에도 학교에서는 학칙이라 하여 학생이 해서는 안 되는 행동과 해야 할 행동 등을 규정하고 있다. 훈육은 학생에게 학교의 규율을 지키도록 요구하며, 그것을 위반하였을 경우 제재를 가하거나 심한 경우 벌을 가하기도 한다.

훈육은 민주주의를 지향하는 학교에서도 필수불가결한 요소다. 그러나 훈육을 수행하는 방법에 있어서는 민주적 접근의 특징이 있다고 보인다. 민주주의 철학을 바탕으로 하는 훈육은 학생의 참여와 동의를 매우 중요하게 여긴다. 참여의 반대는 일방적 요구다. 민주적 학교에서는 학생들에게 교칙에 대한 사전교육을 실시하며 교칙 위반에 따르는 결과에 대해서도 미리 알려 준다. 경우에 따라서는 교칙을 정하는 과정에 학생들을 참여시켜 민주적 절차를 강화하기도 한다.

생활지도는 이런 민주주의 교육철학을 바탕으로 발생하였다. 일제강점기에 실시되었던 수신(修身)은 일방적으로 규칙을 부과하는 훈육방식이었다. 그러나 해방 이후 우리나라 학교에서 일어난 **새교육운동**은 학교에 민주주의 철학을 도입하여 학생의 인권을 존중하고 학생의 자발적 참여를 중시하는 방향을 추구하게 되었다. 특히 생활지도는 이와 같은 민주주의적 철학과 절차를 그 과정 속에 철저하게 도입해야 소기의 목적을 달성할 수 있을 것이다.

2. 생활지도의 영역과 기능

지금까지 생활지도의 개념을 폭넓게 살펴보았다. 다음에서는 시각을 좀 더 좁혀서 생활지도가 구체적으로 무엇을 하는 활동인지 살펴본다. 즉, 생활지도가 학교교육에서 어떤 영역들에 관여하는지, 어떤 기능을 담당하는지 분석해 보고 그런 일을 수행하는 방법에 대해서도 고찰한다.

1) 학업문제에의 조력

교과내용의 학습, 즉 학업은 학교교육의 핵심 요소다. 그런데 학업의 문제는 단순히 교과교육만의 문제는 아니다. 학업의 실패는 단지 지식의 결여에 그치는 것이 아니라 자신감의 상실, 자존감 파괴, 우울증, 부모와의 관계 악화 등 다양한 문제들을 수반한다. 따라서 학업의 문제는 생활지도 영역들 중의 하나로 간주해야 한다(김계현, 2009).

학업문제가 생활지도의 영역이 되는 또 다른 이유가 있다. 학업에 문제를 일으키는 원인에는 학생 개인의 지능 및 각종 심리적 요인, 학생이 처한 환경적 요인 등이 관여하고 있다. 대표적인 예로, 학생 부모의 경제적 지원은 학생의 학업에 심대한 영향을 미치는 것으로 알려져 있다. 생활지도에서는 학생의 학업에 영향을 미치는 요인을 발견하여 학생이 그것을 극복할 수 있도록 조력하는 활동을 한다. 이는 앞에서 설명한 예방적 기능의 전형적인 예일 것이다.

(1) 학업문제의 원인과 생활지도

① 지능

지능이란 지적 능력 혹은 인지능력의 줄임말로, 이론적으로는 지능의 일반요인(g factor)과 특수요인들(s factors)로 구성된다고 정의한다. 또한 지능은 일반적으로 지능지수(Intelligence Quotient: IQ)로 표시되는 능력의 편차를 의미한다. 다시 말해, 지능검사에 의해서 측정된 결과로서의 지수, 즉 지능지수가 지능이라는 것이다. 비록 지능지수가 지능의 전체를 대변해 주지는 못하더라도, 지능지수는 지능을 효율적으로 표현하는 도구로 인정받는다.

지능검사 및 지능지수의 개념은 프랑스의 비네(Binet)에 의해서 처음 만들어졌다. 당초의 지능검사는 학교 공부를 수행하기 어려운 아동, 즉 지능발달이 지체된 아동에서 구별해 내는 도구로 만들어졌다. 그런 전통과 관련하여 지능지수는 학교에서의 학업성취와 통계적으로 높은 상관을 보인다(지능지수와 학업성취 간에는 보통 $r=.60$ 내외의 상관을 보임). 따라서 지능(지능지수)이 낮은 학생의 경우 종종 학교 교육과정을 정해진 수준만큼 수행하지 못하는 결과가 나타난다. 학교에서 학생들을 대상으로 지능검사를 실시하는 것은 학업문제의 원인이 지능발달의 지체임이 밝혀지는 경우 그 학생에게는 특수교육을 제공해야 하기 때문에 그런 판단의 근거로 삼기 위해서다. 이는 학교뿐만 아니라 학생에게 매우 중요한 생활지도상의 판단이다(김계현, 황매향, 선혜연, 김영빈, 2012).

② 선수학습

선수학습은 새로운 학습의 성취도를 예언하는 가장 강력한 요인이다. 예컨대, 3학년 수학을 제대로 학습하지 못한 학생은 4학년 수학을 배우기 어렵다. 반면에 3학년 수학을 정확하게 학습한 학생은 4학년 수학을 용이하게 학습할 수 있다.

학교 수업은 주로 학급단위로 이루어지기 때문에 학습이 뒤처지는 경우 개별적인 보충이 필요하다. 이때 개별적인 보충이 장기간 제공되지 못하면 그 학생은 영원히 학습부진을 겪게 되는 것이다. 바로 이 점에서 생활지도자로서의 교사의 책무가 요구된다. 생활지도란 학생 개인의 학습 요구를 파악하여 그 개인에게 적합한 교육프로그램을 구성하는 것이기 때문이다. 이런 경우 교사가 파악해야 할 것은 그 학생이 특정 과목을 학습하지 못하는 학습장애를 가지고 있는지의 여부다. 학습장애는 특히 수학이나 국어 학습에서 나타나는데, 이를 정확히 판별하기 위해서는 교육심리학이나 특수교육학 전문가의 도움이 필요하다. 학습장애는 그 학생의 선수학습을 지속적으로 지체시키는 원인으로 작용한다.

선수학습이 지체된 학생은 새로운 교과내용을 학습하지 못하기 때문에 근본적으로 학업에 대한 흥미와 동기를 상실한다. 이는 그 학생이 앞으로 학업활동을 지속할 가능성 자체를 없애게 되므로 심각한 문제라고 할 수 있다. 생활지도자로서의 교사는 학습문제의 원인이 선수학습 부족으로 파악되는 경우 개별적인 관심과 조치를 취하여야 한다. 교사는 학생의 수학능력, 즉 학업능력에 적합한 교육을 제공할 책무가 있는데, 학생의 능력과 준비도에 적합한 학급에 배치하는 활동을 생활지도 이론에서는 배치 혹은 **정치(定置, placement)**라고 부른다. 우리나라 교육당국에서는 이 문제를 '**기초학력 미달**'로 파악하여 그에 대한 대책들을 수행하고 있다.

③ 부모의 지원

부모의 경제적 지위과 학생의 학업성취 간에는 상관이 높다. 부모의 경제력 자체가 학생의 학업성취의 원인으로 직접적으로 작용하지는 않지만 교육에 대한 환경적 요소로 작용한다고 여겨진다. 이에 생활지도상의 쟁점이 발생한다.

사회정의상, 부모의 경제적 지원이 부족하여 학생이 학업상의 잠재력을 발휘하지 못하게 되는 것은 매우 불행한 일이다. 따라서 교사는 부모의 경제력 때문에 학생이 학업에서 불이익을 당하지 않도록 예방하는 노력을 하여야 한다. 우리나라 학교에서는 '학급 담임교사' 제도를 채택하고 있으며 학생지도의 일차적인 책임을 담임교사가 맡는다. 이 제도는 초 · 중 · 고등학교에 공통적으로 적용된다. 학급 담임교사는 학기 초에 학생에 대한 종합적인 정보를 수집하게 되어 있는데, 그중의 하나가 부모의 직업, 경제적 지위 등에 관한 정보다. 이때 교사는 학생이 부모에게 충분한 경제적 지원과 정서적 지원 혹은 적절한 감독을 받을 수 있는지를 파악해야 한다. 이런 활동을 생활지도의 **조사활동**이라고 부른다. 만약 학생이 부모에게 불충분한 경제적 지원을 받고 부적절한 정서적 지원을 받는 것으로 파악된다면, 교사는 그 학생에 대한 관심을 높이고 개별적인 상담과 지도를 계획해야 할 것이다.

(2) 학업문제로 인해 야기되는 결과와 생활지도

① 자존감 및 자신감 상실

자존감이란 자신을 가치 있는 존재로 느끼며 자신이 환경으로부터 존중받고 수용된다고 느끼는 상태를 의미한다. 그리고 자신감이란 자신이 어떤 과제를 수행할 수 있고 어떤 상황을 해결하거나 헤쳐 나갈 수 있다는 느낌을 말한다. 개인이 삶을 개척하면서 보람 있게 생활하기 위해서는 자존감과 자신감이 모두 중요하다.

학업성취는 학교생활에서 핵심적인 요소다. 따라서 그 결과는 개인의 자존감과 자신감에 지대한 영향을 미친다. 학업에서 반복하여 실패하면 자존감과 자신감이 저하되며, 이로 인해 학업성취는 더욱더 떨어지게 된다. 그리고 이 사이클이 학창 시절 내내 반복되는 악순환이 발생한다(황매향, 2008).

생활지도자로서의 교사는 학업성적으로 인해 학생이 자존감과 자신감을 잃지 않도록 지도해야 한다. 물론 이는 어려운 일이지만 교사들은 창의적으로 학생지도에 임하고 있다. 예컨대, 성적을 가지고 타 학생과 비교하는 방식을 지양하고 학생의 이전 성적을 기준으로 하여 새로 향상되어 가는 부분을 부각시키는 방법은 교육현장에서 상당히 효과적인 방법으로 인정받고 있다. 학생은 반드시 자기보다 우월한 타인과 비교하는 것만이 경쟁이 아니며, 자기 자신의 예전 모습보다 나아지려는 노력이 또 다른 모습의 경쟁이 될 수 있다는 것을 배우게 될 것이다.

② 부모와의 관계 악화

학업성적에 대해서는 학생 본인뿐만 아니라 부모도 많은 관심을 보인다. 이는 당연한 현상이다. 단, 성적에 대한 부모의 지나친 관심, 오로지 성적에만 매달리는 편협된 관심, 성적이 한번 떨어졌을 때 부모가 보이는 지나친 조바심 등은 문제가 된다. 학생과 부모는 종종 성적 때문에 심한 갈등을 겪는다. 이는 부모가 학생에게 공부를 강요하고 지나친 감독을 하기 때문에 흔히 발생한다. 학생은 이에 반발하여 자신의 본래 마음과는 다른 행동, 즉 학업을 멀리하거나 태만하게 보이는 행동을 하게 된다. 이 역시 악순환의 고리라고 볼 수 있다.

인터넷, 게임 등 컴퓨터의 과다 사용은 성적 하락의 불안감을 일시적으로 회피하려는 수단이기도 하다. 그러나 부모는 성적이 떨어지는 자녀의 컴퓨터 과다 사용을 묵인해 주기 어렵다. 여기서 부모-자녀 갈등이 발생하고 그 갈등은 더욱 깊어지게 된다.

학생으로서 부모와의 갈등을 스스로 해결하기는 너무 어렵다. 이 경우 교사와의 상담이 필요하다. 그러나 학생이 자진해서 교사에게 상담을 청하는 경우는 매우 드문 일이다. 따라서 교사는 학생에게서 부모와의 갈등문제가 감지되는 경우 학생에게 다가가는 방식으로 상담을 시도하여야 할 것이다. 전문적 도움이 필요하다고 판단되면, **Wee 센터** 혹은 그 지역의 **청소년상담센터**(청소년상담지원센터, 청소년지원센터, 청소년상담복지센터 등 명칭이 다양함)에 연락하여 상담 전문가의 조언을 구하는 것이 도움이 된다. 필요하다면 상담센터에 학생을 보내서 직접 전문가의 상담을 받도록 하는 방법을 취할 수도 있다.

③ 우울, 의욕 상실

학교 성적은 학생 개인의 감정에 지대한 영향을 미친다. 중요한 시험을 앞두고 경험하는 감정은 불안감이다. 그리고 성적이 기대보다 낮게 나왔을 때 경험하는 감정은 좌절감, 죄책감, 분노다. 이런 감정은 성적이 우수한 학생이든 저조한 학생이든 공통적으로 경험한다. 오히려 성적 우수 학생이 경험하는 감정은 더욱 강력할 수 있다. 성적 하락을 비관하여 자살 등 극단적 행동을 하는 학생들 중에는 성적 우수자가 많다.

좌절, 죄책감 등을 반복해서 경험하면 무기력감에 빠지거나 우울한 상태가 되기 쉽다. 무기력감과 우울에 빠지면 의욕과 동기를 상실하여 공부를 하지 못하게 되며 성적을 향상시킬 행동을 하지 않게 된다. 그렇게 되면 성적은 계속 하락한다. 이 역시 악순환의 고리다(김계현, 김동일, 2014).

따라서 생활지도자로서의 교사는 학생의 감정상태를 파악하는 노력을 자주 해야 한다. 학생이 심한 우울과 무기력감, 의욕과 동기 상실 등에 빠지기 전에 조기에 어떤 조치나 개입을 할 수 있어야 하기 때문이다. 초기에는 교사의 관심과 조언만으로도 효과를 볼 것이다. 그러나 우울이나 무기력감의 정도가 심해진 경우에는 상담 전문가의 자문을 구하거나 상담 전문가에게 학생을 의뢰할 수 있다(김계현, 2003).

2) 사회성 및 성격 발달 조력 프로그램

(1) 사회성의 개념

사회성은 한 가지 의미를 가진 단일 개념이 아니라 여러 의미를 동시에 가진 복합 개념이다. 사회성의 첫째 의미는 사교성과 통한다. 즉, 혼자 고립되지 않고 타인들과 소통하면서 함께 산다는 의미다. 그런데 우리 중에는 사교적인 사람이 있는 반면에 덜 사교적인 사람도 있다. 즉, 사교성에는 사교방식의 개인차가 있다는 것이다. 예컨대, 친구를 사귀어도 폭넓게 사귀는 스타일이 있는가 하면 적은 수의 친구를 깊게 사귀는 스타일도 있다.

생활지도 입장에서는 비사교적인 학생이 주로 지도의 관심 대상이 된다. 즉, 스타일의 차이가 아니라 주로 혼자 생활하는 고립된 학생을 말한다. 친구가 거의 없고 자기 편을 들어줄 만한 급우가 없는 외톨이 학생이 문제가 된다. 이런 학생은 종종 집단따돌림의 대상이 되며, 심한 경우에는 폭력의 대상이 되기도 한다. 학교폭력 예방기관이나 청소년 상담기관에서는 이런 문제를 조기에 발견하고 예방하기 위한 다양한 프로그램을 개발 · 보급하고 있다. 최근 학교폭력 피해 사례가 사회의 주목을 받게 되어 교육당국과 치안당국에서는 Wee센터 활동을 확대하고 **스쿨폴리스** 등의 새로운 정책들을 도입하고 있다.

사회성의 둘째 의미는 사회의식 및 이타성을 포함한다. 즉, 타인의 권리를 존중하기, 타인의 입장을 이해하기, 개인보다는 사회 전체의 이익을 생각하기 등 사회의 한 구성원으로서 반드시 가져야 할 의식과 태도를 의미한다. 이런 의미의 사회성은 도덕교과와 사회교과에서 지식의 차원으로 다룬다. 그러나 사회의식과 이타성은 지식 수준의 이해만으로는 부족하다. 이런 특성은 반드시 행동 차원으로 발달해야만 의미가 있다.

이 점에서 생활지도는 인성교육과 개념적으로 중첩된다. 그리고 생활지도는 교과지도와 분리될 수가 없다. 도덕교과나 사회교과를 공부함과 동시에 그런 특성, 즉 사회의 이익을 존중하고 타인의 입장 및 권리를 존중하는 태도와 행동을 습득하는 방식의 교육을 추구해야 할 것이다. 그러기 위해서는 지식교육만으로는 부족하고 항상 체험 위주의 실습교육이 병행되어야 한다. 생활지도 프로그램 중에는 이런 사회성 개발 및 민주시민 교육을 위한 체험 및 실습 교육자료로서 유용하게 사용될 수 있는 자료가 풍부하다. 프로그램의 기본 내용은 자신에 대한 이해, 타인에 대한 이해, 의사소통 능력 등이 된다. 이런 능력에 대한 프로그램은 최근 감성지능(EQ)이나 사회성 지능(SQ) 등의 유행어를 낳기도 하였다.

(2) 성격발달

성격발달은 생활지도의 중요한 영역이다. 성격은 앞에서 설명한 사회성을 비롯하여 개인의 다양한 특성 혹은 성향을 묘사하는 심리학적 개념으로서 생활지도를 통해 건전한 발달을 도모할 필요가 있다.

그러면 객관적으로 바람직한 성격의 조합이 있는가? 그렇지는 않다. 개인이 어떤 성격의 소유자로 성장하느냐의 상당 부분은 유전인자에 의해서 결정되며 나머지는 유전과 환경의 상호작용에 의해서 결정된다. 따라서 개인의 성격 전부를 교육에 의해서 계획적으로 만들어 낼 수는 없으며 자연적으로 형성되어 가는 과정을 존중하여야 한다. 다만 교사는 생활지도자로서 학생의 성격발달이 환경에 의해서 바람직하지 못한 방향으로 왜곡되는 경우를 주시해야 할 것이다.

성격검사는 개인의 성격을 이해하는 데 도움이 되는 도구다. 성격검사에는 여러 종류가 있다. 대표적인 방식은 어떤 성격 특성을 가정해서 그 개인이 타인들과 비교해 극단적인 위치에 있는지 혹은 평균적인 위치에 있는지를 구별하는 방식이다.

다시 말해, 새로운 것에 대한 개방성을 나타내는 성격의 개념(예: NEO-PI-R 5요인 성격검사의 한 척도임)에서 타인들에 비해 극단적으로 점수가 낮다면 그 사람은 개방성 측면에서 극히 비개방적이라는 것을 의미하며, 평균점수라면 보통 수준의 개방성을 가지고 있다는 것을 의미한다. 이런 성격검사는 여러 척도의 점수를 종합적으로 검토하여(이를 프로파일 분석이라고 함) 그 개인의 특징을 기술하는 방식이다.

생활지도에서 성격검사는 유용한 도구로 사용된다. 단, 교사는 성격검사에 대한 기본적인 지식을 습득해야 한다. 모든 검사는 일종의 측정결과이기 때문에 오차가 존재하는데, 측정학적 용어로는 측정의 타당도와 신뢰도가 완벽하지 못하기 때문에 해석상의 주의를 요한다. 성격검사를 과신하거나 맹신하는 경우 쓸데없는 오해를 낳아서 학생지도를 오히려 해칠 우려가 있다. 성격검사에 관한 지식은 교육심리학에서 좀 더 구체적으로 다룬다(김계현, 황매향, 선혜연, 김영빈, 2012).

(3) 사회성 및 성격 발달 조력 프로그램

교과교육을 위해서는 교과서를 비롯한 다양한 자료가 준비되어 있다. 반면에 생활지도는 교육과정도 구체적으로 진술되어 있지 못할 뿐만 아니라 교육자료, 즉 지도자료 또한 다양하지 못한 실정이다. 많은 경우 교사 본인이 개인적으로 자료를 구하거나 개발해서 지도해야 한다.

그러나 최근에는 교육청, 청소년 상담기관, 교사단체 등에서 다양한 생활지도 자료를 개발하여 보급하고 있다. 이제는 자료가 없어서 지도하지 못하는 상태는 아니며, 교사 스스로 자료를 습득하고 활용법을 배워서 창의적으로 현장에서 사용할 수 있는 환경이 조성되고 있다고 보아야 한다.

지도자료의 형태는 다양하다. 우선 인터넷이나 서적 등에 정리된 텍스트로 주어지는 자료가 있다. 예컨대, 우리 학급에 지도를 요하는 학생이 있는데 그 학생의 문제를 이해하는 데 도움이 되는 지식을 얻고 싶다고 하자. 이런 경우 **한국청소년상담원의 홈페이지**(www.kyci.or.kr)를 참고하면 구체적인 다양한 자료를 얻을 수 있다. 혹은 메일을 통해서 전문가의 자문을 구할 수도 있다. 또 다른 형태의 자료는 프로그램이다. 프로그램이란 일정 시간 동안 수행할 활동을 구체적으로 조직한 계획서를 말한다. 프로그램은 미리 규정된 목표가 있는데, 예컨대 의사소통(대화) 기술 향상 프로그램, 자기주장 훈련 프로그램, 학교폭력 예방 프로그램, 인터넷 중독 예방 프로그램 등이 있다(이윤주, 2000). 이런 프로그램은 교사가 직접 배워서 실시할 수도 있고, 해당 전문가를 학교에 초빙하여 실시할 수도 있으며, 지역의 상담기관에 학생들을 보내서 프로그램을 받게끔 할 수도 있다. 최근 학교에서는 창의적 재량수업(담임교사 재량으로 교육내용을 선택할 수 있는 수업) 시간을 활용해서 생활지도 프로그램을 실시하는 경우를 자주 볼 수 있다.

3) 진로지도

진로지도는 과거부터 전통적으로 생활지도의 중요한 영역으로 여겨져 왔다. 진로지도는 단순히 직업을 소개해 주는 활동을 넘어선다. 개인은 학창 시절 동안 자신의 잠재력을 발견하고 흥미와 관심을 발전시켜서 궁극적으로 사회에서 생산적인 역할을 할 준비를 해야 한다. 진로지도란 이러한 장기적인 과정을 조력하는 복잡한 활동이다.

(1) 진로의식 발달

진로는 영어 'career'를 번역한 것으로 인생 경로의 뜻을 담고 있다. 진로는 단순히 직업만을 의미하지 않으며, 직업을 포함해서 개인이 일생 동안 어떤 일을 어떤 방식으로 하는지를 의미하는 종합적 개념이다.

아동기와 청소년기에 형성되는 진로의식은 교육학적으로 볼 때 매우 중요한 개념이다. 개인의 삶의 약 반은 일로 채워지는데, 이 일과 관련하여 성장기에 형성된 개념은 그가 성인기에 구체적으로 어떤 직업을 가지게 되고 그 직업을 만족스럽게 수행할지의 여부를 결정해 준다고 보기 때문이다.

진로의식의 핵심 요소들 중에는 직업흥미, 진로 가치관, 의사결정 능력, 자기 효능감 등이 있다. 직업흥미란 어떤 분야 혹은 어떤 직업에 더 관심을 느끼는지, 더 흥미를 가지고 관련 활동을 하는지, 어떤 활동에 더 적성을 느끼는지 등을 의미하는 개념이다. 직업흥미와 관련해서는 홀랜드(J. L. Holland)의 이론이 대표적 이론으로 꼽히고 있다. 그는 직업흥미가 일과 관련된 성격과 관련 깊다고 보면서 다음과 같은 여섯 가지 직업 성격 유형으로 분류하고 있다([그림 10-2] 참조).

- 실제적(realistic) 성격: 기계나 전기 등에 대한 흥미가 많은 대신에 사회성이 필요한 상황을 피하려는 경향이 있다. 전통적인 가치를 추구한다. '현실적' 성격이라고도 부른다.
- 탐구적(investigative) 성격: 과학적 탐구와 분석에 흥미를 보이는 대신 사회성이 요구되는 활동을 피한다. 논리적이다.
- 예술적(artistic) 성격: 작가, 디자이너 등 창조적인 활동을 추구한다. 관습적인 직업은 회피하고 자유로운 직업을 원한다.
- 사회적(social) 성격: 사람을 많이 대하는 직업을 추구한다. 사람을 돕고 가르치는 일에 흥미가 많다.
- 기업가적(enterprising) 성격: 영업, 경영 등에 관심이 많고 기획 업무를 좋아한다. 경제 분야나 정치 분야에 관심이 많다. 자신과 가치관이 다른 사람은 멀리하려고 한다. '진취적' 성격이라고도 부른다.
- 관습적(conventional) 성격: 규정과 관습에 충실한 직업(예: 회계 업무, 은행 업무)을 선호한다. 창의적인 것, 예술적인 성향, 자유분방한 활동을 불편해하는 편이다.

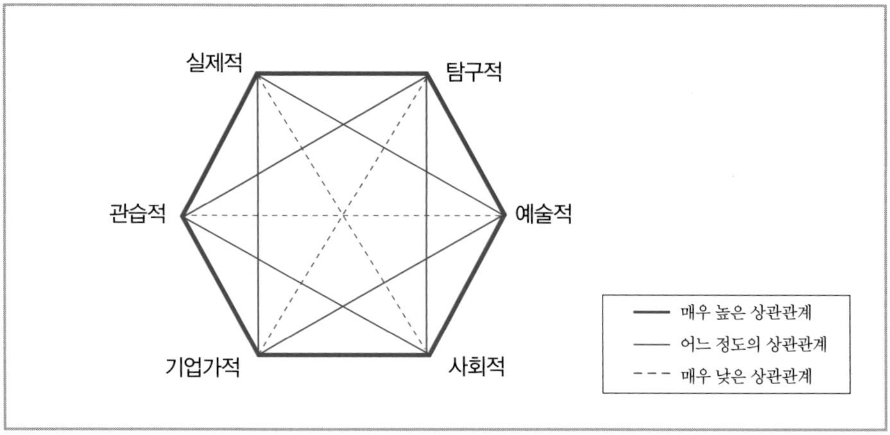

[그림 10-2] 홀랜드의 6각형 성격모형

개인은 일반적으로 이 여섯 가지 흥미 영역 중 일부는 더 발달시키고 일부는 덜 발달시킨다. 그래서 자신의 흥미 분야를 발견하고 그것을 발휘할 수 있는 직업을 찾도록 하는 것이 진로지도의 기본적인 전략이다.

진로 가치관 역시 진로의식 발달의 핵심 개념이다. 흔히 '직업에 귀천이 없다.' 고 말하지만 개인적으로는 직업과 관련하여 자신이 선호하는 가치가 있게 마련이다. 직업 가치에는 돈(보수), 명예, 사회적 지위나 인식 등의 외형적 가치요소와 일의 보람, 자기만족, 자아실현 등의 내부적 가치요소가 있다. 개인에 따라서는 외형적 가치를 많이 추구하는 반면에 내부적 가치는 그다지 중요하게 여기지 않는 사람도 있고 그 반대인 사람도 있다. 외형적 가치와 내부적 가치를 모두 만족시키는 것이 가장 바람직하겠으나 그런 경우는 흔치 않으므로, 직업 가치는 취사선택을 하거나 타협을 해야 하는 상황이 주로 발생한다. 생활지도로서의 진로지도는 학생 자신이 어떤 가치를 추구하고 어떤 가치를 덜 추구하는지 정확하게 파악하도록 도와주는 일이다(김봉환, 정철영, 김병석, 2006).

(2) 진로교육의 목표와 내용

진로교육은 진로지도와 다른 개념인가? 이 두 용어는 거의 같은 개념이지만 우리나라에서는 약간 다른 개념으로 사용되고 있다. 진로교육은 교육과정이라는 틀 안에서 학교급별, 학년별로 진로발달의 목표를 정하고 그것을 달성하기 위한 교육내용을 구성한다는 측면을 강조한다. 진로교육은 학교 교육과정의 한 부분으로 생각된다. 상대적으로 진로지도는 개별적인 지도활동을 더 강조하는 것으로 해석된다. 진로지도라는 개념에서는 프로그램의 기획과 구성, 지도방법의 고안 등이 더 중요하게 다루어진다고 보아야 할 것이다. 요약하면, 진로교육은 목표와 내용에, 진로지도는 구체적 프로그램과 방법에 각각 더 집중하는 개념이라고 볼 수 있겠다. 다음은 한국교육개발원(KEDI)에서 제시하는 진로교육의 목표와 내용의 개요다(이영대, 2004).

① **학교급별 목표**

- 초등학교: **진로 인식**과 적응 단계
- 중학교: **진로탐색** 단계
- 고등학교: **진로준비** 단계

② **진로교육의 목표와 내용**

- 자아이해: 자신의 특성, 개성, 능력, 흥미, 가치관 등에 대한 이해
- 일의 세계: 일의 개념, 직업의 개념, 직업의 종류와 구조, 직업생활에 대한 이해
- 일에 대한 긍정적 태도: 일과 직업의 가치를 이해하고 존경하는 마음을 발전시킴
- 의사결정 능력: 개인적인 탐구기술과 문제해결 기술, 의사결정 기술을 발전시킴
- 인간관계 기술: 타인과의 협동, 집단 역동의 이해 등 바람직하고 성숙한 사회기술을 발달시킴
- 일과 직업의 경제적 측면 이해: 직업 세계의 구조, 경제의 구조, 생활과 직업 간의 관계 등에 대한 이해
- 일과 직업의 교육적 측면 이해: 인생 경로로서의 진로 개념, 진로목적 성취 수단으로서의 교육 개념에 대한 이해

(3) 진로지도 프로그램

학교에서의 진로지도 프로그램은 크게 세 가지로 나누어 볼 수 있다. 진로지도 프로그램을 앞의 진로교육 목표 및 내용과 비교해서 살펴보면 이해하는 데 도움이 될 것이다.

진로지도 프로그램의 첫 번째 형태는 자기 탐색과 발견을 위한 것이다. 앞서 설명한 직업흥미, 진로 가치관 등을 탐색하는 것이 대표적인 활동이다. 자신의 흥미, 적성, 가치관을 정확하게 이해하는 것은 직업을 선택하기 전에 반드시 거쳐야 할 과정이라고 보기 때문이다. 그렇게 해야만 불만족스러운 선택을 할 가능성을 줄일

수가 있다.

진로지도 프로그램의 두 번째 형태는 직업정보 제공을 위한 것이다. 학생이 아무리 자신의 적성, 흥미, 가치관을 정확히 파악하고 있다 하더라도 세상의 직업에 대해서 아는 바가 없다면 정확한 직업 선택을 할 수가 없음은 자명하다. 더구나 현대 사회는 수만 종의 직업이 존재한다. 그뿐 아니라 많은 직업이 사라지며 많은 직업이 새로 등장한다. 직업의 종류와 각 직업이 하는 일, 그 직업을 가지기 위해서 준비해야 할 것들에 관해서 미리 알게 하는 것은 진로지도의 주요 목표다. 우리나라에서는 고용부(전 고용노동부) 산하기관인 한국고용정보원에서 **직업사전**을 출판하고 있다.

진로지도 프로그램의 세 번째 형태는 **취업기술**의 배양을 위한 것이다. 학생이 아무리 자신에 대해서 잘 이해하고 있고 직업에 대한 정보를 많이 가지고 있다 하여도 결국 그 직업을 가질 수 있는 기술과 능력이 부족하면 아무 소용이 없다. 취업을 하기 위해서는 구인정보를 입수할 줄 알아야 하고, 취업에 필요한 절차인 이력서 등 서류 준비 및 면접 등을 거쳐야 한다. 능력이 있으면서도 취업에 실패하는 경우가 자주 있는데, 이런 경우는 주로 취업기술이 부족하기 때문으로 파악된다. 진로지도는 이러한 세 가지 요소를 모두 만족시켜야 하기 때문에 학교에서는 장기간의 진로지도 계획을 세워서 체계적으로 프로그램을 실시하여야 한다.

(4) 자유학기제와 진로지도

최근에 학교에서는 진로지도 영역에서 큰 변화가 일어나고 있다. 중학교를 중심으로 이른바 '**자유학기제**' 라는 것이 생겨서 기말고사 등 시험을 실시하지 않는 학기를 가지게 되었는데, 학생은 이 '자유학기' 동안 일반 교과 수업 이외에 진로 탐색과 진로 체험을 집중적으로 하게 된다. 학교에서는 이런 진로 관련 수업을 위해 '**진로진학상담교사**'를 배치하여 학생들의 진로교육과 진학지도를 전담하도록 한다. 이런 조치는 2015년에 개정된 「**진로교육법**」 및 시행령에 기초하여 이루어지는데, 법률의 취지는 '학생에게 다양한 진로교육 기회를 제공함으로써 변화하는 직업세계에 능동적으로 대처하고 학생의 소질과 적성을 최대한 실현하여 국민의 행복한 삶과 경제 사회 발전에 기여함'을 목적으로 한다.

진로교육 전담교사인 '진로진학상담교사'는 현직 교사들 중에서 570시간 정도의 연수를 받은 후 '진로진학상담교사 정교사(부전공) 자격'을 취득하게 되며, 2012년부터 각 학교에 배치되기 시작하였고, 2015년 기준으로 5,286명이 각 학교에 배치되었다. 다만, 이 진로교육 정책은 아직 시행 초기이기 때문에 제대로 된 체계적 평가를 내리기는 어렵고, 향후 이 정책과 제도가 각급학교에 정착될지 여부는 지속적으로 관찰하고 평가를 해야 할 것이다.

4) 학급경영(학급 관리)

학급경영은 **학급 관리**라고도 하며 영어로는 'classroom management'다. 학급경영에는 크게 두 가지가 있다. 하나는 담임교사의 학급경영이고, 다른 하나는 수업교사의 학급경영이다.

(1) 담임교사의 학급경영

우리나라의 초 · 중 · 고등학교는 학급으로 구성되며 학급에는 담임교사가 배정되어 있다. 담임교사는 자기 학급 학생들의 학교생활 지도에 대한 일차적인 책임을 가지고 있다. 특히 초등학교 학급담임은 학급경영은 물론 영어 및 예체능 과목을 제외한 거의 모든 과목에 대해서 학급의 수업까지 담당하고 있을 만큼 담임교사로서의 임무와 책임이 막중하다.

학급경영자로서 담임교사의 대표적 임무는 출결석 관리, 교실환경 관리, 학생들의 학력 관리, 품행지도, 진로지도, 각종 행사지도와 문서 관리 등 다양하다. 담임교사는 학년 초부터 학년 말까지 1년 동안 학급에 대한 전반적인 책임을 진다. 학년 초에는 주로 학생에 대한 신상 파악을 하고 기본적인 사항을 생활기록부에 기록한다. 그리고 학생의 성격이나 인지적 능력, 기타 개인적인 사항 등을 파악하기 위해서는 개별적인 상담을 해야 한다. 생활지도 이론에서는 이런 활동을 학생 조사활동 혹은 조사기능이라고 부르는데, 학생에 대한 기본 정보를 파악하는 것이 주 기능이다(김계현, 2009).

학기가 진행됨에 따라서 학급은 환경미화, 체육대회, 합창대회 등 교내 행사에 참여하게 된다. 담임은 이런 행사를 통해서 학생들이 참여, 협동, 봉사, 단결을 경험하도록 하기 위하여 리더십을 발휘하여야 한다. 학기 중간 혹은 학기 말에 있는 시험에서 학생들이 좋은 성적을 받을 수 있도록 독려하는 것도 담임교사의 일이다. 그 외에도 학교에서 학부모들에게 전달하는 사항을 중재하는 역할도 담당하며, 그것을 거두어서 학교에 전달하는 것 또한 담임교사를 통해서 이루어진다. 학생들의 품행과 행동 문제에 대해서도 일차적으로 담임교사가 책임을 진다. 행동문제가 심각할 경우에는 학교의 학생부장, 상담부장, **학교폭력 담당교사** 등이 담당하지만 그런 상태가 되기 이전까지는 담임교사가 지도를 담당한다.

(2) 수업교사의 학급경영

학급경영은 수업교사로서의 임무와도 관련된다. 학교에서 수업은 40~50분 정도의 시간 동안 전적으로 교사에게 맡겨진다. 수업시간에 발생하는 학생의 학습행동, 수업태도, 학습효과 등은 수업교사에게 달려 있다. 그런데 수업에는 학생이 지켜야 할 규율이 존재한다. 특별한 사정이 있지 않는 한 수업에의 출석은 필수요건이다. 그리고 수업 중에 타인의 수업을 방해하는 행동은 금지된다. 수업 중에 잠을 자거나 산만한 행동을 하는 등 수업 참여를 게을리하는 것도 문제가 된다. 교사가 내준 숙제를 수행하는 것도 수업교사가 확인하고 감독 · 지도할 부분이다.

수업 중에 떠드는 학생이 있는 경우 어떤 방법으로 지도할 것인가? 잠을 자는 학생은 어떤 방법으로 지도할 것인가? 숙제를 해 오지 않는 학생은 어떻게 지도할 것인가? 이런 질문에 대해서 몇 가지 교육심리학적인 원리가 제공되어 있다. 지도원리의 근간은 바람직하지 않은 행동에 대해서는 **소거**(extinction) 혹은 처벌의 방법을 사용하면서 그 대안이 되는 바람직한 행동을 **강화**하라는 것이다. 그러나 이 문제가 이론에서 제공하는 원리와 같이 간단하게 해결되지는 않는다. 수업을 방해하는 학생을 지적하고 나무랐을 때 학생이 반항하거나 복종하지 않는다면 교사가 어려운 상황에 봉착하기 때문이다. 보편적 지도원리는 교육심리학 이론에서 나오지만, 구체적인 방법에 대해서는 대체로 선배 교사들에게서 전수되는 방법을 배우거나 교사단체에서 마련한 지침서 등을 참고한다.

요즈음 학교에서 사용하는 처벌방법으로서 체벌의 사용이 쟁점이 되고 있다. 특히 '매'로 대별되는 학생의 몸을 때리는 체벌이 문제시되고 있다. 이 쟁점은 체벌의 전면 금지를 주장하는 측과 '**교육적 체벌**'의 존속을 주장하는 측으로 대별된다. 한가지 분명한 것은 폭력이나 다름없는 체벌에 대해서는 누구나 반대한다는 것이다. 교사에 의한 학생 폭력과 체벌은 분명히 구분되어야 한다. 학교에서의 체벌은 극히 제한적인 방법으로만 할 수 있도록 되어 있기 때문에, 교사는 체벌이 아닌 대안적인 지도방법들을 가지고 있어야 한다. 그중의 하나가 다음에 설명할 상담이 될 것이다.

3. 상담의 이론과 방법

상담은 생활지도에서 중요한 위치를 차지하는데 그 이유가 무엇일까? 그리고 대표적인 상담이론으로는 무엇이 있으며, 학교상담에서는 기본적으로 어떤 전략과 기법을 사용하는가? 개인상담 이외의 다른 상담방법으로는 어떤 것들이 학교에서 자주 활용되고 있는가?

1) 생활지도에서 상담의 위치

생활지도는 학교교육 이론에서 상담보다 훨씬 더 넓은 개념이다. 이 장의 1, 2절에서 고찰한 바와 같이 생활지도 활동은 모든 학생을 대상으로 모든 교사가 학교생활 전반에 걸쳐서 수행하도록 되어 있다. 그 활동 영역도 학생의 행동 및 인성 발달, 사회성 발달, 학업발달, 진로발달 등이며, 학교에서는 생활지도를 교과교육과 연계하여 실시하는 것이 바람직하다.

그러면 상담은 생활지도에서 어떤 위치를 차지하는가? 첫째, 상담은 생활지도의 여러 방법들 중의 하나다. 상담은 방법적으로 볼 때, 개인면담에 의한 개인상담, 소집단이 모여서 하는 집단상담, 인터넷이나 메일 등을 매개로 한 사이버 상담 등이 있다. 생활지도에서는 이런 다양한 상담방법들을 활용할 뿐만 아니라 여타의 방법들도 사용한다. 둘째, 상담은 생활지도 방법들 중에서 상당 수준 전문화된 방법으로 알려져 있다. 상담은 학교생활 지도의 한 방법으로 발전하여 왔지만 학교 이외의 기관에서도, 즉 학교 생활지도와 별개의 경로를 통해서도 발전하였다. 그 결과, 상담은 그 자체만으로도 하나의 학문체계로 성립할 만큼, 즉 상담학이 독립 학문이 될 만큼 독자적인 이론체계를 발전시켰다.

요약하면, 상담은 생활지도의 한 방법이지만 그 자체의 전문적 발전으로 인하여 생활지도의 핵심 영역 혹은 핵심 방법으로 인정받고 있다고 할 수 있다. 그래서 최근에 출판되는 책들 중에는 '생활지도와 상담' 혹은 '학교상담과 생활지도'라는 병렬적인 제목을 달거나 **'학교상담'**이라는 제목을 다는 경우를 흔히 볼 수 있다. 학회 활동에서도 그런 추세를 살펴볼 수 있다. 예를 들면, 한국상담학회 산하에는 '학교상담학회'라는 분과학회가 있는데 과거의 '생활지도연구회' 등을 대신하는 것으로 보인다.

2) 학교상담 교육과정의 영역과 목적

앞서 언급한 바와 같이, 학교상담과 생활지도는 교육과정으로 정립될 필요가 있다. 교과교육 부문에서는 교육과정이 상당히 체계적으로 갖추어져 있으나 생활지도, 특히 상담의 부분은 그렇지 못하다. 상담에 대해서는 앞서 제기한 바와 같이 **'반응적 서비스'** 위주의 개념을 가지고 있기 때문이 아닌가 짐작된다. 참고로, 미국에서는 학교상담자협회(American School Counselor Association: ASCA)를 중심으로 학교상담과 생활지도의 교육과정 기준을 제공하고 있으며, 많은 주가 그 기준을 기반으로 교육과정을 규정하고 있다. 다음은 미국 위스콘신 주의 학교상담-생활지도 교육과정의 3대 영역과 교육목표를 제시한 것이다(강진령, 유형근, 2004b).

- 인성 · 사회성 영역
  - 신체적 · 정서적 · 지적 성장과 발달을 이해한다.
  - 자기개념과 사회적 개념을 개발한다.
  - 또래관계를 이해하고 발달시킨다.

- 학교, 가족, 자신에 대한 긍정적인 태도를 갖는다.
- 부모와 의사소통하는 방법을 배운다.
- 삶의 스트레스, 도전, 패배와 성공에 대처하는 방법을 배운다.
- 삶의 계속적인 변화에 대처하는 방법을 배운다.

• 학업 영역
- 내적 학습동기를 개발한다.
- 효율적인 학습기술을 개발한다.
- 미래에 대한 목적의식과 그것을 달성하는 방법을 개발한다.
- 자신의 강점과 능력을 기반으로 좀 더 효율적으로 공부하는 방법을 이해한다.
- 문제해결 기술을 개발한다.

• 진로발달 영역
- 직업의 차이와 변화하는 남녀의 역할에 관해 이해한다.
- 개인적인 흥미와 기호를 인지한다.
- 일과 놀이에서 타인들과 협동하고 공존하는 법을 배운다.
- 일을 한다는 것의 의미와 학교활동이 미래의 계획과 어떻게 관련되는지를 이해한다.
- 다소 먼 미래에나 경험할 수 있는 세계에 관해 인지한다.

3) 전문상담의 대표적 이론

(1) 정신분석적 상담이론

프로이트(S. Freud)에서 비롯된 정신분석학은 심리학이나 상담 이론뿐만 아니라 20세기의 인간관, 철학, 사회사상 등에 영향을 주었다. **정신분석학**의 핵심 개념들을 살펴보자.

① 정신분석학은 성적 욕구를 인간 행동의 가장 기본적인 개념으로 가정한다. 모든 생물은 **리비도**(libido)라고 부르는 욕구를 가지고 있는데, 이것은 성욕을 포함한 모든 생산 욕구를 지칭한다. 프로이트는 어린아이에게도 성 욕구가 있다고 보며 그것이 어디에 집중되는가를 가지고 어린아이의 성격발달을 설명한다. 아이는 출생 후 5~6세까지 구강기-항문기-성기기를 거치는데 각각의 성심리적 발달단계를 거치면서 어떤 경험을 하는가에 따라서 개인의 독특한 성격이 형성된다고 주장하였다.

② 정신분석학의 핵심 개념 중에는 **무의식**(unconscious)이라는 개념이 있다. 무의식의 반대 상태는 의식(conscious)으로서 우리가 경험하는 것을 인지하거나 느낄 수 있는 상태를 말한다. 이 무의식의 개념은 인간이 그동안 설명하기 어려웠던 행동의 원인을 설명하는 데 큰 도움을 주었다. 예컨대, 우리가 왜 자기도 모르게 실언을 하는지, 왜 자신도 모르게 원하지 않는 행동을 하게 되는지 등이 잠재된 무의식의 영향이라는 설명이다.

③ 정신분석학에서는 **정신역동**(精神力動, psychodynamics)이라는 개념을 고안하였다. 어린아이는 성장과정 중 어머니나 아버지, 형제 등 주요 인물들과의 관계 속에서 갈등을 경험하며 그것은 그 후 미해결 갈등으로 남아 개인의 행동, 인지, 감정에 영향을 미친다. 바로 이 미해결 갈등을 이해하는 것이 개인의 정신역동을 이해하는 방법이며 정신병리의 원인을 발견하는 길이다.

정신분석학은 인간을 이성, 즉 합리성만으로 다 설명할 수 없다는 새로운 관점을 제공하였다. 정신분석학의 영향을 받은 교육이론가들은 아동을 감정의 지배를 받는 존재로 인식하기 시작하였으며 이성 못지않게 감정도 인간 발달에 중요한 요소임을 깨닫게 되었다.

(2) 행동주의 심리학과 행동수정

행동주의 심리학은 왓슨(J. B. Watson), 스키너(B. F. Skinner) 등에 의해서 주창되고 발전되었다. 전통적으로 심리학이란 인간의 의식 세계를 연구하는 것이었다. 그런데 왓슨과 스키너는 의식 자체는 관찰할 수 없기 때문에 과학적 연구의 대상이 될 수 없고, 반면에 행동은 겉으로 드러나는 것이어서 관찰 가능할 뿐만 아니라 심리학을 과학으로 발전시킬 수 있다고 주장하였다. 단, 행동주의 심리학자들이 의식의 존재 자체를 부정한 것은 아니며 행동연구를 통해서 의식을 이해하는 데 이른다는 생각으로 풀이된다.

행동수정은 파블로프(I. Pavlov)의 **고전적 조건화**(classical conditioning) 원리와 스키너의 **조작적 조건화**(operant conditioning) 원리를 기반으로 하여 출현하게 된 행동교정 기법이다(조건화를 **조건형성**으로도 칭한다. 고전적 조건화와 조작적 조건화에 관해서는 4장을 참고한다). 즉, 바람직하지 못한 부적응적 행동은 그 빈도를 줄이거나 행동의 강도를 줄여 나가며, 바람직한 적응적 행동은 강화기제를 이용하여 새로 형성시키거나 빈도와 강도를 높여 나가는 방법이다. 행동수정은 특히 유치원, 초등학교, 특수학교에서 많이 적용되었으며 그 효과가 입증된 바 있다. 대표적인 행동수정 기법으로는 소멸(extinction), 처벌(punishment) 등의 행동 감소기법들과 행동조성(shaping), 강화(reinforcement) 등의 행동 증가기법들이 있다.

초기의 행동수정 기법은 목표행동에 대해서 직접적인 보상이나 처벌을 가하는 방법을 사용하였다. 그러나 학습은 직접적인 보상, 처벌이 없이도 발생한다. 예컨대, 다른 사람의 행동을 보는 것만으로도 그 행동을 학습할 수가 있다. 이것을 모방 혹은 **모델링**이라고 부른다. 다른 사람의 행동이 보상을 받는지 혹은 처벌을 받는지를 관찰할 기회가 있은 후에 우리는 자신의 행동을 선택한다. 혹은 상대방에 대한 감정에 따라서, 상대방과의 관계에 따라서 행동이 달라지기도 한다. 이런 현상을 심리학에서는 **사회학습**(social learning)이라고 부르는데, 행동수정에서는 이 사회학습의 원리도 활용하고 있다. 사회학습 이론은 주로 반두라(Bandura)에 의해서 체계화되었다.

(3) 내담자중심 상담이론

정신분석과 행동심리학은 여러 가지 차이점에도 불구하고 한 가지 중요한 공통점이 있다. 그것은 인간을 '결정론적'으로 본다는 것이다. 인간의 행동을 원인-결과의 관계로 설명한다는 것이다. 즉, 현재의 성격이나 행동 등은 이미 과거의 학습이나 경험에 의해서 비롯된다는 것이다. 그러나 이 결정론적인 설명체계에 반대하는 입장도 있다. 그것은 인간의 자유의지를 중요시하는 관점으로서, 인간의 행동은 개인이 선택한 것이지 결코 어떤 원인에 의해서 결정된 것이 아니라는 입장이다. 이런 입장을 강조하는 심리학을 '제3의 심리학' 혹은 '인간주의 심리학'이라고 부른다. 대표적인 학자로는 매슬로(A. M. Maslow), 로저스(C. Rogers) 등이 있다.

인간주의 심리학자는 인간의 행동을 설명할 때 행동의 원인보다는 목적에 더 주목한다. 과거보다는 미래에 더 주목하는 것이다. 개인은 자신의 희망, 목적, 바람, 취향 등을 기반으로 자신의 목표를 지향하며 그에 비추어서 자신의 행동을 선택한다. 매슬로와 로저스가 공통적으로 중요시한 대표적인 개념은 **자아실현**(self-actualizing)이다. 이는 인간이 자신의 잠재력을 최대화하고 더 나은 개체로 성장하려는 욕구를 말한다. 자아실현의 욕구는 기본적인 **생물적 욕구**, **소속감의 욕구**, **사랑의 욕구**, **자존감의 욕구** 등과 같은 하위 욕구보다 상위에 존재하는 최상위급 욕구다.

특히 로저스는 인간주의 심리학 이론을 기반으로 효과적인 상담 이론과 기법들을 개발하였는데 그것을 내담자중심(client-centered) 상담이론 혹은 인간중심(person-centered) 상담이론이라고 부른다. 로저스에 의하면, 상담자는 내담자에 대해서 ① 무조건적으로 존중하고 수용하는 마음을 가지고, ② 공감적 자세로 이해하며, ③ 진실한 태도를 유지하여야 한다. 상담자의 이런 태도는 그 어떤 상담기술보다도 우선하고 중요한 요소이며 효과적 상담을 위한 **촉진요소**다. 상담자의 이런 태도가 주어질 때, 내담자는 안전감을 느끼면서 자신 안에 내재되었던 긍정적 힘을 발견하여 건설적인 변화를 촉진하게 된다.

(4) 인지적 심리치료 이론

상담에서 인지적 접근은 인지적 심리치료 이론과 기법에 기반을 두고 있다(이를 짧게 인지치료라고 부름). 인지치료 이론가들은 인간의 감정, 즉 정서적 문제의 원인은 생각을 잘못하기 때문이라고 가정한다. 예컨대, 시험을 앞두고 지나치게 불안해하는 학생은 그 시험을 잘못 보면 자기의 인생은 파멸이라는 식으로 과장되고 극단적인 생각을 해서라는 것이다. 인지치료자인 엘리스(A. Ellis)는 이러한 정서상의 문제를 일으키는 사고를 **비합리적 신념**(irrational belief)이라고 칭하였다. 그는 이 이론을 바탕으로 하여 비합리적 신념을 합리적 신념으로 변화시키기 위한 치료기법을 개발하였는데 이를 RET(Rational Emotive Therapy) 혹은 REBT(Rational Emotive Behavior Therapy)라고 부른다.

인지이론은 현대인의 우울증을 설명하고 치료하는 데 큰 공헌을 하였다. 특히 벡(A. Beck)의 인지치료법은 우울증 치료에 그 효과가 검증된 바 있다. 우울증은 자기비하적인 생각, 부정적인 시각 등이 원인으로 작용하는데, 이를 자기옹호적인 사고와 긍정적인 시각으로 변화시키는 것이 우울증에 대한 인지치료다. 또한 인지치료는 내담자 스스로 자신의 사고 특성과 증상을 이해하고 관리 · 조절할 수 있어야 한다고 보기 때문에 **자기조절 능력**의 배양을 중요시한다.

4) 개인상담의 기본 전략과 기법

상담의 방법에는 여러 가지가 있다. 대표적으로는 개인상담과 집단상담으로 나눈다. 학교상담에서는 이 두 가지 방법을 모두 활용한다. 다음에서는 개인상담의 기본적인 전략과 기법들을 살펴본다.

(1) 문제해결 상담전략

상담은 문제가 있어서 하게 되고 문제를 해결하기 위해서 하는 것이기 때문에 '문제해결 상담전략'이라는 말이 어색하게 들릴 수 있다. 그러나 앞서 제시한 상담이론들을 상기해 보면 심리치료적인 상담이론들은 적극적으로 문제해결을 추구하지는 않는다는 것을 알 수 있다. 그런데 학교상담은 보다 적극적으로 문제해결 전략을 추구한다고 말할 수 있다.

개인상담 이론에서는 문제해결 전략을 단계적으로 설명한다. 첫 번째 단계는 '탐색단계'다. 이 단계에서는 상담을 요하는 이유, 문제가 발전된 경로, 문제와 관련된 내담자의 감정과 생각, 내담자의 가족 · 친구 · 교사 등의 인적 환경, 내담자의 강점과 약점, 상담의 목표 등에 대해서 탐색을 한다. 그리고 탐색단계에서는 상담자와 내담자 간의 **협력적인 관계**를 형성하는 것('**라포 형성**'이라고도 함)도 중요한 과제다. 두 번째 단계는 '통찰단계' 혹은 '깨달음 단계'다. 이 단계에서는 문제의 원인에 대해서 다방면으로 깨닫는 것이 중요한 과제다. 그리고 자신이 왜 그 문제에서 벗어나지

[그림 10-3] **학교 개인상담 장면**

못하고 있는지, 즉 문제를 해결하지 못하고 있는 이유에 대해서 통찰을 얻는다. 그럼으로써 내담자는 문제해결을 위한 전략을 가질 수가 있게 되는 것이다. 세 번째 단계는 '실행단계'다. 이 단계에서는 전 단계에서 습득한 통찰 내용을 기반으로 해서 내담자와 상담자가 함께 문제해결을 지향하는 실행방법을 고안한다. 실행방안은 구체적이어야 할 뿐만 아니라 실행 가능성이 높아야 한다. 내담자 입장에서 실행하기 너무 어려운 방안은 무의미하다. 그리고 실제로 문제해결 방안을 실행하여 보고 그 결과를 분석한다. 만약 문제가 해결되지 않는다면 다른 대안을 실행한다.

문제해결 상담전략은 학교상담에 적합하다고 알려져 있다. 문제해결 상담전략이 특히 단기적인 상담을 추구하기 때문이다. 학교상담에서는 심층적인 심리치료보다는 현실적인 문제해결을 지향하며, 장기적인 전략보다는 단기적인 전략을 사용한다(김계현, 2003).

(2) 개인상담의 기본 기법

① **경청**: 상담의 기본은 경청이다. 그런데 상담자의 경청은 내담자의 말을 단순히 듣기만 하는 것이 아니다. 상담자의 경청은 이른바 '**적극적 경청**'이라고 하는데, 이는 내담자가 진술하는 말 이면에 숨어 있는 생각, 감정, 입장까지 생각하면서 듣는 것을 의미한다. 그렇게 해야만 상담자는 내담자를 더 잘 이해하

고 **공감**(empathy)할 수가 있다.

② **주의집중**: 상담자는 내담자에게 온전하게 주의를 집중해야 한다. 주의집중은 적극적인 경청을 위해서 필요한 조건이지만 경우에 따라서는 그 자체가 상당한 상담효과를 발생시킨다. 자신에게 최선을 다해서 집중해 주는 상담자와의 면담 경험은 내담자에게 큰 정서적 지지와 위안을 제공하기 때문이다.

③ **재진술**: 내담자가 한 말 중에서 일부를 상담자가 반복해 주는 기법이다. 재진술은 대화의 흐름을 조절해서 내담자가 상담내용의 초점을 유지하도록 도와주고 상담자와 내담자 간의 의사소통을 명료하게 해 주는 기능을 한다. 즉, 상담자가 재진술해 준 내용에 상담의 초점이 맞추어지기 때문에 상담 대화는 효율성을 유지할 수가 있다.

④ **감정 반영**: 영어로 'reflecting'이라고 부르는 기법으로, 거울에 비치듯이 내담자의 감정상태를 되돌려준다는 의미에서 붙여진 용어다. 상담자는 적극적 경청에 의해서 파악한 내담자의 감정상태를 공감할 뿐만 아니라 그 공감 내용을 내담자에게 되비춰 준다. 반영하는 구체적 기술은 언어(말)뿐만 아니라 표정이나 목소리 등의 비언어적 요소까지 기술적으로 활용되어야 한다.

⑤ **질문**: 일반 대화에서도 자주 사용되는 어법이지만 상담에서의 질문은 일반 대화의 경우와 차이가 있다. 상담에서의 질문은 정보수집이라는 기본 기능 외에도 내담자가 자신의 내면을 탐색하도록 자극하거나 유도하는 기능을 한다. 왜냐하면 구체적인 자기 탐색을 기반으로 문제해결을 위한 통찰과 대안들을 발견할 수 있기 때문이다. 이는 앞의 문제해결 상담전략에서 설명한 바 있다.

5) 학교 또래상담

상담은 주로 전문적 상담교육을 받은 상담자가 수행한다. 그런데 **또래상담**이란 전문가가 아닌 동료 간의 상담을 뜻한다. 학교에서는 같은 학생이 다른 학생을 상담해 주는 것이다. 우리나라에서는 한국청소년상담복지개발원(구 한국청소년상담원)에서 배출한 또래상담 지도교사들이 학교에서 또래상담을 조직하고 또래상담자를 훈련시키며 상담과정을 지도하고 있다. 우리나라에서의 학교 또래상담은 크게 호응을 얻어서 그 수가 계속 증가하였다.

2008년까지 양성된 또래상담자의 수는 6만 1,000여 명, 또래상담 지도교사의 수는 9,500여 명, 전문지도사의 수는 350명으로 되어 있다(노성덕, 정지연, 명선희, 김병관, 2010). 또래상담을 시행하는 학교의 수는 중학교 506개, 고등학교 389개, 초등학교 81개로서 전체 954개 학교가 시행하였다(한국청소년상담복지개발원, www.kyci.or.kr).

또래상담은 학생들이 교사보다는 같은 급우, 특히 친구에게 자신의 고민을 더 편하게 털어놓는다는 사실에 근거를 두고 있다. 또래 간에는 상담자와 내담자 간의 공감도 더 쉽게 이루어질 수 있기도 하다. 또래상담 지도교사는 상담 적임자라고 생각되는 학생들을 선발하여 소정의 교육과 훈련을 시킨다. 그들이 또래상담 활동을 하는 동안 지도교사는 **슈퍼비전(지도감독)**을 제공한다.

또래상담에서 상담자로서의 경험은 개인적인 성장에 도움이 된다. 특히 동료 학생의 고민을 공감적 차원에서 들어 주는 경험은 다른 상황에서는 경험하기 어려운 값진 경험이다. 이는 단순히 친구 간의 우정을 기반으로 한 대화보다 더 심층적일 수 있으며 상담자와 내담자 모두에게 새로운 체험을 제공한다(이상희, 노성덕, 이지은, 2004). 또래상담은 현재 우리나라 중 · 고등학교에서 널리 받아들여지고 있으며, 앞으로 더 증가할 추세로 보인다.

6) 소집단 상담 프로그램

집단상담은 개인상담의 대안적인 방법으로 개발되었는데, 학교에서는 개인상담보다 오히려 더 보편적으로 활용된다고 본다. 집단상담은 보통 8~15명 정도의 소집단으로 이루어지는 것이 보통이다. 그리고 학교에서의 집단상담은 주로 상담 내용과 목적이 정해져 있고(예: 자기주장 훈련, 집단따돌림 예방, 의사소통 기술, 진로탐색, 분노조절 등), 상담기간도 정해져 있다. 이런 형태를 구조화된(structured) 집단상담이라고 부른다. 그런 의미에서 소집단 상담 프로그램이라고 칭하는 것이다. 소집단 상담 프로그램의 예시는 다음의 문헌에 상세히 소개되어 있다.

- 김계현 외(2009). 학교상담과 생활지도(2판)(12, 13장). 서울: 학지사.
- 박승민, 조영민, 김동민(2011). 청소년 인터넷 중독의 이해와 상담. 서울: 학지사.
- 손진희, 홍지영(2008). 청소년 따돌림 문제의 이해와 대처: 교사와 상담자를 위한 실제적 지침. 서울: 학지사.
- 김광수(2008). 용서상담 프로그램: 아동 및 청소년의 또래 대인관계 문제 개선과 정서능력 개발을 중심으로. 서울: 학지사.

집단상담은 일반적인 수업이나 집단지도와 차이가 있다. 수업이나 지도는 지식이나 정보를 전달하는 것이 주목적이며, 방법 면에서도 교사에 의해서 일방적으로 제공되는 경우가 흔하다. 토론식 수업방법을 도입한다 하여도 인지적 차원의 정보 및 의견 교환이 주류를 차지한다. 그러나 집단상담에서는 감정의 차원을 다루기 때문에 인지 차원보다 좀 더 심층적인 부분까지 접근할 수 있다. 더구나 집단상담에서는 상담 참여자 간에 형성되는 **집단 역동**(group dynamics)을 활용하기 때문에 참여자들이 지금까지 경험해 보지 못했던 새로운 것을 체험할 수 있다. 대표적인 집단역동으로는 **집단 응집력**(group cohesion)을 들 수 있다. 처음에는 집단 참여자 간에 상호 신뢰감이 낮아서 서로 털어놓지 못하거나 갈등을 경험하다가 어떤 계기를 체험한 이후에 서로에 대한 개방 수준이 높아지고 상호 신뢰감을 경험하면서 집단 응집력을 체험하게 된다. 따라서 집단상담은 상담자(또는 지도자, 촉진자)가 일방적으로 이끌어 가는 것이 아니라 집단원들 간에 형성되는 역동에 근거하여 집단원 상호 간에 영향을 주고받는 수준으로 발전하게 된다.

[그림 10-4] **학교 집단상담 장면**

4. 학교상담의 역사와 제도

상담이론에서는 상담을 상담자 개인과 내담자 개인 간의 상호작용으로 본다. 그러나 상담은 법과 제도의 틀 안에서 만들어진다. 특히 학교상담과 같이 교육기관에서 이루어지는 상담은 법제화가 기본적인 조건이라고 볼 수 있다. 다음에서는 우리나라의 학교상담 제도는 어떤 과정을 거쳐 왔으며 현재 어떤 상태에 있는가, 그리고 앞으로 어떤 과제를 안고 있는가에 대해 살펴본다.

1) 학교상담의 태동과 교도주임제도

1945년 일본 제국주의로부터의 해방과 미군정의 시작은 우리나라 교육제도에 심대한 변화를 가져왔다. 당시의 '새교육운동'은 민주주의를 지향하는 새로운 국가 목표를 교육을 통해 달성하고자 했던 생각에서 나온 대표적인 운동이었다. 학교에서 상담, **가이던스(guidance)** 등의 개념이 도입된 것도 바로 이러한 운동의 일환으로 볼 수 있다.

1958년은 우리나라 학교상담 역사에서 중요한 일들이 발생한 해다(한국카운슬러협회, 1993). 서울특별시 교육위원회에서는 1958년에 제1차 교도양성강습회를 열어서 47명의 교도교사를 양성하였다. 이 강습회는 이후 1961년까지 5회 실시되었으며, 총 170명의 교도교사를 배출하였다. 또한 문교부(현 교육부)와 중앙교육연구소 공동주관으로 1958년 제1기 고등학교 생활지도담당자 연수회를 개최하여 학생들의 생활지도를 전문적으로 담당할 수 있는 교사를 양성하였다. 이 연수회를 통해서 1961년까지 총 260명의 교도교사가 배출되었다.

이렇게 강습회와 연수회의 개최는 마침내 제도화의 결실을 맺게 된다. 1964년에는 「교육공무원법」에 '교도교사'라는 교사자격증이 규정되기에 이르렀다. 이 법률에는 "고등학교 이하의 각급학교 교사의 자격은 각급 학교별로 정교사, 준교사, 교도교사, 사서교사, 실기교사, 양호교사로 하고, 소정의 기준에 해당하는 자로서 문교부장관이 수여하는 자격증을 받은 자로 한다."라고 명시되어 있다. 그 후 1973년에는 '교도주임교사'라는 제도가 「교육법 시행령」에 규정된다. 이 규정에서는 18개 학급 이상의 중등학교에는 교도주임을 두도록 되어 있다. 학교 업무에서 생활지도 활동의 전문성이 공식적으로 인정받게 된 것이다. 주임교사란 현재의 '부장교사'에 해당하는 직급으로서 학교조직에서 상당히 상위 직급에 속한다. 따라서 많은 교사들이 교도주임이 되고자 희망하였으며, 전국의 대학에서 180~240시간의 연수회를 통해서 교도주임을 양성하였다.

그런데 이런 제도적 장치가 반드시 긍정적인 효과만을 발생시킨 것은 아니다. 가장 대표적인 문제점은 교도주임으로의 승진을 단지 추후 교감으로 승진하는 수단으로 활용하는 경우가 많아졌다는 것이다. 그래서 상담이나 생활지도 활동에 대한 열의와 관심이 있는 교사들이 연수 대상에서 탈락하는 반면에 단지 승진을 목적으로 하는 교사들이 연수를 받게 되는 부작용을 낳기도 하였다. 그럼에도 불구하고 교도교사 및 교도주임 자격제도는 우리나라 학교에 생활지도를 전문화하는 데 최초로 가장 큰 공헌을 한 제도라고 평가받아 마땅하다.

2) 전문상담교사 자격제도

교도주임제도는 1990년 초 진로교육 운동의 영향으로 '진로상담주임'으로 잠시 동안 명칭의 변화를 겪었으며, 1998년에 '**전문상담교사**' 제도가 도입 · 실시되기 시작하면서 학교현장에서 큰 변화를 겪게 된다. 정부에서는 1997년 말에 「초 · 중등교육법」을 개정하였는데, 새로 '전문상담교사'라는 자격증을 신설하여 기존의 교도교사 자격증은 신설된 전문상담교사 자격증(1급 정교사)으로 대치한다는 내용이 있다.

가장 큰 변화는 우선 양성방식에서 찾을 수 있다. 교도주임 연수는 방학 기간을 이용한 단기 연수회 방식을 사용한 반면, 전문상담교사는 교육대학원에서 1년(2개 학기) 동안에 18학점(9개 과목×2학점)을 이수하여 자격을 취득하도록 규정하였다. 단, 전문상담교사는 현직 교사로서 소정의 교사 경력(3년 이상)을 가져야만 연수를 받도록 규정하였기 때문에 현재 교사가 아닌 사람은 전문상담교사 자격증을 취득할 수 없도록 되어 있었다.

전문상담교사 제도를 규정한 법률에 의하면 초등학교 교사 및 특수학교 교사도 전문상담교사가 될 수 있도록 되어 있다. 이는 획기적인 변화로 평가된다. 이전의 교도교사는 중·고등학교에만 있었다. 이를 계기로 초등학교 교사들 간에 상담교육에 대한 관심이 높아지고 초등교사들만의 연구회를 구성하여 전문성 향상을 도모하는 노력이 시작되었다.

또 다른 큰 변화는 학교조직에서 교도주임제도가 없어진 것이다. 당시에는 교도주임으로 임명되려면 반드시 교도교사 연수를 받은 교도교사 자격증 소지자여야 가능했다. 그런데 제도가 바뀌면서 전문상담교사 자격증이 없어도 교도부장, 상담부장, 생활지도부장 등의 직책을 맡을 수 있는 학교가 생기기 시작하였다. 이 점은 전문상담교사 자격증을 가진 교사들에게는 사기를 떨어뜨리는 결과를 야기하였다고 평가되고 있다. 참고로, 한국교육개발원의 『교육통계연보』(2005년)에는 전국에서 1만 5,000명 이상의 전문상담교사가 배출된 것으로 되어 있다. 단, 전문상담교사 1급 자격 소지자의 수는 크게 증가하였지만 이들 중에서 학교현장의 학생 상담 실무를 실질적으로 수행하는 인원은 상대적으로 적어서 전문상담교사 1급 자격 제도의 효과가 미미한 것으로 평가되었다.

이런 문제점을 보완하기 위해서 다음과 같은 새로운 제도가 시도되었다. 즉, 전문상담교사 제도는 2004년에 '전문상담순회교사'가 생기고 2006년에는 '전문상담교사 2급'이 신설되면서 다시 변화를 겪었다. 이 두 자격증은 학교폭력 문제에 대한 해법이 될 수 있다는 기대를 가지고 정책적으로 마련된 것이다.

우선 전문상담순회교사는 전문상담교사 자격증 소지자 중에서 교과수업을 하지 않고 순회상담만을 전담하고자 하는 교사들이며, 지역 교육청에 배치되어 해당 지역의 학교들을 순회하면서 상담활동을 한다. 한 순회교사가 담당하는 학교 수는 약 40개로서 매우 많은 편이다. 이런 문제점 때문에 전문상담순회교사 제도를 처음 실시한 2005년에 원래는 182개 지역 교육청에 308명의 순회교사를 배치할 계획이었으나 약 2/3인 201명만 충원되는 결과를 낳기도 하였다. 이런 문제점에도 불구하고 전문상담순회교사는 해당 교육청에서 다른 전문상담원들과 함께 학교폭력 예방사업을 비롯한 상담 업무를 수행하고 있다.

다음으로, 2006년에는 전문상담교사 '2급' 자격이 신설되었다. 따라서 기존의 전문상담교사는 '1급'으로 재분류되었다. 1급과 2급의 근본적 차이는 교사 경력에 있다. 기존의 1급 전문상담교사는 최소 3년의 교사 경력이 있는 현직 교사들이 교육대학원에서 연수를 받아서 자격을 취득하도록 되어 있다. 그러나 2급은 기존에 교사 자격증(정교사)을 소지한 사람 중에서 소정의 교육을 이수하면 2급 전문상담교사 자격을 부여하거나(이는 한시적인 정책으로서 현재는 시행하지 않음), 혹은 학사과정에서 관련 전공(상담학, 심리학 혹은 일부 대학원의 교육상담학) 학생 중 교직 과목을 이수하고 교사 자격을 취득하는 경우에 한하여 2급 전문상담교사 자격을 부여하도록 되어 있다. 이 인원들이 각 시 · 도 교육청에서 시행하는 교사임용시험에 응시하여 합격하면 학교현장에 배치되는 것이다. 각급학교에 실제로 배치된 수를 보면 2008년 전국에 779명이었는데, 2014년에는 1,685명으로 증가하였다. 다만, 이 인원은 상대적으로는 괄목할 만한 증가이지만 전국의 학교 수를 고려하면(1만 1,363개 학교) 14.8%에 불과한 낮은 배치율을 보여 주고 있다.

3) 기타 학교상담 인력

학교에서는 전문상담교사와 담임교사가 학생 생활지도를 위한 상담을 담당한다. 그러나 아직 상담 및 학생 지도를 전담하는 제도가 완비되지 못하였기에 학교에서는 교사 이외의 다른 인력이 학생상담에 임하고 있다.

(1) 자원봉사 상담원

학교에는 상담 자원봉사자가 활동하고 있다. 그들은 교육청에서 소정의 단기교육을 받고 학교에 배치되는데 대부분이 여성이다. 이 제도는 현재 20년 이상 시행되고 있기 때문에 우리나라 학교상담에서 교도교사-전문상담교사로 이어지는 교사에 의한 상담제도 다음으로 핵심이 되는 제도라고 평가할 수 있다. 학교상담 자원봉사자 중에는 이미 상담 전문교육을 받은 전문가도 있어서 일반 자원봉사 상담원이 담당하기 어려운 사례를 담당하는 학교도 있다.

(2) 학교 청소년상담사

청소년상담사는 「청소년 기본법」에 근거하여 한국청소년상담원에서 시행하고 여성가족부 장관이 부여하는 국가자격이다. 청소년상담사 자격은 2003년부터 시행되기 시작하였으며 2010년 기준 약 2,500명이 배출되었다(1, 2, 3급 합계).

청소년상담사를 학교에 배치하여 전문적인 상담활동을 하도록 한 것은(같은 법 제24조) 2005년부터인데, 2년 동안 시범사업 수준으로서 그 규모가 전국 10개 학교에 그치고 말았다. 청소년상담사는 자격시험, 심사, 연수 등이 매우 엄격하여 전문성이 매우 높은 편인데도 학교에서 시범사업 이상으로 발전하지 못하는 데에는 이유가 있다. 즉, 학교행정을 맡고 있는 교육부 및 교육청에서는 그 자체에서 전문상담교사(1, 2급, 순환)를 양성하고 자격제도를 운영하기 때문에 다른 부처에서 양성한 전문가를 학교에서는 가급적 채용하지 않으려는 경향이 있는 것으로 짐작된다.

(3) 학교 사회복지사

학교 사회복지사 제도는 각급학교에 사회복지사를 파견하여 업무를 하게 한 제도로서 1993년에 시작되었다. 업무의 종류로는 복지 업무 이외에도 상담 업무가 많이 있어서 상담사의 업무와 많이 중복된다. 2005년 기준으로 전국 98개 학교에서 사회복지사가 근무하고 있었으나 교육인적자원부(현재 교육부)에서는 2007년에 이 제도를 종료하기로 발표한 바 있다. 그 실제적인 이유는 청소년상담사를 학교에서 널리 활용하지 않는 이유와 유사하다고 사료된다.

4) 학교상담 정책과 Wee 프로젝트

학교에서의 전문적 상담인력의 양성 및 관리 체제에 대해서 살펴보았다. 앞으로 전문상담교사 1급, 2급, 순환교사 제도를 중심으로 학교상담이 이루어질 것으로 예상된다. 그런데 여기에는 중요한 정책적 쟁점이 존재한다. 첫째, 학생지도의 책임에 있어서 담임교사와 상담교사 간의 책임 소재를 분명하게 규정해 주어야 할 것이다. 책임 소재가 불분명할 경우 책임을 서로 미룰 수도 있고 반대로 서로 자기 책임이라고 주장할 수도 있다. 둘째, 학교에서 상담부장은 학생지도에 있어서 높은 전문성이 보장되어야 한다. 앞에서도 지적하였듯이, 전문상담교사 자격증이 없어도 상담부장을 할 수 있게 되어 있는데, 이는 앞으로 시정되어야 할 부분이다. 셋째, 교사들의 상담과 생활지도 능력을 향상시키는 연찬의 기회가 좀 더 체계적으로 주어져야 할 것이다. 현재는 주로 자발적인 연구회 활동과 학회 참여를 통해서 연찬이 이루어지고 있다. 전문상담교사의 자격증을 유지하기 위한 최소한의 연수 시간과 연수 내용을 규정한 의무 조항이 마련되어야 상담교사의 전문성을 보장할 수 있을 것이다. 넷째, 학교상담에 활용할 각종 자료를 전문기관에서 제작하여 보급하여야 한다. 학교현장에 있는 상담교사 개인이 활동 자료를 직접 만들어서 사용하기는 어렵다. 상담학 전문기관과 학교현장의 상담교사들이 함께 팀을 이루어야 현장성이 있는 자료를 만들 수 있을 것이다. 다섯째, 학교 밖의 전문기관과 협력해야 한다. 각 시·도 및 시·군·구에는 청소년상담센터, 청소년지원센터 등의 전문상담기관이 있다. 상담교사가 학교 밖의 전문가들과 협조하여 학생지도에 임하도록 정책적으로 권장해야 할 것이다.

학교상담과 생활지도 영역에서의 최근의 괄목할 만한 정책으로서 **Wee 프로젝트**라고 불리는 종합적인 정책을 소개하고자 한다.

Wee 프로젝트는 We(우리들), education(교육), emotion(감성)을 상징하는 이니셜로 이루어진 의미를 지니고 있을 뿐만 아니라, 우리 사회에 존재하는 다양한 안전망 시스템과 연계하여 통합적으로 운영되는 **'학생안전 통합시스템'**이라고 말할 수 있다. Wee 프로젝트는 각 시·군·구 단위의 주민생활지원통합서비스 체계 및 지역사회청소년통합지원체계(CYS-Net) 등과 연계되어 있다.

Wee 프로젝트는 **3단계 안전망**으로 구성되어 있다. 1차 안전망은 단위학교의 Wee 클래스, 2차 안전망은 지역교육청의 Wee 센터, 3차 안전망은 광역시 및 도 교육청의 Wee 스쿨로 구성된다. 각 안전망은 지역사회의 유관 기관들과 긴밀한 협력을 통하여 학생들에게 원스톱(one-stop)의 전문적인 도움 서비스를 제공하는 것을 목표로 하고 있다.

각 단위학교에 설치된 Wee 클래스는 학습부진, 따돌림, 대인관계 미숙, 학교폭력, 미디어 중독, 비행 등 학교 부적응 및 징계 대상자에 대해서 조기 발견, 예방 및 학교 적응력 향상을 위한 지도를 실시한다. 2차 안전망인 Wee 센터는 단위학교의

Wee 클래스에서 선도 및 치유가 어려운 경우 의뢰된 위기 학생들에게 전문가의 장기적이고 지속적인 관리를 제공한다. 그리고 3차 안전망인 Wee 스쿨은 심각한 위기 상황으로 더 장기적인 치유 · 교육 · 관리가 필요한 학생 또는 학업중단자를 위한 기관이다. 이 사업들은 「초 · 중등교육법」 제28조 및 동법 시행령 제54조(2010년, 2012년) 그리고 교육부훈령 제274호 등에 기초하여 진행된다. 2015년 기준, 전국에 6,092개의 Wee 클래스, 196개의 Wee 센터 그리고 8개의 Wee 스쿨이 운영되고 있다. Wee 프로젝트의 클래스, 센터, 스쿨에서는 정규직인 전문상담교사, 기간제 근로자인 전문상담사와 임상심리사가 일하고 있다.

초 · 중등학교 학생들은 여러 가지 문제로 인해 스트레스를 받고 있다. 대표적인 스트레스로는 학업성적, 학교폭력, 집단따돌림, 진학문제 등이 있다. 때로는 이런 스트레스를 견디지 못해서 자살을 기도하거나 혹은 다른 심각한 문제를 나타내기도 한다. 교육당국은 이런 문제들을 경감시키기 위하여 다양한 정책을 개발하고 있다. 현재 학교상담은 Wee 센터를 중심으로 하여 수행되고 있다. 그러나 아직 전문상담사 등의 인원이 부족하고, 진로지도사에 대한 전문성 훈련 또한 부족한 실정이다. 그리고 학교폭력 문제에 대해서는 아직 효과적인 정책이 나오지 못하고 있다.

학/습/과/제

1. 학교 생활지도와 상담을 개념화하는 관점 세 가지를 제시하고 각 관점이 강조하는 측면과 간과하는 측면이 무엇인지를 비교 · 분석하시오.

2. 학업상의 문제를 겪는 학생은 그 결과로서 다른 어떤 문제를 겪게 되는가? 그런 학생을 돕기 위한 생활지도 교사로서의 역할을 정리해 보시오.

3. 진로지도가 생활지도의 한 영역이 되는 근거를 논술하시오.

4. 학급경영, 즉 학급 관리의 개념과 방법에 대해서 구체적으로 고찰하시오.

5. 생활지도의 개념과 상담의 개념을 정리하고 두 개념의 관련성을 서술하시오.

6. 상담의 대표적 이론으로 제시된 네 가지 이론들 간에 어떤 공통점과 차이점이 있는지 분석하시오.

7. 또래상담이나 집단상담은 개인상담과 비교해서 어떤 장점이 있는지 토론하시오.

8. 전문상담교사 자격제도는 이전의 교도주임제도와 어떻게 다른지 분석하시오.

9. 학교상담과 생활지도가 발전하기 위한 정책을 논의하고 구체적인 방안을 제시하시오.

참고문헌

강진령, 유형근(2004a). 초등학교 저학년을 위한 학교상담 프로그램 I. 서울: 학지사.

강진령, 유형근(2004b). 초등학교 고학년을 위한 학교상담 프로그램 II. 서울: 학지사.

김계현(2003). 카운슬링의 실제(제3개정판). 서울: 학지사.

김계현(2009). 학교상담과 생활지도(2판). 서울: 학지사.

김계현, 김동일(2014). 아동교육심리. 홍강의 편. 소아정신의학(pp. 767-778). 서울: 학지사.

김계현, 김동일, 김봉환, 김창대, 김혜숙, 남상인, 천성문(2009). 학교상담과 생활지도(제2판). 서울: 학지사.

김계현, 황매향, 선혜연, 김영빈(2012). 상담과 심리검사(제2판). 서울: 학지사.

김봉환, 정철영, 김병석(2006). 학교진로상담(2판). 서울: 학지사.

노성덕, 정지연, 명선희, 김병관(2010). 소년원 또래상담 프로그램. 서울: 학지사.

이상희, 노성덕, 이지은(2004). 또래상담. 서울: 학지사.

이영대(2004). 생애단계별 진로교육의 목표 및 내용 체계 수립. 서울: 교육인적자원부.

이윤주(2000). 초심상담자를 위한 집단상담기법. 서울: 학지사.

이재규(2004). 학교에서의 집단상담. 서울: 교육과학사.

한국카운슬러협회(1993). 한국카운슬링 30년사. 서울: 한국카운슬러협회.

황매향(2008). 학업상담. 서울: 학지사.

Kim, K-H. (2011). Toward a science of preventive counseling. *Journal of Asia Pacific Counseling, 1*, 13-28.

Chapter 11

교육행정

1. 교육행정의 의의와 개념
2. 교육행정 이론의 발달
3. 우리나라의 교육행정

교육행정은 우리에게 간섭하는 것, 딱딱하고 권위주의적인 것, 때로는 부정적인 모습으로까지 비추어지기도 한다. 이 장에서는 교육 현실에서 하나의 현상으로 존재하는 교육행정에 어떠한 오해가 있는지, 그리고 교육행정이 본래 어떤 것이고 의도가 무엇이며 실제는 어떠한지에 대해 알아본다. 교육행정은 다양한 개념을 내포하고 있지만 핵심은 교수 · 학습활동이 제대로 이루어지도록 지원함으로써 교육목적의 달성을 돕는다는 것이다. 따라서 결코 불필요하거나 축소되어야 할 것이 아니고 본래의 모습을 통해 교육에 기여하도록 하는 것이 중요하다.

이러한 목표하에 이 장에서는 교육행정이 무엇인가에 대한 전반적인 소개와 함께 교육행정 현상을 설명해 주는 이론의 발달을 살펴보며, 덧붙여 우리나라 교육행정의 특이점을 간략히 다룬다. 1절에서는 교육행정 현상에 대한 기술과 함께 본질을 검토하고, 대두 배경, 개념, 성격과 원리에 대해서 알아본다. 2절에서는 학문으로의 성립에 대해서, 그리고 고전이론, 인간관계론, 행동과학론, 해석론과 새로운 관점, 현대의 교육행정 이론에 대해서 살펴본다. 3절에서는 선진국 교육행정과 비교한 특이점을 검토하고, 우리나라에서 많이 다루어지는 교육행정의 세부 영역으로 어떤 것들이 있는지 알아보며, 지방교육자치제도를 통해 우리나라의 교육행정 실제를 간략히 예시한다.

1. 교육행정의 의의와 개념

1) 교육행정의 중요성과 본질

교육은 대부분의 사람이 동의하는 바와 같이 매우 중요한 인간사이지만, 교육이 제대로 이루어지도록 하기 위해서는 많은 준비와 조건들이 필요하다. 현대사회에서의 교육은 교사와 학생이 일대일로 만나 이루어지는 경우보다 학교와 같은 교육조직에서 일정 규모 이상을 유지하며 공식적인 방식으로 그 활동이 전개되는 것이 일반적임을 주목해야 한다. 그러므로 현대사회에서는 학교를 짓고, 교실을 만들며, 자격을 갖춘 교원을 배치하고, 적절한 교재와 교구를 제공하면서 정해진 목표, 속도, 단계에 따라 교육이 이루어지도록 조건을 조성하는 것이 필요하다. 이처럼 교육활동의 조건을 만들고 준비하는 역할을 하는 것이 바로 교육행정이다.

그러나 안타깝게도 교육활동의 전개를 돕는 필수적 활동인 '교육행정'에 대한 관심은 교사, 학생, 학부모 등 대부분의 교육 구성원들 사이에서 그다지 높지 않은 편이다. 우리나라에서는 교육행정에 대한 인식이 낮은 차원에 있을뿐더러 대체로 딱딱한 것, 권위주의적인 것, 관료적 · 권력적인 것이라는 부정적 인상마저 주고 있는 것이 사실이다.

교육행정의 필요성과 중요성은 거꾸로 교육행정이 제대로 이루어지지 못할 경우를 상정해 본다면 잘 드러난다. 만약 급팽창하는 신도시에 학교 부지가 사전에 계획되지 못해서 학교 신설 자체가 불가능해진다면, 또는 학교 부지가 있다고 해도 교육예산이 마련되어 있지 않아서 학교 건물을 짓지 못한다면, 그 지역의 아이들은 당장 어떤 문제에 당면하게 될까? 자격을 갖춘 교원을 적기에 공급하지 못한다면, 교원들의 전문성이 지속적으로 증대되는 조건이 마련되지 못한다면, 교실마다 가르치는 내용과 목표가 천차만별이어서 개인과 사회가 요구하는 능력 함양이 제대로 이루어질 수 없다면, 또는 학급 학생들의 연령과 준비도 차이가 지나쳐서 수업 진행이 도저히 어렵다면 우리의 교육은 어떤 모습이 될까? 더불어 학교 내의 안전시설이 제대로 갖추어져 있지 않다면, 교실이 너무 춥거나 덥거나 조명이 적절하지 못하다면, 교과서와 학습 기자재가 제때 공급되지 못한다면 등과 같이 교육활동이 치명적인 손상을 입게 될 조건은 셀 수 없을 만큼 많다.

이처럼 교육이 잘되도록 돕는 조건들을 적절하게 준비하고 마련하여 인간 사회에서 그토록 중요하게 여기는 교육이 제대로 이루어질 수 있도록 돕는 활동이 바로 교육행정이다. 교육철학이나 교육사 분야가 교육이 나아가야 할 방향과 길러 내야 할 인간상에 관하여 탐구한다면, 그것을 달성하기 위한 구체적 활동, 즉 기술적 핵심(technical core) 수단에 초점을 맞추는 것이 교수 · 학습활동 분야다. 그리고 이러한 교수 · 학습활동이 교육목표의 달성을 향해 원활히 진행될 수 있도록 인적 · 물적 · 재정적으로 지원하고 조건을 마련하는 서비스 활동이 바로 교육행정이라고 할 수 있다. 한마디로, **교육의 목적과 목표를 교수 · 학습활동을 통해 잘 달성할 수 있도록 다양한 방법으로 조건을 마련하고 지원하는 교육행정**의 중요성은 교육활동의 성패를 좌우한다는 점에서 결코 작다고 할 수 없다.

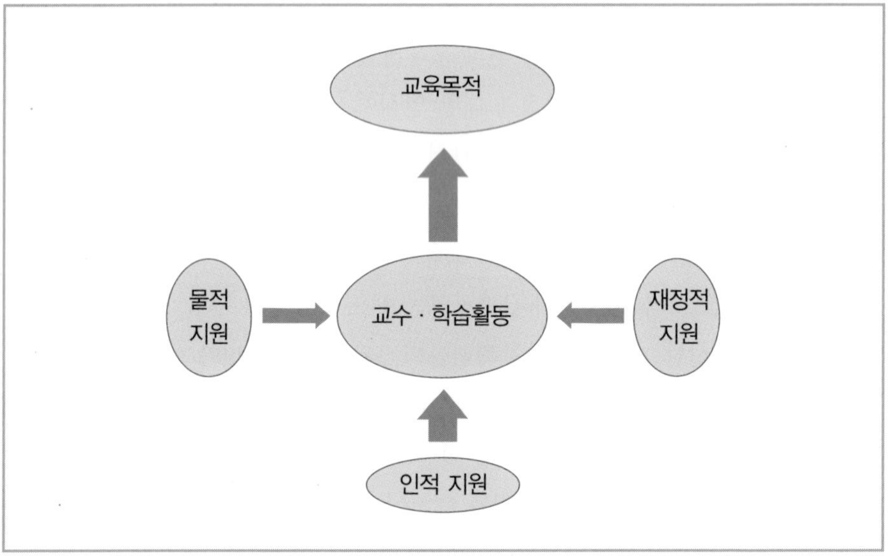

[그림 11-1] **교육행정 지원의 본질**

2) 교육행정의 대두 배경

교육행정의 대두는 18~19세기 산업혁명 이후 19~20세기에 걸쳐 도래한 산업사회, 시민사회의 발달 및 도시화와 밀접한 관련이 있다. 전 세계적으로 볼 때 교육행정이 전문화되고 가장 발달한 사례인 미국의 예를 들어 보면, 18세기까지는 학교가 많지 않았을 뿐만 아니라 대부분의 학교는 사립, 그것도 종교계통의 사립으로 사적인 영역에 있었다. 19세기에 들어서면서부터는 산업화가 확대되는 가운데 개인과 사회의 발전을 위한 교육의 중요성을 깊이 인식하기 시작하면서 인구가 모이는 곳마다 학교가 만들어지기 시작하였다. 그에 따라 공교육(public education)에 대한 요구가 증대되기 시작하였으며, 이에 비록 채택되지는 못했지만 버지니아주에서 제퍼슨(T. Jefferson)이 무상 초등교육제도를 제안한 이래 매사추세츠주의 만(H. Mann), 코네티컷주의 바너드(H. Barnard) 등의 노력의 결과로 각 주들은 앞다투어 공교육제도의 확립을 추진하였다(Campbell, Cunningham, Nystrand, & Usdan, 1985; Guthrie & Reed, 1991).

이렇게 설립된 공교육기관의 운영은 초기에 교육위원회 위원들이 시간제로 담당하였으나 도시의 성장과 학교구(school district)의 확대에 따라 더 이상 감당하기 어려워지게 되었다. 그리하여 학교구 내의 학교들을 관장할 교육감제도를 창안하게 되었다. 또 단위학교에서도 학생 수와 학급 수가 늘어남에 따라 지도자 교사(headteacher or principal teacher)가 필요하게 되었다. 신시내티주는 1838년에 처음으로 지도자 교사제도를 도입하였고, 1800년대 중엽에 이르면서 여러 도시에서 현재와 유사한 교장제도를 갖기 시작하였다. 교장의 직무는 초기에는 교사 역할을 수행하면서 학생 출결 상황의 정리와 같은 사무도 수행하는 방식이었으나, 나중에는 전임직으로서 학교의 조직과 운영에 관한 업무 전반을 챙기는 역할을 담당하게 되었다(Campbell et al., 1985; Sergiovanni, Kelleher, McCarthy, & Wirt, 2004).

교장 업무와 별도로 공교육제도를 계획하고 통제하는 역할은 처음에 마을회의 같은 자치조직이 담당했으나 차츰 지방정부의 소관으로 바뀌었다. 1826년과 1827년에 매사추세츠주 의회가 별도의 교육위원회를 설치함으로써 교육행정을 위한 자치조직을 따로 갖게 되었는데 이것이 오늘날과 같은 지방교육자치제도의 시발점이다.

당시 미국 각 주의 법에 따르면, 여섯 가구 이상이 모여 학교 설립을 원하고 이를 뒷받침할 세금을 낼 의향이 있으면, 한 학급짜리 초등학교 하나만 세우고 운영할 수 있어도 하나의 학교구를 설치할 수 있었다. 이에 따라 1920년대에 학교구는 13만 개에 달하게 되었다. 이러한 소규모 학교구는 20세기 중엽에 이르러 효율성이 낮다는 비판과 함께 효율성을 위해 대대적인 통합을 하기 전까지 미국 교육행정 체제의 전형이 되었다(Campbell et al., 1985; Guthrie & Reed, 1991). 미국의 경우 이처럼 공교육제도의 성립에 따른 실제적 필요에서 교육행정이 대두된 특징이 있다.

이처럼 서구 국가들에서는 19세기에 공교육제도의 확립과 함께 교육행정이 하나의 실제적 현상으로 자리 잡기 시작하였고, 20세기에는 틀이 잡힌 교육행정 활동이 전개되기에 이른다. 달리 말하면, 대체로 보아 19세기까지의 교육은 '고결한 품성과 가치관의 도야'와 같은 개인적 · 사적 차원에 머물러 있었다고 볼 수 있고, 20세기에 들어서면서는 사회의 변화와 함께 **교육이 사회적 · 공공적 · 조직적 성격을 강하게 가지게 됨으로써 교육행정이 필요하게 되었다**고 볼 수 있다(이형행, 고전, 2001). 교육행정은 개인적 차원의 교육에는 그다지 관심을 두지 않고 사회적 · 공공적 · 조직적 차원의 교육에 관심을 가진다. 산업사회 이후 현대교육이 그러한 속성을 가지게 되면서 교육행정의 존재 의의가 생겨났다고 볼 수 있다. **교육행정의 대상이 되는 것은 사회적 · 공공적 · 조직적 성격의 교육활동이다.** 현대교육이 가지는 이러한 속성은 교육행정의 필요성을 대변한다는 점에서 주목할 필요가 있다.

사회적 성격 교육의 목적, 내용, 방법이 사회적으로 규정되는 것을 말한다. 예컨대, 우리나라의 교육목적이 홍익인간의 양성이라면, 미국의 교육목적은 민주시민의 양성이다. 어떤 국가, 어떤 사회인가에 따라 교과서에서 다루어지는 내용이 상이한 것은 물론, 같은 사안이라도 한국과 일본 간 역사 인식 차이와 같은 관점의 차이가 존재한다. 우리나라 학생의 서구 영어권 국가 조기유학 이유 중에는 교육방법의 차이도 한몫을 한다고 볼 수 있다. 같은 민족이라도 한국 사회와 북한 사회의 교육은 목적, 내용, 방법이 확연히 다른 것이 현실이다. 교육의 이러한 성격을 구현하거나 대응하기 위해 교육행정이 필요하다.

공공적 성격 교육이 공권력을 가진 교육행정의 공적인 책임으로 집행되는 것을 말한다. 예컨대, 과거에는 부모가 자기 자식을 교육시키든 시키지 않든 국가가 관여하지 않았지만, 현대에는 사회의 유지 · 발전을 위한 의무공교육제도를 발전시킴에 따라 교육기회의 제공에 국가가 개입하고 있다. 또 인구가 집중되는 도시나 대규모 아파트 단지에는 반드시 학교를 설립하여 지역 주민의 교육기회가 보장되도록 하고 있다.

조직적 성격 교육의 운영이 계획적 · 합목적적 · 협동적으로 이루어지는 것을 말한다. 예컨대, 초등학교 6년, 중학교 3년, 고등학교 3년 등의 학교제도가 확립되어 있을 뿐만 아니라 어느 교육기관을 살펴보더라도 학사제도, 수업운영, 시설과 설비, 교원 배치 등이 계획적이며 목적에 합당하게 그리고 협동적으로 이루어지고 있다. 이는 교육행정의 중요한 기능이 되고 있다.

3) 교육행정의 개념과 유사 개념

(1) 교육행정의 개념

우리나라의 교육과 교육행정은 1945년 해방 후 미군정을 거치는 가운데 학교제도 등 교육의 제반 여건이 마련됨으로써 다분히 미국의 영향을 크게 받았다. 우리의 근대교육 역사가 100년을 훨씬 넘기고 있지만, 일본 식민지하에서의 일본식 교육과 달리 현재의 교육은 여러 면에서 미국의 방식과 유사한 특징을 보이고 있다. 교육행정에서도 학교장제도 같은 것은 일본식 교육제도에서도 존재한 것이지만, 현재 우리나라 교육행정 조직의 근간을 이루는 '지방교육자치제도'나 주요 행정활동인 '장학' 등은 미국 제도를 그대로 수입한 것이라고 할 수 있다. 따라서 현재 우리나라의 교육행정을 이해하기 위해서는 미국의 교육행정에 대한 이해가 필요하다.

미국의 교육행정은 민주주의에 기초하여 교육기회를 확대하는 과정에서 철저하게 실제적 필요를 가지고 출발한 서비스 활동이었고, 현재도 그와 같은 모습으로 존재하고 있다. 따라서 미국에서의 교육행정이란 의문의 여지없이 공교육제도의 확대에 따른 교육활동의 실제를 돕는 서비스의 관점에서 파악된다. 미국뿐만 아니라 대부분의 서구 국가에서는 ① 민주주의, 산업화 → ② 도시화 → ③ 공교육제도 확립 → ④ 공교육제도의 효과적 운영을 위한 실제적 서비스 제공이라는 도식으로 교육행정이 그 역할을 하고 있다. 행정이라는 의미의 administration은 'ad(to)+minister(serve)'를 어원으로 '봉사(service)'라는 말에서 나온 것으로, 본질적으로 봉사 또는 지원 활동을 가리킨다(주삼환 외, 2009).

그런데 이러한 교육행정의 서구적 개념과 달리 우리나라에서 교육 구성원들이 지각하는 교육행정의 개념은 매우 복합적이다. 일제강점기에 근대교육이 시작되어 일본식 교육행정의 양태가 남아 있는 상태에서 해방 이후 미국식 교육제도가 도입됨으로써 양자가 복합적으로, 때로는 뒤틀린 형국으로 나타났기 때문이다. 결과적으로 교육행정의 속성을 다각적인 방식으로 바라보고 있고 그에 따라 다수의 정의가 존재하고 있다. 우리나라에서 교육행정의 정의는 대개 다섯 가지 정도로 나뉘어 언급되곤 한다(김윤태, 2001; 김종철, 1978; 윤정일, 송기창, 조동섭, 김병주, 2008; 이형행, 고전, 2001).

우선, 앞서 미국 교육행정의 개념에서 살펴본 바와 같이 교육이 잘될 수 있도록 필요한 인적 · 물적 조건을 정비 · 확립시켜 주는 지원활동이라는 관점의 정의가 있는데, 이를 '조건정비적 정의'라고 한다. 이는 이 책을 비롯하여 우리나라 교육행정 교과서에서 여러 정의를 소개하면서도 종국적으로 선호하는 정의라고 할 수 있다. 이 정의에 따르면, 교육행정은 교육의 실제적 필요에 의해 기능적으로 수행되는 활동이며 행정은 목적이 아닌 수단일 뿐이다. 다시 말해, 교육행정은 가르치는 교사와 배우는 학생을 돕기 위해 있는 것이며, 교육행정가는 교수 · 학습활동을 돕는 봉사자다. 이 입장을 주창하는 대표적인 미국 학자로는 몰먼(A. B. Moehlman), 리더(W. G. Reeder), 캠벨(R. F. Campbell) 등을 꼽을 수 있다.

'법규해석적 정의'는 국가 통치작용을 입법, 사법, 행정으로 나누고 그중 행정에서 외무, 내무, 국방 등과 같은 한 분야가 교육행정이라는 관점이다. 교육행정이 교육에 관한 법규를 해석하고 집행하는 것이기 때문에 교육행정의 전문성이나 독자성, 특수성은 그다지 중요하게 생각되지 않는다. 현재 교육부, 교육청, 단위학교의 서무실 등에서 일반직 공무원이 교육행정을 담당할 수 있도록 한 것이 이를 반증하는 것이다. 이는 일본식 제도의 영향을 많이 받은 관점이라고 할 수 있다.

'정책실현설'은 교육행정을 공권력을 가진 국가기관이 교육정책을 수립하고 집행하는 과정으로 보는 입장이다. 이 정의에서는 교육목표가 국가권력에 의해 지지된 이념이기 때문에 그것을 달성하기 위해 공권력을 사용하는 것이 불가피하다고 본다. 정책의 수립과 집행을 함께 고려하는 입장이어서 정치 또는 입법이 정책을 결정하고 행정은 거기서 결정된 정책을 집행한다는 이른바 정치 · 행정 이원론을 부정한다. 공권력을 행정의 성립 요소로 본다는 점에서 사기업 행정과 차이가 있고, 교육정책의 결정과 집행에 초점을 둔다는 점에서 수단적 · 봉사적 작용으로 보는 관점과도 구별된다.

'행정행위설'은 교육행정을 '교육조직의 공동목표를 달성하기 위한 합리적 협동행위'로 보는 관점이다. 여기서 조직이란 '공동의 목표를 가지고 있으며 목표 달성을 위한 체계적인 활동이 일정 기간 지속적으로 전개되는 인간들의 집합체'이고, 합리적 협동행위란 '조직목표 달성을 위하여 노력, 시간, 비용을 최소로 들여서 최대의 효과를 내도록 두 사람 이상이 힘을 합하고 조정하는 작용'이다. 행정행위설은 행정 대상의 특수성보다는 공통점을 강조하는 입장을 가지며, 그동안 교육행정이 지나치게 '교육'만을 강조하고 '행정'으로서의 성격을 간과해 왔다는 비판적 시각을 보인다.

'교육행정과정론'은 행정가가 하는 일, 즉 행정이 진행되는 과정과 경로에 초점을 맞추어 교육행정을 정의하는 것이다. 1916년에 페이욜(H. Fayol)이 계획(to plan), 조직(to organize), 명령(to command), 조정(to coordinate), 통제(to control)라는 일반행정의 다섯 가지 과정을 주장한 이래 수많은 이론들이 나왔다. 그리고 1950년대 이후 시어스(I. B. Sears)는 교육행정에 이를 도입하여 기획(planning), 조직(organizing), 지시(directing), 조정(coordinating), 통제(controlling)로 교육행정의 과정을 구분하였다. 이후 용어와 강조점에 차이를 둔 다양한 교육행정과정론이 제안됨으로써 교육행정을 바라보는 또 다른 시각을 형성하고 있다.

이와 같은 교육행정에 관한 다양한 시각들을 비교해 보면, 우선 조건정비적 정의와 법규해석적 정의는 매우 대조적인 측면이 있다. 조건정비적 정의가 '교육을 위한 행정'과 지방분권적 · 자율적 특성을 강조한다면, 법규해석적 정의는 '교육에 관한 행정'과 중앙집권적 · 관료 통제적 · 권력적 · 강제적 요소에 초점을 둔다고 볼

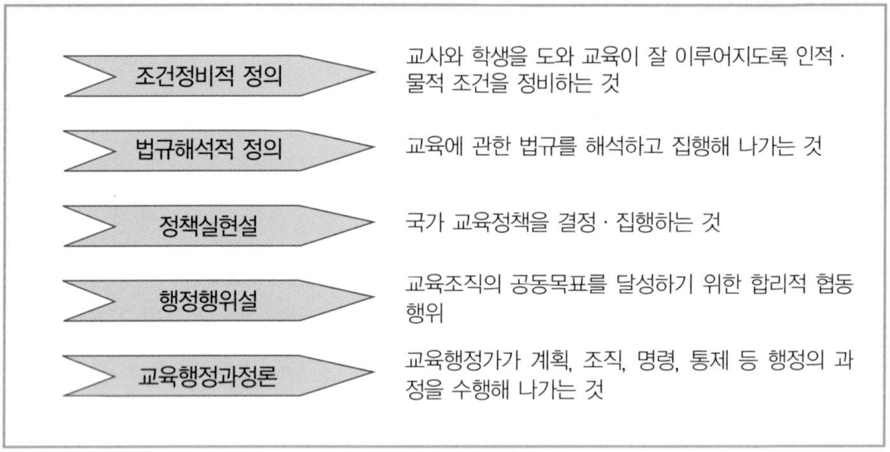
조건정비적 정의
교사와 학생을 도와 교육이 잘 이루어지도록 인적 · 물적 조건을 정비하는 것
법규해석적 정의
교육에 관한 법규를 해석하고 집행해 나가는 것
정책실현설
국가 교육정책을 결정 · 집행하는 것
행정행위설
교육조직의 공동목표를 달성하기 위한 합리적 협동 행위
교육행정과정론
교육행정가가 계획, 조직, 명령, 통제 등 행정의 과정을 수행해 나가는 것

[그림 11-2] **교육행정의 개념**

수 있다. 법규해석적 정의와 행정행위설은 교육행정을 일반행정의 한 유형으로 본다는 공통점이 있으나, 법규해석적 정의가 권력적 강제성을 강조하는 반면에 행정행위설은 합리적 협동행위를 강조한다는 점에서 차이가 있다. 그리고 행정행위설은 교육조직의 목적 달성을 전제로 한다는 점에서 조건정비적 정의와 공존 가능한 관점이라고 볼 수 있다.

우리나라의 교육행정 실제를 들여다보면 사실상 **그러한 정의들이 모두 복합적으로 나타나고 있다.** 어느 유형의 행정에서나 교육행정과정론의 속성을 가지고 있음은 분명하고, 교육부나 시 · 도 교육청 수준에서의 교육행정은 정책실현설에 보다 가깝다고 할 수 있다. 지역 교육청이나 단위학교의 서무실 수준에서 이루어지는 교육행정일수록 법규해석적 정의의 단면이 강해 보인다. 조건정비적 정의나 행정행위설의 관점에서 바라보는 교육행정은 교육부에서 단위학교에 이르기까지 단계를 막론하고 일정 부분 그 속성을 가지기는 하지만 상대적으로 취약한 상태에 있어 앞으로 적극적으로 강화되어야 할 측면이다.

(2) 교육행정의 유사 개념

교육행정에는 몇몇 유사 개념이 있는데 가장 많이 사용되는 것이 '학교행정'이다. '학교행정(school administration)'이 학교교육만을 대상으로 단위학교에서 주로 학교장에 의해 행해지는 행정 영역을 가리킨다면, '교육행정(educational administration)'은 정규 학교교육은 물론 취학 전 교육, 사회교육, 평생교육과 같은 학교 외 교육 모두를 대상으로 한다는 점에서 차이가 있다. 엄밀하게 구분해서 '학교교육'으로 범위를 제한하는가, 학교 외 교육까지를 포함하는가에 따라 학교행정 또는 교육행정으로 지칭한다. 그런데 아직까지 학교 외 교육을 대상으로 한 행정에 대해서는 관심이나 연구, 이론이 적은 편이어서 실제 교육행정 분야에서 다루어지는 내용의 대부분은 학교교육을 상정한 것이다. 우리나라에서는 양자의 의미를 구분하려는 경향이 있고 '교육행정'이라는 용어를 보편적으로 사용하고 있는 반면, 외국에서는 두 개의 개념을 거의 구분 없이 사용하고 있다.

또 행정 대신 경영이라는 개념, 즉 '교육경영(educational management)'이나 '학교경영(school management)'을 사용하는 경우가 있다. 경영은 경쟁사회에서 조직의 목적 달성을 위해 자원과 조직 관리의 효율성을 추구하는 것이므로 연관성이 있다. 관료제적 성격을 가진 대규모 조직의 목적 달성을 위한 합리적 협동행위라는 교육행정의 측면을 강조하는 용어다. 행정과 경영 개념의 관계는 행정학의 발전과정에 따라 행정이 어떻게 인식되는가와 관계가 있다. 정치기능, 정책결정 기능을 얼마나 강조하느냐에 따라 정치 · 행정 일원론이 우세한 때도 있었고, 정치 · 행정 이원론이 우세한 때도 있었다. 결정하는 정치와 집행하는 행정을 분리하여 보는 이원론의 입장에서는 행정에서 강제성을 지닌 정치권력을 그다지 중시하지 않으므로 행정과 경영이 유사한 개념이라고 할 수 있다. 반면, 교육행정을 정치적 · 정책결정적 측면까지 포함하여 생각하는 입장에서는 행정과 경영이 사뭇 다른 개념이 된다(김윤태, 2001; Prestine & Thurston, 1994).

외국에서는 교육행정을 주로 조건정비적 관점에서 바라보기 때문에 행정(administration)과 경영(management)을 굳이 구분하지 않고 사용하는 것이 일반적이다. 반면, 우리나라에서 우리말의 '행정'과 '경영'의 차이점을 강조하는 이들은 정치적 · 정책적 측면을 배제한다는 의미에서 '행정' 대신 '경영' 개념을 선호하기도 한다. 교육조직과 기업조직은 여러 가지 측면에서 다르고, 기업경영과 교육경영의 차이는 분명하다(Sergiovanni et al., 2004). 현대 교육행정에서는 정치적 · 정책적 측면에 대한 인식이 더욱 증대되고 있어 정치 · 행정 일원론적 입장이 강하다고 할 수 있다. 이는 우리나라의 교육행정 현상에서도 예외가 아니다. 즉, '교육경영'의 개념만으로는 실존하는 현상으로서의 교육행정을 모두 포괄할 수 없는 한계가 있다. 이는 앞에서 교육행정의 다섯 가지 개념을 살펴본 것에서도 잘 드러난다.

한편, 우리말 '관리'는 '교육 관리' 대신 주로 '학교 관리'라는 용어로 사용되고 있는데 영어로는 앞서의 management를 그대로 사용한다. 경영학에서 administration을 '경영'으로, management를 '관리'로 번역하는 것이 보편적인 것을 감안할 때(김윤태, 2001), '학교경영'과 '학교 관리'는 같이 사용할 수 있는 개념으로 보아야 할 것이다. 실제로 우리나라에서는 학교장을 보통 '학교행정가'로 지칭하지만 학교경영자로 부르거나 (공립학교의 경우) 학교관리자로 부르기도 한다. 사립학교의 경우에는 이사장을 '학교경영자'라고 하고 '학교관리자'는 별로 사용하지 않는 점에서 차이가 있다. 우리말 '경영'과 '관리'에 대해 어느 한쪽을 상위 개념으로 보아야 한다는 주장들이 있으나, 우리나라의 학교 현실에서는 '관리'가 '문서 관리' '시설 관리' '인사 관리' '재무 관리' 등과 같이 행정의 부문을 가리킬 때 주로 사용되는 용어임을 주목한다면 '관리'가 '경영'과 호환적이면서도 하위 개념으로 사용되는 경우가 많다고 정리하여 볼 수 있을 것이다.

교육행정의 유사 개념에 대해 요약하여 본다면 엄밀한 의미에서 구분이 존재하지만, 보통 영어에서는 educational administration, school administration, educational management, school management를 유사 개념으로 보고 대체로 혼용한다고 볼 수 있다. 우리말에서는 유사 개념들을 상호 호환하여 사용할 때도 있으나 대개는 '교육행정'이 학교 외 행정을 포함한다는 점에서 '학교행정'보다 포괄적인 개념으로 사용되고 있다. 그리고 교육행정에서의 정치적 · 정책적 측면을 배제하고자 의도할 때 '경영'을 사용하는 경향이 있지만 교육행정 현상 전체를 포괄하는 데는 한계가 있으며, '관리'는 행정 혹은 경영의 하위 부문에서 주로 사용되고 있음을 알 수 있다.

4) 교육행정의 성격과 원리

(1) 교육행정의 성격

교육행정이 어떠한 성격을 갖는가에 있어서 무엇보다도 중시해야 할 것은 **교육 자체가 가지는 다음과 같은 특수한 성격을 잘 반영하는 행정이어야 한다**는 것이다.

- **교육효과의 장기성**: 교육의 효과는 개인에게 있어 수년, 많게는 12년, 16년 혹은 평생을 통해서 나타나는 것이다. 국가 인적 자원 개발의 측면에서 볼 때도 단기간에 효과를 기대할 수 없다.
- **성과평가의 곤란성**: 교육의 성과는 분명 존재하지만 정량적 평가에 한계가 있다. 학업성취의 인지적 부분은 대체로 측정이 가능하지만 정의적 영역을 포함하여 인간다운 인간으로 길러졌는가를 측정하기는 거의 불가능하다.
- **재정 투입의 비긴요성 · 비긴급성**: 다리가 무너지거나 도로가 없으면 우선적으로 재정 투입이 이루어지게 되지만, 교육 시설과 기자재를 개선하거나 적정 학급 규모를 유지하기 위해 교실을 증설하거나 교원의 처우를 개선하는 일 등은 긴요하거나 긴급한 것으로 간주되지 않는 것이 보통이다.
- **관련 집단의 이질성 및 조정의 곤란성**: 교육에는 국민 대부분이 관련되어 있으며 학생, 학부모, 교사 등 다양한 관련 집단의 발달 수준, 관점, 전문성 수준 등이 매우 달라서 이들 사이의 조정이 어렵다는 특성이 있다.

따라서 교육행정에서는 '백년지대계(百年之大計)'라는 말이 시사하는 바와 같이 장기적인 안목을 가지고 계획하고 성과를 기다려야 하며, 일반행정처럼 효율성을 강조하는 시각에서 접근하지 않도록 해야 한다.

한편, 교육행정은 앞서 개념에서 살펴본 바와 같이 일반행정의 한 부문으로 존재하는 동시에 '교육을 위한 행정'으로서의 특수성도 갖기 때문에 행정으로서의 일반적 성격과 더불어 교육행정만의 특수한 성격도 나타낸다. 행정으로서의 일반적 성격으로는 '공동의 목적을 달성하기 위한 합리적 협동행위'라는 것과 인사 · 재정 · 시설 등의 관리 및 지도 · 감독 기능을 가진다는 것을 들 수 있다.

교육행정만의 특수성으로는 다음 여섯 가지를 생각해 볼 수 있다. 그중 수단적 · 기술적 성격, 민주적 성격, 정치적 성격이 현상을 반영하는 측면이 강하다면, 조성적 · 봉사적 성격, 중립적 성격, 전문적 성격은 바람직하다는 의미에서 당위적 속성이라고 볼 수 있다.

- 수단적 · 기술적 성격: 교육행정에서는 교육목표를 효과적으로 달성할 수 있도록 교수 · 학습활동을 위한 수단과 기술을 중요시한다.
- 민주적 성격: 교육행정은 조직, 인사, 내용, 운영 등에서의 자율성과 민주성을 중요시한다.
- 정치적 성격: 일반행정이 정치와 행정을 구분하는 이원론적 입장을 취하기도 하는 것과 달리, 교육행정에서는 교육과 정치의 관계성을 인식하고 정책의 수립과 집행 등 정치적 측면을 보다 강조하고 주목하는 일원론적 입장을 취한다.
- 조성적 · 봉사적 성격: 일반자치행정, 경찰행정 등과 달리 교육행정은 교수 · 학습활동을 지원하기 위한 조성적 · 봉사적 성격을 중요한 출발점으로 한다.
- 중립적 성격: 교육행정은 교육 본래의 목적에 충실하기 위해 일반행정으로부터 분리 · 독립되어야 함은 물론 정치적 중립성, 특히 특정 정당이나 정파로부터의 중립성 확보가 필요하다.
- 전문적 성격: 교육 자체가 이미 전문적 활동이며, 그것을 지원하는 교육행정은 교육과 훈련을 거친 전문가가 담당해야 소기의 목적을 달성할 수 있다.

(2) 교육행정의 원리

앞에서 살펴본 교육행정의 성격을 감안하여 교육행정학자들은 교육행정의 수행에서 중시하여야 할 여러 가지 원리를 제시하고 있다. 민주성, 효율성, 합법성과 같이 일반행정에서도 공통적으로 중시되는 원리가 있는가 하면, 교육 부문의 특수성을 반영하여 자주성 · 자율성, 안정성, 타당성 등의 원리를 제안하기도 한다.

미국의 교육행정학자 모트(P. R. Mort)가 말하는 교육행정 운영원리(이형행, 고전, 2001; [그림 11-3] 참조)는 우리나라 교육행정에 주는 시사점이 크다. 타당성은 목적에 맞게 운영되는 것을 말하고, 적응성은 교육행정이 환경 변화에 적절하게 대응하여 변화하는 것을 의미하는 반면, 안정성은 교육정책 등이 조령모개(朝令暮改)가 되지 않도록 안정성을 갖는 것을 말한다. 모트는 특히 민주성과 능률성, 적응성과 안정성은 어느 한쪽이 강화되면 다른 한쪽이 약화되는 속성이 있으므로 그것들 사이에 균형을 갖는 것이 무엇보다도 중요하다고 주장한다. 교육행정에서 타당성 원리의 구현은 변함없는 관심사이며 균형성의 추구는 우리나라의 교육행정에서는 특히 중요한 원리라고 할 수 있다. 대체로 과거에는 능률성이 지나치게 추구되고 민주성이 약했던 반면, 근래 특정 부문들에서는 그 반대의 경향을 볼 수 있다. 또 우리나라의 교육행정은 다른 나라에 비해 적응성이 높은 반면, 안정성은 취약한 측면이 있다.

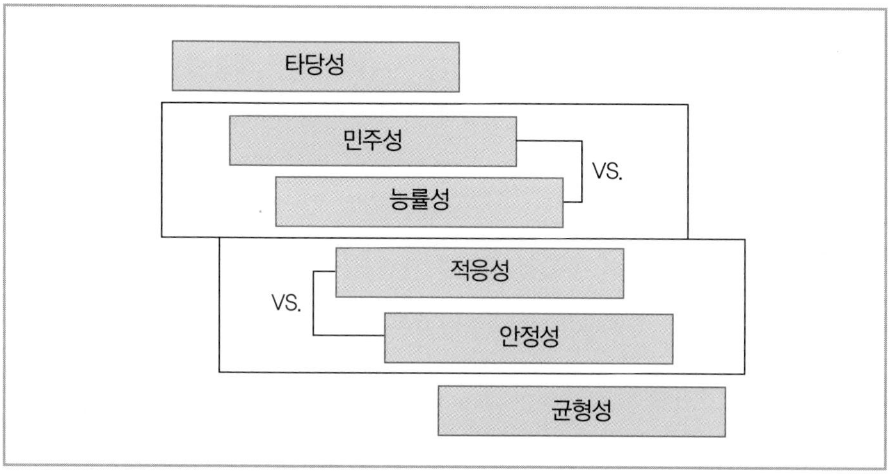

[그림 11-3] **모트의 교육행정 운영원리**

우리나라 교육행정의 현실에 초점을 맞추어 보통 다음의 여섯 가지 원리가 제시되고 있다. 그중 민주성, 효율성, 합법성 등은 일반행정과 공통적인 원리이지만 자율성, 기회균등, 권한의 적정집중(적도집권) 등은 교육 부문에서 두드러지는 원리라고 할 수 있다(김종철, 1978; 이형행, 고전, 2001).

① 민주성의 원리

관련 집단의 이질성과 그에 따른 조정의 곤란성이 있는 만큼 다양한 배경을 가진 구성원들의 의사를 최대한 반영하도록 노력하여야 한다는 원리다. 교육행정의 수행과정에서 각종 위원회, 심의회, 협의회 등을 두는 이유가 된다.

② 효율성의 원리

이때의 효율성은 투입량을 고려하지 않고 목표 달성 수준을 따지는 효과성(effectiveness)과 단위 투입량에 따른 효과성을 의미하는 능률성(efficiency)이 복합된 개념이다. 목표 달성 정도와 함께 최소의 노력과 비용으로 목표를 달성하는 문제를 항상 염두에 두어야 한다는 원리다.

③ 합법성의 원리

「헌법」, 「교육기본법」, 「교육공무원법」, 「사립학교법」, 대통령령, 교육부령, 훈령, 조례, 규정 등 교육에 관한 각종 법규에 맞게 운영되어야 한다는 원리다.

④ 자주성 · 자율성의 원리

앞서 살펴본 교육행정의 중립적 성격과 관련되는 것으로, 일반행정으로부터 분리 · 독립되고 정치적 정당, 당파로부터 자유로운 상태에서 자주적 · 자율적으로 운영되어야 한다는 원리다.

⑤ 기회균등의 원리

「헌법」 제31조 제1항의 "모든 국민은 능력에 따라 균등하게 교육을 받을 권리를 가진다."를 포함하여 「교육기본법」 등은 능력에 따른 교육기회의 균등을 국민의 권리로서 명시하고 있다. 의무교육에서는 능력에 따른 교육기회의 차이를 인정하지 않지만 그 밖의 단계에서는 기회균등을 추구하되 능력에 따른 차이를 인정한다. 형편이 어려운 학생이라도 능력이 있으면 장학금을 지급하여 추가적인 교육기회를 갖도록 하거나 특수교육, 영재교육을 제공하는 것도 이 원리에 따른 것이다.

⑥ 권한의 적정집중 원리

적도집권(適度集權)의 원리라고도 하는 것으로, 특정 조직, 집단, 개인에게 권한

이 집중되지 않고 집권과 분권이 적절하게 균형을 이루어야 함을 말한다. 우리나라에서는 오랫동안 교육행정에서 중앙집권의 경향이 지나치게 강한 특징을 가지고 있었으나 1990년대에 들어 실질적인 지방교육자치제도가 시행되면서 지방으로의 분권이 상당 수준 개선되었다. 중앙과 지방 사이의 적정한 권한 배분을 지속적으로 다듬어 가는 것이 필요할 뿐만 아니라 교육청과 단위학교 간에, 또 단위학교 내에서도 구성원 간에 권한의 배분이 균형적으로 이루어지도록 함으로써 이 원리를 구현할 수 있다.

2. 교육행정 이론의 발달

1) 교육행정학의 성립

교육행정의 종주국이라고도 할 수 있는 미국에서 교육행정 현상은 앞서 살펴본 바와 같이 18세기와 19세기를 거치며 학교구의 성립 등을 통해 점진적으로 확대되어 왔으나 **학문으로서의 '교육행정학'**이 성립된 것은 아니었다. 1950년대 이후 교육행정 현상에 대한 행동주의적 접근이 나타나면서, 특히 1947년 이후 1974년까지 이른바 **'신운동(new movement)'**이라고 불린 이론지향 운동이 활발히 전개되면서 교육행정학이 하나의 학문으로 자리 잡기 시작하였다. 학문으로서의 교육행정학은 20세기 중반에 시작되어 불과 반세기의 역사를 가지고 있는 셈이다. 미국에서 1950년대 이후 '신운동'을 통해 교육행정 현상에 대한 과학적 탐구와 교육행정학의 학문적 성립이 시작되면서 가장 주목하였던 것은 '이론(theory)'이었다.

교육행정의 역사는 큰 범주로 나누어 본다면 **1950년대까지는 교육행정 실무시대 그리고 1950년대 이후를 교육행정 이론시대라고 할 수 있다.** 여기서 실무시대는 고전이론에서 시작하여 인간관계론으로 발전하게 된다. 교육행정 이론에 대한 특별한 관심은 1950년대의 행동주의적 접근에서 시작된 것이지만 이론이라는 관점을 가지고 이미 현상으로 존재하고 있던 교육행정에 역으로 이론을 적용시켜 바라보게 되었다. 19세기까지 완전히 틀을 잡은 교육행정 현상은 20세기에 들어온 후 경영학, 행

표 11-1 교육행정 이론의 발달

이론 범주		세부 이론	주도 시기	교육행정 실제/패러다임
교육행정 실무시대	고전이론	• 과학적 관리론 • 행정과정론 • 관료제론	1910~1930년대 (과학적 관리론)	학교조사를 통한 실제 개선
	인간 관계론	• 인간관계론 (동기부여, 직무 만족, 사기 등)	1930~1950년대	민주적 행정원리 도입, 민주적 행정처방
교육행정 이론시대	행동 과학론	• 조직행동론 • 상황적응론 • 체제이론	1950년대~현재	구조기능적 패러다임
	해석론	• 해석론	1970년대 중반~현재	해석적 패러다임
	새로운 비전통적 관점	• 비판론 • 신마르크스주의 • 포스트모더니즘 • 페미니즘	1980년대~현재	비판적 패러다임

정학, 사회학, 심리학 등 타 학문 분야에서 동 시기에 풍미한 이론들을 이미 적극적으로 수용한 상태였기 때문이다. 따라서 오늘날 교육행정 이론의 발달을 논할 때는 1910년대 과학적 관리론을 시발점으로 간주하고 있다.

이론의 중요성을 강조하기 시작한 1950년대 행동과학론은 1970년대 중반에 이르면 미국식 접근방식에 대해 문제를 제기한 영연방 국가 측 학자들의 도전을 받게 된다. 양측의 관점을 대변한 이른바 **그리피스-그린필드(Griffiths-Greenfield) 논쟁**을 거치며 관점과 연구의 패러다임에 있어 이전까지 주류였던 구조기능적 패러다임에 더하여 해석적 패러다임을 도입하는 변화를 겪게 된다. 1980년대 이후에는 비판적 패러다임이 다시 추가되면서 외연이 확대되고 교육행정 이론의 학문적 엄격성이 확립되기 시작하였다(Evers & Lakomski, 1991; Lunenburg & Ornstein, 2012).

현대의 교육행정 이론은 행동과학론, 특히 조직에서의 인간 행동에 관심을 가지는 조직행동론을 기반으로 하는 가운데 다양한 패러다임과 이론들이 공존하는 상태에 있다. 다시 말해, 특정 이론이 주도했던 시기를 구분할 수는 있으나 오늘날에도 실무적 관점에서는 조직행동을 고전이론과 인간관계론을 통해 설명한다. 또 구조기능적 패러다임이 교육행정학 연구의 주류를 형성하고 있지만 다른 새로운 관점과 이론들이 추가되어 일정한 역할을 하는 상황에 있다고 할 수 있다.

교육행정학은 행동과학의 관점에서 그야말로 다학문적인 접근을 시도한 분야다. 영향을 크게 미친 학문 분야로는 교육학, 행정학, 경영학, 행정법학, 경제학, 재정 · 회계학, 사회학, 심리학 등을 들 수 있다. 이러한 다학문적 성격의 영향 때문에 학문으로서의 교육행정학이 관심을 가지고 있는 분야는 교육학의 어느 분야보다도 다양하다. 먼저, 행정기능 기준으로는 인사, 조직, 재정, 기획, 시설, 사무 관리 외에도 연구 · 평가, 교육내용, 장학, 학생 각각에 대한 행정이 포함된다. 다음으로, 행정단위 기준으로는 중앙교육행정, 지방교육행정, 단위학교행정, 학교 외 교육행정이 있다. 또한 교육 대상 기준으로는 유아교육, 초등교육, 중등교육, 고등교육은 물론 특수교육, 영재교육, 성인교육 등에 대한 행정이 있으며, 교육 주체가 누구인가에 따라 사립학교 행정도 관심 대상이 된다(강영삼, 1985).

그동안 교육행정학은 하나의 연구 영역(a field of study)에 해당하는가 혹은 독자적인 연구 영역과 방법론을 가진 하나의 학문(a discipline)으로 볼 수 있는가, 교육행정학에 고유한 지식기반(knowledge base)이 존재하는가 등에 관한 논쟁을 통해 학문으로서의 정체성을 확립해 왔다. '교육행정학이 확실한 지식기반을 가지고 있는가?'의 문제는 1980년대 이래 현대 교육행정학의 흥미로운 쟁점 사안 중 하나가 되었다(Culbertson, 1988; Donmyer, 1999). 현재는 대체로 지식기반의 존재를 인정하는 경향을 보이면서 지식기반의 내용을 구체적으로 규명하려는 노력을 시도하고 있다.

2) 고전이론

고전이론(classical theory)의 시발점은 과학적 관리론으로 산업계에서 약 1910년대부터 1930년대에 걸쳐 당대를 풍미했는데, 교육행정에서도 이들 이론의 영향을 받아 현대 학교제도와 교육행정의 기틀을 다지는 변화가 있었다. 과학적 관리론은 이후 부상한 행정관리론, 관료제론과 함께 오늘날 교육행정의 고전이론으로 자리잡고 있다.

(1) 과학적 관리론과 교육행정

1900년대 초 미국 산업사회에서는 기업운영의 합리화, 과학화, 효율화 운동이 일어났다. 1911년에 나온 테일러(Taylor)의 '과학적 관리의 원리(principles of scientific management)'는 당시의 운동을 대표하는 이론이다. 과학적 관리론(scientific management theory)의 관점에서는 인간도 하나의 기계처럼 과학적으로 관리함으로써 공장의 컨베이어 시스템이나 우리 부엌에 보편적인 시스템 키친에서 보듯이 보다 높은 효율을 가져올 수 있다고 믿는다. '시간과 동작에 대한 연구(time and motion study)'를 통해 표준화된 작업 조건과 도구를 구안하였고, '성과급제'를 통해 성공은 보상하고 실패에는 손실이 있다는 것을 인식하게 함으로써 조직 구성원들이 열심히 효율적으로 일하도록 유도하였다. 지나친 능률의 숭배(cult of efficiency)라는 비판에도 불구하고 과학적 관리론은 현대 조직운영의 곳곳에 자리 잡고 있다.

당시의 학교는 국민의 세금으로 운영되는 비능률적 기관의 전형으로 사회적 비난을 받고 있었기 때문에 과학적 관리론이 교육행정에 미친 영향은 지대한 것이었다. 대표적인 학자로는 보빗(F. Bobbitt)과 스폴딩(F. E. Spaulding)을 들 수 있다. 보빗은 학교에서도 생산품(학생)과 생산방법(교육방법)을 표준화하고, 생산자(교원)의 자격, 교육, 훈련에 과학적 관리의 원리를 적용해야 한다고 주장하였다. 또 교육시설의 최대 활용, 교직원 수의 최소화 및 능률의 최대화, 교육에서의 낭비 제거, 행정기능 분리를 통한 교수활동의 효과성 제고 등을 강조하였다. 스폴딩은 교육행정가가 기업경영의 원리에 따라 업무를 수행할 것을 주장하였고, 교육행정에 적용되는 과학적 관리의 본질을 성과의 측정과 비교, 성과 달성의 조건, 수단, 시간에 대한 비교분석, 좋은 성과를 가져오는 수단의 채택과 활용으로 설명하였다(김윤태, 2001; 이형행, 고전, 2001).

당시의 교육행정가들은 과학적 관리의 원리를 교육에 도입하기 위해 적극적으로 노력하였다. 즉, 학급 편성방법, 시험제도, 교수방법, 학교조직 등이 목적 달성을 제대로 하고 있는가에 대한 반성과 함께 최대한 효율적인 방식으로의 개편을 시도하였다. 당시 교육행정학자들의 연구는 현재와 같이 변인들 사이의 관계를 밝히는 경험적 연구보다는 학교조사를 통해 교육행정의 실제 문제를 개선하기 위한 직관적이고 처방적인 연구가 많았다. 계량화의 지나친 추구에 따른 문제, 교육행정가들에 대해 기업관리인과 같은 관점에서 접근하는 것에 대한 교육계 내부의 비판이 제기되는 가운데서도 과학적 관리의 시기를 거치며 오늘날과 같은 학교제도와 운영방식, 교육방법의 기틀을 다지게 되었다.

(2) 행정과정론과 교육행정

과학적 관리론과 궤를 같이하면서 행정이 진행되는 과정 혹은 관리자의 기능을 중심으로 나온 이론이 행정관리론이라고도 불리는 행정과정론(administrative management theory)이다. 과학적 관리론이 노동자 개인의 직무에 관심을 두는 것과 달리, 행정과정론은 조직 전체의 관리에 초점을 맞춘다. 대표적 학자인 페이욜(H. Fayol)은 1949년 『일반 및 산업 관리(General and Industrial Management)』에서 관리자의 기능을 기획(planning), 조직(organizing), 명령(commanding), 조정(coordinating), 통제(controlling)의 다섯 가지로 나누어 설명하였다. 또한 분업, 위계, 권한과 책임, 명령 통일, 적정 통솔 범위 등 열네 가지 원리를 제시하면서 명령 계통, 권한 배분, 질서, 능률, 공정성, 안정성 등을 강조하였다. 적정 통솔 범위 원리의 경우 업무의 난이도, 구성원의 전문성 등에 따라 5~10명을 통솔의 효과적인 범위로 제시하고 있는데, 이는 오늘날에도 조직 구성의 단위로 유용하게 활용되고 있다(Hoy & Miskel, 2008).

1957년에 굴릭(L. Gulick)과 어윅(L. Urwick)은 이를 확대 발전시켜 기획(planning), 조직(organizing), 인사배치(staffing), 지시(directing), 조정(coordinating), 보고(reporting), 예산편성(budgeting)의 7개 관리기능을 제안하는 한편, 과학적 관리의 원리를 공공행정에 도입하는 데 노력을 기울였다. 시어스(J. B. Sears)는 행정과정론을 교육에 도입하여 기획, 조직, 지시, 조정, 통제를 교육행정의 과정으로 제시하였고, 이후 미국학교행정가협회(American Association of School Administration) 및 그레그(R. T. Gregg), 캠벨(R. F. Campbell) 등 많은 학자가 강조점이나 용어 혹은 뉘앙스를 약간씩 달리하는 교육행정의 과정 요소들을 제안하여 왔다(김윤태, 2001; 이형행, 고전, 2001; 주삼환 외, 2009). 오늘날에도 행정과정론은 일반행정학의 중요한 관심사 중 하나로 자리 잡고 있으며, 새로운 제안과 이론연구가 계속되고 있다. 1950년대까지 제안된 대표적인 행정과정 요소들은 〈표 11-2〉와 같다.

표 11-2 행정과정론의 학자별 요소 비교

페이욜 (1916)	기획 (planning)	조직 (organizing)	명령 (commanding)	조정 (coordinating)	통제 (controlling)		
굴릭-어윅 (1950)	기획 (planning)	조직 (organizing)	인사배치 (staffing)	지시 (directing)	조정 (coordinating)	보고 (reporting)	예산편성 (budgeting)
시어스 (1950)	기획 (planning)	조직 (organization)	지시 (direction)	조정 (coordination)	통제 (control)		
미국학교 행정가협회(1955)	기획 (planning)	배분 (allocation)	자극 (stimulation)	조정 (coordination)	평가 (evaluation)		
그레그 (1957)	의사결정 (decision-making)	계획 (planning)	조직 (organizing)	의사소통 (communi-cation)	영향 (influencing)	조정 (coordinating)	평가 (evaluating)
캠벨 외 (1958)	의사결정 (decision-making)	프로그래밍 (programming)	자극 (stimulating)	조정 (coordinating)	평가 (appraising)		

(3) 관료제론과 교육행정

1947년에 베버(M. Weber)가 주창한 관료제론(bureaucracy)은 학교는 물론 기업 · 정부 조직을 막론하고 현대의 거의 모든 조직의 구조 설정에 기초가 되는 이론이다. 베버는 특정한 명령이 구성원들에 의해 준수될 가능성인 권위(authority)가 정당화되는 방법에 따라 전통적(traditional) 권위, 신비적(charismatic) 권위, 합리적 · 합법적(rational-legal) 권위로 나누면서, **합리적 · 합법적 권위에 의한 관료적 지배의 순수성을 주장하며 이상적 관료제를 제시하였다.**

대부분의 현대 조직은 원칙적으로 관료제이며 주요 특징으로 분업, 연고주의 배제, 권위의 위계, 규정과 규칙, 경력 지향성을 가지고 있다. 이러한 특징들은 순기능을 나타낼 것이 기대되지만 역기능이 나타날 수도 있다. 예컨대, 분업과 전문화는 전문성을 증대시키는 순기능이 있는 반면, 같은 일을 반복하는 데 따른 권태와 매너리즘을 불러올 수 있다. 조직구조로서의 관료제는 중립적인 개념이지만 역기능이 드러난 조직의 병폐로서의 관료제, 고발 대상으로서의 거대한 현대 정부를

표 11-3 베버 관료제의 순기능과 역기능

순기능	관료제 특성	역기능
전문성	분업 (division of labor)	권태
합리성	연고주의 배제 (impersonal orientation)	사기 저하
엄격한 순응과 조정	권위의 위계 (hierarchy of authority)	의사소통 저해
계속성과 통일성	규정과 규칙 (rules & regulation)	경직성/본말전도
유인체제	경력 지향성 (career orientations)	업적/연공서열 갈등

출처: Hoy & Miskel (2013), p. 99.

가리킬 때의 관료제는 부정적 의미를 나타내기도 한다. 이때는 '관료주의적(bureaucratic)'이라는 표현이 보다 적합하다(이형행, 고전, 2001; Hoy & Miskel, 2008).

학교조직과 교육행정 조직도 관료제를 기초로 하고 있는 것은 분명하다. 교사 선발에 연고주의가 배제되는 것이나 학교의 행정 업무가 교무부, 연구부 등으로 전문화되어 있는 것, 학교장을 정점으로 권위의 위계가 존재하는 것 등이 그 예다. 그러나 학교조직은 기업이나 정부의 관료제와는 약간 다른 특성을 가지고 있다. 1965년에 비드웰(C. Bidwell)이 학교를 보통의 관료제보다는 "구조적으로 느슨하게 결합되어 있는 특수한 조직(loosely coupled organization)"이라고 본 이후, 현대의 교육행정 조직론에서는 '느슨한 조직 관점(loose coupling perspective)'이 교육행정 조직의 특수성을 나타내는 주요 이론 중 하나로 자리 잡고 있다. 학교의 조직구조는 두 가지 특성, 즉 법적 · 제도적 측면에서는 관료제적 속성을 가지면서, 교수 · 학습을 중심으로 한 교사의 전문성 측면에서는 느슨한 조직으로서의 속성을 갖는 것으로 이해되고 있다(주삼환 외, 2009; Hoy & Miskel, 2008; Lunenburg & Ornstein, 2012).

3) 인간관계론

1930~1950년대를 풍미했던 산업계의 인간관계론(human relations theory)은 과학적 관리론에 대한 반성에서 시작하여 조직 운영에 사회심리학적 관점을 도입하면서 시작되었다. 과학적 관리론의 기계적 인간관에 대한 비판과 함께 이전에는 생각하지 못했던 비공식 조직의 존재와 중요성을 인식하는 등 생산을 향상시키는 방법에 대해 고전이론의 접근과는 정반대의 방식을 제안하였는데, 그 핵심은 인간에 대한 관심과 배려였다.

폴렛(M. P. Follet)은 심리학적 관점에서 관리의 일차적 과업은 노동자가 자발적으로 일할 수 있는 상황을 마련해 주는 것이라고 주장하였다. 이후 메이요(G. E. Mayo) 등이 1924년부터 1932년까지 8년간에 걸쳐 수행한 호손 실험연구(Hawthorne studies)는 조명실험, 배선조립 관찰실험, 면접 등을 통해 경제적 유인이 인간에게 유일한 동기 유발요인이 아니라는 입장을 취하였다. 생산은 개인의 생리적 능력보다 비공식 조직의 규범에 의해 더 영향을 받으므로 공식 조직의 감독보다 비공식 조직의 리더가 더 중요한 영향을 미칠 수 있다고 보는 등 과학적 관리론의 관점을 부인하는 결과를 발표하였다(이형행, 고전, 2001).

인간관계론의 관점에 기초하여 이후 기업 내에서는 각종 제안제도, 상담제도, 사기와 태도 조사, 경영참가제도, 감수성 훈련 등 다양한 개선방안이 도출되었다. 인간관계론은 오늘날 기업의 생산성이 구성원의 팀워크는 물론 태도, 감정 같은 인간적 요인에 의해 좌우되며, 공식 조직과 비공식 조직의 균형이 필요하다는 인식을 갖도록 하는 데 공헌하였다. 인간관계론적 접근은 1950년대 이후 행동과학론 시대를 맞으면서 사회심리학 이론의 발전으로 이어지게 된다. 레빈(K. Lewin) 등의 집단역학 이론(group dynamics theory), 모레노(J. Moreno) 등의 사회측정법(Sociometry), 호먼스(G. C. Homans) 등의 소집단 연구, 리커트(Likert) 등의 태도측정 기술 개발 등이 그 예다. 다양한 동기이론의 발달을 거쳐 1960년대에는 이러한 이론들이 인사행정에 본격적으로 도입되기 시작하였고, 1970년대에 와서는 구성원의 자기 계발, 직무 확대 등으로 관심을 확대시켰다. 그리고 근래에는 인적자원론(human resources perspective)을 통해 미개발되고 낭비되는 인적 자원을 최대한 개발하여 조직의 목적 달성에 기여하고자 하는 방향으로 전환하고 있다(주삼환 외, 2009; Lunenburg & Ornstein, 2012).

교육행정에서는 인간관계론이 민주행정의 원리를 제시하는 계기를 제공하였다. 일찍이 듀이(J. Dewey)가 1916년에 『민주주의와 교육』을 발간하면서 진보주의 교육운동에 의한 교육의 민주화 운동이 전개되기도 하였지만, 인간관계론 시대를 거치며 교육행정가는 교직원의 사기 고양, 인화 단결의 촉진자로 간주되었고, 교육정책 결정은 구성원의 광범위한 참여를 통해 이루어져야 한다는 공감대가 형성되었다. 이 시기를 대표하는 교육행정학자들인 몰먼(A. B. Moehlman), 야우치(W. A. Yauch) 등은 교육행정의 목적과 정의를 제시하면서 조성적·봉사적 기능을 강조하였다(김윤태, 2001; 이형행, 고전, 2001). 즉, 교육행정은 교수적 필요(instructional needs)에서 발생하는 것이며, 교수·학습활동을 통해 교육목표를 달성하기 위한 수단으로만 존재 의의가 있다는 관점을 나타냈다. 교육행정에서 민주적 지도성, 민주적 조직 형태의 확립, 구성원 참여의 확대, 상호작용과 신뢰 구축 등을 강조하는 민주적 원리가 확대되는 결과를 가져왔고, 이때 오늘날의 미국식 교육행정 개념과 전통이 확고한 틀을 형성하였다고 볼 수 있다.

그러나 인간관계론에 대해서는 경영자와 노동자 간 갈등문제 등 조직 운영의 주된 문제점을 간과하였고, 지나치게 인간의 가치만을 강조함으로써 조직의 생산성 위축을 가져왔다는 비판이 있다. 교육행정 부문에서는 다수결을 의미하는 정치적 '민주'가 항상 최선일 수 없다는 측면과 함께 민주화 개념이 모호한 가운데 지나치게 단순화되거나 오도되는 경우가 많았다. 또 인간관계의 지나친 강조에 따라 교직원의 무능을 묵인하거나 장학활동을 소홀히 하는 부작용을 초래하기도 하였고, 언어적 성찬에도 불구하고 학교 운영 개선을 위한 이론적 연구에는 무관심하였다는 비판을 받았다(이형행, 고전, 2001; 주삼환 외, 2009).

4) 행동과학론

1950년대 이후 시작된 행동과학론(behavioral science theory)은 인간의 행동을 변화시킬 수 있다는 신념하에 학제적 접근을 통해 인간 행동의 일반 법칙을 체계적으로 규명하려는 과학의 한 분야다. 행동과학론에서는 보통 수리과학적 방법을 동원하며 심리학, 사회학, 인류학, 정치학, 경제학 등의 다학문적 접근을 시도한다. 또 가설을 세우고 이를 경험적으로 검증함으로써 인간 행동에 관한 이론을 개발하고자 한다.

행정현상에 대해 행동과학적 접근을 시도한 대표적 학자로는 바너드(C. Barnard)와 사이먼(H. A. Simon)을 들 수 있다. 바너드는 공식 조직과 비공식 조직의 존재를 인정하면서 양자의 균형, 조직 목적과 개인 목적의 균형을 통해 성공적인 조직이 될 수 있다고 보았다. 사이먼은 경제학 · 심리학 · 사회학적 관점을 통합하여 조직 내에서의 인간 행동을 규명하고자 시도하였다. 사이먼에 의하면, 종업원은 그가 조직에 기여한 것보다 더 큰 유인을 지각하는 동안에만 조직에 남는다.

행동과학이 교육학을 비롯한 사회과학 분야에 미친 영향은 지대하였거니와 교육행정에 준 영향도 매우 컸다. 인간관계론 시대까지의 교육행정이 경험과학적 · 실증적 이론에 기반을 두지 못하고 감기 환자의 열을 내리기 위한 처방전 발부와도 같은 규범적 단계였다는 비판과 함께 신운동(new movement)이 일어나게 된 것이다. 교육행정 분야에서의 신운동은 1947년의 미국교육행정학교수협의회(National Conference for Professors of Educational Administration), 1950년의 켈로그(Kelogg) 재단 후원에 따른 5개 대학의 교육행정협동 프로그램(The Cooperative Program in Educational Administration), 1956년의 교육행정대학협의회(University Council for Educational Administration: UCEA)를 중심으로 전개된 행동과학적 접근방법을 통한 교육행정의 이론화 운동을 말한다(이형행, 고전, 2001).

대표적인 학자로는 게젤스(J. W. Getzels)와 구바(E. G. Guba)를 들 수 있다. 게젤스와 구바는 사회체제 내에 존재하는 조직적 차원과 개인적 차원을 구분하고 이들의 상호작용에 의해 사회적 행동이 나타나게 된다고 설명하는 사회체제 모형을 개발하고 검증하였다. 게젤스-구바 모형은 교육조직 내에서 인간 행동이 어떻게 나타나게 되는가를 규명하고자 하는 교육행정조직론의 기초 이론이 되었다. 교육행정에서 신운동 이후 강조되고 있는 '이론'은 실제와 괴리된 탁상공론이나 사변적 주장을 의미하는 것이 아니라 교육의 실제에 뿌리를 박고 있으면서 그에 기초하여 설정된 가설을 경험적 · 과학적으로 검증한 결과를 가리킨다. 따라서 이론을 실제와 관계없는 것, 그다지 필요하지 않은 것으로 보는 것은 맞지 않는다는 것이 그들의 주장이다. 교육행정 이론을 실제 또는 과학적인 것과는 다른 것이라고 보는 관점은 오해라고 할 수 있다.

5) 해석론과 새로운 관점

1950년대의 신운동을 통한 교육행정의 이론화와 학문 성립 이후 교육행정 이론 분야에서 주도적 입장은 행동과학론이고, 현재까지도 교육행정학의 주류는 이 방향에 서 있다고 볼 수 있다. 그러나 미국을 중심으로 구조기능적 패러다임에 기초하고 있는 행동과학론은 1970년대 중반에 영국, 캐나다 등 영연방 국가 학자들로부터 정면 도전을 받게 된다. 1975～1979년에 전개된 미국 측의 그리피스(Griffiths)와 영연방 국가 측의 그린필드(Greenfield) 간의 논쟁이 이를 대변한다. 그린필드에게서 촉발된 새로운 이론적 접근은 해석론(interpretive theory)에 기초하고 있다. 해석론은 관찰자와 독립된 객관적 세계가 존재하는 것이 아니라 관찰자가 보는 것은 관찰자 자신의 가치관과 신념에 달려 있고 특수한 상황에 대한 자신의 해석에 따른다는 이론이다. 그린필드는 조직을 객관화하여 과학적으로 설명한다는 것은 불가능하며 주관적인 논의와 해석이 보다 중요하다고 강조하였다. 또한 연구방법론상에서도 행동과학론이 양적 연구와 가설의 검증을 중시하는 것과 달리 질적 연구를 통한 이해와 해석의 중요성을 강조하였다.

교육행정에서는 행동과학론이라는 전통적 이론과 그에 대립되는 해석론적 접근 외에 사회과학의 다른 시각들과 궤를 같이하여 또 다른 유형의 대안적 관점들이 1980년대 이후 나타났으며, 새로운 이론들이 계속 출현하는 시대를 맞고 있다. 대표적인 이론으로는 비판론(critical theory), 신마르크스주의(neo-Marxist approaches), 포스트모더니즘(postmodernism), 페미니스트 이론(feminist theory) 등을 들 수 있다. 비판론은 해체주의적 관점에서 현대 조직이론을 신랄하게 비판하는 점에서 포스트모더니즘과 맥을 같이하지만, 비판을 넘어 인간의 소외와 억압, 불평등을 야기하는 구조와 조직의 변혁을 시도한다는 점에서는 차이가 있다. 신마르크스주의는 조직의 비합리적이고 특수하며 소외된 측면에 초점을 맞추는 점에서는 해석론과 비슷하지만 객관적 접근을 시도한다는 차이가 있다. 포스트모더니즘은 기존 것들의 해체를 전제로 상대성과 다양성을 표방하며 기존의 조직이론을 비판한다. 페미니스트 이론은 현대 조직의 특성이라고 할 수 있는 경쟁, 복종, 충성, 효율성 추구 등이 남성 문화의 산물이라고 비판한다(윤정일 외, 2008; Hoy & Miskel, 2008; Lunenburg & Ornstein, 2012).

6) 조직이론을 중심으로 본 현대 교육행정 이론

교육행정 이론에서 일차적 관심의 대상은 학교조직이었고, 그에 따라 초기 이론들은 대부분 조직이론(organizational theory)에서 출발하였다. **조직**이란 **'공동의 목적을 가지고 일정 기간 이상 지속되면서 목적 달성을 위해 합리적 협동행위를 하는 인간들의 집합체'**라고 볼 수 있다. [그림 11-4]에 제시된 게젤스와 구바의 사회체제 모형은 사회체제를 조직 차원과 인성 차원으로 구분하고, 사회체제 내에서 관찰되는 개인의 사회적 행위는 조직 차원의 제도, 역할, 그에 따른 역할기대와 인성 차원의 개인, 인성, 욕구 성향의 상호작용의 결과라고 설명한다(이형행, 고전, 2001). 예컨대, 학교라는 조직사회에서 교사가 보이는 행동은 그에 대한 역할기대와 개인적 사정 및 인성에 따른 욕구 성향의 함수로서 나타나는 것이다.

여기서 출발한 교육행정의 조직행동론은 교육조직 내에서 인간이 어떻게 행동하는가를 탐구하는 분야다. 교육행정의 조직행동론은 이후 체제이론을 접하면서 보다 체계적인 접근을 시도하게 된다. 우선 과학적 관리론의 전통은 합리체제론(rational system perspective)으로 발전하여 능률, 최적화, 합리성을 추구하는 조직구조의 구안에 관심을 기울이고 있다. 합리체제론적 관점에서 목표관리기법(Management By Objectives: MBO), 기획예산제도(Planning, Programming, and Budgeting Systems: PPBS), 전략적 기획(strategic planning), 업적평가계획기법(Performance Evaluation and Review Techniques: PERT), 정보관리체제(Management Information Ssystem: MIS) 등이 개발되어 행정가들의 합리적 의사결정을 돕는 도구로서 역할을 하고 있고, 경영 관리의 새로운 기법들이 끊임없이 개발되고 있다. 인간관계론의 전통은 유기체 모형(organic model)이라고도 하는 자연체제론(natural

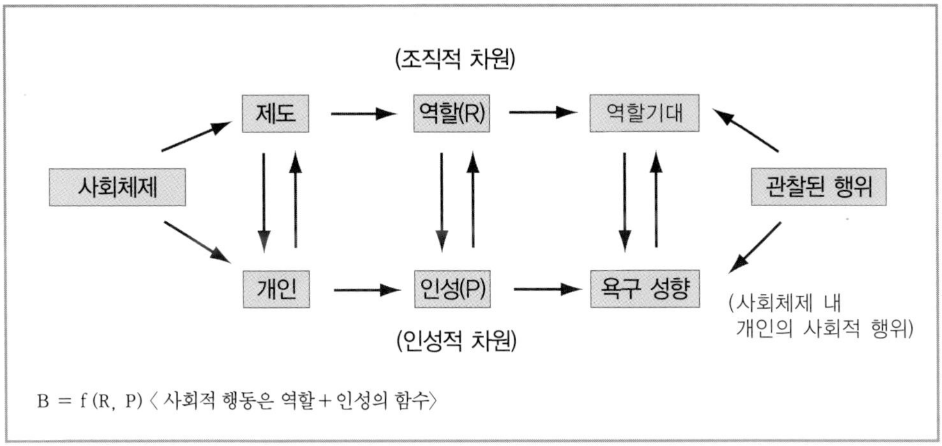

[그림 11-4] **게젤스와 구바의 사회체제 모형**

systems perspective)으로 발전하였는데, 공식 조직보다는 비공식 조직을, 구조보다는 인간을, 조직의 요구보다는 개인의 요구를 강조하는 이론체계를 구성하고 있다. 오늘날 체제적 시각은 학교와 같은 교육행정 조직의 구조와 개인을 이해하는 데 있어 보편적인 방식이 되고 있다.

그러나 합리체제론과 자연체제론은 각각 개인이 빠진 조직구조나 조직이 없는 개인만을 강조한다는 비판을 받고 있다. 1950년대의 일반체제 이론은 1960년대에 이르러 환경의 영향과 피드백을 포함하는 개방체제 이론으로 발전하게 되는데 그와 궤를 같이하여 학교도 하나의 개방된 사회체제로 이해하기 시작하였다. 이에 따라 양쪽의 관점을 종합한 개방체제론이 학교조직을 더 잘 설명할 수 있는 관점이라고 보게 된 것이다(Hoy & Miskel, 2008; Scott, 2003).

이와 같은 개방체제론의 관점에서 호이(W. Hoy)와 미스켈(C. Miskel)은 학교를 개방적 사회체제의 하나로 설정하였다. 그들에 따르면, 학교에서는 주어진 환경의 영향을 받는 가운데 각종 투입이 이루어지고, 구조적 · 개인적 · 문화적 · 정치적 하위체제를 통해 전환과정이 있게 되며, 그 결과로 다양한 유형의 산출이 발생된다. 여기서 하위체제는 합리체제 조직모형과 관련되는 조직구조(structure), 자연체제 조직모형과 관련되는 개인 및 동기유발(individuals-motivation), 교육조직 내 전환을 가져오는 또 다른 하위체제인 문화와 풍토(culture and climate) 그리고 새롭게 부각되기

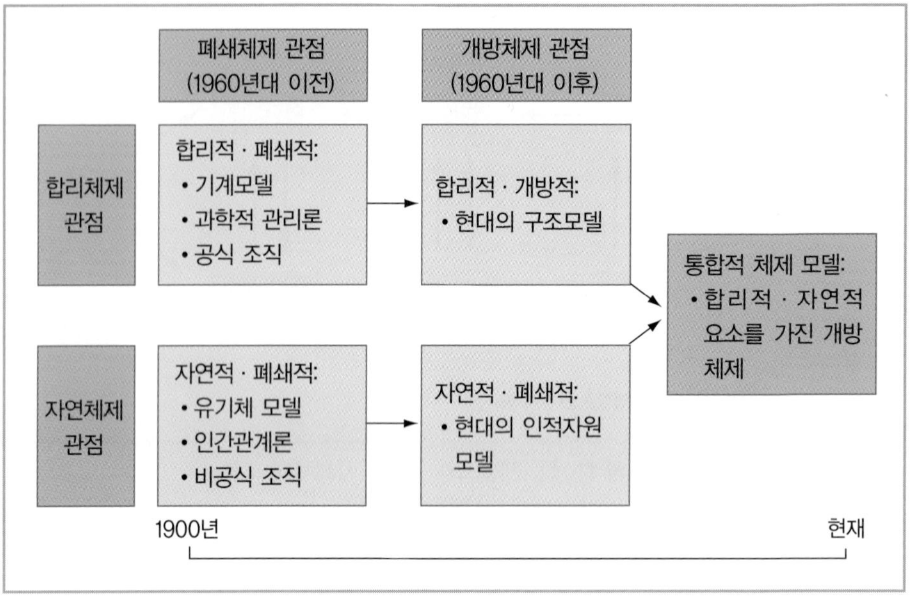

[그림 11-5] **조직이론의 발달**

출처: Hoy & Miskel (2013), p. 18.

시작한 학교에서의 권력과 정치 문제(power and politics) 등이다. 그리고 이들 하위체제의 기저에는 교수 · 학습이라는 교육 본연의 활동이 자리 잡고 있는데, 이 점이 교육조직과 다른 조직의 차이를 가져온다고 본다(Hoy & Miskel, 2008). 이처럼 **학교를 개방적 사회체제의 하나(school as a social system)로 파악하려는 입장**은 교육행정 조직을 종합적이고 체계적으로 파악하려는 시도라고 할 수 있으며, 학교에서 전개되는 교육행정의 실제를 분석적으로 이해할 수 있도록 돕는다는 점에서 의미를 갖는다.

호이와 미스켈은 이 사회체제 모형을 중심으로 네 개의 하위체제와 관련된 이론은 물론 다양한 교육행정 이론을 소개하고 있다. 그중 날로 중요해지고 있는 교육조직에서의 의사소통(communication)과 의사결정(decision making)에 관한 이론, 전환과정 전체를 아우르는 교육행정가의 지도성(leadership)에 관한 이론이 최근에 크게 주목받고 있다. 또 정보, 자원, 제도 등의 형태로 교육조직에 커다란 영향을 주고받는 외부 환경(external environment), 산출 및 피드백과 관련된 학교의 효과성, 책무성, 개선(effectiveness, accountability, and improvement)에 관한 이론 등이 축적되고

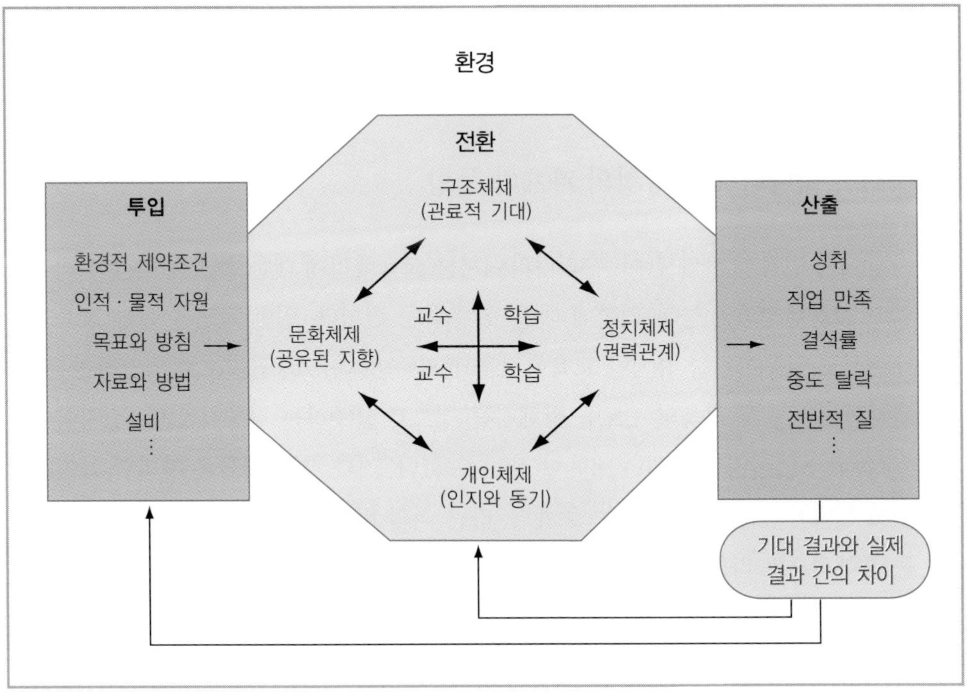

[그림 11-6] **학교에 대한 사회체제 모형**

출처: Hoy & Miskel (2013), p. 33.

있다.[1] 현대의 교육행정 이론은 학교라는 교육조직에서 인적 · 물적 투입요인을 산출로 바꾸는 전환과정과 관련된 것들이 많고, 개방체제적 시각에서 환경과 피드백까지를 고려하고 있다고 할 수 있다.

요약하면, 현대의 교육행정 이론은 주류라고 할 수 있는 전통적 이론인 행동과학론의 기조하에 발전하고 있는 조직행동론, 체제이론, 상황적응론 등의 연역적 가설 및 그에 대한 경험적 검증을 강조하는 과학적 이론들, 그에 반대하는 해석론, 그리고 비판적 또는 대안적 관점을 가진 비전통적 이론들이 다원적으로 공존하고 있다.

❶ 호이와 미스켈의 『교육행정: 이론, 연구, 실제(Educational Administration: Theory, Research, and Practice)』는 교육행정에 관한 미국 내의 대표적 교과서의 하나로 1978년 이래 2013년까지 9판째 발간되었다.

3. 우리나라의 교육행정

1) 우리나라 교육행정의 과제와 동향

앞에서 언급한 바와 같이, 우리나라에서는 교육행정에 대한 부정적 시각이 적지 않고 교육행정의 기능과 역할에 대한 오해가 큰 편이다. 일반 국민은 물론 교육계 내에서도 일부이기는 하지만 교육행정을 권위주의적인 것, 권력으로 억압하는 것, 규제와 간섭으로 교육의 진로를 방해하는 것으로 간주하는 경향이 있다. 심지어는 '교육부가 없어지면 오히려 교육이 잘될 수 있다.'거나 '학교장들은 자리만 차지하면서 별다른 도움을 주지 않는 존재다.'라는 식의 비판이 존재한다. 이러한 인식에는 부분적으로 타당성이 있는 것도 사실인데, 그것은 우리나라의 교육행정이 앞의 교육행정 개념 중 법규해석적 관점이나 정책실현설의 속성이 강하고 그것도 부정적 측면을 많이 드러내어 온 데서 연유한다.

그러나 그러한 인식은 매우 위험하고 부적절한 것이다. **이제까지의 우리 교육행정이 잘못 수행되어 온 측면이 있는 것이 사실이고 그것을 바로잡는 것이 필요하지만 그러한 점들 때문에 교육행정의 본래적 존재 의의가 없어지는 것은 아니다.** 앞에서 교육행정의 필요성을 살펴본 것처럼 올바른 교육행정이 없이는 효과적인 교수·학습활동의 전개나 나아가 교육목적의 구현이 어렵게 된다. 잘못된 것을 고쳐야 하는 것과 본래 불필요한 것과는 다른 것임을 유념할 필요가 있다.

우리가 도입한 서구식 교육행정의 본래 개념은 조건정비적 정의의 지원 개념과 행정행위설에 입각한 합리적 협동행위, 합리적인 행정과정으로서의 속성이 더 강하다. 서구에서 많은 연구들을 통해 확인된 것처럼, 효과적인 학교, 책무성을 구현하는 학교가 되는 데 있어서 가장 중요한 요인으로 꼽고 있는 것은 학교장의 지도성이다. 학교현장에서 교육행정가의 지원적·조성적 역할 수행이 없이는 일상적인 교육활동이 크게 저해받을 수밖에 없다는 것이 교사와 교육 구성원들의 공통된 시각이다. 교육목적의 구현을 위해서는 교수·학습활동이 효과적으로 전개되어야 하고, 그것이 제대로 이루어질 수 있기 위해서는 각 단계에서의 교육행정이 제대로 역할을 할 수 있어야 한다는 것이다.

우리 교육행정의 실제에는 여러 가지 쟁점 혹은 과제들이 제기되고 있다. 예를 들면, 다음과 같다. 6-3-3-4의 현행 학교제도를 유지하는 것이 교육목적 구현에 보다 적합한가, 아니면 학생들의 발달 수준과 선진국의 사례를 고려하여 바꾸는 것이 필요한가? 학교 내의 교사, 학생의 조직구조를 어떻게 가져가는 것이 원활한 교수 · 학습을 위해 보다 효과적인가? 공교육의 위기라고 일컬어지는 상황 속에서 학교의 효과성 혹은 교육 경쟁력을 확보하기 위해서는 어떠한 제도 개선이 필요한가? 교사가 더욱 열심히 가르치도록 동기 유발하는 기제가 필요한가? 우리나라 고등교육기관의 경쟁력은 어느 수준이며, 어떻게 해야 세계적 수준의 경쟁력을 확보할 수 있는가? 교육 외부 환경과 관련하여 사교육기관과의 관계 설정은 어떻게 해야 하며, 사교육비 문제는 어떻게 해결해야 하는가? 교원을 어떤 체제로 양성하고 어떤 절차를 거쳐 자격을 부여하는 것이 보다 타당한가? 교원의 승진체계는 어떻게 개선되어야 하며, 학교행정가는 어떤 방식으로 양성하는 것이 바람직한가? 교원, 학생, 학부모라는 교육 주체들 간 혹은 동일 주체 내에 존재하는 역동성을 어떻게 바라보며 집단 간의 갈등을 어떻게 잘 관리할 수 있는가?

그 밖에도 다양한 교육행정상의 문제들이 현존하고 있으며, 정책적 해결이 시급한 과제들도 적지 않다. 상당수 문제들은 교육행정 이론을 통해 설명할 수 있거나 해결의 실마리를 찾아볼 수 있기도 하다. 교육행정은 이러한 문제들을 인식하고 해결하는 데 관심을 가져야 하며, 애당초 교수 · 학습활동을 저해할 만한 문제가 발생하지 않도록 정책과 제도를 만들고 인적 · 물적 조건을 만들며 지원해야 한다.

교육행정 불용론이나 지나친 비판에 앞서 우리나라의 교육에서도 교육행정을 담당하는 사람이나 교육 구성원들이 교육행정이 무엇이며 어떤 역할을 어떤 방식으로 수행해야 하는가에 대한 올바른 인식을 갖는 것이 무엇보다도 중요하다. 나아가 교육행정이 올바른 모습으로 교수 · 학습활동을 효과적으로 지원할 수 있도록 정책과 제도를 구안하고 시행해 나가야 한다. 교육행정의 전문성이 확립되고 효용성에 대한 인식이 높아지기 위해서는 교육행정가의 직무가 명확해야 하고, 양성과정부터 전문성을 높이는 방안이 강구되어야 하며, 교육행정가의 효과성을 촉진할 수 있는 제도적 뒷받침이 필요하다.

그런데 교육행정에 대한 부정적 인식과 오해가 큰 현상과 달리, 우리나라에서 학문으로서의 교육행정학은 확장 · 분리의 상황에 있다고 볼 수 있다. 현대적 의미의 교육행정 실제는 해방 이후 시작된 만큼 그 역사가 짧으나, 교육행정학은 미국과 별다른 시차를 두지 않고 도입되었다. 1967년에 '교육행정학연구회'를 발족한 것을 계기로 교육행정학이 교육학의 한 분과로서 자리 잡기 시작하였다. 1972년에 국가 수준의 교육정책 연구기관인 한국교육개발원이 발족하면서부터는 교육행정학에 대한 관심과 연구 인력이 확장되었다.

'교육행정학연구회'는 1983년에 『교육행정학연구』라는 정기 학술지를 발간하기 시작하였고, 1995년에 '한국교육행정학회'로 개칭되었으며, 한국교육학회의 비중 있는 분과 학회로서 활동하고 있다. 1990년대에 들어서는 교육행정학의 세부 영역들이 독립하여 '한국교육재정경제학회' '교육정치학회' 등 별도의 세부 학회를 설립하고 활발한 활동을 전개하고 있다.

그러나 우리나라 교육행정학은 이러한 양적 확장에도 불구하고 서구의 교육행정학 연구에 비해 2차 자료에 근거한 연구나 규범적 연구에 편중되어 있고 객관적 · 실증적 연구의 축적이 미진하다는 연구방법론 측면의 비판을 받아 온 것이 사실이다. 최근, 특히 2000년대 이후에는 방법론이 강조되고 다양화되면서 이러한 문제점이 많이 개선되고 있다. 앞으로 우리나라 교육행정 현상을 더욱 잘 설명하고 해석하며 예측할 수 있도록 수준 높고 다양한 방법을 활용하는 연구와 이론 개발이 이루어져야 할 것이다.

2) 우리나라 교육행정의 주요 관심 영역

교육행정은 다양한 재료가 들어가는 '짬뽕'과 같다는 표현을 쓸 정도로 다학문적인 접근이 필요한 분야이고 포괄하는 하위 영역이 넓다. 교육에서 별도의 세부 영역으로 분명한 위상을 점하고 있는 교육철학, 교육과정, 교수 · 학습이론, 교육심리, 교육상담, 교육사회학 등을 제외한 그 밖의 많은 영역, 즉 교수 · 학습활동을 수행해 나갈 때 필요한 다양한 영역들이 교육행정의 관심 사안이다. 이는 교육행정이 갖는 보편적 특징 중의 하나이지만 나라마다 세부 분야에 대한 분류기준이나 범주에는 약간의 차이가 있기도 하다.[2] 우리나라 교육행정에서는 조직론, 인사행정, 재정 등이 전통적으로 주요 영역을 차지하여 왔으나, 근래 서구 국가에서 교육지도성, 교육정책, 교육정치학 등이 각광을 받는 상황과 궤를 같이하여 교육지도성, 교육정책에 대한 관심도 증대되는 상황에 있다. 우리나라 교육행정이 관심을 가지고 있는 하위 영역으로는 다음을 들 수 있다.

조직론 교육행정이 전통적으로 관심을 가져온 분야다. 중앙, 지방, 단위학교의 교육행정 조직구조의 구안과 그 구성원들의 동기 유발을 촉진할 수 있는 체제에 관심을 갖는다. 우리나라에서는 이전부터 학교제도에 대한 사회적 관심이 컸고 현재도 교육행정이 가장 많은 노력을 기울이고 있는 분야다. 지속적으로 관심의 대상이 되고 있는 지방교육자치제도, 학교운영위원회 제도 등은 조직론적 시각에서 접근할 수 있는 사안들이다.

교육인사행정 '교육의 질은 교사의 질을 능가할 수 없다.'는 말에서 알 수 있듯이, 교원은 교육활동의 핵심적 주체다. 교원을 어떻게 양성하고 자격을 부여하며 임용하는가, 전문성 신장을 위한 연수와 승진체제를 어떻게 갖추어야 하는가 등이 관심사다. 교육인사행정은 교직 특성, 교원단체, 단체교섭 등에 대한 논의도 포함한다. 최근에는 '인사행정(personnel administration)'의 개념에서 '인적자원행정(human resources administration)', 즉 교육에서의 인적 자원 관리라는 개념으로 접근하는 경향이 있다.

장학론 장학은 교원의 전문성 신장을 위한 지도 · 조언 활동을 말한다. 교육인사행정과 밀접한 관련을 가지고 있음은 물론 교육학의 다른 세부 분야에서도 접근이 가능한 영역이다. 우리나라의 중앙과 지방 교육행정기관에는 '장학사' '장학관'이라는 직위가 있고 그들이 전문적으로 하는 일이 장학이지만, 학교현장에서는 장학에 대한 왜곡현상이 있어서 교육행정 전체에 대한 오해의 원인이 되기도 한다.

[2] 예를 들어, 미국에서는 학교 효과성, 교원 단체교섭 등을 세부 영역으로 간주하기도 한다.

임상장학, 자율장학 등 다양한 장학 개념이 활용되고 있다.

교육재정 교육조직의 목적을 달성하기 위해서는 무엇보다도 필요한 재원을 확보하고 적절하게 배분하는 일이 중요하다. 이미 우리나라의 교육재정은 정부예산에서 20% 내외의 가장 많은 비중을 차지하는 영역 중 하나가 되었고, GDP 대비 교육예산의 확보 비율을 5%로 하느니 6%로 하느니 하는 것이 대통령 선거 공약으로 자주 등장하곤 한다. 현재 「지방교육재정교부금법」에 의한 지역 간 형평성을 강조하는 방식의 교육재정 확보가 지방교육자치제도하에서 어떠한 의미를 갖는가도 흥미로운 주제가 될 수 있다.

교육지도성 근래에 교육조직 지도자의 지도성 발휘 여하가 조직의 목적 달성의 성패를 좌우한다는 인식이 높아지면서 교육지도성에 대한 관심과 강조가 확대되고 있다. 교육부장관, 교육감, 교육장, 학교장, 부장교사, 학급교사가 조직 구성원과의 관계에서, 그리고 교육 외부 환경과의 관계에서 어떤 방식으로 지도성을 발휘할 때 조직의 목적을 보다 잘 달성할 수 있는가 등이 주된 관심사다.

교육정책 교육정책은 교육행정의 기본 목표와 방향을 제시하는 것으로서 교육행정에서 차지하는 의미와 중요성이 매우 크다. 교육행정의 개념 중 정책실현설의 관점에서는 교육행정이 교육정책을 수립하고 집행하는 것 자체를 말하는 것이기 때문에 교육정책이 곧 교육행정이라고 할 만큼 의미가 크다. 근래에는 정책의 형성과정이나 집행뿐만 아니라 정책분석, 정책평가에 대한 관심도 증대되고 있다. 교육문제의 대부분이 정책과 관계되는 것이기 때문에 교육정책에 대한 국민의 관심이 큰 것이 분명하지만, 교육행정의 의의는 앞서 개념에서 살펴본 바와 같이 정책 차원에만 그치는 것이 아니라고 보는 것이 보다 타당할 것이다.

교육정치학 교육정책의 수립과 집행 과정에서 그리고 교육조직의 안팎에서 하나의 현상으로 존재하고 있는 권력관계와 정치적 영향력의 행사 문제를 탐구한다. 우리나라에서 교육정치학에 대한 관심은 1990년대 중반 이후 나타나기 시작하여, 미국에서 1980년대 이후 매우 활발한 것과는 다소 시간적 차이가 있다. 아직은 교육 주체들의 권력관계나 권한 행사 등을 파악하기 어려운 문화적 여건 때문에 연구방법론상 한계가 있는 것이 사실이나 최근 들어와 관심이 증대되고 있는 분야다.

교육법 법규해석적 개념에서 나타나는 바와 같이, 교육의 법적 측면은 교육행정의 또 다른 중요 영역이다. 우리나라에는 두터운 교육법전에 나와 있는 것만 해도 「헌법」, 「교육기본법」에서 시작하여 「초 · 중등교육법」, 「고등교육법」, 「평생교육법」, 「교육공무원법」 등 각종 법과 시행령, 규칙, 규정 등이 있다. 헌법재판소가 위헌 판결한 바 있는 교원 임용고사에서의 국립 사범대학 졸업생 우선 임용, 각종 가산점제도와 같은 예는 교육의 법적 측면이 교육행정 현상에 직접적인 영향을 끼치고 있음을 보여 준다. 따라서 교육행정가는 교원, 학생, 학부모의 권리와 의무, 각종 교육 제도와 정책에 대한 법적 이해와 해석은 물론 법치행정의 원리에 대해 잘 인지하고 있어야 한다.

교육기획 교육행정에 대한 행정과정론적 개념을 보면 교육활동의 규모가 방대해진 현대의 교육행정에서는 첫 번째 단계가 교육기획부터 출발한다. 교육기획이란 국가, 교육청 또는 단위학교 수준에서 조직의 목적을 달성하고자 할 때 현재 상황에 대한 분석과 미래에 대한 예측을 바탕으로 타당성 있는 목표를 설정하고 그것의 달성을 위한 실천전략과 활동계획을 수립하는 것이다(김윤태, 2001). 우리나라 교육행정에서는 1980년대까지 이 부문에 대한 관심과 연구가 활발하였으나, 근래에는 각종 중장기 발전계획의 수립이 이어지고 있음에도 불구하고 전반적으로는 과거에 비해 관심이 약화된 상황이다.

교육시설 교수 · 학습활동이 잘 이루어질 수 있도록 여건을 조성하려고 할 때 교육시설은 빼놓을 수 없는 영역이다. 서구 국가들에서 교육시설에 대한 관심이 큰 것과 달리, 우리나라 교육행정가들은 오랫동안 교육시설에 대해 무관심한 상태에 있었다. 아직까지도 대부분 교육행정학 교과서에 교육시설이 하나의 영역으로 소개되고 있지 않은 것이 현실이다. 그러나 1990년대의 '열린 교육' 운동으로 교실의 물리적 구조와 여건에 대한 관심이 증대되었다. 학교시설이 현대화, 쾌적화와는 거리가 멀어 학생들이 기피한다는 비판적 시각과 함께 물리적 교실구조의 개선, 정보화 시설의 중요성에 대한 인식이 달라지고 있다. 건축학, 토목학 등과의 간학문적 접근이 요구되는 분야로서 향후 우리나라 교육행정에서도 보다 관심을 기울여야 할 영역이다.

3) 우리나라 교육행정의 실제 예시: 지방교육자치제도

우리나라 교육행정의 실제가 어떻게 되어 있고, 어떠한 문제들이 있으며, 어느 방향으로 개선되어야 하는가에 대한 논의는 앞서 언급한 세부 영역별로만 살펴보아도 방대하다. 하나의 예시로서 조직론과 관련하여 지방교육자치제도의 실제를 살펴보기로 한다. 일부 시장이나 도지사들은 예컨대, 지역 내에 특수목적고등학교나 자립형 사립고등학교를 자신들의 의사대로 설치하거나 인가해 줄 수 없고 교육감의 허락을 받아야 한다는 사실에 당혹스러워하기도 한다. 우리나라는 일반행정에서 지방자치를 실시하고 있는데, 왜 교육에 관한 사무는 교육감이라는 별도의 행정조직을 가지고 운영할까? 지방교육자치제도가 어떤 취지에서 시작되었고, 쟁점은 무엇이며, 어떻게 끊임없이 변화하고 있는가에 대해 간략히 알아본다.

지방교육자치제도는 미국의 학교구제도에서 보는 바와 같이 **교육의 중립적 성격과 교육행정의 전문성을 보장하기 위하여 중앙행정으로부터 그리고 일반행정으로부터 분리 · 독립되어 자주성과 자율성, 전문성을 갖도록 하고, 주민 참여를 통한 민주성을 확보할 수 있는 수단으로 구안된 것이다.** 우리나라에는 해방 이후 미국의 교육제도를 이식하면서 처음 도입되었으며, 지방 교육행정 조직의 구조적 특징을 나타내는 개념이 되었다.

우리나라의 지방교육자치제도는 1948년 이래 정치사회적 변화와 함께 폐지, 부활, 외형만의 제도 운영 등 우여곡절을 겪다가, **1991년부터 본래의 취지에 어느 정도 부합하는 틀을 갖추고 명실상부한 자치제도로서 운영되기 시작하였다.** 이 제도에 따라 유 · 초 · 중등 교육행정을 교육부와 같은 중앙교육행정기관이 직접 관할하는 것이 아니라 광역시 · 도 교육청에 위임하는 한편, 교육에 관한 사무는 지방의회와 별도로 존재하는 교육위원회가 심의 · 의결하고 시장이나 도지사 대신 교육감이 행정을 담당하게 한 것이다.[3] 광역시와 도의 교육감은 고등학교를 관장하는 한편, 하부 기관인 지역 교육청을 두고[4] 유치원과 초등학교에 관한 교육 사무를 담당하도록 하였다.

그러나 지방교육자치제도는 2003년 참여정부 출범 후 제도의 골격을 둘러싸고 4년여 논쟁과정을 거치는 가운데 2006년 12월에 개정 법률 통과로 전환점을 맞게 되었다. 변화의 주된 내용은 교육위원회가 별도의 심의 · 의결기관으로 존재하는 것이 아니라 지방의회 내 하나의 위원회로 흡수되고, 교육감과 교육위원의 선출을 학교운영위원회 위원이 아닌 주민 직선제로 바꾼 것이다. **교육감은 시 · 도지사와 별개로 존재하지만 교육위원회가 지방의회로 통합됨으로써 일반행정과의 분리 · 독립성이 상당 부분 훼손되었다.**

이러한 개편의 배경에는 제도의 큰 틀에 대한 정반대의 주장들이 있다. 일반행정, 경제학 분야의 인사들은 주로 기존의 지방교육자치제도가 행정 효율성을 저하시킨다는 이유로 강하게 비판하면서 일반행정과 통합되어야 한다고 주장하였다. 한편, 일부 교육계 인사들은 효율성보다는 민주성 개념을 중시하면서 시 · 군 · 구 기초 단위까지 교육자치를 확대해야 한다고 정반대로 주장하였다. 1991년 재출범한 제도의 안정적 운영이 확보되지 못한 상태에서 양 진영으로부터 제도의 근간을 바꾸기 위한 시도가 끊임없이 나타났던 것이다. 또한 재출범 당시 교육감 및 교육위원회 위원을 지방의회가 간접 선출한 방식이 사회 문제화되면서 학교운영위원회 위원들에 의한 선출방식으로 개편되었음에도 문제 제기가 이어졌다. 그 결과, 2007년부터는 대대적 제도 개편이 이루어졌다.

개편된 지방교육자치제도는 교육계 외부 주도로 교육계의 동의 없이 이루어졌다는 문제점 외에도 몇 가지 간과할 수 없는 쟁점들을 안고 있다. 우선 **교육위원회의 지방의회 내 흡수에 따른 일반행정과의 통합문제**를 들 수 있다. 재정의 비긴요성 · 비긴급성 등 특수한 성격을 가진 교육 사무를 일반행정과 함께 다룰 경우, 비록 교육감이라는 집행기관은 별도로 둔다고 하여도 의결기관이 통합됨으로써 교육이 부정적 영향을 받을 가능성이 크다. 평상시에는 문제가 크게 드러나지 않을 수 있으나 사

❸ 대학 등 고등교육기관은 교육부가 중앙에서 직접 관장한다.
❹ 지역 교육청은 보통 몇 개의 시 · 군 · 구를 통합하여 별도로 설치되어 있다.

회적 · 재정적 위기가 발생할 경우에는 교육을 우선적으로 고려하기가 어렵다. 또 교육에 관한 의견을 담당하는 지방의회 의원들은 정당 공천을 받은 정치인이기 때문에 교육의 정치적 중립성과 자주성 · 자율성을 저해하는 문제도 잠재되어 있다.

한편, 개편된 내용은 아니지만 기초 단위까지의 교육자치 시행이라는 주장은 신중히 접근해야 할 쟁점이다. 기초 단위까지의 교육자치는 제도 본래의 취지에는 부합하나, 일반행정과의 통합이 시도될 정도로 교육행정의 효율성이 문제가 되는 상황에서는 효율성을 크게 저하시키는 측면을 도외시하기 어렵다. 기초 단위의 지역이 좁고 인구밀도가 높은 상황에서는 지역적 특수성에 따른 별도 자치의 필요성이 상대적으로 적다. 그러므로 지역적 특수성은 도시와 농 · 산 · 어촌과 같이 보다 큰 범주에서 다루어야 할 문제다. 그리고 교육자치의 정신은 종국적으로 단위학교에서의 책임경영제, 학교운영위원회 등을 통해 단위학교의 자율성으로 구현되어야 함을 감안할 때 중간 단위 자치의 시행은 편익에 비해 비용이 너무 크다.

교육감과 교육위원의 선출방식에 대한 문제 역시 지속적으로 개선해 나가야 할 과제다. 개편 전 방식인 학교운영위원회 선거인단이 완전한 주민 대표성을 갖지 못하는 문제가 있었다면, 일반 국민이 참여하는 직선제 역시 또 다른 문제를 야기할 수 있다. 대표적으로 2010년 6 · 2 지방선거 이래 **직선제에 따른 과다한 선거비용과 정치성 증대**가 쟁점으로 부각되고 있다. 또한 무상급식, 누리과정 등을 통해 표출된 바와 같이 진보 교육감, 보수 교육감, 시 · 도지사, 시 · 도의회, 교육부장관 등 관련 주체들 간에 정치적 이념을 배경으로 **지나친 수준의 갈등이 발생하고 있는 점은 개선이 시급한 문제이다.**

이상의 지방교육자치제도 하나만을 놓고 보더라도 우리나라 교육행정의 실제는 수많은 문제와 쟁점을 가지고 있음을 알 수 있다. 근래에 논란이 되고 있는 주제들만 해도 고등학교 평준화제도, 자립형 사립고등학교와 특수목적고 정책, 누리과정과 교육복지 정책, 교원 양성 및 자격 제도, 교원 평가 및 승진 제도, 대학 학생선발 제도, 신자유주의 교육정책과 교육시장 개방문제, 학교운영위원회 등 범위가 다양하고 많다. 우리의 교육발전은 교육행정의 실제를 잘 이해하고 문제들을 해결해 나가며 효과적인 정책과 제도를 구안하고 운영할 때 기대할 수 있을 것이다.

학/습/과/제

1. '교육부나 교육청이 없으면 우리 학교교육이 더 잘될 수 있다.' 고 말하는 사람에게 교육행정이 필요한 이유와 본질적 기능에 대해 설명하시오.

2. 서구에서 교육행정이 대두된 배경을 산업사회의 발전과 연계하여 설명하시오.

3. 교육행정의 다섯 가지 개념에 대해 각각의 내용을 설명하고 유사 개념들을 구분하여 설명하시오.

4. 교육행정의 성격과 원리에서 염두에 두어야 할 교육 자체의 특수성을 말하고, 모트(Mort)가 말하는 운영의 원리를 우리나라 상황에 맞추어 설명하시오.

5. 교육행정 이론의 발달에 대해 고전이론, 인간관계론, 행동과학론, 해석론, 그 밖의 관점으로 나누어 약술하시오.

6. 호이(Hoy)와 미스켈(Miskel)의 사회체제로서의 학교모형을 도식화하고 그 내용을 설명하시오.

7. 지방교육자치제도에 대해 설명하고 쟁점을 논의하시오.

참고문헌

강영삼(1985). 교육행정의 연구와 과제. 서울: 대한교과서주식회사.

김윤태(2001). 교육행정 · 경영의 이해. 서울: 동문사.

김종철(1978). 교육행정의 이론과 실제. 서울: 교육과학사.

박성식(2011). 교육행정학. 서울: 학지사.

윤정일, 송기창, 조동섭, 김병주(2008). 교육행정학원론(5판). 서울: 학지사.

이형행, 고전(2001). 교육행정론: 이론 · 법제 · 실제. 서울: 양서원.

주삼환, 천세영, 김택균, 신붕섭, 이석열, 김용남, 이미라, 이선호, 정일화, 김미정, 조성만(2009). 교육행정 및 교육경영(4판). 서울: 학지사.

한국교육행정학회(2002). 한국 교육행정학 연구의 반성과 발전방향 탐색. 2002년도 한국교육행정학회 연차학술대회 발표집.

한국교육행정학회(2005). 한국 교육행정학의 지식기반: 실상과 과제. 제33차 한국교육행정학회 연차학술대회 발표집. 서울: 한국교육행정학회.

Campbell, R. F., Cunningham, L. L., Nystrand, R. O., & Usdan, M. D. (1985). *The Organization and Control of American Schools* (4th ed.). Columbus, OH: Charles E. Merrill, A Bell & Howell.

Culbertson, G. A. (1988). A century' s quest for a knowledge base. In N. J. Boyan (Ed.), *Handbook of research on educational administration* (pp. 3-26). New York: Longman.

Donmyer, R. (1999). The continuing quest for a knowledge base: 1976-1998. In J. Murphy & K. S. Louis (Eds.), *Handbook of research on educational administration* (pp. 25-44). San Francisco, CA: Jossey-Bass.

Evers, C. W., & Lakomski, G. (1991). *Knowing educational administration: Contemporary methodological controversies in educational administration research*. Oxford: Pergamon Press.

Guthrie, J. W., & Reed, R. J. (1991). *Educational administration and policy: Effective leadership for american* (2nd ed.). Boston, MA: Allyn & Bacon.

Hoy, W. K., & Miskel, C. G. (2013). *Educational administration: Theory, research, and practice* (8th ed.). New York: McGraw-Hill.

Lunenburg, F. C., & Ornstein, A. C. (2012). *Educational administration: Concepts and practices* (6th ed.). Belmont, CA: Wadsworth/Thomson Learning.

Prestine, N. A., & Thurston, P. W. (1994). *Advances in educational administration: New directions in educational administration: Policy, preparation, and practice (Volume 3)*. Greenwich, CT: JAI PRESS.

Scott, W. R. (2003). *Organizations: Rational, natural, and open systems* (5th ed.). Upper Saddle River, NJ: Prentice-Hall.

Sergiovanni, T. J., Kelleher, P., McCarthy, M. A., & Wirt, F. M. (2004). *Educational governance and administration* (4th ed.). Boston, MA: Allyn & Bacon.

Chapter 12

평생학습과 평생교육

1. 평생학습의 이해
2. 평생교육의 개념과 역사
3. 평생교육의 영역과 제도
4. 평생학습과 평생교육의 연구과제

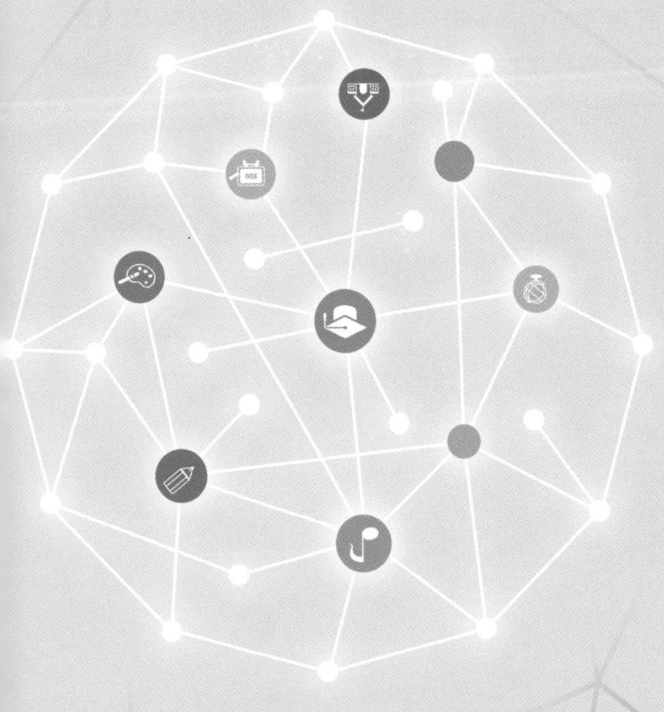

평생학습과 평생교육은 교육학에서 비교적 최근에 주목을 받고 있는 분야다. 평생학습과 평생교육의 대두는 주로 학교제도를 중심으로 발전해 온 교육학의 지평을 인간의 전 생애와 사회 전 영역에서 나타나는 가르침과 배움으로 확장시키고 있다. 이 확장은 교육학 연구를 학령기중심, 학교중심, 교과지식 중심에서 벗어나도록 추동하는 것에 그치지 않는다. 탈근대 지능정보화 사회의 도래는 사회 저변에 급속한 변화를 초래하고 있으며, 평생학습과 평생교육 연구는 이러한 변화와 맞물려 교육학 연구에서 새로운 탐구 영역과 이론의 생성을 적극적으로 모색한다. 이 장에서는 우선 평생학습의 의미를 고찰한 뒤 평생학습을 관리하는 사회적 제도인 평생교육의 역사적 등장 맥락을 살펴본다. 또한 구체적인 평생교육의 영역과 제도, 정책을 살펴본다. 마지막으로 평생학습과 평생교육의 향후 연구과제를 제시한다.

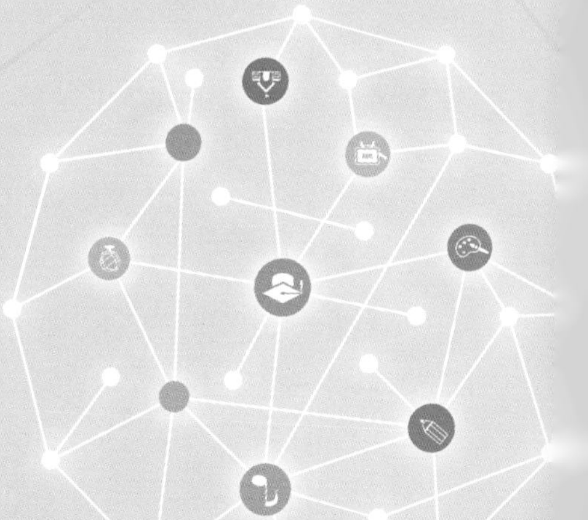

1. 평생학습의 이해

1) 은유: 학습을 이해하는 한 방식

'앞을 전혀 보지 못하는 시각장애인이 운전을 할 수 있다.'는 주장을 듣는다면 우리는 어떻게 생각할까? 말도 안 되는 소리라고 할지 모르지만, 미국 버지니아 공과대학의 데니스 홍(Dennis Hong) 교수는 2011년 2월 미국 캘리포니아주에서 열린 TED 콘퍼런스에서 시각장애인을 위한 자동차 개발과정과 이 자동차를 미국 데이토나 비치의 자동차 경주장에서 시각장애인이 혼자 운전하는 동영상을 발표했다(TED, 2011a). 시각장애인이 어떻게 운전을 할 수 있게 되었을까? 만약 우리가 시각장애인도 운전할 수 있는 특수한 자동차가 개발되었고, 시각장애인이 그 차를 운전하는 방법을 배웠기 때문일 것이라고 답한다면, 이때 '운전하는 방법'이나 '배웠다'는 것은 시각장애인이 아닌 다른 사람들이 그 용어를 사용할 때와 어떤 점이 같고 다를까?

배움 혹은 학습은 매우 추상적인 개념이다. 사랑, 시간, 정치와 같은 다른 추상적인 개념과 마찬가지로, 학습은 그 구체적인 의미를 자명하게 알 수 있는 개념이 아니다. 물론 국어사전에는 학습이 배우고 익히는 것으로 정의되어 있다. 그러나 이런 사전적 정의는 배운다는 것은 무엇인가, 익힌다는 것은 무엇인가라는 또 다른 질문을 낳는다. 교육학의 하위 연구 영역으로의 교육심리학은 이 점에서 학습이라는 추상적 개념에 대한 우리의 이해를 증진시키는 데 크게 공헌해 왔다(이 책의 4장 및 7장 참조). 그러나 사랑이 무엇인지에 대해 모두가 합의하는 정의가 불가능하듯 학습이 무엇인가는 여전히 그 답이 열려 있는, 어쩌면 반드시 열려 있어야만 하는 질문이라 할 수 있다.

문제는 **학습이란 무엇인가라는 질문에 어떻게 답하는가에 따라 인간의 가르치고 배우는 삶을 이해하는 우리의 안목이 크게 영향을 받는다**는 것이다. 왜냐하면 학습, 즉 배운다는 것을 어떻게 바라보는가에 따라 가르치는 행위를 어떤 방식으로 조직할 것인지가 결정될 가능성이 매우 높기 때문이다. 배운다는 것을 단순히 정보를 입수하는 것과 관련된 행위라고 본다면, 잘 가르친다는 것은 학습자가 정보를 최대한 빠른 시간 안에 더 많이 입수할 수 있도록 도와주는 작업으로 이해할 수 있다. 그러나 배운다는 것이 정보를 입수하는 것이 아니라 인생의 의미를 찾아가는, 삶의 근본적인 질문에 답하기 위한 여정이라고 본다면, 잘 가르친다는 것은 정보의 효율적 전달과는 상당히 거리가 있는 작업이 될 것이다.

추상적인 개념인 학습을 이해하는 한 가지 방법은 학습을 설명하는 은유(metaphor)를 살피는 것이다. 레이코프와 존슨(Lakoff & Johnson, 노양진, 나익주 공역, 2006)은 우리가 일상적으로 사용하는 무수한 개념들이 근본적으로 우리의 체험에 바탕을 둔 은유에 기초하고 있다고 지적한다. 그들에 따르면, 은유란 "한 종류의 사물을 다른 종류의 사물의 관점에서 이해하고 경험하는 것" (p. 24)이다. 예컨대, 추상적인 개념인 시간을 이해하기 위해 우리는 돈이라는 사물을 동원하곤 한다. '시간은 돈이다.'라는 직접적인 은유 외에도 우리는 '시간을 낭비한다.' '시간을 절약한다.' '시간을 쓸 가치가 있다.' 등 시간을 이해하고 경험한 것을 돈이라는 관점에서 표현한다. 마찬가지로, 우리는 학습이라는 추상적인 개념도 이런 은유를 통해 이해한다.

2) 습득 은유, 참여 은유, 창조 은유

스파드(Sfard, 1998)는 학습을 이해하는 두 가지 지배적인 은유로 습득(acquisition)과 참여(participation)를 들고 있다. 습득 은유는 일상에서 매우 보편적으로 사용된다. 우리가 '학습했다'는 표현을 언제 주로 사용하는지를 생각해 보자. 대개는 우리가 이전에 가지고 있지 않았던 것을 학습활동 이후에 보유하게 되었을 때다. '학교에서 많이 배웠다.' '선생님께 참된 가르침을 얻었다.' 등 우리는 학습을 설명할 때 학습 이전과 이후를 나누고 두 시점 사이의 변화의 양상을 가리켜 학습으로 무엇인가를 얻었다 혹은 생겨났다고 표현한다. 습득 은유는 교육 장면에서 교수자가 학습자에게 의도하는 변화의 양상, 즉 교육목표를 기술할 때 분명하게 드러난다. 한 예로, 필자는 학부 학생들을 대상으로 하는 성인교육방법론 강의계획서에 "본 강좌는 성인을 대상으로 한 다양한 교육현상을 이해하고, 실제 성인교육 프로그램에 대한 탐색을 통해 실천 현장에서 필요한 지식과 능력을 배양하는 것" 이라고 교육목표를 적은 적이 있다. 필자는 이 수업을 통해 학생들에게 이 수업 이전보다 성인을 대상으로 한 교육현상에 대한 이해력과 실천 현장에서 필요한 지식과 능력이 더 생겨나기를 기대한다. 교육과정을 기술한 문서들은 이런 습득 목표들을 나열한 것에 다름 아니다.

습득 은유는 학습이 지식, 기술, 태도, 가치관 등 어떤 내용을 얻는 활동을 의미한다는 것을 보여 준다. 스파드는 피아제(J. L. Piaget)와 비고츠키(L. Vygotsky) 이래로 학습과정을 통한 성장은 발달(development)이라는 측면에서 이해되어 왔다는 점을 지적한다. 우리는 무엇인가를 습득한 이후 그것을 잘 정리해 자신의 것으로 만들며, 이후에 얻은 다른 습득물과 연결 짓고 내적으로 변형시켜 새로운 용도로 사용한다. 이는 경험을 통한 지속적 성장이라는 듀이(Dewey)식 학습 이해와도 일맥상통한다. 학습의 습득 은유 관점에서 인간은 사고능력을 가진 일종의 상자로 비유할 수 있다. 인간은 학습활동을 통해 상자 안에 든 내용물을 채우고 바꾼다. 때로는 상자의 모양새나 성질을 바꾸기도 한다. 따라서 학습활동은 인간의 기억활동과 매우 긴밀한 관계에 있다. 학습의 구성주의적인 접근이라고 불리는 이론이나 관점들은 대개 이 습득 은유로 학습을 이해하고 있다.

학습의 습득 은유가 지식이나 개념이 학습자에 의해 내적으로 소유되는 측면을 보여 주고 있다면, 학습의 참여 은유는 학습활동이 일어나는 맥락, 학습자의 외적인 실천 혹은 행위를 중심으로 학습을 설명한다. 참여 은유의 관점에서 보면 서로 다른 맥락에서 학습자가 어떤 개념이나 지식을 습득한다는 것은 완전히 다른 종류의 활동으로 이해된다. 왜냐하면 학습은 특정한 지식이나 실천의 역사를 공유하고 있는 공동체에 참여하는 행위이기 때문이다(Lave & Wenger, 전평국, 박성선 공역, 2000; Wenger, 손민호, 배을규 공역, 2007). 학습자는 학습활동을 통해 자신보다 훨씬 큰 공동체의 일부가 된다. 참여 은유에서는 학습자가 자신이 참여하고자 하는 공동체의 가치 및 규범과 어떻게 협상을 하며, 그 결과 그 공동체의 구성원으로 인정받게 되는 과정을 중시한다. 학습자는 이 과정을 거치면서 그 공동체에서 일정한 역할을 부여받는다. 따라서 **학습은 개인적인 활동이라기보다는 공동체의 맥락 속에서 공동체의 다른 구성원들과 연대를 형성하고, 그 공동체가 보존해 온 다양한 소산물 및 공동체가 지향하고 있는 미래상 등을 공유하는 참여과정이다.**

표 12-1 습득 은유와 참여 은유의 비교

구분	습득 은유	참여 은유
학습목표	개인적 성취	공동체 형성하기
학습과정	어떤 것의 습득	참여자가 되는 것
학습자상	수신자(소비자), (재)구성자	주변적 참여자, 도제
교사상	제공자, 조력자, 중재자	전문가 참여자, 실천 및 담론의 보존자
지식, 개념	재산, 소유, 상품(개인적 · 공적 차원)	실천, 담론, 활동의 양상
앎	보유, 소유	귀속, 참여, 소통

출처: Sfard (1998), p. 7에서 재구성.

학습의 사전적 정의가 습득 은유를 반영하고 있을 정도로 습득 은유는 역사가 매우 오래된 반면, 참여 은유는 상대적으로 최근에 주목을 받고 있다. 〈표 12-1〉은 습득 은유와 참여 은유를 비교한 것이다. 학습목표, 학습과정 면에서 습득 은유는 개인적으로 어떤 것을 성취하고 습득하는 것을 중시하는 반면, 참여 은유는 공동체의 참여자가 되고 그 공동체의 형성에 기여하는 것을 중시한다. 습득 은유에서는 지식을 소유 · 소비 · 재구성하는 이를 학습자로 간주하지만, 참여 은유에서는 공동체 맥락에서 유통되는 담론이나 실천, 활동에 참여하는 이를 학습자로 간주한다. 습득 은유에서 교사는 지식을 전달하는 일종의 중개자 혹은 조력자이지만, 참여 은유에서는 해당 공동체의 전문가 혹은 그 공동체의 담론과 실천을 보존하는 이가 교사라 할 수 있다.

습득 은유와 참여 은유는 반드시 한쪽이 다른 쪽을 배제하는 것은 아니다. 우리의 일상적인 학습활동은 이 두 가지 은유를 통해 동시에 이해할 수 있는 측면이 존재한다. 예컨대, 인류의 지적인 전통인 고전을 공부하는 것은 그에 담긴 내용을 습득하는 것이기도 하지만, 동시에 그것을 해석해 온 특정한 지식 공동체에 참여하는 과정일 수도 있다. 그러나 이 두 은유는 학습을 이해하는 데 있어 분명 서로 다른 관점을 제시하고 있다. 가장 중요한 차이는 학습을 개인이 무엇인가를 소유하는 활동으로 보느냐 혹은 집단이 함께 공유하는 활동으로 보느냐라고 할 수 있다. 이런 면에서 참여 은유는 이제까지 학습을 이해하는 데 지배적이었던 습득 은유가 간과해 왔던 점들을 보완해 가르치는 활동에 변화를 가져올 수 있을 것이다.

이 장의 서두에서 소개했던 시각장애인의 운전 사건으로 돌아가 보자. 이 사건에서 학습의 의미는 무엇일까? 그는 무엇을 배웠을까? 아마도 그 시각장애인은 지금까지 운전하는 기술과는 전혀 다른 형태의 기술을 습득했을 것이다. 촉각과 청각을 통해 자동차의 전자장비로부터 전달되는 신호를 해석하는 방법과 그에 대해 어떻게 반응할지를 습득하는 과정을 거쳤을 것이다. 참여 은유의 관점에서 시각장애인의 운전 사건은 다르게 해석될 수 있다. 그는 운전하는 데 필요한 것들은 습득했을지 몰라도 비시각장애인들에 의해 운전자 공동체에 참여하는 것이 열려 있지는 않다. 당장 그에게 자동차 운전면허를 줄 수도 없으며, 사고가 났을 경우에 대비한 보험 가입도 불가능할 것이기 때문이다. 참여 은유의 관점에서 보면 시각장애인의 학습활동은 단순히 자동차를 운전할 수 있는 기능과 지식을 가지고 있느냐 없느냐를 넘어 시각장애인이 속한 사회가 그의 학습활동을 받아들일 수 있느냐 없느냐로 확대된다. 아마도 시각장애인이 운전할 수 있는 자동차가 미래에 양산되고 시각장애인 운전자 공동체가 생겨난다면, 그 공동체는 비시각장애인들과 같은 도로에서 운전할 수 있는가를 두고 사회적인 협상을 벌일 가능성이 높다.

이 점에서 **참여 은유는 개인 차원이 아닌 집단 차원에서 학습을 이해할 수 있는 단서를 제공한다. 이때 집단 차원의 학습은 학습이 궁극적으로 한 개인의 머릿속에서 일어나는 현상이라는 관점을 넘어선다. 학습은 개인과 개인, 집단과 개인, 또는 집단과 집단 사이에서 관찰될 수 있는 현상일 것이다. 즉, 개개인의 인지구조를 넘어선 층위에서 관찰될 수 있는 현상으로 학습을 간주하는 것이다.** 예컨대, 어느 한 공동체의 집단 정체성이 변화·발전하는 과정을 공동체에 속한 개인의 학습결과로 해석하기보다는 개인 수준으로 환원할 수 없는 집단 차원의 학습활동의 결과로 보는 것이다. 집단 차원의 학습을 줄여서 집단학습이라고 부를 수 있다. 오늘날 기업을 비롯한 많은 영리·비영리 사회조직들은 개인학습은 물론 집단학습을 통해서 끊임없는 혁신이 가능한 조직을 만들기 위해 노력하고 있다. 여러 사회조직이 생산조직이나 서비스 조직을 넘어선 학습조직으로 자기 변신을 시도하는 것은 이 점을 잘 보여 준다(박광량, 1996; 이홍, 2004, 2008).

그렇지만 습득 은유와 참여 은유는 인간의 학습을 이해하는 데 한 가지 중요한 부분을 간과하고 있다. 그것은 학습의 창조(creation) 은유다. 즉, 학습은 새로운 무엇을 만들어 내는 활동이다. 시각장애인의 운전 사건을 예로 들면, 학습의 창조 은유를 두 가지 측면에서 검토할 수 있다. 첫째, 학습활동을 위한 조건의 창조라는 측면이다. 시각장애인이 운전하는 법을 학습하는 활동은 시각장애인을 위한 자동차, 시각장애인 운전자 공동체, 시각장애인을 위한 새로운 사회제도 등 새로운 사회문화적 조건을 창조하는 것을 포함하고 있다. **우리의 삶에서 관찰되는 학습활동은 이러한 사회문화적 조건의 창조를 수반하는 경우가 많다.** 우리는 자신에게 주어진 조건에서 원하는 학습활동이 어려울 때 그 학습활동이 가능한 조건을 찾아 나서거나 스스로 그 조건을 만들어 내곤 한다. 이 학습활동을 위한 조건을 창조하는 데 실패하면 주어진 조건을 벗어나지 못한 채 살아가게 되는 경우가 많다. 전미시각장애인연맹(National Federation of the Blind)이 데니스 홍 교수에게 시각장애인이 혼자서 운전할 수 있는 자동차를 만들어 달라는 요청을 하지 않았더라면 시각장애인이 혼자 자동차를 운전하는 것은 불가능했을 것이다. 삶에서 희망하는 학습활동을 위한 조건을 창조한 사람들은 인류 역사에서 위대한 인물로 기억되는 경우가 많다. 예를 들어, 시각장애와 청각장애를 동시에 가지고 있었던 헬렌 켈러가 지금으로부터 100년 전에 대학 졸업장을 받고 다섯 개의 언어를 구사할 수 있는 성취를 해낸 것은 장애를 극복하려는 그녀의 불굴의 의지와 함께 설리번 선생을 비롯한 주위의 많은 사람이 그녀의 학습활동이 가능하도록 다양한 조건을 창조할 수 있었기 때문이다.

학습의 창조 은유가 주목하는 두 번째 측면은 **학습활동의 결과로 이전에 없었던 새로운 것이 등장하는 것이다.** 데이토나 비치에서 처음으로 자동차를 운전했던 시각장애인은 이전 세대의 시각장애인들이 상상만 했던 것을 스스로의 삶에서 창조하는 주인공이 되었다. '혼자 운전할 수 있는 시각장애인'은 데이토나 비치에서의 사건 이전에는 인류 역사에 존재하지 않았다. 학습의 창조 은유는 인류의 역사적인 발전의 동력이 학습활동이라는 것을 보여 준다. 인류의 역사는 앞선 세대가 뒷세대에게 남긴 자취를 기초로 발전해 왔다. 앞 세대는 때로 물질적인 형태의, 때로는 아이디어 및 생각과 같은 비물질적인 형태의 자취를 뒷세대에게 남긴다. 이러한 자취는 문화, 전통, 역사, 제도, 담론 등 여러 가지 이름으로 불릴 수 있다. 뒷세대는 이 자취를 습득하고 이를 공유한 공동체에 참여하는 학습활동을 통해 인간적인 삶을 영위한다. 태어나서 죽을 때까지 인간은 이 자취를 벗어나서 인간다운 삶을 영위할 수 없다. 그러나 **인간이 다른 동물들과 매우 다른 점은 앞 세대가 남긴 자취에 무엇인가 변화를 만들어 새로운 결과물을 창조하는 활동을 부단히 계속한다는 것이다. 이 새로운 결과물들은 학습활동의 산물이다.** 물론 이 창조가 완전한 무에서 유를 만들어 내는 것일 수도 있지만, 대개 우리 생활에서의 창조는 기존에 존재하는 것들에 변형을 수반하는 재창조이기도 하다(Kang, 2007). 이에 대해서는 도자기를 빚는 도공이 국보로 지정된 고려청자의 빛깔을 지닌 주전자를 만들어 내는 과정을 예로 들어 설명할 수 있다. 도공은 그보다 앞선 세대의 도공들이 남긴 자취—물질로 남아 있는 도자기와 이를 만드는 데 관련된 무형의 지식—를 습득하며 도공의 공동체에 참여한다. 그러나 동시에 그는 천년 전 고려청자의 빛깔을 주전자에 재현하기 위한 다양한 방법을 실험하며 새로운 창조의 길에 나선다. 국보로 지정된 고려청자가 어떤 흙과 유약을 사용했는지, 어떤 가마에서 얼마나 오랫동안 구웠는지를 정확히 알고 있지 못하기 때문에, 도공은 아마도 수많은 시행착오를 거치며 고려청자의 빛깔을 재현하는 방법을 학습해 나갈 것이다. 이 실험의 결과로 얻는 빛깔의 주전자는 아마도 완전한 무에서 유를 창조하는 것은 아니겠지만 분명 앞선 세대 도공들의 자취를 기초로 새로운 창조를 한 결과물이라 할 수 있다.

3) 평생학습: 학습을 이해하는 지평의 확장

습득 은유, 참여 은유, 창조 은유는 인생의 어느 한 장면이나 단계 혹은 시기에서 나타날 수 있는 학습활동을 설명하는 데 유용하다. 이 은유들은 학습활동의 특성을 이해하는 데 기여하고 있지만, 상대적으로 학습활동의 시공간적 특성을 드러내는 데는 한계가 있다. 즉, 학습이 평생 지속되는 활동이고, 우리 생활의 여러 다양한 영역에서 발생하며, 특정 시점과 공간에서 나타난 학습활동이 다른 시점과 공간에서 나타난 학습활동과 연계되는 것을 보여 주는 데는 어려움이 있다는 것이다. 평생학습은 이를 포착하려는 개념이다. 이 점에서 '평생'이라는 수식어는 인간 학습의 세 가지 측면에 주목한다(Kang, 2015). 첫째, **학습은 학교 등 가르치고 배우는 것을 위해 만들어진 공간에 국한해서 나타나는 활동이 아니다. 학습은 우리 삶이 펼쳐지는(life-wide) 다양**

한 영역에서 일어난다. 둘째, 요람에서 무덤까지 진행되는 삶의 종적인 과정(life-long), 즉 **인간의 생애 전개 과정에서 관찰되는 학습의 역사성**에 주목한다. 셋째, 삶(life) 자체가 학습의 대상이라는 측면에 주목한다. 인간은 삶의 깊숙한 곳에 자리 잡은(life-deep) 인생의 의미를 찾는 학습을 평생에 걸쳐서 수행한다. 모든 인간은 인생에서 부닥치는 많은 선택과 결정 속에서 그것이 자신의 삶에서 갖는 의미를 찾는다. '삶은 무엇인가?'라는 질문을 던지고 그 답을 구하는 것은 모든 인간이 가지고 있는 근본적인 욕구라고 할 수 있다. 즉, **삶은 학습의 과정이기도 하지만 그 자체가 학습의 대상이기도 하다.** 전통적으로 교육학은 학교 안의 학습활동에 관심을 가져왔다. 학교란 학령기 학생들을 대상으로 하는 기관이기 때문에 불가피하게 인생의 초기 단계에서 관찰되는 학습활동에 관심이 집중되어 왔다. 따라서 평생학습에 대한 관심은 학교 중심에 머물러 있던 교육학의 연구 영역을 크게 확장시키는 계기가 된다.

(1) 형식학습, 비형식학습, 무형식학습

저개발국가의 교육 시스템 구축에 대한 보고서에서 쿰스와 아메드(Coombs & Ahmed, 1974)는 학습 혹은 교육이 제공되는 맥락을 정의하면서 형식적인 맥락은 학교의 교실로, 비형식적인 맥락은 학교의 교실 바깥에서 체계적으로 조직된 장면으로, 그리고 무형식적인 맥락은 각종 미디어를 통해 개개인이 학습을 하는 것으로 정의했다. 학교 밖 학습 맥락으로 비형식과 무형식을 제시한 것이다. 이 정의를 자비스(Jarvis, 1987: 70)는 개인 학습자들이 다른 종류의 사회집단과 상호작용하는 맥락으로 발전시켜서 이해한다. 즉, 형식 맥락은 관료주의적인 사회집단과의 상호작용을, 비형식 맥락은 조직되어 있지만 반드시 관료주의적이지는 않은 환경과의 상호작용을, 그리고 무형식적인 맥락은 이러한 맥락이 미리 확정되지 않은 경우의 상호작용을 각각 의미한다고 보았다. 메리엄과 카파렐라(Merriam & Caffarella, 1999)는 세 가지 구분 중 무형식학습을 학습자가 스스로 주도해서 학습활동을 전개하는 것과 유사하다고 본다. 그들은 형식학습은 기관이나 조직 안에서의 학습으로, 비형식학습은 지역 공동체에 기반한 학습으로, 그리고 무형식 혹은 자기주도 학습은 학습자의 일상에서 매우 자연스럽게 발생하는 학습으로 본다. 세 가지 유형 중 무형식

학습은 다른 두 가지와 쉽게 구분되지만, 형식학습과 비형식학습은 외형적인 형태가 매우 유사해 흔히 국가가 공식적으로 인정하는 학위수여 여부로 구분하곤 한다. 그러나 형식과 비형식 학습의 구분은 학위 유무에서만 차이가 있는 것은 아니다. 메리엄과 카파렐라는 아예 학위수여 여부를 구분기준으로 삼고 있지 않기도 하다. 〈표 12-2〉는 형식학습과 비형식학습의 차이를 목적, 시간, 내용, 전달방식, 관리방식 등으로 나눠 정리한 것이다.

자비스(Jarvis, 1987: 70)는 이런 상호작용의 맥락은 객관적으로 정해져 있지 않고 학습자 개개인의 매우 주관적인 판단에 의존하는 경우가 많다고 지적한다. 형식, 비형식, 무형식 학습 맥락은 현실의 학습 장면에서 늘 중첩될 수 있다는 것이다. 이 점을 라 벨(La Belle, 1982)은 형식, 비형식, 무형식의 맥락을 양식과 특성의 결합이라는 관점에서 제시한 바 있다. 즉, 형식, 비형식, 무형식의 세 가지 양식은 각각 형식, 비형식, 무형식의 특성을 갖기 때문에 모두 아홉 가지 유형의 학습 맥락이 가능

표 12-2 형식학습과 비형식학습의 비교

구분	형식학습	비형식학습
목적	• 장기간 • 일반적인 목적 • 학점 수여함	• 단기간 • 특정 영역의 목적 • 학점 수여하지 않음
시간	• 장기간 • 다음 단계를 위한 준비 • 전업 학생	• 단기간 • 순환적 • 시간제 학생
내용	• 표준화된 교육과정 • 입학조건을 갖춘 사람만 허가	• 개인화된 내용 • 입학조건은 학습자가 결정
전달방식	• 기관중심 • 교수자중심 • 사회환경으로부터 고립됨 • 경직된 체제 • 자원의 집중	• 환경중심 • 학습자중심 • 공동체 기반, 활동중심 • 유연한 체제 • 자원 절약
관리방식	• 외부 관리 • 위계적	• 자기 관리 • 민주적

출처: Colley, Hodkinson, & Malcom (2003), p. 20에서 재인용.

하다는 것이다. 다시 말해, 학교라는 형식학습 양식은 학위를 주는 형식학습 특성뿐만 아니라 비학위 과정이라는 비형식학습 특성도 있으며, 또 학교 안에서 학생들은 무형식적으로 학습을 즐길 수 있다는 것이다. 따라서 어떤 학습활동을 형식-비형식-무형식으로 나누는 것은 매우 주관적인 판단이라 할 수 있다.

이 세 구분 가운데 무형식학습은 그 양식과 특성을 규정하기기 매우 힘들다. 왜냐하면 우리는 일상에서 의도하지 않았지만 매우 의미 있는 학습을 하는 경우가 있기 때문이다. 이는 특히 텔레비전, 라디오, 신문, 인터넷 등 다양한 미디어 환경에 노출되어 있는 경우 더 빈번히 일어난다. 그러나 무형식학습 가운데도 학습자가 의도를 가지고 자기주도적으로 계획하는 경우가 있다. 특정한 종류의 책 등 인쇄매체를 지속적으로 활용하거나 학습을 목적으로 도서관을 정기적으로 방문하는 등 외부 기관에 의해 조직되지 않은 학습활동을 학습자가 주도적으로 기획할 수 있다.

한국교육개발원은 매년 형식 · 비형식 · 무형식 학습 구분에 기초한 '한국 성인의 평생학습실태' 를 조사 · 발표하고 있다. 만 25세부터 만 64세 성인의 형식학습 참여율은 2016년 2.8%, 2017년 2.2%, 2018년 2.7%다. 형식학습 참여자들의 연간 참여시간은 2016년 530시간, 2017년 473시간, 2018년 483시간이다. 비형식학습 참여율은 2016년 34.2%, 2017년 34.6%, 2018년 41.8%다. 비형식학습 참여자들의 연간 참여시간은 2016년 87시간, 2017년 90시간, 2018년 81시간이다. 형식학습과 비형식학습 참여자를 더한 뒤 동시 참여자를 빼고 계산한 전체 평생학습 참여율은 2018년 35.7%, 2015년 35.8%, 2016년 42.8%다. 2018년 기준으로 볼 때 25~64세 인구 중 57.2%는 형식학습이나 비형식학습에 전혀 참여하지 않은 셈이다. 무형식학습 참여율은 가족, 친구, 동료, 상사의 도움이나 조언을 통한 지식 습득(69.5%), 컴퓨터나 인터넷을 활용한 새로운 정보나 기술 습득(65.7%), 텔레비전, 라디오, 비디오를 활용한 지식 습득(59.1%), 인쇄매체를 활용한 지식 습득(41.3%), 스포츠, 등산 등 신체를 움직이는 활동을 통한 학습(40.9%)로 나타났다(교육부, 한국교육개발원, 2018).

평생학습 참여율과 관련해서 주목할 만한 점은 이른바 '마태효과(Matthew effect)'다(Pallas, 2003). 마태효과는 부자는 더 부유해지고 가난한 자는 더 가난해질 것이라는 성서 마태복음의 구절을 본딴 것이다. 이는 **생애 초기에 교육을 더 많이 받**

은 사람일수록, 즉 학교교육 이수연한이 길수록 성인기에 평생학습 참여율이 더 높으며, 생애 초기에 교육을 적게 받은 사람이 평생학습 참여율도 더 낮다는 것이다. 2018년 한국 성인의 평생학습실태 조사(교육부, 한국교육개발원, 2018)에 따르면, 우리나라 성인의 평생학습 참여율은 중졸 이하 학력 소지자의 경우 20%이지만 대졸 이상 학력 소지자는 52.3%에 달해 2배 가까이 격차가 있었다. 고졸 학력 소지자의 참여율은 35%다. OECD 국가 역시 학력 수준이 높아질수록 평생학습 참여율이 증가하는 것은 마찬가지다. OECD 국가의 평생학습 참여율은 중졸 이하 26%, 고졸 46%, 대졸 이상 70%였다(교육부, 한국교육개발원, 2018). 따라서 생애 초기 교육 이수연한이 짧은 이들이 평생학습에 더 많이 참여할 수 있도록 유인하는 의도적인 노력이 필요하다.

형식 · 비형식 · 무형식 학습의 구분은 평생학습의 맥락을 구분하는 개념적 도구다. 이 구분은 교육학의 학습연구를 무형식 장면으로까지 확장시키고 있다. 그러나 학력과 학위 제도에 기초해 형식학습과 비형식학습을 구분하는 것에서 볼 수 있듯이, 이 구분은 다분히 국민교육시대의 교육주의적 관점을 반영하고 있다(김신일, 2005a). 학습의 결과를 형식 교육기관에서 수여하는 학위가 아닌 다른 방식으로 인정하는 것이 폭넓게 가능해진다면 형식, 비형식, 무형식의 구분은 무의미해질 가능성이 높다. 예컨대, 무형식학습 결과를 특정 자격으로 인정받을 수 있도록 하고 실제 해당 자격이 요구하는 역량을 갖추고 있다는 것을 확인하는 절차가 마련된다면, 또 학력과 자격 사이의 호환 제도가 마련된다면, 비형식학습과 무형식학습을 통해 습득한 지식과 기술을 어떻게 인정할 것인가가 큰 문제로 등장할 것이다. 자격과 학력의 호환 구조를 마련하고 있는 유럽연합(EU)에서는 이미 비형식 및 무형식 학습의 인정이라는 주제로 많은 연구가 진행되고 있다(Cedefop, 2009; Duvekot, Kang, & Murray, 2014; Hawley, Otero, & Duchemin, 2011). 우리나라에서도 2017년 「고등교육법」 제23조를 개정해 **다른 학교, 연구기관 또는 산업체 등에서 학습 · 연구 · 실습한 사실이 인정되거나 산업체에서 근무한 사실이 인정된다면 학점을 부여할 수 있다.** 비형식학습과 무형식학습을 대학의 정식 학점으로 인정하는 법적 근거는 마련되어 있다.

(2) 아동기 학습과 성인기 학습

미국의 성인교육학자인 노올즈(Knowles, 1970, 1980)는 성인이 되기 전의 아동기 학습은 성인이 된 이후의 학습과 매우 뚜렷이 구분되는 특성이 있다고 보았다. 그는 안드라고지(Andragogy)라는 개념으로 이를 설명했다.

아동기 학습은 교사나 부모 등 가르치는 이의 지도를 수동적으로 수행하는 것이 주가 된다. 가르치는 이는 아동이 언제, 어디에서, 무엇을, 어떻게 학습해야 하는지를 결정한다. 또 그들은 이 학습이 제대로 이루어졌는지 아닌지를 평가하는 권한도 가지고 있다. 가르치는 이가 아동의 학습 전반을 책임지는 것이다. 아동에게도 학습활동에 활용할 수 있는 약간의 경험이 있겠지만, 보다 중요한 것은 아동의 경험이 아닌 가르치는 이의 경험이다. 가르치는 이는 교과서 등 잘 정리된 내용을 아동에게 가장 효과적으로 전달하는 데 최선을 다할 것으로 기대된다. 당연히 가르치는 이와 배우는 이 사이의 의사소통은 쌍방이 대등한 관계에서 주고받는 것이 아니라 가르치는 이에서 배우는 이인 아동으로 일방향 흐름이 되기 쉽다. 아동기의 학습은 주로 상급학교 진학이 목적이 되는 경우가 많다. 이미 학습의 내용이 위계적으로 조직되어 제시되기 때문에 현 단계의 학습은 다음 단계의 학습을 위한 준비과정의 성격이 강하다. 따라서 학습의 동기를 부여할 때도 아동의 내적인 욕구보다 상급학교 진학과 관련된 외적인 평가를 중요하게 여기는 경우가 많다.

반면, **성인기 학습은 수동적이라기보다는 학습자의 능동적인 자기주도성이 발휘되는 경우가 많다.** 학습자는 스스로의 학습을 기획, 실행, 평가하는 주체가 된다. 성인은 매우 풍부한 과거의 경험을 가지고 학습활동에 참여한다. 따라서 가르치는 이가 성인 학습자의 경험을 충분히 존중하는 것이 필요하다. 성인은 자신의 경험이 교수자로부터 무시당한다고 생각하거나, 가르치는 내용이 자신의 경험에 비추어 적절하지 않다고 판단하면 이의를 제기하거나 교수자를 거부하기도 한다. 성인은 생활 속에서 부딪히는 여러 문제를 해결하기 위해 새로운 지식과 기술이 필요하다고 생각할 때 학습활동을 시작한다. 따라서 배운 것을 가능한 한 빨리 실제 삶에 적용하려고 한다. 따라서 성인의 학습동기는 외적인 평가도 중시하지만 자기존중감, 인정, 더 나은 삶의 질, 보다 큰 자신감, 자아실현의 기회 등 내재적 요인들에 의해 발생하는 경우가 많다.

지금까지 살펴본 아동기 학습과 성인기 학습의 특성은 모든 아동 또는 모든 성인의 학습에 일반화해서 적용할 수 있는 것은 아니다. **아동기 학습의 특성은 성인기 학습에서도 관찰되고 적용될 수 있으며, 마찬가지로 성인기 학습의 특성은 아동기에도 관찰되고 적용될 수 있다.** 따라서 앞에 제시한 아동기와 성인기 학습의 특성은 인간이 성장함에 따라 전환되는 것이라고 볼 수 없다. 아동 중에도 자기주도성을 발휘해 학교의 수업에 임하는 경우가 적지 않다. 또 성인 중에도 제시된 교육내용을 강사에게 일방적으로 전달받는 학습을 하는 경우도 많다. 다만 의무교육을 중심으로 한 교육제도가 완비된 사회에서 성인기 이전의 학습은 대부분 부모, 교사, 학교의 교육과정에 의존하는 경우가 많으며, 이때 학습의 특성은 앞에 제시한 아동기 학습과 유사하다고 할 것이다. 10여 년 이상의 학교교육을 통해 인간은 아동기 학습의 특성을 체득한다고 볼 수 있다. 그러나 성인기에는 아동기와는 비교적 뚜렷이 다른 학습의 특성이 나타난다. 예를 들어, 50대 후반에 해외여행을 앞두고 관련 외국어 공부를 시작하는 성인은 학습의 동기나 학습결과에 대한 평가기준이 아동기에 학교에서 외국어를 공부하는 경우와는 판이하게 다를 수 있다.

(3) 평생학습과 생애경로

한평생을 살며 우리는 형식, 비형식, 무형식의 맥락을 횡적으로 가로지르며 학습한다. 또 우리는 요람에서부터 무덤에 이르는 인생의 종적인 과정을 관통하며 학습한다. 이런 학습의 종적인 측면과 횡적인 측면을 포괄하는 용어가 평생학습이다. 평생학습에서 '평생'은 곧 '삶 전체'를 의미한다. 이는 삶과 학습의 긴밀한 관계를 나타낸다. 한 인간이 어떤 학습을, 어디에서, 어떻게, 왜 하는가, 그리고 그 학습의 결과가 무엇인가를 탐색한다면 우리는 그 사람의 생애에서 중요한 한 측면을 알 수 있게 된다.

학습은 학교 등 형식교육 장면에서 일어나기도 하지만 학습자가 전혀 예기치 않은 시간과 장소에서 뜻밖의 사건으로 경험되기도 한다. 때로는 이런 예기치 않은 학습이 우리의 생애에 더 큰 영향을 미치기도 한다. 애플컴퓨터의 창업자 스티브 잡스(Steve Jobs)가 대학을 중퇴한 것은 잘 알려져 있다. 중퇴생으로서 그는 친구의 기숙사에 얹혀 살면서 대학에 개설된 강좌들 중 마음에 드는 것을 들었다고 한다.

그때 들었던 강좌 중 하나가 서체 강좌였는데, 그는 훗날 매킨토시 컴퓨터의 유려한 서체를 만드는 데 이 강좌가 큰 영향을 미쳤다고 고백했다. 그런데 이 서체 강좌를 수강할 당시 그는 그 강좌가 자신의 인생에 얼마나 큰 영향을 미칠지 알지 못했다. 스탠퍼드 대학교 졸업식 축사에서 이 사건을 예로 들며, 그는 한 가지 학습이 자신의 인생에 어떤 영향을 미치는지는 항상 과거를 돌아볼 때만 알 수 있는 것이라고 말했다.

2009년 1월에 뉴욕 시의 허드슨강에 극적으로 비상착륙했던 US에어웨이 1549편에 탑승했던 릭 엘리어스(Ric Elias)는 2011년 TED 콘퍼런스에서 추락하는 비행기 속에서 배운 세 가지를 이야기했다. 첫째, 3,000피트 상공에서 폭발음이 들린 뒤 비행기가 엔진을 끄고 비상착륙을 시도할 때, 그는 무엇보다도 모든 것은 순식간에 변할 수 있다는 것을 배웠다. 둘째, 비행기가 허드슨강을 따라 하강하며 워싱턴 다리를 지나 강물을 향할 때, 그는 중요하지 않은 일로 시간을 낭비하면서 자신에게 중요한 아내와 친구들과 시간을 보내지 못한 것을 후회하는 자신을 알게 되었다. 셋째, 그는 비행기가 강물 위로 착륙을 시도할 때 비행기가 곧 산산조각 날지 모른다는 생각이 들었지만, 놀랍게도 죽음은 별로 두려운 것이 아니었으며 오직 자신의 딸이 성장하는 것을 더 이상 볼 수 없다는 것을 몹시 슬퍼하는 자신을 발견하게 되었다. 극적으로 생명을 구한 뒤, 이 세 가지 배움 때문에 그의 삶은 완전히 달라졌다. 추락하는 비행기 속에서의 배움을 되새기며, 그는 더 이상 해야 할 일을 뒤로 미루지 않게 되었다. 그는 관계의 중요성을 깨달아 그날 이후로 아내와 싸우지 않게 되었다. 자신이 옳다고 주장하는 것보다는 행복해질 수 있는 방법을 선택하는 것이 더 낫다는 것을 배웠기 때문이다. 그리고 그는 인생에서 가장 중요한 목표는 좋은 아빠가 되는 것이라는 점을 깨닫고 이를 실천하게 되었다(TED, 2011b).

스티브 잡스와 릭 엘리어스의 사례에서 볼 수 있듯이, 학습과 삶은 뗄 수 없는 관계에 있다. 인간의 삶은 어쩌면 학습으로 가득 차 있는 것처럼 보이기도 한다. 그렇지만 분명 우리가 삶에서 경험하는 모든 것이 학습으로 연결되는 것은 아니다. 어쩌면 **우리가 삶에서 경험하는 모든 것은 학습으로 연결될 수 있는 가능성이 충만한 상태에 있다**고 하는 것이 더 정확한 표현일 것이다. 그리고 이렇게 학습으로 연결되는 경험들은 개개인 그리고 개개인이 속한 공동체의 삶이 어떤 경로를 만들어 왔는지를 보여 준다. 평생에 걸친 학습이 만들어 내는 이런 삶의 길을 '학습생애경로(learning life course)'라고 부를 수 있다. **우리는 인생의 경로를 배움의 단계로 표현하는 데 익숙하다.** 학교제도가 발달하면서 '유치원생－초등학생－중학생－고등학생－대학생－대학원생' 등 학교급에 따라 생애 전반부의 정체성을 제시한다. 공자는 한 인간의 전 생애를 나이에 따라 '지우학(志于學)－이립(而立)－불혹(不惑)－지천명(知天命)－이순(耳順)－종심(從心)'으로 제시한 바 있는데, 이는 연령에 따라 성취해야 할 배움의 수준을 제시한 학습생애경로의 한 모형이라고 할 수 있다. 우리는 또한 '학교교육 이수－졸업－취직－결혼－자녀 출산－양육－노화'라는 일반적인 생애경로를 염두에 두고 각각의 단계에 필요한 학습과업을 달성하고자 노력한다. 생애경로는 대개 연령과 연계되어 선형적인 형태로 그려진다. 그리고 모든 사람이 이 생애경로를 따라서 살아가는 것처럼 보인다. 그러나 모든 사람이 동일한 생애경로를 따라서 살아가는 것은 아니다. 구직난이 심해지면서 적지 않은 대학생들이 졸업을 미루고 인생에서 학생으로 지내는 기간을 늘리고 있다. 맞벌이 가정과 이혼 가정의 급증은 자녀의 양육방식에 큰 변화를 초래하고 있다. 아예 결혼을 하지 않는 사람들도 있다. 첫 직장에서 은퇴하는 사람이 거의 없을 정도로 전직과 이직이 일반화되었다. 고령화 사회의 도래로 스스로를 노인으로 인정하는 나이도 높아지고 있다. 이런 생애경로의 변화와 더불어 정보화 시대, 지식경제 시대로 대표되는 새로운 사회적·경제적 패러다임의 대두는 각각의 생애단계에서 필요로 하는 학습의 양상을 바꾸고 있다. 과거에는 생애 전반부에 습득하고 참여하는 학습으로 평생을 살아가는 데 큰 어려움이 없었다. 그러나 전형적이라고 여겨지던 생애경로로부터의 이탈이 일상화되면서 스스로 생애경로를 창조적으로 개척해 나가야 한다는 요구와 압력이 점점 커지고 있다. 또 우리는 주어진 생애경로를 따라서 사는 것이 아니라 우리 자신의 생애경로를 직접 만들어 가고 있다고 할 수 있다. 이런 의미에서 개개인은 자신의 삶의 작가라고 할 수 있다. 그리고 이렇게 평생에 걸쳐 자기 삶을 써 가는 과정에서 가장 중요한 역할을 하는 학습의 의미를 보다 적극적으로 포착하려는 개념이 평생학습이다.

앞서 살핀 학습의 습득, 참여, 창조라는 세 가지 은유는 생애경로의 다양한 형성 과정에서 학습활동의 의미와 역할을 보여 준다. 강대중(Kang, 2007)은 들뢰즈(G. Deleuze)와 가타리(P. F. Guattari)의 리좀(rhizome) 개념을 차용한 리좀활동

(rhizoactivity)이라는 은유로 평생에 걸친 인간의 학습활동을 이해할 것을 제안한 바 있다. 식물학에서는 뿌리이면서 동시에 줄기인 것이 땅속에서 수평적으로 펴져 나가는 것을 리좀이라고 부른다. 학습은 식물의 뿌리이면서 동시에 줄기인 리좀처럼 학습자가 자신의 외부와 끊임없이 수평적으로 펴져 나가며 접속하는 활동으로 이해될 수 있다. 이 접속을 위한 인간 활동은 때로는 습득으로, 때로는 참여로, 때로는 창조로 포착할 수 있다. 물론 습득, 참여, 창조 외에도 학습자가 처한 삶의 맥락에 따라 평생학습을 포착하는 다른 은유들도 가능할 것이다. 특히 학습자 스스로가 지나간 삶 속에서 경험한 평생학습과 생애경로의 관계를 성찰하며 삶과 학습의 의미를 드러내기 위해 자신만의 고유한 은유를 동원할 수 있을 것이다. 생애경로에서 경험한 한 단계에서 다음 단계로의 이행(transition), 이행과정에서 자신의 선택과 그 결과에 대한 성찰을 통해 인간은 자신을 만들어 온 학습에 관한 이야기를 구성하며 인생 자체의 의미를 찾는다. 이 측면이 인생 자체가 학습의 대상이 되는 평생학습의 측면이라 할 수 있다.

2. 평생교육의 개념과 역사

모든 인간은 평생에 걸쳐 학습을 지속한다. 그런데 인간의 학습은 고립된 채 진행되지 않는다. 인간은 사회적 동물이라는 말처럼, 학습 역시 사회적 현상이다. 어느 집단이든 학습을 통해 집단을 유지 · 존속 · 발전시키고자 한다. 따라서 역사적으로 이 학습을 관리하는 제도가 어느 사회에서나 발전되어 왔다. 김신일(2005b: 84-93)에 따르면, **역사적으로 개인이나 사회를 위해서 반드시 학습해야 할 것을 정하고 이를 강제로 학습시키는 이른바 교육제도가 발전해 왔다. 이 교육제도는 학습관리를 타율적으로 하는 제도라 할 수 있는데, 여기에는 학습을 강제, 지원, 권장, 방임, 방해, 억제, 금지하는 다양한 양태가 존재한다.** 즉, 학습활동에 대한 다양한 방식의 사회적 개입방식이 존재하며 이를 교육행위라고 부를 수 있다는 것이다. 교육행위에는 학습을 권장하고 촉진하는 것만 포함되는 것이 아니라 학습을 방해하거나 억제하고 금지하는 행위도 포함된다. 왜냐하면 이런 것도 학습을 관리하려는 한 가지 행위 양태이기 때문이다. 타율적인 학습관리 외에도 인간이 자신의 학습을 자율적으로 관리하는 활동도 적지 않다. 앞서 살펴본 무형식학습 맥락에서 자기주도적으로 학습을 수행하는 활동이 이에 포함된다고 할 것이다.

오늘날 우리가 주변에서 흔히 볼 수 있는 의무교육제도에 기초한 학교교육제도는 산업자본주의가 번창하던 시기에 나타난 학습의 타율적 관리방식이라 할 수 있다. 학교교육제도는 봉건제 사회에서 근대 시민사회로의 전환과정에서 시민계급을 형성하는 공적인 도구로 작용했다. 학교교육제도의 근간을 이루는 시험과 선발은 신분제 사회에서 능력제 사회로의 전환과정에서 공정한 수단으로 인식되었다. 시험과 선발을 통해 학교교육제도는 인간의 생애를 80년이라고 본다면 그 1/4에 해당하는 초반기에 강력한 영향력을 행사해 왔다.

타율적인 학습관리를 교육제도라고 한다면, 평생학습을 관리하는 제도인 평생교육도 필연적으로 존재한다. 평생교육은 학교교육을 포함해 그 이후 생애까지를 포괄하는 학습관리 제도라 할 수 있다. **평생교육은 근대 학교교육이 학교 위계에 따른 선발과정에 기초하고 있는 것과는 달리 학습의 기회와 필요가 인간의 삶 전반에 걸쳐서 어떻게 지속적으로 보장되고 충족될 수 있는가에 일차적인 관심을 갖는다.** 인생 전반부의 학교교육에서 실패하거나 배제된 것이 평생학습 과정에서도 반복되어서는 안 될 것이기 때문이다. 평생학습 관점에서 보면 사회구성원의 요구와 필요에 따라 언제 어디서든 학습할 수 있는 기회가 평생 보장되는 것이 참다운 민주주의 사회라 할 것이다.

학교교육제도가 근대 산업사회와 시민사회의 전환과정에서 나타났다면, 평생교육제도는 어떤 배경과 맥락 속에서 등장하게 된 것일까? 아스핀과 채프먼(Aspin & Chapman, 2000: 13-14)은 평생교육이라는 용어가 실제 사용되는 방식에 주목하면서 다음 세 가지 요인을 지적한다. 첫째, 개별 국가들이 보다 유연한 경제체제를 유지할 필요가 있었다. 둘째, 시민이 자신의 권리와 의무를 제대로 행사해 정치 공동체의 유지와 번영에 기여할 필요가 있었다. 셋째, 개인들이 자신의 삶을 지속적으로 만족스럽게 꾸려 나가고자 하는 기대를 충족시킬 방안이 필요했다. 즉, 경제적으로 경쟁력을 확보하고 사회정치적인 통합과 안정을 유지하며 개개인의 자아실현을 보장하는 것이 학교교육제도에 의해서 충족되는 것이 한계에 봉착했으며, 인간의 삶을 종적 · 횡적으로 포괄하는 새로운 평생교육이라는 담론과 제도가 요청되었다는 것이다. 다음에서는 서구 사회와 우리나라에서 평생교육의 역사적 등장과정과 함께 우리나라 평생교육의 제도적 틀이라 할 수 있는 「평생교육법」을 살펴본다.

1) 평생교육 논의와 담론의 발전과정: 서구의 경험

서구에서 평생교육은 학교교육제도 외부에서 주로 성인들을 대상으로 한 교육실천에 뿌리를 두고 있다. 19세기 말부터 유럽을 중심으로 전개된 성인교육은 주로 농민, 노동자 등 학령기에 학교교육으로부터 배제되었던 집단을 대상으로 삼았다. 덴마크의 목사이자 사회개혁가이던 그룬트비히(N. F. S. Grundtvig, 1783~1872)가 시작한 국민대학(Folk High School)은 북유럽 전역에 영향을 미쳤다. 영국에서도 앨버트 맨스브리지(Albert Mansbridge)에 의한 노동자들을 위한 고등교육연합(Association to Promote the Higher Education of Working Men, 1903)이 노동자교육연합(Workers Educational Association: WEA, 1905)으로 명칭을 바꾸고 교육기회를 놓친 성인들을 대상으로 고등교육 프로그램을 제공했다. **서구 사회의 성인교육은 제1차 세계대전 이후의 국가 재건과정에서 더욱 강조되었다.**

서구 성인교육은 학교교육제도 외부에서 소외계층을 대상으로 전개되면서 비판적 성향의 민중교육(popular education) 전통을 형성했다. 이 전통은 브라질의 파울로 프레이리(Paolo Freire)가 농민을 대상으로 실시했던 문해교육과 의식화교육에서도 찾아볼 수 있다. 프레이리는 주어진 지식을 전달받는 은행저금식 교육이 아니라 지배체제의 질서에 저항하는 문제제기식 교육을 전 세계로 확산시키며 성인교육의 비판적 전통 확립에 큰 공헌을 했다. 미국에서는 1960년대 흑인 인권운동에 성인교육이 크게 공헌했다. 미국 테네시 주의 하이랜더연구교육센터(Highlander Research and Education Center)는 미국 남부의 흑인 문해교육 교사 양성은 물론 마틴 루터 킹(Martin Luther King) 목사를 비롯한 인권운동 지도자들이 참여하는 세미나를 통해 인권운동의 주춧돌 역할을 했다. 학교 밖 교육을 중심으로 한 성인교육의 전개는 학교교육의 한계와 문제를 지적하는 이반 일리치(Ivan Illich)가 사회 저변의 학습자원을 네트워크로 연결하는 것을 역설한 탈학교사회론과도 맥락을 공유한다.

평생교육 논의를 본격화하는 데는 유네스코(United Nations Educational Scientific and Cultural Organization: UNESCO)가 큰 역할을 했다. 제2차 세계대전 직후인 1946년 11월에 창립된 유네스코는 제국주의 국가들의 식민지배로부터 벗어난 아시아와 아프리카의 신생국들을 위해 **'교육하는 것이 사람을 자유롭게 하는 것(to educate is to liberate)'**이라는 구호 아래 문해교육을 최우선 사업으로 삼았다. 유네스코는 1949년 이래 매 12~13년을 주기로 회원 국가의 정부 간 공식 회의체로서 세계성인교육회의를 개최해 왔다. 세계성인교육회의는 국가별로 성인교육의 상황을 점검하고 이후 발전 방향을 모색하는 장이 되었다. 1949년 덴마크 엘시뇨와 1960년 캐나다 몬트리올에서 열린 1차와 2차 회의에서는 전후 세계의 재건을 위한 과제들이 주로 논의되었다. 1972년 일본 도쿄에서 열린 3차 회의에서는 "통합적 평생교육체제(integrated lifelong education systems) 속에서 모든 연령층의 교육기회 확장이 긴요함을 인식하여 본 회의는 다음 사항을 합의한다."로 시작하는 최종 보고서를 채택했다. **영아기에서 노년기까지의 전체 교육을 통합하는 평생교육이라는 개념을 확립하고, 성인교육이 평생교육체제에서 필수적인 지위에 있다는 것을 확인한 것이다.** 이는 유네스코가 1970년을 '세계 교육의 해'로 선언하고 그 기본 이념으로 평생교육을 제창한 것과 연장선상에 있다. 유네스코는 '세계 교육의 해' 사업의 일환으로 에드가 포르(Edgar Faure)를 위원장으로 하는 교육발전국제위원회를 조직해 연구보고서를 제출할 것을 요구했다. 1972년 제출된 보고서가 「존재하기 위한 학습(Learning to Be)」으로 알려진 포르 보고서다. 이 보고서는 21개 항목의 건의를 담고 있는데, 그 첫 번째가 **"모든 국가는 평생교육을 교육정책의 기본 개념으로 삼아야 한다."**였다. 도쿄 회의 이후 세계 각국은 성인교육 관련 법규를 정비하고 국가단위의 성인교육 추진기구를 만들었다(김종서 외, 2009: 316-319). 성인교육 관련 최대 국제 민간단체인 국제성인교육협회(International Council for Adult Education)가 도쿄 회의 참석자들에 의해 발의되어 1973년 결성되기도 했다. 국제성인교육협회는 1985년 프랑스 파리에서 열린 4차 회의에서 '학습권(the right to learn)' 선언을 제출했는데 만장일치로 채택되었다. 학습권 선언은 우리나라에도 큰 영향을 미쳐 1997년 제정된 「교육기본법」 제3조에 포함되었다. 유네스코는 1996년 자크 들로르(Jacque Delors)를 위원장으로 하는 21세기교육위원회를 구성해 「학습: 감추어진 보물(Learning: The Treasure Within)」이라는 보고서를 발간했다. 이 보고서는 **21세기를 준비하는 네 가지의 학습, 즉 알기 위한 학습(learning to know), 행동하**

기 위한 학습(learning to do), **존재하기 위한 학습**(learning to be), **함께 살기 위한 학습**(learning to live together)을 제시했다. 유네스코는 1997년 독일 함부르크와 2009년 브라질 벨렘에서 각각 '21세기의 열쇠가 되는 성인교육'과 '실행 가능한 미래를 위한 삶과 학습: 성인학습의 힘'이라는 주제하에 5차와 6차 세계성인교육회의를 열었다. 이 두 회의에는 이전 회의와는 달리 각국의 정부 대표자 외에도 비정부기구와 국제 민간단체 관계자들도 대거 참가해 변화하는 시대의 성인교육 역할에 대한 실천적 논의를 함께 했다.

서구 평생교육 논의 발전의 다른 한 축은 경제협력개발기구(OECD)와 세계은행(World Bank)이다. OECD는 유네스코의 포르 보고서 발행 다음해인 1973년에 「순환교육: 평생학습을 위한 전략(Recurrent Education: A Strategy for Lifelong Learning)」이라는 보고서를 발표했다. 이 보고서는 포르 보고서가 학교교육을 포함한 평생교육 개념을 제안한 것과 달리 학교교육 이후 단계에서 어떻게 직업활동과 교육활동 양쪽에 순환적으로 참여할 수 있는가를 논의하는 순환교육 개념을 제시했다. OECD는 유네스코가 자크 들로르 보고서를 내던 1996년에는 「만인을 위한 평생학습(Lifelong Learning for All)」이라는 보고서를 발표했다. 이 보고서는 **지식기반 경제의 도래와 정보통신 기술의 발달, 인구 노령화 등 전 지구적인 사회경제적 변화 속에서 평생학습 기회를 지속적으로 창출하는 것이 필요하다**는 점을 지적하고 있다. 세계은행은 경제정책, 빈곤 감소 등의 분야에서 저개발 국가에 다양한 교육 프로그램을 제공하고 있는데, 2003년에는 「지구 지식경제에서의 평생학습(Lifelong Learning in the Global Knowledge Economy)」이라는 보고서를 발행했다. 이 보고서는 서문에 "평생학습은 지식경제를 위한 교육"(p. xiii)이라며 경제발전을 위한 평생학습의 역할에 주목했다. OECD와 세계은행은 유네스코가 전인적인 자아실현 등에 주목하는 것과는 달리 주로 경제적인 측면에서 직업능력 신장을 강조하고 있다. 그러나 두 기관은 모두 기존의 학교중심 교육체제를 극복해야 한다는 점에서는 유네스코의 평생교육 이념과 일치한다.

유네스코, OECD, 세계은행 등 국제기구 외에도 1990년대 들어 유럽연합(EU)의 평생학습 정책이 주목을 받고 있다. 유럽연합은 1951년 유럽석탄철강공동체와 1967년 유럽경제공동체를 모태로 한다. 1993년 11월 마스트리히트(Maastricht) 조약 발효로 유럽 단일 통화인 유로화가 도입되었고, 2009년 리스본(Lisbon) 조약 발효로 한 단계 더 진전된 사회경제적 통합이 이루어졌다. 유럽연합은 1995년「교수와 학습: 학습사회를 향하여(Teaching and Learning: Toward the Learning Society)」를 발간하고, 1996년을 '유럽 평생학습의 해'로 선언하며 평생학습을 유럽 통합의 핵심 동력으로 삼았다. 즉, 평생학습을 통해 개인의 평생 직업능력 향상을 도모하고 유럽 전체를 단일한 공동체로 만들겠다는 것이다. 유럽 시민이 국가 경계를 넘나드는 자유로운 이동과 거주를 가능하게 하기 위해서는 한편으로는 개개인의 직업능력의 향상이, 다른 한편으로는 고용주들이 이를 확인하고 인정할 수 있는 시스템이 필요하다. 이를 위해 개인이 역량을 확인하는 공통된 표준[유럽자격체계(European Qualification Framework)]의 개발과 실행, 국가별로 서로 다른 고등교육 시스템을 일치시키는 것[볼로냐 계획(Bologna process)] 등을 포함한 다양한 교육개혁 프로그램이 가동되었다. 2001년 유럽연합은「유럽 지역의 평생학습 실현전략(Making a European Area of Lifelong Learning a Reality)」보고서를 채택해 본격적으로 교육 및 훈련 시스템을 재구조화하는 작업을 시작했다. 또 코메니우스(J. A. Comenius), 에라스무스(D. Erasmus), 레오나르도 다 빈치(Leonardo da Vinci), 그룬트비히(Grundtvig) 등 유럽 역사 속의 교육자들의 이름을 본딴 유럽연합 평생학습 프로그램을 통해 학교교육, 대학교육, 직업훈련, 성인교육 영역에서 회원국 간의 교류를 지원하고 있다.

2) 우리나라 평생교육의 역사와 법제화

우리나라 평생교육의 뿌리는 사회교육이다. 사회교육은 서구 사회의 성인교육과 유사하게 학교교육 외부에서 주로 성인을 대상으로 한 교육실천을 지칭하는 개념이다. 이런 사회교육 개념은 '학교교육'의 도입을 전제하기 때문에, 여기에서는 근대적 학교제도의 도입 이전에 우리나라에서 성인을 대상으로 한 교육활동은 다루지 않는다. 우리나라에 사회교육이라는 개념은 조선 말기 일본에서 도입되었다. 사회교육에서 '사회'는 영어 society를 17세기 말 일본에서 번역한 용어다. 일본에서는 교육을 학교교육, 가정교육, 사회교육으로 분류하고 교육을 통한 근대화를 본격적으로 추구했다. 조선 말 개화파 지식인들이 애국계몽 운동을 위해 결성했던 대한 자강회, 태극학회, 서북학회, 대한흥학회 등 각종 학회의 기관지와 당시 신문기사 등은 일본의 이 분류를 받아들이며 국권옹호와 민중계몽의 수단으로 사회교육을 사용하기 시작했다(이정연, 2010). 일제강점기에 접어들면서 사회교육은 조선총독부에서 황국신민 사상을 전파하는 도구로 활용된다. 조선총독부는 학무국에 사회교육과를 두고 국민정신, 사상선도, 계몽교화에 관한 사항 등을 다루었다(김종서 외, 2009: 247). 그러나 일제강점기 사회교육은 민간에서 사설강습소, 야학 등을 통해 민중을 각성하는 매개로 활발히 사용되기도 했다. 조선총독부가 기본적으로 조선인을 위한 교육기회를 제한하는 정책을 펼쳤기 때문에 종교계와 지식인들을 중심으로 한 다양한 비형식 교육기관이 설립되어 교육활동이 전개되었다(노영택, 2010). **사회교육은 이렇듯 일제강점기를 거치며 한편으로는 지배 이데올로기가 관철되는 통로로, 다른 한편으로는 그에 대한 저항적 성격을 띤 민간의 자발적 교육운동으로 우리나라에 자리 잡았다.** 이 두 흐름은 해방 이후에도 면면히 이어졌다. 지배 이데올로기가 관철되는 수단으로서 사회교육은 새마을운동 시기의 국민정신 계몽을 위한 교육 등으로 이어졌다. 사회교육을 사회참여 혹은 사회비판 교육의 줄임말로 이해하는 해방적 전통의 사회교육 흐름은 식민정부와 군사정부 등 권위주의 정부에 의해 교육기회에서 배제된 민중을 위한 교육으로 계승되었다(천성호, 2009).

사회교육은 해방 뒤 미군정청이 1945년 11월 문교부 학무국 내에 성인교육계를 창설하면서 행정용어에서 완전히 사라졌다가, 1948년 7월 성인교육국과 교화국이 사회교육국으로 통합되면서 잠시 부활했다. 그러나 같은 해 8월 정부 수립 이후 사회교육국이 해체되고 그 업무는 문교부의 문화국 성인교육과에서 맡아 보게 되었다. 그러다 1955년 사회교육과가 재설치된 이후부터 사회교육은 행정용어로 확실히 자리 잡게 된다. 사회교육은 1966년 한국교육학회 분과로 사회교육연구회가 구성되면서 본격적으로 학문적 연구 대상이 되었다. 1976년에는 한국사회교육협회도 창립되어 실천 영역의 교류가 더 활발해졌다.

평생교육 개념이 우리나라에 공식 소개된 것은 도쿄에서 유네스코의 제3차 세계성인교육회의가 열린 그 다음해인 1973년이다. 앞서 언급한 대로, 도쿄 회의에서는 '통합적 평생교육체제'라는 표현이 담긴 최종 보고서가 채택되었다. 유네스코 한국위원회는 1973년 춘천에서 '평생교육 발전세미나'를 열었는데 이 세미나에서 'lifelong education'을 **'평생교육'으로 번역했다. 같은 용어를 일본은 생애교육으로, 중국은 종신교육으로 번역하고 있다.** 유네스코의 평생교육 개념은 학교교육과 사회교육을 포괄하였지만, 우리나라에서는 주로 유네스코를 통해 그 개념을 수입한 학자들에 의해 사회교육 분야에서 연구와 실천이 시작되었다.

평생교육은 1980년 제5공화국 「헌법」에 관련 조항이 삽입되면서 법적인 지위를 획득했다. 당시 「헌법」 제27조 제5항에서는 "**국가는 평생교육을 진흥해야 한다.**" 그리고 제6항에서는 "학교교육 및 평생교육을 포함한 교육제도와 그 운영, 교육재정 및 교원의 지위에 관한 사항은 법률로 정한다."고 규정했다. 이 조항은 현행 「헌법」 제31조에 그대로 계승되었다. 평생교육 관련 법으로는 1952년 「사회교육법」 초안이 최초로 작성되었지만, 실제 입법화가 된 것은 「헌법」에 평생교육 관련 조항이 포함된 이후인 1982년이었다. 「사회교육법」은 사회교육을 학교교육을 제외한 모든 형태의 조직적인 교육활동으로 규정했다. 그러나 당시 「사회교육법」은 학원을 법 적용 대상에서 제외하였고, 정부가 재원을 투자해 사회교육 관련 시설을 설치하는 것이 법안 논의과정에서 삭제된 데다가 정부 각 부처에 산재해 있는 사회교육 관련 정책을 조정할 실질적 조치가 미흡하였기에 별다른 효력이 없었다.

평생교육 관련 법규의 논의는 1995년 대통령자문교육개혁위원회(이하 교개위)가 교육법 체제를 전면적으로 재검토하면서 다시 시작되었다. 당시 교개위는 교육개혁의 원칙으로 열린교육사회, 평생학습사회 기반 구축을 내세웠다. 통상 '5·31 교육개혁'이라 불리는 여러 방안을 담기 위해 교육법이 「교육기본법」과 「초·중등교육법」, 「고등교육법」으로 나누어지고, 「사회교육법」은 1999년 「평생교육법」으로 개정된다. 「사회교육법」의 「평생교육법」으로의 개정은 사회교육이 일제강점기에 정신교화의 수단으로 사용되었다는 부정적 인식과 유네스코 등 국제기구의 평생교육에 대한 강조에 힘입은 바 크다. 그러나 법 개정과정에서 당초 의도와는 달리 사회교육이라는 용어만 평생교육으로 대체하는 결과를 초래했다. 당시 「평생교육법」이 평생교육을 정의하면서 기존의 사회교육 정의를 명칭만 바꾼 채 그대로 사용했던 것이다. 인생의 전 과정을 포괄하는 평생학습을 관리하는 제도를 평생교육이라고 한다면, 우리나라의 평생교육은 법적인 측면에서 보면 기형적이라 할 수 있다. 인생의 초기단계에서 매우 중요한 학교교육을 제외한 영역에서의 조직적인 교육활동만을 대상으로 삼기 때문이다. 그렇지만 1999년 「평생교육법」 개정 이후 5·31 교육개혁에 포함되어 있던 평생학습사회 기반 구축을 위한 여러 제도가 도입되면서 평생교육은 교육계에 큰 변화를 불러일으켰다. 국가평생교육센터의 설치, 학점은행제의 도입, 평생학습도시 지정, 전국평생학습축제 개최, 사내대학과 원격대학 설치 등, 1990년대 말 이후로 평생교육은 이전 시기에 비해 제도적으로는 비약적인 발전을 이루게 된다.

「평생교육법」은 2007년 전면개정되었다. 개정된 「평생교육법」은 무엇보다 지방자치단체를 평생교육 행정기관으로 포함시켰다. 기존에는 교육부와 교육청 등 교육 관련 부처들의 업무 중 하나로 평생교육을 강조했지만, 개정법은 시·도지사 및 시장·군수의 역할을 규정해 평생교육에 일반행정 관청도 관여할 수 있도록 했다. 또 평생교육을 전담하는 기구로 국가평생교육진흥원과 각 시·도에 평생교육진흥원을 두도록 해 평생교육의 추진체제를 확립했다.

현행 「평생교육법」은 1990년 말 이후 평생교육의 발전 성과를 반영하고 있지만 문제점도 적지 않다. 현행 「평생교육법」은 제1조에 「헌법」과 「교육기본법」에 규정된 평생교육 진흥에 대한 국가 및 지방자치단체의 책임과 평생교육제도와 그 운영에 관한 기본적인 사항을 정하는 것을 법의 목적으로 밝히고 있다. 그러나 법 제3조는 "평생교육에 관하여 다른 법률에 특별한 규정이 있는 경우를 제외하고는 이 법을 적용한다."고 밝혀 「평생교육법」이 평생교육과 관련된 기본 법의 성격을 가지고 있는지 여부가 매우 혼란스러운 실정이다. 다음에서 살펴보겠지만, 평생교육의 주요 영역인 문화예술교육이나 직업능력교육은 각각 「문화예술교육 지원법」과 「근로자직업능력 개발법」이 별도로 있어 이 영역에서 기본 법 지위를 가지는 것은 불가능하다. 또 우리나라에서는 아직도 평생교육과 사회교육을 법적으로 분명하게 정리하지 못하고 있다. 「사회교육법」을 대신한 「평생교육법」이 시행된 지 20년이 넘었지만 「교육기본법」 제10조의 사회교육 조항은 그대로 존치되어 있다. 이 조항 제1항에서는 "국민의 평생교육을 위한 모든 형태의 사회교육은 장려되어야 한다."라고 명시해 사회교육을 평생교육의 하위 개념으로 파악하고 있지만, 「평생교육법」상의 평생교육 정의는 과거 「사회교육법」의 사회교육 정의와 크게 다르지 않다(강대중, 2009).

한편, 평생교육 개념의 도입과 함께 사회교육이 법제화된 것은 우리나라에서 평생교육이 제도를 중심으로 발전할 것임을 예시하는 것과 같았다. 조선 말에 사회교육이 도입된 이후 형성되었던 사회교육의 두 가지 흐름인 제도적 흐름과 민간의 자발적 흐름인 가운데 평생교육은 주로 제도적 흐름의 담지자로 자리 매김한 측면이 크다. 현실적으로 별다른 영향력이 없었던 1982년 「사회교육법」은 차치하더라도, 1999년 「평생교육법」은 성인 기초교육 분야나 시민사회단체를 중심으로 전개된 교육활동을 적극적으로 수용하지 못한 반면, 학점은행제, 독학사학위, 사내대학, 원격교육 등 주로 대학학위와 관련된 제도를 다루었다. 2007년 전면개정된 「평생교육법」 역시 문해교육의 학력인정 조항을 담는 등 진보한 점도 있지만 주로 국가평생교육진흥원 등 그동안 미진한 것으로 지적되던 제도적 틀을 구축하는 데 집중하고 있다.

3. 평생교육의 영역과 제도

1) 평생교육의 6대 영역

평생교육의 전신인 사회교육은 그 개념이 광의의 사회교육과 협의의 사회교육으로 나뉘어 정의되곤 했다. 광의의 사회교육은 학교교육을 제외한 모든 형태의 조직적 교육활동을 포함하는 것으로 정의된다. 이 정의는 1982년에 제정된 「사회교육법」의 사회교육 개념 규정과 동일하다. 반면, 협의의 사회교육은 학교 밖 청소년과 성인을 위한 조직적인 교육활동으로 정의된다. 청소년교육과 성인교육을 합한 것이 사회교육이라는 것이다. 그러나 이 협의의 정의는 학교를 다니는 청소년을 대상으로 하므로 학교 밖 청소년교육은 어떻게 정의할 것인지가 불분명한 난점이 있었다. 협의 혹은 광의의 사회교육 개념 논의는 교육의 대상을 누구로 볼 것인가라는 문제를 공급자 시각에서 경계 지으려는 시도였다고 할 수 있다.

사회교육의 이런 공급자 중심의 정의 방식은 1999년 개정된 「평생교육법」의 평생교육 정의에도 그대로 계승되었다. 그런데 이는 평생교육이 인간의 전 생애를 종적 · 횡적으로 포괄한다거나 학습자를 중심으로 한다는 지향과는 괴리가 있었다. 2007년 개정된 「평생교육법」은 평생교육을 정의하며 실천 영역을 구체적으로 나열하고 있지만, 학교의 정규교육을 제외한다는 점에서 기본 골격은 같다. 「평생교육법」 제2조 제1항에서는 평생교육을 다음과 같이 정의한다.

> '평생교육'이란 학교의 정규교육과정을 제외한 학력보완교육, 성인 문자해득교육, 직업능력 향상교육, 인문교양교육, 문화예술교육, 시민참여교육 등을 포함하는 모든 형태의 조직적인 교육활동을 말한다.

이 정의에 기초해 **국가평생교육진흥원은 평생교육 프로그램의 6대 영역을 기초문해교육, 학력보완교육, 직업능력교육, 문화예술교육, 인문교양교육, 시민참여교육으로 제시하고 있다.** 다음에서는 평생교육의 6대 영역의 정의와 구체적인 프로그램의 사례(김진화, 고영화, 2009)를 중심으로 각 영역의 특성과 현황을 살펴본다.

(1) 기초문해교육

기초문해교육은 한글을 읽고 쓸 수 있도록 하는 문해능력과 생활 속에서 직면한 문제를 해결하며 주어진 과업을 수행할 수 있는 문해활용 능력을 개발하고 초등학력을 인증받을 수 있도록 지원하는 평생교육이다. 문해는 단순히 글을 읽고 쓰는 능력만을 의미하는 것이 아니라 변화하는 상황에 대응할 수 있는 문제해결력, 새로운 지식과 정보를 창출할 수 있는 능력 등을 포함하는 것이라 할 수 있다. **2008년 국립국어원이 전국의 19~79세 성인 1만 2,137명을 대상으로 실시한 기초문해력 조사 결과, 약 1.7%는 글을 전혀 읽고 쓰지 못했으며 5.3%는 문장이해력이 크게 부족해 일상생활에서 필요한 업무를 처리하기 어려운 상태였다.** 이를 토대로 하면 우리나라 성인인구의 약 7%인 260여만 명은 문해력이 상당히 부족한 것으로 추정된다(국립국어원, 2008).

기초문해교육 영역은 비문해자가 한글을 읽고 쓸 수 있도록 체계적으로 지도하는 문자해득 프로그램, 문자해득 이후 이를 응용하여 생활에서 부닥치는 문제를 해결하고 주어진 과업을 수행할 수 있는 활용능력을 개발하도록 지원하는 기초생활기술 프로그램, 초등학력인증 문해교육기관에서 개설한 평생학습계좌 프로그램으로 나뉜다. 현행 「평생교육법」에 따라 시 · 도 교육감이 설치 · 지정한 문해교육 프로그램을 이수한 학습자는 학력을 인정받을 수 있다. 기초생활기술 프로그램은 외국에서 우리나라로 결혼 이주한 여성이나 노동자들을 대상으로 한 다문화교육 프로그램을 포함한다.

(2) 학력보완교육

학력보완교육은 「초 · 중등교육법」과 「고등교육법」에 따라 학력인정을 받기 위해 필요한 이수단위 및 학점 취득과 관련된 평생교육을 의미한다. 학력보완교육은 우리나라 학교교육 단계에 맞춰 초등, 중등(중 · 고등학교), 고등 단계의 프로그램으로 나눌 수 있다. **2015년 통계청의 인구주택총조사에 따르면, 20세 이상 인구 3,955만여 명 가운데 의무교육에 해당하는 중학 학력 미만 인구는 약 517만 명이다. 20세 이상 성인 100명 중 약 13명은 의무교육을 이수하지 못한 것이다.** 전체 인구 중 고등학교 중퇴가 최종 학력인 인구도 약 31만 명이다. 2018 OECD 교육지표에 따르면, 우리나라 25~64세 성인 인구 중 고등교육 이수자 비율은 47%다. 나머지 53%는 잠재적인 고등교육 이수 희망자라 할 수 있다. OECD 평균 고등교육 이수자 비율은 24%로 우리나라가 더 높지만 55~64세 인구만 비교하면 우리나라는 21.34%인 반면, OECD 평균은 27.19%다. 이런 조사결과는 우리나라에 아직까지 각급학교의 졸업장을 취득하기 위한 교육 욕구를 가진 성인들이 적지 않다는 사실을 보여 준다. 학력보완교육에는 중입, 고입, 대입 검정고시 강좌를 비롯해 독학사 강좌, 학점은행제 강좌, 시간제등록제 강좌, 대학의 비학점 강좌 등이 포함된다.

(3) 직업능력교육

직업능력교육은 직업준비 및 직무역량 개발을 목적으로 하는 교육이다. 즉, 직업생활에 필요한 자격과 조건을 체계적으로 준비하고 주어진 직무와 역할을 효과적으로 수행할 수 있도록 지원하는 평생교육을 말한다. 직업능력교육은 직업준비 프로그램, 자격인증 프로그램, 현직 직무역량 프로그램으로 분류된다. 첫째, 직업준비 프로그램은 특정 직업의 인력 양성과정, 창업 관련과정, 취업 준비과정, 재취업 정보교육 등을 포함한다. 둘째, 자격인증 프로그램은 외국어 자격 인증과정, 각종 자격증 취득과정, 지도사 양성과정 등 전문적인 지식, 기술, 기능이 일정한 수준에 도달해 소정의 자격을 인증받을 수 있도록 지원하는 프로그램이다. 셋째, 현직 직무역량 프로그램으로는 직업 세계에서 필요로 하는 공통 직무연수, 직업 분야별로 요구되는 특정 역량을 다루는 전문 직업연수 등을 예로 들 수 있다.

(4) 문화예술교육

문화예술교육은 상상력과 창의력을 촉진하고 창작활동에 필요한 기능을 익힐 수 있도록 지원하거나, 생활 속에서 문화예술을 향유할 수 있는 능력을 개발하는 평생교육이다. 문화예술교육에는 레저생활 스포츠 프로그램, 생활문화예술 프로그램, 문화예술향상 프로그램이 있다. 첫째, 레저생활 스포츠 프로그램은 각종 체육 관련 강좌로 체력 증진과 여가 선용을 위해 일상생활에서 지속적으로 행하는 체육활동 및 전문적 스포츠 관련 프로그램이다. 둘째, 생활문화예술 프로그램은 사진 강좌, 생활공예 강좌, 노래교실, 풍선 아트, 천연염색 등 문화예술을 생활 속에 접목시켜 삶의 질을 향상시키고 향유할 수 있도록 지원하는 프로그램이다. 셋째, 문화예술향상 프로그램은 음악, 무용, 미술, 연극, 영화 등 다양한 분야에서 예술적 가치가 있는 작품을 완성할 수 있도록 체계적으로 지도하는 교육 프로그램이다.

(5) 인문교양교육

인문교양교육은 인문교육과 교양교육을 결합한 용어다. 인문교육은 liberal education으로 번역되는데, 자유인을 위한 교육 혹은 자유를 위한 교육을 뜻한다. 즉, 충분히 자유를 누릴 수 있는 능력을 키우는 교육이라 할 수 있다. 교양교육은 culture education으로서 사람으로 기른다는 의미를 갖는다. 인문교육이나 교양교육은 대학에서 전문 직업교육과는 달리 모든 학생이 일반적으로 이수해야 하는 교육을 지칭하기도 한다. 인문교양교육은 전문적인 능력보다는 전인적인 성품과 소양을 계발하고 배움 자체를 즐길 수 있는 신체적·정신적 건강을 겸비하는 것을 지원하는 평생교육을 의미한다.

인문교양교육에는 건강심성 프로그램, 기능적 소양 프로그램, 인문학적 교양 프로그램이 있다. 첫째, 건강심성 프로그램은 상담치료, 생활의료, 보건, 종교, 식생활

등 현대사회에서 심리적 안정과 신체건강에 필요한 활동과 체험을 체계적으로 지원하고 인증한다. 둘째, 기능적 소양 프로그램은 유아양육 상식, 청소년 이해, 부모역할, 좋은 아버지 되기 등 사회적 역할을 잘 수행하도록 돕는 프로그램이다. 셋째, 인문학적 교양 프로그램은 문학, 과학, 철학, 역사 등 전인적 품성과 지혜를 갖추도록 돕는 강좌 및 이와 연관된 체험활동을 지원하는 프로그램이다.

(6) 시민참여교육

시민참여교육은 사회적 책무성과 공익성 활용을 목적으로 민주시민으로서 갖추어야 할 자질과 역량을 개발하며, 사회통합 및 공동체 형성과 관련된 시민의 참여를 촉진하고 지원하는 평생교육을 말한다. 우리나라는 1987년 민주화 운동 이후 본격적으로 생겨난 시민사회단체들의 활동과 1995년 지방자치제도의 실시를 계기로 시민의 삶에 영향을 미치는 중앙정부와 지방정부의 의사결정에 시민이 적극적으로 참여하게 되었다. 시민사회단체들은 1980년대 민주화운동을 전개하며 역사, 통일, 노동, 환경, 인권, 언론 등 다양한 교육프로그램을 제공했다. 민주화 시대에 들어서는 지방자치단체도 시민의식의 향상을 위한 다양한 프로그램을 직접 제공하고 있다.

시민참여교육 프로그램으로는 시민책무성 프로그램, 시민리더역량 프로그램, 시민참여활동 프로그램이 있다. 첫째, 시민책무성 프로그램은 현대 시민으로 갖추어야 할 사회적 책무성을 개발하는 데 주안점을 둔다. 구체적으로는 인권교육, 성평등교육, 주민자치교육이 해당된다. 둘째, 시민리더역량 프로그램은 국가 및 지역사회의 공익적 사업을 효과적으로 추진할 수 있는 시민의 자질과 역량을 개발한다. 지역리더 양성과정, 평생학습리더 양성과정, 비영리기구 지도자과정 등을 들 수 있다. 셋째, 시민참여활동 프로그램은 지역사회 조직 및 공익적 사업에 대한 개인적·집단적 참여를 촉진하며 평생학습 참여기회를 지원한다. 학습동아리교육, 평생교육 자원봉사교육, 환경실천교육 등이 이에 해당한다.

2) 평생교육기관

논리적으로 평생교육기관은 앞서 살펴본 평생교육의 다양한 영역에서 실제 프로그램을 운영하는 기관이라고 정의할 수 있다. 이 기관들은 영리를 추구하는 교육기업은 물론 지방자치단체가 직접 운영하는 공공기관 등 다양한 형태로 존재할 수 있다. 그렇지만 현실적으로 평생교육 6대 영역의 교육프로그램을 운영하는 기관의 유형을 모두 평생교육기관이라고 부르기에는 난점이 많다. 해당 기관들이 스스로를 평생교육기관이라고 정체성을 부여하지 않을 가능성도 크기 때문이다. 예컨대, 최근 사회복지관에서 성인문해교육 프로그램을 개설하는 경우가 많지만 모든 사회복지관이 스스로를 평생교육기관으로 부르지 않을 수 있다. 마찬가지로, 박물관, 미술관, 공연장 등에서도 다양한 문화예술교육 프로그램을 운영하지만 그 기관들이 평생교육기관으로 자기정체성을 부여하지 않을 수 있다. 그러나 각 기관 나름의 정체성 부여 여부와는 관계없이 학습자들이 실제로 평생교육 프로그램을 수강할 수 있다면 어느 기관이든 평생교육기관이라고 볼 수 있다. 현행 「평생교육법」은 평생교육기관을 다음의 다섯 가지 유형으로 구분하고 있다.

첫째, 「초 · 중등교육법」과 「고등교육법」에 따른 각급학교다. 이 경우 학교의 정규교육과정 운영은 물론 평생교육의 범주에 포함되지 않는다. 「평생교육법」은 각급학교의 장이 학교의 여건을 고려하여 학생, 학부모, 지역 주민을 대상으로 하는 평생교육을 직접 실시하거나 그 운영을 영리를 추구하지 않는 법인이나 단체에 위탁할 수 있도록 하고 있다. 시 · 도 교육감은 성인을 위한 문해교육 프로그램을 운영하는 학교를 지정 운영하고 있다. 각급학교들은 방과 후 학교 프로그램을 활용해 주민을 대상으로 하는 평생교육 프로그램을 운영하기도 한다. 교육부와 시 · 도 교육청에서는 '학교와 함께하는 평생교육사업'을 진행하기도 했다. 대학부설 박물관이나 미술관에서는 지역 주민을 위한 문화예술교육 프로그램을 실시하는 경우가 많다. 또 최고경영자과정 등 각종 전문 분야의 계속교육 프로그램도 대학이 직접 운영하는 평생교육이라고 할 수 있다.

둘째, 시 · 도 교육감 혹은 시장 · 군수 · 구청장이 설치 · 지정 · 운영하는 평생학습관이다. 「평생교육법」은 시 · 도 교육감의 평생학습관 설치 지정을 의무화하고 있지만 기초자치단체장에게는 그 의무를 지우지 않고 있다. 그러나 평생학습도시를 비롯해 많은 기초자치단체에서는 평생학습관을 직접 운영하고 있다. 평생학습관에서는 저렴한 비용으로 주민에게 다양한 프로그램을 제공하고 있다.

셋째, 「평생교육법」에 따라 인가 · 등록 · 신고된 시설, 법인 또는 단체다. 「평생교육법」은 이를 대학 평생교육원 등 학교부설 평생교육시설, 고등공민학교 등 학교형태 평생교육시설, 고용주가 비용을 부담하여 설치해 대학 수준의 교육을 회사 내에서 실시하는 사내대학, 원격대학, 사업장 부설 평생교육시설, 시민사회단체 부설 평생교육시설, 언론기관 부설 평생교육시설, 지식인력개발 관련 평생교육시설 등으로 나열하고 있다.

넷째와 다섯째는 「평생교육법」에 근거하지 않은 유형들로 「학원의 설립 · 운영 및 과외교습에 관한 법률」에 따른 학원 중 학교교과 교습 학원을 제외한 평생직업교육을 실시하는 학원과 그 밖에 다른 법령에 따라 평생교육을 주된 목적으로 하는 시설, 법인 또는 단체다. 이러한 기관들의 설립 근거가 「평생교육법」이 아니더라도 그 목적이나 사업의 내용에 평생교육 프로그램 제공을 밝히고 있다면 평생교육기관으로 볼 수 있다.

3) 평생교육의 제도와 정책

김신일(2005b)은 타율적인 학습 관리방식에는 학습을 강제, 지원, 권장, 방임, 방해, 억제, 금지하는 다양한 양태가 존재한다고 보았다. 평생학습을 관리하는 평생교육제도에도 이런 다양한 양태가 존재할 수 있을 것이다. 학습을 금지한 예로, 국방부가 군부대로 특정 도서의 반입을 금지했던 조치를 들 수 있다. 강제의 예로는, 성인 남성의 경우 예비군이나 민방위 훈련을 이수해야 하는 것을 들 수 있다. 평생교육 장면에서 방해, 억제, 금지, 강제 사례가 제도나 정책적으로 시행되는 것은 예외적이라 할 수 있다. 국민의 자유로운 평생학습활동 전체를 국가가 정책적으로 관여할 수 없기 때문에 방임하는 측면 역시 존재한다. 최근에는 정책적으로 평생학습을 지원하고 권장하려는 노력이 증가하고 있다. 현행 「평생교육법」은 제4조에 평생교육의 이념으로 모든 국민은 평생교육의 기회를 균등하게 보장받으며, 평생교육은 학습자의 자유로운 참여와 자발적인 학습을 기초로 이루어지며, 평생교육은 정치적 · 개인적 편견의 선전을 위한 방편으로 이용되어서는 안 되며, 일정한 평생교육을 이수한 자에게는 그에 상응하는 자격 및 학력인정 등 사회적 대우를 부여하여야 한다고 규정하고 있다.

평생교육의 기회 확산을 위해 그동안 정부는 국민의 평생학습 참여기회를 확대하기 위해서 평생학습도시 지정과 평생학습중심대학 조성 사업 등을 전개해 왔다. 다양한 학습경험의 공적인 인정을 위해 학점은행제, 독학학위제, 평생학습계좌제 등을 운영하고도 있다. 국가가 부여하는 자격인 평생교육사는 평생교육 현장의 전문인력으로 그 역할을 확대하고 있다. 또 「평생교육법」은 교육부 장관이 평생교육진흥기본계획을 5년마다 수립하고, 시 · 도지사가 시 · 도 교육감과 협의해 연도별 평생교육진흥시행계획을 수립 · 시행하도록 하고 있다.

(1) 평생교육사

평생교육사는 「평생교육법」에 따라 국가가 부여하는 평생교육 전문자격이다. 따라서 평생교육사는 국가가 운영하는 평생교육제도의 최전선에서 일하고 있는 전문가라 할 수 있다. 평생교육사는 다양한 평생교육 영역의 교수 · 학습활동을 관리하고 운영하는 한편, 평생교육제도에 의해 조장되고 촉진되어야 하는 학습활동을 발굴하고 지원하는 역할을 한다. 이런 역할은 평생교육 프로그램의 기획, 진행, 분석 및 평가는 물론 실제 교수 업무를 포괄하는 것이다. 「평생교육법」에 따라 인가 · 등록 · 신고된 시설, 법인 또는 단체는 평생교육사를 1명 이상, 시 · 군 · 구 평생학습관은 정규 직원이 20명을 넘을 경우에는 2명 이상을 배치하도록 되어 있다. 평생교육사 2급의 경우 대학원에서 필수 교과목 15학점을 이수하거나, 대학이나 학점은행제 운영기관 또는 평생교육진흥원이 지정하는 양성기관에서 필수과목 15학점을 포함한 관련 과목 30학점을 이수할 경우 취득할 수 있다. 1급의 경우는 2급 자격 소지자로 5년 이상 평생교육 관련 업무에 종사한 뒤 평생교육진흥원이 운영하는 1급 승급과정을 이수해야 취득할 수 있다.

(2) 학점은행제

학점은행제는 학교에서뿐만 아니라 학교 밖에서 이루어지는 다양한 형태의 학습경험 및 자격을 학점으로 인정하고, 학점이 누적되어 일정 기준을 충족시키면 대학졸업장을 받을 수 있는 제도다. 학점은행제 이전에는 학교 이외의 비정규 교육기관에서의 학습경험을 학위로 연계할 수 있는 공적인 인정제도가 없었다. 정규 교육기관과 달리 비정규 교육기관은 학습자의 요구와 필요에 맞춰 다양한 학습기회를 유연하게 제공해 왔다. 따라서 학점은행제는 교육 실시자 중심이 아닌 학습자 중심의 학위 취득 제도라 할 수 있다. 고등학교 졸업자나 이와 동등 학력을 가진 학습자는 누구나 수학연한에 관계없이 원하는 때에 원하는 곳에서 학습할 수 있다. 학습자는 학점인정 대상 학교에 개설된 강좌 수강, 정규학교에 시간제 등록생으로 강좌 수강, 독학학위제 시험에 통과한 교과목, 평생교육원 등에 개설된 학점은행 평가인정 강좌 수강, 중요 무형문화재 전수과목 이수, 전문 분야 자격증의 학점인정 신청 등을 통해 학점은행제에 학점을 등록할 수 있다. 4년제 학사학위는 140학점, 2년제 전문학사는 80학점 이상을 취득하면 교육부 장관 혹은 대학의 장으로부터 학위를 받을 수 있다. 2019년 2월 현재 26개 학위 종별 115개 전공의 학사학위와 13개 학위 종별 110개 전공의 전문학사 그리고 119개의 세부 전공이 있는 중요 무형문화재 학위과정이 설치되어 있다. 2011년 이후에는 신규 등록 학습자 수가 매년 11만 명을 넘어서 2018년 12월 기준 누적 등록 학습자 수는 153만 4,856여 명에 이른다. 학점은행제 학위 취득자 수도 매년 증가하여 1999년 34명의 학위 취득자를 처음 배출한 이후 2019년 2월에는 3만 40명이 학위를 받아 총 75만 6,531명이 학점은행제를 통해 학위를 받았다.

(3) 독학학위제

독학학위제는 1990년 제정된 「독학에 의한 학위취득에 관한 법률」에 따라 학습자가 자기주도적으로 공부한 정도가 학사학위를 취득할 수 있는 수준에 이르렀는지를 오직 시험으로만 평가해 국가가 학위를 수여하는 제도다. 국어국문학, 영어영문학, 경영학, 심리학, 행정학, 법학, 컴퓨터과학, 유아교육학, 정보통신학, 가정학, 간호학의 11개 전공의 학위를 수여하고 있다. 학위 취득을 위해서는 1단계 교양과정인정시험, 2단계 전공

기초과정인정시험, 3단계 전공심화과정인정시험, 4단계 학위취득종합시험이라는 4단계의 시험을 모두 통과해야 한다. 학위 취득을 위해 4단계는 반드시 응시해야 하지만, 1~3단계는 자격 요건에 따라 일부 면제받을 수 있다. 즉, 공무원 공개경쟁 채용시험 합격자, 국가기술자격 취득자, 공인회계사 · 세무사 · 관세사 · 초중등학교 교사 자격이나 면허 취득자에게는 시험의 일부를 면제해 준다. 또 대학에서 1~3학년의 학력을 인정받은 경우에도 각각 2~4단계의 시험 응시자격을 부여한다. 학점은행제로 누적 학점이 35, 70, 105학점에 이르면 각각 2~4단계 시험 응시자격을 부여해 독학학위제가 정규대학 및 학점은행제와 상호 연계될 수 있도록 했다. 그리고 학문 특성상 실습이 필요한 유아교육학은 3단계와 4단계 시험부터, 간호학은 4단계 시험부터 개설하고 있다. 1992년 147명을 시작으로, 2019년 2월 기준 총 2만 597명이 독학학위제로 학위를 취득했다.

(4) 평생학습계좌제

평생학습계좌제는 **개인의 다양한 학습경험을 종합적으로 집중 관리하는 제도다.** 평생학습계좌제는 「평생교육법」 제23조의 "국가는 국민의 평생교육을 촉진하고 인적 자원의 개발 관리를 위하여 학습계좌를 도입 · 운영할 수 있도록 노력하여야 한다." 라는 규정에 따라 평생교육진흥원이 운영하고 있다. 이 제도를 통해 체계적인 학습 설계를 상담 지원할 수 있고, 학습계좌에 등록된 학습결과는 학력이나 자격 인정과 연계하거나 고용정보로 활용할 수도 있다. **개인 학습자는 온라인으로 학습계좌를 개설하고(www.all.go.kr) 자신의 학습경험을 누적 관리할 수 있다. 학습계좌에는 학력, 경력, 각종 자격, 평생교육 이수 경력은 물론 개인이 원하는 내용도 증빙서류와 함께 등록할 수 있다.** 평생교육 이수 경력 등록을 위해 평생교육진흥원에서는 평가인정 학습과정 데이터베이스를 운영하고 있다. 평가인정 학습과정은 평생교육기관에서 개설한 프로그램 중 소정의 평가를 통과한 것으로 국가가 평생교육 프로그램의 질을 보장하는 장치라 할 수 있다. 학습계좌에는 학점은행제 강좌들도 모두 등록할 수 있다. 또한 독학학위제의 시험과목이나 시험면제 과목도 자신의 학습경험으로 등록할 수 있다. 고용노동부가 운영하고 있는 직업능력개발계좌제를 통해 학습비 지원을 받고 수강한 강좌도 학습계좌에 연계해 등록할 수도 있다. 따라서 평생학습계좌제는 전 국민을 위한 학습이력 관리 시스템이라고 부를 만하다. 개인은 자신의 학습계좌에 등록된 내용을 평생학습이력증명서로 발급받을 수 있다. 교육청에서는 이 증명서에 담긴 내용을 평가해 성인 초등학력 인정의 기초자료로 사용한다. 방송통신 중 · 고등학교에서도 평생학습계좌제 평가인정 프로그램은 교과목 이수로 인정하고 있다. 대학과 기업에서도 평생학습이력증명서를 활용할 수 있는 가능성도 매우 크다.

(5) 대학의 평생교육 활성화 정책

대학은 그동안 평생교육원 등을 통해 지역 주민에게 다양한 평생교육을 제공해 왔다. 평생교육단과대학은 **대학의 평생교육 기여를 비형식교육 프로그램 제공 중심에서 학위 수여로 확대해 나가려는 정부 정책이다.** 2017년 기준으로 만 25세부터 만 64세까지의 국민 중 대학 졸업 이상의 학력을 소지한 사람의 비율은 48%다. 최근 대학 진학률이 70%를 넘어서면서 학령기 학생들의 경우 원하면 누구든지 고등교육을 받을 수 있다. 그러나 만 55세부터 만 64세까지의 국민 중 18%만이 고등교육을 이수했다. 중장년층의 고등교육 수요가 여전히 높다(교육부, 한국교육개발원, 2018). 현재 성인은 학점은행제, 독학학위제, 한국방송통신대학교, 사내대학 등을 통해 대학 학위를 받을 수 있지만, 기존의 정규 대학들의 문호를 성인에게 더 개방해 대학을 평생교육기관으로 변모시키려는 정책이 평생교육단과대학이다. 평생교육단과대학 정책의 이면에는 저출산으로 인한 학령기 인구의 급속한 감소로 인한 대학 충원율의 저하도 자리 잡고 있다. 대학이 교수방법, 교과과정, 교육시간, 입학방법 등 학사운영 전반을 성인 학습자가 접근할 수 있도록 탈바꿈한다면 학사학위를 원하는 성인의 대학 접근성이 더 높아질 수 있다. 교육부는 공모를 통해 성인학습자 중심의 단과대학, 학부, 전공을 운영하는 대학에 재정적 지원을 하고 있다.

(6) 평생학습도시

평생학습도시는 **기초자치단체가 시민의 자아실현과 사회적 통합 증진 및 경제적 경쟁력 제고를 위해 누구나, 언제, 어디서나 원하는 학습을 즐길 수 있도록 도시를 재구조화하는 정책이다.** 또 지역사회의 모든 교육자원을 기관 간, 지역사회 간, 그리고 국가 간에 연계시켜 학습 공동체를 형성하려는 시민의, 시민에 의한, 시민을 위한 지역사회교육운동이기도 하다(평생교육진흥원, 2010: 5-6). 평생학습도시 조성은 이런 의미에서 평생학습을 지역사회에 구체화하는 정책이라고 할 수 있다. 일본의 가케가와 시가 1979년 최초로 평생학습도시 선언을 한 이후 유럽과 북미, 아시아, 아프리카, 남미의 여러 도시가 평생학습도시 조성을 추진해 왔다. 우리나라에서는 1999년 경기도 광명시가 최초로 평생학습도시 선언을 했으며, 2001년부터는 교육부가 평생학습도시 조성사업을 국가정책으로 추진하기 시작했다. 2001년 경기도 광명시, 대전 유성구, 전북 진안군을 필두로 2019년 5월까지 모두 167개 지방자치단체가 평생학습도시로 지정되었다. 평생학습도시는 그 개념에서 알 수 있듯이 지역사회를 기반으로 한 운동적 성격이 강해서 도시 내에 학습활동을 매개로 한 마을 공동체 형성을 위한 다양한 시도들이 이루어지고 있다. 또 2016년 한국 성인의 평생학습실태조사 결과에 따르면, 평생학습도시에 거주하는 성인의 평생학습 참여율(36.6%)이 비평생학습도시 거주자(32.7%)보다 높다. 평생학습도시는 2007년 개정된 현행 「평생교육법」에 독립된 조항으로 포함되어 법적인 지위를 얻었으며, 평생학습도시 간의 연계 협력과 정보 교류를 위해 전국평생학습도시협의회가 구성되어 있다.

4. 평생학습과 평생교육의 연구과제

인간은 지식, 기술, 태도, 가치관 등을 습득하는 학습, 공동체의 구성원으로 참여하는 학습, 자신의 삶과 사회적 조건을 창조하는 학습을 평생 동안 지속한다. 이 평생학습을 통해 인간은 자신이 어떤 존재인지를 알아 가며 자신의 삶을 만들어 간다. 그래서 **율곡 이이는 『격몽요결(擊蒙要訣)』에서 "사람이 태어나서 배우지 않으면 사람다운 사람이 될 수 없다."고 했다. 이 배움은 학령기에 끝나는 것이 아니라 평생 동안 지속되는 것이며, 이 평생학습을 조직적으로 지원하는 것이 평생교육이다.** 평생학습과 평생교육은 학교가 한 사회의 교육 중심이었던 시대로부터 사회의 모든 분야가 교육의 터전이 되는 시대로의 전환을 반영하고 있다. 물론 역사적으로 배우고 가르치는 활동이 중요하지 않았던 시대는 없었다. 그렇지만 지식과 정보가 부의 원천이 되고, 교육이 경제적 격차로 인한 사회 양극화를 해소할 수 있는 핵심 기제로 인식되는 시대에 배우고 가르치는 활동에 대한 기대는 더욱 커질 수밖에 없다. 바야흐로 평생학습의 시대이며, 평생학습을 관리하는 교육제도인 평생교육에 대한 관심이 증대하는 것은 어쩌면 필연적이라고 할 수 있다. 평생학습과 평생교육은 이런 점에서 교육학의 매우 중요한 연구 분야로 주목받고 있다. 그동안 교육학이 주로 학교교육의 다양한 측면을 연구해 왔다면, 앞으로는 학교 밖의 다양한 교수·학습 장면으로 연구의 영역을 크게 확장시킬 필요가 있다. 평생학습과 평생교육의 주요 연구과제는 다음과 같다.

첫째, 학습자 연구다. 학교교육은 국가의 책무로 여겨져 왔지만 학교 밖에서 벌어지는 평생교육은 국가와 시장, 시민사회가 경쟁과 협력, 갈등하는 가운데 전개되고 있다. 특히 신자유주의 정책이 확산되면서 국가와 시민사회의 역할은 축소되고 시장의 역할은 상대적으로 커지고 있다는 인식이 일반적이다. 이런 상황에서 **학습자가 어떻게 자신의 학습생활을 영위해 나가는지를 구체적인 맥락 속에서 분석할 필요가 있다.** 일종의 상품으로 제공되는 평생교육을 선택하고 소비하는 학습생활이 확대되고 있지만, 한편에서는 지방자치단체를 중심으로 한 공공 평생교육의 참여도 늘어나고 있다. 또한 시민사회단체들도 적극적으로 평생교육을 운영하고 있다. 학습자로서 인간은 직업생활, 정치생활, 소비생활, 여가생활 등 다양한 맥락 속에서 살아간다. 학습생활은 이런 다양한 맥락의 생활상과의 관계 속에서 전개된다. 따라서 다양한 맥락 속에서 적극적으로 자신의 학습생활을 구성해 나가는 학습자를 조명하는 이론이 요청된다. 이와 관련하여, 학습자들이 참여하는 평생교육 프로그램 연구가 진행될 필요가 있다. 평생교육은 학교교육을 제외하더라도 매우 광범위한 영역의 교육실천을 포괄하고 있다. 다양한 평생교육 실천 양상을 현행 「평생교육법」은 평생교육의 6대 영역으로 제시하고 있다. 각 영역의 구체화된 프로그램들이 어느 지역과 기관에서 개설되고, 참가하는 학습자 집단의 특성은 무엇이며, 또 영역별 프로그램들의 교수·학습 양상은 어떠한지, 프로그램 이수 결과 학습자의 삶은 어떻게 변화하는지를 탐구할 수 있다.

둘째, 평생학습은 개인 차원은 물론 개인이 속한 조직과 공동체 등 집단 차원에서도 중요한 역할을 하고 있다. 학습이 인간의 삶을 만들어 가는 기제라면 개인의 생애경로 형성이 평생학습과 어떻게 관계를 맺고 있는지를 탐구할 수 있다. 특히 개인 학습자가 생애경로에서 겪는 다양한 이행(transition)과정에서 학습활동이 어떻게 기능하는지에 대한 탐구가 필요하다. 집에서 학교로, 학교에서 직장으로, 한 직업에서 다른 직업으로, 직업생활에서 여가생활로, 중년에서 노년으로 등 생애경로에서 우리는 크고 작은 이행을 다양하게 경험한다. 이런 이행과정에서의 학습활동을 통해 개개인이 변화 · 발전한다고 볼 수 있다. 학습활동이 어떤 방식으로 이 이행과정에 관여하는지를 포착해 내는 개념과 이론이 필요하다. 개인뿐만 아니라 집단도 학습활동을 통해 변화 · 발전한다. 집단의 학습은 그 집단에 소속된 개인들의 학습이라고 할 수 있다. 그러나 집단의 학습 가운데는 어느 한 개인의 학습으로 완전히 환원할 수 없는 측면이 존재한다. 이런 학습을 집단학습이라고 볼 수 있다면, 이 집단학습이 한 집단의 생성과 성장, 소멸에 관여하는 구조를 밝힐 필요가 있다.

셋째, 선행학습결과인증 체제에 대한 연구다. 우리나라의 학점은행제, 독학학위제, 평생학습계좌제 등은 물론 유럽을 중심으로 활발히 논의되고 있는 선행학습결과인증(validation of prior learning outcomes) 또는 선행학습인정(recognition for prior experiential learning) 논의는 평생학습의 새로운 사회적 관리 기제로 주목되고 있다. 지금까지는 학습결과를 인정받기 위해서 교육 제공자가 매우 중요했다. 소위 학력(學歷)은 교육 제공자의 이름을 나열하는 것과 다름없었다. 자격은 형식 · 비형식 교육 제공자에 의해 관리되거나 시험제도에 의존해 왔다. 그러나 선행학습결과인증이 정착된다면 학습자는 형식 · 비형식 · 무형식 장면에서 자신이 학습한 결과를 다양한 방식으로 인정받을 수 있다. 특히 교육 제공자가 없더라도 자신의 학습결과를 인정받을 수 있는 길이 열릴 수 있다. 선행학습결과인증 논의는 교육(education), 직업 훈련(vocational training), 자격(qualification) 제도의 호환 시스템 구축과도 궤를 함께하고 있다. 개개인의 비형식 및 무형식 학습결과가 학점으로 인정된다면 각급학교의 이수연한에도 변화가 예상되는 등 선행학습결과인증 체제와 각급학교가 어떤 형태로 결합하는가에 따라 학교교육, 특히 고등교육 분야에서 적지 않은 변화가 나타날 수 있다.

넷째, 평생학습문화에 대한 연구다. 김신일(2005b)은 평생학습이 자율적 혹은 타율적으로 관리될 수 있다면서 타율적 관리방식으로 강제, 지원, 권장, 방임, 방해, 억제, 금지라는 일곱 가지 유형을 제시한 바 있다. 이들 유형은 각 개인들이 자신의 학습생활을 어떻게 조직할 것인가에 영향을 미치는 상황 맥락의 예들이라 할 수 있다. 예컨대, 강제의 평생학습문화가 작동하는 경우와 금지의 평생학습문화가 작동하는 경우 개개인의 학습생활은 크게 달라질 수 있다. 따라서 누가, 언제, 어디서, 무엇을, 어떤 방식으로, 왜 배우며(혹은 왜 배우지 못하며), 배우는 데 소요되는 비용은 어떻게 감당하며, 그 배움의 결과는 어떻게 활용되는가라는 질문들에 어느 한 시대나 사회가 어떻게 답하는가를 탐구한다면 그 시대, 그 사회의 평생학습문화를 조망할 수 있을 것이다.

학 / 습 / 과 / 제

1. 자신의 그동안의 삶에서 의미 있다고 여겨지는 학습경험의 예를 하나 제시하고 그것을 학습의 습득 · 참여 · 창조 은유에 비추어 논의하시오.

2. 우리나라에서 역사적으로 등장한 사회교육과 평생교육의 개념을 서구의 성인교육과 평생교육 개념과 비교 · 분석하시오.

3. 평생교육기관에서 운영되고 있는 실제 교육프로그램을 선정해 프로그램의 영역, 목적, 교수 · 학습방법, 수강 학습자의 특성, 학습결과의 인정방법 등을 제시하는 사례분석을 수행하시오.

4. 우리나라와 일본, 중국, 영국의 평생학습도시를 하나씩 선정해 그 특성을 비교 · 논의하시오.

5. 평생학습을 관리하는 다양한 평생교육 제도와 정책 중 하나를 선정해 도입 목적, 현황, 문제점과 앞으로의 발전 방향을 논의하시오.

참고문헌

강대중(2009). 평생교육법의 한계와 재구조화 방향 탐색. 평생학습사회, 5(2), 1-20.

교육부, 한국교육개발원(2018). OECD 교육지표 2018. 서울: 한국교육개발원.

교육부, 한국교육개발원(2018). 2018 한국 성인의 평생학습실태. 서울: 한국교육개발원.

국립국어원(2008). 국민의 기초 문해력 조사. 서울: 국립국어원.

김신일(2005a). '학습주의' 관점에서 본 현대교육제도의 문제. 김신일, 박부권 편. 학습사회의 교육학(pp. 13-37). 서울: 학지사.

김신일(2005b). 학습시대의 교육학 패러다임. 김신일, 박부권 편. 학습사회의 교육학(pp. 61-101). 서울: 학지사.

김종서, 김신일, 한숭희, 강대중(2009). 평생교육개론(개정판). 경기: 교육과학사.

김진화, 고영화(2009). 평생교육 프로그램 분류체계 연구. 서울: 평생교육진흥원.

노영택(2010). 일제하 민중교육운동사. 서울: 학이시습.

박광량(1996). 조직학습, 학습조직, 그리고 학습인. 삼성경제연구소 편. 학습조직의 이론과 실제(pp. 71-101). 서울: 삼성경제연구소.

이정연(2010). 한국 '사회교육'의 기원과 전개. 서울: 학이시습.

이홍(2004). 지식점프-지식창조의 금맥을 찾아서. 서울: 삼성경제연구소.

이홍(2008). 자기창조조직. 서울: 삼성경제연구소.

천성호(2009). 한국야학운동사: 자유를 향한 여정 110년. 서울: 학이시습.

평생교육진흥원(2010). 평생학습도시 조성사업 백서. 서울: 평생교육진흥원.

한숭희(2009). 학습사회를 위한 평생교육론(3판). 서울: 학지사.

Aspin, D. N., & Chapman, J. D. (2000). Lifelong learning: concepts and conceptions. [Article]. *International Journal of Lifelong Education, 19*(1), 2-19. doi: 10.1080/026013700293421

Cedefop. (2009). Shift to learning outcomes-policies and practices in europe. Luxembourg: Office for Official Publications of the European Communities. http://www.cedefop.europa.eu/EN/Files/3054_en.pd에서 인출.

Colley, H., Hodkinson, P., & Malcom, J. (2003). *Informality and formality in learning: A report for the learning and skills research centre.* London: Learning and Skills Research Centre.

Coombs, P. H., & Ahmed, M. (1974). *Attacking rural poverty: How nonformal education can help.* Baltimore, MD: Johns Hopkins University Press.

Dewey, J. (2011). 하우 위 싱크: 과학적 사고의 방법과 교육(*How we think: A restatement of the relation of reflective thinking to the educative process*). (정회욱 역). 서울: 학이시습. (원저는 1933년에 출판).

Duvekot, R., Kang, D. J., & Murray, J. (2014). *Linkages of VPL: Validation of prior learning as a multi-targeted approach for maximising learning opportunities for all.* Vught: Inholland University AS and European Centre for Valuation of Prior Learning.

Hawley, J., Otero, M. S., & Duchemin, C. (2011). '2010 Update of the European Inventory on Validation of Non-Formal and Informal Learning-Final Report.' http://libserver.cedefop.europa.eu/vetelib/2011/77643.pdf에서 인출.

Hutton, M. (1989). Learning from action: A conceptual framework. In S. W. Weil & I. McGill (Eds.), *Making sense of experiential learning: Diversity in theory and practice* (pp. 50-59). Buckingham: Open University Press.

Jarvis, P. (1987). *Adult learning in the social context.* London: Croom Helm.

Kang, D. J. (2007). Rhizoactivity: Toward a postmodern theory of lifelong learning. *Adult Education Quarterly, 57*(3), 205-220.

Kang, D. J. (2015). *Life and learning of Korean artists and craftsmen: Rhizoactivity.* New York: Routledge.

Knowles, M. S. (1970). *The modern practice of adult education: Andragogy versus pedagogy.* New York: Association Press.

Knowles, M. S. (1980). *The modern practice of adult education: From pedagogy to andragogy* (2nd ed.). New York: Cambridge Books.

La Belle, T. J. (1982). Formal, nonformal and informal education: A holistic perspective on lifelong learning. *International Review of Education, 28*(2), 159-175.

Lakoff, G., & Johnson, M. (2006). 삶으로서의 은유(수정판)(*Metaphors we live by*). (노양진, 나익주 공역). 서울: 박이정. (원저는 1980년에 출판).

Lave, J., & Wenger, E. (2000). 상황학습: 합법적 주변 참여(*Situated learning: legitimate peripheral participation*). (전평국, 박성선 공역). 서울: 교우사. (원저는 1991년에 출판).

Merriam, S. B., & Caffarella, R. S. (1999). *Learning in adulthood* (2nd ed.). San Francisco, CA: Jossey-Bass.

Pallas, A. M. (2003). Educational Transitions, Trajectories, and Pathways. In J. T. Mortimer & M. J. Shanahan (Eds.), *Handbook of the life course* (pp. 165-184). New York: Springer.

Sfard, A. (1998). On two metaphors for learning and the dangers of choosing just one. *Educational Researcher, 27*(2), 4-13. doi: 10.3102/0013189x027002004

TED(Technology, Entertainment, Design). (2011a). Dennis Hong: Making a car for blind drivers. http://www.ted.com/talks/dennis_hong_making_a_car_for_blind_drivers.html에서 인출.

TED(Technology, Entertainment, Design). (2011b). Ric Elias: 3 things I learned while my plane crashed. http://www.ted.com/talks/ric_elias.html에서 인출.

Wenger, E. (2007). **실천공동체: 지식창출의 사회생태학**(*Communities of practice: Learning, meaning, and identity*). (손민호, 배을규 공역). 서울: 학지사. (원저는 1998년에 출판).

World Bank. (2003). What is the World Bank. http://web.worldbank.org에서 인출.

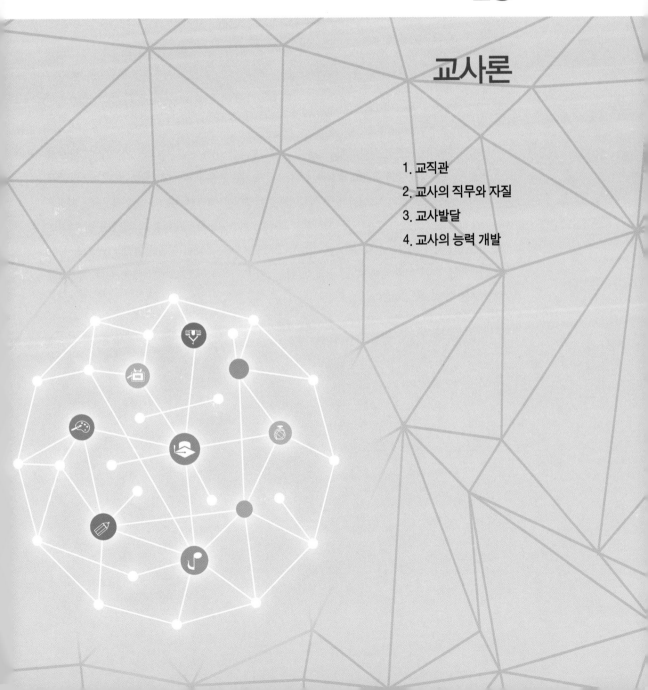

Chapter 13

교사론

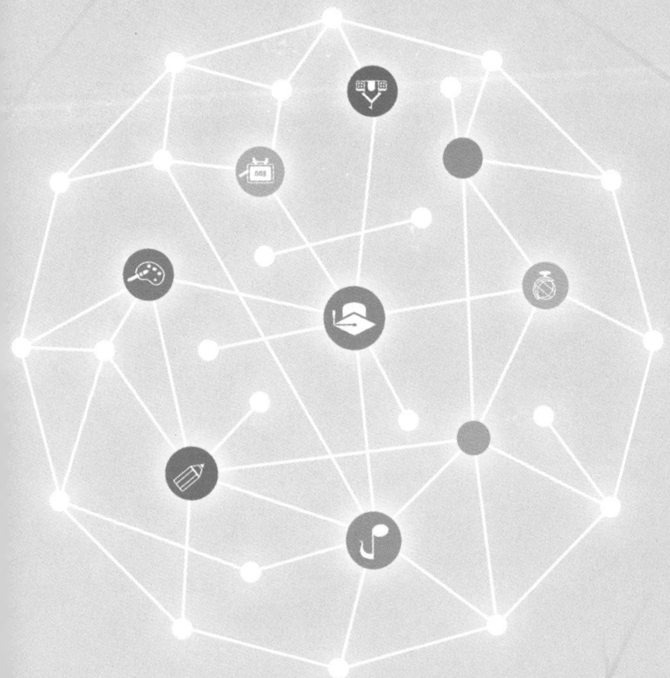

이 장에서는 개론적인 교사론을 다룬다. 먼저, 교직을 이해하는 기본적인 관점인 교직관으로 성직관, 노동직관, 전문직관의 특징을 살펴본다. 교직은 전문직이라 규정되는 바, 전문직으로서 교사가 수행하는 법적 및 실제적 직무의 내용은 무엇이며, 그러한 직무 수행에 요구되는 자질은 무엇인지 분석해 본다. 다음으로, 교사양성 교육을 받고 교직에 입문하여 교직생활을 해 나가는 기간에 교사가 어떻게 성장·발달해 가는지 교사발달 과정에 대한 이해를 높인다. 끝으로, 보다 바람직한 교사로서의 능력개발을 위해 어떠한 노력을 하여야 하는지를 현직연수, 장학, 자기개발 활동을 중심으로 살펴본다.

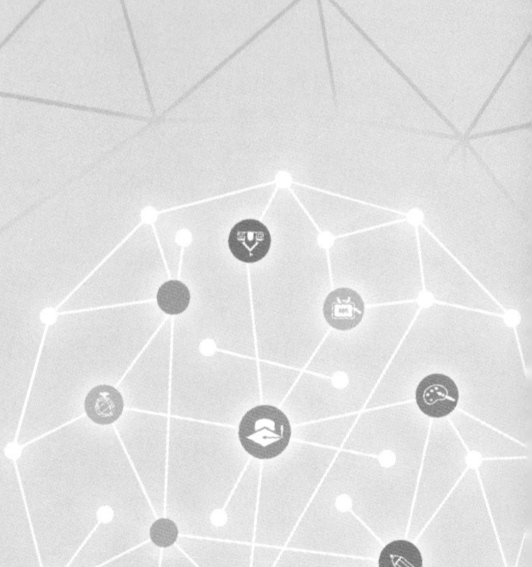

1. 교직관

교직관이란 교직의 본질과 성격을 어떻게 이해하는가 하는 교직을 이해하는 기본적인 관점을 의미한다. 일반적으로 교직을 이해하는 관점에는 성직관, 노동직관, 전문직관 등 세 가지가 있다.

1) 성직관

성직관은 교직을 세속적인 직업과는 달리 성직으로 보는 관점이다. 교사가 하는 일은 신부, 목사, 승려와 같은 성직자가 하는 일과 성격상 같다는 입장이다. 전통적으로 인간은 육체와 영혼 두 가지 요소로 구성되어 있다고 보았다. 육체를 건강하게 단련하기 위해서는 운동이 필요한 것과 같이, 영혼, 즉 정신을 발달시키기 위해서는 교육이 필요하다고 보았다. 이런 입장은 서양의 중세 기독교 사회에서 교육은 영혼을 구원하는 것이라고 보아 성직자가 교직을 맡은 전통에서 유래한다. 따라서 교직의 윤리적인 측면이 강조되며, 성직자와 같이 교사의 소명의식, 헌신, 사랑, 희생, 봉사, 도덕 등의 규범이 강조된다. 교직에 대한 성직관은 교육행위의 본질인 교사와 학생 간 인격적 상호작용과 학생의 정신적 성장 · 발달을 가치 있게 여긴 윤리적 관점에서 비롯된 것으로 볼 수 있다. 성직관에서 보면, 교직은 천직(天職)이며, 교직에 종사하는 사람들은 특별한 소명(calling)을 지닌 사람들이다. 우리나라에서는 예부터 '스승의 그림자는 밟지도 않는다.' '군사부일체' 같은 말이 성직관과 관련된다.

성직관에서는 이상적이고 도덕적인 교사상을 설정하고 있다. 교사는 높은 도덕적 수준을 유지하면서 사랑과 헌신, 희생과 봉사를 토대로 학생의 인격을 성숙시키는 정신적 활동에 전념할 것을 요구받는다. 반면에 교사의 개인생활이나 사회생활에 제한을 두고, 교사의 물질적 보상이나 근무 조건에 대한 권리 요구는 세속적인 관심으로 간주한다.

2) 노동직관

노동직관은 교사도 학교라는 직장에 고용되어 정신적 노동을 제공한 대가로 보수를 받아 생계를 유지한다는 점에서 일반 노동자와 같다는 입장이다. 국공립학교의 경우 국가나 교육청, 사립학교의 경우 사학재단이나 학교법인이 사용자 또는 고용주이고, 교사는 피고용인인 노동자 또는 근로자가 된다. 이런 생각을 확대하여 보면, 학생은 학교의 고객 또는 소비자가 된다.

교사는 정신적 노동을 주로 하며, 계약에 의해 고용된 상태이므로 교직도 노동관계 법의 적용을 받는 노동직의 하나로 간주되어야 한다는 것이다. 따라서 법적으로 보장되어 있는 제반 노동 관련 권리가 교사에게도 보장되어야 한다고 본다.

우리나라는 1999년에 「교원의 노동조합 설립 및 운영 등에 관한 법률」을 제정하여 교원의 노동조합 설립에 관한 사항을 정하고 있다. 이 법률에 따르면, "노동조합의 대표자는 그 노동조합 또는 조합원의 임금, 근무 조건, 후생복지 등 경제적 · 사회적 지위 향상에 관하여 교육부장관, 시 · 도 교육감 또는 사립학교 설립 · 경영자와 교섭하고 단체협약을 체결할 권한을 가진다."(제6조) "단, **교원의 노동조합**은 일체의 정치활동을 하여서는 아니 되며"(제3조) 또한 "노동조합과 그 조합원은 파업, 태업 또는 그 밖에 업무의 정상적인 운영을 방해하는 일체의 쟁의행위를 하여서는 아니 된다."(제8조)고 규정하고 있다.

교사는 교육노동자라는 관점에서 노동 조건에 관심을 갖는다. 따라서 교직의 경제적 측면이 강조되며, 성직관에서 강조되는 교사의 소명의식, 헌신, 사랑, 희생, 봉사, 도덕 등의 규범은 절대적이지 않다. 교직은 세속적이고 실리적이어서 단체행동의 대상이 되기도 한다.

3) 전문직관

전문직관은 오늘날 일반적으로 받아들여지고 있는 교직관이다. 교직을 전문적 지식과 기술을 토대로 정신적 봉사활동을 위주로 하는 직업으로서 국가와 사회가 인정하는 엄격한 자격을 소유한 자라야 종사할 수 있는 것이라고 보는 관점이다.

우리나라 「**교육기본법**」 제14조에는, 교원은 교육자로서 갖추어야 할 품성과 자질을 향상시키기 위하여 노력하여야 한다고 규정하고 있다. 이는 교원의 전문성 함양을 위한 노력과 책임의식을 강조하는 것이다. 종전의 '사도헌장'을 개정하여 2005년에 한국교원단체총연합회가 선포한 '**교직윤리헌장**'에서는, 국민으로부터 부여받은 교육자의 책무를 다하기 위해 최선을 다하며, 교육자의 품성과 언행이 학생의 인격 형성을 좌우할 뿐만 아니라 사회 전반의 윤리적 지표가 된다는 사실을 깊이 인식하고, 윤리성과 전문성을 높이기 위해 노력해야 한다고 규정하고 있다.

1966년에 유네스코와 국제노동기구(UNESCO/ILO)는 세계 각국에서의 교원의 지위에 관하여 일련의 공통적 기준과 척도를 설정하기 위한 목적으로 '**교원의 지위에 관한 권고**'를 선포하였다. 권고의 기본 원칙으로서 제6항에 "교직은 전문직으로 간주되어야 한다(Teaching should be regarded as a profession)." 고 하여 교직이 전문직임을 못박고 있다. 이것은 교직이 전문직으로 이해되어야 하는 근거로서 교직은 "엄격하고도 계속적인 연구를 통하여 습득 · 유지되는 전문적 지식과 전문화된 기술을 필요로 하는 공공적 업무의 하나" 이며, 또한 "교원들에 대하여 그들이 담당하고 있는 학생들의 교육과 복지를 위하여 개인적 · 집단적인 책임감을 요구" 하기 때문인 것으로 보고 있다.

이와 같은 규정들은 교직이 전문적인 지식과 기술을 습득하기 위한 장기적이고 계속적인 교육과 연찬이 필요하고, 엄격한 자격 기준이 요구될 뿐만 아니라, 교직 종사자의 권익보다 학생의 권익이 우선하는 사회공공적 및 윤리적 책임이 수반되는 직종임을 강력히 시사하는 것이다. 전문직에서는 교직의 독자성과 역할 수행의 전문성이 강조된다.

전문직과 관련해 흔히 인용되는 리버만(Liberman, 1956)이 제시한 **전문직의 요소**는 다음과 같다. 즉, ① 독자적이고 분명하며 본질적인 사회적 봉사, ② 봉사를 수행함에 있어 지적 기능 강조, ③ 장기간 전문적 양성교육, ④ 개인 실무자로서나 직업 집단으로서나 광범위한 자율권, ⑤ 전문적 자율권의 범위 내에서 내린 판단이나 행동에 대한 책임감, ⑥ 경제적 이익보다 봉사의 중요성, ⑦ 실무자들의 광범위한 자치 조직 등이다.

이러한 전문직의 요소를 어느 정도 충족하고 있는가에 따라서 전문직과 범속직을 구분할 수 있다. 물론 우리의 교직이 이러한 조건들을 모두 충분히 만족스럽게 충족하고 있다고 보기는 어렵지만, 대체로 전문직 조건을 충족하는 방향으로 발전하여 가고 있다 하겠다.

지금까지 살펴본 세 가지 관점은 전적으로 배타적이라 보기는 어렵다. 현실적으로 세 가지 교직관이 혼재하여 관찰된다. 크게 보아서는 교직의 전문직성과 노동자성이 공존하는 측면이 있다. 성직관은 개인적으로 교직에 대한 사명감을 가지고 헌신하는 교원들에게서 엿볼 수 있다. 교직에 대한 세 가지 관점은 각기 교직의 특성을 파악하는 데 나름의 유용성이 있다.

2. 교사의 직무와 자질

1) 교사의 직무

교사의 직무는 교원이 수행해야 하는 구체적인 업무로서 기능적인 개념에 가깝다. 이에 비해 교사의 역할이란 교사라는 직책에 대하여 가지게 되는 일체의 기대로서 규범적이고 일반적인 개념이라 볼 수 있다. 다음에서는 교직에서 교사가 일상적으로 직접 수행하는 구체적인 업무가 무엇인지를 중심으로 하여 살펴보고자 한다. 구체적인 업무를 포괄적으로 보면 교사의 역할을 자연스럽게 추론할 수 있을 것이다. 교사의 직무에 대한 규명은 법규적 접근과 과업적 접근이 가능하다.

(1) 법규적 접근으로 본 교사의 직무

현행 교사의 직무에 관련되는 사항은 「헌법」 제31조 제6항에 의거하여 법률로 정하여져 있으며, 「교육기본법」 「초 · 중등교육법」 및 「초 · 중등교육법 시행령」 「교육공무원법」 「국가공무원법」 「학교보건법」 등에 제시되고 있다. 현행 법 규정에 제시된 내용을 종합하여 보면, 초 · 중등학교 교육과 관련하여 교사가 기본적으로 수행해야 할 역할과 업무가 무엇인지 알 수 있다(박영숙 외, 1999).

교사의 직무 영역은 ① 학생 교육 및 관리 영역, ② 전문성 신장 영역, ③ 복무 영역, ④ 대외 관계 영역 등 네 가지 영역으로 구분되었다. 첫째, 교사의 직무 중 가장 중요한 것은 학생 교육 및 관리 직무다. 교사는 법령이 정하는 바에 따라 학생을 교육하되(「초 · 중등교육법」 제20조 제3항), 교육과정을 운영하는 한편, 방송 프로그램과 정보통신 매체, 교외체험학습 등과 같이 다양한 매체를 활용하여 수업지도를 하게 되어 있다. 학생의 학업성취도 및 인성 등을 종합적으로 관찰 · 평가하여 학생지도 및 상급학교의 학생 선발에 활용할 수 있는 자료를 작성 · 관리해야 한다(「초 · 중등교육법」 제25조). 학생 생활지도에서도 학생의 인격이 존중되는 교육적 방법으로, 훈육과 훈계 등의 방법으로 지도해야 한다(「초 · 중등교육법」 제18조, 「초 · 중등교육법 시행령」 제31조). 학생의 자치 활동을 권장 지도하게 되어 있다. 동시에 학생의 건강 증진을 위한 지도도 하여야 한다.

둘째, 학생 교육 및 관리라는 직무를 잘 수행하기 위해서는 교사의 전문성 신장이 필수 조건이다. 교사 자신을 위해서도 교육자로서 갖추어야 할 품성과 자질을 향상시키기 위하여 노력해야 한다(「교육기본법」 제14조 제2항). 동시에 교육공무원으로서의 그 직책을 수행하기 위하여 연구와 수양에 노력해야 한다(「교육공무원법」 제38조 제1항). 또한 교원은 수업에 지장이 없는 범위 내에서 소속기관장의 승인을 얻어 연수기관 또는 근무장소 이외의 시설 · 장소에서 연수를 받을 수 있다(「교육공무원법」 제41조 제1항).

셋째, 교사는 공무원의 신분으로 적절한 복무 규정을 준수해야 한다. 공무원으로서 이행 의무 사항으로, 성실 의무, 복종 의무, 친절 공정 의무, 비밀 엄수 의무, 청렴 의무, 품위 유지 의무 등이 규정되어 있다(「국가공무원법」 제56~61조). 또한 이행 금지 의무 사항으로, 직장 이탈 금지 의무, 영리 업무 및 겸직 금지 의무, 정치 운동 금지 의무, 집단 행위 금지 의무 등이 제시되고 있다(「국가공무원법」 제63~66조).

넷째, 교사의 대외 관계 직무는 교원단체 참여로서, 교원은 상호 협동하여 교육의 진흥과 문화의 창달에 노력하며, 교원의 경제적 · 사회적 지위를 향상시키기 위하여 각 지방자치단체 및 중앙에 교원단체를 조직할 수 있다(「교육기본법」 제15조 제1항).

(2) 과업적 접근으로 본 교사의 직무

법에 규정된 교사의 직무는 교사가 교직생활 중에 실제적으로 수행하는 과업의 근거가 된다. 법적 근거를 바탕으로 하여, 학교현장에서 교사는 실제적으로 구체적인 직무를 수행하게 된다. 교사가 일상적으로 수행하는 구체적인 직무 활동 내용은 〈표 13-1〉과 같이 상세하게 제시될 수 있다.

표 13-1 교사의 직무 영역 및 직무 내용

직무 영역	직무 내용
교과지도	• 국가 수준의 교육과정을 이해하고, 교육목표 달성을 위해 적합하게 구성한다. • 교과 특성 및 학생 특성에 적합한 교수 · 학습을 설계한다. • 교수 · 학습활동에 적합한 교육기자재를 활용한다. • 다양한 교수전략을 활용하여 수업을 실시한다. • 학습 과제물을 제시하고 검사한다. • 이원목적분류표에 의거하여 문항 유형을 결정하여 출제하고 채점한다. • 수행평가를 한다. • 학생에게 평가결과에 따른 적절한 피드백을 제공한다. • 평가결과를 다양하게 활용한다. • 성적을 산출한다. • 평가결과를 전산 입력한다.
교과 외 활동지도	• 특별활동을 지도한다. • 창의적 재량활동을 지도한다. • 방과후 프로그램 지도에 참여한다. • 기타 활동(동아리 활동 및 각종 대회 등)을 지도한다. • 학생들의 교과 외 교육활동을 누가기록하며, 그 결과를 평가 · 활용한다.
생활지도	• 학교 내 기본생활습관을 지도한다. • 급식 생활지도를 한다. • 교우관계를 지도한다. • 건강 및 보건 교육을 한다. • 학생이 처한 문제, 진로에 대한 상담을 하고, 적절한 지원을 한다. • 안전사고 예방 및 학교폭력 예방 교육 등을 실시한다. • 안전사고 및 학교폭력 사안에 대한 문제를 해결한다.
학급경영 및 학교경영 지원	• 자기주도학습을 지도한다. • 독서지도를 한다. • 학급 사무관리를 한다.

학급경영 및 학교경영 지원	• 학급회 조직 및 학생 업무 분장표를 작성한다. • 학급 홈페이지를 관리 · 운영한다. • 각종 학교행사에 참여한다. • 담당 교무분장 업무를 수행한다. • 특수교육 대상 학생(영재학생, 다문화학생, 학습부진학생)을 지도한다.
학부모 및 대외관계	• 학부모 협의회를 운영한다. • 학부모와 상담한다. • 학생의 학습 및 복지를 위해 학교 밖 인적 · 물적 자원을 활용한다.
전문성 신장	• 각종 연수를 받는다. • 각종 교내외 연구회에 참여한다.

출처: 정미경 외(2010), pp. 145-146.

교사가 일상적으로 수행하는 직무는 ① 교과지도, ② 교과 외 활동지도, ③ 생활지도, ④ 학급경영 및 학교경영 지원, ⑤ 학부모 및 대외 관계, ⑥ 전문성 신장 등이다. 그중에서 특히 학생들과 직접적으로 접촉하면서 이루어지는 교과지도, 교과 외 활동지도, 생활지도, 학급경영 등의 영역에서의 직무 수행이 중요도가 높다.

2) 교사의 자질

바람직한 교사에게 요구되는 자질이 무엇인가에 대한 논의는 다양하게 이루어져 왔다. 일반적으로 ① 성향적 접근, ② 유형적 접근, ③ 기능적 접근 등의 세 가지 접근 방법을 중심으로 논의가 이루어져 왔다. 먼저, **성향적 접근**은 바람직한 교사란 어떠한 특정의 성향 또는 특성을 갖고 있는가 하는 문제에 초점을 두어 바람직한 교사와 그렇지 못한 교사를 구분 짓는 심리적인 성향 · 특성을 찾아내려는 접근 방법을 말한다. 바람직한 교사는 어떤 특정한 가치관, 태도, 흥미, 적응형태 등을 갖는다고 상정한다. 이러한 특성들은 학생의 특성이나 교수 · 학습 상황의 특성과 비교적 독립적으로 교사의 능률성을 결정한다는 것이다. 대체로 바람직한 교사는 건전한 자아 개념을 갖고 있으며, 정서적으로 안정되어 있고, 객관성을 유지하고, 친근감이 있으며, 사교적인 성향 및 특성을 갖고 있다는 것 등의 주장이 성향적 접근에 터한 주장이라고 하겠다.

다음으로, **유형적 접근**은 교수 · 학습 상황에서 관찰되는 교사의 행동유형에 따라서 교사를 분류하는 접근 방법을 의미한다. 교사가 수업 장면에서 보여 주는 행동양식은 몇 가지의 유형으로 묶을 수 있다는 것이다. 예를 들면, 교사의 언어적 행동에 초점을 두어 지배적 행동과 통합적 행동으로 유형화한 것(Anderson)이나, 지시적 통제와 비지시적 통제로 유형화한 것(Flanders) 그리고 교사를 전제적 · 민주적 · 자유방임적 지도형으로 구분한 것(Lewin 등) 등이 유형적 접근에 터한 연구의 예라고 하겠다.

마지막으로, **기능적 접근**은 교사의 능률성이 수업활동이 이루어지고 있는 교실 상황에서 교과목의 내용상 특성, 학습자의 특성, 수업 상황, 구조적 · 과정적 특징 등과 관련되어 있음을 상정한다. 따라서 바람직한 교사의 자질은 교육의 내용 및 대상, 수업환경에 따라 달라질 수 있다는 것이다. 교사와 학생 간의 상호작용 과정 속에서 학습효과를 높이는 교사의 행동을 확인하려는 접근 방법이다. 일반적으로 처해 있는 상황에서 적절히 교수방법을 바꾸어 가며 융통성과 창의성을 발휘하여 효과적인 교육을 할 수 있는 교사가 바람직한 교사라고 하겠다.

이 세 가지 접근 방법들은 바람직한 교사가 누구인가 하는 문제에 대한 해답을 찾는 데 있어서 개별적으로보다는 상호 보완적으로 활용될 수 있다. 바람직한 교사의 자질은 보는 관점에 따라서 달리 인식될 수 있는 듯하다. 그러나 대체적으로 보면, 〈표 13-2〉에서 보는 바와 같이, 훌륭한 교사는 교직에 대해 바람직한 태도와 가치관을 가져야 하며, 교직 수행에 필요한 지식 및 이해 그리고 기술 및 실기 능력을 가져야 하는 것으로 볼 수 있다. 이와 같은 전문적 영역에서의 특성뿐 아니라 건전한 인성과 정신적 건강 그리고 신체적 건강 등 개인적 영역에서도 바람직한 특성을 갖추어야 할 것이 요구된다고 하겠다.

표 13-2 교사가 갖추어야 할 바람직한 자질

전문적 자질	교직에 대한 태도 및 가치관	• 교직 사명감 • 건전한 교직관
	교직에 대한 지식 및 이해	• 교과에 대한 지식 및 이해 • 학생에 대한 지식 및 이해 • 교육 조직생활 및 업무 처리에 대한 지식 및 이해

전문적 자질	교직에 대한 기술 및 실기 능력	• 교과지도에 대한 기술 및 실기 능력 • 학생지도에 대한 기술 및 지도 능력 • 특별활동지도에 대한 기술 및 지도 능력 • 교육 조직생활 및 업무 처리에 대한 기술 및 능력
개인적 자질	인성과 인품	• 원만한 인격 • 올바른 언행과 예절 • 건전한 자아개념과 인생관
	정신적 건강	• 정서 심리적 안정감 및 건강
	신체적 건강	• 교직 수행에 필요한 신체적 건강

교육인적자원부는 2006년에 '신규 교사의 자질과 능력에 관한 일반 기준' 열 가지를 발표하고, 이를 교원양성기관의 교육과정 편성, 교원양성기관 평가, 교원선발의 중점 평가요소로 활용하고자 하였다. 〈표 13-3〉에서 보는 바와 같이, 열 가지 일반 기준은 ① 건전한 인성과 교직 사명감 및 윤리의식, ② 학생들의 학습과 복지를 위한 헌신, ③ 학생과 학생의 학습 · 발달에 관한 이해, ④ 교과에 대한 전문 지식, ⑤ 교과, 학생, 교육 상황에 적절한 교육과정 개발 · 운영, ⑥ 수업의 효과적인 계획 · 운영, ⑦ 학생의 학습에 대한 모니터 · 평가, ⑧ 학습 지원 환경과 문화 조성, ⑨ 교육공동체 구성원들과 협력관계 구축, ⑩ 전문성 개발 노력 등이다.

표 13-3 신규교사의 자질과 능력에 관한 일반 기준

기준 1. 교사는 건전한 인성과 교직 사명감 및 윤리의식을 갖는다.
1-1. 교사는 건전한 인성을 갖는다. 1-2. 교사는 교직 사명감을 갖는다. 1-3. 교사는 교직 윤리의식과 사회적 책임의식을 갖는다.
기준 2. 교사는 학생들의 학습과 복지를 위해 헌신한다.
2-1. 교사는 학생을 존중하고 공정하게 대우한다. 2-2. 교사는 학생이 자신의 잠재력을 최대한 발휘할 수 있도록 돕는다. 2-3. 교사는 학생 개개인의 교육적 요구에 적극 응한다.

기준 3. 교사는 학생과 학생의 학습 · 발달을 이해한다.
3-1. 교사는 학생의 선행학습, 학습방식, 학습동기, 학습요구를 이해한다. 3-2. 교사는 학생의 인지 · 사회성 · 정서 · 신체 발달을 이해한다. 3-3. 교사는 학생의 개인적 특성과 가정적 · 사회적 · 경제적 · 문화적 환경을 이해한다.
기준 4. 교사는 교과에 대한 전문 지식을 갖는다.
4-1. 교사는 가르치는 교과의 내용을 깊이 이해한다. 4-2. 교사는 교과의 기반이 되는 학문의 핵심 개념, 개념들의 관계, 탐구 방식을 이해한다. 4-3. 교사는 교과와 기반 학문의 최신 지식을 지속적으로 탐구한다.
기준 5. 교사는 교과, 학생, 교육 상황에 적절한 교육과정을 개발 · 운영한다.
5-1. 교사는 국가 수준의 교육과정을 이해한다. 5-2. 교사는 국가교육과정을 학생과 교육 상황에 적합하게 재구성한다. 5-3. 교사는 교육과정 자료 연구 및 개발에 노력을 기울인다.
기준 6. 교사는 수업을 효과적으로 계획 · 운영한다.
6-1. 교사는 교육목표, 교과, 학생에게 적합한 수업을 계획한다. 6-2. 교사는 다양한 수업 방법, 활동, 자료, 매체를 활용하여 수업을 효과적으로 운영한다. 6-3. 교사는 교과에 대한 학생의 학습 요구를 진단하고 적절한 지원을 제공한다.
기준 7. 교사는 학생의 학습을 모니터하고 평가한다.
7-1. 교사는 평가 목적과 내용에 적절하고 다양한 평가방법을 활용한다. 7-2. 교사는 평가결과에 대해 타당한 분석을 하고 효과적으로 의사소통한다. 7-3. 교사는 평가결과를 학생의 학습 지원과 수업 개선에 활용한다.
기준 8. 교사는 학습을 지원하는 환경과 문화를 조성한다.
8-1. 교사는 학생의 자율적 문제해결과 의사결정을 지원한다. 8-2. 교사는 민주적으로 학급을 관리 · 운영한다. 8-3. 교사는 서로 존중하고 신뢰하는 학교 문화를 조성한다.
기준 9. 교사는 교육공동체 구성원들과 협력관계를 구축한다.
9-1. 교사는 교육의 사회적 · 문화적 · 정치적 · 경제적 맥락을 이해한다. 9-2. 교사는 교육공동체 구성원들과 효과적으로 의사소통한다. 9-3. 교사는 교육공동체 구성원들의 참여와 협력을 유도 · 유지한다.
기준 10. 교사는 전문성 개발을 위해 끊임없이 노력한다.
10-1. 교사는 자신의 교육실천을 연구하고 향상시킨다. 10-2. 교사는 교내외 연수 프로그램과 활동에 적극 참여한다. 10-3. 교사는 현실에 안주하지 않고 평생 학습하고 노력한다.

출처: 교육인적자원부(2006).

3. 교사발달

1) 교사발달의 개념

교사는 교직생활의 전 기간을 통하여 많은 영역에서 변화 · 발달을 보이게 된다. 예를 들면, 교사의 교육관, 학교관, 학생관 및 교직관에서 변화 · 발달뿐만 아니라 가르치는 일에 관한 지식, 행동 및 기능을 포함하여 교직생활과 관련되어 있는 모든 개인적 및 사회적 영역에 있어 변화가 있게 된다. 보다 넓게 보면 이러한 변화는 이미 학창 시절부터 일어난다고 말할 수 있다.

교사양성기관에 입학하는 학생들은 앞서 예시한 많은 영역에 있어 이미 나름대로의 인식과 지식을 갖고 있다고 볼 수 있다. 교사양성기관에서 받게 되는 교육을 통하여 그들의 가치관을 수정 · 보완하게 되며, 교사로서 필요한 지식, 행동 및 기능을 습득하게 된다. 초임교사로서 근무를 시작하면서 그러한 가치관이나 지식, 행동 및 기능은 교육현장의 구조 및 운영상의 여러 특성들, 그리고 성인으로서 생활경험상의 여러 특성들의 복합관계 속에서 계속적인 변화의 과정을 밟게 된다.

외국의 경우 이러한 교사의 변화와 관련하여 교사발달(teacher development, teacher career development) 또는 교사사회화(teacher socialization)에 관한 많은 연구가 교사들이 어떻게 변화 · 발달해 가는가에 대한 다양한 이론적 모델을 제시하고 있다.

'발달'이란 환경과의 접촉을 통하여 유기체에게 지속적으로 일어나는 변화를 의미한다. 이러한 변화는 양적 변화뿐만 아니라 질적 변화도 포함한다. 유기체의 기관이 양적으로 증대되고 구조와 기능에 있어서 정밀화되어 가는 변화의 과정이다. '유아발달' '아동발달' '청년발달' '성인발달' 등의 용어는 우리 주변에서 흔히 사용되는 용어다.

유사하게, 교직사회에서도 '교사발달'이라는 용어가 사용될 수 있다. 초임교사로서 교직생활을 시작하여 교직 경력을 쌓아 가면서 퇴직에 이르는 전체 교직 기간 중에 교사로서 필요한 여러 영역과 관련하여 가치관, 신념, 태도, 지식, 기능, 행동 등에 있어서 계속적인 변화를 보이게 되는 것이다. 이러한 변화는 넓게 보면, 대학에서 교사양성 교육을 받으면서 이미 일어나고 있다고 할 수 있다.

교사발달이라는 개념은 교사가 교직생활의 전체 기간을 통하여 교직과 관련된 제반 영역에서의 가치관, 신념, 태도, 지식, 기능, 행동에 있어 보이는 양적 · 질적 변화를 의미하는 것으로 볼 수 있다. 이러한 교사발달이라는 개념과 관련하여 다음과 같은 점이 지적될 수 있을 것이다. 첫째, 교사발달이 시작되는 시점은 개념적으로 보면 초임교사로서 교직생활을 시작하는 순간부터라고 할 수 있으나, 사실은 넓게 보아 교사양성 교육을 받는 대학생활에서부터라고 할 수 있다. 둘째, 교사에게 있어서 교직과 관련된 제반 영역에서의 가치관, 신념, 태도, 지식, 기능, 행동에 있어서 양적 · 질적 변화는 반드시 긍정적이고 바람직한 변화만을 의미하는 것이 아니라, 개인적 · 조직적 환경의 다양한 요인으로 인해 때로는 부정적이고 바람직하지 못한 변화가 될 수 도 있다 하겠다.

2) 교사발달의 대표적 모형

교사발달에 관한 최초 모형으로, 버크, 크리스텐슨 그리고 페슬러(Burke, Christensen, & Fessler, 1984)는 한 연구팀으로서 **교사발달 사이클 모형**(Teacher Career Cycle Model: TCCM)을 제시하였다. 이 모형은 기존의 성인발달 및 교사발달에 관한 연구들의 종합적인 분석을 기초로 구안되었다. [그림 13-1]에서 보는 바와 같이 이 모형에서는 교사발달을 개인적 환경 및 조직적 환경의 영향 관계 속에서 설명하고 있다. 이 모형의 핵심인 교사발달 사이클은 8개의 단계로 구성되는데, ① 교직이전단계, ② 교직입문단계, ③ 능력구축단계, ④ 열중 · 성장단계, ⑤ 직업적 좌절단계, ⑥ 안정 · 침체단계, ⑦ 직업적 쇠퇴단계, ⑧ 퇴직단계 등이다.

교직이전단계는 교사교육을 받는 기간을 의미한다. 교직입문단계는 교사가 학교현장에서의 일상적인 활동에 익숙해져 가는 기간으로서 임용 후 최초 수년간을 의미한다. 능력구축단계는 교수 기술과 능력을 향상시키기 위해 새로운 교수자료, 교수방법 및 수업전략을 추구하는 시기다. 열중 · 성장단계는 교사가 높은 능력 수준에 다다른 후에도 계속적으로 전문성을 향상시키기 위해 노력하는 시기를 의미한다. 직업적 좌절단계는 교직에 대해 좌절감과 회의를 느끼는 시기다. 소위 교사 탈

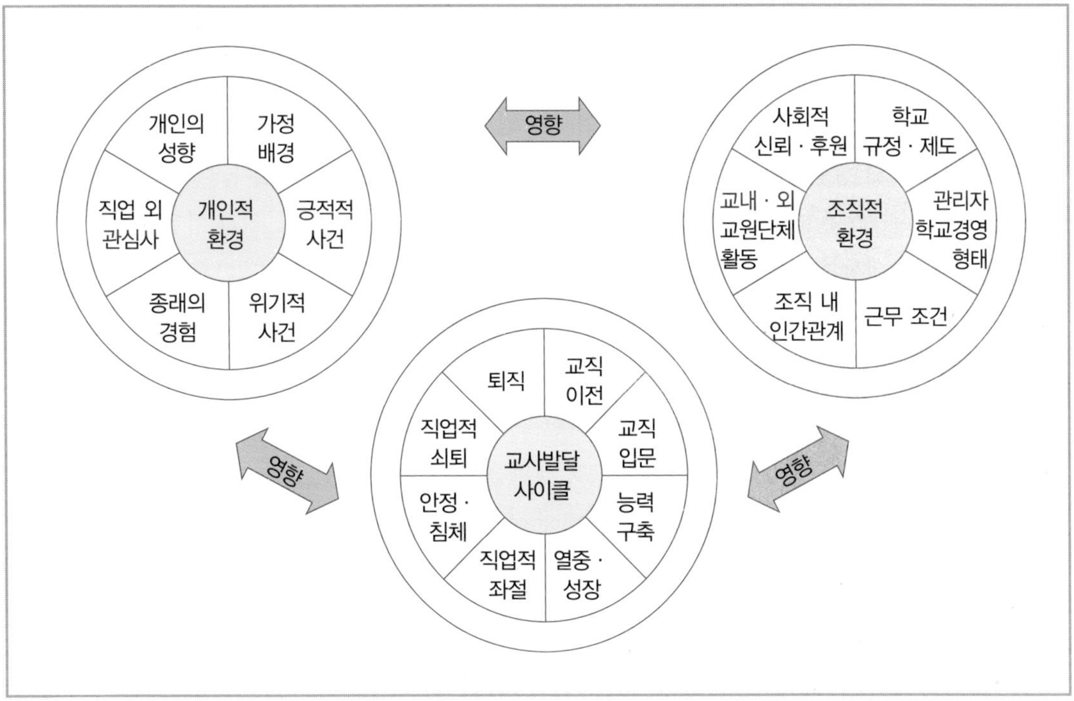

[그림 13-1] 교사발달 사이클 모형(한국적 상황을 고려하여 수정한 모형)

출처: 이윤식(2001), p. 143.

진(burn-out)이 발생하는 시기이기도 하다. 안정 · 침체단계는 교사가 수월성이나 성장 · 발달을 추구하기보다는 그저 현실 안주나 현상 유지에 머무르려고 하는 시기이다. 끝으로 두 단계인 직업적 쇠퇴단계와 퇴직단계는 교사가 교직을 떠나려고 준비하는 시기와 교직을 떠나는 시기를 의미한다.

교사가 앞서 제시한 교사발달 사이클의 각 단계를 따라서 어떻게 변화 · 발달하여 가는가 하는 것은 교사가 경험하는 환경적 조건에 의하여 커다란 영향을 받는다고 한다. 환경적 조건은 개인적 환경과 조직적 환경의 두 가지로 구분된다. 개인적 환경은 가정 배경, 긍정적 사건, 위기적 사건, 종래의 경험, 직업 외 관심사, 개인의 성향 등의 요소를 포함한다. 조직적 환경은 학교 규정 · 제도, 관리자 학교경영 형태, 근무 조건, 조직 내 인간관계, 교내 · 외 교원단체활동, 사회적 신뢰 · 후원 등의 요소를 포함한다.

교사발달 사이클 모형을 개발한 연구팀은 교사발달 사이클의 8개 단계에 있어서 교사발달단계가 반드시 교직이전단계에서 시작하여 다음 또 다음 단계로 순서적으로 옮겨가는 것으로 해석되어서는 안 된다고 한다. 또한 연구팀은 다른 모형에서처럼 상위단계가 하위단계보다 반드시 바람직하거나 가치 있다고도 보지 않는다. 이 모형은 다른 모형들과 비교하여 볼 때, 개인적 차원과 조직적 차원에서의 환경적 영향과 관련하여 교사의 변화 · 발달이 반드시 일직선적인 것만은 아니라 역동적이고 불규칙적일 수도 있다는 것을 상정하고 있다.

실제로 교사 중에는 자신의 개인적 특성이나 학교현장의 구조적 · 운영적 특성과의 복합적인 관계 속에서 성숙한 단계에 이르기도 전에 교직에서 탈락하거나 또는 부적응 상태로 상당 기간 교직 생활을 하는 교사도 있으며, 또 어떤 경우에는 비교적 빠른 시간 내에 성숙한 단계에 이르렀다가는 곧 좌절하거나 회의를 느끼는 교사도 있을 수 있다.

[그림 13-2]는 다양한 교사발달 유형을 보여 준다. 교사가 개인적인 환경에서 경험하는 다양한 요소, 그리고 조직적인 환경에서 경험하는 다양한 요소 간의 복합적이고 역동적인 영향으로 인하여 교사의 발달이 긍정적인 방향 혹은 부정적인 방향으로 순환적이고 복합적으로 이루어짐을 보여 준다. [그림 13-2]의 ㉮, ㉯, ㉰, ㉱ 유

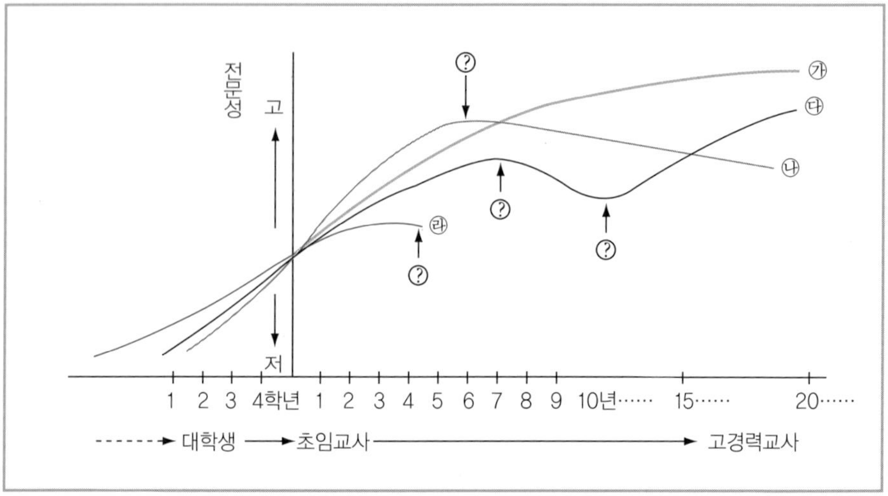

[그림 13-2] 다양한 교사발달 유형

형 교사의 다양한 발달 형태를 보여 준다. ㉮형은 **직선적 · 순차적 발달모형**을 보이는 교사를 의미한다. ㉯형과 ㉰형은 초기에 교직현장에서 필요한 가치관, 신념, 태도, 지식, 기능, 행동 등을 발달시켜 나가다가 어느 시기에 개인적 · 조직적 요인(←?표시)에 의하여 부정적인 방향으로 후퇴하거나 다시 긍정적으로 변해 가는 것을 보여 준다. ㉱형은 교직생활을 시작하면서 바로 회의 · 좌절 등을 경험하고 이를 극복하지 못하여 얼마 못 가서 교직을 떠나는 형태를 보여 준다.

3) 교사발달 이해의 의의

교사발달에 관한 연구를 종합하면, 대체로 ① 교사는 전체 교직기간을 통하여 계속적으로 변화하며, ③ 교사의 관심사 혹은 문제는 교사발달 단계에 따라 다르며, ③ 다른 교사발달 단계에 있는 교사는 다른 형태의 전문성 신장을 위한 도움을 필요로 하고 있음을 보여 주고 있다. 교사발달에 대한 연구결과는 다음과 같은 의의를 갖는다.

첫째, 교사발달에 관한 연구는 현직교사를 대상으로 한 현직교육이나 장학활동과 관련하여 보다 효과적인 프로그램의 내용과 운영 방법을 구성하는 데 중요한 정보를 제공한다. 즉, 교사의 발달단계별로 그들이 필요로 하는 내용 및 영역 그리고 이의 제공 방법에 있어 조화를 시도할 수 있다.

둘째, 교사발달에 관한 연구는 교육행정가나 장학담당자들이 개개 교사의 발달단계상의 차이를 고려한 다양한 장학활동 방법을 사용해야 할 필요성에 대한 이해와 인식을 높일 수 있다. 즉, 교사의 발달단계에 맞추어 다양한 장학활동의 전략을 세울 수 있다. 효과적인 장학활동의 방법은 교사의 경험이나 능력, 필요와 요구를 고려하여 다양하고 개별적으로 제시되는 방향으로 발전해 가고 있다.

셋째, 교사발달에 관한 연구결과는 장학활동이 궁극적으로 추구하는 목적을 구체화하는 데 중요하게 고려될 수 있다. 장학활동은 궁극적으로 교사가 보다 바람직한 방향으로 교직생활의 전 기간에서 발달하도록 도와주는 활동이라고 볼 수 있을 것이다. [그림 13-2]에 나타난 다양한 교사발달 유형 중에서, 장학활동은 교사로 하여금 긍정적인 방향으로의 발달, 즉 ㉮형의 발달 형태를 보여 주길 기대하면서 그에 필요한 여러 가지 지도 · 조언을 제공하는 활동의 한 형태로 이해할 수도 있다. 여러 가지 지도 · 조언을 제공함으로써 교사가 경험하는 개인적인 환경과 조직적인 환경에서의 부정적인 요소(부정적인 ← ? 표시)들을 축소 · 제거하고, 긍정적인 요소(긍정적인 ← ? 표시)들을 조성 · 발전시키는 활동으로서 장학은 중요한 의미를 갖는다.

넷째, 교사발달에 관한 연구는 교원양성 교육과정에서 보다 의미 있는 교수 · 학습내용 및 교수 · 학습방법을 구성 · 운영하는 데 중요한 정보를 제공한다. 우선, 교사양성 기간 중에 예비교사가 교사가 되어 가는 과정에 관한 연구는 그들이 무엇을 느끼고 생각하며, 어떤 관심과 문제를 가지고 있으며, 어떠한 변화 · 발달의 과정을 밟아 가는가에 관한 정보를 제공한다. 이러한 정보는 예비교사를 위한 학습경험의 내용과 방법을 의미 있게 조직하는 데 기초가 될 수 있다. 다음으로, 교육현장에 있는 교사를 대상으로 한 연구는 마찬가지로 현직교사가 무엇을 느끼고 생각하며, 어떤 관심과 문제를 가지고 있으며, 어떠한 변화 · 발달의 과정을 밟아 가는가에 관한 정보를 제공한다. 이러한 정보, 특히 교직 초기에 초임교사의 느낌이나 생각, 그리고 그들이 부딪히는 문제와 걱정거리, 나아가 그들의 요구가 무엇인가에 관한 정보는 예비교사로 하여금 보다 원활한 **'교직에로의 전환'**을 가능케 할 수 있는 학습 내용과 방법을 조직하는 데 필수적이라고 할 수 있다.

다섯째, 교사발달에 관한 연구의 결과는 교원양성 교육과정에서 예비교사로 하여금 교직현실을 보다 잘 이해할 수 있게 하는 하나의 교과목으로 사용될 수도 있다. 교사의 변화 · 발달에 관한 연구는 교직 전 기간에 걸친 교직실제(teacher career reality)에 관한 정보를 제공한다. 이러한 정보를 교원양성 교육과정에 포함시켜 예비교사에게 전달함으로써 그들로 하여금 낭만적이고 이상적인 수준에서만 교직을 이해하기보다는 현실적이고 실제적인 수준에서도 교직을 이해하고, 이를 바탕으로 교직에로의 전환을 준비하고 교직에 대한 장기적인 전망을 갖게 할 수 있다. 교원양성과정에서 예비교사에 대하여 흔히 당위론적이고 규범적인 교사의 모습과 교직의 길을 강조하는 반면, 교육현장에서의 실제적이고 현실적인 교사의 모습 그리고 교직의 길에 대한 이해를 높이려는 노력이 소홀한 감이 있음은 부인하기 어렵다.

교직 전 기간을 통하여 교사가 어떻게 변화 · 발달해 가는가, 그리고 무엇을 느끼고 생각하고 고민하는가 등에 관하여 예비교사의 이해를 높이는 것은 그들로 하여금 원활한 '교사로의 전환'을 가능케 할 뿐 아니라 교직으로의 진로 설정 및 교직에 대한 진로 이해 등에 많은 도움이 될 것이다. 물론 여기에서 당위론적이고 규범적인 교사론, 즉 '훌륭한 교사란 누구인가?' '바람직한 교사상은 무엇인가?' 등에 관한 교육이 불필요하다는 것은 아니다. 단지 실제적이고 현실적인 교사의 모습, 즉 '그들은 누구인가?' '무엇을 생각하고 고민하는가?' 그리고 '어떻게 변화하여 가는가?' 등에 관한 연구와 이해 또한 중요한 의미를 갖는다는 점을 제기하는 것이다.

4. 교사의 능력 개발

교직생활 전체 기간 중에 교사로서 보다 바람직한 방향으로 발달해 가기 위해서는 끊임없는 능력개발이 요구된다. 교사의 능력개발을 위하여 대체로 현직연수, 장학활동, 자기개발 활동 등이 직간접적으로 활용된다.

1) 현직연수

(1) 현직연수의 개념과 목적

'현직연수' '현직교육' '교원연수' 등의 용어들은 같은 의미를 갖는 것으로 상호교환적으로 사용된다. 교육발전을 위해서는 높은 전문성을 갖추고 있는 교원의 확보가 필요하므로 교원 현직연수가 필수적이다. OECD는 회원국들을 중심으로 하여 교원 현직연수에 관한 문헌들을 분석한 결과, 현직연수 개념을 정의하는 데 '좁은 의미의 정의'와 '넓은 의미의 정의'가 있음을 밝혔다. '좁은 의미의 정의'는 대체로 특정한 교육프로그램의 수행이나 임용과 직접적으로 관련하여 제공되는 공식적인 교육·훈련만을 의미하는 데 비하여, '넓은 의미의 정의'는 교직생활 전 기간 중에 다양한 형태로 제공되는 모든 교육·훈련을 의미한다는 것이다(OECD, 1982: 12-13). 대체로 교원 현직연수는 "현직에 임용된 교육직원을 대상으로, 그들의 전문적 능력과 일반적 자질을 배양하기 위해, 다양한 장소에서 다양한 방법을 통해, 공식적 · 비공식적으로, 의무적 · 자발적으로 이루어지는 각종 교육 · 훈련 활동”(이윤식 외, 1993: 27)을 의미하는 것으로 볼 수 있다.

현직연수의 목적은 다음의 다섯 가지로 분류된다. ① 학교 교직원 전체 또는 교직원 일부 집단의 직무 수행 능력을 개선시키려는 목적, ② 개개인 교사의 직무 수행 능력을 개선시키려는 목적, ③ 승진 또는 승급을 위한 교사 개개인의 사전 경험을 확장시키려는 목적, ④ 교사 개개인의 전문적 지식 및 이해를 증진시키려는 목적, ⑤ 교사의 개인적 욕구를 충족시키거나 일반교양을 증진시키려는 목적 등이다. 이러한 연수 목적들은 학교의 조직적 요구 및 목표의 충족을 지향하는 연수와 학교 구성원인 교원의 개인적 요구 및 자아실현의 충족을 지향하는 연수가 있음을 시사한다.

(2) 현직연수에 대한 시각

현직연수에 대한 시각은 ‘권리로서의 연수’와 **‘책무로서의 연수’**라는 두 가지가 있다. **‘권리로서의 연수’**란 연수를 받느냐 안 받느냐 하는 것은 교원의 권리를 행사하는 것으로, 교원의 자유의사가 우선된다는 시각이다. 연수를 받는다면, 이에 따른 비용 지급 혹은 반대급부(예: 출장비, 연수비, 인사상 혜택 등)나 우대 조치를 교원이 요구할 수 있는 권리를 가진다. 연수를 안 받는다고 해서 교원의 신분을 유지하는 데 어떠한 불이익(예: 자격정지, 계약해지, 인사상 불이익 등)이 있을 수 없다는 시각이다.

‘책무로서의 연수’란 연수는 교원의 선택 사항이 아니라, 교원으로서 신분을 유지하고 맡은 바 직무를 적절히 수행하기 위하여, 의무적으로 받아야 할 책무라는 시각이다. 만약 연수를 안 받는다면 교원의 신분을 유지하는 데 불이익이 있을 수 있다는 시각이다.

미국의 경우, 대부분의 주에서 소정의 연수를 받지 않으면, 교원자격이 갱신되지 않거나, 계약기간이 갱신되지 않는 불이익을 받게 된다. 영국의 경우도, 1980년대 후반 이후 현직연수가 교원의 권리인 동시에 책무로 인식되어 임용계약 사항으로 명시되어 있다. 프랑스는 3년에 한 번씩 재교육을 받도록 되어 있다. 또한 일본은 초임교사에 대하여 1년간 직무 수행에 필요한 연수를 받도록 의무화하고 있다. 그리고 '지도력 부족교원'을 교직에서 격리하여 연수를 실시하며, 경력교사에 대하여 10년 경력 후 자질 향상을 위하여 연수 실시를 의무화하고 있다. 이러한 사례들이 '책무로서의 연수'와 관련되어 있다(이윤식, 2005).

우리나라의 경우, 1982년에 선포된 '사도헌장'과 '사도강령'뿐만 아니라, 2005년에 선포된 '교직윤리헌장'에도 "우리는 교육자의 품성과 언행이 학생의 인격 형성을 좌우할 뿐만 아니라 사회 전반의 윤리적 지표가 된다는 사실을 깊이 인식하고, 윤리성과 전문성을 높이기 위해 노력한다."라고 명시되어 있다. '우리의 다짐'에도 "나는 수업이 교사의 최우선 본분임을 명심하고, 질 높은 수업을 위해 부단히 연구하고 노력한다." "나는 교육전문가로서 확고한 교육관과 교직에 대한 긍지를 갖고, 자기개발을 위해 노력한다."라고 명시되어 있다. 이는 윤리적인 관점에서 현직연수가 '책무로서의 연수'로 인식되어야 함을 시사하는 내용들이다.

법률적으로는 「**교육기본법**」 제14조에 "교원은 교육자로서 갖추어야 할 품성과 자질을 향상시키기 위하여 노력하여야 한다."고 규정되어 있다. 이 규정도 현직연수가 '책무로서의 연수'로 인식되어야 함을 시사한다. 윤리적으로나 법률적으로는, 현직연수가 교원으로서 신분을 유지하고 맡은 바 직무를 적절히 수행하기 위하여 마땅히 받아야 할 책무인 것을 시사한다. 그러나 실제 우리나라의 교원들이 현직연수에 대하여 가지는 시각은 '권리로서의 연수'에 치중하고 있는 것이 현실이다. 교직경력 3년 이상 경과 시 1급 정교사 자격연수를 받은 후(1호봉 승급의 인사상 우대), 의무적으로 받아야 할 연수는 하나도 없다. 그 후 교감승진 의사가 있는 교원의 경우에는 승진의 조건을 충족하기 위하여 소정의 연수를 자발적으로 받게 되지만, 그렇지 않은 교원의 경우는 전혀 연수를 받지 않는다 해도 교원으로서 신분 유지에 아무런 문제가 없다.

따라서 교원들에게는 '권리로서의 연수'와 '책무로서의 연수' 간의 균형 잡힌 시각을 가지는 것이 요구된다. 교원으로서 전문적 성장을 위해 책임의식을 가지고 연수에 임하려는 자율적인 노력과 교육당국의 현직연수 체제 개편을 위한 정책적 노력이 병행될 때, 우리의 현직연수 체제는 크게 발전할 것이다.

2) 장학

(1) 장학의 개념과 의의

장학은 보다 좋은 교육이 이루어지도록 교원의 전문성 향상을 위한 지도 · 조언 활동으로 중요한 의미를 갖는다. 장학의 개념에 관해서는 장학에 대한 접근 방법과 관점 및 강조점의 차이로 인하여 여러 가지 다양한 의견이 제시되어 오고 있다.

장학 전문가인 와일즈와 본디(Wiles & Bondi, 1980)는 종래 여러 학자의 주장을 정리 · 분석하여 장학에 대한 개념 정의가 대체로 여섯 가지로 구분된다고 밝혔다. 즉, 장학을 ① 교육행정에 초점을 두어 정의하는 입장, ② 교육과정에 초점을 두어 정의하는 입장, ③ 수업에 초점을 두어 정의하는 입장, ④ 인간관계에 초점을 두어 정의하는 입장, ⑤ 경영에 초점을 두어 정의하는 입장, ⑥ 지도성에 초점을 두어 정의하는 입장 등이다.

김종철(1994)은 장학의 개념을 파악하는 데, ① 법규 면에서의 접근 방법, ② 기능 면에서의 접근 방법, ③ 이념 면에서의 접근 방법 등 세 가지를 제시하였다. '법규 면에서의 접근 방법'은 법규 해석에서 출발하여 연역적으로 장학의 개념을 파악하려는 입장으로서, 장학을 "계선조직의 행정활동에 대한 전문적 · 기술적 조언을 통한 참모활동 내지 막료활동"으로 볼 수 있다. '기능 면에서의 접근 방법'은 장학의 기능이 무엇이냐를 분석 · 검토하여 귀납적으로 장학의 개념을 파악하려는 입장으로서, 장학을 "교사의 전문적 성장, 교육운영의 합리화 및 학생의 학습환경 개선을 위한 전문적 · 기술적 보조활동"으로 볼 수 있다. '이념 면에서의 접근 방법'은 우리나라의 법규나 현실적 장학활동 기능의 분석보다도 선진국의 교육 이론과 교육 이념을 토대로 하여 새로운 장학 개념을 도입하려 노력하는 입장으로, 장학을 "학습지도의 개선을 위하여 제공되는 지도 · 조언"으로 볼 수 있다.

주삼환(1995)은 장학의 궁극적 목적은 수업개선이며, 수업개선의 목적을 달성하기 위해서는 수업의 주요 요소인 교사, 교육과정, 학습환경과 교재, 학생에 변화를 줘야 한다고 주장한다. 이러한 관점에서 ① 교사의 교수행위에 영향을 주고, ② 교육과정을 개발 · 수정 · 보완하고, ③ 학습환경과 교육자료를 제공 · 개선해 주어, ④ 학생의 학습 행위에 변화를 줌으로써, ⑤ 학습성취를 향상시키기 위한 교육활동이 장학의 본질인 동시에 본질적 장학의 정의라고 밝히고 있다.

앞서 살펴본 장학의 개념에 대한 여러 의견을 종합하여 보면, 장학은 '교육활동의 개선을 위하여 주로 교원을 대상으로 하여 이루어지는 제반 지도 · 조언 활동'을 의미한다고 볼 수 있다. 장학의 목적은 교육활동의 개선, 즉 교원의 전문성을 바탕으로 한 교수 · 학습활동의 개선을 핵심으로 하며, 설정된 교육목표를 효율적으로 달성하여 궁극적으로 학생들의 지적 · 정의적 · 신체적 성장 · 발달을 도모하는 데 있다 하겠다(이윤식, 2000: 220).

(2) 장학을 보는 관점

장학을 보는 관점에는 ① 장학을 역할(role)로 보는 관점과 ② 장학을 과정(process)으로 보는 관점이 있다. **'장학을 역할로 보는 관점'**에서는 장학을 '누가 하는가?'에 초점을 두고 있으며, 장학을 제공하는 사람과 장학을 받는 사람의 상하관계가 전제된다. **'장학을 과정으로 보는 관점'**에서는 장학을 '어떻게 하는가?', 즉 '어떠한 방법, 절차, 과정을 통하여 교육활동의 개선에 활용될 수 있는 좋은 지식, 기술, 정보, 아이디어, 경험, 도움, 조언 등을 나누어 갖는가?'에 초점을 두고 있다. 이때는 장학에 참여하는 사람들 간의 상하관계보다는 협동관계가 전제된다(이윤식, 2000: 227-230).

'장학을 역할로 보는 관점'에서는 장학을 단지 장학사(관) 또는 일부 교육행정가 등 소수의 사람들만이 수행하는 공식적인 지도 · 조언 활동으로 본다. 그러나 '장학을 과정으로 보는 관점'에서는 교육현장에서 어떠한 형태로든지 교육개선과 관련하여 주고받는 공식적 · 비공식적, 전문적 · 일상적 지도 · 조언 행위에 관여하게 되는 모든 사람이 일종의 장학활동을 하게 되는 것으로 이해된다. 이런 경우에는 종래 장학사(관) 또는 일부 교육행정가들의 전유물로 인식된 장학활동이 이제는 학교현장에 함께 생활하고 있는 교장, 교감, 부장교사, 일반교사 그리고 기타 교직원들이 상호 신뢰 및 협력관계 속에서 참여할 수 있는 장학활동으로 그 의미에 있어서 커다란 전환이 시사된다. 서로 가르치고 배운다는 교학상장(敎學相長)의 의미로서 장학을 이해할 수 있는 것이다.

우리나라에서는 여전히 통념적으로 장학이라고 하면 교육부나 시 · 도 교육청 또는 지역교육청 수준에서 공식적으로 임명된 장학사(관)의 활동을 지칭하는데, 이는 장학의 과정보다는 역할을 강조한 까닭이라 하겠다. 상급 행정기관이 주도하는 장학은 '역할로서의 장학'의 성격이 강한 반면, 학교현장에서 교장, 교감, 부장교사, 일반교사들 간의 협력관계에서 이루어지는 자율장학은 '과정으로서의 장학'의 성격이 강하다.

앞에서 장학의 개념을 '교육활동의 개선을 위하여 주로 교원을 대상으로 하여 이루어지는 제반 지도 · 조언 활동'으로 보았다. 이 개념 정의를 '과정으로서의 장학'의 입장에서 재해석해 보면, '교육활동의 개선을 위하여 활용될 수 있는 좋은 지식, 기술, 정보, 아이디어, 경험, 도움, 조언 등을 서로 나누어 갖는 활동(장학담당자, 교장, 교감의 합리적 지도성 전제)'으로 볼 수도 있다.

장학에 있어서 학교와 교직원의 책무성과 자율성을 존중하고, 장학을 장학사(관)만이 하는 특정한 '역할'로서보다는 교육활동의 개선을 위한 '공동 노력의 과정'으로 이해하려는 인식의 전환은 장학사(관), 교장, 교감, 부장교사 그리고 일반교사 등 모두에게 요구된다.

(3) 장학의 유형 및 형태

장학의 유형은 크게 교육행정기관이 주도하는 행정적인 성격이 강한 장학, 학교현장에서 교장 · 교감을 중심으로 교직원들의 협력적인 관계 속에서 이루어지는 자율적인 성격이 강한 장학 그리고 혼합형 장학으로 구분할 수 있다. 학교현장을 중심으로 하여 이루어지는 장학을 '자율장학'이라고 부른다. 혼합형 장학은 교육행정기관과 학교가 협동관계에서 수행해 나가는 장학 형태이다.

교육행정기관이 주도하는 종래 행정적인 성격이 강한 장학은 2010년 5월 교육부의 '선진형 지역교육청 기능 및 조직개편'을 통해 크게 변화되었다. 즉, 교육청의 기능 및 조직이 학교 · 교육 수요자 지원 기능 강화 방향으로 개편되고, 점검 위주의 장학을 축소하며 지원중심의 컨설팅장학이 도입되었다. 컨설팅장학은 컨설팅의 원리를 장학에 적용한 새로운 유형의 장학이다. 전문성을 갖춘 장학요원들이 교원의 의뢰에 따라 그들의 직무 수행상 필요로 하는 문제와 능력에 관해 진단하고, 그것의 해결과 개발을 위한 대안을 마련하여, 대안을 실행하는 과정을 지원 또는 조언하는 활동이다(김도기, 2013; 진동섭, 2003; 진동섭, 김도기, 2005; 홍창남, 2012).

시 · 도 교육청이 컨설팅장학 도입을 제도화하면서, 장학활동을 방향 지우는 기본 방침 진술에도 그러한 변화가 명확히 제시되어 있다. 예를 들어, 서울특별시교육청의 경우 2015년도 주요 업무 계획서를 보면, '학교의 자발적 변화를 돕는 장학 혁신'이라는 방침을 설정하고 있다. 세부 항목으로, ① 소통하고 지원하는 장학 혁신 및 어울림 교육행정, ② 단위학교의 자발적 요청에 의한 컨설팅장학 지원으로 학교교육 개선, ③ 미래 핵심역량을 키우는 수업 전문성 신장 지원 등을 제시하고 있다(서울특별시교육청, 2015).

학교현장 중심의 장학을 살펴보면 다음과 같다. 학교현장 중심의 자율적인 장학이라는 의미를 담고 있는 '자율장학'은 공간적인 분류를 기준으로 두 가지 경우로 사용된다. 하나는 개개 단위학교에 초점을 둔 자율장학이고, 다른 하나는 동일 지구나 인근 지역 내 몇 개의 단위학교 간 협동체에 초점을 둔 자율장학이다. 전자를 **'교내자율장학'**으로, 후자를 **'지구자율장학'**으로 부른다.

먼저, 교내자율장학은 '단위학교에서 교육활동의 개선을 위하여 자율적으로 교장 · 교감을 중심으로 하여 전체 교직원이 상호 이해와 협력을 기초로 하여 서로 지도 · 조언하는 활동'이라 볼 수 있다. 교내자율장학의 경우, ① 수업장학, ② 동료장학, ③ 자기장학, ④ 약식장학, ⑤ 자체연수 등을 포함하여 다양한 장학활동이 이루어진다(〈표 13-4〉 참조).

다음으로, 지구자율장학은 현재 지구(지역)(별) 자율장학회, 자율장학위원회, 자율장학협의회, 자율장학연구회, 협동장학회, 교과연구(협의)회 등등 명칭을 달리하면서 다양한 형태로 이루어지고 있다. 지구자율장학은 일반적인 개념은 '지구(지역) 내 인접한 학교 간 또는 교원 간에 교육활동의 개선을 위하여 학교와 교원들의 자율적인 참여와 협력을 기초로 하여 추진되는 상호 협력적인 장학활동'이다. 지구자율장학의 경우, ① 교육 프로그램 및 교육정보 교환, ② 교육연구 및 특색사업의 공동 추진, ③ 교육현안의 협의 · 조정, ④ 협동적 교육 · 학예활동 협의 · 추진, ⑤ 교직원 학예 · 친목활동 협의 · 추진 등을 포함하여 다양한 장학활동이 이루어진다.

표 13-4 교내자율장학의 기본 형태 비교

<table>
<tr><th>기본 형태</th><th>개념</th><th>주 장학담당자</th><th>영역</th><th>구체적 형태</th><th>대상</th></tr>
<tr><td>수업장학</td><td>교사들의 수업기술 향상을 위하여 교장 · 교감(외부 장학요원 · 전문가 · 자원인사 포함)이 주도하는 개별적이고 체계적인 성격이 강한 지도 · 조언 활동</td><td>교장 · 교감
(외부 장학요원, 전문가, 자원인사 포함)</td><td>• 전문적 발달</td><td>• 임상장학
• 마이크로티칭
• 수업연구(교장 · 교감 주도)
• 초임교사 대상 수업 관련 지도 · 조언 활동 등</td><td>• 초임교사
• 저경력교사
• 수업기술 향상의 필요성이 있는 교사</td></tr>
<tr><td rowspan="5">동료장학</td><td rowspan="5">동료교사들이 교육활동의 개선을 위하여 모임이나 짝을 이루어 상호 간에 수업 연구 · 공개 활동의 추진이나 공동 과제 및 관심사의 협의 · 연구 · 추진 등 공동으로 노력하는 활동</td><td rowspan="5">동료교사</td><td rowspan="5">• 전문적 발달
• 개인적 발달
• 조직적 발달</td><td>〈수업연구(공개) 중심 동료장학〉
• 동학년 수업연구(수업공개)
• 동교과 수업연구(수업공개) 등</td><td rowspan="5">• 전체 교사
• 협동으로 일하기를 원하는 교사
• 관심 분야가 같은 교사
• 동호인</td></tr>
<tr><td>〈협의중심 동료장학〉
• 동학년 · 동교과 · 동부서 교사 협의
• 부장 교사 협의
• 스터디그룹 활동
• 각종 공식적 · 비공식적 협의 등</td></tr>
<tr><td>〈연구과제 중심 동료장학〉
• 공동 연구과제 추진
• 공동 시범과제 추진
• 공동 연구 자료 · 작품 제작 등</td></tr>
<tr><td>〈일대일 동료장학〉
• 초임교사와 경력교사 간 짝 짓기</td></tr>
<tr><td>〈동호인활동 중심 동료장학〉
• 각종 건전한 동호인 활동</td></tr>
<tr><td>자기장학</td><td>교사 개인이 자신의 전문적 발달을 위하여 스스로 체계적인 계획을 세우고 이를 실천해 나가는 활동</td><td>교사 개인</td><td>• 전문적 발달</td><td>• 자기수업 분석 · 연구
• 자기평가
• 학생을 통한 수업반성
• 1인 1과제 연구, 개인(현장)연구
• 전문서적 · 자료 탐독
• 대학원 수강
• 전문기관, 전문가 방문 · 상담
• 현장 방문 · 견학
• 교과연구회, 학술회, 강연회 등 참석
• 각종 자기연찬 활동 등</td><td>• 전체 교사
• 자기분석 · 자기지도의 기술이 있는 교사
• 혼자 일하기 원하는 교사</td></tr>
<tr><td>약식장학
(일상장학)</td><td>교장 · 교감이 간헐적으로 짧은 시간 동안의 학급 순시나 수업참관을 통하여 교사들의 수업활동과 학급경영 활동을 관찰하고 이에 대하여 교사들에게 지도 · 조언하는 활동</td><td>교장 · 교감</td><td>• 전문적 발달</td><td>• 학급 순시
• 수업참관 등
(약식장학은 교장 · 교감이 일상적으로 수행하는 활동이므로 일상장학이라고 칭할 수 있음)</td><td>• 전체 교직원</td></tr>
<tr><td>자체연수</td><td>교육활동의 개선을 위하여 교직원의 필요와 요구에 터해 교내 · 교외의 인적 · 물적 자원을 활용하여 학교 자체에서 실시하는 연수 활동</td><td>전체 교직원
(외부인사, 학부모 강사 포함)</td><td>• 전문적 발달
• 개인적 발달
• 조직적 발달</td><td>• 학교 주도의 각종 연수활동
(수업장학, 동료장학, 자기장학의 결과를 자체연수 때 발표할 수 있음)</td><td>• 전체 교직원</td></tr>
</table>

출처: 이윤식(2000), p. 287.

3) 교사의 자기개발 노력

(1) 교사의 자기개발 노력의 필요성

교원은 자신의 전문성을 높이기 위하여 스스로 끊임없이 노력하여야 한다. 교원의 자질과 능력이야말로 교육의 질과 성패에 영향을 미치는 가장 중요한 요소다. 교직은 본질적으로 전문적인 지식과 기술을 습득하고 연마하기 위하여 장기적이고 계속적인 교육과 연찬이 필요한 직종이다. 더욱이 오늘날과 같이 급변하는 정치적 · 경제적 · 사회적 추세 속에서는 이러한 변화에 대처하기 위하여 교원은 보다 적극적으로 새로운 지식과 기술을 습득해 나가야 한다.

교원의 자기개발 · 자기발전을 위한 노력은 교원으로서 당연히 해야 할 책무다. 이 책무는 법적으로도 규정되어 있는데, 「교육기본법」 제14조 제2항은 "교원은 교육자로서 갖추어야 할 품성과 자질을 향상시키기 위하여 노력하여야 한다."고 규정하고 있다.

법적인 논의 이전에 규범적으로 볼 때에도, 교원은 우리의 2세를 대상으로 그들과 인격적인 상호작용을 통하여 인간교육을 지향하는 대단히 중요한 활동에 종사하고 있는 바, 이를 위하여 자신의 자질 향상을 위해 부단히 노력해야 할 윤리적 책임감을 느껴야 한다.

교직은 전문적인 지식과 기술을 습득하기 위한 장기적이고 계속적인 교육과 연찬이 필요하고, 엄격한 자격기준이 요구될 뿐만 아니라, 교직 종사자의 권익보다 학생의 권익이 우선하는 사회공공적 · 윤리적 책임이 수반되는 직종이다. 따라서 전문직 종사자로서 교원은 전체 교직기간을 통하여 평생교육 차원에서 끊임없이 자기개발 · 자기발전의 필요성이 대단히 높다.

(2) 교사의 자기개발 영역

교사의 자기개발 영역은 크게 ① 교사의 전문적 발달(professional development), ② 교사의 개인적 발달(personal development), ③ 학교의 조직적 발달(organizational development) 등 세 가지 영역으로 구분할 수 있다.

첫째, **교사의 전문적 발달 영역**은 교육과정 운영의 효율화에 초점을 둠으로써 교사가 교과지도, 특별활동지도, 생활지도를 포함하는 교육활동 전반에 있어서 안정 · 숙달 · 성장을 도모하는 데 관련되는 내용을 의미한다. 대체로 교사의 전문적 발달과 관련하여 다루어질 수 있는 내용은 ① 교육철학 및 교직관, ② 교육목표 및 교육계획, ③ 교육과정 및 교과지도, ④ 특별활동지도, ⑤ 생활지도, ⑥ 학급경영, ⑦ 교육기자재 및 자료 활용, ⑧ 컴퓨터 활용, ⑨ 교육연구, ⑩ 학부모 · 지역사회 관계, ⑪ 교육 정보 · 시사 등이다.

둘째, **교사의 개인적 발달 영역**은 교사 개인의 성장 · 발달에 초점을 둠으로써 교사가 개인적 · 심리적 · 신체적 · 가정적 · 사회적 영역에서 안정 · 만족 · 성장을 도모하는 데 관련되는 내용을 의미한다. 대체로 교사의 개인적 발달에 관련하여 다루어질 수 있는 내용은 ① 교사의 신체적 · 정서적 건강, ② 교사의 성격 및 취향, ③ 교사의 가정생활, ④ 교사의 사회생활, ⑤ 교사의 취미활동, ⑥ 교사의 종교활동 등이다.

표 13-5 교사의 자기개발 영역

영역	교사의 전문적 발달	교사의 개인적 발달	학교의 조직적 발달
목표	교육과정 운영의 효율화	교사 개인의 성장 · 발달	학교 조직 운영의 효율화
내용	교사가 교과지도, 특별활동지도, 생활지도를 포함하는 교육활동 전반에 있어서 안정 · 숙달 · 성장을 도모하는 데 관련되는 내용	교사가 개인적 · 심리적 · 신체적 · 가정적 · 사회적 영역에서 안정 · 만족 · 성장을 도모하는 데 관련되는 내용	학교의 조직환경 및 조직풍토를 긍정적으로 변화시켜 학교 내에서 교사의 삶의 질을 높이고, 학교 조직의 목표를 효과적으로 달성하는 데 관련되는 내용
	• 교육철학 및 교직관 • 교육목표 및 교육계획 • 교육과정 및 교과지도 • 특별활동지도 • 생활지도 • 학급경영 • 교육기자재 및 자료 활용 • 컴퓨터 활용 • 교육연구 • 학부모 · 지역사회 관계 • 교육 정보 · 시사 등	• 교사의 신체적 · 정서적 건강 • 교사의 성격 및 취향 • 교사의 가정생활 • 교사의 사회생활 • 교사의 취미활동 • 교사의 종교활동 등	• 학교 경영계획 및 경영 평가 • 학교경영 조직 • 의사소통 및 의사결정 • 교직원 간 인간관계 • 교직원 인사관리 • 학교의 재정 · 사무 · 시설 관리 • 학교의 제반 규정 • 학교의 대외적인 관계 등

셋째, **학교의 조직적 발달**은 학교 조직 운영의 효율화에 초점을 둠으로써 대체로 학교의 조직환경 및 조직풍토를 긍정적으로 변화시켜 학교 내에서의 교사의 삶의 질을 높이고, 학교 조직의 목표를 효과적으로 달성하는 데 관련되는 내용을 의미한다. 대체로 학교의 조직적 발달과 관련하여 다루어질 수 있는 내용은 ① 학교 경영 계획 및 경영평가, ② 학교경영 조직, ③ 의사소통 및 의사결정, ④ 교직원 간 인간관계, ⑤ 교직원 인사관리, ⑥ 학교의 재정 · 사무 · 시설 관리, ⑦ 학교의 제반 규정, ⑧ 학교의 대외적인 관계 등이다.

주의해야 할 점은 학교의 조직적 발달을 도모한다고 해서 교사가 직접 학교경영과 의사결정을 주도하거나, 직접 교직원 인사관리를 하거나, 또는 직접 학교의 재정 · 사무 · 시설 관리를 해야 한다는 것을 뜻하지는 않는다. 전반적인 학교경영이나 종합적인 의사결정 그리고 교직원 인사관리 등의 사안은 교장 · 교감이 담당하고 책임을 져야 한다. 그리고 학교의 재정 · 사무 · 시설 관리 등의 사안은 행정 직원이나 관계 직원들이 담당한다.

학교의 조직적 발달을 위하여 그러한 내용들을 다룰 수 있다고 하는 것은 교사로 하여금 그러한 내용들에 관하여 필요한 지식이나 정보 그리고 이해를 가지도록 도와주고, 그를 토대로 학교의 조직 운영이 보다 합리적이고 협력적인 방향으로 이루어지도록 한다는 것을 의미한다. 이는 궁극적으로 학교의 조직풍토 또는 조직건강을 긍정적인 방향으로 유도하는 데 기여하게 될 것이다.

(3) 교사의 자기개발 방법

교사가, 자기개발을 위하여 할 수 있는 활동은 크게, ① 혼자 할 수 있는 자기개발 활동과 ② 동료교사와 함께 할 수 있는 자기개발 활동으로 나뉜다. 혼자 할 수 있는 방법은 교내자율장학의 여러 형태 중에서 자기장학 방법과 대동소이하다. 단, 자기장학이 교사의 전문적 발달 영역에 초점을 두고 있는데, 이를 확대하여 교사의 전문적 발달 영역뿐 아니라 교사의 개인적 발달 영역과 학교의 조직적 발달 영역까지 범위를 넓혀 다양한 영역에서 필요한 활동을 추구하면 될 것이다.

굳이 구분한다면, 자기장학을 교사 개인이 자신의 전문적 발달을 위하여 스스로 체계적인 계획을 세우고 이를 실천하는 활동이라고 하면, 자기개발 활동은 교사 개인이 자신의 전문적 발달뿐만 아니라 개인적 발달 그리고 학교의 조직적 발달을 위하여 스스로 체계적인 계획을 세우고 이를 실천하는 활동이라고 할 수 있다.

동료교사와 함께 할 수 있는 활동은 교내자율장학의 여러 형태 중에서 동료장학과 자체연수 형태의 활동과 대동소이하다. 학교현장에서 쉽게 찾아볼 수 있는 자기개발 방법은 〈표 13-6〉과 같다. 제시된 활동들의 초점과 영역 및 형태를 자신의 형편과 필요 그리고 근무하고 있는 학교의 형편에 맞추어 확산 · 변형하여 다양한 자기개발 활동으로 활용할 수 있을 것이다.

지금까지 제시한 자기개발 · 자기발전의 방법들은 교사의 요구와 필요 또는 근무하고 있는 학교의 형편에 따라 개별적으로 또는 복합적으로 사용될 수 있다. 교사는 자신의 발전을 위하여 외부의 간섭이나 통제를 받음이 없이 스스로 계획을 세우고, 이를 실천에 옮기며, 그 결과에 대하여 자기반성과 자기수정을 게을리하지 않는 전문직 종사자로서의 바람직한 모습을 추구해 나가야 한다.

교장 · 교감은 교사가 일반적으로 자기발전 · 자기개발을 위한 의지와 능력을 가지고 있음을 충분히 이해하고, 이를 격려 · 촉진하기 위하여 필요한 여건 조성과 지원을 아끼지 말아야 한다. 자기개발 활동은 원칙적으로 교사 자신의 필요와 요구를 존중하여 다양한 방법으로 전개되어야 한다.

교직은 전문직이다. 교직의 전문성은 그 직무 수행에 있어서 엄격한 자격기준, 장기간에 걸친 교육과 훈련, 자율성과 사회적 책임성 등을 기본 요건으로 하고 있는 개념이다. 교사는 자신의 전문성을 높이기 위하여 스스로 부단한 자기연찬의 노력을 하여야 한다. 교원이 교육자로서 갖추어야 할 품성과 자질을 향상시키기 위하여 노력하는 것은 교원으로서 당연한 책무다.

표 13-6 교사의 자기개발 방법(예시)

<table>
<tr><th>형태</th><th colspan="2">구체적인 방법</th></tr>
<tr><td>혼자 할 수 있는 활동
(자기장학 형태)</td><td colspan="2">① 스스로 자신의 수업을 녹음 · 녹화하고 이를 분석하여 자기반성 · 자기발전의 자료로 삼는 방법
② 스스로 교사평가 체크리스트를 이용하여 자신의 교육활동을 평가 · 분석하여 자기반성 · 자기발전의 자료로 삼는 방법
③ 자신의 수업이나 특별활동지도, 생활지도 그리고 학급경영 등에 관련하여 학생들과의 면담이나 학생을 대상으로 한 의견조사를 통하여 자기반성 · 자기발전의 자료를 수집하는 방법
④ 1인 1과제 연구 혹은 개인(현장)연구 등을 통하여 자기발전을 도모하는 방법
⑤ 교직활동 전반에 관련된 전문 서적이나 전문 자료를 탐독 · 활용하여 자기발전의 자료로 삼는 방법
⑥ 전공교과 영역, 교육학 영역 또는 관련 영역에서의 대학원 과정 수강을 통하여 자기발전을 도모하는 방법
⑦ 교직 전문단체, 연구기관, 학술단체, 대학 또는 관련 사회기관이나 단체 등 전문기관을 방문하거나 전문가와의 면담을 통하여 자기발전의 자료를 수집하는 방법
⑧ 교육활동에 관련이 되는 현장 방문이나 견학 등을 통하여 자기발전의 자료를 수집하는 방법
⑨ 각종 연수회, 교과연구회, 학술발표회, 강연회, 시범수업 공개회 등에 참석하거나 학교 상호 방문 프로그램에 참여하여 자기발전을 도모하는 방법
⑩ TV와 라디오 등의 방송매체가 제공하는 교원연수 프로그램이나 교원연수와 관련된 비디오테이프 등의 시청을 통하여 자기발전을 도모하는 방법
⑪ 인터넷을 이용하여 에듀넷이나 각종 교육관련 기관 · 단체 등에서 자기발전의 정보 · 자료를 검색 · 수집하는 방법</td></tr>
<tr><td rowspan="2">동료교사와 함께 할 수 있는 활동</td><td>동료장학</td><td>① 수업연구(공개) 중심 동료장학
• 동학년 수업연구(수업공개) • 동교과 수업연구(수업공개) 등
② 협의중심 동료장학
• 동학년 · 동교과 · 동부서 교사 협의 • 부장교사 협의
• 스터디그룹 활동 • 각종 공식적 · 비공식적 협의 등
③ 연구과제 중심 동료장학
• 공동 연구과제 추진 • 공동 시범과제 추진
• 공동 연구 자료 · 작품 제작 등
④ 일대일 동료장학
• 초임교사와 경력교사 간 짝짓기
⑤ 동호인활동 중심 동료장학
• 각종 건전한 동호인 활동</td></tr>
<tr><td>자체연수</td><td>교내 · 교외의 인적 · 물적 자원을 활용하여 학교 주도하에 실시하는 각종 연수활동</td></tr>
</table>

출처: 이윤식(2001), p. 217.

학 / 습 / 과 / 제

1. 세 가지 교직관인 성직관, 노동직관, 전문직관을 비교하여 설명하시오.

2. 교사의 법규적 직무와 실제적 직무를 비교하여 설명하시오.

3. 교사가 직무를 효과적으로 수행하기 위하여 갖추어야 할 바람직한 자질을 설명하시오.

4. 현직연수에 대한 시각인 '권리로서의 연수'와 '책무로서의 연수'를 비교하여 설명하시오.

5. 장학을 보는 관점인 '장학을 역할로 보는 관점'과 '장학을 과정으로 보는 관점'을 비교하여 설명하시오.

6. 교사의 자기개발 방법으로 '혼자 할 수 있는 자기개발 활동'과 '동료교사와 함께 할 수 있는 자기개발 활동'을 비교하여 설명하시오.

참고문헌

강영삼(1994). 장학론. 서울: 세영사.

교육인적자원부(2006). 학교교육력 제고를 위한 교원양성체제 개선 방안. 미간행 보도자료.

김도기(2013). 학교 장학. 한국교육행정학회 편. 한국교육행정학 연구핸드북(pp. 279-304). 서울: 학지사.

김종철(1994). 교육행정의 이론과 실제. 서울: 교육과학사.

박영숙, 신철지, 정광희, 김규태, 홍혜경(1999). 학교급별, 직급별, 취득자격별 교원 직무수행 기준에 관한 연구. 서울: 한국교육개발원.

서울특별시교육청(2015). 2015 주요 업무 계획. 미간행 자료.

이윤식(2000). 장학론: 유치원 · 초등 · 중등 자율장학론. 서울: 교육과학사.

이윤식(2001). 학교경영과 자율장학. 서울: 교육과학사.

이윤식(2005). 교원연수체제의 개편과 교사의 자세. 교학상장, 41, 60-69.

이윤식, 유현숙, 최상근(1993). 교원연수제도 개선 방안 연구. 서울: 한국교육개발원.

정미경, 김갑성, 류성창, 김병찬, 박상완, 문찬수(2010). 교원양성 교육과정 개선 방안 연구. 서울: 한국교육개발원.

주삼환(1995). 교육환경 변화와 새로운 장학의 모습: 장학기능 개선방안 탐색. 서울: 한국교육개발원.

진동섭, 김도기(2005). 컨설팅 장학의 개념 탐색. 교육행정학연구, 23(1), 1-25.

홍창남(2012). 학교컨설팅과 컨설팅장학의 과제. 교육행정학연구, 30(4), 225-248.

Burke, P. J., Christensen, J. C., & Fessler, R. (1984). *Teacher career stages: Implications for staff development*. Bloomington, IN: Phi Delta Kappa Educational Foundation.

Liberman, M. (1956). *Education as a profession*. Englewood Cliffs, NJ: Prentice-Hall.

OECD(Organization for Economic Co-operation and Development). (1982). *In-service education and training of teachers*. Paris: OECD.

Wiles, J., & Bondi, J. (1980). *Supervision: A guide to practice*. Columbus OH: Charles E. Merrill.

찾아보기

〈인명〉

〈내용〉

저/자/소/개

성태제(Seong, Tae Je / 제8장)
University of Wisconsin-Madison 석사
University of Wisconsin-Madison 박사
이화여자대학교 입학처장, 교무처장
한국교육평가학회 회장
한국대학교육협의회 사무총장
한국교육과정평가원 원장
현 이화여자대학교 사범대학 교육학과 교수

강대중(Kang, Dae Jung / 제12장)
서울대학교 대학원 교육학과 석사
University of Georgia 박사
문화일보 기자
교육인적자원부 부총리 정책보좌관
평생교육진흥원 국제협력팀장
현 서울대학교 교육학과 부교수

강이철(Kang, Echeol / 제7장)
경북대학교 대학원 교육학과 석사
Syracuse University 철학박사
삼성인력개발원 컨설팅팀 과장
안동대학교 교육공학과 교수
경북대학교 교수학습센터장
현 경북대학교 사범대학 교육학과 교수
경북대학교 의과대학 의학교육학교실 겸임교수

곽덕주(Kwak, Duck Joo / 제3장)
서울대학교 대학원 교육학과 석사
Columbia University 철학박사
홍콩 시립대학교 전임 연구원
건국대학교 사범대학 교직과 교수
현 서울대학교 사범대학 교육학과 교수

김계현(Kim, Kay Hyon / 제10장)
서울대학교 대학원 교육학과 석사
University of Oregon 상담심리학과 박사
서울대학교 대학생활문화원 원장
한국상담학회 회장
한국가족치료학회 회장
서울가정법원 가사조정위원
현 서울대학교 사범대학 교육학과 교수

김천기(Kim, Cheon Gie / 제5장)
전북대학교 대학원 교육학과 석사
Georgia State University 박사
University of Toronto 객원교수
국가고시위원(행정고시, 5급 승진시험 출제위원)
한국교육사회학회 편집위원장
한국교육사회학회 회장
현 전북대학교 사범대학 교육학과 교수

김혜숙(Kim, Hye Sook / 제11장)
연세대학교 대학원 교육학과 석사
University of Utah 박사
연세대학교 교육대학원장
한국교육개발원 연구위원
한국교육정치학회 회장
현 연세대학교 교육학과 교수
한국교육행정학회 회장

송해덕(Song, Hae Deok / 제9장)
서울대학교 대학원 교육학과 석사
Pennsylvania State University 박사
중앙대학교 글로벌인적자원개발대학원장
한국교육공학회 부회장
State University of New York-Albany 교육학과 교수
현 중앙대학교 교육학과 교수

유재봉(Yoo, Jae Bong / 제1장)
서울대학교 대학원 교육학과 석사
University of London 철학박사
현 성균관대학교 사범대학 교육학과 교수
성균관대학교 사범대학장, 교육대학원장
전국사립사범대학장협의회 회장

이윤미(Lee, Yoon Mi / 제2장)
이화여자대학교 대학원 교육학과 석사
University of Wisconsin-Madison 철학박사
한국교육개발원 부연구위원
한국교육사학회 회장
현 홍익대학교 사범대학 교육학과 교수
Asia Pacific Journal of Education 편집위원
Asia Pacific Education Review Associate Editor

이윤식(Lee, Yun Sik / 제13장)
서울대학교 대학원 교육학과 석사
University of Wisconsin-Madison 박사
한국교육개발원 교원교육연구부 부장
한국교육행정학회 회장
한국교원교육학회 회장
한국교육자선교회 회장
인천대학교 교무처장, 교육대학원장, 도서관장
현 인천대학교 창의인재개발학과 교수

임 웅(Lim, Woong / 제4장)
고려대학교 대학원 교육학과 석사
University of Indiana 박사
현 한국교원대학교 교육학과 교수

홍후조(Hong, Hu Jo / 제6장)
고려대학교 대학원 교육학과 석사
University of Wisconsin-Madison 박사
한국교육개발원 · 한국교육과정평가원 연구원
인하대학교 사범대학 교육학과 교수
현 고려대학교 교육학과 교수

최신 교육학개론(3판)
Introduction Education (3rd ed.)

2007년 2월 23일 1판 1쇄 발행
2011년 5월 25일 1판 7쇄 발행
2012년 2월 25일 2판 1쇄 발행
2018년 3월 15일 2판 11쇄 발행
2018년 7월 25일 3판 1쇄 발행
2022년 1월 20일 3판 7쇄 발행

지은이 • 성태제 · 강대중 · 강이철 · 곽덕주 · 김계현 · 김천기 · 김혜숙
송해덕 · 유재봉 · 이윤미 · 이윤식 · 임 웅 · 홍후조

펴낸이 • 김 진 환
펴낸곳 • (주) 학지사
04031 서울특별시 마포구 양화로 15길 20 마인드월드빌딩 5층
대표전화 • 02) 330-5114 팩스 • 02) 324-2345
등록번호 • 제313-2006-000265호
홈페이지 • http://www.hakjisa.co.kr
페이스북 • https://www.facebook.com/hakjisabook

ISBN 978-89-997-1574-7 93370

정가 20,000원

이 도서의 국립중앙도서관 출판시도서목록(CIP)은 서지정보유통지원시스템 홈페이지(http://seoji.nl.go.kr)와 국가자료공동목록시스템(http://www.nl.go.kr/kolisnet)에서 이용하실 수 있습니다.
(CIP제어번호: CIP2018018964)